Le grand livre de l'essentiel

Quelque dix ans après la parution des deux premiers Livres de l'Essentiel, épuisés et devenus des collectors, voici un tout nouveau Grand Livre de l'Essentiel, qui compte le double de pages et fourmille d'informations inédites sur les mille et une façons de vivre autrement au XXIe siècle.
Pour ce guide hors norme qui a nécessité un travail quelque peu titanesque, l'équipe de la revue *Nouvelles Clés* s'est alliée à celle de *Nature & Découvertes*. Ensemble, nous avons choisi vingt-quatre verbes d'action (au lieu des douze des éditions précédentes), de telle sorte que les sujets traités nous aident à imaginer des futurs vivants et utiles.
Nous ne faisons pas partie des 55 % de gens qui soupirent : «Tout va mal», ni des 20 % qui regrettent : «C'était mieux avant» ! Nous pensons que l'avenir, qui n'a jamais été rose, est à créer et se trouve devant nous.
Bien sûr, le village planétaire affronte un changement de civilisation, où surpopulation, pollutions et avancées technologiques se rencontrent pour nous questionner radicalement. Raison de plus pour sortir du nombrilisme, vérifier que c'est en allant vers les autres que l'on se porte mieux et trouver des solutions différentes. C'est pour cela que nous vous proposons ce vade-mecum, que nous espérons joyeux, ludique, généreux et pratique.
Un almanach qui ouvre des fenêtres et des portes, pour tous les âges, de l'aube au coucher et du soir au matin. Baladez-vous dedans ! Il propose plus que de l'espoir : une foule d'idées nouvelles pour mieux se connaître et fonder ensemble un monde plus créatif, plus écologique, plus solidaire.

Françoise et François Lemarchand (Nature & Découvertes),
Patrice van Eersel, Didier Chapelot, Marie et Marc de Smedt (Nouvelles Clés)

Rédaction en chef : Patrice van Eersel
Direction artistique : Didier Chapelot
Rédaction : Frédérique Basset, Nathalie Calmé,
Dane Cuypers, Michèle Decoust, Anne Ducrocq,
Carine Gouriadec, Sylvain Michelet
Maquette : Valérie Faron, Carole Mirabello
Infographies : Loriel Verlomme

Ce livre a été imprimé sur papier recyclé.

LE GRAND LIVRE DE L'ESSENTIEL

MIEUX VIVRE ET DONNER DU SENS AU QUOTIDIEN

ALBIN MICHEL

SOMMAIRE

“Notre pouvoir ne réside pas
dans notre capacité à refaire le monde,
mais dans notre habileté
à nous recréer nous-même.”

GANDHI

S'éveiller

«S'éveiller ou se réveiller ?» nous ont demandé des amis, au moment où nous nous lancions dans le premier verbe de ce *Grand Livre de l'Essentiel*. Il est vrai que chaque jour commence en principe par du déjà vu. Supposons que nous vivions cent ans, cela représente 36 500 matins, donc 36 500 fois le même acte, consistant bien à se re-éveiller : à se rappeler qui l'on est, couché là, dans son lit... Mais cet acte est en soi si étonnant que, même répété des millions de fois, il nous laisserait toujours aussi stupéfait, à deux doigts de nous... éveiller ?

LIMBES

7 + 1 méthodes pour interpréter vos rêves

Avant d'essayer de comprendre le sens d'un rêve, il faut commencer par le décomposer en plusieurs éléments. Hélène Renard a écrit chez Albin Michel une *Petite méthode pour interpréter soi-même ses rêves,* dont sont extraits les conseils suivants :

1. Identifiez l'image dominante pour donner un titre à votre rêve.

2. Repérez le décor où se déroule l'action : un paysage, une maison, un lieu public, etc. En général, il apparaît dès que vous commencez à raconter.

3. Découpez les différentes scènes comme pour un scénario. Cela permet d'établir un fil conducteur, de structurer le rêve et de diminuer le risque d'omettre un élément important.

4. Relevez les images secondaires et les détails qui n'ont pas été retenus dans l'image dominante.

5. Examinez votre comportement et votre émotion au cours du rêve. Notez-les tels qu'ils transparaissent dans le récit, si possible pour chacune des scènes.
Que faites-vous dans le rêve ?
Comment réagissez-vous ?
Que ressentez-vous ?

6. Observez les autres personnages du rêve, leurs comportements et éventuellement leurs émotions, ce qu'ils font et ce qu'ils disent.
Si vous rêvez, par exemple, d'un membre de votre famille, celui-ci peut simplement représenter un aspect de vous-même ou la relation que vous entretenez avec lui. Il est alors particulièrement important d'observer les comportements et les sentiments des autres personnages pour analyser finalement votre propre personnalité.

7. Isolez la scène finale. Souvent, c'est elle qui indique si vous êtes sur la bonne voie et si vous adoptez le bon comportement pour progresser ou si, au contraire, vous vous fourvoyez complètement : très utile pour l'interprétation. On n'est pas loin de la grille de Carl Gustav Jung : I. Situation (lieu, temps, personnages) ; 2. Exposition du problème ; 3. Péripétie (surgissement de la «catastrophe») ; 4. Final (conclusion significative, représentation compensatoire de l'action rêvée).

Le réveil d'un homme vivant

Chaque matin, nous renaissons. Et que faisons-nous de ce miracle permanent ? Il n'est pas certain que nous utilisions à plein le fabuleux potentiel que cela représente. Dès le réveil, essayons donc de rompre avec nos humeurs mollassonnes et nos comportements machinaux. Soyons vivants !

Dans son livre *Corps vivant,* Paule Salomon, qui a expérimenté toutes les formes de vie alternative depuis 1968, conseille de «se lever tôt, avec le soleil, d'ouvrir sa fenêtre et de respirer largement». De prendre un vrai petit déjeuner d'oxygène. L'homme vivant ne passe pas dans la salle de bains en hâte, mais pose des actes conscients et bénéfiques. La toilette est pour lui un temps de détente. Et le contact avec l'eau un moment de régénération pour son corps et pour son esprit. L'eau vivifie tout notre organisme, aussi bien le foie, que les reins ou le cœur, stimule la circulation du sang. Les pores de la peau s'ouvrent et permettent l'élimination des toxines, qui empêchent de penser juste.

L'homme vivant a adopté «la douche écossaise», qui apporte à son organisme un regain d'énergie et le fortifie contre les infections. La douche écossaise consiste à mouiller tout le corps d'abord à l'eau chaude, puis à l'eau froide en commençant par les pieds et en remontant progressivement jusqu'au cou. Traditionnellement, cette douche est suivie d'une vigoureuse friction au gant de crin, qui rougit la peau et élimine en surface les cellules mortes. Quelques gouttes d'huile essentielle parfumée (orange, citron, verveine, pin, rose…) apportent le bien-être et pénètrent rapidement dans la peau vivifiée. L'homme vivant adopte de nouvelles habitudes : inspection de la langue – on la nettoie doucement avec une raclette de bois. Puis on se nettoie le nez à l'eau fraîche ou tiède, éventuellement un peu salée. Ce nettoyage peut se faire à la manière des yogis, en faisant couler de l'eau d'une narine dans l'autre, ou consiste simplement à respirer puis à rejeter de l'eau par chaque narine. Il se brosse les dents avec un dentifrice naturel (par exemple à l'argile) ou avec un peu de sel marin.

Pour nettoyer son estomac, notre héros boit ensuite un grand verre de jus de raisin, ou bien encore un verre de jus de citron, d'orange ou de pamplemousse fraîchement pressé…

À LIRE

Corps vivant, Paule Salomon, éd. Albin Michel.

Savez-vous vous réveiller comme un chat ?

Quand l'air du temps est au culte de l'efficacité, il faut être performant dès le matin. Esclaves des horaires, nous émergeons de nos nuits, raides, hagards, déjà épuisés, sans pitié pour nos horloges intérieures. C'est tout notre capital énergétique qui s'envole au quotidien, ce qui, à terme, affecte notre santé. Ne pourrions-nous pas nous y prendre autrement ?

Pendant plus de trois millions d'années, l'homme s'est endormi et réveillé comme les animaux, au rythme de ses cycles naturels, en fonction des saisons, de la lumière, de la température, laissant le cerveau décider du bon moment pour éveiller le reste du corps. Chaque matin, un bouleversement hormonal provoque et enrichit la composition de notre sang en prévision de la journée. Opter donc pour le réveille-matin, comme 90 % des Français – 79,8 % possèdent un radio-réveil – revient à stopper aléatoirement son cycle de sommeil. Imaginez le traumatisme : de trois oscillations par seconde, nos ondes cérébrales passent brusquement à trente, voire cinquante ! Pour bien faire, il faudrait donc s'éveiller tranquillement à la fin d'un cycle. Comment ? On peut se procurer un «réveil à lumière d'aube», comme le suggère le Dr David Servan-Schreiber (se soigner, p. 210). Mais après ?

Selon le professeur de yoga Henri Brunel – qui fut longtemps proviseur et connaît la vie active – le chat est un bon enseignant de la relaxation naturelle. En copiant sa gestuelle, modèle de grâce et d'équilibre entre la vivacité et le repos, Brunel propose une «méthode du chat» pour bien commencer sa journée. Avez-vous déjà remarqué de quelle façon un chat s'éveille ? Il bâille à s'en décrocher la mâchoire, étire ses pattes avec souplesse et lenteur, s'arc-boute, tend le cou… Rien à voir avec nos réveils de robots congelés. Le bon sens veut donc que l'on reste allongé, que l'on bâille, la bouche grande ouverte, que l'on grimace, que l'on étire bras et jambes, doigts et orteils, que l'on défroisse son visage en le frottant doucement du bout des doigts et que l'on maîtrise ses pensées en reprenant conscience de sa respiration.

Se jeter hors du lit sitôt les yeux ouverts serait une grave erreur. Il faut se donner le temps de refaire surface. Refermez donc un instant les yeux et révisez le film de vos rêves sans bouger ni allumer la lumière. De l'image finale de votre dernier rêve, remontez le fil, les grandes lignes d'abord, puis les détails… (explication page ci-contre). Les rêves ramènent à la surface la richesse de notre inconscient. Ils nous éveillent. «Un rêve ne livre son secret que si nous le remplissons, tel d'une sève, de notre réflexion», disait Jung. Ayez ensuite des pensées positives. De votre première pensée dépend la couleur de votre journée. Calmement allongé, éloignez les idées parasites et stressantes, faites surgir une image stimulante, qui anticipe votre journée idéale. C'est la meilleure façon de réintégrer le flux quotidien. Soyez indulgent et doux avec vous-même, ne vous culpabilisez pas pour un retard, détendez vos mâchoires, massez vos tempes, faites rouler vos yeux. Et go !

À LIRE

La méthode du chat, Henri Brunel, éd. du Seuil.
Toilette de chat, Jean-Marc Roberts, éd. du Seuil.
Bien dormir, c'est facile, Sandrine Gerin, éd. Albin Michel.

> *« Vivez les rêves que la vie vous défie de rêver. »*
>
> **MARTIN LUTHER KING**

SOUFFLE

N'oubliez pas… !

On ne le dira jamais assez : nous oublions de respirer ! Avant de partir au travail, en voiture, au bureau, arrêtons-nous quelques minutes pour respirer consciemment. Trois tuyaux :

• Pour vous recentrer :
Si vous vous sentez énervé, tendu, dispersé, visualisez un point, cinq centimètres au-dessous du nombril, concentrez-vous dessus et envoyez-lui votre souffle.

• Pour lutter contre le froid :
Faites une vingtaine de respirations avec la narine réchauffante (*pingala* en sanscrit) : la narine droite. Inspirez, bloquez le souffle trois secondes, expirez.

• Pour lutter contre la colère :
Inspirez en comptant trois. Bloquez le souffle. Expirez en comptant six. Bloquez les poumons vides. Inspirez en comptant trois, etc. Pendant trois minutes.

OLIGOTHÉRAPIE

Penser à sa santé dès le réveil

Catalyseurs de multiples réactions cellulaires, les oligoéléments régulent nos mécanismes hormonaux. En cas de fatigue au réveil, il est possible d'en avaler une solution en ampoule :

• Manganèse-cuivre : bioactivateurs d'immunité, recommandé en cas de manque de résistance à la fatigue. Plutôt recommandé aux tempéraments calmes et couche-tôt, sensibles aux bronchites et aux rhino-pharyngites.

• Manganèse-cobalt : pour ceux qui ont une propension aux coups de pompe et aux douleurs articulaires.

• Manganèse : conseillé aux tempéraments fonceurs, qui ont du mal à aller se coucher et à se lever tôt.

• Cuivre-or-argent : bon en cas de fatigue consécutive à une maladie ; ou en cas d'humeur dépressive.

• Potassium, sélénium, magnésium, phosphore : recommandés aux sportifs fatigués.

• Zinc-cuivre : pour intellectuels harassés.

À LIRE

Oligo-éléments et oligothérapie, Dr Claude Binet, éd. Dangles

ODORIFÉRANT

S'éveiller aux parfums de la vie

Savez-vous quels liens secrets associent nos odeurs, nos émotions, nos rêves et notre capacité à métamorphoser ceux-ci en réalité ? Si les autres sens s'endorment plus ou moins pendant la nuit, l'odorat, le plus archaïque de tous nos sens, est la dernière sentinelle qui veille sur notre sommeil. Au point que des vies peuvent être sauvées, quand un dormeur, détectant une odeur de brûlé, se réveille en sursaut. Mais il ne faut pas trop s'y fier non plus : de même qu'un tintamarre peut nous laisser endormi, s'intégrant à un scénario onirique bruyant, les senteurs savent se déguiser. D'ailleurs, certains rêveurs fameux, tel Hervey de Saint-Denys, grand promoteur du «rêve lucide» à la fin du XIXe siècle, demandent de verser quelques gouttes de parfum sur l'oreiller afin d'induire des rêves délicieusement érotiques. Une chose est sûre : notre cerveau limbique, siège des «bio-logiciels» indispensables à notre survie, est connecté à notre muqueuse. C'est la raison pour laquelle, lorsqu'une odeur agréable ou désagréable nous touche, nous ressentons des émotions d'une vivacité imprévue. On sait moins qu'à l'inverse humeurs et états intérieurs influencent la sécrétion de nos émanations corporelles. L'amour nous transforme en arôme, on peut puer de peur et l'odeur de sainteté est un mystère avéré. Tous ces phénomènes s'exacerbent la nuit. Que reste-t-il de nos rêves au réveil ? Au moins, nos propres odeurs. Avant de plonger dans l'activité diurne, Gilles Fournil, qui a fondé et enseigne l'olfactothérapie, nous invite à prendre conscience de nos parfums intimes, à les apprivoiser, puis à nous demander dans quel état nous nous sentons ce matin – le jeu de mots n'est pas fortuit. En fonction de la réponse, nous pouvons utiliser les vertus de telle ou telle huile essentielle pour influer sur notre journée. Il suffit d'en imprégner un mouchoir, que l'on emportera avec soi : en respirant cette odeur de temps à autre, on favorisera la prédisposition psychologique et énergétique désirée.

La douche est préférable au bain. Quoique...

Victoire ! Nous sommes désormais une nation (presque) aussi propre que les autres. Mais nous avons encore des habitudes à perdre, pour notre santé comme pour celle de la planète : nous aimons les bains. Or, la douche est meilleure sur à peu près tous les plans. Mais pas sur tous.

Un Français sur deux se lave tous les jours. Bravo : les courtisanes et seigneurs versaillais ne prenaient un bain qu'une fois tous les deux ans. La toilette consistait alors à s'humecter les mains et le cou avec de l'eau de toilette ou du vin ! L'eau était bannie – on la rendait responsable des épidémies –, alors que la plupart des fléaux venaient évidemment du manque d'hygiène. Coupable : l'Église qui, dès la chute de Rome, jugea scandaleuse la nudité et interdit les formidables bains romains. Ceux-ci ne réapparurent que dans la seconde moitié du XIXe, au moment où, parallèlement, la douche entrait dans nos mœurs... grâce à l'armée : à partir de 1860, les militaires furent en effet les premiers Français à se doucher – une fois par mois en hiver et deux en été. La douche se répand ensuite dans les prisons et les internats, et de là, lentement, dans les maisons. Au début du XXe siècle, 65 % des Français vivaient sans eau courante. Cent ans plus tard, 97 % possèdent une salle de bains. Aujourd'hui, les spécialistes l'affirment : pour lutter contre le vieillissement, au-delà de 30 ans, la douche doit être préférée au bain. Ses fans spontanés ont entre 25 et 34 ans. Par contre, les moins de 25 ans et les plus de 49 préfèrent en majorité le bain : les premiers devraient donc être davantage éduqués dans le sens de la douche (par exemple en rendant celle-ci confortable et ludique) et les seconds devraient faire un effort sur eux-mêmes.

DOUCHE OCCIDENTALE ET BAIN ORIENTAL :

Le matin, la douche doit être rapide et chaude – pour éliminer les courbatures – suivie d'un jet froid en remontant des pieds vers le buste, pour réveiller, relancer la circulation et empêcher l'apparition de la cellulite. Trop forte ou trop chaude, l'eau attaque le film protecteur de la peau qui met environ trois heures à se reconstituer. Pour éviter ce problème, on peut s'enduire d'huile tonique ou de crème hydratante. Glissez aussi un galet marin chargé en extraits reminéralisants dans la pomme de la douche. Après vous être épongé, frictionnez-vous avec une eau de soin pour stimuler la circulation.

Cela dit, si la douche est saine et correspond bien à nos emplois du temps pressés – ces dernières années, on a assisté à une forte progression du marché des produits pour la douche en Occident –, le bain est en revanche un havre de méditation irremplaçable. Il reste le lieu de purification par excellence au Japon, où son usage relève à la fois du rite et de l'acte thérapeutique.... mais pas de la toilette. Un Japonais qui se respecte ne se lave jamais dans son bain ! Comme lui, nous pouvons donc, avant de prendre un bain (par exemple hebdomadaire), laver et préparer notre corps sous la douche, en le frottant avec un gant végétal, comme le font aussi les femmes méditerranéennes. Un bain chaud à 38 °C pendant cinq minutes peut éventuellement améliorer des douleurs articulaires et osseuses, désintoxiquer un organisme encrassé. On ajoute alors quelques gouttes d'huiles essentielles ou un kilo de gros sel gris de mer, pour tonifier – à condition de se rincer ensuite scrupuleusement sous la douche et de s'appliquer un lait hydratant !

En règle générale, sachez cependant qu'un bain brûlant abîme la peau, fatigue le système circulatoire, pompe de l'énergie... et consomme 150 litres d'eau contre 40 litres pour une douche de dix minutes. Argument écologiquement imparable.

À LIRE

L'ABCdaire du bain, Françoise de Bonneville, éd. Flammarion.

Le livre de la beauté, conçu par l'équipe d'Helena Rubinstein, éd. Dessain et Tolra.

SUBTILITÉ

La grille de l'olfactothérapie

Selon cette nouvelle discipline (cf. page de gauche) – qui use en fait d'un savoir très ancien –, nous pouvons subtilement influer sur nos états émotionnels et psychiques, en respirant certains parfums naturels. Ainsi, il est notamment conseillé d'utiliser :

- Du jasmin si l'on veut prolonger la connexion aux rêves ; puis de la menthe poivrée pour mieux les comprendre.
- De la menthe verte en cas de cauchemar, pour sortir du malaise ; éventuellement du cèdre pour revenir encore plus radicalement au présent.
- De la bergamote si l'on s'apprête à plonger dans un épisode professionnel où les échanges de points de vue s'annoncent vifs.
- Du romarin si l'on manque de confiance en soi et qu'on a le trac.
- De la sauge ou de l'eucalyptus si l'on doit se livrer à une création.
- De la lavande pour faciliter l'écoute de la différence de l'autre.
- Du géranium ou de la rose, au choix, pour une journée placée sous le signe de l'Amour (au sens large : avec un partenaire, comme avec ses parents ou ses enfants).
- De l'oliban pour une activité de recueillement, de méditation.
- Du cèdre ou de la girofle pour une activité physique ou sportive.
- Enfin, l'association de la menthe verte (ou poivrée) et du citron favorise la concentration et diminue les risques d'erreur (pour un travail minutieux et long).

CONTACT

Gilles Fournil, créateur et enseignant de l'olfactothérapie :
tél : 06 11 78 57 07
Gilles.Fournil@wanadoo.fr

> *“Le monde appartient à celui qui s'éveille tôt.”*
>
> **PROVERBE ÉGYPTIEN**

PURETÉ

Les ablutions du musulman

Le réveil du musulman commence par des ablutions et la prière de l'aube. Quatre autres prières ponctueront la journée. Cette prière, *As Soubh* ou *Al-fadjr*, signifiant «la matinale», se fait à la maison, sur un tapis, face au soleil et non vers La Mecque. C'est une prière de bénédiction. Il est dit que l'homme dépose son âme au coucher et la récupère au lever du jour. «Mourir avant de mourir», dit le Coran. C'est pourquoi le musulman qui s'éveille remercie Dieu de lui avoir donné un autre jour. Il se met dans les mains de Dieu, en prononçant la phrase : «Qu'est-ce que Dieu veut de moi aujourd'hui?», contrairement au non-croyant qui se demande : «Qu'est ce que je veux faire aujourd'hui?» Une comptabilité des attitudes positives et négatives se fera sous forme de bilan, au moment de la prière du soir...
Que sont les ablutions musulmanes ? Une initiation à la purification à l'abord de chaque prière. Des lustrations d'eau, aux extrémités du corps : pieds et mains, jusqu'aux coudes, puis tous les orifices du visage, nez, bouche, oreilles. Les théologiens conseillent aux croyants de prendre un bain avant de se coucher et après chaque rapport amoureux, pour être prêt à dire la prière du lever du soleil. L'islam accordant une grande importance au symbole, il est considéré que la *nia*, l'intention, vaut l'acte. Par exemple, s'il n'y a pas d'eau à proximité, dès l'instant où le croyant est empli de l'intention d'aller faire ses ablutions et de prier Dieu, il peut utiliser un galet, du sable ou de la poussière pour se purifier. Cette lustration à sec s'appelle le *Tayamoul*. Les heures de l'aube sont propices à la lecture de textes sacrés. La tradition dit qu'au lever du soleil, des entités spirituelles nous accompagnent, et que les Paroles de Sagesse se déposent ainsi plus profondément dans notre cœur. (Propos recueillis auprès de Malek Chebel.)

À LIRE

Malek Chebel, *Dictionnaire des symboles musulmans*, éd. Albin Michel ; *Dictionnaire amoureux de l'islam*, éd. Plon ; *Le Traité du raffinement,* éd. Payot

La première méditation

Réveillé, en principe, dès l'aube, le bouddhiste conséquent, comme d'ailleurs les adeptes de la plupart des voies spirituelles, observe un moment de silence. Juifs, chrétiens ou musulmans appelleraient cela «prière du matin», mais le fond est le même : il s'agit d'opérer un arrêt sur l'essentiel.

D'après Matthieu Ricard, moine bouddhiste et traducteur du Dalaï-Lama, nous consacrons trop peu de temps, en début de journée notamment, à ce qui compte vraiment : tourner nos regards vers l'intérieur. Pourtant, nous ne manquons pas de courage et sommes capables, dès le petit jour, de faire un footing autour du quartier, ou de pratiquer une vigoureuse gymnastique. Mais ces gestes sont surtout axés sur le souci de notre apparence physique. Curieusement, s'imposer chaque matin un temps de silence et de méditation est beaucoup plus difficile. C'est pourquoi les grandes voies de quête de l'essentiel proposent toutes des rituels précis. Chez les bouddhistes, cela s'appelle «la première pensée du jour». Résumons ce qu'en dit Matthieu Ricard...
Quand on se réveille, on commence par s'asseoir sur son lit, et on émet le souhait de voir tous les êtres sortir des passions et de l'ignorance, pour s'éveiller à la connaissance. Puis on pense : «Puissent-ils atteindre le Corps Absolu de l'Éveil !» Dans la mesure du possible, on exprime ces souhaits à haute voix ; si ça n'est pas possible, on le fait mentalement. Ensuite on «oriente» son esprit, : après quelques exercices respiratoires, et avant de quitter son lit, on se donne consciemment une orientation pour la journée. On le fait en s'engageant très explicitement : «Aujourd'hui, depuis cet instant jusqu'au moment où, ce soir, je m'endormirai, je m'efforcerai d'accomplir tout ce qui est positif et de rejeter tout ce qui est négatif, afin de devenir capable d'aider tous les êtres à sortir de la souffrance et à progresser vers la libération.» On ajoute : «Aujourd'hui, j'éviterai de nuire par mon activité physique ; j'éviterai de nuire par mes paroles ; j'éviterai de nuire par ma pensée. Je m'efforcerai d'avoir une activité physique bénéfique ; je m'efforcerai de dire des paroles utiles et plaisantes ; je m'efforcerai de nourrir mes pensées bienveillantes pour tous les êtres.» Puis, on se lève et on part faire sa toilette.

À LIRE

La journée d'un bouddhiste, Bokar Rimpoché, éd. Claire Lumière – www.clairelumiere.com

LES YOGIS COMMENCENT PAR SALUER LE SOLEIL

L'accueil ritualisé du jour qui se lève est certainement l'une des plus anciennes pratiques religieuses de l'humanité. Dans la cosmogonie védique de l'Inde, le salut au soleil est un devoir religieux impératif. Et magnifique.

Le culte du soleil appartient à toutes les cultures astro-biologiques originelles. En Inde, où il a survécu jusqu'à nos jours sous de multiples formes, ce culte est omniprésent, dans la vie domestique comme dans la religion institutionnalisée. Dès l'aube, dans la plupart des villages, on voit des femmes décorer le sol, au pas de la porte de leur maison, de figures géométriques, souvent circulaires, constituées d'entrelacs de lignes courbes rayonnant autour de minuscules points de repère. Ce sont des soleils (*Sourya* en sanscrit). Ces diagrammes, appelés *Kolam*, sont délicatement tracés à l'aide de poudre de riz saupoudrée sur la terre battue ou sur le badigeon de bouse de vache. Il s'agit d'un «terrain d'atterrissage» symbolique, invitant le soleil à venir consacrer de sa lumière la demeure et la nourriture qui sera servie au cours de la journée, et à écarter les mauvais esprits.

Pour les adeptes du yoga, l'enchaînement gestuel de la «Salutation au Soleil», le *Sourya Namaskar*, est considéré comme une synthèse idéale des principales postures yogiques (page 369). Cet exercice spirituel est un condensé dynamique, qui procure au corps, à l'âme et à l'esprit, à la fois un équilibre et une énergie structurante. Pour les yogis, c'est véritablement le premier de tous les remèdes, l'origine de toutes les gymnastique.

Certains mouvements hindous très anciens observent encore aujourd'hui la pratique qui consiste à regarder intensément le soleil levant, sans ciller des yeux, afin de laisser pénétrer dans le corps, l'esprit et l'âme l'énergie subtile et régénératrice véhiculée par les rayons du soleil au début de sa course. Les pratiquants disent que leurs yeux deviennent alors le réceptacle d'une énergie cosmique qui s'infiltre dans tout leur système nerveux, vivifiant et réharmonisant la totalité de leur être.

À LIRE

Le salut au soleil. Essai sur le Hatha Yoga, Amanda Ruchpaul et Jean-Marc Ortega, éd. Trédaniel.

Le Destin du monde d'après la tradition shivaïte, Alain Daniélou, éd. Albin Michel.

CONTACT

Chantal Jumel, créatrice de Kolams, organisatrices de stages, cours particuliers :
chantaljumel@free.fr

LUMIÈRE

Le rituel d'éveil juif

Le juif se réveille, non en fonction de l'heure où il décide de se lever, mais pour accueillir la toute première lumière de l'aube appelée «l'étincelle du soleil». Selon une formule talmudique, «le sommeil correspond à 1/60e de la mort» et la mort étant considérée comme l'impureté la plus grande», se réveiller équivaut à sortir de l'impureté. Dès qu'il ouvre les yeux, avant de mettre le pied à terre, le juif se purifie les mains – une cruche d'eau et une bassine sont prévues à cet effet près du lit – en se versant trois fois de l'eau sur chaque main. Puis, assis sur le lit, il prononce la prière du *Modé Anie*, qui signifie «Je te remercie» : «Je te remercie Toi, Roi du vent et du temps, qui as ramené mon âme à l'intérieur de moi, avec grâce et je t'en suis fidèle.» Ensuite, il se lève et va à la synagogue recevoir les premières bénédictions. Mais avant cela, beaucoup de juifs vont s'immerger dans un bain rituel, rempli d'eau de pluie et appelé *miqvé* – on peut aussi se purifier dans une source, l'océan ou une rivière. Certains juifs européens du XVIIIe siècle se baignaient dans un trou creusé dans la glace. Pour le judaïsme, se réveiller fait surtout sortir de la confusion, du renfermement sur soi, et rend à l'éthique de responsabilité.
Lévinas dit que «dans chaque mot se cache un oiseau aux ailes repliées, qui attend le souffle du lecteur». Or, en hébreu, deux des sens du mot matin sont : «avoir l'esprit critique» et «aller à la rencontre». Cette idée rejoint une des attitudes éthiques préconisées dans le Talmud, le Hidouch, qui est la «nouveauté de sens», ou la «sortie de l'ensommeillement du sens ». De retour de la synagogue, certains juifs se recouchent pendant une heure avant le petit déjeuner qui, lui aussi, possède un rituel de purification : on verse trois fois l'eau sur les mains et le pain est béni. (Propos recueillis auprès de Marc-Alain Ouaknin.)

À LIRE

Marc-Alain Ouaknin,
- *Mystère de la Kabbale*, éd. Assouline ;
- *Le Livre brûlé*, éd. Points Seuil ;
- *Tsimtsoum*, éd. Albin Michel

PANACÉE

Longtemps, le miel fut la nourriture des dieux

Federico Garcia Lorca a écrit : «Le miel est le cantique de l'amour, la substance de l'infini, l'âme et le sang plaintif des fleurs.» Dans le Coran, Allah a promis un châtiment : le miel sera le premier bienfait retiré à l'homme pécheur ! Jadis, c'était la nourriture des dieux. À toutes les époques et dans toutes les civilisations, il a été vénéré. Pythagore recommandait de s'en nourrir, les Romains allaient le chercher jusqu'en Espagne. Considéré depuis l'Antiquité comme un puissant reconstituant, ses vertus thérapeutiques sont aujourd'hui reconnues et validées. Au contraire du sucre blanc raffiné, sans intérêt bien que consommé par 90 % des Français, le miel est antiseptique, sédatif, laxatif ; il active la cicatrisation des brûlures et des blessures, calme les irritations de la gorge. Il est constitué de fructose et d'un glucose directement assimilé par l'organisme et renferme en outre des minéraux (potassium, sodium, phosphore, magnésium), ainsi que des vitamines des groupes A, B et C. Edmund Hillary, premier vainqueur de l'Everest, a consommé plusieurs kilos de miel durant son ascension.

1 kg de miel = 26 bananes + 50 œufs + 60 oranges + 1 kg de viande ! On connaît les vertus revigorantes de la gelée royale, vrai élixir de jeunesse. Également produite par les abeilles, la propolis est une matière résineuse, antiseptique et antibiotique, riche en huiles essentielles et en oligoéléments (aluminium, argent, chrome, nickel, zinc, manganèse...). Le pollen renferme, quant à lui, des vitamines A, B, C, D et E et des éléments minéraux. Le miel d'acacia est recommandé aux enfants, le miel d'aubépine aux hypertendus et aux insomniaques, le miel d'oranger aux nerveux, le miel d'eucalyptus aux bronchiteux et aux malades de la vessie ou des intestins, le miel de romarin aux bilieux, le miel de sarrasin aux déminéralisés.

À LIRE

Le miel pour votre santé, Jean-Luc Darrigol, éd. Dangles

Petit déjeuner : de quoi ai-je réellement faim ce matin ?

Pourquoi prendre le même petit déjeuner tous les matins, alors que chaque jour est nouveau ? On peut certes se fier à un menu connu, personnellement éprouvé. Mais une bonne façon de commencer sa journée est aussi d'écouter ce dont notre corps a réellement envie.

À l'origine, déjeuner vient de *disjunare* qui signifie rompre le jeûne. À partir de 4 heures du matin en moyenne, l'organisme est en état de jeûne. Dès le réveil, il a donc besoin de recharger ses batteries. Mais pas n'importe comment. D'abord, parce que chaque matin est différent. Du fait des saisons : matins d'hiver glacés, ou doucement printaniers, ou caniculaires avant l'heure... suscitent des besoins spécifiques. Du fait aussi de nos humeurs : éveils embrumés, fatigués, ou en pleine forme, contrariés, ou euphoriques... Cette impermanence émotionnelle devrait nous inciter à nous interroger chaque matin : Ai-je faim ? De quoi ?

De l'avis des nutritionnistes, pour éviter la fatigue dans la journée, pour maintenir nos capacités d'attention et de mémorisation, pour renforcer nos défenses immunitaires et éviter de devenir obèse... le petit déjeuner idéal devrait couvrir 25 % de nos besoins énergétiques quotidiens. Des études ont montré qu'un gros repas de 2 000 calories entraînait... une perte de poids s'il était pris au petit déjeuner ! D'autre part, un copieux petit déjeuner évite de grignoter toute la matinée et de se goinfrer à midi. Bref, il serait bon que le breakfast apporte à l'organisme entre 500 et 1 000 calories.

Rien n'est interdit !

On peut manger des crudités, des fruits (frais ou secs), du fromage, de la viande... de tout ! Les glucides, carburant des cellules, ont cependant priorité, surtout sous forme de sucres lents, si possible fibreux – ce que l'on trouve dans les céréales complètes biologiques, les bananes, le pain complet, les fruits secs, les œufs, le miel, le pollen. Moyennant quoi, Britanniques et Allemands mangent volontiers des œufs, du jambon et du beurre, riche en vitamine A. Beaucoup de Français optent encore pour le traditionnel «tartine-café noir» (au Moyen Âge, nos ancêtres petit-déjeunaient d'une tranche de pain dans du vin !). Alors que les Américains font figure de kamikazes, avec des pâtisseries, du soda, de la confiture, des fruits, de la viande, des œufs, du miel, des céréales... Eh bien, de tous, c'est le breakfast anglais qui serait le plus équilibré. Sans oublier le régime méditerranéen – un peu d'huile d'olive et de jus de citron, du pain d'orge et du thé vert, avec ou sans menthe – dont on reparlera ! Les aliments raffinés (pain blanc, sucre blanc, céréales sucrées) ont perdu l'essentiel de leurs qualités nutritives. À la baguette sans saveur, préférez le pain complet ou au levain, plus savoureux et contenant des fibres qui donnent une impression de satiété plus longue, et évitent le coup de pompe dans la matinée. Si vous êtes adeptes des céréales (leurs parts de marché ont progressé de 141 % en cinq ans en France, même si les Français ne consomment qu'un kilo de corn-flakes par habitant et par an, contre six pour les Américains), mieux vaut des flocons d'avoine ou un muesli bio que des flocons enrobés de sucre : ils font grimper le taux de sucre dans le sang, favorisent les tissus graisseux et aiguisent la faim.

Le petit déjeuner reste négligé en France : un Français sur cinq ne mange rien. Le problème, c'est qu'aujourd'hui, on a souvent l'estomac noué au réveil. Nos emplois du temps stressés font que nous bâclons le repas du matin et privilégions celui du soir, souvent pris tardivement. Or, mieux vaudrait manger léger le soir, pour éviter de stocker des graisses, que faire travailler son organisme au moment où il devrait se reposer et se réveiller au final avec un foie fatigué le lendemain.

À quelle heure petit déjeuner ?

Comme tous les organismes vivants, nous sommes réglés sur le cycle solaire. Notre horloge interne régule nos productions endocriniennes en fonction de nos besoins en nourriture, en amour, en sommeil, etc. Selon la chronobiologie, certaines hormones comme le cortisol et les catécholamines, qui dégradent le

sucre lentement, sont à leur optimum entre 6 et 8 heures du matin. C'est dans cette tranche horaire que le petit déjeuner profite le plus à l'organisme. L'idéal serait donc de se lever à 4 ou 5 heures (heure solaire), d'absorber un bol de thé ou de café (ou de tisane) pour se réhydrater – il faut les boire deux heures avant ou après le petit déjeuner pour qu'ils ne contrarient pas l'absorption des nutriments –, de commencer à s'activer, et de déjeuner ensuite copieusement, entre 6 et 8 heures du matin. Vingt minutes minimum sont nécessaires pour absorber les aliments dans de bonnes conditions, c'est-à-dire dans un climat de détente et de plaisir. Savourer ses aliments augmente la sécrétion de salive et d'acide chlorhydrique dans l'estomac, nécessaires à la digestion. Enfin, il faut trois heures pour digérer un repas de 450 calories.

À LIRE

Alicaments, alimentation et santé,
ouvrage collectif, éd. Comité français d'éducation pour la santé.
Être au top à chaque heure,
Dr Marc Schwob, éd. Hachette.
Guide pratique de gastronomie familiale,
Christine Bouguet Joyeux, éd. de Guibert.
Le miracle crétois,
Thierry Farrayre, éd. Pygmalion.

EXCITATION

Thé ou café ?

On le sait, café et thé stimulent le système nerveux et le cœur, et sont pour cela des dopants recherchés. Pris à trop fortes concentrations, ils ne rendent pas service. Le café ralentit notamment la synthèse des lipides et augmente la tension ; bu et apprécié dans le monde entier, il est cependant moins populaire que le thé, qui représente aujourd'hui la seconde boisson planétaire, après l'eau. Absorbé en grande quantité, mais peu concentré, le thé (noir et surtout vert) diminue le taux de cholestérol dans le sang et prévient certains cancers ; il facilite aussi la digestion et neutralise les toxines.

À LIRE

Le livre du thé, Kakuso Okakura, éd. Dervy

STUPÉFACTION

Dangereux laitages !

Des études ont montré que les peuples qui consomment le plus de lait, par exemple les Norvégiens, sont ceux qui présentent le plus bas niveau de calcium, ainsi qu'un taux élevé d'ostéoporose. On a mis en évidence des dépôts calciques autour de leurs articulations (arthrites) et sur leurs parois artérielles, ainsi que des mucosités sur leurs intestins, sans compter de nombreux troubles respiratoires. Explication : le calcium et les protéines contenus dans le lait de vache ne sont pas bien assimilés par l'organisme humain. Par contre, le lait de chèvre, qui ressemble au lait de femme, s'avère assimilable – par les enfants surtout, car le lactose n'est, de toute façon, pas digéré par les adultes. Sachez enfin qu'une tasse de lait de soja, une assiette de brocolis ou un kiwi contiennent plus de calcium qu'une tasse de lait de vache.

À LIRE

Lait de vache : blancheur trompeuse, Anne Laroche Walter, éd. Jouvence

ÉVALUATION

Votre bilan énergétique est-il positif ?

Ces quelques questions vous suggèrent d'évaluer votre «portefeuille énergétique» dans une démarche, non pas égotique, mais soucieuse de clarté :

1. Faites-vous beaucoup de choses par obligation, pour ne pas froisser, décevoir ?
2. Finissez-vous ce que vous commencez ?
3. Quand vous êtes gêné par un élément de votre environnement (la lumière, le bruit, la conversation...), faites-vous ce que vous pouvez pour le changer ?
4. Avez-vous du mal à dire non ?
5. Vous sentez-vous gratifié, reconnu par les autres ?
6. Célébrez-vous les succès des autres ? Les vôtres ?
7. Avez-vous l'impression qu'il vous manque toujours quelque chose, de l'argent, du temps, de la jeunesse, de l'intelligence, de la beauté, des diplômes, de l'imagination ou quoi que ce soit d'autre qu'il vous faudrait pour réussir ?
8. Vous débarrassez-vous de ce dont vous ne vous servez pas ?
9. Payez-vous de votre personne, rendez-vous service ?
10. Avez-vous l'impression d'utiliser vos talents dans votre vie ?
11. Dissimulez-vous ce que vous pensez ou ressentez vraiment ?
12. Passez-vous beaucoup de temps à penser ou à parler du passé ?
13. Vous concentrez-vous sur les problèmes des autres ? Ceux du monde ?
14. Avez-vous l'habitude de vous comparer aux autres et de vous trouver mieux ou moins bien qu'eux ?
15. Croyez-vous que vous devez tout faire par vous-même ?
16. Avez-vous des comportements autodestructeurs comme fumer, boire, vous droguer, mal vous nourrir, avoir des relations sexuelles sans protection ?

Si vous répondez oui à une ou plusieurs des questions 1, 4, 7, 11, 12, 14, 15, 16, ou non à une ou plusieurs des questions 2, 3, 5, 6, 8, 9, 10, 13, il vous reste du travail à faire sur vous-même. En un sens, c'est une chance : il vous reste beaucoup d'énergie à gagner – en l'investissant au lieu de la gaspiller !

Pourquoi suis-je «à découvert» dès le matin ?

Chaque matin, au sortir de l'état mystérieux du sommeil, la vie nous offre une énergie nouvelle, qui pourrait nous permettre de repartir gaillardement. Hélas, une bonne partie de cette énergie est hypothéquée illico par notre passé et nous nous retrouvons «à découvert», avant même de nous être levés ! Une psy américaine réputée propose une solution à cette hémorragie.

Carolyn Myss est une ancienne religieuse californienne, qu'un certain dolorisme chrétien a fini par dégoûter et qui a rejoint la vie laïque pour devenir psychothérapeute, avec l'idée d'aider ses congénères à voir la vie avec plus de légèreté – car le dolorisme est général ! Selon elle, nous sommes très basiquement vampirisés par notre passé. «Admettons, dit-elle, qu'il nous soit donné 100 unités énergétiques par jour. Eh bien, à peine réveillés, il n'est pas rare que nous en virions automatiquement (c'est-à-dire inconsciemment) : 10 unités aux inaccomplissements de nos ancêtres, 20 au souvenir de nos traumatismes d'enfance, 30 au conjoint infidèle, 30 au job nul qui nous rend la vie haïssable et les 10 restants à toutes les occasions ratées des derniers mois, qui nous rongent de dépit... Si bien qu'avant même de sortir de notre lit, nous démarrons notre journée en déficit d'énergie.

«À quoi devrions-nous plutôt consacrer nos forces ? À la création bien sûr, c'est-à-dire à l'édification de notre vie ! Là, soyons clairs : les simples idées, même géniales, ne coûtent pas grand-chose. Ce qui demande réellement de l'énergie – au moins 50 % de nos actifs –, c'est l'action. L'être humain est fait pour ça : agir ! Mais si vous démarrez la journée déjà endetté, la seule chose que vous puissiez faire, c'est espérer qu'elle se réalise d'elle-même, par "miracle", et ensuite regretter de n'avoir rien pu faire d'autre que de survivre. Et quand nos dettes deviennent si lourdes que l'énergie du matin ne suffit plus, nous sommes obligés d'emprunter. Où ? Dans nos organes, nos tissus, nos cellules, sapant notre santé. Ou alors, nous pompons l'énergie des autres, devenant une personnalité parasite. Dans les deux cas, la maladie est au bout du chemin – pour nous et pour notre entourage.»

Comment nous arracher à cet «endettement énergétique» maladif ? Le principal outil que Carolyn Myss recommande est le pardon. Elle interpelle son public en liesse de sa voix à la fois joviale et profonde : «Mais avez-vous déjà fait l'expérience de vraiment pardonner ? Avez-vous déjà ressenti la libération et la joie de vraiment lâcher prise et de radicalement passer à autre chose?» À l'inverse de tous nos endettements énergétiques, le pardon serait le meilleur moyen de constituer un bénéfice, nous permettant de gérer nos dettes passées et de nous remettre à flot dans l'action et l'humour.

À LIRE

Anatomie de l'esprit, Carolyn Myss, éd. Ariane.
Le pouvoir de pardonner, Lytta Basset, éd. Albin Michel.
Pourquoi j'irais travailler ?, collectif, éd. d'Organisation.

“Nul n'est besoin de faire de la terre un paradis : elle en est un. À nous de nous adapter pour l'habiter.”

HENRY MILLER

Comment démarrent-ils leur journée ?

Guy Corneau :
Sa longue maladie d'enfance a dû déteindre sur le plus fameux des psys québécois : il ne veut pas quitter son lit !
«Mon lit est en fait mon 3e bureau. J'y fais tout ce qu'on y fait habituellement, plus le reste : j'écris, je réponds à mes courriels, prépare mes émissions de télé. Souvent, je ne sors de ma chambre que vers 9 h 30. Si je peux, je vais alors faire du jogging et quelques mouvements de taï-chi. Ensuite, je me fais un breuvage santé avec des poudres de protéine de riz, d'orge déshydraté, d'algues et de psyllium dans un lait végétal, plus une montagne de vitamines, que j'absorbe religieusement, convaincu que je m'écroulerais si j'arrêtais. Drôle de mélange. Mes amis en ont le dégoût ! D'autant que je mange debout, au comptoir. M'asseoir m'endort ! Et moi, mon rêve dans la vie, c'est de m'éveiller. S'éveiller, j'ai souvent pensé que c'était là le jeu favori de l'univers : sortir du néant pour se révéler à soi-même sa propre existence, quelle extase ! Et dire que nous pouvons vivre ça chaque matin.»

À LIRE
Victime des autres, bourreau de soi-même, Guy Corneau, éd. Robert Laffont.

Jacques Salomé :
Ses premiers gestes du matin ne sont pas les mêmes selon qu'il est seul ou avec elle. Ensuite, il écrit…
«Quand je suis avec elle, les yeux encore fermés, c'est tout mon corps qui se tend vers le sien, ma main qui se glisse vers le doux de son ventre... Un geste qui est surtout un murmure d'ex-enfant, pour dire le bon de sa présence et ma confiance de la savoir là, si proche. Puis je prépare le petit déjeuner, comme un rituel. Après la toilette, quelques pas sur ma terrasse, pour sentir le temps qu'il fera. Et déjà, je suis ailleurs.
Seul, c'est très différent. Le premier geste, avant d'ouvrir les yeux, est de lancer mon bras pour chercher mes lunettes, prendre un livre abandonné dans la nuit et lire, pour faire reculer encore un peu le temps de l'action. Ensuite, quelques exercices d'assouplissement et de musculation. Puis je prends mon petit déjeuner et je tombe dans l'écriture. Le matin, c'est l'écriture ! Rassembler les idées qui ont germé la nuit et sont là, à fleur de pensée…»

À LIRE
Passeur de vie, Jacques Salomé et Marie de Solemne, éd. Dervy.

Noëlla Jarrousse :
Sage-femme, sexologue, conseillère conjugale, enseignante, conférencière, auteur et journaliste, cette maîtresse femme est aussi mère de quatre enfants.
«En me réveillant, à 7 h, je me répète des phrases clés du genre : “Chaque jour est un festival de joie”, ou : “Aucune richesse au monde n'est inaccessible”, pour chasser les idées négatives. Les échecs ou réussites de la veille me servent aussi de tremplin. Puis je me lève et, fenêtre ouverte, je fais dix minutes de qi gong. C'est le secret de ma forme ! Je contrôle ma respiration et pratique un étirement général. L'intelligence du corps est primordiale. Elle permet de vivre en harmonie avec soi. Corps et esprit sont intimement liés. Il faut apprendre à les écouter, à décoder leurs messages, pour mieux les marier. J'effectue ensuite un brin de toilette avec des produits naturels, revêts mes vêtements préparés la veille au soir et retrouve ma famille autour du petit déjeuner, à base de pain complet et de thé au lotus. Nous discutons de notre journée et prenons le temps, ce rituel est sacré.»

À LIRE
Le couple, attirance et réussite, Noëlla Jarrousse, éd. Ellébore.

CONTACTS

Toilette

À lire

- *Le propre et le sale,* Georges Vigarello, éd. du Seuil.
- *Cheveux, toison et autres poils*, Luisa Futoransky, éd. Presses de la Renaissance.
- *Huiles de beauté et de santé,* Chantal et Lionel Clergeaud, éd. Cheminements Santé.
- *Le bien-être par les huiles essentielles*, Clara Maxwell-Hudson, éd. Hachette.
- *Les huiles essentielles pour votre santé, traité d'aromathérapie : propriétés et indications thérapeutiques des essences de plantes*, Guy Roulier, éd. Dangles.
- *Manuel pratique des médecines douces*, Patrick Pietroni, éd. Hachette.
- *Secrets de jouvence*, Christopher Vasey, éd. Jouvence.
- *Homéo dermato* (tous les problèmes de peau et leurs traitements), Homéo Guide, éd. Hachette.
- *Histoire du parfum et hygiène de la toilette,* S. Piesse, éd. Baillière et fils.
- *Planète Attitude, Les gestes écologiques au quotidien*, éd. Seuil-Pratique et WWF.

Contact

Une histoire du parfum : www.osmoz.fr

Méditation

À lire

- *Petite philosophie du matin,* Catherine Rambert, éd. Numéro 1.
- *Techniques de méditation,* Marc de Smedt, éd. Albin Michel.
- *L'art du T'ai chi chuan*, Jean-Claude Sapin, éd. Dangles.
- *Exercices spirituels pour tous les jours,* Anselm Grün, éd. Desclée de Brouwer.

Contacts

- École française de yoga : 3 rue Aubriot, 75004 Paris, tél : 01 42 78 03 05 – fax : 01 42 78 06 27 – www.efy.asso.fr
- Dojo zen de Paris (siège de l'Association zen internationale-AZI) : 175 rue de Tolbiac, 75013 Paris, tél : 01 53 80 19 19 www.zen-azi.org
- Centre Vipassana : Dhamma Mahi, Le Bois Planté, 89350 Louesme, tél : 03 86 45 75 14 – fax : 03 86 45 76 20.

Breakfast

À lire

- *La santé vient en mangeant,* Pierre Henri Meunier, éd. PHM.
- *Soyons moins «lait»,* Nicolas Le Berre, éd. Terre Vivante.
- *Le sel de vie, notre santé alimentaire*, Jean-Yves Kergall, éd. Séline.
- *La fin des régimes*, Jean-Philippe Zermati, éd. Hachette.
- *Les céréales pour votre santé, usages et propriétés diététiques et thérapeutiques des céréales complètes,* Jean-Luc Darrigol, éd. Dangles.
- *Traité de l'alimentation et du corps*, éd. Flammarion.
- *Vitamines et vitaminothérapies* Claude Binet, éd. Dangles.
- *Les 10 secrets de la santé,* Adam J. Jackson, éd. Vivez Soleil.
- *La diététique du Tao*, Philippe Sionneau et Richard Zagorski, éd. Trédaniel.
- *La diététique du Yin et du Yang. L'alimentation adaptée à votre tempérament et à votre santé,* Dr You-wa Chen, coll. Réponses santé, éd. Robert Laffont.

Contacts

- Formation en diététique du Tao : Philippe Sionneau, tél : 05 61 50 04 61 - philippe@sionneau.com

Grossistes livrant sur commande :

- Celnat (céréales, muesli) : ZI Blavozy, St-Germain, 43700 Brives.
- Céréal (céréales) : La Lombardière, 07100 Annonay.
- Della (pâtes, aliments, couscous) : BP 282, 08104 Charleville-Mézières.
- Favrichon (flocons, muesli) : BP 2, 42470 St-Symphorien-de-Lay.
- LIMA (céréales) : Edgar Gevaertdreef 10, B 9830 Sint Martens Latem, Belgique.
- Suc de canne complet : Valvidia, Sté auxilière de l'agriculture, 39 av d'Iéna, 75016 Paris.
- Vapo fruit (pour faire soi-même des jus de fruits pasteurisés) : Ets Blaumeyer,11 rue de Sarrelouis, BP 27, 57320 Bouzonville.
- Pain complet biologique Lemaire : Les Loges, BP 13, 49480 St-Sylvain-d'Anjou.
- Pain complet biologique : Lima, Moulin d'Andiran, 47170 Mezin.
- Borsa Minoterie : J. Couturier, BP 28, 42601 Montbrison.
- Manger vrai : Belin restauration, av A.-Croizat, BP 93, 91003 Evry.
- Famille Mary (apiculteur depuis 1921) : La ruche de Beau Rivage, 49450 St-André-de-la-Marche.

Le réveil des organes selon la médecine chinoise

De 3 h à 5 h	: réveil du foie - bois
De 5 h à 7 h	: réveil du gros intestin - métal
De 7 h à 9 h	: réveil de l'estomac - terre
De 9 h à 11 h	: réveil de la rate - eau
De 11 h à 13 h	: réveil du cœur - feu

Énergie

À lire

- *Bien dormir pour vivre*, Pierre Fluchaire, éd. Dangles.
- *5 minutes de massage*, Robert Thé, éd. Hachette.
- *Gymnastique quotidienne, programme journalier de culture physique, d'entretien corporel et de gymnastique*, Dr J.E. Ruffier, éd. Dangles.
- *La voie de l'énergie. L'éveil et le développement du Chi ou énergie vitale,* Vlady Stevanovitch, éd. Dangles.
- *Vivre content,* Jean-Louis Servan-Schreiber, éd. Albin Michel et Le Livre de poche.
- *Les mudrâs, une gestuelle énergétique,* Philippe Vincent, éd. le Souffle d'Or.
- *Digipuncture taoïste, l'énergie au bout des doigts,* Gérard Edde, éd. Chariot d'Or.
- *Qi gong de la régénération des moelles,* Gérard Edde, éd. Chariot d'Or.
- *La Fatigue chronique, la reconnaître, la combattre, la traiter,* Dr André Mergui, éd. Guy Trédaniel.
- *La bioénergie,* Alexander Lowen, éd. Tchou.
- *Shen ou l'instant créateur*, Jean-Marc Eyssalet, éd. Trédaniel.

Contacts

- Paule Salomon : Séminaires et conférences, Bien-être et Santé : tél : 04 93 60 61 58 – secretariat@paulesalomon.com
- Institut européen de Qi Gong : Chemin de Chave, 13840 Rognes, tél/fax : 04 42 50 28 14 – www.ieqg.com – info@ieqg.com
- Qi Gong pour les enfants, association Le Pas de Pegaze : 90 rue Lafayette, 75009 Paris, tél : 01 40 22 07 05 www.lepasdepegaze.com
- Qi Gong et Silhouette, Les Temps du Corps : 10 rue de l'Échiquier, 75010 Paris, tél : 01 42 46 77 32 et Maryse Guez, tél : 05 59 01 00 21 – mguez@netup.fr

S'habiller

Se promener nu dans les rues serait manquer de simplicité. Il est des austérités vaniteuses. À l'inverse, se vêtir de couleurs chatoyantes peut s'avérer non de l'ostentation, mais une offrande. Par notre manière de nous habiller chaque matin se matérialise notre capacité à donner et à participer au monde. Quant à l'essentiel, il dépend, non du vêtement, mais de la façon dont nous habitons notre corps : une pauvre paysanne indienne, vêtue d'un simple sari, peut sembler mille fois plus noble qu'une riche Occidentale portant une fortune sur le dos.

Comment être libre de son image ?

«J'avais un maître zen. Un jour, je lui ai demandé ce que représentait la ceinture dans le vêtement japonais traditionnel qu'il portait. Il m'a répondu : "Elle empêche mon pantalon de tomber." Il cherchait à stopper mes élucubrations sur le symbolisme du vêtement. À l'époque, je ne m'habillais qu'en violet ! Le maître avait raison. Mais je n'avais pas tort non plus : qu'on le veuille ou non, notre costume revêt toujours une valeur symbolique.» Ainsi parle l'artiste Alexandro Jodorowsky, acteur, cinéaste, scénariste de BD, poète, écrivain et grand tireur de tarot devant l'Éternel. Nous lui avons demandé son témoignage.

«Comme le suggérait le maître zen, il ne faut pas oublier que nos vêtements ont d'abord une fonction utilitaire et répondent à un besoin vital : nous n'avons pas de fourrure ! Mais notre façon singulière de répondre à ce besoin relève d'un choix – conscient ou inconscient. Conscient, nous nous habillons pour plaire, pour séduire… ou pour exprimer un état émotionnel ou spirituel. Au niveau spirituel, je peux par exemple adopter un uniforme religieux, donc afficher une croyance, ou au contraire désirer rester humble et anonyme, me fondre dans la masse. Le costume parfait sort de l'âme de chacun. Dans l'idéal, chacun devrait donc être l'artisan de sa propre mode. Cela n'est pas réalisable actuellement. Nous n'avons pas atteint ce degré de liberté collective. Aussi notre personnalité s'exprime-t-elle au travers des grands choix vestimentaires que la mode nous propose. Quoi qu'il en soit, nous devrions être conscients de ce que nous portons, et comprendre en quoi notre apparence exprime les influences familiales ou sociales que nous subissons.

Les matières : «Rien n'est anodin. Selon que nous nous habillons de tissu fin, de grosse toile, de cuir, de fourrure ou de vinyle, nous nous trouvons entraînés dans des vibrations différentes, qui induisent des comportements spécifiques. De façon générale, les matières animales sont associables à des énergies d'agression, de défense, de combat, de mort. Les matières plastiques et synthétiques disent que nous acceptons de fonctionner dans l'artifice, de nous y adapter – éventuellement jusqu'à l'anti-nature et l'anti-écologie. Le coton, la laine, la soie, le lin devraient être les quatre éléments essentiels du vêtement.

Les couleurs : «Quant aux couleurs de nos habits, elles devraient provenir de teintures naturelles, elles aussi. Elles seraient alors plus directement porteuses des énergies symboliques auxquelles on les associe traditionnellement. Pendant dix ans, j'ai été monochrome, ne portant que du violet. Ce fut une expérience très intéressante. C'était une sorte d'uniforme personnel, qui me coupait de la société. Je ressemblais un peu à un prêtre. Le violet est un mélange de rouge et de bleu. Son énergie est à la fois active et réceptrice. C'est une couleur androgyne, qui m'aidait beaucoup dans mon étude du tarot. Mais cela m'a aussi permis de comprendre les autres couleurs : étant monochrome, leurs fonctions respectives m'apparaissaient par manque, par défaut. Les grands peintres, comme Picasso, sont souvent passés par la monochromie pour comprendre la fonction et le symbolisme des couleurs.

«Aujourd'hui, je me sens libre de m'habiller comme j'en ai envie. Mais j'ai abandonné certaines envies provocatrices de ma jeunesse. Je comprends la phrase du vieux sage juif : "Parmi ceux qui sont habillés, va habillé ! Parmi ceux qui sont nus, va nu !" Il faut s'adapter à l'époque et au lieu où l'on vit. Mais il faut le faire consciemment, sans en adopter les travers.»

À LIRE

Le théâtre de la guérison, Alexandro Jodorowsky, éd. Albin Michel.

L'échelle de la vie, Alexandro Jodorowsky, éd. du Relié.

UNIFORME

Prendre la robe

Les fondateurs d'ordre monastique ont toujours pris grand soin de préciser dans quelle tenue devraient vivre leurs adeptes. Débarrassés de tout souci vestimentaire, ceux-ci pouvaient se consacrer à la prière, à leur prochain, au travail…

C'est une coutume universelle : lorsqu'on embrasse la vie religieuse, on se défait des habits qu'on a portés jusque-là, pour adopter une tenue nouvelle. En Occident, on connaît les robes symbolisant l'appartenance aux divers ordres monastiques. Inversement, l'abandon de la soutane, après le concile Vatican II, a contribué à la perte d'identité du clergé catholique. «Prendre l'habit» a toujours été un acte signifiant. Ainsi le jeune Marc Aurèle abandonna-t-il la robe blanche bordée de pourpre, que portaient les fils de patriciens, pour la robe de laine grossière des philosophes, anticipant là sa future carrière d'empereur stoïcien.

LA LAINE DES SOUFIS : Le mot qui désigne les mystiques musulmans, «soufi», vient-il du froc de laine qu'ils portaient, à l'instar des moines chrétiens du Moyen-Orient. Pour les soufis, chercher Dieu se dit «revêtir la laine» (*tasawwuf*). Exemple de «costume» religieux extrême : *les sannyâsin* (renonçants) hindous, qui vivent nus tout le temps.

LE RAPIÉÇAGE BOUDDHISTE : Dans le bouddhisme, le vêtement monastique remis lors de l'entrée dans la communauté a encore une grande portée symbolique. Le mot sanscrit qui le désigne, *kâsaya*, est une toge que l'on porte nouée sur l'épaule gauche. Il est dit que le Bouddha rassembla des morceaux de tissus souillés, les lava, les teignit avec de la terre (*kâsaya* est la couleur ocre jaune) et les cousit ensemble. Ce rapiéçage devint le vêtement du moine, symbolisant la victoire spirituelle de la fleur de lotus poussant sur la vase. Dans la tradition zen, la robe ocre (en japonais *kesa*) a une signification encore plus profonde, puisqu'elle symbolise la transmission de maître à disciple, l'esprit pur de l'éveil, devenant ainsi en elle-même objet de foi. Ici, revêtir l'habit fait le moine, à charge pour lui de le réaliser.

NATURISME

Nos rébellions nudistes nous ont-elles guéris ?

Le naturisme ? Une réaction à ce que l'on pourrait appeler la «sortie de corps collective» de l'Occident, soit deux ou trois siècles de pudibonderie pathologique, d'interdits et de négation du corps, de la jouissance, du sexe (du XVIIIe au XXe), «mus par une alliance puritaine et perverse entre les mères et les prêtres, dit le psychanalyste Didier Dumas, puis entre les mères et les médecins qui remplacèrent les prêtres».

Il y eut, au début de la révolution de 1917, des citoyens défilant tout nus dans Moscou avec des pancartes «À bas la honte !».

À la même époque, il y eut un fort mouvement naturiste du côté des Germains qui, hélas, plut ensuite beaucoup au nazisme.

Un demi-siècle après, il y eut en Amérique la contre-culture hippie, qui mit joyeusement beaucoup de monde à poil. Il y eut, toujours en Californie, des lieux où des chercheurs de renom organisaient des séminaires nus pour s'interroger *in situ* sur la pudeur, la honte, la pression sociale (notamment l'Institut Esalen)…

Nous, Français, avons eu BB, qui lança le bikini au milieu des fifties et fut la première à se dénuder entièrement au cinéma (la journaliste Françoise Giroud la remercia publiquement, au nom de toutes les Françaises, d'avoir ainsi œuvré à la libération des femmes).

Et aujourd'hui ? Beigbeder n'a dérangé personne en animant une émission télé en tenue d'Adam.

Si vous tapez «L'origine du monde Courbet» sur internet, le fameux tableau d'un sexe féminin s'affiche illico. Le (bouleversant) texte des *Monologues du vagin* a fait un succès théâtral dans tout l'Occident (voir aussi Aimer, page 259), etc. Le naturisme aurait-il perdu son aura de rébellion ?

À LIRE

Et si nous n'avions toujours rien compris à la sexualité ? Didier Dumas, éd. Albin Michel

> *“Si le cœur ne contemple pas, l'œil ne verra rien.”*
>
> **PROVERBE CAUCASIEN**

TACTIQUE

Cinq conseils pour booster le style de vos tenues

• Éclairez votre visage : portez, près du visage, les tons qui vous avantagent vraiment. Rééquilibrez l'effet d'une veste de couleur peu seyante en portant toute votre attention sur la couleur de la chemise, du pull, du sweat, d'un foulard. Choisissez les accessoires proches du visage (boucles d'oreilles, collier, foulard) pour la lumière qu'ils peuvent lui donner.

• Donnez du relief en jouant des contrastes : dynamisez vos tenues monochromes en exploitant les jeux de matières. Variez les couleurs de vos chemises et combinez ces couleurs en vous affranchissant du monochrome. Jouez sans complexe des «accents» visuels (écharpe, pochette, cravate) contrastés, pourvu qu'ils présentent au moins une concordance avec le reste de votre tenue. Essayez, pour voir, un ensemble de coupe traditionnelle dans une couleur nouvelle.

• Exprimez votre personnalité dans le choix de vos accessoires : choisissez vos bijoux, ceintures, chaussures sans perdre de vue qu'ils peuvent fortement contribuer à la vitalité et au caractère de vos tenues. Portez pour la première fois vos vêtements ou associations «osés» dans un contexte où vous vous sentez en confiance. Aux personnes dont la carnation est pâle, les tons froids vont bien, à base bleutée, argentée, les métaux blancs, la nacre. À ceux dont la carnation est dorée, les tons chauds vont mieux, ainsi que l'or et le bronze.

• Constituez-vous un «patrimoine» : choisi pour le plaisir (et aussi pensé en fonction des combinaisons auxquelles il se prête) un «bon» accessoire peut modifier la tonalité d'une tenue et en multiplier ainsi l'usage. Portez vos accessoires avec confiance, en vous reposant sur la «grammaire» des concordances et des contrastes.

• Restez à l'affût des idées stimulantes : développez votre créativité personnelle en vous intéressant en priorité à l'art d'associer couleurs, matières, formes. Observez les autres, les vitrines, les magazines… mais aussi la nature et, bien sûr, les œuvres d'art !

COMMENT LA MODE PÉTRIT NOS VIES

On en est victime ou pas. On l'adore ou on l'abhorre. Peu importe : rien n'empêchera la mode d'épouser nos jours, d'influencer nos relations, de refléter nos vies. Il suffit d'écouter Catherine Ormen, historienne de la question et fondatrice du musée de la Mode de Marseille, balayer soixante années vestimentaires pour s'en convaincre. Résumé.

Années 50 : c'est la haute couture qui fait la loi. Les femmes s'habillent en «confection» quand elles n'ont pas le choix : celle-ci est considérée comme ordinaire et elle l'est ! Parfois elles ont une petite couturière – on s'échange les bons «patrons» – et souvent elles-mêmes savent coudre.

Entre les années 50 et 60, les confectionneurs ont copié les méthodes américaines, ils embauchent des stylistes, éduquent la population au prêt-à-porter aidés par *Elle* et *Jardin des modes*. La haute couture veut rattraper la rue et vice versa.

Début des années 70 : c'est l'anarchie, tout est permis, toutes les longueurs, toutes les couleurs, comme dans les années 20, liberté totale, sans retour au passé. Les années 70 marquent le changement. L'image idéale qui dicte la beauté n'est plus une jeune fille androgyne, mais une femme passée d'une grande maigreur à un corps musclé : c'est le temps du jogging de Véronique et Davina.

Années 80 : le culte du corps grandit, la dictature des apparences règne...

Années 90 : sida, crise du Golfe, émergence des préoccupations écologiques et prise de conscience qu'il est temps d'envisager de consommer intelligent ; du coup, on se dirige vers une plus grande individualisation. La tolérance est de mise. La course aux marques est dépassée – elle devient même vulgaire, ce n'est plus le vêtement, mais la culture qui signe les différences sociales. Ne plus consommer idiot, c'est aussi le retour aux valeurs sûres, authentiques, au fait main, les vêtements issus de l'univers professionnel, le caban, le duffle-coat, le jean…

Années 2000 : la consommation intelligente et individuelle est très présente. On jette beaucoup moins, on récupère et on transforme (le *vintage*), on personnalise, on mélange – un vêtement Tati avec un autre qui a de la valeur. On s'est affranchi de ces codes de bienséance dont on était terriblement tributaire, (rappelons-nous la codification du deuil). On a oublié le modèle unique : on nous propose une multitude de canons esthétiques, un métissage qui permet la différence. Tout va donc plutôt bien ? Oui, dit Catherine Ormen, sauf que la dictature des corps est encore là ! Cette fois, sous le prétexte de la santé. Et parfaitement intériorisée. Résultat : les tailles au-dessus du 44 n'ont toujours pas droit de cité. L'offre n'a jamais été aussi ouverte, c'est vrai, mais ce n'est pas suffisant. L'idéal serait que chacun puisse faire sa mode. On n'y est pas encore. Formes et motifs sont encore très assujettis aux tendances. Mais, conclut-elle, il y a cette floraison de petits créateurs avec leur atelier-boutique : il faut aller les découvrir…

CONTACTS

Parmi les créateurs sympas, signalons :

• Daniel Jasiak, 6 rue Cassette, 75006 Paris, tél : 01 45 49 13 56.

• Anne Willi (branchée sur l'art contemporain), 13 rue Keller, 75011 Paris, tél : 01 48 06 74 06.

• Hannoh, 7 rue Saint-Sébastien, 75011 Paris, tél : 01 48 05 67 75 et 01 48 06 74 06.

• Danièle Guibal, 9 rue Rochechouart, 75009 Paris.

• Delphine Kohler, 38 rue Quincampoix, 75004 Paris, tél : 01 42 77 12 46.

“S'il y a un diamant dans la poitrine, il brille sur le visage.”

PROVERBE SANSCRIT

MODE ET MODE DE VIE

Jean Rouzaud, dessinateur satyrique mordant (notamment à* Bazooka, Actuel, Nova *et dans ce* Grand livre de l'essentiel, *page 336), humoriste, journaliste, écrivain, réalisateur, n'est pas de ceux qui pensent que s'habiller est futile. «Tous les matins en vous habillant, dit-il, vous sacrifiez à un rituel très ancien et vous faites œuvre de création.» Il n'est pas non plus de ceux qui mâchent leurs mots.

Ce qui met notre artiste en colère ? La radicalisation de la mode – sur les podiums et sur le papier, des gamines impubères et anorexiques en bottes et en short – sous la dictature de quelques grands créateurs, (très peu de créatrices vous le noterez).

Et il déplore aussi la perte de mémoire et donc de culture dans le monde de la mode. Ça avilit les femmes, s'emporte-t-il, de leur dire «Mettez ça !» sans leur expliquer pourquoi et d'où ça vient.

Une fois qu'il a vidé son sac, Jean Rouzaud répond avec grâce à vos questions…

Faut-il beaucoup d'argent ?

«Les femmes qui se vivent mal ne sont pas sexy. Si elles se vivent attirantes, elles le sont ! On peut être parfaite avec trois sous. Des cheveux brillants, des ongles bien faits, un jean avec de jolies chaussures. C'est tout, pas besoin d'autre chose. Et puis il y a la fripe. On trouve des choses géniales. La preuve d'ailleurs, le vintage a récupéré cette mine.»

Même la femme de plus de 50 ans ?

«Bien sûr, éviter le jean patte d'éph, mais un pantalon cigarette, un chemisier blanc, ou gris, ou noir, de jolies chaussures, ni trop rondes, ni trop pointues, un bijou classe et voilà, vous êtes belle ! Finalement, la mode m'intéresse quand elle se confond avec le mode de vie. Les femmes tuent leur teint si elles cumulent à hautes doses cigarettes et café. Tout est possible – il ne faut se priver de rien ! – mais sans excès quotidien. Une femme nette, simple, c'est ça l'élégance. Au studio Berçot – une des meilleures écoles de style de la planète – le premier cours qu'on nous donnait était un cours d'hygiène ! Comment on se lave et comment on lave ses affaires…»

Et les hommes ?

«Ils suivent loin derrière. Une véritable catastrophe ! Il va falloir qu'ils s'y mettent, à l'équilibre alimentaire, aux soins de la peau, au minimum de respect esthétique des autres et à tout le reste. Sinon, ils vont avoir des surprises avec les femmes.»

MUSÉES

Les fous de mode à travers l'histoire

Vous pouvez satisfaire votre passion au centre de documentation du musée de la Mode et du Textile après avoir admiré les plus belles collections du monde : 16 000 costumes, 35 000 accessoires, des milliers de dessins originaux.

Les Marseillais sont aussi bien lotis avec un musée de la Mode fort de 6 000 costumes et d'un très bon centre de documentation.

CONTACTS

- 107 rue de Rivoli, 75001 Paris, tél : 01 44 55 57 50
- 11 La Canebière, 13001 Marseille, tél : 04 96 17 06 00

CRÉATION

Les modèles uniques de Marie-Philippe

Elle se définit comme une plasticienne du textile et elle a bien du talent. Sur des modèles simples, par assemblage de matières, elle compose une robe ou une jupe comme on le ferait d'un tableau. Une création dans laquelle vous vous glisserez ensuite voluptueusement… pour mieux tisser votre vie ! Prix doux.

CONTACT

tél : 06 63 45 58 62

CHRONIQUE

Se déguiser en bourgeois

«Il me toisa sans rien trouver à reprocher à mon foulard de soie, approuva silencieusement mon costard fil à fil (coupe grand tailleur, porté avec le brin de désinvolture nécessaire pour éviter toute suspicion d'endimanchement), ainsi que mon pardingue de tweed et mon borsalino hautain. J'avais prudemment remisé ma pipe, pour ne choquer les convictions de personne, et j'étais rasé de frais, sans intempestive estafilade. Ainsi équipé, je faisais homme de ciné ou profession libérale quelconque, prospère, mais pas flic, même privé, pour un radis. Autrement dit, j'inspirais confiance.» (Léo Malet, extrait de *Le soleil naît derrière le Louvre*.)

PERSONNALISER

Un pro pour conseiller votre shopping ?

Cela se passe dans les magasins du Printemps, c'est gratuit et plutôt marrant. Bertrand vous reçoit avec un petit café et on cause avant de partir grappiller dans les rayons du magasin : selon votre budget, vos désirs et les intuitions du maître. Les gens viennent ici pour un nouveau job, une cérémonie, un rendez-vous inhabituel. Bertrand ne veut pas redessiner votre look, mais il aime bien vous aider à sortir de vos habitudes, renoncer au tout noir par exemple ou essayer une jupe. «Je pousse les femmes à être plus féminines.» En tout cas, il a l'œil. Quand il vous dit : «Moi, je vous verrais bien habillée par Lilith» et qu'il vous emmène voir ces ravissantes petites choses, si délicieusement «déstructurées» et tout simplement faites pour vous, vous tirez votre chapeau !

CONTACT
Tél : 01 42 82 66 11

RADICAL

Carrément relookée ?

Vous en voulez plus ? Un relooking de la tête aux pieds ? Dissoudre l'ancienne dégaine pour vous vêtir d'une personnalité totalement nouvelle ? Josy Mermet le fait selon une méthode intitulée la «chromopsychologie». Ça coûte 175 euros et on peut rien vous dire de plus, parce qu'on n'a pas essayé, mais on en a entendu causer. Why not ?

CONTACT
www.josymermet.com

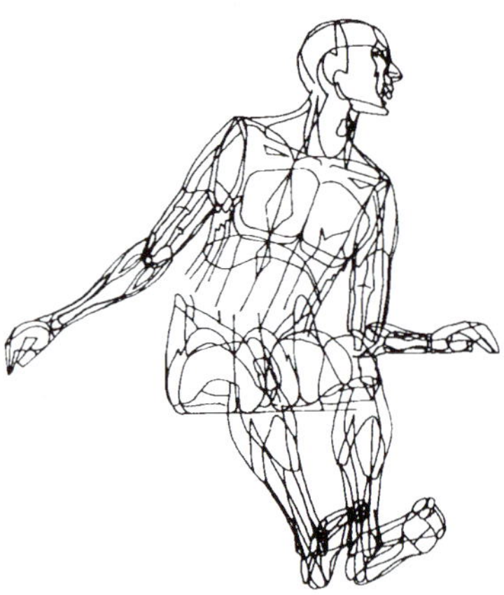

«Tout être a un côté audacieux et noble, qu'il peut réveiller en lui»

«Nous n'inventons rien, nous sommes des éponges ! Nous ne faisons pas la pluie et le beau temps. Nous sommes simplement l'une des étapes d'un vaste processus qui fabrique l'avenir.» Qui parle ainsi de son étrange métier ? Grégoire Vivent, directeur chez Nelly Rodi, bureau de tendances.

«Ce que nous appelons la tendance ce sont les "signaux faibles"qui feront la mode dans deux ans. Pour les repérer, on court le monde, on lit, on va voir des expos, des films, on ramasse des infos sur tout ce qui nous attire, nous dérange, on suit de près des personnalités, la chanteuse Bjork par exemple, toujours en avance. On remplit un panier virtuel : un bout de plastique, une photo, un vieux flacon aux puces avec une odeur intéressante. Ensuite, on se réunit, on déballe tout, on essaie de voir où ça fait sens, où se produisent des intersections. Après, on ira voir des sociologues, des philosophes. On a travaillé avec Michel Maffesoli sur le réenchantement, avec Michel Serres sur l'angélisme – qui s'est traduit pour nous par la transparence, la fluidité. Ils viennent relayer nos premières intuitions C'est tout cela qui nourrira les cahiers de styles que nous proposons à nos clients, cahiers déclinés pour la mode par fils, couleurs, tissus, maille, impression et enfin modèles de prêt-à-porter. Quelles sont actuellement les tendances de fond ? L'authentique, l'historique, l'ethnique, le contemporain.»
Un conseil aux femmes ? «Qu'elles osent plus ! Elles sont un peu timides. Qu'elles redeviennent des artistocrates, qu'elles retrouvent l'esprit de la Parisienne !» Un conseil aux professionnels de la mode ? «Un peu de modestie ! On est des artisans, pas des artistes. Un tableau du Caravage, une toile de Matisse, c'est un point de vue sur le monde. Pas une robe de Saint Laurent, aussi sublime soit-elle. Au Japon, le culte voué à certains créateurs relève de la secte. La tendance "fashion facho" est dangereuse. Le supplément d'âme, on ne le trouvera pas sur un portant…»

CONTACT
www.nellyrodi.fr

On peut s'y mettre à plusieurs pour déchiffrer les secrets de votre façon de vous habiller

Un stage de trois jours où l'on ne fait que s'habiller, se déshabiller et rebelote ! Un stage pour comprendre «comment on fait avec nos fringues». Un stage qui – évidemment – attire plus de femmes que d'hommes. Aline Dagut l'anime depuis vingt ans, dans le cadre de l'école parisienne de Gestalt.

«Nos habits dévoilent notre manière d'être au monde, essayer de comprendre ce langage-là est passionnant.» Chacun vient avec ses vêtements des quatre saisons. Le jeu consiste à échanger, à essayer, à écouter les suggestions de l'autre, à suivre des consignes. Par exemple, mettre quelque chose de nouveau pour moi. Ou quelque chose que je ne porterai jamais. Car c'est le lieu où jamais d'oser. Et de voir ce que cette tenue m'évoque ou provoque en moi, et ce que les autres ressentent – les deux n'étant pas toujours calqués, loin de là. Pourquoi ? «Le premier objectif, explique l'animatrice, est sans doute de découvrir ce que je mets dans mon choix et ce que les autres y voient, et, du coup, d'apprendre à utiliser mes vêtements. Comme si, d'une certaine façon, ils réveillaient certains aspects endormis ou relégués de ma personnalité.»
L'une découvre qu'elle s'est habillée en rouge à une époque de sa vie où elle devait absolument être combative. L'autre réalise que, si elle met ces camaïeux de roses et de parme, c'est parce qu'elle a envie de faire passer de la douceur. «Je ne cherche pas du tout à les relooker, mais après le stage, on s'habille (un peu, beaucoup) autrement, poursuit Aline. S'habiller n'est pas du tout chose futile. Les vêtements nous accompagnent toute notre vie. À peine né, on nous habille. S'habiller procède du respect de soi et de l'autre. Et de sa liberté.» «Je suis trop mince, ou trop enveloppée, je vais aller dans ce sens, le revendiquer. Comment je peux profiter de ça ? Comment je peux m'amuser ?» Moi, je m'amuse toujours, autant qu'en 68 où j'étais habillée en gauchiste !

CONTACT
École parisienne de Gestalt,
27 rue Froidevaux, 75014 Paris,
tél : 01 43 22 40 41.
Aline Dagut, tél et fax : 05 61 07 73 90.

RÉGRESSION

«Désolée, mais porter le voile, c'est reculer !»

La parole est à la jeune comédienne Rachida Khalil. Née au Maroc, elle a grandi en France et choisit l'humour, à travers son spectacle *La vie rêvée de Fatna*, pour dénoncer discrimination et fanatisme : «Si des jeunes filles en France portent le voile par conviction religieuse, c'est respectable. Mais il s'agit le plus souvent d'un geste politique. Sans travail ou victime du racisme, elles se sentent rejetées. Le voile est alors un moyen de revendiquer leur identité. Cette attitude m'attriste, car elle n'aide ni leurs futures filles ni les femmes qui subissent quotidiennement des humiliations, partout dans le monde. Désolée, mais regardez donc un peu plus loin que le bout de votre quartier : porter le voile, c'est reculer !» (*Télérama,* Sortir, 23/3/2005.)

OMNIVORE

Faire habit de tout bois

«Des adresses pour t'aider à te refaire un look ? Mais bien sûr, attends !» Si vous demandez à Claude Challe, l'un des DJ les plus célèbres de la planète, un conseil pour vous habiller, il vous inondera aussitôt de tant d'idées que vous aurez honte d'avoir à ce point manqué d'imagination jusqu'ici : «Le pantalon multicolore que je porte, je l'ai fait faire dans un vieux tapis marocain, et j'ai trouvé mon gilet aux puces d'Amsterdam.» Sa chemise de soie, noire et bleue ? Elle sort d'un simple marché de rue, à Bangkok. Mais il vous rassure : «Ne crois pas qu'il faille forcément beaucoup voyager pour s'habiller de façon originale. Va donc faire un tour dans n'importe quel quartier chinois et achète-toi des pyjamas de soie : ça te fera des tenues de soirée grande classe !» Et ses foulards de soie extravagants ? Droit sortis de chez Tati.

LE LUXE DU SUR-MESURE EST À VOTRE PORTÉE ET VOUS NE LE SAVIEZ PAS ?

A priori on peut TOUT faire faire sur mesure : la tenue très grand soir et la robe de mariée brodée, cela va de soi ; mais aussi la copie de la jupette que vous portiez il y a dix ans, ou le bijou jailli de votre fantaisie, ou même le parfum résumant vos fantasmes.

Adrienne Ribes-Tiphaine a écrit un bijou de guide intitulé *Paris sur mesure*. L'écriture est vive et poétique et les conseils et adresses d'une grande précision. Il en ressort que le sur-mesure peut s'étendre à tout. Vous pouvez personnaliser – on dit «customiser» – un vieux gilet avec de la dentelle, faire imprimer des photos sur une jupe, décliner en plusieurs coloris un modèle que vous avez trouvé en Inde, commander un boubou en soie imprimé léopard qui sera réalisé au Niger, cultiver la sobriété minimaliste ou le glamour hollywoodien, vous offrir une robe à tournure (= faux cul) pour un bal costumé… Le guide n'oublie ni les enfants ni les hommes. Après les fendus fatals et le crêpe Georgette, le fantasme patine un peu sur «la veste deux boutons avec épaules et revers souples», même si elle est en cachemire tropical. Un chapitre est consacré aux accessoires qui ne le sont, comme on sait, pas du tout : chaussures, gants, bibis en tout genre, à plumes, à perles, en cuir, crin, fourrure, velours, des turbans capelines, panamas, borsalinos – «Quand vous enlevez mon chapeau, il faut que vous soyez moins belle !» déclare le créateur Jacques Pinturier ! Tout cela n'étant pas vraiment donné, vous pouvez aussi vous inscrire à des cours de couture !

ROYAL : VOTRE PARFUM D'ENFANCE :
Imaginez vos premiers émois olfactifs, ceux qui sont les plus durs à dire avec des mots : le chemin de l'école et ses fleurs de troène, la barbe à papa de la fête foraine, ou le talc à l'iris de votre marraine… Vous les confiez à Francis Kurkdjian, jeune et grand parfumeur. Et voici que naît votre parfum, à vous seule, concocté par un Nez qui vous parle de Proust, du dernier livre qu'il a adoré (*Musc*, de Percy Kemp, éd. Albin Michel) et du parfum de Marie-Antoinette qu'il a recréé à partir de documents d'archives…
Combien ? Allez, ne soyez pas mesquine ! 8 000 euros. Sur rendez-vous.

DÉMOCRATIQUE : VOS BIJOUX
Quatre heures pour réaliser votre bijou singulier. Rendez-vous chez La Castafiore, un tout petit atelier-boutique du 19e, à Paris. Antonio, carrure d'athlète et mains d'artiste, vous offre son sourire et son léger accent italien. 1re séance pour travailler la cire avec les doigts, un scalpel et du papier de verre et donner forme au bracelet, à la bague, au pendentif qui vous trotte dans la tête. Si vous manquez d'idées, comptez sur Antonio, il crée comme il respire. 2e séance, votre création est revenue du fondeur, elle est en laiton, en bronze ou en argent. Il s'agit de la travailler, limer, polir. Long et délicat. On cause… Vous pouvez aussi venir chez Antonio pour acheter ses bijoux et ceux de ses ami(e)s. Boucles d'oreilles en résine, acidulées et gaies comme des berlingots : 25 euros. Les deux séances et le bijou : 50 euros (petit supplément si vous choisissez l'argent). Là aussi, prendre rendez-vous.

À LIRE
Paris sur mesure, Adrienne Ribes-Tiphaine, éd. Parigramme.
CONTACTS
• Francis Kurjian, tél : 01 42 77 40 33.
• La Castafiore, 8 rue de la Villette, 75019 Paris, tél : 01 42 40 09 67.

PÉTROLEUSES

Une maille à l'endroit une maille à l'envers

Plus tendance tu meurs. Sharon Stone et Julia Roberts en sont folles. Mais pour ne pas tricoter dans leur coin comme des idiotes, les New-Yorkaises se retrouvent au Knit, le café-tricot. On leur pique cette *good idea* en ouvrant aussi chez nous les premiers lieux dédiés aux grandes aiguilles.
Championnes de la torsade comme débutantes du point mousse se retrouvent pour tricoter et papoter autour d'un petit crème.
Ou, à défaut, sur le net.

CONTACTS
• À Paris :
Cours de tricot, crochet, broderie, 10 rue Gaston-Rebuffat, 75019 Paris, tél : 01 40 05 96 94
• Cours en images, modèles et rencontres : www.tricotin.com
Fournitures à La Droguerie www.ladroguerie.com (le temple des «frivolités»), y aller au moins pour le plaisir de l'œil !
• Sans oublier les Galeries Lafayette, tél : 01 42 82 34 56
• En banlieue : Thélaine 23 rue du Cdt-Jean-Duhail, Fontenay-sous-Bois (à 2 min du RER A), tél : 01 48 76 15 02 (initiation, thé et petits gâteaux).
• À Lille : Au Pain quotidien, bulle.canalblog.com

“Qui n'imite point, n'invente point.”
ALAIN

LE ZODIAQUE DES GARDE-ROBES

Joëlle de Gravelaine était une grande éditrice (elle a fondé la célèbre collection Réponses, chez Robert Laffont), mais aussi une astrologue géniale. Elle s'était amusée à brosser le portrait vestimentaire type des douze signes féminins du zodiaque.

Bélier : C'est une femme qui aime les vêtements fonctionnels, plutôt sportifs, mais non dénués de charme. La mode unisexe lui convient. Ses couleurs sont le rouge, l'orangé, toutes les couleurs de feu.

Taureau : Le signe le plus féminin du zodiaque. La femme Taureau aime les drapés, les parfums, les fourrures. Son goût est très sûr. Longiligne ou plantureuse, elle sait user de sa position et de ses armes de femme. Tons chauds, rose indien, vert émeraude.

Gémeaux : Un peu androgyne, même âgée elle ne se départ jamais d'un air de jeunesse. Vive et dynamique, souvent mince, elle aime se vêtir de façon confortable et préfère les mélanges de matières, de couleurs souvent acides, tel le jaune citron.

Cancer : D'un féminin lunaire, elle préfère les teintes pâles, bleutées, argentées, les vêtements vaporeux, couleur pastel. Elle aime jouer avec l'habillement, la beauté, et en tire plaisir et amusement.

Lion : La femme Lion aime la sobriété élégante, rehaussée d'or et de couleurs dorées. Elle est attirée par les vêtements et accessoires de prix. Si elle n'en a pas les moyens, elle sera malgré tout toujours très bien habillée, aidée par son allure.

Vierge : La femme Vierge sage aime les habits très stricts, classiques et qui ne se remarquent pas. La Vierge folle est à l'inverse, excessive et excentrique. Les deux sont attirées par les couleurs de terre : du grège à la terre de Sienne.

Balance : C'est une femme qui possède une élégance naturelle, une grâce aérienne. Toujours impeccable, elle a un sens inné du beau. Jamais excentrique, ses préférences vont aux couleurs pastel : rose, vert, gris.

Scorpion : Sa séduction souterraine passe plus par le regard et la voix que par le vêtement. Elle joue volontiers sur les noirs, les gris et préfère les bijoux ethniques et «barbares». Un peu sirène, elle aime les vêtements qui suggèrent sans dévoiler.

Sagittaire : Cette amazone un peu guerrière aime les tenues sport, qui permettent l'aisance des mouvements, les matières naturelles et les couleurs automnales. Elle cherche avant tout à être libre.

Capricorne : Elle a horreur de tout ce qui est déguisement. Son credo est l'authenticité. Elle a donc tendance à ressentir les vêtements comme une contrainte. Par contre, elle aime beaucoup avoir chaud. Elle fuit les soirées mondaines. Ses vêtements peuvent être très élégants, toujours sobres et fonctionnels, plutôt dans le bleu marine et le noir.

Verseau : La femme Verseau peut assumer une grande excentricité. Avant-gardiste, elle osera porter des vêtements que d'autres mettront longtemps à adopter. Ses périodes d'exubérance peuvent contraster avec des moments plus sobres. Ses couleurs sont le bleu cobalt, le turquoise, les couleurs électriques.

Poissons : Un peu comme la femme Cancer, elle aime jouer avec des vêtements vaporeux, des mousselines, des crêpes de Chine. On retrouve le côté fantasque, imaginatif et rêveur, ce qui évoque la mer, le violet, le parme.

NOSTALGIE

En souvenir des froufrous de maman

La nostalgie vestimentaire vaut celle de la madeleine trempée dans du thé !

• On ne sait plus coudre, mais on en meurt d'envie pour personnaliser un jean avec un galon, rétrécir une robe, improviser un jupon… Eh bien, sachez que vous pouvez vous inscrire à des cours du soir dans beaucoup de municipalités. Renseignez-vous !

• Sa mère était couturière, elle est mercière rue de Belleville depuis toujours, dirait-on. Elle n'a jamais cousu, mais elle a beaucoup brodé : «J'aimais surtout faire des jours dans les draps.» Elle s'appelle Huguette, mais elle aurait préféré s'appeler Viviane, comme la fée. Chez la fée Huguette, on y vient d'abord pour la bouffée d'enfance, accessoirement pour acheter des boutons dorés – une dame bcbg –, un galon rococo pour un chemisier – trois vieilles copines –, des collants rose et noir et des mitaines résille – une petite ado –, des coudières en cuir rouge – un jeune homme timide –, une rose en tissu – un sculpteur cherchant l'inspiration. Sur les murs, il y a des boutons de toutes les couleurs et de toutes les tailles, dans les tiroirs du sergé, des ganses, du biais, des cordelières, des rubans, des fils, des pressions, des fermetures Éclair, des épingles. Sur le comptoir, des barrettes, des chapeaux, de minuscules sacs de perles, des cœurs en nacre… et Huguette sur son échelle.

• Le couturier Christian Lacroix est l'auteur d'un bien joli livre, *Qui est là ?* Dessins, collages, photos accompagnent «un autoportrait en forme de défilé». Les passages sur l'enfance à Arles et les figures familiales sont très touchants. Les pages sur son métier nous ouvrent les portes d'une créativité aux aguets.

À LIRE

Qui est là ? Christian Lacroix, éd. Mercure de France

CONTACTS

• Chez Huguette : 102 rue de Belleville, 75020 Paris, tél : 01 47 97 42 88

• Pour acheter du tissu, l'un des plus beaux endroits de France reste le Marché Saint-Pierre, 2 rue Charles-Nodier, 75018 Paris

CONTACTS

À lire

• Catherine Ormen, *L'album de famille* et une encyclopédie, *Modes (18e - 20e siècle)*, éd. Hazan.

Sur l'écran

• Toute l'actualité de la mode sur : www.fashiomag.fr
• Petit défilé de mode sur internet avant de partir faire les soldes : www.france3.fr/mode

Prix cassés

• Vêtements et accessoires de Gucci, Bill Tornade, Armani… à des prix inférieurs de 30 à 50 % à ceux du marché : www.rushcollection.com ou www.yoox.com
• À Romans, les usines de Charles Jourdan ou Robert Clergerie vendent leurs chaussures 40 % moins cher qu'en magasin : drometourisme.com/festivals_animations:shopping.asp
• À Troyes, plus de 400 marques pour grands et petits sont vendues dans 200 magasins à des prix de 30 à 50 % moins chers pour des articles des saisons précédentes :
tél : 03 25 82 62 75 – troyesmagusine.com

Ventes privées

Le principe s'inspire des ventes réservées aux journalistes et aux pros. Pour être invité et acheter du Saint Laurent ou du Kenzo avec 50 à 70 % de remise, il faut être sur leur listing. Le plus simple : connaître une amie «invitée», venir avec elle et s'inscrire sur place. Sinon consultez les sites internet – la plupart du temps l'inscription est gratuite – mais il faut souvent télécharger des applications. Pas si simple !

• Catherine Max, créatrice du concept des ventes privées, on peut être dans son fichier sur demande écrite à envoyer au : 17 avenue Raymond-Poincaré, 75016 Paris, tél : 01 53 70 67 47.
• Espace Seine, 75013 Paris, www.espaceseine.com
• Odile Roger, 75017 Paris, gratuit en écrivant : odile.roger@club-internet.fr ou tél 01 44 70 95 94.
• NGR espace, 75016 Paris, tél : 01 45 27 32 42,
• Pour les jeunes créateurs : www.tiennettelabelette.com
• Province : inscriptions sur www.lephemere.com qui gère des entrepôts en banlieue de Lille, Lyon, Bordeaux, Rennes, avec des marques comme Petit Bateau, Morgan, Kookaï…

Citizen dream

Une jeune boutique qui met en pratique le commerce éthique et équitable avec un souci pédagogique : bijoux, foulards, sacs sont vendus à des prix correspondant à la vraie valeur du produit : bracelets fantaisie à 6 euros, étoles en laine mérinos à 110 euros et chaque article a sa fiche pratique : d'où il vient, comment il est fabriqué… 39 rue de Charonne, 75011 Paris.

Ramage et plumage

Lire des articles de mode – ne pas chercher à comprendre, se laisser bercer – est un pur régal. Le ramage est à la hauteur du plumage. Certaines plumes en tout cas ! Ecoutez voir le doux son des mots de la mode… pantalon en grain de poudre, robes à cerceaux, plumes de paon, robes-tulipes, cuir smocké, crêpe de Chine, boléros de satin, mousseline brodée, vestes brodées, velours dévoré, perles de jais, jodhpurs en soie froissée, lamés, macramé, organdi, résilles, franges, brocarts, sequins, sari, strass, tulle, dentelles, fourreaux, cabochons, queue de croco, lamelles de taffetas, collerettes d'organza…

Bébés en vadrouille

Quel bonheur d'habiller un pitchoune dans cette boutique créée par Oumie Yanssané après des missions en Afrique pour une ONG. Barboteuses du Guatemala, «jupe qui tourne» du Népal, porte-bébés traditionnels du monde, marionnettes à doigt en laine du Pérou, on a envie de tout acheter. Plus encore quand on sait l'engagement de toute l'équipe : 40 % des produits proviennent du réseau Commerce équitable, 10 % sont achetés directement à des artisans européens, 50 % sont estampillés écolo.
47 bd Henri-IV, 75004 Paris, tél : 01 48 87 19 68.
Délicieux site sur lequel on peut commander : www.bbenv.com

Coiffure : budget en baisse

• Ce soir on coiffe gratis chez Maniatis : réservé aux moins de 25 ans, un soir par semaine, coupe, couleur et permanente, tél : 01 47 20 00 05. Attention, ce sont les coiffeurs qui décident de votre future tête !
• Idem, côté maquillage, chez Forum make-up, 5 avenue Bertie-Albrecht 75008 Paris, tél : 01 53 75 21 73.
• Tchip : sans conteste la chaîne de coiffure la moins chère du marché, avec des services tout à fait corrects si on sait bien ce qu'on veut.

Tatouage, piercing, scarification…

Rébellion, refus de la norme, volonté d'affirmer son identité, sa différence, sont aujourd'hui à la source de ces pratiques de «modifications corporelles volontaires» qui touchent 5 % de la population mondiale. Cette mise en scène du corps, vieille comme l'histoire humaine, connaît un engouement croissant en Occident : 100 000 nouveaux tatoués chaque années en France et 30 % des 11-15 ans qui rêvent de se faire piercer un jour… Philippe di Folco consacre un livre somptueusement fascinant – certaines photos provoquent l'effroi ! – et très documenté tant sur le plan historique que technique à ce phénomène. Phénomène sans doute déjà passé du côté de la mode. En tout cas l'industrie du design corporel est en pleine expansion !
Peau, Philippe di Folco, éd. Fitway.

Se déplacer

Pendant 99 % de son histoire, l'humanité s'est déplacée en permanence, cueillant et chassant au fil des jours. Le passage à l'agriculture et à la sédentarisation ne date que de 10 000 ans. Mais nous avons continué à bouger – par curiosité, pour fuir, rejoindre un lieu sacré... Nous bougeons toujours, mais la vie moderne a déshumanisé nos déplacements : dans les grandes villes surtout, nous bougeons désormais à la manière des fourmis – à toute vitesse et dans 1 000 directions à la fois. Se déplacer sagement est devenu très difficile : même les écologistes prennent l'avion... qui déchire la biosphère.

BOUGER

La course chienne

La journée commence et, sauf cas exceptionnel – maladie, vacances, ou méditation totalement immobile –, nous allons bouger. La vision matérialiste du monde nous a ainsi formés que rien ne nous semble plus réel que les objets. Erreur grossière. Les objets sont bien plus illusoires que les mouvements. Nous sommes d'abord des mouvements.
Des gestes. Les Grecs disaient : «L'homme pense parce qu'il a une main» en raison, non des objets que cette main est capable de produire, mais des gestes, musculaires, neuronaux, spirituels, que cette production exige.
C'est pourquoi Raymond Queneau suggérait que l'on dise, non pas : «Le chien court», mais plutôt : «La course chienne»...
Bouger : ce petit verbe polyvalent vient du mot latin *bullire*, bouillir – ce qui donnerait presque une légitimité étymologique et historique aux dingues de bougeotte, pour qui la vie ne vaut la peine que si «ça bouge un max». Frénésie de la jeunesse, mais aussi nature intrinsèque de toute existence terrestre... à condition que le mouvement soit centré : une journée commencée par des gestes justes est une journée bien partie, sinon tout risque d'aller mal. Nos vies se ramènent à une suite de gestes et notre façon de nous mouvoir dit tout de nous.
Les contradictions de notre civilisation nous ont fait déserter nos corps. Les résultats ne sont pas toujours beaux à voir. Comparée à celles de peuples plus proches de la nature, la gestuelle des modernes révèle de graves troubles mentaux... mais aussi, heureusement, de formidables perspectives. Car la nature nous revient autrement. Les temps nouveaux marquent les retrouvailles avec le corps, dont les plus jeunes générations nous montrent quel fantastique usage l'humain peut en faire – par exemple dans les arts de la glisse –, quand il s'aperçoit que savoir bouger est le plus grand des arts. Alors, c'est toute l'espèce humaine qui bouge et évolue.

36 FAÇONS DE PRENDRE SON PIED EN MARCHANT

Dans la vie de tous les jours, marcher demeure la façon la plus simple d'aller d'un point à un autre et l'activité physique de base, le sport le plus naturel, depuis que nous existons. Sait-on assez que la marche est recommandée par les cardiologues prioritairement à tout autre exercice ? qu'elle ralentit l'érosion des os ? qu'elle favorise la circulation veineuse et réduit le stress ? Sans compter le plaisir...

Idéalement il faut marcher au moins une heure par jour. Au Japon, où l'on tient la marche pour une technique de santé majeure, il est recommandé de la pratiquer au réveil trente minutes. En Chine, on estime que c'est entre 9 heures et midi qu'il convient de renforcer l'énergie du cœur et de l'intestin grêle. Naturellement – mais ça va mieux en le disant – il faut avoir les chaussures adéquates. Ça tombe bien ! les baskets sont de plus en plus classe, et qui vous empêche d'en emmener une paire dans votre sac pour le bureau ?

PARIS À PIED :
L'espace public parisien c'est 57 % de chaussée, dont 94 % voués à l'automobile, et 43 % de trottoirs. Pourtant la circulation piétonne couvre 68 % des déplacements en surface – loin devant la voiture qui n'en représente que 20 %. Prudence ! En un an, 2 079 Parisiens ont été blessés et dans la plupart des cas c'était de leur faute... Le programme Espaces civilisés (mobilier, plantations, éclairage, commerces) lancé par la ville veut instaurer une répartition plus équitable entre les modes de transport sur les grands boulevards (Clichy, Magenta, Barbès, Rochechouart, avenue Jean-Jaurès). Chaque arrondissement propose un sentier nature : fiche pratique dans votre mairie et www.paris.fr De plus il existe un topoguide *Paris à pied* édité par la Fédération française de la randonnée pédestre qui présente deux traversées de la capitale, d'une vingtaine de kilomètres, l'une du bois de Boulogne au bois de Vincennes, l'autre de la porte de la Villette au Parc Montsouris. Et aussi, *Parcs et jardins de Paris à pied* : vingt-trois promenades faciles à la découverte de l'histoire. Un vrai bonheur.

MON PREMIER TREK :
Il faut le préparer avec amour, son premier trek – mot branché pour dire une randonnée de plusieurs jours et non pas une balade de quelques heures. Choisir sa destination, s'entraîner, s'équiper, faire son sac et partir, tout un art auquel le numéro 66 (mai 2005) de *Trek Magazine* consacre son dossier. Un magazine dont la devise est : «Le monde se découvre à pied...» Autre bon magazine qui donne envie de boucler son sac : *La Marche.*

RANDOS !
Elle regroupe plus de 2 900 associations dans toute la France, entretient 180 000 km de sentiers, a édité plus de 230 topo-guides et dispense aussi des formations (organisation et animation des randonnées, aménagement des sentiers, préparation de projets professionnels liés à la marche). C'est la FFRP, la Fédération française de la randonnée pédestre. Par elle ou en flânant sur les sites des voyagistes spécialisés, vous trouverez le style de rando qui vous convient. Tout existe ou presque. Randos naturalistes, gastronomiques, citadines, découverte du patrimoine, randos d'écriture en Toscane, pour coucher sur le papier des pensées sauvages, randonnées en étoile et chant dans le Vercors pour handicapés, randonnée pour diabètiques en Île-de-France le dimanche...

MONTPELLIER PÉDIBUS :
Depuis le 23 août 2004, le centre de Montpellier est interdit aux voitures, soit 24 km de rues piétonnes. Un petit bus électrique arpente les ruelles. Pour franchir les bornes en voiture – résidents, livreurs, autres professionnels – il faut montrer une carte magnétique, un bon de livraison... Dans les premiers temps, des automobilistes s'empalaient sur les bornes escamotables. L'adjoint au maire y a laissé le carter de sa voiture neuve...

À LIRE
Guide pratique du randonneur, édité par la FFRP, indispensable, tout y est !

CONTACTS
• www.ffrandonnee.fr
• randoecriture@yahoo.fr
• Handicap : www.hce.asso.fr
• randonnee.diabete.free.fr
• FFRP : 14 rue Riquet, 75019 Paris,
tél : 01 44 89 93 93, son centre d'information est ouvert tous les jours sauf dimanche de 10 h à 18 h.
• Une bonne adresse d'organisme très sérieux : www.clubaventure.fr

JUBILATOIRE !

Notre espèce est marcheuse

«J'ai du mal à m'arracher, les débuts sont toujours douloureux», disait Bernard Ollivier à la veille de son départ, pour sa troisième étape sur la route de la Soie. Pourquoi marchait-il ? Qu'est-ce qui l'avait poussé sur la route à 63 ans ? Tout s'était noué lors d'une marche en Espagne, sur la route de Compostelle, en un lieu nommé la Meseta : pas un arbre, du blé à perte de vue sur trente kilomètres. «C'est là que j'ai eu ma première grande émotion de marcheur, disait-il, une sorte d'exultation, une sensation de plénitude comme si je me libérais des chaînes de la peur.» Et il avait ajouté : «Une jouissance comme un orgasme étiré!» Cette jubilation, David Le Breton, marcheur et anthropologue, en parle avec les mêmes mots ou presque, évoquant «ces moments d'harmonie totale où le corps et l'esprit vont de concert, une sorte d'effervescence diffuse, de jubilation qui monte jusqu'à ce stade où on flotte, porté par une sorte d'évidence des choses». «Marcher nous renvoie à nous-même. Profondément. À ce qui compte dans nos vies. La marche élague, elle remet les choses en place, elle permet de retrouver le chemin du monde. Il n'est pas rare qu'en marchant se prennent des décisions radicales qui changent une existence.»

À LIRE
• *La longue marche*,
Bernard Ollivier,
3 tomes, éd. Phébus
• *Éloge de la marche,*
David Le Breton, éd. Métailié

Deux classiques :
• *Le léopard des neiges*,
Peter Matthiessen,
éd. L'Imaginaire / Gallimard
• *Chemin faisant*,
Jacques Lacarrière, éd.Payot

CONTACTS
• Bernard Ollivier a créé une association, Seuil, de réinsertion par la marche de jeunes délinquants :
www.assoseuil.org
• Dans la même veine, le Suisse Pierre-Yves Albrecht aide de jeunes toxicomanes à se libérer par l'escalade et la marche dans le désert. Il le raconte dans *Le courage de se vaincre*, éd. du Relié

CONVIVIALITÉ

Vélos gratuits ou presque

Une ville qui investit pour proposer des vélos gratuits, cela reste l'exception. C'est le cas de Valenciennes, qui met soixante bicyclettes à la disposition du public, depuis un parking du centre ville. L'opération est liée à la mise en place du tramway. Mais la plus grosse opération est lyonnaise... À Lyon, ce sont deux mille vélos qui vont être mis en libre accès dans près de deux cents stations. Chaque Lyonnais devrait en avoir un à moins de 300 mètres de chez lui. On libère le vélo en glissant sa carte bancaire. La première demi-heure est gratuite, la deuxième aussi pour les possesseurs d'une carte d'abonnement aux transports en commun. L'heure suivante coûte entre 0,5 et 1 euro... Puis on laisse son vélo dans une autre station et on en reprend un autre, où et quand on veut. Il s'agit d'un vélo intelligent : s'il est défectueux, il reste bloqué sur sa borne, grâce à des points de contrôle numérique. L'opération ne coûtera pas un sou à la ville. Decaux endosse tout, dans le cadre du renouvellement du marché du mobilier urbain.

HANDICAP

Plate-forme à trois roues

L'hémy-cyclus est une plate-forme à trois roues destinée à être tractée par un vélo. Elle a été conçue par Jet Handicap Evasion et Cyclo-Pouce, à Paris. On peut louer la plate-forme seule ou avec le vélo, éventuellement avec un accompagnateur. Hémi-cyclus est de toutes les grandes manifestations : Paris respire, Paris-Plage, Journée sans voiture... Cyclo-Pouce est fier d'avoir accompagné quarante personnes handicapées aux Championnats du monde d'athlétisme en août 2003.

CONTACTS

- Cyclo-Pouce
tél : 01 42 41 76 98
- Jet Handicap Evasion
tél : 01 55 26 82 38

Sportive, la petite reine a du mal au quotidien

Non polluant, silencieux, générateur de bien-être physique, le vélo a toutes les qualités. Certes, mais il ne représente que 5 % dans les déplacements des Français...

«Quand on partait de bon matin, quand on partait sur les chemins, à bicyclette...» Qui, mieux que Montand, a su nous redonner le temps d'une chanson le pur plaisir d'une balade en vélo... Le vélo/vtt arrive en troisième position dans les pratiques sportives des Français derrière la marche et la natation. Près de 120 000 personnes pédalent dans l'un des 3 200 clubs de la très tonique Fédération française de cyclotourisme (FFCT) qui propose un apprentissage et de multiples randonnées et voyages. Semaines «spécial jeunes», stages de mécanique, reprise du vélo ou entraînement, découverte de la Drôme provençale ou détente en forêt de Brocéliande, il y en a pour tous les goûts. Mais vous pouvez aussi dérouiller vos gambettes à l'étranger : djebel et oasis de l'Anti-Atlas, tour de l'île de Beauté, Transylvanie... Prix très compétitifs. Le tableau est moins brillant du côté du déplacement utilitaire quotidien. 5 % seulement de nos parcours quotidiens se font avec la petite reine. Et ce chiffre continue de baisser. Mais ne désespérons pas : le rapport parlementaire de Brigitte Le Brethon, «Propositions pour encourager le développement de la bicyclette en France», paru au printemps 2004, n'est pas encore enterré. Il a «retenu l'attention du gouvernement», qui étudie la possibilité d'envisager de mettre éventuellement en place une possible mission interministérielle sur le sujet ! Rêvons ! Le rapport préconise entre autres de développer l'intermodalité, qui associe la bicyclette et les transports en commun, par exemple en fixant des normes de stationnement vélo dans les gares et les stations ou en ménageant dans les trains, bus, métros ou tramways des endroits pour hisser son engin. Une autre forme d'association est d'ouvrir aux vélos les voies des bus et la voie des tramways, comme à Paris et dans quelques villes de province. Bordeaux le fait depuis 2001. «Cela ne coûte rien et rapporte gros», affirme Michel Baillard de l'association Vélo-Cité-Bordeaux, qui nous encourage à faire le siège de notre municipalité pour l'obtenir. C'est ce qu'a compris l'association Cyclamaine du Mans, qui se bat pour la circulation cycliste le long de la ligne du tramway prévue pour 2007. Selon la revue Vélocité (n° 79), la cohabitation entre bus, tramways et vélos génère peu d'accidents.

CONTACTS

- MDB (Mieux se déplacer à bicyclette), association des usagers du vélo de la région parisienne : www.mdb.idf.org
- Fédération française de cyclotourisme : 12 rue Louis-Bertrand, 94207 Ivry-sur-Seine Cedex, tél : 01 56 20 88 88 – www.ffct.org

Ça roule sur les sites !

Vous saurez tout de la pratique du vélo en allant sur le site de la Fubicy, la Fédération française des usagers de la bicyclette, sise à Strasbourg, qui regroupe cent trente associations et milite pour promouvoir le «réflexe vélo». Des dossiers de fond sur la sécurité routière ou la politique vélo, la législation, un agenda des manifestations, des coups de gueule comme «Non aux feux de jour», une bourse aux vélos, des conseils pratiques en pagaille : les accessoires pour transporter ses achats à vélo, quel vélo acheter et où le faire réparer, des itinéraires dans tous les pays ou même comment organiser un ciné-vélo …
Sur le même modèle, consultez les sites de Strasbourg, Pau, Dijon, Blois, Besançon, Belfort, Montbéliard, Paris, Avon, Vincennes, Montreuil, Nîmes, Montpellier, Perpignan, Metz, Toulouse, Douai, Lille, Caen, Granville, Dieppe, Nantes, Angers, Aix-en-Provence, Salon-de-Provence, Marseille, Nice, Valence, Chambéry. Les associations et sites des autres villes dotés d'un nom différent sont répertoriés dans *Vélocité*, la revue du cycliste urbain éditée par la Fubicy. Bourrée d'infos : abonnez-vous !
Autre très bon site, celui de l'Association pour le développement en France des véloroutes et des voies vertes, qui propose la description avec commentaire de cent quarante-trois voies cyclables. Liens intéressants, ainsi avec Cyclocamping international truffé de petites annonces de «cyclo cherchant cyclote» qui vous feraient instantanément troquer votre ordi contre un guidon !

CONTACTS
www.fubicy.org – tél : 03 88 75 71 90
www.bordeaux.fubicy.org
www.af3v.org/

“Contrairement aux idées reçues, les piétons et les cyclistes font prospérer le petit commerce.”
ENQUÊTE CNRS-FUBICY

CADENAS
Les voleurs de bicyclette

Contrairement à celui du film de Vittorio de Sica, ils sont redoutables : 450 000 bicyclettes disparaissent chaque année.
Le rapport Le Brethon préconise un marquage individuel.
Des discussions sont en cours depuis de longs mois entre les associations et le ministère de l'Intérieur à ce sujet.
Autres solutions : la multiplication de parcs sécurisés et l'obligation d'un quota de stationnement dans les immeubles – autre que le minuscule local avec la vision cauchemardesque des vélos enchevêtrés… Or donc, en attendant, mieux vaut avoir un très bon antivol, de préférence un antivol en «U» (bannir les antivols à câble).
Par exemple :
Chez Abus : Granit plus, Buffo, Sinus plus, Sinus ;
Chez Axa : Secucity plus ;
Chez Master Lock : Lock & Load ;
Chez Luma : Pro Scoot, Dogo maxé ;
Chez Décathlon : U5 ;
Et savoir s'en servir :
• Attacher le cadre et si possible la roue à un point fixe.
• Choisir un lieu public très visible.
• Accrocher l'antivol au-dessus de 50 centimètres.

RUSTINE
Un cycliste heureux

Un cycliste heureux est un cycliste bien équipé : deux freins en bon état, un avertisseur sonore, un feu à l'avant et à l'arrière, des dispositifs réfléchissants sur soi et les pédales, un casque.
Le cycliste – heureux ou pas – est soumis aux mêmes règles que l'automobiliste : observer les priorités, les feux, les sens interdits…

CARTOGRAPHIE
Spécial roulabilité

Mention spéciale pour «Mobile en ville», un site consacré à l'accessibilité (essentiellement Paris à l'heure actuelle) pour les personnes utilisant des roulettes – rollers mais aussi poussettes et fauteuils roulants –, des plans, des itinéraires, des balades. À noter une étonnante cartographie des trottoirs, codifiée façon pistes de ski selon la «roulabilité». Existe pour Paris, Rambouillet, Maisons-Alfort, Versailles, Courbevoie, la Défense et… Toul. D'autres cartes sont en chantier.
Si vous voulez donner un coup de main, ils ne sont pas contre.

CONTACT
www.mobile-en-ville.asso.fr

ÉPHÉMÈRE
Exit la patinette

Ce fut un engouement surtout parisien que celui pour la patinette. Fulgurant mais de courte durée. Dommage ! C'était gai ce parfum d'enfance dans les yeux des hommes… Si toutefois ça vous branche, elles sont à prix cassés sur de multiples sites.

OSEZ !
La Chine en vélo !

Au royaume du vélo, moyen de transport numéro un, les Français sont rois : tout Chinois un peu curieux connaît et admire le Tour de France ! C'est dire que le voyage en Chine sur un vélo facilite les contacts. Et puis imaginez ! faire du vélo sur la Grande Muraille… Voyage de dix jours : 1 350 euros tout compris, même le visa collectif et les pourboires. Sous la houlette de l'association Amitié euro-chinoise et organisé par la FFCT.
tél : 01 56 20 88 88

IMITATION
Rickshaws occidentaux

Traction par le mollet et assistance électrique, le rickshaw réinventé par Velomobil se prononce chez nous Citycruiser !
www.velomobil.fr

TOUTE LA FRANCE ROLLERS AUX PIEDS

Acrobaties sur le parvis de Notre-Dame ou long ruban grésillant des balades nocturnes, on mesure le phénomène. Arrivé en France au début des années 1980, le roller ne s'est vraiment fait remarquer qu'en 1995, au moment de la grève des transports. Ils sont désormais quatre millions à pratiquer la glisse urbaine et cinquante millions dans le monde !

Pratique sportive et écologique bien sûr mais aussi symbole de liberté et de jeunesse, quête de sensations, culte du corps, soif de rencontres. Un mode de vie et une «roller attitude» qui concerne tout le monde… Le vendredi, les patineurs parisiens ont rendez-vous à Montparnasse, à 22 heures : «Cette randonnée hebdomadaire est celle qui réunit le plus grand nombre de patineurs sur la planète (20 à 30 000) et c'est la vôtre !» dixit Boris Belohlavek, fondateur et président de l'association Pari Roller, non pas propriétaire de la rando mais organisateur et «garant d'une certaine éthique». Vous saurez tout sur cette mythique balade en glissant sur leur site – vous trouverez aussi des forums, petites annonces, conseils bricolo, techniques, rencontres, et la vidéo de la dernière rando. Pour suivre des cours, adressez-vous au Roller Squad Institut qui organise aussi une rando initiation, sur l'esplanade des Invalides, le dimanche à 14 h 45. Sur son site, Pari Roller donne également une liste des associations en région.

CONTACTS
- Pari Roller : www.pariroller.com
- Roller Squad Institut : www.rsi.asso.fr
tél : 01 56 61 99 62.

- Et pour la tranquille randonnée du dimanche : www.coquillages.org
- À Lille, depuis 2002, près de mille adhérents ont passé leur première roulette : www.rol.asso.fr
- Sur le site de Rennes, on vous propose la rando du jeudi soir, des balades en musique, de précieuses infos sur le matériel fitness, street ou hockey : rennesrollers.free.fr
- À Bordeaux, ça déménage grave ! Dernière conquête : la promesse d'une dalle plane dans le projet d'aménagement des quais : www.assoair.com
- Très beau site aussi pour Toulouse, qui propose des cours, des randos, des infos pratiques : www.roulezrose.com
- À Brest, vous trouverez de l'initiation, des balades, des magasins : www.multimania.com/profitroll,
- Site très complet pour Nice : avec des infos sur les techniques : les croisés, les slides, les sauts et le matériel : www.nice-roller-attitude.com
- Et pour faire des randos rollers au bout du monde allez traîner sur le site de Claire : www. Planetroller.com
- Un contact central : Fédération française de roller-skating, tél : 05 56 33 65 65.

Roller et soins palliatifs : même lâcher-prise

Adeline Le Men, une infirmière qui pratique les soins palliatifs depuis vingt ans, a fondé parallèlement le Roller Squad Institut, une association qui fait rouler des milliers de gens de tous âges et de toutes conditions, dans une optique à la fois ludique et citoyenne. Pour elle, ses deux passions se rejoignent sur deux mots essentiels : lâcher-prise et attention à l'autre. Interview.

À priori vos deux activités sont sans rapport...

«Leur rapprochement a quelque chose de subtil. Le roller est un sport de glisse, où l'on s'adapte à tout moment, où rien n'est acquis, mais où, si l'on se coule dans son chemin, des miracles deviennent possibles ! En fait, pratique du roller urbain et accompagnement des personnes en fin de vie se rejoignent sur plus d'un plan. Dans les deux cas, rien ne peut se passer si vous n'apprenez pas d'abord à lâcher prise. La personne qui s'accroche à ses illusions et nie qu'elle va peut-être mourir ne peut connaître la délivrance – il en va de même de ceux qui l'entourent, surtout s'ils ont fait de l'accompagnement leur métier. D'une façon étrangement similaire, celui qui a peur de tomber en roller et se crispe sur sa situation ne peut pas progresser. Plus largement, on pourrait dire que, dans les deux cas, l'attitude juste correspond à une intelligence compassionnelle de la vie : comprendre que l'on ne peut pas réellement vivre sans se mettre à l'écoute de l'autre. Pour un pratiquant du roller, c'est évident : vous ne pouvez pas rouler avec plaisir – ni même rouler du tout –, en ville, sur des trottoirs ou des rues occupés par toutes sortes de gens, de véhicules, d'objets, si vous n'êtes pas attentif à eux, en permanence et avec précision, sous peine de vous exploser la figure au premier télescopage ! En réalité, cette attention au contexte, cette écoute d'autrui devraient tous nous concerner à chaque instant, sans distinction d'âge, de sexe ou de milieu. Entrer dans cette attention est un choix. Celui de vivre !»

Vous accompagnez les gens dans leurs derniers instants. C'est un domaine que la plupart des gens préféreraient ignorer !

«J'ai toujours adoré vivre ! Mais j'ai compris très jeune que la mort n'existe pas sous la forme qui terrifie les hommes, parce qu'en réalité on meurt tous les jours, tout le temps. Le reste est affaire de choix de vie. Mon choix personnel : consacrer ma vie aux soins palliatifs. Pas forcément dans une unité portant ce nom : on peut avoir une attitude palliative – faite d'écoute, de respect de l'autre, de service – partout où l'on soigne, surtout des cas graves dans un hôpital.»

Et à côté, vous enseignez le roller...

«C'est une si belle façon de réaliser que l'on est vivant ! En fait, sur le plan personnel, ça a d'abord été un exutoire. Je cherchais une façon de me décharger de tout le chagrin que je vivais tous les jours à l'hôpital. Je refusais de me blaser, de me blinder, et il me fallait un moyen d'expression autre que les “décharges lacrymales”. C'était la fin des années 80, le début de la “roller-mania” en France. À cette époque-là, je patinais souvent sur l'esplanade de la tour Montparnasse. En roller, on peut tout faire : de la randonnée, de l'utilitaire, du sport de loisir, de la compétition... Moi, j'ai eu très vite le désir de rendre cette forme de glisse accessible au plus grand nombre. On peut devenir “roulant” à tout âge et quel que soit votre état physique : je fais même rouler des unijambistes ! Et, en même temps, il était évident que cette façon de se déplacer dans la ville était aussi une façon d'évoluer dans la vie. C'est une métaphore puissante, existentielle. Avec les enfants, c'est flagrant : les autos, les feux rouges, les passages cloutés, les piétons... Mais tout ça, contrairement à l'habituelle sévérité – “Regarde à gauche ! Regarde à droite ! Ne rêvasse pas en chemin !” –, se retrouve dans un contexte de “lâcher-prise” – mot clé du roller : savoir lâcher ses peurs – tout simplement parce que, sinon, on ne peut pas rouler !»

INTERDÉPENDANCE

Le roller est une école de citoyenneté

Adeline Le Men (cf. ci-contre) a des arguments forts pour défendre le roller et les attitudes qu'il induit. «L'association que j'ai fondée travaille sur ces deux plans : assurer une formation tous azimuts et prôner une attitude responsable et citoyenne. D'une part, nous donnons des cours d'initiation – pour enfants, adolescents... ou adultes mûrs –, et nous organisons toutes sortes d'activités, par exemple des grandes randonnées – de jour comme de nuit, en France comme à l'étranger –, adaptées aux différents âges... bref, nous mettons le roller à la portée de toutes les tribus possible. D'autre part, nous utilisons ce moyen comme un vecteur éducationnel : concentration, anticipation, convivialité, fraternité, partage... Et ça marche ! Nous touchons aujourd'hui une population estimée à cent mille personnes, rien qu'en France. Ça marche, ou plutôt ça roule, parce qu'ils sont véritablement heureux quand ils sont sur des roulettes ! Le roller est un moyen d'expression quotidien, à la fois individuel et collectif.
À partir du moment où vous roulez avec les autres, vous vous sentez forcément concerné par l'extérieur et par autrui. En roller, vous découvrez que nous sommes tous interdépendants : on dépend à la fois du bitume, des piétons, des voitures, des poubelles, et... de soi-même, de son état intérieur. Malgré les apparences, en roller, vous ne pouvez pas fuir votre essentiel ! Lorsque je mets mes patins à roulettes, je “deviens” en quelque sorte mon environnement. Et cela m'oblige à me construire en fonction de celui-ci, de façon conviviale : si je me fais insulter toutes les deux minutes, je n'ai plus envie de rouler.»

CONTACT

www.rsi.asso.fr

Se déplacer

L'humain bouge beaucoup et pas loin. En ville, en Europe, un déplacement sur deux fai moins de 3 km, un sur quatre moins d'1 km, un sur dix moins de 500 m. Selon l'INRETS (Institut national de recherche sur les transports et leur sécurité), un Européen sur deu prend sa voiture pour des trajets de moins de 3 km et un sur huit, même pour faire 500 mètres ! Ces petits parcours en auto sont particulièrement nocifs : lors du premier km, nous consommons 50% de carburant en plus (et polluons autant). No devons nous réveiller : nous ne nous déplaçons pas correctement.

L'empire de la voiture

500 millions d'autos roulaient dans le monde en 2004, prévision : 1,5 milliard en 2020. En France, 2/3 des déplacements se font en auto, avec 1,2 passager e moyenne. La route représente 1/3 des gaz à effet de serre d'origine humaine (CO_2 = 3 fois le poids de la voiture/an). 50% du pétrole est brûlé dans les encombrements. Consommation d'essence litre/habitant/an : USA = 1637 ; Europe = 427 ; Asie = 50 ; Afrique subsaharienne = 31.

La résistance du vélo

En France, en 12 ans, la part du vélo comme moyen de locomotion a chuté de 55% (hors Paris) ce qui ne représente plus qu'un epsilon. Une diminution planétaire. Malgré tout, la «petite reine» tient toujours le 4° rang des kms parcourus dans le monde, ex-æquo avec le train et l'avion (n°1 = voiture, n°2 = bus, n° 3 = marche), soit 5% des déplacements humains (1,1 km/habitant/jour). En ville, le vélo est plus rapide que la voiture : 18km/h contre 14. Bon pour le cœur et les mollets.

L'éternel marcheur

En 12 ans, la place de la marche a baissé de 35% dans les déplacements des Français. Pourtant, à 4 km/h, c'est très pratique sur des distances courtes (1/4 des déplacements en ville font moins d'1 km, 1/10 moins de 500 m). Or, ça permet de garder le bon poids, de renforcer les défenses immunitaires, de méditer, et c'est gratuit !
En marchant, on réfléchit, on met de l'ordre dans sa tête.

Le phénix sur rail

Le réseau ferré mondial compte 1,1 million de km, dont 353 000 en Europe, 221 000 dans l'UE et 30 000 en France (dont 14 000 électrifiés), où 9% du trafic passager se fait par train. Cinq grands pays (USA, Canada, Russie, Inde, Chine) totalisent 53% des km de lignes et transportent 90% du fret et 56% des passagers ferroviaires mondiaux (sources UIC, CIA). Depuis 50 ans, le train doit résister au réactionnaire et «libéral» lobby du camion.

Le combat de la moto

2,5 millions de deux-roues (hors vélos) circulent en France, dont 1,5 font plus de 50 cm^3 (chiffres 2004). Serait-ce la solution ? Pour : circulation plus fluide, économie de matières premières (construction), plus faciles à recycler. Contre : inconfort, danger (3 fois plus de motards tués que d'automobilistes, en pourcentage). Points de litige : consommation et pollution.

Métro ou bus ?

La voiture d'un particulier reste immobile 92% du temps et transporte en moyenne 1,2 personne par voyage. Un trajet en transport en commun rejette de trois à cinq fois moins de CO_2. Vitesse horaire des transports en commun en Ile-de-France : RER A = 49,6km/h ; RER B = 38,6km/h ; Métro = 24,9km/h ; Bus banlieue = 17,9 km/h ; Bus Paris : 12,9 km/h. Consommation énergétique RATP (2003) : 55% électricité, 31% gasoil, 4% carburants alternatifs. Sur les 4024 bus de la RATP : 3158 sont diesel, seulement 12 électriques...

Le luxe aérien

En 2004, l'avion représentait 1,3 % des déplacements français (passager/km), contre 9,7% pour le train, 5% pour le bus et 84% pour les véhicules individuels. Aviation civile = 2,5% des émissions humaines de CO_2, soit 550 millions de tonnes (elle émet aussi des oxydes d'azote à fort effet de serre), croissance annuelle estimée sur 1990-2015 : 3%. Aviation = 15% des causes de changement climatique d'ici 2050. 1 aller-retour Paris/New York = 1 tonne de CO_2/passager (1,4 fois plus polluant que la voiture).

Nous avons rencontré la voiture verte !

Pour des raisons qui tiennent plus aux constructeurs, en compétition acharnée, qu'au public, la voiture verte est une arlésienne, qu'on nous promet depuis trente ans et qui finit par se dissoudre comme un mirage, sur l'asphalte surchauffé. Pourtant, elle est possible. Espérons qu'elle verra le jour avant que la planète ne soit transformée en désert !

DÉJÀ AU POINT :

1) La stop and start : une Citroën C3 comme les autres, sauf que le moteur se coupe automatiquement dès que la voiture est à l'arrêt et qu'il suffit de lever le pied du frein pour redémarrer. Économies ? 10 % de consommation en ville, 15 % dans les embouteillages. Cette «hybride light», la première française, est vendue au même prix que les autres C3.

2) La Prius : dotée d'un moteur hybride, essence et électricité (essence pour prendre de la vitesse ou quand l'effort est rude, électricité le reste du temps), la Prius de Toyota fait fureur en Californie et commence sa carrière en France, où 700 modèles ont été vendus début 2005. En l'achetant (entre 16 000 et 21 000 euros), vous ferez une économie d'impôts de 1 500 euros, à laquelle vous pourrez ajouter autour de 600 euros d'économie d'essence par an.

LES PISTES DE DEMAIN :

La voiture propre sort enfin de la légende. Les chercheurs qu'elle mobilise sont légion. Voici quelques-unes des pistes sur lesquelles ils travaillent.

1) La voiture électrique. Obstacle majeur : sa batterie, dont l'espérance de vie ne dépasse pas 50 000 km et qui peine à dépasser les 250 km sans être rechargée.

2) Le GPL, mélange de propane et de butane, qui permet de réduire de 55 % le budget carburant, est boudé par les Français.

3) Le GNV, gaz naturel pour véhicule, rejette 30 % de CO_2 de moins que l'essence classique, mais il est dix fois plus cher à transporter et n'est pas disponible, en France, pour les particuliers.

4) Les biocarburants, style diester ou éthanol, très utilisés dans des pays comme le Brésil, deviennent concurrentiels à partir de 45 dollars le baril de pétrole – ils ont donc de l'avenir !

5) L'hydrogène a l'extraordinaire avantage de ne dégager que de la vapeur d'eau, mais présente des problèmes de stockage, de dangerosité et un coût élevé de production – les Américains viennent de lancer un programme de 1,4 milliard de dollars, sur cinq ans, pour développer cette filière.

6) La PAC, pile à combustible qui réduit la pollution à quasiment zéro, ne sera opérationnelle que dans quelques décennies…

7) Demain nous roulerons peut-être aussi en cybercars, c'est-à-dire dans des voitures en libre-service, guidées par des rails électroniques et dont le réacheminement au point de départ sera automatisé.

“Un jour de sentier égale huit jours de santé…”

PROVERBE FLAMAND

CITOYEN

L'écologique minimum

Nous sommes, pour la plupart, incorrigibles. La biosphère a la fièvre. Les espèces crèvent. Mais nous ne réussissons pas à renoncer à la voiture. Il est vrai qu'à moins d'habiter en pleine ville, ce n'est pas évident. Alors observons le comportement écologique minimum du citoyen responsable :

- Je démarre en douceur pour éviter la surconsommation et l'accroissement de rejets polluants et je conduis en souplesse : 20 à 40 % de consommation et de pollution en moins.
- Je n'oublie pas de faire contrôler régulièrement le filtre à air et le pot d'échappement.
- Je coupe le moteur quand la voiture est immobilisée.
- Je fais laver ma voiture dans une station : 200 litres d'eau économisés.
- Je démonte ma galerie quand je n'en ai pas besoin : 10 % de consommation en moins.
- J'évite d'acheter une voiture avec climatisation : 20 % de consommation en moins.
- Le critère environnemental des modèles compte dans mon choix (c'est le cas pour 8 % seulement des Français !).

FUTÉS

Sites pour mieux circuler

- Le point sur la circulation : www.bisonfute.equipement.gouv.fr
- Cartes et itinéraires : www.mappy.com
- Un site sympa et sérieux (créé par le secrétariat d'État à l'Économie solidaire et le conseil régional Nord-Pas-de-Calais) pour pratiquer le covoiturage ; il y avait 4 135 trajets en ligne le 12 mai à 20 h ! : www.carstops.org
- Autres adresses : www.co-voiturage.fr pcb.ecritel.fr/allostop/welcome.html
- Ou bien faites vous-même le bilan financier et environnemental de votre voiture avec l'autodiagnostic de la rubrique Transports du site de l'Agence de l'environnement et de la maîtrise de l'énergie. Beaucoup d'autres infos très claires sur ce site : www.ademe.fr

La voiture reste une passion… obligée

«Comme dans toutes les grandes villes du monde, chacun doit pouvoir accéder au cœur de Paris… À nous de favoriser des solutions alternatives efficaces à l'automobile. Pour autant le concept du "zéro voiture" est un non-sens à mes yeux», déclarait, en 2005, le maire de Paris, Bertrand Delanoë, au *Nouvel Observateur.* Ces propos sont bien dans l'air du temps. On veut combattre l'effet de serre, on s'inquiète des effets de la pollution sur la santé, mais en même temps, la plupart des villes renoncent tacitement à «la journée sans voiture» – dont la symbolique a fini par se dissoudre, malgré la vaillance de quelques cités comme La Rochelle. Quant au gouvernement, il abandonne le projet de système bonus-malus à l'encontre des propriétaires de véhicules polluants ou une vigoureuse limitation de vitesse sur autoroute (qui, dit-on, permettrait de gagner 4 millions de tonnes de CO_2).

À parler vrai, «on» s'adapte à la réalité, car les Français restent passionnément attachés à leurs bagnoles. Pour les dissuader d'en faire usage, il faudrait des transports en commun à la fois abondants et circulant facilement – pour le moment, monter à Paris dans le bus 26 aux heures de pointe, ou rentrer chez soi, sans voiture, après minuit, à La Garenne-Colombe, peut se révéler dissuasif.

«On ne va pas obliger les gens à monter dans l'autobus !» s'est écrié un jour le ministre de l'Écologie et du Développement durable du gouvernement Raffarin. Certes, mais en Île-de-France, dans la grande couronne, 70 % des banlieusards prennent leur voiture à défaut d'autre chose.

Deux objectifs devraient donc réussir à concilier pulsions individuelles et besoins communs : les voitures propres et des transports collectifs plus développés, surtout de banlieue à banlieue et non pas convergeant tous vers le centre – éternel problème français.

SIMPLICITÉ

Je renonce à ma voiture !

Sa voiture vient de rendre l'âme mais c'est décidé, Carine, 47 ans, s'en passera : «Les enfants sont grands, je m'en sers de moins en moins, je ne supporte plus de chercher une heure une place pour me garer, on m'a piqué un essuie-glace l'autre soir et ma dernière visite à la fourrière m'a prodigieusement énervée !
Mon prix de revient kilométrique est à 0,468, soit pour 10 000 kilomètres par an = 4 680 euros/an. Budget mensuel = 390 euros/mois. Cela m'autorise pas mal de taxis et même de temps en temps, le week-end, une voiture de location.»

INVALIDITÉ

Connaissez-vous PAM ?

Paris Accompagnement Mobilité concerne les 120 000 Parisiens handicapés : il s'agit d'un transport à la demande qui est facturé 25 % de son coût réel à l'usager. Il est ouvert aux adultes titulaires d'une carte d'invalidité 80 % minimum et à tous les enfants possesseurs d'une carte CDES quel qu'en soit le taux. De six heures à minuit tous les jours sauf le 1er mai, tél : 0810 0810 75
www.pam.paris.fr

VISUALISATION

Après le pétrole…

«Il nous reste dix ans de consommation frénétique.
Nous découvrons chaque année deux à trois fois moins de pétrole que nous en consommons. Le pic de production devrait intervenir en 2015. À compter de cette date nous entrerons dans la déplétion : la production commencera à chuter. Le gaz atteindra son pic en 2030, l'uranium et le charbon en 2050. Les énergies renouvelables n'arriveront pas à faire tourner le monde tel qu'il tourne aujourd'hui. L'efficacité énergétique sera le leitmotiv du XXIe siècle. Sachant que 50 % du pétrole part dans les transports, il est temps de s'y mettre.»
(Extrait de *La vie après le pétrole*, Jean-Luc Wingert, éd. Autrement)

COME BACK

La Petite Ceinture

«Quand je revois ma petite gare/ Où chaque train passait joyeux…», chantait Charles Trenet en 1938. La gare de Ménilmontant bien sûr, où il avait laissé son cœur ! Et qui était cette Lili Gribouille, à qui son fiancé de 7 ou 8 ans dédiait son refrain sur la cloche du petit train passant le dimanche par Pantin ? Le train de la Petite Ceinture compte encore beaucoup d'amoureux. Premier chemin de fer urbain qui faisait le tour complet de Paris, sur 35 km, précurseur du métro, il a transporté dans ses voitures en bois tractées par des locomotives à vapeur jusqu'à 39 millions de personnes en 1900, l'année de l'Exposition universelle. Il fut remplacé en 1934 par le bus du même nom : le PC. L'association «Sauvegarde de la Petite Ceinture de Paris et de son réseau ferré» milite pour sa réouverture.

CONTACT

www.petiteceinture.org

CONVERGENCE

Transport scolaire… ou salarial

Deux suggestions de démarche collective :

- Mettre sur pied un «autobus pédestre ou cycliste» pour accompagner les enfants à l'école : c'est un groupe d'écoliers encadrés par des adultes qui font chaque jour le trajet jusqu'à l'école, tous ensemble, à pied ou à vélo. Les enfants attendent le passage de «l'autobus» en compagnie de leurs parents qui les confient aux accompagnateurs. Demandez la plaquette Ademe : «Inventons de nouveaux chemins vers l'école» : tél : 04 93 95 79 00
- Appuyer la démarche d'un «Plan de déplacement d'entreprise» auprès de vos dirigeants. Pour vous aider, demandez à l'Ademe sa plaquette : «Déplacements professionnels : une nouvelle voie pour l'entreprise.»

Des tramways nommés désir…

Que ce soit celui de Paris ou de Valenciennes, ils sont presque tous nommés désir, tant la décision, puis la réalisation sont des affaires de longue haleine et tant aussi ils transportent les espoirs les plus fous de nos élus. Écologique, économique, échappant aux embouteillages, le tramway vient même de donner naissance à un concept très tendance, mais un tantinet paradoxal, voire ridicule : celui de la «mobilité durable à Paris». Le tramway est l'objet d'une communication aux petits oignons. Il faut dire qu'il a l'air de tenir la route. Démantelé en 1966 – «laid, archaïque et bruyant», disait-on alors ! le nouveau tramway sera mis en service en 2006, prévision de 100 000 voyageurs sur 7,9 kilomètres, avec 17 stations, du pont de Garigliano à la Porte d'Ivry (donc toute la frontière du sud de la capitale avec sa banlieue). Mille arbres borderont le trajet ; le 200e planté est un micocoulier.

Le tramway nouveau sera aussi sur les rails à Valenciennes en 2006. Avec 9,5 km de rails et 19 stations, il concerne 75 communes et devrait faire passer la part du transport en commun dans le Valenciennois de 8 à 30 %. Une quinzaine d'autres villes sont ou seront prochainement dotées d'un tramway. Une poignée de communes ont choisi les pneus, comme Caen, Nancy, Nice. À Bordeaux, le tram sera alimenté en électricité par le sol, de manière à faire disparaître les caténaires. Rappelons que c'est le plus en amont possible qu'il faut se battre pour donner une place à la bicyclette !!!

CONTACT

Site doté du label AcessiWeb permet aux malvoyants et non-voyants équipés d'un ordinateur avec reconnaissance vocale d'avoir accès à toutes les pages : www.tramway.paris.fr

La poésie de la RATP, le charme de la SNCF

Aux heures de bousculade, les petits poèmes affichés dans les rames de métro laissent les Parisiens de marbre. Le reste du temps, les efforts de la RATP pour faire convivial sont plutôt réussis. Toujours en dehors des heures de pointe, le bus a ses adeptes sereins : plus on connaît le réseau, plus il peut être efficace. Aussi, n'hésitez pas à passer du temps sur le site de la RATP : c'est l'adresse la plus sioux pour aller d'un point à un autre par bus, métro, RER ou les trois à la fois !

Toutes les options sont disponibles («trajet le plus rapide», «avec le moins de correspondances possibles», etc.). Une carte du quartier vous montre précisément où habite votre copine, mais aussi l'arrêt du bus. Sur le site, beaucoup d'autres infos : plan des réseaux, carte des embouteillages, horaires, accès aux aéroports. Vous pouvez même recevoir les prochains passages de votre bus par SMS. Mais là ça devient… comment dire ? une histoire de générations !

La SNCF, c'est un réseau de 32 000 km, un milliard de voyageurs par an, 12 000 trains quotidiens, neuf trains sur dix à l'heure, de la haute technologie et une politique de communication astucieuse voire audacieuse. Mais c'est aussi certains contrôleurs hargneux – tel celui qui fit payer 35 euros à une randonneuse qui avait confondu Orry-la-Ville avec Orly-la-Ville – et des trains pas rentables qui ferment : s'endormir en quittant la gare de Lyon et se réveiller dans l'Aubrac, c'est fini ! Pour voyager intéressant en train, il faut s'y prendre longtemps à l'avance, seule façon de payer son Paris-Marseille à moitié prix. Et, bien sûr, il faut aussi apprendre à se reposer dans le TGV. Même sans le branchement ordinateur réservé aux premières, le train reste un lieu propice à la réflexion. Une parenthèse, une pause.

CONTACTS

www.ratp.fr

www.sncf.fr

DÉMOCRATIQUE

Les usagers ont la parole

La Fédération nationale des usagers des transports, la FNAUT, a pour objectif de faciliter les déplacements de tous et en particulier de personnes non motorisées et de promouvoir une politique des transports compatible avec le développement durable. Elle a élaboré une Charte des voyageurs ferroviaires. Elle se mobilise pour le maintien ou la réouverture de lignes (4 000 km ne sont plus en activité). C'est un partenaire reconnu par les pouvoirs publics, y compris au niveau européen. Site très complet avec des rubriques actualités et agenda, des pages débats, un service juridique, des conseils pour voyager malin. La FNAUT publie un bulletin mensuel et des études.

CONTACT

www.fnaut.asso.fr

NOSTALGIQUE

Small is so beautiful !

D'autre part, la Facs, Fédération des amis des chemins de fer et l'Unecto, Union des exploitants de chemins de fer touristiques et de musées, partagent un site où l'on dit tout sur ces fabuleuses petites lignes, qu'on aimerait ardemment ne pas voir disparaître, comme celle du train à vapeur des Cévennes, celui des Pignes entre Digne et Nice, ou bien celui qui dessert les calanques de Marseille, ou encore ses cousins basque et catalan, qui grimpent à pic dans les Pyrénées, le premier depuis la côte atlantique, le second depuis la Méditerranée.

CONTACT

www.trains.fr.org

CONTACTS

Roue libre

• Plus de 35 000 Parisiens roulent dans la capitale sur les 197 km de pistes cyclables. L'opération «Paris respire» ferme les voies sur berge et quelques autres rues tous les dimanches et jours fériés de 9 h à 17 h. On peut prendre son vélo sur les lignes A et B du RER et certains couloirs de bus sont accessibles aux vélos.
www.paris.fr (rubrique Paris respire)

• Roue libre (la mairie de Paris et la RATP) propose 1 500 vélos en location. C'est assez cher : 4 euros l'heure, 14 euros la journée de week-end, 9 euros la journée en semaine. Forfait intéressant de 5 jours en semaine à 20 euros, et carrément intéressant 3 mois à 57 euros – pour un été à Paris ! Roue libre propose aussi des balades guidées par thème dans la capitale et des «évasions vertes» en Île-de-France. Panier, antivol, casques, siège enfant, assurance (il vous en coûtera quand même 75 euros si le vélo est volé), plan des pistes cyclables, tout est compris.
www.rouelibre.fr ou tél : 08 10 44 15 34 (réservation en ligne possible).

By night

À Paris, tous les vendredis soir, rendez-vous à l'Hôtel de Ville à 21 h 30 et tous les 3e dimanches de chaque mois à 10 h 30.
Les randonnées (20-25 km) dans Paris intra-muros durent entre 2 h 30 et 3 heures.
Encadrement et véhicule Croix-Rouge.
Les parcours sont publiés au plus tard le jeudi sur le site internet ou communiqués au téléphone :
tél : 06 10 87 05 87 – www.parirandovelo.com

• On peut louer un vélo et le rendre vers minuit après la balade avec Roue libre, 37 bd de la Bourdonnais, 75004 Paris,
tél : 01 44 54 19 29.

• À Lyon, virée nocturne à vélo de 21 h à 23 h 30 tous les 1ers vendredis de chaque mois organisée par La Ville à vélo,
tél : 04 78 77 52 12.

La pollution tue

«En 2002 entre 6 000 et 10 000 personnes sont mortes du fait d'une exposition à la pollution due aux particules fines émises notamment par les autos.» (Extrait du rapport de l'Agence française de sécurité sanitaire environnementale.)
www.afsse.fr

À vélo au fil de l'eau

• Voici, rien que pour vous, un lieu craquant : une boutique-atelier-salon de thé dans le 19e au bord du canal de l'Ourcq (entre le MK2 et la Villette). Effort et réconfort, Hervé Bourruel a eu cette géniale idée de proposer des vélos à louer et des douceurs à avaler. Les unes et les autres à petits prix. Les cakes moelleux à souhait sont à 3 euros, le chocolat fumant à 2 et le vélo tout simple et tout confort à 10 euros la journée de week-end, (7 les autres jours). Chez Hervé on peut aussi acheter sa bécane. On discute du modèle, on passe commande (il se fournit dans le monde entier) et on vient la chercher pour la somme de 249 euros (il vous reprend le vieux pour quelques deniers).
Vélo et chocolat : 77 quai de la Seine, 75019 Paris,
du mercredi au dimanche 10 h-19 h.

• Toujours sur le canal un autre lieu tout aussi sympa – si vous voulez faire du biclo et une BA – c'est ici qu'il faut venir. Philippe Arondel, ancien libraire, a fondé cette association qui emploie des «jeunes en difficulté». «Ce n'est pas une entreprise d'insertion, insiste-t-il, c'est un lieu normal, avec des clients normaux sauf que la performance commerciale n'est pas notre priorité.»
Et ça roule !
Tarifs un peu plus élevés qu'en face, mais on est là aussi choyés et conseillés…

• Pourquoi pas une vraie rando d'une journée sur un vélo Cyclo-Pouce ? En une heure on est déjà en pleine nature dans le parc de la Poudrerie à Sevran avec peupliers et petits oiseaux…
Cyclo-Pouce, tous les jours sauf lundi,
38 bis quai de la Marne, 75019 Paris
cyclo.pouce@wanadoo.fr

Un vélo de fainéant !

Tous les jours, Ève va au bureau sur son VAE, vélo à assistance électrique, soit 15 km aller et retour via le centre de Rennes.
Elle a investi dans un grand top-case pour ranger ses affaires y compris le pantalon de pluie. Pas de stress et pas de fatigue.
Et les jours de grande forme, rien ne l'empêche d'appuyer sur les pédales. Batterie à recharger tous les deux jours. Gros investissement de départ autour de 600 euros.

JOUER

Et si notre véritable fonction d'humain se situait dans le prolongement du jeu, s'enracinait dans l'état d'esprit du gamin en train de jouer ? Comme si, se révélant par contraste, l'une des plus graves maladies de l'homme moderne venait de ce qu'il ne sait plus jouer – lui dont l'esprit est à ce point perverti qu'il continue à user de ce mot quand il s'agit de désigner son exact inverse : «jouer» pour des médailles, «jouer» pour de l'argent…

L'AWÉLÉ

Ce jeu de tactique, remontant à l'Égypte quinze siècles avant notre ère, est pratiqué dans toute l'Afrique mais aussi aux Caraïbes et autour de l'océan Indien, en Indonésie et jusqu'aux Philippines. Connu sous de multiples formes et noms (dont le générique «mancala», qui signifie «bouger» en arabe), il repose sur le symbolisme des semailles : chacun des deux joueurs dispose de 24 graines qu'il doit semer dans les 12 cavités creusées dans le jeu, en les distribuant au mieux pour que leur total dans l'une des cavités, en atteignant 2 ou 3, lui permette d'emporter des graines appartenant à l'adversaire. Sagesse africaine ? Les meilleurs joueurs font souvent match nul.

À LIRE

Stratégies des joueurs d'awélé, Retschitzki, éd. L'Harmattan

CONTACT

Fédération française d'awélé,
52 bis, rue du Liscouet,
56100 Lorient

LE PACHISI

Peu pratiqué en Inde, mais considéré comme le jeu national depuis que les Anglais l'en ont exporté vers Europe au XIXe siècle, l'ancêtre des petits chevaux date du VIe siècle et descend de l'Astaphada (Ve siècle avant notre ère). À l'origine de tous les jeux de parcours, il implique un plateau divisé en quatre «maisons» (soleil, terre, océan, feu) et des pions qu'il faut faire avancer à coups de dés jusqu'au carré central. On y joue en équipes et c'est toute une aventure.

À LIRE

Jeux traditionnels d'Asie, C. Carrara & C. Glangeaud, édité par la Maison des Jeux de Grenoble

LE JEU D'ÉCHECS

Portant un nom arabe (tiré du mot *cheikh*, le roi), il nous est parvenu via la Perse, avec pour origine première un jeu indien appelé le *Chaturanga*, qui donna naissance à de multiples versions, tel en Chine le *Xiangqi* («jeu de l'éléphant»), aux règles légèrement différentes.

CONTACT

Fédération française des échecs,
3 place Jean-Jaurès,
34024 Montpellier,
tél : 04 67 60 02 20

Qu'est-ce qui se joue en nous ?

«Dieu a voulu que les hommes s'amusent
à de nombreux jeux,
Ils leur apportent le réconfort
et distraient leur ennui.»

Ainsi commence la première encyclopédie occidentale du jeu, le *Libro de Juegos* du roi de Castille Alphonse X le Sage (1221-1284), humaniste avant l'heure et apôtre de l'entente entre les trois religions. Les religions du Livre, en effet, n'ont cessé d'hésiter entre condamner le jeu dans les textes et laisser jouer les hommes. Réconfort, distraction, plaide Alfonso le Sage. Mais est-ce là ce qu'on recherche dans la passion du jeu ? Pourquoi joue-t-on, au juste ? Les animaux déjà s'y adonnent, certains y apprennent quasiment à rire et même à mentir, les dauphins semblant les plus joueurs de tous – à moins que d'autres surprises ne viennent d'une observation du règne animal moins influencée par l'idéologie néo-darwinienne de la domination, tel ce documentaire montrant des éléphants ivres. Simulacre de lutte ou joyeuse distraction, l'ambiguïté devient totale avec le jeu humain ; la réponse «on joue pour se distraire» faisant fi du sérieux avec lequel, parfois, on joue, tout comme «pour gagner, bien sûr» ne fait guère cas du formidable champ d'expression ouvert à l'imaginaire (souvent dans des jeux sans enjeux). Jouer ne se résume pas à un dilemme entre comédie et tragédie, qui se résoudrait par une appréhension distanciée du monde, triomphant chez l'acteur, capable de jouer l'une et l'autre. Comme le disait l'intellectuel américain J. Ehrmann, ce n'est pas tant «nous jouons» que «il y a du jeu en nous, ça joue». La théorie des jeux n'a donc pas tort d'appliquer ses principes à des domaines aussi divers que l'informatique, l'économie ou la science politique. Non seulement elle a trouvé dans le jeu un exemple typique de situation où la rationalité des choix ne fait pas référence à la Raison, mais désigne la logique intrinsèque au système, avec ses règles et l'interdépendance de ses différentes options. De plus, en montrant que pour être durable tout jeu devait devenir à somme nulle – comme dans un jeu de piste, la somme des gains est accrue par la coopération des joueurs – elle nous permet d'appréhender la nature du jeu auquel l'évolution nous invite : loin de l'individualisme et de la recherche du gain à court terme, une œuvre de co-création entre l'humanité et sa planète, où nul n'a à gagner à être le plus fort de tous.

À LIRE

Politique, Aristote, VIII, 3, 1337-1338, Bibliothèque de la Pléiade, éd. Gallimard.
Homo ludens, Johan Huizinga, éd. Gallimard.
Jeu et rationalité, Jacques Ehrmann, éd. Encyclopédie universelle.
Les jeux et les hommes, René Caillois, éd. Gallimard.

> « On peut en savoir plus sur quelqu'un en une heure de jeu qu'en une année de conversation. »
>
> **PLATON**

L'HISTOIRE NE COMMENCE PAS À SUMER

Le mystère n'est pas tant dans le jeu que dans la civilisation qui l'a peut-être inventé. On ne sait pas grand-chose en effet de cette citée brûlée, située dans le sud-est iranien près de Zabol, à la frontière pakistanaise : en plein désert, les archéologues ont découvert 150 hectares de monuments, de maisons, d'ateliers artisanaux et de nécropoles témoignant d'une civilisation vieille de 5 200 ans, plus développée que ses cousines de Mésopotamie.
En décembre 2004, ils y ont mis au jour le plus vieux backgammon du monde, une tablette en ébène gravée d'un serpent s'enroulant à vingt reprises sur lui-même, créant ainsi vingt niches où loger les pions – agates, turquoises et simples pierres.

À LIRE

- *Le backgammon, règles du jeu*, Jacques Elbilia, éd. Bornemann
- *Du senet au backgammon : les jeux de parcours*, Jean-Louis Cazaux, éd. Chiron

MYSTÉRIEUX HASARD

Bien qu'adepte des jeux de dés depuis l'Antiquité, l'Occident n'en attribuait pas l'issue au hasard mais à la déesse Fortune puis, avec le christianisme, à Dieu lui-même. Mais qui présidait au destin quand des non-chrétiens jouaient ? Selon le philosophe Clément Rosset qui raconte l'origine du mot hasard (la prise par les Croisés du château de Az Hard en Syrie, où ils avaient découvert un nouveau jeu de dés), la question a dû provoquer une prise de conscience analogue à ce que Freud appelle «l'expérience de la terreur» – comme lorsque, dans un cauchemar, le familier devient étrange. L'univers mental médiéval, avec son Dieu chrétien comme cause première, s'est fissuré : impossible d'attribuer à Dieu le destin d'un jeu de «mécréants» ! Il pouvait donc exister des effets sans cause. L'idée de hasard était née.

À LIRE

La force majeure, Clément Rosset, éd. de Minuit

VIRTUEL

Cyber mais archétypiques : les chiffres des jeux vidéo

• Le jeu vidéo, en France, en 2003 : 891 millions d'euros.
• Âge moyen des joueurs en Europe : 25 ans
• Jeux vidéo en % des ventes : Action et combat : 32 % ; Aventure : 16 % ; Sport : 13 % ; Stratégie et réflexion : 12 % ; Course automobile et rallye : 12 % ; Plate-forme : 9 % ; Guerre : 3 % ; Simulation : 1 % ; Divers : 2 %.
• 86 % des 12-17 ans disposant d'un téléphone portable jouent à des jeux installés sur leur appareil. C'est aussi le cas pour 23 % des 18 ans et plus. Source : CREDOC, enquêtes sur les conditions de la vie et les aspirations des Français, juin 2003.

CONTACT

Agence française pour le jeu vidéo, 6 rue de Lisbonne, 75008 Paris, tél : 01 45 22 11 14
www.afjv.com

RESPIRATION

Vieilles recettes pour occuper les marmots à la maison

Surprenant de voir combien les enfants «accrochent», si l'ambiance est bonne et le jeu bien amené, au mime des métiers, à la chaise musicale ou à colin-maillard ! Ou encore au test de la mémoire.
On place sur une table une dizaine d'objets très divers, les enfants ont trois minutes pour les regarder. Puis on les recouvre d'un linge, on donne à chaque enfant un crayon et un papier et chacun doit inscrire le nom des objets dont il se souvient. Celui qui a la meilleure mémoire gagne. Notons que concentration et relaxation vont de pair, ce qui suppose un va-et-vient permanent entre lâcher prise et la mobilisation (technique que nos chers maîtres ne nous ont pas forcément apprise). On sait que l'attention d'un enfant – mais les adultes sont pareils – ne peut durer plus de quarante minutes d'affilée. Entre deux phases de concentration, il est nécessaire de relâcher la pression.

À LIRE

Concentration et relaxation pour les enfants, Jacques Choque, éd. Albin Michel

IL FAUT JOUER POUR DEVENIR SÉRIEUX

L'intérêt pour les jeux d'enfance ne date pas d'hier. Tous les philosophes antiques soulignaient déjà que leur rôle était essentiel si l'on voulait qu'une éducation soit possible.

Aristote écrivait : «Il faut jouer pour devenir sérieux.» Depuis, on hésite entre un désir rousseauiste d'y voir un terrain d'épanouissement pour la créativité et la volonté d'en contrôler, diriger ou utiliser les processus, à des fins souvent humanistes (faciliter l'apprentissage) et parfois inavouables (guerrières ou mercantiles). Difficile de ne pas constater un appauvrissement : des jeux dépeints par Brueghel (cf. notre test infographique p. 64), seuls une vingtaine nous sont restés en mémoire et moins de dix sont encore pratiqués couramment c'est-à-dire dans la cour de récréation ou devant la maison. Dès 1891, en analysant les jeux des garçons de Brooklyn, l'anthropologue Stewart Cullin notait la transformation que leur faisait subir l'urbanisation. À l'heure où la technologie permet une rencontre sans pareille entre la réalité et le virtuel, déclenchant une révolution qui dépasse le cadre enfantin, s'interroger sur le sens de cette transformation est plus que jamais d'actualité.

À LIRE

Le cheval sans tête et Le Piano à bretelle, Paul Berna, éd. Rouge & Or.
L'œil du loup et *La fée carabine*, Daniel Pennac, éd. Gallimard.
Effacement progressif des consignes de sécurité, Vincent Ravalec, éd. J'ai Lu.

À quoi jouaient les stars, quand elles étaient petites ?

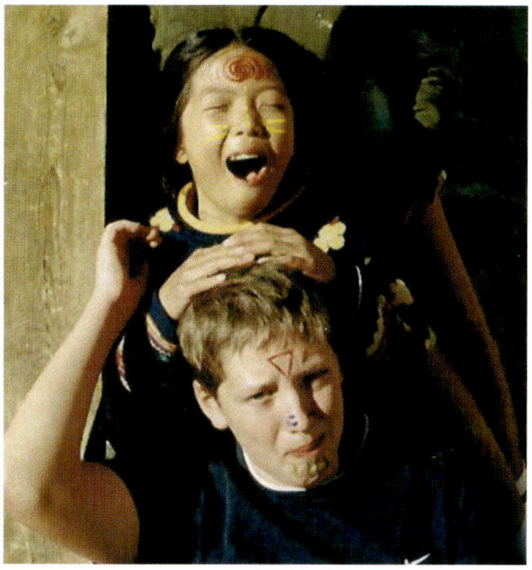

JULIETTE BINOCHE, COMÉDIENNE :
«Je jouais tout le temps ! Avec les copines, que j'ai su très vite entraîner dans mes histoires, aussi bien que seule dans ma chambre où je m'inventais des mondes incroyables. J'y croyais à un point fou. Le jeu et la vie étaient inséparables. J'ai même monté une sorte de foyer pour poupées cassées ! J'ai toujours eu cette double chance : aimer jouer et déborder d'optimisme. Des poupées cassées, nous n'avions souvent rien d'autre, mais ça m'était égal ; ça devenait même un jeu passionnant.»

VINCENT RAVALEC, ÉCRIVAIN :
«Rien d'original, c'était jouer avec mes soldats à qui je donnais des noms, ce qui me permettait d'inventer des histoires et de voir comment et pourquoi ces petits personnages bougeaient dans le parcours que je leur proposais.»

DENIS MARQUET, ÉCRIVAIN :
«Mon jeu favori était celui du chevalier des fougères. Les fougères, qui culminaient à vingt centimètres au-dessus de ma tête, étaient une armée des forces du mal qui se retournait contre moi quand j'entreprenais de délivrer la princesse retenue prisonnière. Armé d'un immense bâton-glaive, je frappais de tous côtés, abattant l'un après l'autre mes assaillants. Vous êtes-vous déjà battu avec une fougère ? Cette plante merveilleuse a le don de s'écrouler comme un homme touché à mort lorsqu'on la frappe à la tige. Un peu violent, comme jeu ? C'est vrai. Aujourd'hui, fort captivé par le chamanisme, je suis bien plus amical avec le monde végétal !»

JACQUELINE KELEN, ÉCRIVAIN :
«J'étais une enfant solitaire et heureuse de l'être. Je lisais énormément. J'annotais et commentais mes *Babar* ! Il me semblait que j'avais déjà mille ans, que je venais de bien plus loin que du jour de ma naissance. Cette sensation m'étonnait moi-même.»

MICHEL SERRES, PHILOSOPHE :
«Pour un enfant élevé à Agen dans les années 30, dans un milieu modeste, il n'existait qu'un jeu : le rugby et seulement le rugby dans la rue, dans la cour, avec s'il le fallait un paquet de chiffons comme ballon.»

SUBLIMINAL

C'est en s'amusant qu'on apprend le mieux !

Intrigué par la prodigieuse capacité des bambins à apprendre une infinité de choses depuis zéro (à commencer par leur langue maternelle), le thérapeute bulgare Georgy Lozanov, initié par des yogis indiens, a poussé à l'extrême le principe fondateur de la pédagogie par le jeu – apprendre avec plaisir et sans tension favorise la mémoire. Il a ainsi donné le jour à la suggestopédie, ou enseignement par le subliminal. Appliquée principalement aux langues étrangères, et aussi à la musique, la suggestopédie se pratique désormais dans le monde entier. Elle repose sur la création de situations émotionnelles agréables, qui ancrent dans l'esprit les structures grammaticales et le vocabulaire qui s'y rattachent (nous oublions notre anglais de lycée car il n'est relié à aucun souvenir vécu). Tout est donc mis en œuvre pour lever les inhibitions, déjouer les complexes et favoriser la réceptivité, cadre agréable et mobilier confortable, relaxation par le biais de musiques douces, baroques de préférence (elles harmoniseraient les deux hémisphères cérébraux). Et surtout, emploi intensif des jeux. Mimes, sketches, jeux de rôle, danses et chansons représentent les seuls «outils» de cette méthode aux résultats spectaculaires.

À LIRE

- *La suggestopédie,* Fanny Saféris, éd. Robert Laffont
- *J'apprends à apprendre,* Christian Drapeau, éd. De Mortagne
- *Jeu et Éducation*, Gilles Brougère, éd. L'Harmattan

CONTACT

Conseil national de suggestopédie : 19, rue des Plantes 75014 Paris
cnsfrance.free.fr

“Enfant, l'humain joue. Devenu adulte, il crée, dans la même disposition d'esprit. C'est ce que nous disait l'ange, pour orienter notre trajectoire de vie.”

GITTA MALLASZ

LOTERIE

Casanova et Dostoïevski : les deux visages du joueur

D'un côté Casanova le rieur, léger, libertin, qui joue en faisant la fête autant que l'amour, même s'il finit seul et bibliothécaire d'un prince. De l'autre, Alexeï Ivanovitch, le Joueur de Dostoïevski, qui descend une à une les marches de la déchéance, obnubilé par l'appât du gain et par l'excitation du jeu, échappatoire à son angoisse de la mort. Le monde lui-même n'est qu'un jeu sur fond de néant, écrit Philippe Sollers. Casanova en est convaincu, mais au lieu de s'abandonner, comme d'autres, à la mélancolie ou à la dépression, il va à la table de jeu, il parie, il accepte les gains et les pertes, il suit son dieu, c'est-à-dire son désir.»

À LIRE

• *Histoire de ma vie*, Giovanni Casanova, éd. Robert Laffont

• *Le Joueur*, Dostoïevski, éd. Le Livre de Poche

BUSINESS

Le profil du joueur type : à 53 % féminin !

Avec 8,55 milliards d'euros en 2004, le chiffre d'affaires de la Française des jeux a doublé en dix ans. Mais l'arbre du Loto cache la forêt du jeu : 7,55 milliards d'euros ont été dépensés au PMU et surtout, environ 16 milliards dans les 180 casinos français, avec leurs 17 000 machines à sous ! Le «taux de retour» de ces sommes aux gagnants est inégale : 60 % en moyenne (étonnant) pour la Française des jeux, 72 % pour le PMU et moins de 50 % dans les casinos. L'État prélève environ 30 % des mises : 2,3 milliards d'euros pour la Française des jeux en 2004. L'État en fixe le niveau, contrôle l'activité de la société et nomme son pdg. Excepté pour les retraités (19 % des joueurs pour 26 % de la population), le profil des joueurs de Loto est celui des Français : 53 % de femmes, 37 % de moins de 35 ans, etc...
33 % jouent au moins une fois par semaine.

Triple Moi

Quand nous jouissons, un enfant en nous s'amuse

Qui domine en vous : l'enfant naturel ? l'enfant adapté ? le parent normatif ? le parent nourricier ? ou bien l'adulte ? Une chose est sûre : sans l'enfant naturel, vous êtes mort.

Développée dans les années 1950 aux États-Unis par le docteur Eric Berne, l'analyse transactionnelle (AT) considère que notre personnalité est composée de trois systèmes d'attitudes ou de comportements. Ces «états du moi», divisés entre Parent, Adulte et Enfant, sont présents en nous tous, chacun prenant les commandes selon les circonstances. Nous sommes Enfant chaque fois que nous jouons librement, mais aussi quand nous jouissons ou quand nous souffrons. En fait, l'Enfant en nous est double : il peut être «Naturel» ou «Adapté». Enfant Naturel : l'AT accorde une place centrale à notre part la plus authentique, émotive, rieuse, joueuse ; quitte à diviser encore cet enfant naturel entre Libre (gai, spontané, expressif ou au contraire égoïste et orgueilleux) et Petit Prof (créatif, imaginatif ou excessif et emporté). Enfant Adapté, car en se situant par rapport aux autres et notamment à ses parents, l'enfant doit forcément s'adapter – et là aussi en deux versions : de façon soumise ou de façon rebelle. Récapitulons : soumis, rebelle, libre ou inventif, quel enfant s'exprime en vous quand vous jouez ? L'autre question repose sur le mot «transactionnel» : quand votre enfant intérieur s'exprime, votre interlocuteur (au travail, ou en amour) vous répond-il au même niveau ? Si oui, tout va bien. Si non, si c'est par exemple son «Adulte» qui vous répond ou, plus problématique, son «Parent» (normatif ou nourricier), réveillez-vous vite ou vous allez forcément tomber sur un os.

À LIRE

Eric Berne, *Que dites-vous après avoir dit bonjour ?* éd. Robert Laffont, et *Analyse transactionnelle et psychothérapie*, éd. Payot.

CONTACT

Institut français d'analyse transactionnelle : 1 rue de Metz, 75010 Paris, tél : 01 47 70 22 62.

Jouer = créer : jusqu'où va la métaphore ?

«L'enfant joue, l'adulte crée» est l'une des phrases des* Dialogues avec l'Ange *que la plupart des lecteurs du fameux livre sorti du ghetto de Budapest retiennent le mieux...

Vu sous un certain angle, le jeu enfantin peut être vu comme le modèle de toutes les activités humaines, puisque, de l'amour à la guerre et du «jouer au docteur» à l'exploration des terres inconnues, elles ont toutes fait l'objet d'imitation, mais aussi d'imagination créative de la part des enfants. Le jeu comme modèle des arts ? Oui, avec la danse et le théâtre dérivés des jeux d'imitation, et la littérature issue des joutes oratoires. Le jeu comme modèle de l'amour ? Oui, même si, contrairement à la formule de Marivaux, le hasard n'y a guère sa place, si l'on en croit aussi bien la sociologie que la biologie. Certes, la métaphore fonctionne moins quand le monde moderne parle de «jouer en Bourse», ou de «jeu politique», mais «l'image du jeu est sans doute la moins mauvaise pour évoquer les choses sociales», disait le sociologue Pierre Bourdieu. Jusqu'où iront cette assimilation et cette métaphore ?
Dans les célèbres *Dialogues avec l'Ange*, transmis au monde après la Shoah par Gitta Mallasz, l'inspiration fait dire à Hanna Dallos : «Le petit enfant joue. Devenu adulte, il crée.» Notre véritable fonction d'humain se situerait dans le prolongement du jeu, s'enracinerait dans l'état d'esprit du gamin en train de jouer. Comme si, se révélant par contraste, l'une des plus graves maladies de l'homme moderne venait de ce qu'il ne sait plus jouer – lui dont l'esprit est si perverti qu'il continue à user de ce mot quand il s'agit de désigner l'exact inverse : «jouer» pour des médailles, «jouer» pour de l'argent, «jouer» au *Kriegspiel* (guerre). «Pour» quoi jouent deux petits chats en train de mimer la bagarre ? «pour» quoi jouent les dauphins dans la mer ? «pour» quoi jouent les enfants ? Dans un autre passage des *Dialogues*, une évidence jaillit : l'animal en liberté ne sait pas ce que signifie travailler. Il joue par contre beaucoup. Comme l'enfant. Tous deux préparent l'avènement de l'homme accompli ! «Si l'enfant joue, il s'oublie lui-même, il oublie son moi.»

À LIRE
Dialogues avec l'Ange, éd. Aubier.
La source blanche, Patrice van Eersel, éd. Grasset et Le Livre de Poche.

GRAND JEU

Les concurrents spirituels des surréalistes

prenaient la vie très au sérieux
Dans son sublime roman *Kim*, Rudyard Kipling appelait «Grand Jeu» la lutte entre l'Angleterre et la Russie dans l'Inde du XIXe siècle. Il en faisait aussi, pour son jeune héros, Kim, la métaphore du jeu entre la vie et la mort. Le terme fut repris dans les années 1930 comme titre d'une revue éphémère, par un groupe de jeunes artistes dont l'écrivain René Daumal reste le héraut. À la différence de leurs aînés surréalistes, leur révolte ne visait pas seulement les grands symboles du système (famille, école, art, armée), mais aussi l'insignifiance généralisée de la spiritualité occidentale contemporaine, écrasée par le cynisme et le confort moral. Dans ce contexte, «Grand Jeu» ne désigne pas tant la vie, et encore moins le monde, que cette révolte elle-même, recherche incessante vers une expression créative de la conscience humaine. C'est en jouant que l'enfant apprend à marcher, à maîtriser son corps. Et si l'histoire de nos vies était à cette image – un vaste terrain de jeux où nous apprenons à grandir ? Vivre la vie comme un jeu adoucit les erreurs, les échecs et les peines, relativise les réussites et les gloires, fait naître l'humour, la joie et le détachement.

À LIRE
• *Le mont Analogue*, René Daumal, éd. Gallimard
• *Le Grand Jeu*, René Daumal, éd. J.-M. Place
• *René Daumal l'archange*, J.-P. de Tonnac, éd. Grasset
• *Le jeu de la création,* Vahé Zartarian, éd. Les Trois Monts

Jouer

Voulez-vous jouer avec nous ?
Sur ce tableau fort célèbre, *Jeux d'enfants*, Pieter Brueghel (1525-1569) a représenté quatre-vingt-quatre activités ludiques pratiquées par les enfants et les adolescents de son époque.
Eternité de l'enfance : beaucoup de ces jeux existent toujours aujourd'hui...
Sauriez-vous deviner quels sont ces quatre-vingt-quatre jeux et lesquels subsistent ?
Solution page 394

Kinderspiele, Pieter Brueghel, 1560, huile sur bois 118 x 161 cm, Kunsthistorisches Museum, Vienne, Autriche.

EUROPÉENS

Ludothèques-Festivals-Trophées

Le succès des jeux de société bat tous les records. Leurs ventes augmentent de 10% par an. Les classiques triomphent toujours, mais de nouveaux jeux ne cessent d'apparaître, de plus en plus ciblés sur des clientèles précises. Beaucoup viennent d'Allemagne, le pays qui est premier en tout dans le jeu de société européen (création, édition, consommation, nombre de joueurs). La France se distingue par l'inventivité de ses créateurs, dont témoigne par exemple le succès d'Abalone, une sorte de billard à jetons, créé par Michel Lalet et Laurent Lévi, vendu à plus de quatre millions d'exemplaires dans le monde. «Spielen ist schön !» C'est la devise de l'Austrian Games Festival de Vienne (Autriche), qui fête ses 21 ans le 20 novembre 2005 et rassemble plus de soixante mille visiteurs-joueurs. Mais la palme revient au Spiel, qui en regroupe près du triple à Essen (Allemagne) autour du 13 au 16 octobre Quatre jours de fête, avec tous les jeux imaginables offerts à l'essai ! S'appuyant sur leur succès grandissant, les ludothèques (un millier en France) organisent plusieurs festivals régionaux et une grande fête du jeu annuelle, le dernier samedi de mai. Annnecy, Vals-les-Bains, Commercy, Ugine, Grenoble... on ne compte plus les villes qui organisent leur festival, parfois spécialisé, comme Béziers (Hérault) en octobre, avec les jeux de simulation. Mais le plus important est le FLIP de Parthenay (Deux-Sèvres), en juillet : une pleine semaine où la ville entière se transforme en aire de jeux. Ses trophées sont aujourd'hui considérés comme une consécration (gagnants 2004 : Makabana (deux prix), Monster Crunch (prix ambiance), Mythic (enfance), Blokus (famille), Barre-toi-de-mon-fief (création). Le FLIP d'hiver a lieu en novembre (26-27 en 2005) reste plus intime.

CONTACT

Voir liste page 70

“L'avantage d'être intelligent, c'est qu'on peut toujours faire l'imbécile, alors que l'inverse est totalement impossible.”

WOODY ALLEN

Témoin clé
«La télé fait semblant de jouer»

De 100 francs par seconde (acheté par les Américains dès 1953) à Fort Boyard, en passant par La tête et les jambes, L'Air mystérieux, La Chose, Le Tirlipote, Le Schmilblick, Tournez manège, Les jeux de 20 h, L'Académie des 9, La Course autour du monde ou La chasse au trésor, Jacques Antoine a tout inventé en matière de jeux télé et nous l'avons tous regardé un jour ou l'autre. Témoignage d'un personnage clé du système.

DES JEUX TÉLÉ...

«Les jeux radio ou télé ne sont absolument pas des jeux, ce sont des spectacles, depuis toujours ! Il faut croire que j'ai le sens de cette mécanique, car en fait, je n'aime pas les jeux. La création est venue d'abord en mélangeant les genres : le gag au suspense pour 100 francs par seconde (à chaque mauvaise réponse, le candidat devait par exemple se casser un œuf sur la tête, avec le risque que l'un ne soit pas dur) ; le physique au mental avec La tête et les jambes ; l'individu et l'équipe avec Fort Boyard. J'ai aussi cherché de nouveaux thèmes : sortir les jeux du studio, aborder la psychologie. Mais les jeux ont évolué selon leur propre logique – et celle de la télé. Pour les jeux de questions, par exemple, on ne peut rien inventer, sinon de nouvelles règles, qui doivent rester simples, selon la loi du spectacle. Résultat ? On a augmenté l'enjeu : au lieu d'une machine à laver, Qui veut gagner des millions ? déverse de petites fortunes. Aujourd'hui les chaînes se diversifient, les jeux sont de plus en plus ciblés : de plus en plus bêtes, si c'est votre truc ; ou de plus en plus intelligents, de plus en plus cruels, de plus en plus luxueux.»

... À LA TÉLÉ RÉALITÉ

«Souvenez-vous de Fort Boyard : les situations très physiques, beaucoup d'images, les candidats en équipe. Ils se parlent entre eux, se donnent des conseils, leur psychologie commence à apparaître, ils existent. Le fossé a été franchi sans que je m'en rende compte, avec La route de Zapatan dans les années 80 : pour corser un peu, l'équipe devait s'entraider puis, à un moment donné, c'était chacun pour soi. Sur le moment, ça a beaucoup déçu. Or aujourd'hui, c'est le thème de tous ces reality-shows : on est en équipe, mais au fond on se tire dans les pattes, on s'élimine. Ce qui était vu comme un événement désagréable est devenu le but. Le problème, c'est que tout est écrit dans la "bible". Même si le public donne son verdict, il reste si peu de place pour le hasard qu'on ne peut vraiment plus appeler ça un jeu. Ça participe d'une tendance générale : docu-fiction, télé réalité, sport ou même politique, la télé fait du spectacle avec la vie. D'un côté, il n'y a plus de hasard, mais de l'autre tout est un jeu. Verra-t-on un jour une Politic Académie départager des candidats au pouvoir, ou la télé suivre docilement un nouveau sport, avec la mort pour enjeu ? À force de jeu-spectacle, il n'y a plus de jeu tout court.»

TOXICOJEU

Personne ne parle de tous ces drogués...

Il faudrait compter plus de 300 000 personnes dépendantes du jeu en France. Une dépendance qui tombe ici dans un silence total (ça rapporte trop à l'État, of course).
Si vous êtes prisonnier de cette drogue-là, ou si l'un des vôtres l'est, sachez que les Débiteurs Anonymes fonctionnent avec une efficacité comparable à celle des AA. Il existe aussi une méthode mise au point au Québec par le docteur Ladouceur, qui a été appliquée dans un grand hôpital de Nice. Les bilans sont partagés : un tiers des patients sort guéri, un tiers joue plus raisonnablement et le dernier tiers s'y remet comme avant. Sachez aussi que 96 % des joueurs sont endettés et que 19 % des délits et 15 % des divorces sont directement causés par le jeu.

À LIRE

Les joueurs dépendants, une population méconnue en France, éd. CREDOC

CONTACTS

• SOS-Joueurs, 9 rue du Jura, 75013 Paris, tél : 08 10 60 0115 courrier@sosjoueurs.org
• Débiteurs Anonymes France, 65 quai d'Orsay, 75007 Paris, tél : 01 48 22 16 58
• En Suisse : Centre de prévention du jeu excessif, 5 rue Henri Christiné, 1211Genève 4, tél : 41 22 329 11 70

RECORD

Quel jeu s'est le plus vendu au monde ?

Le jeu le plus vendu au monde reste le Monopoly, inventé en 1934 à partir d'un «jeu du propriétaire» qui existait depuis 1904. Dès son rachat par l'éditeur Parker Brothers (qui pourtant le trouvait trop compliqué), le succès fut immédiat : vingt mille jeux vendus par semaine, un million en un an. L'original prenait pour théâtre la ville d'Atlantic City, où le créateur, Charles Darrow, emmenait sa famille en vacances avant d'être chômeur... et d'inventer le jeu. Deux cent millions de Monopoly ont été vendus, dans vingt-six versions et quatre-vingts pays, et c'était avant l'entrée en Chine !

LANGUE

Prête-moi ta plume

Un acrostiche est un jeu littéraire consistant à composer des vers dont les premières lettres, lues verticalement, forment un mot en rapport avec le poème.

La nuit descend
On lui pressent
Un long destin de sang.
(Apollinaire, *Poèmes à Lou*, 1915).

Le centon, du grec *kentrôn* désignant des guenilles rapiécées, est un jeu littéraire dont on a oublié combien il fut prisé, de l'Antiquité jusqu'au XIXe siècle. Le poème devait être entièrement composé de citations d'auteurs connus, mais utilisées de façon à offrir un sens complètement différent du sens originel.

CONCOURS

Lauréats des créateurs de jeu

Depuis 1977, la ludothèque de Boulogne-Billancourt organise un concours international des créateurs de jeux de société. Parmi les primés 2004 : Waka Waka Island : l'île va finir submergée par les eaux, évitez que votre temple ne coule ; Du balai : une course de sorcières où la vitesse de votre balai est proportionnelle à votre faculté d'observation. Mais il y a aussi le concours de Panazol (pour les jeux familiaux), ou celui du salon Aventura d'Angers... Et l'Association française pour la promotion et l'évaluation des jeux de société réunit un jury de créateurs chargés de nommer le Jeu de l'année. Après La guerre des moutons de Philippe des Pallières en 2003, Squad Seven de Roberto Fraga a gagné le prix 2004.

CONTACT
Voir liste page 70

Le jeu de gestes initiatique

Élève puis assistante de Karl G. Dürckheim, psychologue et maître zen, Silvia Ostertag a développé une thérapie fondée sur six mouvements qui étaient déjà présents dans le théâtre grec.

Ces mouvements furent décrits dans les années 1920 par le philosophe visionnaire autrichien Rudolf Steiner, puis enseignés aux comédiens, mimes et danseurs, notamment par Isadora Duncan. Selon Silvia Ostertag, ces gestes correspondent à des archétypes, les figures de l'inconscient collectif décrites par Jung. Ils provoquent des émotions permettant d'entrer en contact avec sa vraie nature, car l'aspect ludique fait son œuvre. Il s'agit en effet, après une brève familiarisation, d'improviser de courtes mises en scène... qui révèlent comment nous abordons la vie.

Les six mouvements en question sont les suivants :

- La flèche : dans un mouvement d'élan, pointer du doigt une direction.
- La coupe : ouvrir les bras pour accueillir.
- L'écoute : bras croisés sur la poitrine ou mains dans le dos.
- La limite : bras tendus, créer devant soi un espace délimité.
- La tension : va-et-vient divers exprimant le doute devant un choix, une résistance.
- L'arbre : le corps droit, enraciné, genoux fléchis, regard au loin, les mains descendent le long du corps, libérant l'être de l'ego.

À LIRE

Passage dans la vie, pratique du jeu de gestes initiatique, Silvia Ostertag, éd. Terre du Ciel.

CONTACTS

- Silvia Ostertag, Landhaus Sulzberg, Bildungsstätte, D-87637 Seeg / Ost Allgäu ; Terre du Ciel organise des stages avec Silvia Ostertag au Domaine de Chardenoux, 71500 Bruailles, tél : 03 85 60 40 33.
- En Suisse : Elisabeth Robert, Route A.-Fauquez 111, 1018 Lausanne.
- En France : Centre Dürckheim, BP 22, 26270 Mirmande.

“Ah, vous autres, hommes faibles et merveilleux qui mettez tant de grâce à vous retirer du jeu ! Il faut qu'une main, posée sur votre épaule, vous pousse vers la vie...”

TENNESSEE WILLIAMS

L'ours, le cerf, la grue, le singe, le tigre...

Créés par le célèbre médecin Hua Tuo au IIe siècle de notre ère, ces mouvements de Qi Gong combinent le travail statique et dynamique en s'inspirant des qualités spécifiques de chaque animal, en rapport avec la loi des cinq éléments. Ces exercices favorisent la fabrication et la circulation du Qi (énergie) et apportent la joie de vivre...

Animaux	Tigre	Ours	Cerf	Grue	Singe
Éléments	Métal	Eau	Bois	Feu	Terre
Viscère	Gros intestin	Vessie	Vésicule biliaire	Intestin grêle	Estomac
Émotion	Tristesse	Peur	Colère	Joie	Souci
Sons	Pleur	Grognement	Cri	Rire	Chant
Couleurs	Blanc	Noir	Vert	Rouge	Jaune
Goûts	Piquant	Salé	Acide	Amer	Doux
Organes des sens	Nez	Oreilles	Yeux	Langue	Bouche

À LIRE

Le Qi Gong chinois de l'envol de la grue, Jinxiang Zhao, éd. Trédaniel.

CONTACTS

• Institut européen de Qi Gong, 13 avenue V.-Hugo 13100 Aix-en-Provence, et Chemin de Chave, 13840 Rognes, tél : 04 42 50 28 14 – info@ieqg.com www.ieqg.com ieqg@aix.pac-wan.net

• Fédération de Tai Chi Chuan et Qi Gong, 17 rue du Louvre, 75001 Paris, tél : 01 40 26 95 50.

SURRÉALISTES

Vous l'êtes sans vous en rendre compte !

Le surréalisme adopta ou inventa toutes sortes de jeux destinés à provoquer des surgissements inopinés de la pensée, comme lors des séances d'écriture automatique.

• Le jeu des identités analogiques que l'on attribue à une personne («quel arbre, monument, pays... serait-elle ?»).

• Le cadavre exquis : chacun poursuit le récit de son voisin à partir de son dernier mot ou de sa dernière phrase.

• La question-réponse : on écrit une question et le partenaire répond sans la connaître.

• Les récits parallèles : on perturbe de temps en temps une séance d'écriture automatique en lançant un «mot-repère» que chacun doit intégrer à son propre récit.

• Le jeu des contraires : on écrit une évidence ou une proposition contre laquelle le joueur suivant doit s'opposer totalement, un 3e joueur doit alors le contredire, sans connaître la première, et ainsi de suite.

• Le jeu de l'un dans l'autre : en décrivant l'objet, l'animal ou le personnage imposé par le groupe, vous essayez de faire deviner celui que vous aviez auparavant choisi d'être.

• Le jeu des définitions consiste à donner spontanément une définition décalée et analogique d'un mot.

CONTACTS

Jouer en ligne

• http://www.myriad-online.com/fr/resources/awalink.htm
• Le site mondial sur l'awalé : www.oware.org/links.asp
• Ya pas son deux, 16 bis rue du Barri, 09400 Tarascon/Ariège, tél : 05 61 68 78 25 – yapasondeux@wanadoo.fr
• Pachisi : http://gaming.zone.online.fr/index.php?jeux=/10-0-15.htm

Jeu de go

Fédération française de go : BP 95, 75262 Paris Cedex 06, tél : 05 62 08 19 75 – 06 16 44 09 32.
• Jouer en ligne : http://jeudego.org/

Échecs

Fédération française des échecs : 3 pl. J.-Jaurès, 34024 Montpellier Cedex 1, tél : 04 67 60 02 20.

Jeux de rôles

• Fédération française de jeux de rôle (FFJdR) : c/o Jérôme Darmont, 3 allée des Pétunias, 69500 Brignais, tél : 04 50 04 44 45 – contact@ffjdr.org
• Fédération française des jeux de rôles grandeur nature : 16 Les Linandes Vertes, 95000 Cergy, tél : 01 30 75 01 64 www.fedeGN.org

Jeu et éducation

• Comité pour le développement de l'espace pour le jeu : 36 rue de Tlemcen, 75020 Paris, tél : 01 43 49 46 18 – codej@wanadoo.fr
• Maison des jeux de Grenoble : 9 rue de la Poste, 38000 Grenoble, tél : 04 76 43 28 36. Outre un festival, elle organise des Rencontres ludiques très intellectuelles (en 2004 : «Le jeu, entre objet culturel, outil éducatif et produit de consommation») !
• Site de jeux de société le plus fréquenté : trictrac.net

Les festivals de jeux de société

• Association des ludothèques françaises : 7 impasse Chartière, 75005 Paris, tél : 01 43 26 84 62 courrier@alf-ludotheques.org – www.alf-ludotheques.org
• Ville de Parthenay, Service des jeux : 2 rue de la Citadelle, BP 189, 79200 Parthenay, tél : 05 49 94 24 20 – flip@cc-parthenay.fr www.jeux-festival.com

Créateurs en concours

• Panazol : 11 rue J.-Prévert, 87350 Panazol, tél : 05 55 06 06 20.
• Aventura, fédération ludique d'Anjou : 27 rue Chef-de-Ville, 49000 Angers, tél : 02 41 33 85 05.

• Association française pour la promotion et l'évaluation des jeux de société : 9 rue des Picoteuses, 78350 Jouy-en-Josas.
• Maison des Auteurs de Jeux : 35 av. Virgile-Neal, 06100 Nice, tél : 04 92 09 24 02.
• François Haffner : 38 rue Roger-Salengro, 69310 Pierre-Bénite (abrite des week-ends de jeux organisés par Rêves de jeux, 13 rue André-Malraux, 69960 Corbas).
• Jouer à l'homme politique : http://jdrpolitique.hadibou.net/
• Jouer au chercheur de trésor : avec énigmes à résoudre sur le terrain : www.cistes.net
• Française des Jeux : 126 rue Galliéni, 92643 Boulogne-Billancourt Cedex.
• Éclaté du capital de la FdJ : www.fdjeux.com/institutionnel/entreprise/missions/# (cliquer sur «capital» souligné dans le texte).

Commerce équitable de jouets et jeux

Entreprises équitables :

• Bébés en vadrouille : 47 bd Henri-IV Paris 4e, tél/fax : 01 48 87 19 68.
• Karawan-authentic : 28 montée des Carmélites, 69001 Lyon, tél : 04 72 00 09 54.
• Boutic Ethic : 1 place de l'École-Militaire, 75007 Paris, tél : 01 45 55 56 06.
• biorespect.com : commerce équitable de peluches en coton bio.

Cadeaux d'entreprise équitables :

• Comptoir Indigo : 8 route d'Orange, BP 16, 84231 Châteauneuf-du-Pape, tél : 04 90 83 57 06 contact@comptoirindigo.com www.comptoirindigo.com

Coopérative équitable :

• Andines Scop : 6 rue Arnold-Géraux, 93450 L'Île-Saint-Denis, tél : 01 48 20 48 60.

Une bibliothèque du jeu

• *Sociologie de la radiotélévision*, Jean Cazeneuve, éd. PUF, Que sais-je ?
• *Jouets et compagnie*, Gilles Brougère, éd. Stock.
• *Histoire du bonheur*, Michel Faucheux, éd. du Félin.
• *La psychologie du jeu chez les enfants et les animaux*, Susanna Millar, éd. Payot.
• *Labyrinthes et jeux mathématiques*, Juliet et Charles Snape, éd. Gründ.

À propos de l'esthétique entre l'interaction publique et l'imaginaire, on peut consulter : http://archivesic.ccsd.cnrs.fr/documents/archives0/00/00/06/78/sic_0000

Associations loi 1901 :

• Fédération artisans du monde : 53 bd de Strasbourg, 75010 Paris, tél : 01 56 03 93 50.
• Artisanat SEL : parc d'activités Arboria : 420 rue des Frênes, 45700 Pannes, tél : 02 38 89 21 00.
• Artisans du Soleil : La Gaucherie-aux-Dames, 49310 Montilliers, tél : 02 41 71 85 56, boutiques à Angers (74 rue Baudrière) et Bordeaux (34 rue St-James).
• Equiterre : 94 rue Alexandre-Dumas, 75020 Paris, tél : 01 43 79 94 31.

Liste des commerces équitables département par département :
http://www.commercequitable.org/fra/france.php#

Communiquer

Communiquer ? Pas si simple d'être disponible, ouvert, confiant en l'autre. Pire, on peut se trouver dans l'incapacité de dialoguer ; en couple, en famille, entre amis… et cette difficulté nous rend malades.
Mais l'inverse est vrai : rétablir le contact peut nous rendre énergie et santé. Reliés à toute la planète, submergés d'informations, sommes-nous condamnés à communiquer à tout prix ? À chacun de choisir, pour une fois sans alibi collectif, entre opium du peuple et créativité, entre asservissement ou liberté.

COMMUNIQUER À L'ÈRE NUMÉRIQUE : SURVIVRE À L'INVASION DE L'IMAGE

Nous vivons le triomphe de l'empire de l'œil. Avec l'avènement des techniques digitales, l'invasion de l'image devient générale, omniprésente, mondiale. Paradoxe désormais connu : dans un tel contexte de surinformation, communiquer peut devenir difficile… mais pas impossible.

D'une grand-messe médiatique à l'autre, l'humanité entre dans la conscience de son unité. Il est donc plus que jamais utile de lire les nombreux penseurs qui, comme Guy Debord en 1967, ont décrypté notre société du spectacle et dénoncé ses dangers. Saisir la réalité par le biais de l'image animée, nous ont-ils appris, c'est ne s'en approcher que par l'émotion et artificiellement, puisque aucune action n'est possible – sinon sous la forme d'une catharsis émotionnelle qui peut aboutir au mieux à une mobilisation molle, comme la signature d'un chèque. Pire encore : l'impact des images, déterminé par notre état interne, masque l'écran de fumée que constitue leur choix par l'émetteur lui-même, intentionnel ou non. Résultat : emportés par le flux, incapables de réfléchir à ce que nous voyons comme à nos propres réactions, nous sommes réduits à l'état de «cerveaux disponibles».

Mais cette emprise vaut-elle condamnation ? Elle n'est peut-être qu'une maladie infantile, la rançon de nouvelles libertés encore inexplorées. Liberté de choix, tout d'abord, qu'une offre devenue pléthorique n'interdit pas de maîtriser, parfois en éteignant tout. Liberté, surtout, de s'emparer des outils au lieu de les subir : entre les multiples usages d'internet, la caméra numérique et la téléphonie imagée, l'occasion est offerte à tous ou presque de «faire son cinéma». Se pose alors la question soulevée par l'écrivain américain Henry Thoreau dès le XIXe siècle : «Nous avons hâte de construire une ligne télégraphique entre le Maine et le Texas, mais il se pourrait que le Maine et le Texas n'aient rien d'important à se dire.» À l'ère de la communication, il devient aussi important d'émettre avec soin que de choisir avec rigueur ce dont on se nourrit.

À LIRE

La société du spectacle, Guy Debord, éd. Folio.
La chambre claire, Roland Barthes, éd. du Seuil.
L'image naturelle, Marie-José Mondzain, éd. du Nouveau Commerce.
Comment vivre avec l'image ? ouvrage collectif, éd. PUF.
Psychanalyse de l'image, Serge Tisseron, éd. Dunod.
Communiquer par l'image, utiliser la dimension visuelle pour valoriser sa communication, Alain Joannes, éd. Dunod.
Walden, Henry Thoreau, éd. Flammarion.

BLOG

«Disk-jockey to the world»

«Disk-jockey to the world» : ainsi se rêvait Salinger dans *L'Attrape-Cœur*. Il est aujourd'hui facile d'afficher sur le net ses photos de famille, œuvres d'art ou pensées. Brièvement et au jour le jour, ça s'appelle un blog, sinon c'est un site ou une page perso. Il devient même moins ardu d'y intégrer de petits modules vidéo ou sonores. De nombreux fournisseurs proposent des hébergements gratuits – pourvu que rien ne contrevienne aux lois. Viendra ensuite le référencement dans les moteurs de recherche, nécessaire pour se faire connaître du monde…

À LIRE

- *L'Attrape-Cœur,* J.D. Salinger, éd. Robert Laffont
- *Créez votre blog*, Stéphane Colombot, éd. Dunod
- *Créer du trafic sur son site web ; Trouver l'info sur internet,* Olivier Andrieu, éd. Eyrolles

SONORE

Le podcasting

Formé à partir de iPod (baladeur numérique Apple) et de broadcasting («diffusion»), ce néologisme désigne la diffusion d'un discours de quelques minutes (podcast), enregistré sur fichier numérique («MP3») et téléchargeable gratuitement sur internet. On peut l'écouter sur l'ordinateur ou le charger sur un baladeur MP3 (iPod ou autre) pour plus tard. Premiers diffuseurs : les conservateurs américains – longtemps après les cassettes qui rendirent célèbre l'ayatollah Khomeyni, bien avant son retour en Iran en 1979.

McDermott's telephone [1880]

FOIN DU PESSIMISME !

Jamais jeunesse n'a autant communiqué

On aurait tort d'accuser la technologie d'isoler les jeunes, oubliant les fratries moins nombreuses ou l'évolution des modes de vie. Car ce constat est faux : les jeunes communiquent plus que leurs aînés, des liens se tissent (via SMS utilisé par un tiers des ados, mais aussi e-mail, forum ou jeux en réseau) entre des êtres qui ne se seraient jamais connus. Trop virtuels ? À moins de proclamer la mort d'Éros, le désir de rencontre physique et affective demandera à se matérialiser, d'autant qu'il est sollicité par de nouvelles forces dionysiaques appelant à la communion Le véritable changement pourrait bien se jouer ailleurs, dans le formatage de l'activité cérébrale auquel soumet l'outil informatique, avec sa succession de menus déroulants, ses protocoles fixes et sa virtualisation des situations. C'est que la révolution numérique équivaut moins à l'invention de l'imprimerie qu'à celle de l'écriture, dont l'anthropologue anglais Jack Goody a montré combien elle avait contribué à la «domestication de la pensée sauvage» en y introduisant des cadres nouveaux. Serait-ce le tour de la pensée rationnelle, née de l'écriture, de se voir domestiquée ?

À LIRE

La raison graphique, la domestication de la pensée sauvage, A. Bensa, J. Goody et J. Bazin, éd. de Minuit.

Manuel à l'usage des parents dont les enfants regardent trop la télévision, Serge Tisseron, éd. Bayard Culture.

> ***“Chacun sait qu'il est plus difficile de transformer les paroles en actes que les actes en paroles.”***
>
> **MAXIME GORKI**

VIVANT

Réforme de l'orthographe

En 1915, Sacha Guitry inventait pour le chocolat Eleska le slogan : «LSK CSKI !»
Le langage SMS, écriture phonétique simplifiée sur téléphone portable (limité à 160 caractères), n'utilise aucune règle de grammaire. L'orthographe de certains mots s'est pourtant imposée, au point que le site web des Pages Jaunes reconnaît désormais 6né ou kfé. État zéro de la langue ? L'écrivain Phil Marso, auteur des premiers livres en SMS, répond : nouvel espace de créativité.

À LIRE

Pa Sage a Taba (en langage SMS), *Frayeurs SMS et CP SMS* (bilingues), Phil Marso, éd. MEGACOM-IK, BP 252, 75624 Paris Cedex 13

EXEMPLES

qq mo 1solit

(traduction : quelques mots insolites.)
koi29 ? / G kc qqcho / C pa 5pa / lckc / t nrv ? / kestu X ? / GspR b1 / taPT lé plon / l's tom B

FAITES-LE !

Tenir un blog

Choisissez un outil de publication simple permettant les liens, le dépôt de commentaires et les statistiques d'accès (à surveiller de près) ; écrivez sur ce qui vous passionne ; citez vos sources ; soignez votre style ; placez des liens ; soyez concis ; persistez.

INTERACTIF

Wikiwiki

Créé en 1995, le wiki est un mode de construction de site web permettant à tout visiteur d'en modifier les pages ou d'en ajouter sans grande difficulté – «Wikiwiki» signifie «vite» en hawaiien. Longtemps réservé aux développeurs de logiciels, le wiki s'est étendu à de nombreux réseaux, le site le plus important restant wikipedia, encyclopédie internationale libre déclinée en plusieurs sites nationaux.
www.wikipedia.org

DÉCOUVREZ LES TROIS «MOI» QUI HABITENT EN VOUS

En utilisant les différents «états du moi» présents en chacun de nous (Enfant, Parent, Adulte, explication p. 60), l'analyse transactionnelle, inventée par Éric Berne il y a cinquante ans, offre une grille de lecture qui peut bigrement faciliter la communication.

Quand deux personnes interagissent – l'échange pouvant être verbal ou non verbal – six états du moi se trouvent en présence. La communication dépend du bon alignement de ces états. Ainsi, dans une transaction «complémentaire», chacun répond en fonction de l'état du moi sollicité. La réponse correspond au stimulus, la communication s'établit sans ambiguïté : joueuse et affective (Enfant-Enfant) ou pratique et opérationnelle (Adulte-Adulte), non impliquante et générale (Parent-Parent) ou marquée par l'autorité (Parent-Enfant). Cela ne va évidemment pas sans conflit, ni symbiose appauvrissante quand on ne fait plus appel aux autres états du moi, mais la communication fonctionne. C'est lorsque la transaction devient «croisée» que la mésentente, à proprement parler, s'installe. L'état du moi stimulé n'est pas celui qui répond.

EXEMPLES :

– Ne trouvez-vous pas que les fêtes d'aujourd'hui ne sont plus ce qu'elles étaient ? (stimulus P-P)
– Pas du tout, je m'amuse ! (réponse E-E)
– À quelle heure veux-tu rentrer ? (stimulus A-A)
– Tu casses l'ambiance ! (réponse E-P)
– On s'amuse bien, non ? (stimulus E-E)
– Ouais, n'oublie pas que demain on bosse ! (réponse P-E).

Autre piège : la transaction cachée ou «double». Par son intonation ou son accompagnement non verbal, le message ne correspond pas vraiment à l'état du moi affiché, généralement l'Adulte.
«Nous devrions travailler plus étroitement» (A-A) peut ainsi cacher bien des intentions (P-E ou E-E) !

À LIRE

Des jeux et des hommes, Eric Berne, éd. Stock.
Que dites-vous après avoir dit bonjour ?, Eric Berne, éd. Tchou.
Le Triple Moi, Gysa Jaoui, éd. Robert Laffont.

CONTACT

Institut français d'analyse transactionnelle, 1 rue de Metz, 75010 Paris, tél : 01 47 70 22 62 – 3w.ifat.net

SANTÉ

Une colère recommandée

Une communication non violente n'interdit pas la colère, la sainte colère, sans céder à la violence ni en abuser ! «La colère est difficile à vivre car on a peur du rejet qu'elle pourrait susciter chez les autres, explique Thomas d'Ansembourg, psychothérapeute pratiquant la CNV. Le gentil garçon (ou la gentille fille) devenu adulte redoute qu'on le prenne pour un mauvais garçon (ou une mauvaise fille) et qu'on ne l'aime plus s'il (ou elle) manifeste sa colère…
Pas étonnant qu'on ne soit pas préparé à la gérer !»

À LIRE

- *Cessez d'être gentil, soyez vrai !* et *Être heureux ce n'est pas nécessairement confortable,* Thomas d'Ansembourg, éd. de L'Homme
- *La colère, cette émotion mal-aimée,* Serge et Carolle Vidal-Graf, éd. Jouvence
- *Le pouvoir créateur de la colère,* Harriet Goldhor Lerner, éd. du Jour
- *Le chantage affectif, quand ceux que nous aimons nous manipulent,* Susan Forward, éd. Dunod
- *La non-violence active,* Olivier Maurel, éd. la Plage

INTERFÉRENCES

Ne pas se mélanger les pinceaux

Menée par le professeur John Skowronski à l'université de l'Ohio, une étude a montré que nous avons inconsciemment tendance à transférer sur celui qui parle les qualités ou les défauts qu'il attribue à un tiers. Cela s'appelle «l'interférence spontanée des traits de caractère». Que Pierre dise «Je suis timide» ou qu'il dise «Marie est timide» fait peu de différence : dans les deux cas, nous en induirons que Pierre est timide. On comprend pourquoi le savoir-vivre conseille de dire du bien de tout !

> ***“Pour juger combien nous importunons en parlant de nous, il faut songer combien les autres nous importunent quand ils parlent d'eux.”***
>
> **MADAME DE SÉVIGNÉ**

La communication non violente nous apprend d'abord à nous écouter les uns les autres

Développée par le psychologue américain Marshall Rosenberg, élève de Carl Rogers, cette stratégie de communication a été appliquée aux quatre coins du monde, faisant dialoguer couples en rupture, membres de gangs adverses ou représentants de peuples en guerre.

La communication non violente (ou CNV) repose sur quatre composantes :

• L'observation sans jugement de la situation ;

• La prise en compte des sentiments qu'elle éveille ;

• La mise au jour des besoins qui leur sont liés ;

• L'expression d'une demande concrète négociable.

La démarche est à appliquer envers l'autre aussi bien qu'envers soi-même : il s'agit tout autant d'exprimer clairement ce que l'on ressent et recherche, que d'aider son interlocuteur à faire de même. Car le but, surtout s'il est question de résoudre un conflit, est d'éveiller l'empathie, voire de susciter la compassion. D'où la nécessité d'éviter le jugement ou la stigmatisation, en remplaçant l'accusation par le questionnement, l'autoflagellation par l'explication, la communication «chacal» agressive par une communication «girafe» distanciée. Il/Elle met du désordre, est toujours en retard ? Ne l'accusez donc pas, dites ce que cela vous fait, écoutez et formulez ce que vous voudriez… et négociez.

Seul cet équilibre entre une écoute attentive respectueuse de l'autre et une expression claire et intègre de nous-mêmes crée une relation permettant l'émergence de la bienveillance et la compréhension. «La CNV suscite qualité d'écoute, respect et empathie et fait naître un courant de générosité réciproque», affirme son fondateur.

À LIRE

La communication non violente au quotidien, Marshall Rosenberg, éd. Jouvence.

Les mots sont des fenêtres (ou bien ce sont des murs), Marshall Rosenberg, éd. La Découverte.

Manuel de communication non violente, exercices individuels et collectifs, Lucy Leu, éd. La Découverte.

Pratique de la communication non violente, Wayland Myers, éd. Jouvence.

Éloge de la parole, Philippe Breton, éd. La Découverte.

Le développement de la personne, Carl Rogers, éd. Dunod.

CONTACTS

• Association de communication non violente France, 13 bis bd Saint-Martin, 75003 Paris, tél : 01 48 04 98 07.

• Com'Unique Actions, 63 rue Breteuil, 13006 Marseille, tél : 04 91 57 19 41.

AUTISME

Pour une communication facilitée

«Nous sommes à l'entrée d'une prise de conscience fabuleuse : l'être humain possède d'inexplicables capacités communicatives et cognitives.» Telle est la conclusion à laquelle aboutit Anne-Marguerite Vexiau, orthophoniste spécialisée dans la rééducation d'enfants autistes, après avoir, pendant des années, utilisé la méthode de la communication facilitée (CF).
De quoi s'agit-il ? Un partenaire (le «facilitateur») soutient la main du petit patient qui, d'un doigt, tape sur une sorte de machine à écrire mobile.
Le résultat : des textes éblouissants et inconcevables. «Silence paradisiaque de rêves fabuleux, grave en ton cœur les rires grabataires», ou bien : «Je maugrée contre ma mère tant elle lance de paradoxes pusillanimes», ou encore : «Dans ta tête où je les pille, les mots sont bien écrits» sont des phrases spontanément dactylographiées par des enfants «débiles», dont beaucoup n'ont jamais parlé de leur vie ! Des petits handicapés de quatre ou cinq ans utilisent des mots comme : frauduleux, mirifique, isotherme, vilipender, lilliputien, ériger, stimuler, homicide! Une percée bouleversante, qui vous fait comprendre que l'expression «demander sa main à quelqu'un» est beaucoup plus intelligente qu'on ne saurait l'imaginer.

À LIRE

• *Je choisis ta main pour parler,* Anne-Marie Vexiau, éd. Robert Laffont

• *Un clavier pour tout dire,* Anne-Marguerite Vexiau, éd. Desclée de Brouwer

CONTACT

Association Ta main pour parler, 32 rue de Paradis, 75010 Paris, tél : 01 47 70 35 46

Communiquer

Si l'on entend ce verbe au sens matériel, les humains n'ont jamais autant communiqué qu'aujourd'hui. La toile communicationnelle qui recouvre la planète est d'une densité telle qu'elle évoque celle qui relie les atomes... Faisons-nous autre chose que réaliser notre appartenance au monde ?

UN NOUVEAU VISAGE DU MONDE ?
Les internautes se répartissent ainsi :

- Asie-Pacifique 240 millions
- Europe de l'Ouest 221 millions
- Amérique du Nord 197 millions
- Amérique latine 56 millions
- Afrique-Moyen Orient 11 millions

Source : International Telecom Union

L'irrésistible croissance de la Toile

En 25 ans, s'est mis en place un réseau mondial absolument imprévisible : les futurologues des années 50 et 60 n'avaient pas vu venir le micro-ordinateur !

1971 : Arpanet, 23 ordinateurs reliés, transmission 50 Kbits/s
1973 : Protocole TCP/IP pour relier des réseaux (*internetting*)
1979 : Premier groupe de discussion (USENET)
1983 : 213 ordinateurs connectés
1990 : 1,4 million d'ordinateurs
1992 : Invention du web (www)
2000 : 500 millions d'internautes
2005 : 890 millions (25 en France), 45 millions de serveurs (dont 2500 piratés par jour), 45 millions de sites, 3 milliards de pages

La radio s'est adaptée

Ancêtre incontestable du Village global, la radio n'est pas près d'être remplacée.

1895 : première transmission d'un message en morse par télégraphie sans fil sur 2,5 km (Marconi, Italie)
1896 : 10 km (Popov, Russie)
1900 : première transmission de la voix (Fessenden, USA)
1901 : télégraphie 175 km (Marconi, Angleterre-France)
1902 : télégraphie 3000 km (Marconi, Angleterre-Canada)
1906 : première émission de radiophonie (Fessenden, USA)
1911 : premières stations (Ohio, New Jersey)
1920 : première station commerciale (KDKA à Pittsburgh)
1947 : invention du transistor
1954 : première radio FM à Paris
1981 : début du boom FM en France
1999 : fin des transmissions en morse dans le monde

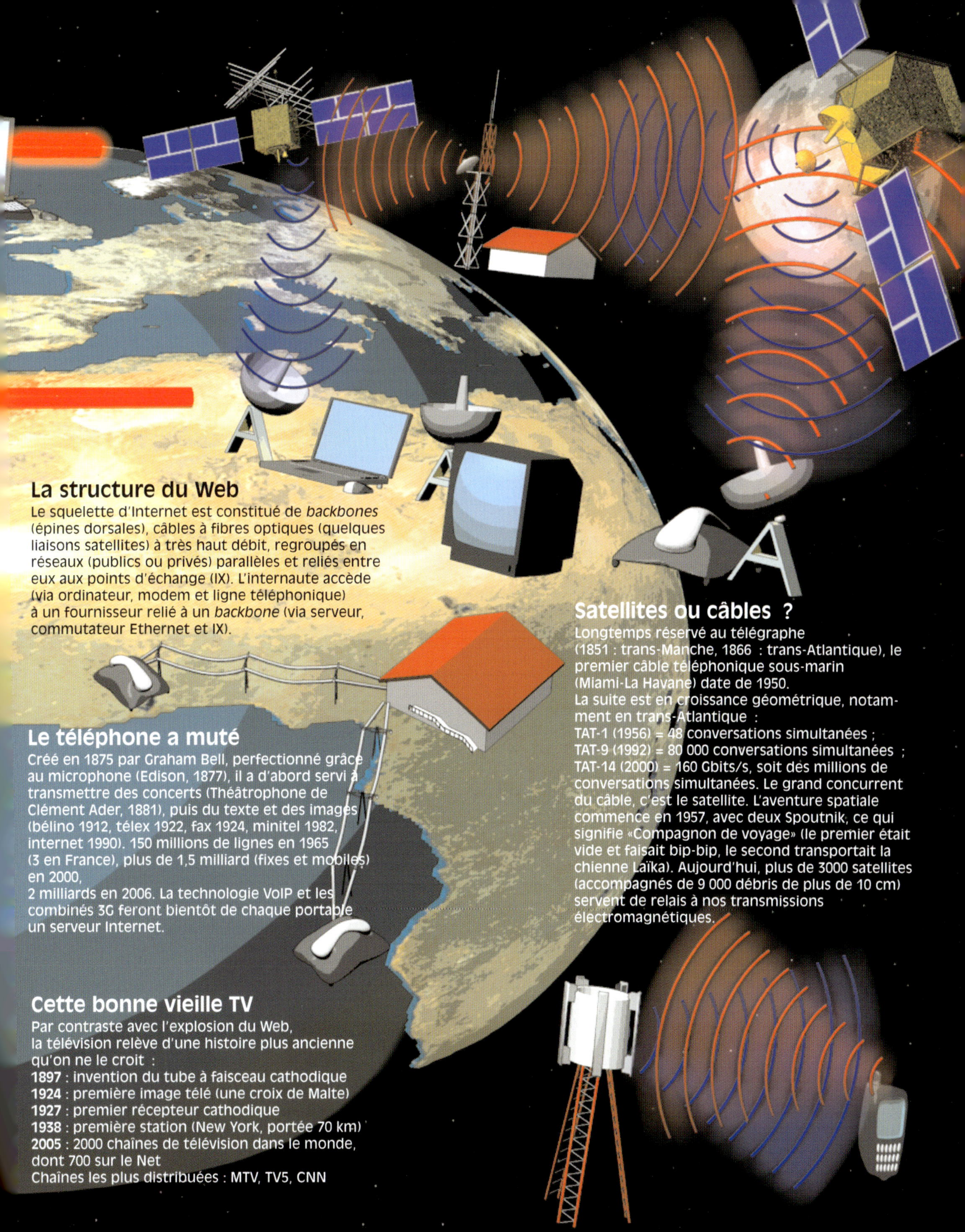

La structure du Web

Le squelette d'Internet est constitué de *backbones* (épines dorsales), câbles à fibres optiques (quelques liaisons satellites) à très haut débit, regroupés en réseaux (publics ou privés) parallèles et reliés entre eux aux points d'échange (IX). L'internaute accède (via ordinateur, modem et ligne téléphonique) à un fournisseur relié à un *backbone* (via serveur, commutateur Ethernet et IX).

Le téléphone a muté

Créé en 1875 par Graham Bell, perfectionné grâce au microphone (Edison, 1877), il a d'abord servi à transmettre des concerts (Théâtrophone de Clément Ader, 1881), puis du texte et des images (bélino 1912, télex 1922, fax 1924, minitel 1982, internet 1990). 150 millions de lignes en 1965 (3 en France), plus de 1,5 milliard (fixes et mobiles) en 2000,
2 milliards en 2006. La technologie VoIP et les combinés 3G feront bientôt de chaque portable un serveur Internet.

Cette bonne vieille TV

Par contraste avec l'explosion du Web, la télévision relève d'une histoire plus ancienne qu'on ne le croit :

1897 : invention du tube à faisceau cathodique
1924 : première image télé (une croix de Malte)
1927 : premier récepteur cathodique
1938 : première station (New York, portée 70 km)
2005 : 2000 chaînes de télévision dans le monde, dont 700 sur le Net
Chaînes les plus distribuées : MTV, TV5, CNN

Satellites ou câbles ?

Longtemps réservé au télégraphe (1851 : trans-Manche, 1866 : trans-Atlantique), le premier câble téléphonique sous-marin (Miami-La Havane) date de 1950.
La suite est en croissance géométrique, notamment en trans-Atlantique :
TAT-1 (1956) = 48 conversations simultanées ;
TAT-9 (1992) = 80 000 conversations simultanées ;
TAT-14 (2000) = 160 Gbits/s, soit des millions de conversations simultanées. Le grand concurrent du câble, c'est le satellite. L'aventure spatiale commence en 1957, avec deux Spoutnik, ce qui signifie «Compagnon de voyage» (le premier était vide et faisait bip-bip, le second transportait la chienne Laïka). Aujourd'hui, plus de 3000 satellites (accompagnés de 9 000 débris de plus de 10 cm) servent de relais à nos transmissions électromagnétiques.

FEEDBACK

Une incitation démocratique ?

«Nous devons encourager les lecteurs à penser le Web comme un endroit où aller pour s'engager dans une discussion avec nos journalistes et nos responsables éditoriaux sur la manière dont un sujet doit être traité, investigué ou présenté. En même temps, nous devons expérimenter le principe d'utiliser ces blogueurs pour compléter nos informations en ligne.» (Rupert Murdoch, magnat australien de la presse mondiale.)

SÉSAME

Communiquer est un must

C'est le constat que dressent les jeunes fondateurs de «Courts dans l'Herbe», festival du court-métrage qui est passé de la soirée projection au fond du jardin à de très officielles Rencontres artistiques sponsorisées par la ville de Saint-Maur (Val-de-Marne). «Pour emporter l'adhésion auprès des autorités, il faut aujourd'hui mettre le paquet : présentation sur ordinateur, images de synthèse, tableaux, chiffres… Mais c'est surtout ensuite, quand il s'agit de coordonner les différents services techniques, les bureaux et les bénévoles, que la communication doit être permanente.»

CONTACT

Festival Courts dans l'Herbe (mi-juin), 5 rue de Paris, 94200 Saint-Maur-des-Fossés
www.courtsdanslherbe.com

BUZZ-BUZZ

Sommes-nous des virus ?

Nouveau nom du bouche à oreille, le buzz ou «marketing viral» vise à créer une rumeur positive autour d'un produit ou d'un service.
Il repose sur un défi : que chaque récepteur du message ait envie de le communiquer à trois personnes au moins, tout en ayant le sentiment de participer à un échange d'information unique et spontané.

À LIRE

- *Les secrets du marketing viral,* Seth Godin, éd. Maxima
- *Buzz*, M. Salzman, A.O'Reilly et I. Matathia, éd. Village Mondial

JE COACHE, TU COACHES, IL/ELLE COACHE…

Usant du dernier cri des méthodes de psychologie et de développement personnel, le monde de l'entreprise s'avère souvent très en avance sur celui de l'éducation en matière de formation.

Mode ou vrai chantier en travail ? Depuis les années 1950 et les travaux de l'école de Palo Alto, les avancées des psychothérapies cognitives et comportementales ont permis la mise au point de techniques toujours plus sophistiquées – souvent connues par leurs sigles : AT, PCM, PNL, CNV –, servant aussi bien à la gestion des ressources humaines qu'à la communication interne ou externe. Regroupées aujourd'hui – pour combien de temps ? – sous le terme de coaching, elles suscitent sourires, critiques ou éloges, mais ne sont pas sans effet. Tout vendeur gagnera à savoir, par exemple, cerner rapidement la «personnalité» d'un client (enfant, parent, adulte ?) à l'aide des outils proposés par l'AT. Cependant, en descendant progressivement l'échelle hiérarchique, ces techniques contribuent à générer une communication stéréotypée, formalisée, formatée selon un déroulement prévu et contrôlable (l'indice SATCLI des entreprises publiques, par exemple), visant la maîtrise de toute situation.

Chemin faisant, et bien qu'adossé à une éthique visant la pleine réalisation du potentiel individuel ou collectif, le coaching bute sur l'impossibilité, pour toute théorie de la communication, de rendre nos interactions parfaitement objectives : l'outil s'émousse et devient mécanique, la motivation faiblit, situations et interlocuteurs ne sont pas toujours prévisibles. Il faut nourrir d'autres dimensions de l'être, pensent les plus novateurs de nos «communiquants» : à l'heure où les métiers en appellent à toutes nos ressources, c'est en introduisant l'art lors d'un séminaire créatif, ou le questionnement lors d'un jeu du Tao, que l'on permettra à chacun de refaire le lien entre le sens de son travail et celui de sa vie.

À LIRE

Le coaching, Higy, Lang & Gellman, éd. de l'Organisation.
Gérer les conflits au travail ; Réussir un coaching grâce à l'approche systémique, Jacques-Antoine Malarewicz, éd. Village Mondial.
Petit traité de philosophie à l'usage des accros du boulot, Catherine Blondel, éd. Village Mondial.
Et si je me faisais coacher, moi aussi ? Gérald de Bourmont, éd. Dunod.
La ligne du temps, un outil pour dresser son bilan personnel et réorganiser sa vie, Jane Turner, éd. Dunod.
DSI.CON, PDG.CON, DAF.CON, DRH.CON, collection.CON, Éditions 2020.

CONTACTS

- Togeth'Art, Imaginaction, 14 bis av. Junot, 75018 Paris, tél : 01 42 59 29 69, www.togethart.com
- Taovillage, 95 rue du Faubourg-Saint-Antoine, 75011 Paris, tél : 01 44 75 80 00.
- École d'analyse transactionnelle appliquée au champ des organisations, 14 rue des Taillandiers, 75011 Paris, tél : 01 47 00 92 02.
- Association francophone de gestion des ressources humaines, ESSEC, dépt. SHS, avenue Bernard-Hirsch, BP 105, 95021 Cergy-Pontoise.
- Fédération francophone de coaching, 55 avenue Marceau, 75008 Paris.

ENTRE ALARMISME ET VIE EN ROSE, INFORMATION ÉTHIQUE ET CATASTROPHES

Soumises à des consom'acteurs volontiers activistes, les entreprises américaines ont adopté depuis longtemps une «culture de la réputation» bien différente de la «culture d'image» française, dans laquelle le client n'est que consommateur, comme en témoigne l'absence de boycott. À défaut d'aboutir à des comportements éthiques, voire écologiquement responsables, cette culture leur a donné une bonne longueur d'avance dans la gestion de leur communication en cas d'événements imprévus ou catastrophiques.
La communication de crise repose évidemment sur l'organisation : simulations, cellule de crise et structures de communication permettront de s'assurer que l'information remontera au plus vite jusqu'aux plus hauts échelons. Mais pour mieux ressortir ! «Une chose est cruciale en cas de crise, énonce en effet la spécialiste Sandra Clawson-Freeo de l'université Northern Illinois : il faut tout dire, le dire rapidement, et dire la vérité. Si vous faites cela, vous avez fait tout ce que vous pouviez pour réduire les dommages au maximum.» Éthique de la responsabilité ou stratégie de la sincérité ?
Dans la même veine, mais au-delà du seuil de catastrophe, un *Manifeste pour l'environnement à l'adresse des futurs élus et de leurs électeurs*, cosigné par Nicolas Hulot et par un Comité de veille écologique de vingt et un experts, pousse un cri d'alarme : malgré tout ce que nous savons désormais sur la dégradation dramatique de notre environnement et sur les dangers mortels qui pèsent sur la vie terrestre, l'écologie n'a pas, dans la vie politique mondiale, la place qu'elle devrait avoir. Il existe bien des ministères de l'Environnement – et en France, les démêlés entre les Verts font certes la une des journaux –, il n'empêche : pour les responsables politiques, l'état de la biosphère est une question secondaire et c'est plus que fâcheux. Faudra-t-il que nous soyons menacés d'asphyxie par manque d'oxygène, qu'océans et rivières soient définitivement empoisonnés et que le réchauffement global ait provoqué des cataclysmes pour que nous nous rendions compte de la gravité réelle de la situation ?

À LIRE
Face au boycott. L'entreprise face au défi de la consommation citoyenne, Caroline Fourest, éd. Dunod.
Combien de catastrophes avant d'agir ? Nicolas Hulot, éd. du Seuil.

RÉVÉLATION

Ce que raconte notre écriture

La direction (de l'écriture) montre la sensibilité (de la personne) ;
l'inclinaison, l'émotivité ;
la dimension, les modes d'affirmation ; la pression,
le dynamisme ; la continuité,
les capacités d'action ; la vitesse, la vivacité ; la forme, le caractère ;
l'ordonnance, les capacités d'organisation.

À LIRE
• *La graphologie, idées reçues,* Denise de Castilla, éd. Le Cavalier Bleu
• *Tout savoir sur votre écriture,* René Vaucher, éd. Favre

CONTACTS
• Société française de graphologie, 5 rue Las-Cases, 75007 Paris, tél : 01 45 55 46 94, www.graphologie.asso.fr
• SGDS, 16 place du Général-de-Gaulle, 13231 Marseille Cedex 01, tél : 04 91 57 71 00
• Association lyonnaise de graphologie, 29 cours Franklin-Roosevelt, 69006 Lyon, tél : 04 78 93 97 59

RUSES

Réussir son test grapho !

Si vous êtes soumis à un test, par exemple pour une embauche, veillez bien aux points suivants :
• Taille des caractères moyenne et constante.
• Lettres reliées et fermées, droites ou légèrement penchées à droite.
• Marge gauche régulière et pas trop large.
• Marge droite irrégulière et moins large qu'à gauche.
• Lignes droites ou légèrement montantes.
• Signature à droite, de taille moyenne, plutôt montante.

SATURATION

Êtes-vous surbooké ?

Nombre de messages reçus et envoyés par jour, par personne.

	FR	USA	GB	ALL
Tél	40	48	48	50
Mail	27	56	43	30
Poste	18	17	19	27
Fax	14	12	10	13
SMS	9	8	11	10
Répond.	7	21	10	7
Total	155	208	187	188

Source : Pitney Bowes

NON VERBAL

Structurer notre pensée au contact des animaux

Observés attentivement, les enfants se comportent vis-à-vis de leurs animaux de compagnie comme des mères avec leurs nourrissons : mêmes gestes, même attention, même tendresse. Ce qui se joue entre eux est capital.
Gail F. Melson est pédopsychiatre, spécialiste de la famille et du développement de l'enfant à l'université Purdue, aux États-Unis. S'interrogeant sur la place réelle de l'animal (physique mais aussi symbolique) dans la structuration de la psyché enfantine, elle s'est rendu compte, stupéfaite, qu'il n'existait quasiment aucune étude sur la question. Comme si notre anthropocentrisme nous avait empêchés jusqu'ici de voir l'importance de l'aspect «biocentrique» de notre développement. Communication sensorielle, non verbale, initiation à la relation d'aide, expérience de nourrir un être différent de soi, disponibilité non évaluative dans l'ici et maintenant, voilà tout ce qui se joue dans le simple fait d'élever chez soi un chat, un chien, un hamster, un lapin...
Où l'on découvre que l'animal joue un rôle crucial dans le «puzzle cognitif et affectif» de l'humain.

À LIRE

- *Les animaux dans la vie des enfants*, Gail F. Melson, éd. Payot
- *La pensée animale*, D.R. Griffin, éd. Denoël
- *Le cinquième rêve*, Patrice van Eersel, éd. Grasset
- *Le symbolisme animal*, Jean-Paul Ronecker, éd. Dangles
- *Les langages secrets de la nature*, Jean-Marie Pelt, éd. Le Livre de Poche

CONTACTS

- Chiens : Michel Chanton, 77130 Saint-Germain-Laval
- Chevaux : Silvia Furret, Château de la Beaume, 43370 Solignac-sur-Loire, tél : 04 71 03 14 67
- Danse avec les chevaux : 94 avenue de la République, 33200 Bordeaux, tél : 05 56 24 44 58
- AFIRAC, association de recherche pour favoriser une meilleure compréhension entre l'homme et l'animal : 7 rue Pasteur, 75011 Paris, tél : 01 49 29 12 00

Communiquer avec les cétacés pour essayer de rester humain

Apprendre à communiquer avec la nature nous fait redécouvrir que nous sommes nous-mêmes des morceaux de nature, ce que nous aurions tendance à oublier. En tête des meilleurs contacts avec les intra-terrestres : ceux qu'il est possible de nouer avec les cétacés.

Trop beau pour être vrai ? À l'heure où la civilisation industrielle achève de saccager les derniers restes planétaires de nature pré-humaine, avoir la possibilité de contempler, ou mieux, de nager, mine de rien, avec ce que cette nature avait engendré de plus enchanteur, de plus abouti, de plus beau, après des milliards d'années d'incessante créativité – les dauphins et les baleines –, est une aubaine, un luxe, une chance à peine croyables. Une fois cette prise de conscience effectuée, il devient possible d'entendre ce que Mère Nature peut avoir à nous dire et à nous enseigner, par l'intermédiaire de ses messagers les plus extrêmes : appel à la simplicité, appel à l'émerveillement, appel au jeu, appel à la grâce dans le moindre geste, appel à la danse, appel à l'écoute permanente de l'autre, appel à la solidarité fulgurante... Sur tous ces plans, les cétacés s'avèrent, pour qui sait les entendre, d'incomparables enseignants. Moyennant quoi, ils sont en droit d'attendre de nous, élèves humains : au minimum, une humble tentative d'imitation ; au maximum, quelques-unes de ces prouesses auxquelles nous seuls avons accès : création artistique, vision scientifique, expérience mystique... en réponse résonnante et harmonieuse aux appels en question.

À LIRE

Le livre des dauphins et des baleines (les bonnes adresses dans le monde entier), Brigitte Sifaoui, éd. Albin Michel.

CONTACTS

Deux possibilités pour aller nager avec des dauphins en liberté (de grâce, refusez la facilité d'aller dans le goulag des Marinelands) : les rives de la mer Rouge, en Égypte, avec Frédéric Chotard et le tour operator Cocorico :
- Contact : 4 rue Choron, 75009 Paris,
tél : 01 40 16 41 88
fax : 01 40 16 41 89
cocorico3@wanadoo.fr

Ou bien partir en croisière au nord des Bahamas avec Laurie Moerman et l'association Blue Odyssey – cette association parraine par ailleurs une opération en faveur des enfants autistes et fait appel à toutes les bonnes volontés, pour du travail de bureau aussi bien que pour du mécénat,
- Blue Odyssey, 30 rue Marbeuf, 75008 Paris,
tél : 01 45 62 23 86
fax : 06 07 72 26 51
blueodyssee@hotmail.com
www.blueodyssee.org

Communiquer avec la nature

Depuis trente ans, François Couplan parcourt le monde, sur la piste des plantes sauvages comestibles. Cette démarche l'a mis en contact avec les plus anciennes cultures encore en vie. Devenu un expert reconnu internationalement, il nous propose une approche révolutionnaire de la vie.

«Se nourrir de plantes sauvages, les enfants apprécient beaucoup : ça réveille des rêves de Robinson ! Mais les adultes aussi. Pour certains de ceux que mes voyages me font rencontrer, c'est encore un mode de vie actuel. Pour d'autres, c'est un passé qui date de leurs ancêtres proches. Pour d'autres encore, c'est si lointain qu'ils n'ont plus aucun contact. Mais il suffit de peu de chose pour que les fibres se renouent, même chez les citadins.

L'humanité s'est coupée de la nature en plusieurs étapes. Après la relation spontanée totale de nos origines (qui s'étale sur des centaines de milliers d'années, soit 99 % de l'aventure humaine), la deuxième étape fut certainement le recours à des substances psychotropiques – un "mal" nécessaire (ce sont des drogues), pour dépasser les premières barrières érigées par les cultures. Bien plus tard est venu le "stade expérimental" du scientifique. Mais au départ, nos ancêtres préhistoriques ne s'y sont pas pris "scientifiquement", par essai-erreur : ils n'ont pas goûté, au hasard, toutes les plantes, pour savoir si elles les nourrissaient ou les empoisonnaient ! Ce qui est extraordinaire, c'est que ces différents modes de relation sont toujours là, en nous, et peuvent être réveillés. Paradoxalement, c'est en passant du Paléolithique au Néolithique, donc des plantes sauvages aux plantes cultivées, autrement dit d'une alimentation offerte par la nature à une alimentation produite par l'homme, que celui-ci a induit les deux problèmes cruciaux qui n'existaient pas avant : la disette et la guerre.

En proposant des stages de survie et de "cuisine sauvage" l'idée est d'abord de redécouvrir notre environnement, juste là, sur le pas de notre porte. On commence par prendre conscience de ce qui existe. Les gens touchent, goûtent, sentent et découvrent des sensations très fortes, qui étaient à leur portée depuis leur enfance mais qu'ils n'avaient jamais explorées. Ensuite, on cueille quelques-unes de ces plantes et on en fait un repas. Des choses très classiques, genre soupe d'orties, ou moins classiques, comme des chapatis de galettes d'herbes hachées, arrosés de sauce piquante à la moutarde noire. Et ça frappe ! Quelquefois, on part plusieurs jours, en pleine nature, avec juste de quoi dormir, et on se nourrit de ce qu'on ramasse. Et là, je peux vous dire qu'il s'en passe, des choses ! On retrouve une relation vieille comme le monde.»

À LIRE

Ma botanique gourmande, François Couplan, éd. Fayard.

CONTACT

www.couplan.com

TENDRESSE

Parler aux plantes

On peut apprendre à communiquer avec les plantes en suivant des cours de jardinage ou de botanique. On peut aussi choisir une voie plus chamanique et tenter d'entrer dans leur «esprit» en apprenant à développer nos perceptions subtiles des plantes, à les cueillir, à fabriquer un élixir…

À LIRE

- *Les vertus des plantes*, Jean-Marie Pelt, éd. du Chêne
- *La solidarité*, Jean-Marie Pelt, éd. Flammarion
- *La petite voix*, Eileen Caddy, éd. Le Souffle d'or
- *L'intelligence dans la nature*, Jeremy Narby, éd. Buchet-Chastel

CONTACTS

- Stages en Charente, Christophe Dacier,108 route de Genève, 74240 Gaillard, tél : 04 50 04 81 78 tantraducoeur.free.fr/stage
- Association française de protection des plantes, 6 bd de la Bastille, 75012 Paris, tél : 01 43 44 89 64 www.afpp.net
- École lyonnaise de plantes médicinales, 13 rue Alsace-Lorraine, 69001 Lyon, tél : 04 78 30 84 35
- Tela Botanica, Institut de botanique, 163 rue Auguste-Broussonnet, 34090 Montpellier, tél : 04 67 52 41 22

DURETÉ

Parler aux minéraux

Les pierres racontent l'histoire de la Terre, dont les géologues sont les conteurs. Les anciens leur attribuaient le pouvoir de guérir, en fonction des vibrations qu'elles émettent. Cette connaissance resurgit aujourd'hui sous la forme de la lithothérapie, ou art de se soigner avec les pierres.

CONTACTS

- Stages de formation à la lithothérapie, Reynald Georges Boschiero, Apartado Postal 1067, 11201 Algeciras, Espagne, tél : 0034 956 60 20 61 www.reynaldboschiero.com
- Géopolis, Claude Bornert, 11 rue du Petit-Rocher, 44230 Saint-Sébastien-sur-Loire tél : 02 40 34 10 13 www.geopolis-fr.com

CONTACTS

À lire

• *La société en réseaux : l'ère de l'information,*
Manuel Castells, éd. Fayard.
• *Le culte de l'Internet : une menace pour le lien social ?*
Philippe Breton, éd. La Découverte.
• *Internet, l'inquiétante extase,*
Alain Finkielkraut et Paul Soriano, éd. Mille et une nuits.
• *Le cœur net, célibat et @mour sur le web,*
Pascal Lardellier, éd. Belin.
• *Blog Story,* C. Fievet et E. Turrettini, éd. Eyrolles.
• *Weblogs*, Éric Charton, éd. CampusPress.
• *Les blogs, nouveau média pour tous*, ouvrage collectif, éd. M2.
• *Blogs : Créez et partagez votre journal personnel sur Internet*,
P.-E. Muller, éd. Micro Application.
• *500 trucs pour mieux communiquer au travail,* éd. Larousse.
• *Savoir communiquer,* Robert Heller, éd. Mango.
• *Psychologie de la communication : Théories et méthodes,*
Jean-Claude Abric, éd. Armand Colin.
• *Comprendre et gérer les types de personnalité, Guide de l'ennéagramme en entreprise*, Fabien & Patricia Chabreuil, éd. Dunod.
• *Le pouvoir de négocier. S'affronter sans violence : l'espace gagnant-gagnant en négociation,* François Delivré, éd. InterEditions.
• *Parler à ses enfants,* Antoine Alaméda, éd. Odile Jacob.
• *Ne leur dites jamais,* J. & C. Messinger, éd. Flammarion.
• *Le courage d'être soi*, Jacques Salomé, éd. du Relié.

À voir

www.pointblog.com : blog consacré aux blogs.
http://blogolist.com : répertoire des blogs francophones.
http://blogomath.sur-la-toile.com/gblogdex.php : répertoire classé.
www.technorati.com : répertoire mondial en anglais.
www.mobilou.org/10kosms.htm : dictionnaire langage SMS.
• Sites répertoires sur la calligraphie (associations, apprentissage) :
www.cynscribe.com/french.html
www.atelier-calligraphie.com
www.perrousseaux.com
• L'Open Directory Project (ODP), souvent appelé dmoz (Directory Mozilla), est un annuaire de sites web construit en collaboration par des internautes du monde entier.
• Mail art across the world, projet international de calligraphie :
Forum de toutes les écritures, 7 rue Allende, Vertes Prairies,
24750 Trélissac – contact@atelier-calligraphie.com
• Plumes et calames, 47 rue Montgomery, 7540 Tournai, Belgique,
plumes.calames@belgacom.net

Quand l'État communique

vie-publique.fr : informations sur les politiques publiques.
service-public.fr : portail de l'administration pour le grand public.
ladocumentationfrancaise.fr : rassemble les documents émis.

À lire

• *Internet à la mairie. Les enjeux pour l'emploi, les services administratifs, le citoyen,* Patrick Bouchardon et Olivier Devillers, éd. Sorman.

Poésie

Contacts

• Poètes sans frontières, 8 av. du Levant, 11510 Fitou
tél : 04 15 67 71 11.
• Poètes à vos plumes, 17 rue Véron, 75018 Paris.
• Œil Sauvage, 18 rue Pontrique, 64100 Bayonne.
• Poètes à la une, Nicole Bergot, Karl-Lerbs Str. 7 -D-28201 Brême,
www.mioch.net/html/poetesalaune.html
• Association d'information et de défense des auteurs, Calcre,
BP 10016, 94404 Vitry Cedex – www.calcre.com
• Société des gens de lettres, Hôtel de Massa, 38 rue du Faubourg-Saint-Jacques, 75014 Paris, tél : 01 53 10 12 00 – www.sgdl.org
• Maison des écrivains, 53 rue de Verneuil, 75007 Paris,
tél : 01 49 54 68 80 – www.maison-des-ecrivains.asso.fr

Événements

• Journée mondiale de la poésie le 21 mars.
• Semaine de la poésie de Clermont-Ferrand, 2e semaine mars,
20 avenue Bergougnan 63039 Clermont-Ferrand Cedex,
tél : 04 73 36 56 48 – www.auvergne.iufm.fr/poesie.htm
• Lectures sous l'arbre, 2e quinzaine d'août, Association typographie & poésie, 43400 Le Chambon-sur-Lignon, tél : 04 71 59 76 46,
http://www.lectures-sous-larbre.com
• Festival parole ambulante, Espace Pandora, 7 place de la Paix,
69200 Vénissieux, tél : 04 72 50 14 78.
• Festival la Voix et le Corps du 10 au 12 juin 2005.
• Stages contes : Les amis de la joie par les livres,
25 boulevard de Strasbourg, 75010 Paris, tél : 01 55 33 44 44.
• La Dive Compagnie, Clausevignes, 12330 Valady,
tél : 05 65 72 66 76.
• Association Cultiv'Art, 20 bd des Anglais, 44100 Nantes,
tél : 02 40 76 20 93 – www.mondoral.org/cultivart

entraide

• Association pour la réciprocité l'échange et la solidarité,
Maison des associations Beaulieu, 12 rue Anatole-de-Monzie,
44200 Nantes, tél : 02 28 03 55 47.
• Association nationale des victimes des erreurs et dysfonctionnements judiciaires, ANVEDJ, 7 rue de Béarn, 78000 Versailles.
• Créer ou reprendre une librairie : ADELC, Association pour le développement de la librairie de création, tél : 01 45 41 62 05.
• Fête nationale du théâtre amateur jeunes, Castelnau-le-Lez (Hérault) du 10 au 14 juillet.
• Fédération nationale des compagnies de théâtre et d'animation,
12 rue de la Chaussée-d'Antin, 75009 Paris, tél : 01 45 23 36 46.
• Suicide écoute, 5 rue du Moulin-Vert, 75014 Paris,
tél : 01 45 39 93 74.
• Centre de documentation, d'éducation et d'action contre les manipulations mentales, 138 av. Félix-Faure, 75015 Paris,
tél : 01 53 98 73 98.
• Fédération française des clubs UNESCO, 2 rue Lapeyrère,
75018 Paris, tél : 01 42 58 68 06.
• Groupement international des fermes d'animation éducatives,
Maison de la nature, 23 rue Gosselet, 59000 Lille, tél : 03 20 52 57 46.

Nouvelles Clés

• Tous les trimestres, les 21 mars, 21juin, 21 septembre et 5 décembre, retrouvez le magazine *Nouvelles Clés*, qui est à l'origine de ce *Grand Livre de l'Essentiel*. En kiosque ou par abonnement, à l'adresse suivante : BP 18, 84220 Gordes.
Le site : www.nouvellescles.com met en ligne gratuitement dix-huit années d'entretiens et de dossiers sur l'écologie, les médecines alternatives, les spiritualités, le développement personnel…

Apprendre

N'est-il pas stupéfiant de constater que nous n'apprenons à apprendre que bien après avoir déjà appris des montagnes de choses ? Des choses que nous risquons donc d'avoir fort mal assimilées. Les bons pédagogues s'insurgent contre cette inversion, tout en reconnaissant qu'il n'est jamais trop tard pour s'y mettre. Certes, les tout premiers apprentissages se font dès l'enfance. Mais notre esprit reste souple longtemps et peut donc se «reformater» lui-même jusqu'à un âge avancé. Nous sommes tous concernés de 9 mois à 99 ans.

MOTEUR

Du fossé numérique à l'info pollution

Apprendre à vie ! Fini le temps où passées la période scolaire et celle de l'acquisition d'un métier, le rythme et la pression se ralentissaient. Désormais il faut sans cesse intégrer d'autres savoirs ou savoir-faire, à commencer par les technologies de l'information et de la communication (TIC).
Le monde nous est offert sur notre écran, nous n'allons pas le bouder ! Avant, explique le philosophe Michel Serres, le savoir était jalousement défendu par des distances et par des obstacles : le mérite, l'idée qu'il faut être intelligent… Désormais, les TIC représentent, dit-il «un très grand espoir, un espoir de type démocratique». Oui, sauf que pour l'instant, Internet concerne 5 % de l'humanité : c'est ce qu'on appelle le «fossé numérique».
Une nouvelle forme d'exclusion particulièrement pernicieuse. Autre écueil, pour les nantis cette fois, «l'info pollution», l'expression est de Joël de Rosnay, le chantre de la Cité des sciences et de l'industrie. Trop d'information tue en effet l'information et le vertige nous prend devant cette marée de données. Il nous faut apprendre à hiérarchiser et organiser l'information, ne pas nous laisser mener en bateau mais tenir ferme nos caps. Le moteur de recherche ? Aller vers ce qui est le plus utile pour nos vies, ce qui s'intègre à notre culture, à nos pratiques, qui sert nos valeurs. La mission de l'enseignant de demain ?

À LIRE

L'incandescent Jules Verne, la science et l'homme contemporain, Michel Serres, éd. Le Pommier

CONTACT

cite-sciences.fr/derosnay

LA MÉTHODE MORIN

Réformer la pensée donc l'enseignement, réapprendre à apprendre, telle est l'une des clés, voire la clé de voûte de la «méthode» Morin. De retour du Mexique, dans son petit bureau noyé de livres et de papiers, le promoteur de la pensée complexe nous l'explique. Simplement.

«Il y a plusieurs façons d'apprendre. Le langage par exemple s'apprend par mimétisme, à travers la relation intime et intense avec les parents, la lecture et l'écriture au contraire nécessitent un enseignement. Prenons de jeunes Indiens d'Amérique : en allant pêcher et chasser, ils acquièrent une connaissance de la nature fondée sur une expérience sensible et globale des connexions entre le monde animal et le monde végétal, par exemple.

«À l'école, ce mode d'apprentissage est cassé et ils perdent leurs aptitudes naturelles à contextualiser les savoirs, à les intégrer dans leurs ensembles. Notre système d'enseignement à la fois atrophie nos possibilités cognitives et, séparant les connaissances les unes des autres, les fragmentant, nous donne un savoir mutilé. Parallèlement nous sommes submergés par la prolifération de ces connaissances. Il y a inadéquation profonde et grave entre nos savoirs morcelés entre disciplines et des problèmes de plus en plus transversaux. Nous devons donc impérativement apprendre à relier les connaissances entre elles, ce que font déjà certaines disciplines comme l'écologie.

«C'est tout le travail que j'ai voulu faire dans *La Méthode* : élaborer des instruments intellectuels capables de relier ce qui est séparé, capables de traiter la complexité. Les réformettes successives de l'Éducation nationale tournent autour de ce problème central – la réforme de la connaissance et de la pensée – comme autour d'un trou noir !

«Dans l'université que je mets en place au Mexique, j'essaie de mettre cette réforme en pratique. On y apprendra que la connaissance court toujours le risque de l'erreur et de l'illusion, que la rationalité peut elle aussi subir des perversions… On y enseignera l'identité humaine c'est tout de même incroyable que dans aucun pays on n'apprenne ce que c'est qu'un être humain ; on enseignera l'ère planétaire au lieu de se contenter de parler de mondialisation ; on enseignera la capacité d'affronter l'incertitude ainsi que, et ce n'est pas le moins important, la compréhension. On ne fera pas l'ombre d'un progrès dans les relations entre les peuples, mais aussi dans les familles, sans cet apprentissage-là, qui en est un comme les autres, peut-être le plus essentiel…»

À LIRE… et à relire

Edgar Morin vous rend plus intelligent, plus sensible, plus ouvert ! *Éthique* est le tome 6 de *La Méthode*, éd. du Seuil ;
Dialogue sur la connaissance, entretiens avec des lycéens, éd. de l'Aube ;
La tête bien faite, éd. du Seuil ;
Les sept savoirs nécessaires à l'éducation du futur, éd. de l'Unesco.

> *L'âme est le seul oiseau qui soutient sa cage.*"
>
> VICTOR HUGO

ONFRAY

Dis, pourquoi...?

«Les enfants questionnent en philosophes naturellement, et très tôt dès l'acquisition du langage. Pourquoi perdent-ils ensuite cette propension sublime ? Parce que la famille et l'école, doublement complices dans cet assassinat, font le nécessaire pour empêcher, décevoir, interdire cette démarche questionnante, et la remplacer soit par un pur et simple renoncement apathique, soit par le gavage avec des réponses aux questions qu'ils ne se posent pas.»
(Extrait de *La Communauté philosophique,* éd. Galilée, du décapant Michel Onfray qui a créé une Université populaire à Caen en 2002. Ce livre est le manifeste de cette expérience.)

CONTACTS

- Site personnel du philosophe : perso.wanadoo.fr/michel.onfray
- Site de l'université populaire : up.caen@wanadoo.fr

ALTÉRITÉ

Réveiller le plaisir

Membre du collectif «Sauver les lettres», assez politiquement incorrecte, une jeune professeur s'insurge contre «l'école du vide», cette nouvelle pédagogie faite pour susciter le «plaisir» des élèves, encourager «l'écriture en liberté», tandis que le programme d'œuvres littéraires disparaît purement et simplement.
«Je plaide, dit-elle, pour une école qui, loin de satisfaire les attentes étroites et convenues des élèves (...), provoque la rencontre avec l'altérité la plus radicale.»

À LIRE

Qui a eu cette idée folle un jour de casser l'école ? Fanny Capel, éd. Ramsay

REBELLES

Ranimer la flamme

Gilbert Longhi, proviseur du lycée Jean-Lurçat à Paris (13e), a créé à l'intérieur d'une structure classique sept classes expérimentales pour les élèves largués, rebelles, parfois perturbateurs, qui viennent de plus en plus des classes aisées. Il raconte dans un livre, *Pas envie d'aller à l'école*, cosigné avec la journaliste Nathalie Guibert (éd. La Martinière), comment il s'efforce de remotiver ces décrocheurs d'école.

KIT

La main à la pâte

S'y coller, tâtonner, découvrir par soi-même, voici une façon d'apprendre la science qui fait de plus en plus d'adeptes. «La main à la pâte» est une initiative du Prix Nobel de physique Georges Charpak, inspirée d'une expérience qu'il avait menée dans les ghettos de Chicago. Soutenue par le ministère, elle fonctionne en France depuis 1998. En groupe de quatre, face à une question, on élabore une hypothèse, on construit une expérience et on confronte le résultat à l'hypothèse. Environ 15 % des profs enseignent en suivant cette méthode. Formation des enseignants, mallettes pédagogiques, théorique et pratique, vous trouverez tout sur le site.

Même démarche chez Les petits débrouillards, des précurseurs qui se débrouillent depuis vingt ans pour faire toucher du doigt aux enfants la démarche scientifique. L'association intervient dans les écoles, les centres de loisirs ou de vacances. Et édite une sympathique collection de livres avec Albin Michel (par exemple *Debout les terriens, 80 conseils simples pour protéger la planète* ou *La mer, des richesses à respecter : 15 expériences faciles à réaliser, 8-12 ans*).

CONTACTS

La main à la pâte :
www.inrp.fr/lamap et
www.lespetitsdebrouillards.org

Pour apprendre le monde : une éducation à l'environnement

De Jean-Jacques Rousseau à Célestin Freinet, ils ont été nombreux à penser que la nature est un formidable professeur, pour ne pas dire le premier. Selon le pédagogue Philippe Mérieu, cet apprentissage du monde qui nous entoure, cette éducation à l'environnement sont plus nécessaires que jamais. Vital en réalité pour la sauvegarde de la planète mais aussi pour l'équilibre de nos enfants qui se meuvent de plus en plus souvent dans un univers virtuel. Il ne s'agit pas, dit le pédagogue, d'ajouter une autre discipline ou de faire du saupoudrage dans les programmes mais d'une éducation à la responsabilité et à la citoyenneté planétaire. Une expérimentation a été faite dans dix académies et depuis la rentrée 2004 «l'éducation à l'environnement pour un développement durable» est censée être généralisée dans toutes les établissements. Cela pour la (bonne) intention. Dans la pratique, si vous n'avez encore rien vu venir, n'hésitez pas à faire des suggestions aux réunions de parents d'élèves : participation d'une classe à un conseil municipal sur la mise en place d'une rue piétonne ou jumelage avec une école africaine…

À LIRE

Philippe Mérieu a écrit 36 ouvrages sur le thème de l'éducation. Citons : *Nous mettrons nos enfants à l'école publique*, éd. Mille et une nuits ; *Le monde n'est pas un jouet*, éd. DDB ; *Repères pour un monde sans repère*, éd. DDB.

CONTACT

www.planete.org

À l'école de Nicolas Hulot

C'est sous le signe de «l'émerveillement, premier pas vers la connaissance», que Nicolas Hulot a ouvert, en 2004, une école de la biodiversité. Au cœur du Morbihan, jouxtant le parc de Branféré (40 hectares, 2 000 animaux, 150 espèces), les enfants en «immersion nature» apprennent sur le terrain ce qu'est la biodiversité, la chaîne alimentaire ou le tri des déchets. Le premier outil pédagogique, c'est le bâtiment lui-même, construit en HQE (Haute Qualité Environnementale), avec capteurs solaires, récupération des eaux de pluie, etc. Et à l'école de Nicolas Hulot, écologie rime avec nouvelles technologies : après avoir observé les loups à crinière ou les tapirs, on peut aller taquiner la souris sur l'un des 40 Imac disponibles. Mais chaque programme est unique, établi sur mesure avec l'enseignant, en fonction de son projet pédagogique. Sylvie Gissois, institutrice dans le Nord, a d'abord travaillé avec sa classe de CM2 sur le thème des jardins, et son premier objectif a été de sensibiliser ces enfants, «urbains» pour la plupart, à l'environnement. «Ils ont eu ici une occasion unique de découvrir et d'aimer la nature», se réjouit-elle. Classes de découverte ou séjour vacances, séjours en famille (dont un spécial pour grands-parents et petits-enfants) et séminaires pour les entreprises.

CONTACT
www.ecole-nicolas-hulot.org
tél : 02 97 42 94 66-81
Couchages possibles, pension complète un week-end avec une nuit : 135 euros par adulte, 95 euros par enfant.

INTERACTIF

Nommer le monde

Nommer les planètes, les mers, les arbres, les plantes et les animaux, les peuples du monde et leurs habitations, leurs légendes et leurs religions… telle est la tâche du poète et aussi celle de l'enfant quand il commence à grandir. *L'encyclopédie interactive* (Dokéo chez Nathan) propose une découverte du monde qui devrait séduire les 6-9 ans. Les quarante planches illustrées sont associées à cinq CD (nature, monde d'aujourd'hui, corps humain, terre et univers, histoire) : quand l'enfant pose le stylet sur une image (ça marche mieux avec le doigt), une explication, un court dialogue, une musique le transportent illico dans la savane, sur Mars ou dans les rues de la ville : petites infos bien travaillées et sons, bruitages, ambiance sonore épatants. Et si tout cela est trop technologique à votre goût, optez pour *Presque tout* par Joëlle Jolivet (éd. Le Seuil jeunesse). Dans un très grand format, une réinvention des planches illustrées des gros dicos. À partir de 4 ans.

“Vient un temps où le risque de rester à l'étroit dans un bourgeon est plus douloureux que le risque d'éclore.”

ANAÏS NIN

H_2O

Impressions soleil levant

Des dizaines d'heures sur des livres de chimie pour savoir que l'eau se note H_2O !
D'autres heures interminables sur le théorème de Pythagore pour partager l'addition au restau.
Est-ce bien raisonnable ? alors que les reflets de la Seine et la règle du nombre d'or s'offrent à nous dans les musées...
Sérieusement, depuis le temps que dure ce débat sur l'éducation artistique (qu'on croyait clos avec le plan en faveur des arts à l'école lancé en 2000 par le Jospin) une (grosse) fatigue s'installe. L'ardeur des intermittents du spectacle a le mérite de le relancer.
Oui, naturellement oui ! il faut irriguer nos enfants de musique, de peinture mais aussi d'arts vivants : théâtre, danse, chant. Non cela ne les empêchera pas d'apprendre à lire, écrire et compter. En attendant, si nos chérubins n'ont pas la chance d'être embarqués dans un projet artistique par une école ou un maître qui y croit, envoyons-les dans des musées suivre un atelier. Visites-dialogues, jeux pédagogiques, manipulation de la matière... ils sont tous de qualité à tel point que nous aussi, parents frustrés d'éducation artistique, on s'y inscrirait bien...(voir la page contacts en fin de chapitre).

CONTACTS

- Appel national pour la présence régulière des arts et des artistes dans les écoles : www.anrat.asso.fr
- *Interventions artistiques à l'école, tome I et II,* un numéro de la revue *Art et thérapie*. tél : 01 46 36 05 00

> ***"Il donne la sagesse à qui Il veut, et celui à qui la sagesse est donnée a vraiment reçu un bien abondant."***
>
> **CORAN II, 269**

Les religions à l'école

À force de gommer les références à la religion, on a rendu incompréhensible à des générations de jeunes leur histoire... C'est ce qu'écrivait la spécialiste Mireille Estivalèzes en novembre 1986 dans *Le Monde de l'Éducation*. Déjà, en 1979-80, les partis et syndicats (de gauche !) s'étaient émus de ce que leurs membres ne comprennent rien à la guerre Irak-Iran, parce que personne ne comprenait les sens des mots «sunnite» et «chiite» et les divergences de fond qu'ils recouvraient. En 1989 c'était le rapport Philippe Joutard sur cette question de l'enseignement des religions à l'école. En 1996 les programmes s'entrouvrent au fait religieux qui trouve sa place dans plusieurs disciplines : histoire, littérature, art... mais les enseignants se sentent très démunis. Les choses s'accélèrent après le 11 septembre 2001 : un Institut européen en sciences des religions (IESR) est créé en 2002 ; présidé par Régis Debray, il est chargé de mettre en place une formation des maîtres. Le processus est trop lent, selon le philosophe qui démissionne de l'IESR en octobre 2004. Affaire à suivre de près...

L'éducation aux dimensions religieuses de l'humanité est une question de connaissance, mais aussi, plus profondément, d'aide à la maturation de la personne. Comme dit Claude Reyt, professeur dans un IUFM (formation des maîtres) : «Ma conviction est que tous les enfants, sans exception, doivent être tirés vers le haut. Il faut leur faire lire des textes exigeants, les emmener dans des musées difficiles. Ils le sentent, ça les valorise et ça les aide.»

À LIRE

Les religions dans l'enseignement laïque, par Mireille Estivalèzes, qui fait le point sur la question, éd. PUF.
L'enseignement du fait religieux dans l'école laïque, rapport au ministre de l'Éducation nationale, par Régis Debray, éd. Odile Jacob.

CONTACTS

- www.regisdebray.com (site officiel)
- Institut européen en sciences des religions : www.ephe.sorbonne.fr/IESR/accueil.htm

«On a théâtre !»

Comme on a lecture ou gym, à l'école Gerson, dans les treize classes primaires, «on a théâtre !». Pas le choix, ici, le théâtre, c'est normal et, du coup, ça fait des miracles. C'est ce qu'explique la prof, Brigitte Rivière-Rimbert, l'œil très bleu et le sourire tendre. «Un de mes plus jolis souvenirs, raconte-t-elle est celui d'Élodie, une petite fille très ouverte, très à l'aise, bref la star de mon cours cette année-là. À la maîtresse, qui avait besoin d'un enfant pour présenter le spectacle de fin d'année, je propose tout de suite Élodie et j'apprends alors qu'elle est la plus timide de sa classe ! Tout est possible si on fait confiance…»

Comment se passe cette heure de théâtre ?

«Vite ! Petit temps de relaxation où chacun apprend qu'il est "la personne la plus importante de sa vie", puis deuxième temps d'échauffement classique, suivi par l'impro. Ce matin c'était "la marionnette" : j'emmène mon camarade littéralement par le bout du nez, et attention, car ensuite ce sera le contraire. Dernier temps, de création, avec une production personnelle préparée à partir de consignes : par exemple donner un rôle, et pas un petit, à un parapluie ! Bien sûr, on travaille la diction ou la tenue sur scène, mais aussi et peut-être surtout on apprend que l'intransigeance ne paye pas, alors que l'enthousiasme marche, que toutes mes idées ne sont pas automatiquement comprises et que j'ai le droit d'être critique… Bref, on se frotte aux autres, on apprend à être ensemble.»

CONTACT

École Gerson (Paris, 16e) ; tél : 01 45 03 81 00.

MÉTA

Parlez-vous gromelo ?

«Katchuinitu pasderi vatopa poutchouk ? – Naaaaa ! zaremli mitchok mitou-mitou !» Essayez c'est rigolo, c'est du gromelo ! Ne réfléchissez pas, lancez-vous ! Chacun a son gromelo. Peut-être le vôtre a-t-il des consonances slaves ou arabes, ou encore asiatiques ! Pour travailler l'impro au théâtre, mais aussi pour se défouler, pour ne pas se prendre au sérieux, pour faire rire des gamins de mauvaise humeur, mais peut-être plus encore pour aider les enfants timides à se désinhiber ; soudain, ils découvrent que l'expression ne passe pas seulement par les concepts, mais aussi par le métalangage : leur ton, leurs gestes, leurs mimiques, leurs cris… et qu'on les comprend très bien ! Utilisée dans certaines écoles et collèges, la méthode a depuis longtemps fait ses preuves.

SPONTEX

Peut-on enseigner ce qu'on ignore ?

En 1818, un certain Joseph Jacotot, révolutionnaire exilé à l'Université de Louvain, enseigne le français à des étudiants flamands sans leur donner aucune leçon. Fort de cette expérience, il se met à enseigner ce qu'il ignore et à revendiquer l'émancipation intellectuelle. Comme dit un proverbe arabe : «Un ignorant véridique est préférable à un intelligent faux.» Le philosophe Jacques Rancière retrace cette aventure : une façon de bousculer nos certitudes sur l'éducation.

À LIRE

- *Le maître ignorant. Cinq leçons sur l'émancipation intellectuelle,* Jacques Rancière, éd. 10/18.

Sur le même thème :

- *Peut-on enseigner sans savoir ?,* Philippe Mérieu, avec des adresses d'écoles, éd. PEMF

TRIO

École parallèle, oui mais laquelle ?

Les trois grands mouvements des écoles pas comme les autres :

• LE MOUVEMENT FREINET :
Pas d'école Freinet, mais des outils pédagogiques utilisés peu ou prou par des enseignants en maternelle et primaire : journal de classe, correspondance interscolaire, atelier d'écriture... les gamins en redemandent. Une kyrielle de projets sur : **www.freinet-org/icem/innovation/projinno.htm**

• LA MÉTHODE MONTESSORI :
On apprend à sentir, toucher, voir, entendre avant d'acquérir la faculté d'abstraction et chaque enfant travaille à son rythme...

• LES ÉCOLES STEINER :
Du nom du fondateur de l'anthroposophie, littéralement sagesse de l'homme. Privilégient l'expérience et le sensible.

Pour en savoir plus et d'une manière générale pour se repérer dans la forêt des enseignements parallèles, une bible, celle de Roger Auffrand : *Le Guide annuaire des écoles différentes : alternatives éducatives, leurs projets et pratiques pédagogiques, les adresses* (éd. Possible).

MOTIVÉS

L'école du possible

«L'école des savoirs devra laisser la place à l'école de la connaissance de soi, des autres et de la planète "ou" Il faut apprendre à traiter la diversité comme la principale source de richesse», écrit Antoine Valabrègue, professeur de maths pas comme les autres et infatigable agitateur d'idées dans le domaine de l'éducation. Des idées qui ne sont pas éloignées de celles d'Edgar Morin. L'École du possible est une association où l'on essaie de les faire vivre.

CONTACT
www.ecoledupossible.free.fr.

LE MONDE SUR UN PLATEAU

Apprendre en jouant, la recette n'est pas nouvelle, sauf qu'ici les jeux viennent du monde entier et qu'ils sont destinés à des jeunes en difficulté, majoritairement d'origine étrangère. Prenons l'awalé, suggèrent Pierrette et Hélène, joyeuses prêtresses du lieu (cf. p. 56). C'est un jeu de calcul mental et de stratégie qui vient d'Afrique dans la tradition des jeux de semailles : il s'agit de parvenir à mettre vingt-cinq graines dans son grenier. Certains se souviennent soudain : «J'y jouais avec ma grand-mère mais ce n'était pas exactement les mêmes règles.» Normal ! il en existe plus de trois cents, jusqu'en Inde ! «Tu apprends à te concentrer, à anticiper, à t'affronter à d'autres logiques que la tienne, explique Pierrette». Sans compter l'échange verbal et l'acquisition de vocabulaire. Pierrette sort d'autres plateaux, d'autres merveilles : l'othello, un jeu anglais du XIXe siècle repris par les Japonais ; le royal d'Ur, un des plus vieux jeux du monde, venu d'Irak ; le douchouqui, asiatique, une sorte de jeu d'échecs des animaux où l'imaginaire a la part belle. Mais jouer ne suffit pas, les jeunes «en mobilisation» sont invités à mettre au point un petit projet autour des «jeux» pour un centre de loisirs : façon d'apprendre à s'organiser, à faire équipe, à se faire confiance. «Il faut voir, dit Hélène, leur sourire quand ils reviennent et qu'ils ont réussi leur animation !»

CONTACTS

• Maison des jeux de l'Est parisien :
«D'entrée d'jeu», 84 rue des Couronnes,
75020 Paris, tél : 01 47 97 16 91.

• Association Strata'j'm, centre de ressources sur le jeu : stratajm@free.fr

> ***“Celui qui apprend sans penser est perdu, celui qui pense sans étudier est en danger.”***
>
> **CONFUCIUS**

L'Université du Symbole est faite pour votre cerveau droit

L'Université du Symbole, fondée en octobre 2000 à Paris, se présente comme une «université du cerveau droit». Elle propose à ses étudiants de découvrir les lois qui organisent l'univers symbolique, «très utiles pour le développement de l'intuition et de l'innovation», selon les animateurs de ce lieu hors norme.

L'équipe enseignante est composée de philosophes, scientifiques, consultants, graphistes et artistes. Sa diversité est la garantie d'une approche pluridisciplinaire. Ce qui les rassemble : la conviction, fondée sur l'expérience professionnelle, qu'il existe un mode de lecture de la réalité qui ne s'appuie pas exclusivement sur la prédominance de l'objet, mais a pour fondements les postulats suivants :

• **La pensée symbolique est opérationnelle**, c'est à la fois le langage de l'inconscient et celui de la nature.

• **L'abstrait crée le concret**, l'énergie modèle la forme. La référence à une approche platonicienne du réel est explicite. L'«abstrait» est peuplé d'archétypes, de sens, de «forces», etc., qui organisent le réel en y laissant des traces : les symboles.

• **Le tout s'appuie sur l'idée de «beauté»** selon Platon : la beauté n'est pas le privilège des artistes, c'est le privilège du réel.

La beauté n'est pas seulement l'art musical, pictural, architectural ; c'est l'expression visible de l'harmonie, c'est-à-dire des rapports adéquats permettant à tout système biologique, social, spirituel… de fonctionner, d'évoluer et de se transformer sans heurts ni fausses notes. Mais il faut un regard pour l'accomplir. C'est l'apprentissage de ce regard que propose l'Université du Symbole, dans un souci d'efficacité pour développer un imaginaire créateur de concepts innovants.

Des formations courtes ou longues, sous forme de week-ends, personnels ou d'entreprises, s'organisant toujours en trois étapes :

1. Bases fondamentales de la pensée symbolique ;
2. Découverte de son mythe personnel ;
3. Application à des cas concrets.

CONTACT
Université du Symbole, les Bureaux de Sèvres, 2 rue Troyon, 92136 Sèvres Cedex,
tél : 01 41 14 83 06
http://universite.dusymbole.free.fr

KINÉSIOLOGIE

Les abdos du cerveau !

Nous avons deux cerveaux, on le sait. Mais il ne suffit pas de le savoir pour les faire marcher ensemble de façon harmonieuse. Beaucoup de handicaps de l'apprentissage proviendraient de cette incapacité. Des exercices de kinésiologie adaptés à la pédagogie peuvent faire disparaître ces blocages. Dessiner un huit avec le nombril, visualiser un X ou se livrer au bâillement énergétique permettraient de piger enfin la règle de trois ! L'origine du problème remonterait à la petite enfance, quand les neurones se connectent à toute vitesse et que, en même temps, le bébé commence à se déplacer, en rampant comme un crabe, engrammant la bilatéralité de son cortex à tout son corps. Conseil : ne forcez pas les petits à marcher trop vite !

À LIRE
Le mouvement clé de l'apprentissage, par Paul et Gail Dennison, éd. Le Souffle d'or

INÉGALITÉ

Le fléau de l'illettrisme

Plus d'un Français sur dix, entre 17 et 25 ans, ne sait ni lire ni écrire correctement. Le linguiste Alain Bentolila s'en émeut : «Je trouve scandaleux que nous relâchions chaque année dans la nature plus de 50 000 jeunes en situation d'illettrisme. Les gamins de banlieue ne maîtrisent que 800 mots, alors que les autres enfants en possèdent plus de 2 500.» Tout est *cool*, tout est *grave*, tout est *niqué*, et plus rien n'a de sens. Ces mots sont des baudruches sémantiques : ils ont gonflé au point de dire tout et son contraire. «C'est grave» peut signifier c'est merveilleux comme c'est épouvantable. Cette pauvreté linguistique est dangereuse : «Celui qui a des difficultés à conceptualiser et à argumenter sera perméable aux dogmes et aux discours sectaires qui foisonnent souvent sous une forme linguistique impeccable.» (Extraits d'une interview parue dans *L'Express*.)

ALLOCATION

DIF et VAE, vous y avez droit !

Depuis mai 2004, le DIF, droit individuel à la formation, concerne tous les salariés en CDI depuis au moins un an ou en CDD après quatre mois d'ancienneté.
Il accorde un droit à la formation de vingt heures par an, cumulable sur six années. La formation se déroule en dehors du travail. Allocation équivalente à 50 % de la rémunération nette. Accord de l'employeur indispensable ; en cas de refus deux années de suite, le salarié bénéficie d'un accès prioritaire au CIF, congé individuel de formation, financé par le Fongecif (3e cycle rarement financé sauf pour les salariés en CDD).
Instaurée en 2002, la VAE, validation des acquis de l'expérience, permet de faire valider une expérience professionnelle, syndicale ou associative par un diplôme reconnu, mais également d'accéder à une formation sans justifier du niveau d'études normalement requis. Des infos sur le site du Cnam : www.cnam.fr

OSMOSE

Comment transmettre l'essentiel ?

Un verbe qui contient à lui seul toutes les pédagogies du monde en donnant la première place à la relation qui se tisse entre celui qui sait et celui qui apprend. Ce que Patrice van Eersel exprime ainsi, dans le magazine *Nouvelles Clés* : «La transmission de l'essentiel ne se décide sans doute pas. Elle est, c'est tout. Par influence, osmose, exemple. Elle ne peut donc être bonne que si le transmetteur existe vraiment. Incarné, vivant, agissant. La question de la transmision se trouve alors repoussée vers le centre, le ventre, le corps.»

“Ce que c'est qu'un pin, apprends-le du pin, ce que c'est qu'un bambou, apprends-le du bambou.”

BASHÔ

Reprendre des études

Même si l'idéal de «société sans école» d'Ivan Illich est encore loin (cf. ses œuvres complètes, éd. Fayard) il est toujours possible de l'anticiper : il n'y a pas d'âge pour apprendre.

«J'avais l'impression que je n'arriverais jamais à ingurgiter toutes ces notions : ma mémoire était grippée», raconte Dominique, journaliste qui, à 32 ans, a entamé des études de médecine. «Pourtant, après deux ou trois semaines, poursuit-elle, les rouages fonctionnent à nouveau.» Retrouver le chemin de l'école à tout âge est certes difficile, mais possible. Formation initiale ou continue, à temps plein ou partiel, en continuant à travailler ou pas, les formules sont nombreuses et trouver la sienne demande un gros investissement de temps. Mener études et emploi de front exige une solide motivation. Mais les structures existent, tel le CNAM, qui proposent des cours du soir et le samedi ou des modules de quelques jours par mois. Autre option : les cours par correspondance – le CNED propose trois mille formations. Internet facilite les choses et la rencontre entre apprenants via les forums rompt l'isolement. Il existe des formations entièrement en ligne, intitulées «mpus numériques» – vous trouverez tous les détails sur le site du CNED.

CONTACTS

- Grosse base de données gérée par le Centre pour le développement de l'information sur la formation permanente : www.centre-inffo.fr
- CNAM : www.cnam.fr (bon site très complet).
- CNED : www.cned.fr
- Toutes les universités et écoles ont un site qui donne programmes et conditions d'accès.

ÉCHANGE LEÇONS DE SAXO CONTRE COURS DE QI QONG

Chacun a des savoirs qui peuvent intéresser les autres, tout le monde est capable d'apprendre et d'enseigner, le saxophone ou la cuisine thaï, le langage des sourds-muets ou la calligraphie arabe… Cette idée simple et révolutionnaire, celle d'échanger les savoirs, est née en 1971 à Orly dans le Val-de-Marne d'une poignée de gens et en particulier d'un couple, Claire et Marc Hébert-Suffrin. Pierre transmet son savoir en conversation allemande à Martine et Yann, Yann enseigne la chimie niveau troisième BEP à Mathilde et Raphaël, Martine partage ses connaissances en dressage de chiens avec Juliette et Benoît qui enseigne à Jean-Pierre le violon, etc. La seule monnaie qui circule est le savoir : nul troc, nul rapport d'argent ni de service dans les échanges, c'est le désir et le besoin qu'en ont l'offreur et le demandeur qui déterminent la valeur du savoir. Une condition toutefois, simple et décisive : chacun est à la fois offreur et demandeur. La réciprocité anime l'esprit des échanges, lors desquels les participants construisent eux-mêmes leur méthode et la pédagogie à mettre en œuvre. Périodicité, rencontres en binôme ou en petit groupe, les acteurs de l'échange s'organisent selon leurs désirs et leur disponibilité. Une trentaine d'années après, ce dispositif d'échanges sans argent, qui fonctionne sur près de 700 réseaux en France et une centaine à l'étranger, touche cent mille personnes.

À LIRE

Échangeons nos savoirs, Claire Hébert-Suffrin, éd. Syros puis *La Découverte* (épuisé, à lire en bibliothèque). Du même auteur :
Pratiquer la formation réciproque à l'école, éd. Chronique sociale.

CONTACTS

• L'Écume du Jour, café associatif à Beauvais, 400 personnes dans le réseau d'échanges animé par Prisca, tél : 03 44 02 07 37.
Un livre raconte leur aventure, *De l'individuel au collectif – en quête de l'Écume du jour*, éd. L'Harmattan :
Ecumedujour60@yahoo.fr.

• Mouvement des réseaux d'échanges réciproques de savoirs sur Paris et la banlieue :
www.mirers-org

L'INCONCEVABLE

Peut-on enseigner la Shoah ?

«Transmettre, nécessairement transmettre» : tel était le titre d'un article du *Monde* du 26 janvier 2005 écrit par Samuel Pisar, avocat international entré «à seize ans dans l'enfer où Hitler éclipsa l'imagination de Dante». Pour en témoigner, il cherche «la voix du petit *sous-homme* squelettique, le crâne rasé, les yeux noyés» qui vit encore en lui. «Transmettre aux nouvelles générations, écrit-il, la mémoire de ce que nous avons vécu dans la chair et dans l'âme, avertir nos enfants que l'intolérance, la haine, le fanatisme et la violence qui se répandent à nouveau peuvent détruire leur univers comme ils ont jadis détruit le nôtre». Pour autant, se demandent certains intellectuels, peut-on encore enseigner la Shoah dans les collèges et lycées français ? Non ! avait répondu violemment un pamphlet (*Les Territoires perdus de la République*, éd. Mille et une nuits) en décrivant une sorte de révolte généralisée des élèves d'origine maghrébine contre cette partie de l'enseignement de l'histoire.
Cela se révèle impossible à l'instant même où cet enseignement devient obligatoire, estime pour sa part le philosophe Alain Finkielkraut. Et la directrice de recherches au CNRS Annette Wieviorka alerte les enseignants sur les voyages scolaires à Auschwitz, problématiques sans une très sérieuse préparation préalable. La lecture de Primo Levi en classe serait sans doute, dit-elle, aussi voire plus formatrice.
(*Enseigner la Shoah* : un dossier du *Monde de l'Éducation,* février 2005.)

À LIRE

• *Auschwitz, soixante ans après,* Annette Wieviorka, éd. Robert Laffont
• *Un Arabe face à Auschwitz. La mémoire partagée,* Jean Mouttapa, éd. Albin Michel
• *C'est en hiver que les jours rallongent*, par Joseph Bialot, éd. du Seuil poche
• Du même auteur, *Tiens, ça sent Auschwitz* : chaque année à la même époque, il revit les six mois passés dans le camp.

CONTACTS

Apprendre à apprendre

• *Le tiers-instruit*, par Michel Serres, éd. Un joli classique.
• *Les devoirs à la maison*, par Philippe Mérieu, éd. La Découverte. Des pistes pour en finir avec ce casse-tête.
• Les programmes et prévisions du ministère de l'Éducation dans le domaine des nouvelles technologies sur le site :
www-educnet.education.fr
• Un site très convivial et très riche :
www.cafepedagogique.net/index2.php
Réalisé par l'Association coopérative pour l'information et l'innovation pédagogique – et notamment pour l'intégration des TICE (technologies de la communication et de l'information dans l'enseignement).
Plein d'idées vraiment : par exemple les dix sites incontournables par discipline ou une sélection télé sur La Cinq. Possibilité de recevoir des infos dans sa boîte aux lettres (la vraie avec un vrai facteur !).
• Il n'y a pas que Google dans la vie ! Selon le chercheur Olivier Ertzscheid, Google n'est pas un moteur de recherche meilleur qu'un autre, mais c'est un champion du marketing. Attention, danger de guichet unique !

Apprendre le monde

• À l'initiative du Parc naturel régional des caps et marais d'Opale dans la Meuse, plus de 180 classes éco-citoyennes travaillent sur le cadre de vie, les ressources de la planète et des actions de solidarité. Martine Magnier. PNR des caps et marais d'Opale :
BP 55, 62 510 Arques.
• Au lycée Jeanne-d'Arc de Rennes, pour un millier d'élèves, le développement durable compte autant que les maths ou l'histoire. Une expérience passionnante,
www.lycee.ja.rennes.org
• Planet'erre est un forum international francophone pour l'éducation à l'environnement :
www.educ-envir.org/cfee

Apprendre autre chose

• *Le feu sacré, fonctions du religieux*,
éd. Fayard. Régis Debray examine sans sectarisme ni prosélytisme les fonctions vitales, sociales et psychologiques que les religions remplissent dans l'histoire, dans nos cœurs et notre esprit.

Enfants

• www.bernard-defrance.net/deifr/index.php
Un excellent site sur les droits de l'enfant parisien.
• Vous pouvez aussi vous procurer dans votre mairie (ou en achetant *Libération*) le *Paris Mômes*, épatante revue mensuelle qui vous donne les meilleurs plans «apprendre» de la capitale pour les mercredis de vos petits.
• *Revue Dada*, revue d'art pour enfants qui donne beaucoup de plaisir à leurs parents. Neuf numéros par an. Numéros de mars 2005, dossier sur Matisse et en avril sur l'esquisse. En librairie spécialisée ou par abonnement annuel, 50 euros, tél : 01 55 30 40 50.
• Les musées à Paris et en province se mettent en quatre pour éveiller l'œil de nos bambins. Par exemple : la sculpture et ses techniques, neuf séances (musée Bourdelle), initiation au portrait (musée Carnavalet), réaliser un carnet de dessins sur les traces de Delacroix au Maroc (Louvre) ou passer une matinée avec Chagall au musée d'Art moderne… et des dizaines d'autres propositions toutes plus séduisantes. Chaque musée a son site.
• *Chefs-d'œuvre à la loupe*, par Claire d'Harcourt, dès 8 ans, éd. du Seuil Jeunesse/Le Funambule : zooms sur différents détails, petites lucarnes associées à des devinettes ou historiettes qui font entrer l'enfant dans le tableau.

Apprendre autrement

• «RECIT», Le réseau des écoles citoyennes, très gros site qui met en lien 190 organisations et 150 expériences «porteuses d'une éducation émancipatrice» pour construire un monde solidaire : création d'un groupe d'alphabétisation destiné aux parents d'élèves d'une école maternelle, atelier d'histoires de vie, université populaire et café culturel à la cité des 4 000 à La Courneuve, etc. : www.recit.net
• Éducation et devenir, cette association créée en 1984 se déclare être «un mouvement militant intercatégoriel organisé en groupe de liaison, de réflexion et de propositions». L'un de ses combats : le principe de l'unicité du collège contre toute forme de recours aux filières ségrégatives :
http://education.devenir.free.fr
• *L'enfant et la peur d'apprendre,* éd. Dunod, par Serge Boimare, instituteur spécialisé et psychologue clinicien, qui prône pour les «grands rétifs de l'apprendre» la médiation culturelle. Contes, passages de la Bible, romans, permettent à ces enfants de donner une forme à leurs préoccupations et craintes identitaires (responsables de leur blocage), de les inclure dans un scénario qui les rendra universelles. Petit à petit, ils retrouveront la liberté de penser… et d'apprendre.
• *Le défi éducatif : des situations pour réussir*, sous la direction de Delphine Martinot et Marie-Christine Toczek-Capelle, éd. Armand Colin.

Apprendre à tout âge

• Forum des images : projections et conférences thématiques. Des cycles «Rêves et cauchemars» ou «Colonies». Également un énorme choix sur écran individuel, tél : 01 44 76 63 14
www.forumdesimages.net
• Des centaines de milliers de journaux sont archivés dans un labyrinthe souterrain de 600 m² accessible au public bien informé ! Le bonheur des écrivains, des professeurs ou tout simplement des passionnés d'histoire.
La Galcante, boutique du musée de la Presse :
52 rue de l'Arbre-Sec, 75001 Paris, tél : 01 44 77 87 47
www.lagalcante.com

jardiner

Dans beaucoup de mythologies et de cosmogonies, l'humanité est née dans un jardin paradisiaque, qu'elle a plus ou moins explicitement la mission d'entretenir. Ce qu'elle fait… jusqu'au jour où le désir de conquête devient si fort que l'alliance originelle est rompue. On sait ce qu'il en résulte : les pires calamités nous tombent dessus ! On pourrait dire que le véritable humanisme est jardinier : cultiver son jardin constitue sans doute la plus belle et la plus efficace des thérapies pour l'humanité malade.

VITAL

Jardiner avec la lune

Les jardiniers le savent depuis… des lunes ! L'influence lunaire sur les cultures n'est plus à démontrer. Alors, comme eux, faites de la biodynamique, fondée sur la théorie de Rudolf Steiner.
Vous apprendrez à semer, planter et récolter autrement.
La lune descendante est favorable aux racines car la sève s'y trouve concentrée. C'est donc le moment de semer, planter, repiquer les légumes racines (ail, carotte, betterave, oignon, pomme de terre, navet, radis…). C'est aussi la période idéale pour les récolter (de préférence l'après-midi). Ils seront plus savoureux et se conserveront plus longtemps. Enfin, la lune descendante est propice au travail de la terre car l'activité microbienne y est la plus active.
À la lune montante, la sève circule facilement jusqu'au feuillage. C'est donc la période favorable aux légumes feuilles (laitue, épinard, choux…). Et le moment de cueillir les fruits qui seront gorgés de jus.
Les plantes sont plus résistantes à la lune croissante (après la nouvelle lune jusqu'à la pleine lune). Il faut donc les tailler, mais aussi travailler la terre, faire des repiquages, des plantations et des semis de tout ce qui produit fruits ou graines.
On profitera de la lune décroissante (après la pleine lune jusqu'à la nouvelle lune) pour faire des semis de tout ce qui ne monte pas en graine (épinard, salade, oignon…). Les plantes récoltées se conservent moins bien qu'à la lune croissante, mais elles sont plus savoureuses. La lune tourne autour de la terre en 27 jours et passe donc devant les douze constellations du zodiaque.
Aux constellations de terre (Taureau, Vierge et Capricorne) correspondent les plantes-racines ; aux constellations d'air (Gémeaux, Balance et Verseau) les plantes-fleurs ; aux constellations d'eau (Poisson, Cancer et Scorpion) les plantes-feuilles ; aux constellations de feu (Bélier, Lion et Sagittaire) les plantes-fruits.

À LIRE

- *Petit guide du jardinage biodynamique*, E. Pfeiffer et E. Riese, éd. Triades
- *Jardiner avec la Lune,* Xavier Florin, éd. SAEP

L'HOMME QUI DIALOGUE AVEC LES PLANTES

Dans la vallée de Santiago, au cœur du Mexique, un paysan tout simple, José Carmen, défraye depuis vingt ans la chronique… Car il produit des choux de quarante kilos, des pieds de maïs de cinq mètres de haut, des blettes d'un mètre et demi et ses terres ont dix à cinquante fois plus de rendement à l'hectare pour une utilisation de fertilisants… cent fois moindre.Chimistes, agronomes, ingénieurs et techniciens sont accourus de partout pour suivre le travail de cet homme hors du commun, qui a su décoder les dessins des Codex aztèques avant même de savoir lire, bénéficier de la science d'un sage tibétain et d'un biologiste allemand pour faire l'alchimie unique de ses fertilisants, savoir cultiver sur terres salées, créer de nouvelles plantes non transgéniques résistantes aux maladies... Et même faire pleuvoir.
Mais ne retenons ici que son union et sa coopération uniques avec les plantes. Voilà ce qu'il en dit : «J'ai commencé par m'asseoir auprès des plantes, je me suis mis à les observer. Puis je leur ai demandé de m'aider. Les plantes, comme tout ce qui vit, ont une forme d'intelligence qui leur permet de communiquer avec nous, il suffit de les écouter. Parfois, pendant la nuit, je sens que mes plantes ont soif, alors je marche jusqu'à mon champ, et je les arrose jusqu'à ce qu'elles soient satisfaites.
«C'est absurde d'appliquer à la lettre les conseils d'arrosage, car, comme les hommes, chaque plante est différente. Les hommes n'ont pas tous des affinités avec les plantes, ni les plantes avec les hommes. C'est une question de compatibilité, comme les rhésus sanguins entre les êtres humains. Les plantes elles-mêmes peuvent se regrouper par affinité, en fonction de leurs énergies. Par exemple, on peut marier le haricot rouge et le maïs parce que ce sont des plantes qui s'entraident. Mais d'autres peuvent se combattre, comme la mangue et l'avocat, et même s'entretuer. Si l'énergie d'une plante se heurte à la nôtre, la plante peut préférer mourir plutôt que de nous accepter. Certains par contre sont nés avec des dons pour cultiver et s'entendent bien avec un grand nombre de plantes. On dit alors qu'ils ont la main verte. Quant à moi, certaines plantes m'acceptent, d'autres pas : celles-là, je n'ai pas le droit de les cultiver.»

À LIRE

L'homme qui parle avec les plantes (avec cahier photos), Yvo Perez Barreto, éd. Presses du Châtelet (un documentaire de 52 minutes, du même auteur, est disponible chez l'éditeur).
Le rêve de White Spring, Michèle Decoust, éd. du Seuil.

TRUCS DE JARDINIERS

L'horticulture du 3e millénaire n'est pas arriérée : elle utilise avec subtilité les dynamiques vivantes – dont certaines sont repérées depuis longtemps. Adieu engrais, pesticides ou insecticides chimiques ! Résistons aux pucerons, aux fourmis et autres envahisseurs en utilisant les remèdes inventés par la nature elle-même.

Pour en finir avec les **pucerons**, vous avez le choix : plantez dans le pot des plantes vertes des allumettes la tête en bas (les pucerons ont horreur du soufre), pulvérisez les plantes avec des paillettes de savon de Marseille ou du vinaigre mélangés à de l'eau, ou encore versez du marc de café au pied des plantes. Vous pouvez aussi commander des larves de coccinelles : une fois adultes, elles n'auront plus qu'à se mettre à table.
Lutter contre les **fourmis**, c'est aussi lutter contre les pucerons qu'elles élèvent pour le miellat qu'ils sécrètent en suçant la sève. En éliminant les fourmis, vous faites donc une pierre deux coups. Plusieurs solutions : versez du sel, de la poudre de craie blanche ou de la cannelle ou déposez des feuilles de noyer sur leur parcours.
Rien de plus doux que le pelage d'une **taupe**. Mais quand toute famille a décidé de s'installer dans votre jardin, la guerre est déclarée ! Pour les éloigner, enfoncez des branches de sureau autour de la zone à préserver ou versez du purin de sureau directement dans les trous et galeries. Autre solution : des boules de naphtaline ou tout autre antimite.

Ne jetez pas l'eau de cuisson des pommes de terre, mais utilisez-la pour asperger vos plantes. **Les insectes nuisibles**, à tous les stades de leur développement, n'apprécient pas du tout la découverte de Parmentier.
Mauvaises herbes et eau salée ne font pas bon ménage. Pour vous débarrasser des intruses nichées entre les dalles de l'allée ou de la terrasse, versez de l'eau salée dessus.
Pour avoir des plantes en bonne santé, récupérez l'eau de pluie dans un bac dont le fond a été rempli de clous. **L'eau rouillée** est un fortifiant naturel. Quant à **l'eau de cuisson des œufs**, c'est un excellent engrais.
Pleuvra ? Pleuvra pas ? Vous hésitez à arroser votre jardin ? Mettez une **pomme de pin** à l'extérieur de la maison. Si elle reste ouverte, c'est qu'il va faire beau. Il risque bien de pleuvoir si elle se ferme.

À LIRE
Ravageurs et maladies au jardin, les solutions naturelles, O. Schmid et S. Henggeler, éd. Terre Vivante.
Le jardin au naturel, F. Couplan et F. Marmy, éd. Bordas.

“Pour faire un jardin, il faut un morceau de terre et l'éternité.”
GILLES CLÉMENT

JARDINS SAUVAGES ET NATURELS

On peut être une grande ville, et même une capitale, et vouloir laisser la nature s'installer librement au milieu du béton.
A Paris, le Jardin Sauvage Saint-Vincent et le Jardin Naturel de la rue de la Réunion en sont la preuve. Avec son fouillis végétal, sa mare où cohabitent grenouilles, crevettes d'eau douce et araignées d'eau, et ses plantations d'orties blanches, épilobes ou mûriers noirs qui poussent au gré du vent, le Jardin Sauvage est un refuge inespéré pour les petits animaux et la biodiversité. Ici, le rôle de l'homme se limite à empêcher les plantes les mieux adaptées de grignoter tout l'espace.
Les écoliers et le grand public sont invités à découvrir cet écosystème laissé en liberté au cours des visites organisées par Paris Nature. Une véritable leçon d'écologie à ciel ouvert !
Au Jardin Naturel, au pied du cimetière du Père-Lachaise, règnent les mauvaises herbes, coquelicots, violettes, aux côtés d'une mare qui abrite limnées, araignées d'eau et tritons. Naturel, ce jardin ? Il a pourtant été créé de toutes pièces en 1996 par les jardiniers de la Ville de Paris afin de reconstituer plusieurs milieux naturels d'Île-de-France : un coteau calcaire fréquenté par les rouges-queues noirs, une friche fleurie de trèfles, des lierres accrochés aux murs, une prairie, un petit bois.
Les éco-éducateurs de Paris Nature proposent de dévoiler les secrets de cet écosystème, avec visite du jardin, mini-expositions, diaporamas, ateliers pour les enfants, rallyes.

CONTACTS
- Jardin Sauvage Saint-Vincent : rue Saint-Vincent, en face du n° 14, 75018 Paris. M° Lamarck-Caulaincourt. Ouvert d'avril à octobre, le samedi de 14 h à 18 h.
- Jardin Naturel : 120 rue de la Réunion, 75020 Paris. M° Alexandre-Dumas. Ouvert de 7 h 30 à 17 h 30 ou 21 h selon l'heure du coucher du soleil. Le week-end de 9 h 30 à 17 h 30 ou 21 h. Renseignements pour les visites thématiques le dimanche (gratuites). Tél : 01 43 28 47 63

Partageons nos jardins, pour les réunir en un paradis !

Tout droit venus des États-Unis, les jardins partagés commencent à faire des émules en France. Ce sont des lieux où l'on partage bien plus que les joies du jardinage...

New York, années soixante-dix. Les «Green Guerillas» – non pas de dangereux terroristes, mais de simples citoyens – décident de transformer friches et terrains vagues en jardins. Leur stratégie : bombarder des graines de fleurs par-dessus les palissades qui, une fois écloses, redonnent vie à des espaces en déshérence. Les «Green Guerillas» négocient ensuite avec les élus de la ville pour entretenir les jardins avec les résidents du quartier, introduisant subrepticement une révolution des mentalités...

Le projet a traversé l'Atlantique et essaimé dans toute l'Europe. En France, le premier jardin partagé voit le jour à Lille en 1997. Ils sont aujourd'hui plus de 1 500, dont une vingtaine à Paris, nichés dans une cour, installés entre deux immeubles ou sur une terrasse. Leur impact dépasse celui du jardinage, car si c'est un lieu où l'on (ré)apprend à mettre les mains dans la terre (sans produits chimiques !), où l'on a le plaisir de voir pousser fleurs, fruits et légumes et de les déguster, on y vient aussi pour rencontrer ses voisins, jeunes ou vieux, français ou étrangers, riches ou pauvres, pour faire la fête, déguster une soupe, assister à des spectacles... Il y pousse des plantes bien sûr, mais il y germe surtout du lien social, des échanges, de la convivialité et de la solidarité. Certains jardins affichent une vocation de réinsertion pour les personnes en difficulté, d'autres font de l'éducation à l'environnement pour les enfants... Mais tous ont en commun la volonté de bâtir un projet qui traduise les attentes et les désirs de chacun. Hétérogènes, indéfinis, les jardins partagés sont des «espaces autres», pour reprendre le terme de Michel Foucault, l'expression d'une résistance face aux politiques foncières de privatisation galopante. Une autre façon de se réapproprier la ville...

Les jardins éphémères (ou nomades) fonctionnent sur le même principe, mais leur pérennité n'est pas assurée. Il s'agit de friches provisoires qui deviendront un jour immeuble, crèche, bibliothèque ou école. En attendant, les habitants les entretiennent et, quand il faudra les abandonner aux pelleteuses, ils migreront vers d'autres friches du quartier.

CONTACTS

• Réseau national des jardins partagés, Le jardin dans tous ses états est une association qui donne des conseils aux porteurs de projets, met en réseau les jardins, diffuse des informations sur internet (événements festifs, repas de quartier...), valorise les actions, crée des partenariats entre les différentes structures pour échanger plantes et savoir-faire. Graine de Jardins représente le réseau Le jardin dans tous ses états en Île-de-France :
www.jardinons.com
grainedejardins.org

• À Paris, le réseau Main Verte, mis en place par la municipalité, informe les associations sur la création de jardins partagés et leur permet de bénéficier de l'appui de la Direction des parcs et jardins. En contrepartie de la mise à disposition par la Ville d'un terrain, de son aménagement (clôture, apport de l'eau...), les responsables du jardin s'engagent à respecter l'environnement, à créer des relations interculturelles et intergénérationnelles, à ouvrir les lieux au public une demi–journée par semaine et à organiser des événements culturels. Une évaluation est effectuée chaque année.
Paris Nature : tél : 01 53 46 19 19.

JARDINS OUVRIERS

Depuis leur création en 1896 par le député du Nord l'abbé Jules Lémire, les jardins ouvriers, rebaptisés en 1952 jardins familiaux, ont été un remède efficace à la pénurie alimentaire. Comme le disait Louis Rivière au Congrès des jardins ouvriers de 1903, «le jardin ouvrier, c'est la campagne du travailleur». Cette initiative généreuse a été récupérée pendant la Seconde Guerre mondiale pour étayer l'idéologie pétainiste vantant les valeurs du Maréchal : travail, famille, patrie. Car si ces jardins permettaient aux ouvriers d'échapper à leur taudis, ils les éloignaient aussi des cabarets et les encourageaient à s'adonner à des activités «saines». À cette époque, la France comptait 600 000 jardins ouvriers ! Aujourd'hui, quelque 150 000 jardins familiaux gérés par des associations sont cultivés à la périphérie des villes. Des lieux de convivialité et d'échange qui réinstallent la nature dans la cité.

À LIRE

• *Cent ans d'histoire des jardins ouvriers,* sous la direction de Béatrice Cabedoce et Philippe Pierson, éd. Créaphis
• *Les jardins ordinaires*, Françoise Dubost, éd. L'Harmattan
• *L'honneur des jardiniers*, Florence Weber, éd. Belin
• *Jardins ouvriers*, Éric Prédine, éd. Flammarion / La Maison rustique.

CONTACT

Fédération nationale des Jardins familiaux, 11 rue Desprez, 75014 Paris, tél : 01 45 40 40 45
www.jardins-familiaux.asso.fr

Kokopelli, gardien des semences du monde

Opposée aux pratiques commerciales et environnementales des grands semenciers, Kokopelli a choisi de semer des graines de vie sur toute la planète afin de préserver la biodiversité. Une démarche de désobéissance civile.

Depuis sa création au printemps 1999, l'association Kokopelli participe à la protection de la biodiversité, à la production et à la distribution de semences issues de l'agriculture biologique et biodynamique. Elle remet ainsi en valeur une collection planétaire d'anciennes variétés. Son catalogue illustré, «Semences de Kokopelli», recense quelque 2 500 variétés rustiques, dont 600 variétés de tomates, 400 de piments doux et forts, 130 de laitues, 200 de courges, 50 d'aubergines, etc. Pour chaque ouvrage vendu, 8 euros sont consacrés aux projets «Semences» d'Asie, d'Afrique et d'Amérique latine : promotion de techniques d'agriculture durable, don de semences traditionnelles, création de réseaux paysans de production de semences et de centres de ressources génétiques. À Auroville par exemple, dans le sud de l'Inde, Kokopelli a créé Annadana («don de la nourriture» en sanscrit), un réseau de production et d'échanges de semences. Au Sénégal, deux formations à la production de semences ont permis d'impulser un réseau paysan de production de semences anciennes. Dans le cadre de son programme «Semences sans Frontières», Kokopelli invite ses adhérents à produire des semences (en respectant les techniques évitant les pollinisations croisées) au bénéfice des pays en développement. Avec 1 euro symbolique, vous voilà parrain ou marraine d'une variété de votre choix. Votre mission : conserver, cette variété dans votre jardin et en reproduire les semences.

CONTACTS

• Association Kokopelli, Oasis, 131 impasse des Palmiers, 30100 Alès, tél : 04 66 30 64 91 ou 04 66 30 00 55 – fax : 04 66 30 61 21
www.kokoppelli.asso.fr

• En Belgique, Terre potagère, semences de Kokopelli, Isabelle et Roland Devaux, rue Fontena, 1B-5374 Maffe (Havelange), tél : 086 32 31 72
kokopelli.be@kokopelli.asso.fr

COCAGNE

L'insertion par le jardinage

Pour des personnes en difficulté, le jardinage n'est pas une activité comme une autre. C'est un outil d'insertion qui leur permet de se réconcilier avec eux-mêmes et de retrouver une place dans la société. Ils s'appellent jardins de la solidarité, jardins d'aujourd'hui, jardins de cocagne… Face à la montée du chômage et de l'exclusion, quelques milliers de jardins d'insertion gérés par des associations ont fleuri en France. Davantage que la production maraîchère, leur objectif est la réinsertion de personnes en difficulté sociale ou professionnelle (chômeurs, Rmistes, handicapés, personnes isolées, jeunes en difficulté scolaire, anciens détenus…). Les jardins d'insertion par le social privilégient la fonction thérapeutique du jardinage. Les récoltes sont alors soit conservées par les jardiniers, soit destinées à des structures caritatives (Banque alimentaire, Restos du Cœur, Secours populaire…). Quant aux jardins d'insertion par l'économique, leur but est la réintégration des personnes dans le monde du travail. Les produits récoltés sont donc commercialisés et permettent aux jardiniers de se constituer des revenus d'appoint.

CONTACTS

• Jardins de cocagne, 2 Grande- Rue, 25220 Chalezeule, tél : 03 81 21 21 10 fax : 03 81 47 42 58
www.reseaucocagne.asso.fr
rc@reseaucocagne.asso.fr

• Jardins de la solidarité, 3 rue des Carmes, 54700 Pont-à-Mousson, tél : 03 83 83 12 06
jardins.solidarite@wanadoo.fr

• Jardins d'aujourd'hui, 42 rue Waldeck-Rousseau, 33220 Sainte-Foy-la-Grande, tél : 05 57 46 04 37 fax : 05 57 46 04 37
ljda@jardinons.com
http://www.jardinons.com

“Il pousse plus de choses dans un jardin qu'on n'en a semé.”

PROVERBE SERBO-CROATE

ARIZONA

Une mini-planète sous bulle

En 1991, sortait de terre au cœur du désert de l'Arizona une mini-terre d'un hectare et demi sous cloche de verre, Biosphère-2, qui comprenait une forêt tropicale, un océan et un marais, une savane et un désert, ainsi que des espaces d'habitation surplombant un grand jardin potager. Ce laboratoire écologique qui hébergeait trois mille huit cents espèces vivantes dûment sélectionnées… en accueillit une de plus : l'espèce humaine. Pendant deux ans, huit «bionautes» vécurent en système clos sous la bulle, en recyclant leur eau, leur air et tous leurs déchets, et en produisant toute leur nourriture.

Ouverte à l'énergie solaire et à l'information, Biosphère-2 était fermée à tout ajout de matière supplémentaire… comme Gaia notre Terre. Dans cet espace grand comme trois terrains de football, nos huit biosphériens, tout à la fois agriculteurs, ingénieurs, techniciens, scientifiques… et artistes, devaient produire tout ce qui est indispensable à la vie humaine. Ceci supposait un engagement et une responsabilité entière vis-à-vis de leur environnement, dont dépendait leur survie.

Une végétation mal entretenue n'aurait plus permis le recyclage de leur air par les plantes productrices de l'indispensable oxygène, une eau polluée le soir serait arrivée le lendemain matin dans leur café (les cycles d'un espace si petit sont très courts). Chacun de leurs actes avait une conséquence immédiate et mettait en jeu leur propre survie. Ce qui est bien l'enjeu de notre espèce, aujourd'hui. Outre de montrer au monde entier (l'expérience fut très médiatisée) que si l'on souille son nid, on risque d'en être éjecté, cette aventure écologique eut des retombées dont on reparlera.

À LIRE

Life under Glass,
Abigail Alling et Mark Nelson,
éd. Space Biosphères Ventures

Jubilation post-moderne : créer un jardin interactif autonome

L'expérience menée en Arizona a permis aux savants et artistes de Biosphère-2 de contribuer à la science très pointue des interactions et des complémentarités des espèces vivantes : l'écologie.

Pour faire vivre plus de trois mille espèces vivantes dans un système clos où tout est rare et précieux (rien ne se perd et rien n'est rajouté), comme ce fut le cas de Biosphère-2 pendant deux ans (ci-contre), il faut connaître tous leurs besoins vitaux, de la naissance à la mort, en passant par la reproduction, la nourriture – qui mange quoi… et qui mange qui ? – et même tous les rites amoureux (cf. l'article sur le colibri).

Exemple 1 : le poisson dans la rizière

Un premier exemple fructueux de mise en œuvre d'interaction fut la complémentarité entre la culture du riz et celle des carpes tilapias, source de protéines rapides et vitales pour les biosphériens. Ces derniers reprirent d'abord l'ancienne tradition chinoise qui allie culture du riz, lentilles d'eau et tilapia : les lentilles d'eau, qui se multiplient très vite sous la lumière solaire, fournissent de l'azote au riz mais aussi une nourriture de choix pour les tilapias qui, en guise de dessert, nettoient aussi les racines du riz de tous les petits parasites nuisibles. En retour, les déjections du tilapia sont une matière fertile pour la croissance du riz et la multiplication des lentilles d'eau.

À ceci, les huit pionniers de Biosphère-2 ajoutèrent de gros vers rouges qui proliféraient dans le potager, ce qui fit doubler la croissance des tilapias et donna un peu plus à manger aux humains.

Exemple 2 : le recyclage de l'eau par les plantes

Le cycle de l'eau étant extrêmement réduit dans l'habitacle restreint de Biosphère-2, et l'eau devant être constamment réutilisée, les eaux usées domestiques, des laboratoires, des ateliers, de l'agriculture du potager et des clapiers, devaient être purifiées sans produits chimiques. Mark Nelson, élève du professeur H.T. Odum, expert international en écologie des systèmes intégrés (université de Floride), était responsable de la purification de tous les effluents de la bulle. Il perfectionna la technique des «Jardins d'épuration des eaux usées» *(Waste Water Gardens)*. Se servant de bassins imperméables où l'eau reste souterraine, les WWG utilisent des plantes, des bactéries, la lumière du soleil et la gravité terrestre pour transformer les eaux usées en beaux jardins et en eau réutilisable, sans user d'électricité ni de chimie. La première étape du traitement sépare classiquement la matière solide de l'eau usée dans une lagune artificielle ou une fosse septique. Puis les effluents passent dans plusieurs bassins, plantés d'une végétation dont les racines traversent toute l'épaisseur de l'épais fond de graviers. Ces plantes, choisies en fonction du climat et de la biodiversité du lieu, achèvent, après les bactéries, l'épuration des eaux que l'on peut redéverser dans l'écosystème local, ou qui peuvent alimenter d'autres zones de végétation ou le réservoir d'eau potable. Outre le plaisir esthétique, ces mêmes plantes servent de fourrage aux animaux et peuvent fournir des médicaments ou des aliments aux humains.

Depuis 1993, fin de la première expérience en système clos, Mark Nelson a installé des jardins d'épuration dans les parcs écologiques et les hôtels de la côte du Yucatan au Mexique, dans des villages côtiers à Bali – où ils réduisent la pollution des récifs coralliens par les eaux usées, – des réserves aborigènes et des ranchs de semences dans la savane australienne, en Europe de l'Est (cinq projets en cours en Pologne), région très affectée par les pollutions chimiques.

ÉLIMINATION

Colibris et termites

Le colibri est un grand pollinisateur (il butine jusqu'à 1 500 fleurs par jour). C'est pourquoi il fut retenu comme candidat idéal dans Biosphère-2, et tout spécialement une race de colibris à bec moyen, pouvant s'adapter au type de fleurs poussant dans la bulle.
Ils passèrent brillamment toute une batterie de tests, mais le dernier leur fut fatal : on découvrit que leur danse de séduction s'effectuait à une altitude de 40 mètres, soit 10 de plus que la voûte la plus haute ! Pour leur épargner ces amours fracassantes, ils furent éliminés… Ce qui les sauva, car l'espèce qui intégra la bulle fut anéantie au bout de six mois par de délicieux lémuriens – deux galagos aux yeux de gazelle timide – qui leur tordirent le cou pour faire de leurs têtes des balles de jeux !
Éliminées aussi de la bulle expérimentale – juste à temps –, des termites très performantes dans la dégradation en humus des matières organiques. On s'aperçut qu'elles s'étaient soudain détournées de leurs festins de bois favoris… pour attaquer voracement les joints de mastic renforcé scellant la voûte en verre étanche. Le premier test des candidates suivantes fut un sandwich au mastic !

> ***“Si vous possédez une bibliothèque et un jardin, vous avez tout ce qu'il vous faut.”***
>
> **CICÉRON**

OXYMORE

Quand Paris fête la Saint-Arbre

Il n'y a pas que du béton qui pousse à Paris. Des milliers d'arbres et des centaines de jardins fleurissent au milieu du macadam. Avec la fête de l'arbre et la fête des jardins, la capitale rend les honneurs à dame Nature deux fois par an. Pendant une semaine, à la fin septembre, grands parcs, petits squares, jardins des congrégations religieuses... ouvrent toutes grandes leurs portes au public. C'est la fête des jardins et l'occasion de plonger dans l'histoire de la nature à Paris, de participer à des ateliers d'art floral ou de fabrication de parfums naturels, de s'initier au jardinage et à l'apiculture, de découvrir les vignes, de visiter des serres tropicales et de rencontrer jardiniers et associations de sauvegarde du patrimoine végétal. Et comme nature rime avec culture, des concerts, pièces de théâtre et expositions sont aussi au rendez-vous de cette fête. La fête de l'arbre est célébrée à Paris le dernier week-end d'avril. C'est la Saint-Arbre pour les 480 000 platanes, marronniers, tilleuls, chênes... qui embellissent la ville. Les Parisiens sont invités à découvrir le patrimoine arboré et le savoir-faire des bûcherons-élagueurs à travers de nombreuses animations : balades dans les bois de Boulogne et de Vincennes pour apprendre à reconnaître les différentes essences et suivre les traces des animaux, fabrication de nichoirs, ateliers de jardinage...

CONTACT

Paris Infos Mairie : 08 2000 75 75 ou www.paris.fr

“Dieu Tout-Puissant planta tout d'abord un jardin. Et, vraiment, c'est le plus pur des plaisirs humains.”

FRANCIS BACON

La voie de l'homme qui plantait des arbres

Et si, comme Elzéard Bouffier, chacun plantait un arbre dans son jardin ? Le héros romanesque du plus taoïste des écrivains français a déjà montré la voie arborée à des milliers de lecteurs.

«Arrivé où il désirait aller, il se mit à planter sa tringle de fer dans la terre. Il faisait un trou dans lequel il mettait un gland, puis il rebouchait le trou. Il plantait des chênes. Je lui demandai si la terre lui appartenait. Il me répondit que non. Savait-il à qui elle était ? Il ne savait pas. Il supposait que c'était une terre communale, ou peut-être, était-elle la propriété de gens qui ne s'en souciaient pas. Lui ne se souciait pas de connaître les propriétaires. Il planta ainsi cent glands avec un soin extrême. Après le repas, il recommença à trier sa semence. (...) Depuis trois ans, il plantait des arbres dans cette solitude. Il en avait planté cent mille. Sur les cent mille, vingt mille étaient sortis. Sur ces vingt mille, il comptait encore en perdre la moitié, du fait des rongeurs ou de tout ce qu'il y a d'impossible à prévoir dans les desseins de la Providence. Restaient dix mille chênes qui allaient pousser dans cet endroit où il n'y avait rien auparavant.»

Ce texte est extrait d'une nouvelle de Jean Giono, écrite en 1953. Quatre ans plus tard, l'auteur écrivait la lettre suivante, en réponse à M. Valdeyron, conservateur des Eaux et Forêts de Digne...

«Cher Monsieur,

Navré de vous décevoir, mais Elzéard Bouffier est un personnage inventé. Le but était de faire aimer l'arbre ou plus exactement faire aimer à planter des arbres (ce qui est depuis toujours une de mes idées les plus chères). Or si j'en juge par le résultat, le but a été atteint par ce personnage imaginaire. Le texte que vous avez lu dans *Trees and Life* a été traduit en danois, finlandais, suédois, norvégien, anglais, allemand, russe, tchécoslovaque, hongrois, espagnol, italien, yiddish, polonais. J'ai donné mes droits gratuitement pour toutes les reproductions. Un Américain est venu me voir dernièrement pour me demander l'autorisation de faire tirer ce texte à 100 000 exemplaires pour les répandre gratuitement en Amérique (ce que j'ai bien entendu accepté). L'Université de Zagreb en fait une traduction en yougoslave. C'est un de mes textes dont je suis le plus fier. Il ne me rapporte pas un centime et c'est pourquoi il accomplit ce pour quoi il a été écrit. J'aimerais vous rencontrer, s'il vous est possible, pour parler précisément de l'utilisation pratique de ce texte. Je crois qu'il est temps qu'on fasse une “politique de l'arbre”, bien que le mot politique semble bien mal adapté.

Très cordialement.

Jean Giono»

Tant que soufflera le Vent des Forêts

Chaque année en Lorraine, des artistes contemporains font surgir des œuvres d'art au cœur de la forêt. Une manifestation qui conjugue art et nature et rapproche la pratique artistique du champ social.

Un homme de sept mètres de long assoupi sous un frêne, un chêne déraciné équipé de voiles, un toboggan géant pour écureuils et hérissons… Depuis bientôt dix ans, la forêt lorraine accueille d'étranges visiteurs ! À la croisée du Land Art, de l'Arte povera, du formalisme et de l'art processuel, ces œuvres d'art surgissent au détour d'un chemin, au milieu d'une clairière ou au bord d'un ruisseau. Tous les ans, une vingtaine de nouvelles créations se dévoilent sur plus de quarante kilomètres de sentiers balisés que l'on peut parcourir à pied, en vélo, à cheval ou à dos d'âne pour les enfants. Drôle de façon d'entretenir la forêt, direz-vous ! C'est en tout cas celle qu'a choisie l'association Le Vent des Forêts, sous la houlette du plasticien meusien François Davin. Chaque année, elle invite des artistes contemporains du monde entier qui s'installent chez les habitants de six villages de la Meuse. Un moment fort qui se nourrit d'art, d'échanges, de repas partagés et de soirées festives. Au fil du temps, que reste-t-il de ces créations éphémères, bousculées par le vent, détrempées par la pluie ? La règle du jeu est simple : les œuvres restent sur place jusqu'à leur dégradation naturelle. Mais une chose est sûre, il en restera toujours une trace tant que soufflera le Vent des Forêts.

CONTACT
Association Vent des Forêts,
mairie de Lahaymeix : 03 29 71 01 95
leventdesforets@wanadoo.fr
www.perso.wanadoo.fr/enmeuse/

FESTIVAL

Érotisme et chiendent

«Venez piquer nos idées.» Telle est la devise du Festival international des jardins de Chaumont-sur-Loire. Les festivals de jardins fleurissent partout en Europe. Celui de Chaumont-sur-Loire rend chaque année hommage à la création végétale. Depuis 1993, des paysagistes du monde entier y ont fait surgir de terre plus de 200 jardins sur les trente parcelles du parc dessiné par Jacques Wirtz. Les 150 000 visiteurs qui fréquentent Chaumont découvrent chaque été une thématique différente. De l'érotisme (2002) aux potagers (1999) en passant par les mauvaises herbes (2003), les créations sont éclectiques et constituent d'inépuisables sources d'inspiration pour jardiniers en herbe ou confirmés. Chaumont, c'est aussi un centre de formation pour des étudiants de 3e cycle en aménagement paysager, un centre de documentation consacré aux jardins et aux paysages, un bureau d'études qui assiste les maîtres d'ouvrages publics et privés pour des projets de développement culturel, aménagements et mises en valeur de parcs, expositions, jardins éphémères…

CONTACT
Festival international des jardins
(30 avril – 19 octobre),
Ferme du Château,
41150 Chaumont-sur-Loire.
tél : 02 54 20 99 22
Fax : 02 54 20 99 24
cipjp.chaumont@wanadoo.fr
www.chaumont-jardins.com

NÉOLITHIQUE

Légumes et art

Jean-Luc Danneyrolles est un amoureux du potager. On le comprend : le potager, c'est l'essence même du jardin originel. Né de la préhistoire la plus proche, il exige du travail et se déploie forcément suivant un ordre géométrique… mais pas forcément militaire. Toutes les fantaisies sont recommandées, dans le mélange des légumes et des fleurs, des buissons et des herbes, des fruits et des aromates – ou la création d'un escalier, d'une serre, d'une mare…

À LIRE
Créer son potager, Jean-Luc Danneyrolles, éd. Actes Sud

TARABUSTAGE

Un jardin dans les oreilles

La prochaine fois que vous traversez la France par le Poitou, ne ratez pas le Jardin à Histoires du Nombril du Monde : il n'attend que vous !
Imaginez que l'esprit surréaliste ait été assimilé sous la conduite d'un artiste au cœur ouvert et au regard espiègle, si amoureusement enraciné dans le sol natal, qu'il en est devenu citoyen du monde (pour lui le Poitou). Yannick Jaulin l'a compris très jeune : ce que nous appelons «réalité» est une inextricable trame, un tissage à partir des évènements et des récits que les humains en tirent. Chacun de nous porte en soi une histoire. En la racontant aux autres, il fait naître un chemin sous ses pas. Processus essentiel : si nous cessions de nous raconter le monde, il cesserait d'exister. Jaulin le dit parfois en langage cyber : «Les contes sont les logiciels de la vie.»
Faits objectifs : depuis 1990, au mois d'août, se réunit à Pougne-Hérisson, commune assise sur deux villages, l'un des meilleurs festivals de conteurs de France. Depuis le printemps 2004, ce festival a son siège dans une Maison et un Jardin des Histoires, ouverts toute l'année, où vous pouvez vous plonger dans un bain de contes – et rajouter le vôtre à la source. D'où pensiez-vous donc que proviennent mythes, légendes et contes ? Quand un récit est fatigué, il se pétrifie, parfois pendant des siècles. Jusqu'au jour où des humains le «tarabustent» et le racontent à nouveau, lui permettant de s'envoler. Délirant ? Ce n'est l'avis ni du formidable petit maire de Pougne-Hérisson, ni du conseil général des Deux-Sèvres, ni de la région Poitou-Charentes... L'aventure a coûté le prix de dix feux rouges, ouvert cinq emplois, attire vingt mille visiteurs par an, et tous les habitants y participent activement.

CONTACT
Nombril du Monde,
79130 Pougne-Hérisson,
tél : 05 49 64 19 19
www.nombril.com

«Le monde est un jardin en permanent et imprévisible remodelage»

Paysagiste, essayiste, romancier, créateur très inspiré de l'exposition du «Jardin Planétaire», Gilles Clément est un des rares artistes et penseurs français à avoir une vision holistique de l'ensemble «écologie + culture». Quel «esprit de la nature» devons-nous défendre ? Réponses d'un artiste qui aime débusquer les fausses évidences.

«On nous parle sans arrêt des menaces qui pèsent sur la biodiversité. Certes, il faut préserver le maximum d'espèces, créer des conservatoires, des banques de graines, etc. Mais la diversité, j'y crois moins sur le plan quantitatif que comportemental. C'est là le moteur de l'évolution. Or, trop souvent, je sens chez les écologistes un désir de bloquer l'évolution, de rester "comme avant". Alors que la vie sur terre n'a jamais cessé d'inventer des formes radicalement nouvelles et proprement "scandaleuses" pour les espèces antérieures, et jamais à l'identique. Les bactéries, les champignons, le pollen, les graines, les oiseaux, les animaux les plus divers se sont toujours déplacés et rencontrés à la surface du globe au gré des courants marins, des vents, des migrations... De ce brassage sont sorties de nouvelles espèces – avec le rôle essentiel des zones d'isolement, dont on sait qu'elles sont à l'origine de bien des nouveautés. Aujourd'hui, les humains accélèrent le processus, volontairement ou involontairement, faisant émerger de nouveaux biomes, de nouvelles plantes qui peuvent survivre n'importe où dans le monde. Je ne vois pas comment on pourrait contrer ce vagabondage irrépressible...

«Dans l'expo du Jardin Planétaire, je montrais la diversité extrême de ce qui existe sur la planète, aujourd'hui. En y introduisant des combinatoires parfois minimes mais pouvant renverser des situations : par exemple quand, en Afrique de l'Ouest, on utilise des pièges à poissons (des *akadjas*) non plus en bois d'arbre, parce que cela dégage des poisons qui tuent la forêt, mais en bambou, qui piègent autant le poisson mais sans menacer les arbres. Ce sont des petites choses qui n'intéressent pas les multinationales, mais qui peuvent s'avérer décisives. À l'inverse, je montrais aussi des exemples passionnants d'écologie industrielle, de recyclage de déchets, métamorphosant des poisons dangereux en matériaux bruts fantastiques, avec apparition de nouvelles chaînes, où l'économique et l'écologique se retrouvent alliés au lieu de s'affronter.

«Mais tout ça n'intéresse pas les spéculateurs de la Bourse. Je ne crois pas beaucoup au capitalisme vert. À cause de l'imprédictiblité générale. Nous avons injecté trop de paramètres variables dans nos scénarios pour que le cerveau humain puisse faire autre chose que s'adapter au fur et à mesure, en improvisant. Les humains s'imaginent toujours qu'ils vont pouvoir planifier, en oubliant la réalité planétaire et biologique, qui se transforme tous les jours. Et là, c'est le jardinier en moi qui parle, parce qu'un jardinier sait que, chaque matin, il lui faut aller voir sa planche de poireaux pour constater qu'il s'y est passé pendant la nuit des choses imprévues, auxquelles il va falloir s'adapter.»

À LIRE
Gilles Clément, *Thomas et le voyageur. Esquisse du Jardin Planétaire*, éd. Albin Michel et *L'éloge des vagabondes*, éd. Nil.

L'architecture chinoise s'exprime par l'art du jardin

Venu de Chine continentale en Europe à l'âge de onze ans, puis installé en France où il a obtenu son diplôme d'architecte, Che Bing Chiu exerce depuis vingt ans une architecture inspirée par sa double culture.

La Chine traditionnelle ne connaît pas l'architecture au sens occidental du terme. Le mot n'existe même pas ! La raison en est simple : le bâtiment chinois est surtout une ossature de bois qui supporte une toiture. «Vous pouvez abattre le mur, la maison reste debout», dit-on en Chine. Ce mode de construction fait appel au bon sens, à la connaissance empirique plus qu'au dessin. Cela permet de comprendre que l'art de construire, en Chine, se soit concentré surtout sur le jardin. Quand on parle des jardins extrême-orientaux, on se réfère toujours au Japon. Or, comme beaucoup d'expressions artistiques, le jardin japonais puise son origine en Chine, sous la dynastie des Tang entre le VIIe et le Xe siècle, alors que l'empire traversait une période glorieuse et que sa culture rayonnait sur toute l'Asie. Cela dit, les créateurs de jardins chinois ne sont pas catégorisés comme tels, mais en tant que «lettrés ayant conçu leur jardin personnel», voire quelques jardins pour autrui, et seulement à partir des Ming (XIVe - XVIIe siècle). C'est le cas d'un lettré du sud de la Chine nommé Ji Cheng, dont on ne sait pas grand-chose, sinon qu'il a écrit un livre et construit trois jardins célèbres dont l'un, situé à Yangtso, était particulièrement réussi. Construit sur une île en dehors des murs de la ville, entouré de l'eau des douves, il contenait en son milieu un petit lac, mariant le reflet des montagnes environnantes avec celui des aménagements du jardin. Ainsi, la nature était parfaitement intégrée au jardin et le jardin à la nature, selon l'un des grands principes du jardin chinois, que l'on appelle l'«emprunt» : le jardin, pour être parfaitement intégré, emprunte les paysages du lointain, leur permettant de devenir un élément intrinsèque de son aménagement.

Autant les jardins européens privilégient les dégagements, les perspectives visibles depuis la maison, autant les Chinois cultivent le mystère, la découverte, la progression, donnant à voir petit à petit des scènes qui s'organisent les unes après les autres. Avec une grande diversité : les jardins du nord sont des jardins impériaux immenses – le Yuan Ming Yuan, reproduction allégorique de l'empire tout entier, fait 135 hectares, avec un bassin de 500 m sur 500 m ! Au sud, ce sont des jardins de particuliers, beaucoup plus petits. Il fait chaud, les plantes sont plus luxuriantes, on a besoin d'air, donc on trouve des couloirs de verdure, des pergolas, de grands arbres pour apporter de l'ombre, mais aussi des arbres fruitiers pour leurs parfums.

À LIRE

Yuan Ming Yuan : Le Jardin de la clarté parfaite, Che Bing Chiu, éd. L'Imprimeur.

DISPERSION

Montre-moi ton paysage...

Montrez-moi dans quel paysage vous vivez, je vous dirai tout de votre culture, de vos valeurs et de votre degré de développement et de conscience. Dans son très beau petit livre *France, terre de paysages*, Jean Cabanel, qui dirigea longtemps la mission interministérielle du Paysage, fait remarquer qu'il n'y a pas de forme plus aboutie de la politique que l'art de concevoir le paysage global d'une collectivité. Cela dit, il est loin le temps où, tel Henri IV, assisté d'Olivier de Serres et de Sully, les dirigeants d'un pays pouvaient réellement penser son paysage global – par exemple en creusant le canal du Midi. Aujourd'hui, plus personne n'a ce pouvoir-là. Même l'homme le plus puissant du monde ne pourrait rien pour modifier le fond du paysage où se déroulent nos vies. De toute façon, l'esthétique globale du paysage est dispersée entre d'innombrables acteurs somnambuliques, qui créent sans le savoir les décors de nos banlieues par exemple.
À quand la Renaissance ?

À LIRE

- *France, terre de paysages*, Jean Cabanel, éd. Hazan
- *Agriculture et paysages*, Régis Ambroise, éd. Éducagri (épuisé)

DO IT !

Cultivez bio

Ça s'appelle *La culture biologique du potager et du verger*, c'est signé F. Mainardi Fazzio, (éd. De Vecchi). Tout ce que vous avez toujours voulu savoir sur la culture biologique de votre jardin s'y trouve réuni par une experte, depuis la restauration des sols abîmés jusqu'à la récolte, en passant par les semis, l'irrigation, les greffes ou les systèmes de rotation de cultures. Croquis, fiches techniques…
À conseiller.

PLAISIR

Allaitement : ça va mieux quand c'est bon

Vous allaitez ? Sachez que les plantes galactogènes, c'est-à-dire réputées pour favoriser la sécrétion de lait, doivent en fait cette vertu à leurs qualités gustatives ! Cumin, fenouil, anis vert... parfument le nectar maternel si délicieusement qu'ils en affolent les papilles du nourrisson. Ainsi appâté, bébé tète plus vigoureusement, et comme c'est la succion qui provoque la montée de lait...
Aux gourmands les joues pleines ! Comme quoi plaisir de manger rime très tôt avec impératifs de santé.

À LIRE
Mémoires lactées, collection Autrement, n° 143

CULTURE

Manger, ça s'apprend !

Salé, sucré, acide, amer... Comme les maths ou l'histoire les basiques du goût ont droit de cité sur les bancs de l'école. La Semaine du Goût, organisée chaque automne depuis 1991, s'est donné pour mission d'éduquer les papilles de nos bambins. Tandis que les adultes redécouvrent le patrimoine culinaire et font le plein de recettes, chefs toqués et autres professionnels de la gastronomie s'invitent en classe. Dégustations à l'aveugle, expériences de chimie, classement des aliments en familles, découverte des épices... le menu des ateliers est copieux, varié, propre à éveiller le sens gustatif autant que le savoir diététique des apprentis consommateurs. Pour en faire des gourmets... responsables !
Programme des initiatives, fiches pédagogiques sur :
www.legout.com

• Dans le même esprit, du 10 au 16 mai, la Fête du pain :
www.fetedupain.com

À LIRE
Le Goût, de Gong Gang et Paul Ariès, éd. Desclée de Brouwer

Nos goûts naissent avant nous

Votre cœur se soulève à l'odeur d'un poisson séché, véritable friandise pour le bébé coréen... Et quand le palais de l'homme blanc s'enflamme sous la brûlure du piment, le petit Africain s'en lèche les doigts avec délectation. C'est que la formation du goût n'attend pas le nombre des années. Dans le ventre de sa mère, déjà, le fœtus a les papilles aiguisées.

Futures mamans, ce que vous mangez conditionne le goût de votre bébé ! Intimement lié au goût, l'odorat parvient à maturité à huit semaines de grossesse. Et, dès le quatrième mois, bébé «déglutit chaque jour trois à quatre litres de liquide amniotique parfumé, explique Boris Cyrulnik. Il sursaute, cligne des paupières, explore et goûte quand sa mère chantonne.» Or l'exposition aux saveurs dans le ventre de la mère va entraîner chez bébé des préférences à long terme. Chez l'animal, c'est le moyen qu'ont les petits mammifères pour apprendre quels aliments sont sans danger et peuvent être consommés. Pour le petit d'homme, baigner dans les essences de curry ou d'ail, c'est établir un premier contact avec les coutumes alimentaires de son environnement. Et s'imprégner, de manière forte et durable, de la culture à laquelle il appartient. Bien sûr, les préférences et aversions présentes à la naissance seront modifiées par les expériences alimentaires ultérieures. La grande malléabilité des apprentissages alimentaires permet d'ailleurs aux enfants de s'adapter à toutes les cuisines de toutes les régions du monde ! Cependant le degré de cette souplesse varie d'un enfant à l'autre : de 8 à 12 mois, la facilité avec laquelle il accepte les aliments nouveaux dépend de la variété des goûts et odeurs rencontrés lorsqu'il était lové dans le ventre de sa mère.

À LIRE
Les nourritures affectives, de Boris Cyrulnik, éd. Odile Jacob.
L'invention du fœtus, de Barbara Duden, éd. Descartes et Cie.
Neuf mois à table, 100 recettes pour votre grossesse, d'Anne Dufour et Laurence Wittner, éd. Leduc.

Manger est-il forcément cruel ?

Ne faut-il pas forcément tuer pour manger ? Manger serait un acte par essence cruel ? Quatre «sages» répondent : l'agriculteur bio Philippe Desbrosses, la diététicienne Marion Kaplan, le chef Guy Martin et le moine bouddhiste Lama Namgyan

PHILIPPE DESBROSSES :
Enfant, quand on tuait le cochon à la ferme, je ne supportais pas. Sans fierté : si supprimer la vie me déplaisait, j'appréciais la viande ! Et je n'hésiterais pas à tuer un lapin si la faim me tenaillait. Est-ce un crime ? Quand on se replace dans la «chaîne trophique» des écosystèmes, le meurtre devient sacrifice : chacun mange et sera mangé. Mais comment limiter la casse ? Cette question, sans mener au végétarisme doctrinal, vous fait forcément diminuer la consommation de viande que ce soit pour des raisons thérapeutiques, écologiques ou philosophiques.

GUY MARTIN :
Au risque de choquer les végétariens, pour moi la question ne se pose pas. Notre estomac est omnivore et je trouve indécent les «tourments métaphysiques» sur la viande quand tant de gens n'ont rien à manger. Chez nous, chacun peut concevoir son alimentation en fonction de sa culture, de sa religion, de son ressenti. Certains parlent aux plantes. Pourquoi faire une différence entre la viande et les légumes ? Eux aussi sont sensibles, même s'ils ne s'expriment pas.

MARION KAPLAN :
Il est surtout important de se méfier des théories, des schémas, des régimes qui étouffent nos instincts. Inondés à longueur d'année sous une pléthore de produits hors saison venus du monde entier, on nous moule dans des habitudes à la fois luxueuses, culpabilisantes et mortifères. Ainsi, il «faut absolument» : prendre un solide petit déjeuner ; boire beaucoup de laitage (alors que la nature n'a inventé ça que pour les bébés) ; ne pas dîner trop lourd ; ne manger que des céréales... Pour guérir et rester en forme, il faut surtout retrouver son instinct et s'y fier. Ai-je vraiment faim ? De quoi ? Cru ? Cuit ? De quelle façon ?

LAMA NAMGYAN :
Le bouddhisme ne se pose pas la question en ces termes, surtout au Tibet, où le climat pousse à un régime carné ! Certes, tout ce qui a tendance à ôter la vie à d'autres êtres est préjudiciable. Mais si vous êtes nomade et que vos seules ressources sont l'orge et la viande, il serait fou de vous priver d'eux ! La réalité impose ses lois. Il n'y a pas de dogme.

« Nous passons près de quinze ans de notre vie éveillée à table et nous nous mettons à table en moyenne cent mille fois au cours de notre existence. »

LÉO MOULIN

MALNUTRITION

Éducation alimentaire sur le web

Comment faire pour nous sensibiliser plus concrètement à la faim dans le monde ? Sur terre, en 2003, 150 millions d'enfants de moins de cinq ans manquaient quotidiennement de nourriture, d'après la FAO, organe des Nations Unies luttant contre la faim dans le monde. «Nourrir les esprits, combattre la faim» est le nom d'une classe virtuelle internationale. Son but ? Libérer le monde de cette fatalité, en éduquant les jeunes générations. Grâce à internet, elle met à la disposition des enseignants du monde entier du matériel pédagogique sur les problèmes de la faim, de la malnutrition et de l'insécurité alimentaire. Qui est victime de la faim ? Que pouvons-nous faire pour la vaincre ?
Les cours sont destinés à informer autant qu'à susciter la discussion.
www.feedingminds.org

OBÉSITÉ

Tout se joue à la maison

Alerte au surpoids ! L'obésité est le fléau alimentaire des pays riches. L'Organisation mondiale de la santé parle d'épidémie. En France, 16 % des jeunes sont touchés (20 % dans dix ans ?). Des chiffres inquiétants, dus entre autres à l'invasion de la malbouffe et à la sédentarisation. Réaction des autorités sanitaires : réglementation des publicités sur les aliments destinés à la jeunesse, mention du nombre de calories et du contenu en graisses sur les étiquettes, suppression des distributeurs de sodas et confiseries dans les écoles, incitation à la consommation de fruits et légumes… Le combat est lancé. Reste aux parents la lourde tâche de l'éducation alimentaire, entre grignotage et éclatement de la structure familiale…

À LIRE
Je préviens l'obésité de mon enfant, Jean-Michel Borys, éd. Balland

CADDIE

La bonne liste des courses

Après avoir engendré des cohortes de vieillards bien portants, le régime «crétois» inspire nos nutritionnistes : il renforce le système immunitaire.
Une liste de bon aloi : Une laitue et des tomates, pour leurs antioxydants, antivieillissement et anticancer. Des oranges et des brocolis, pour la vitamine C. Pêches, abricots, asperges : ces champions de la vitamine A sont parfaits pour la vue, la peau et la croissance des os. Des lentilles, des haricots, du soja, pour les phytohormones. Une huile d'olive pressée à froid, pour l'acide oléique. Du poisson, des fruits de mer : zinc et sélénium sont essentiels au système immunitaire. Sardines et maquereau regorgent d'acides gras essentiels, dont les fameux oméga-3. Du thé vert pour les flavonoïdes, puissants anti-oxydants. Des laits végétaux : riz, soja, amande, seigle, orge…Sans oublier du vin, bu au milieu du repas et avec modération.

À LIRE

• *Le miracle crétois*, Thierry Farrayre, éd. Pygmalion
• *Nouvelles Clés*, n° 44 «Comment manger le monde pour devenir soi»

PRUDENCE

Vitamines : yes or no ?

Une dose de vitamine A et bêta-carotène pour préparer la peau au soleil, un peu de magnésium pour combattre le stress hivernal…
À coups de gélules, la supplémentation en vitamines et minéraux, façon États-Unis, s'installe en France. Bon ou mauvais réflexe ?
Ces préparations corrigent nos déséquilibres alimentaires et s'avèrent utiles pour combler une carence (grossesse, surmenage), mais peuvent aussi devenir dangereuses à trop fortes doses. Préférez une nourriture variée et équilibrée. La bonne dose de vitamines ? «Cinq fruits et légumes par jour.» Si possible bio.

À LIRE

La bible des vitamines et des suppléments nutritionnels, Dominique Rueff, éd. Albin Michel

MANGER SAIN POUR ALLER BIEN : TROP LUXUEUX ?

Les meilleures médecines nous aident surtout en stimulant notre système immunitaire. Ce dernier, qui définit notre moi et sa relation au monde, va mieux si nous savons le nourrir convenablement. Mais à quel prix ?

L'idée sacrée que personne ne devrait mourir de faim, et qu'en conséquence «le pain doit être bon marché pour le peuple», cette idée magnifique a sous-tendu des millénaires de luttes populaires contre la famine et accompagné, depuis des siècles, la baisse continue de la part du budget de chaque foyer consacrée à l'alimentation. Aujourd'hui, de par un retournement très pervers, la machine agro-alimentaire contrôlée par quelques multinationales menace la santé de centaines de millions de personnes, prétendument au nom de cette idée sacrée. Poulets industriels, sodas, Coca, aliments aux OGM, la junk food est en effet très bon marché. Mais elle a déplacé la frontière entre la vie et la mort : celle-ci ne se situe plus sur le terrain quantitatif (à la limite, un pauvre d'aujourd'hui, en Occident du moins, peut disposer de tonnes de cochonneries), mais sur le terrain qualitatif (que les riches cultivés connaissent bien : comparez par exemple le bon «pain rural» pour bourgeois au pauvre «pain parisien» pour prolétaires). Nos descendants trouveront peut-être normal de consacrer une plus belle part de leur temps et de leur argent à manger une nourriture terrestre saine, porteuse de sens et d'esprit – plutôt que de se laisser manipuler par les multinationales de la junkitude.

À LIRE

L'impasse alimentaire ? de Nicolas Hulot et Karine Lou Matignon, aidés des 24 experts du Comité de veille écologique. Où il est rappelé qu'en France, les 15 % des exploitants agricoles ultraproductivistes, qui sabotent nos systèmes immunitaires, bénéficient de 83 % des 27 milliards d'euros de subventions européennes, alors que l'agriculture biologique, dont on nous dit qu'elle «ne pourrait jamais nourrir l'humanité», n'est quasiment pas soutenue, éd. Fayard.

Mieux manger pour mieux être, un peu de bon sens ! Actes du colloque du 1er avril 2004 organisé par l'Institut international du mieux-être, éd. Iprédis.

L'alimentation ou la 3e médecine, Pr Jean Seignalet, éd. François-Xavier de Guibert.

Graines germées : un jardin en ma cuisine

Véritables cocktails de vitamines, d'oligo-éléments et de sels minéraux, ces bébés-plantes créent le concept du grignotage-santé. Faites pousser !

BONNES POUR LE TONUS :
Manger une graine germée de chou, c'est comme manger un chou entier, avec la racine. L'humidité «réveille» la graine qui devient «vivante» : les taux de vitamines, d'oligo-éléments et de minéraux augmentent ! On profite en sus d'enzymes indispensables à la digestion, que d'ordinaire nous puisons dans notre organisme. Résultat, une meilleure régénération et un système immunitaire plus fort.

C'EST FACILE :
Placez deux cuillerées à soupe de graines dans un bocal à confiture, couvrez d'eau. Laissez tremper une nuit. Fixez un carré de mousseline sur l'ouverture du pot avec un élastique : rincez deux fois par jour, en faisant couler l'eau à travers le tissu. Couchez le pot sur le côté : les graines germeront sur la paroi de verre. Récoltez les germes à maturité (4 à 5 jours). Elles se conservent une semaine au frais.

SAVEURS RELEVÉES :
Les graines germées croustillent sous la dent en distillant des saveurs franches : alfalfa au parfum de noisette fraîche, fenouil anisé, radis noir piquant. Mention spéciale pour la graine d'aïl, délicieuse évocation provençale qui ne laisse pas de senteur tenace en bouche…

UTILISATIONS VARIÉES :
Crues, à croquer ou à boire une fois mixées, elles vous feront bénéficier de tous leurs bienfaits nutritifs. À saupoudrer sur une soupe, des crudités ou une omelette… Saisissez les plus grosses pousses (au wok) pour des recettes d'inspiration asiatique.

LES JUS D'HERBE :
En laissant germer le blé ou l'orge, on obtient des pousses enrichies en chlorophylle. Broyées, elles donnent des jus aux grandes valeurs énergisantes. En poudre dans les magasins de diététique.

CONTACT
Site de Croq'Punch, spécialiste de l'alimentation vivante : www.melijo.org

TEST

Attention aux pièges !

Les rayons des supermarchés regorgent de produits «minceur»… Démêlons l'info de l'intox.

• Les produits allégés font maigrir. Vrai et faux : manger «light» ne suffit pas, surtout si l'on continue à consommer de grosses portions. Mais cela aide à tenir le coup lors d'un régime contrôlé et équilibré.

• Les fromages allégés contiennent moins de matières grasses. Vrai et faux : le taux de matière grasse indiqué (45 % pour un fromage classique, 20% pour un allégé) est en rapport à la matière sèche. Or celle-ci varie d'un type de fromage à l'autre : plus il est humide, plus la quantité de matières grasses est faible. Ainsi un fromage blanc 40 % est moins gras qu'un camembert allégé à 28 % !

• Les produits «sans sucre» sont recommandés dans le cadre d'un régime. Faux : la mention «sans sucre» fait allusion au saccharose, mais il est généralement remplacé par des édulcorants (xylitol, polyol) qui contiennent des calories ! Seuls les édulcorants «intenses» en sont exempts.

À LIRE
Savoir manger, le guide des aliments, Drs Jean-Michel Cohen et Patrick Serog, éd. Flammarion

JUNK

Envie d'hamburger !

«Je sais que mon corps ira naturellement vers les sucres et les graisses, et que ça ne sert à rien de résister au côté obscur de la force gastrique.» Extrait de *Yummy* (miam-miam en anglais). Ce magazine concède la suprématie écrasante de la junk food dans le monde du design. Ode au graphisme des paquets de bonbons ou des canettes de soda, le sous-titre «junk food design magazine» se veut un pied de nez au trop marketé *Fooding*. Rebelle et à contre-courant du sage discours de l'alimentation-santé. Luxueux, semestriel, 30 euros en kiosque : www.eat-fast.net

HAMDULLAH !

Vin rouge, mon ami

Labellisé «avec modération» et «de qualité», le vin rouge protège les cellules, le cœur et les artères. Il contient des micronutriments : vitamines, oligo-éléments, sels minéraux. Absorbé quotidiennement en petites doses, il fluidifie le sang, fait baisser le taux de cholestérol et réduit les risques de mortalité coronarienne. Le régime crétois, qui signale un certain retour des Occidentaux au bon sens et à la simplicité, recommande un verre de bon vin rouge à boire au milieu (important !) du repas.

STAR

Que sont les oméga-3 ?

Des acides gras essentiels indispensables à notre organisme, mais qu'il est incapable de synthétiser. Il faut donc les puiser dans l'alimentation. Leurs vertus ? Capables de dissoudre le mauvais cholestérol et d'empêcher les dépôts dans les artères, ils veillent à la bonne santé de notre système cardio-vasculaire. En renforçant la gaine de myéline qui enveloppe les nerfs, ils protègent le système nerveux de la dégénérescence. En contribuant au bon fonctionnement des neurones et des cellules cérébrales, ils bichonnent l'intellect, la mémoire et assurent un bon maintien de la vision, de l'audition, du goût et de l'odorat. Après ça, qui a dit qu'il n'en mangerait pas ?

À LIRE

- *Les oméga-3 au menu*, Anne Dufour et Laurence Wittner, éd. Leduc.
- *La vérité sur les oméga-3*, Dr Jean-Marie Bourre, éd. Odile Jacob

MONODIÈTE, MODE D'EMPLOI

Moins radicale que le jeûne, la monodiète purge le corps pour le rendre plus fort. Programmez-la aux changements de saison.

LE PRINCIPE :
Faire une cure à base d'un aliment unique. En permettant à la fonction digestive de se reposer, on libère une forte dose d'énergie vitale.

LES BÉNÉFICES :
Les toxines sont évacuées, l'organisme régénéré, le système immunitaire renforcé. Une parade naturelle pour affronter rhumes et autres indigestions…

LA MÉTHODE :
Choisir la bonne durée, de un à trois jours selon sa motivation et sa disponibilité. Consommer sous toutes ses formes l'aliment sélectionné. Par exemple, s'il s'agit de raisin, on le mange, frais, sec, blanc et noir, on en boit le jus, l'huile… à volonté !

LES ALIMENTS :
Privilégiez le bio, et choisissez votre allié. Carotte et riz complet font du bien aux intestins, sarrasin et pomme de terre s'attaquent aux rhumatismes. Quant au raisin, il stimule le transit, fait baisser le cholestérol, combat fatigue et stress et donne une peau éclatante.

ET N'OUBLIEZ PAS :
C'est aussi un moment privilégié pour vous mettre à l'écoute de votre corps et de votre esprit !

“Celui qui n'a jamais voyagé pense que sa mère est la meilleure cuisinière du monde.”

PROVERBE AFRICAIN

Du bio pas bobo

Parce que manger sain n'est pas manger snob, quelques rappels de bon sens et plans débrouille.

LÉGUMES :
À la campagne, on profite des légumes du terroir : faites-les pousser vous-mêmes si possible ! Sur les marchés, pour acheter bio, penser aux fins de stocks bradées à partir de midi. Faire tremper les pas bio dans de l'eau vinaigrée pour évacuer le plus gros des pesticides. Bien sûr, choisir du local plutôt que des produits importés de l'étranger, et délaisser les produits hors saison...

CÉRÉALES :
Elles ne coûtent pas cher et se conservent longtemps (quinoa, riz, semoule...). Formidables pour accompagner les légumes cuits ou concocter des salades. Penser aux fruits secs : un peu chers mais on n'a pas besoin d'en consommer en grande quantité, et c'est délicieux...

DENRÉES DE BASE :
Sucre, farines, huiles bio (avec des nuances) ne sont pas tellement plus chers, et existent en grand conditionnement. On trouve de plus en plus de produits bio en supermarché à des prix tout à fait intéressants, quelquefois inférieurs à ceux des produits équivalents non bio ! (Monoprix, Carrefour, Auchan...). Également en hard-discount (Leader Price, Ed).

À FAIRE SOI-MÊME :
Le chocolat à tartiner, des sauces à base de persil façon pistou, tomates ou pimentées... Le secret ? Préparer le plus de choses «maison» en utilisant des produits sains !

SIMPLISSIME, LA RECETTE DU NUTELLA BIO :
Mélanger du miel, pas trop parfumé et plutôt liquide, du pur cacao non sucré et des noisettes, le tout en poudre. C'est prêt !

À LIRE
Cuisiner bio, mode d'emploi, Valérie Cupillard, éd. La plage.

CONTACT
Le réseau Biocoop compte plus de 200 boutiques en France : www.biocoop.fr

OGM

La menace floue qui pèse sur nous

«Pour l'Europe, un OGM est a priori différent ; pour les Etats-Unis, c'est un organisme comme les autres. Au mieux, on devrait dire qu'on ne sait pas. Mais ces disputes font oublier l'essentiel : 99 % des OGM réels dans le monde sont des plantes qui ont été "génétiquement modifiées" dans un seul but : produire ou absorber des pesticides. Et sur ce plan, ils sont très peu étudiés. Or les principes actifs des pesticides sont faits pour tuer.» (Extraits d'une interview du Pr Gilles-Éric Séralini, chercheur en biologie moléculaire, expert OGM auprès de la Commission européenne.)

LONGÉVITÉ

Les sobres vivent vieux

Sur l'archipel d'Okinawa, au Japon, les habitants battent des records de longévité. «Alors qu'un Américain consomme 2 500 calories par jour et un Français 2 300, un habitant d'Okinawa n'en consomme que 1 800.» (*Santé, mensonges et propagande*, Thierry Souccar et Isabelle Robard, éd. Seuil.)

MALICE

Pour être zen, chocolat !

Croquer un carré de chocolat aurait les mêmes effets relaxants qu'une séance de yoga. Le magnésium et la vitamine B1 nichés dans ses délicieuses molécules procurent une sensation de détente... obtenue sans réel effort ! Allez faire un tour sur les bancs de l'Université du chocolat. Pour suivre un «chemin de dégustation» en apprenant à reconnaître les arômes du chocolat.

CONTACTS

- Cours et conférences à l'Institut d'études supérieures des arts, à Paris, tél : 01 42 86 57 01
- À Toulouse, le Club du chocolat, tél : 05 61 23 11 77

TENDANCE

Vous avez dit fooding ?

Condensé de «food», nourriture, et de «feeling», intuition. Signifie donc «le fait de se nourrir avec intuition» ou encore, de manger en donnant du sens...
Plus largement, désigne l'art de cuisiner, manger chez soi ou au restaurant dans un souci d'innovation et de qualité.
Le fooding cristallise les courants gastronomiques du moment, rompant avec une vision conservatrice des arts de la table.
Pour s'initier aux mélanges insolites, prouesses esthétiques et autres trouvailles des grands chefs, la Semaine du fooding est le rêve exaucé des gourmets en quête de modernité. Michel Troisgros ou Guy Savoy transforment un coin de marché en bar à soupes, montent des restaurants éphémères...

À LIRE
Fooding. Le Dico, d'Alexandre Cammas et Emmanuel Rubin, éd. Albin Michel

CONTACT
En décembre, chaque année depuis 2000, informations sur www.lefooding.com

AUDACE

Et pourquoi pas bruncher dans un palace ?

Un dimanche matin, soyez «luxe». Chaussez vos lunettes de star, et poussez la porte-tambour de l'hôtel Crillon. Le brunch, cette habitude anglo-saxonne de manger tard en combinant petit déjeuner (breakfast) et déjeuner (lunch), sucré et salé, acquiert ses lettres de noblesse dans ce temple de la gastronomie et du raffinement. Cadre somptueux, marbres d'Italie et chandeliers en cristal de Baccarat, et champagne d'entrée de jeu. Suivent les viennoiseries, saumon fumé, œuf cocotte... sans oublier le traditionnel pancake ricain à la marmelade de fruit. Qui dit mieux ?
«Brunch du Monde» à l'hôtel Crillon : 10 place de la Concorde, 75008 Paris, tél : 01 44 71 16 16. Formule à 60 euros, enfants ≤<30 euros.

Essayer l'huile vierge de chanvre, c'est l'adopter !

Pour combattre la réputation sulfureuse du végétal chamano-baba-cool, on en a fait de l'huile. Résultat, un élixir paré de multiples vertus.

PROPRIÉTÉS :
C'est la plus complète et équilibrée des huiles végétales, donc la plus efficace. Elle contient une proportion très élevée d'acides gras essentiels, les fameux et précieux oméga-3 (60 % d'acide linolénique, 20 % d'acide alpha-linoléique et 2,6 % d'acide gamma-linolénique).

EFFETS :
Apaise les douleurs de règles, hydrate et raffermit la peau, renforce le système immunitaire, détend les muscles. Et, bien sûr, relaxe et enlève le stress...

CONSOMMATION :
En cure d'un mois, une cuillère à café chaque matin, pure ou dans un yaourt.

PETIT PLUS : Mélangée au beurre de karité, en massages, elle combat la cellulite.

À DÉCOUVRIR :
- Sur les rayonnages somptueux de Codina, qui propose plus de quarante huiles végétales du monde entier, ainsi qu'un grand choix d'huiles essentielles pures...
24, rue Violet, 75015 Paris,
tél : 01 45 78 88 88
et www.codina.net
- Au sous-sol du Lafayette Maison et dans les magasins Olive Oil Company, les «sommeliers de l'huile d'olive» :
www.olive-oil.fr

> *“Les animaux se repaissent, l'homme mange, l'homme d'esprit seul sait manger.”*
>
> BRILLAT-SAVARIN

La soupe a le vent en poupe !

Riche en eau et en fibres, la soupe remplit l'estomac et peut remplacer un plat consistant : elle donne une impression de satiété. Avare en calories (150 seulement dans le bol), bourrée de vitamines et de sels minéraux, elle rime avec vitalité et santé : le fast-food sain par excellence ! Ça tombe bien, des bars à soupe ouvrent un peu partout, après avoir conquis New York et Londres. Les festivals se multiplient. Et les recettes se bousculent sur internet.

Pour se faire servir : À Paris, **Le Bar à Soupes**, 33 rue de Charonne (11e). Six recettes nouvelles chaque jour, 9 euros la formule soupe-vin-dessert. **Zoe Bouillon**, 66 rue Rébeval (19e). Dans un joli décor cosy, de 4 euros la soupe à 10 euros le menu «grosse faim». À Montpellier, **Natur'l** Au cœur de l'Ecusson, 5 euros le bol.

LES FESTIVALS :

À Lille, le festival de **La Louche d'Or**, créé par l'association ATTACAFA (promotion des arts du monde), se tient chaque année en marge d'une multitude de spectacles de rue, dans le quartier multiculturel et créatif de Wazemmes. Contact : 03 20 31 55 31.

À Vaison-la-Romaine a lieu en octobre un concours de soupes confectionnées par les villageois des communes alentour, et dégustées par le public et le jury au cours des veillées… Contact : à l'Office du tourisme, avenue du Chanoine-Sautel, 84110 Vaison-la-Romaine, tél : 04 90 36 02 11.

Le Festival de la Soupe de Florac, en Lozère, est mené tambour battant fin octobre par «Les gens de la soupe». Contact : office du tourisme, 33 avenue Jean-Monestier, 48400 Florac, tél : 04 66 45 01 14

www.mescevennes.com/Festival-soupe

À LIRE

Les soupes, éd. Manise. Plus de 200 recettes du monde entier.

Soupes, Matthew Drennan, éd. La Martinière.

Mes soupes salées et sucrées, Nathalie Combier, éd. Minerva.

Les bonnes soupes du monastère, les recettes préférées du Frère Victor-Antoine d'Avila-Latourette, éd. de L'Homme, avec enluminures…

SNACKING

Nous nous comportons comme ça !

En quarante ans, la part relative de l'alimentation dans le budget des ménages a été divisée par deux. Le poste alimentation rétrograde en troisième position, derrière le logement et le transport. Le temps de préparation et de prise des repas se réduit, les solutions rapides et pratiques sont plébiscitées. Les produits bruts, qu'il faut éplucher, laver et cuisiner, sont délaissés malgré le discours nutritionniste très en vogue. Ce n'est que le week-end que la cuisine redevient star, le repas fête, et que les sauces mijotent. Pour combien de temps encore… (Source INSEE)

SLOW FOOD

Une révolution culturelle

C'est une véritable croisade gastronomique qu'ont engagée, voilà quinze ans, les apôtres italiano-américains du slow food. Face à l'uniformisation des régimes alimentaires, qui menace la diversité dans nos assiettes, face à la vague irrésistible des fast-foods, dont ils parodient le nom, et à la tendance occidentale à manger sur le pouce, les «slow food» prônent un retour aux plaisirs de la bonne chère. Cela induit de prendre le temps d'apprécier un bon repas, de privilégier les produits du terroir et de saison, et de fréquenter des restaurants dont le chef cuisine ses produits avec passion. Plus qu'une simple philosophie, le slow food est un véritable mouvement, qui compte plus de quatre-vingt mille adhérents à travers le monde.

CONTACTS

www.slowfood.com

Pour joindre la nouvelle revue *Slow* : slowfoodparisrabelais@wanadoo.fr

Pour remplir sa marmite sur le web : www.vivelasoupe.com

SYNESTHÉSIE

Pour la vue, le cru

Saviez-vous que la cuisson affadit les couleurs ? Cuisiner cru, c'est cuisiner beau, en jouant de la palette naturelle des aliments. Quand l'orange du saumon côtoie le violet d'un chou, l'écarlate émulsion de betterave se découpe sur le haricot noir, et les disques rosés d'un ravioli de radis atterrissent sur leur lit de tomates jaunes… Tel est le credo de Charlie Trotter et Roxanne Klein. Ils ne sont pas les seuls, qui cherchent à articuler le gustatif à une synesthésie des plaisirs.
Guy Martin, élu meilleur chef de l'année en 1999, patron du prestigieux restaurant Le Grand Véfour, affirme : «C'est la peinture qui m'aide le plus à cuisiner au quotidien ! Elle est ma force, mon inspiration… Ce sont des couleurs, des formes… Je fais des croquis sur des bouts de papier, la recette vit dans ma tête, je la dessine et c'est fini. La recette est faite. Je sais à peu près le résultat final, au niveau des goûts, des textures… La peinture est mon outil de travail.»

À LIRE
À manger des yeux : Cru, Charlie Trotter et Roxanne Klein, éd. Agnès Vienot

CONTACT
Le Grand Véfour, à Paris, tél : 01 42 96 56 27

QUI N'A PAS SON COURS DE CUISINE ?

On redécouvre le plaisir du «fait maison» et des bons produits : normal que les cours de cuisine aient la cote. Cuisines du monde, des régions, pour les nuls, lieu de rencontre, les formules se bousculent. Parce que la gastronomie est un art, et qu'il s'enseigne, coiffez toques et nouez tabliers ! Puis vous clamerez : «C'est moi qui l'ai fait !»

CUISINES D'AILLEURS :
Pour voyager gourmand, des cours tout autour du monde. Consulter *The Guide to Cooking Schools* 2005, Shaw Guides.

SUSHIS ET MAKIS :
Sous l'œil des maîtres japonais de la découpe, à l'Association culturelle franco-japonaise du Tenri, à Paris, tél : 01 44 76 06 06 (30 euros l'adhésion, 34 euros le cours de 3 h).

CLASSE PALACE :
Gastronomie traditionnelle française selon les préceptes d'Auguste Escoffier, le premier chef historique du Ritz et le créateur de la pêche Melba ! Pour accommoder truffe, foie gras, pomme de terre ou chocolat.
École Ritz-Escoffier, (125 euros la demi-journée), tél : 01 43 16 30 50.

CŒURS À PRENDRE :
Parce que c'est très sexy, des mains dans la farine, est née l'idée du cook-dating : un cours pour célibataires en mal d'âme sœur.
À l'Atelier de Fred, tél : 01 40 29 46 04, le jeudi à partir de 19 h 30, 70 euros dégustation comprise : www.cookdating.com

SOMMELIERS EN HERBE :
Pour apprendre à déguster, décrypter les architectures d'un vin et savoir avec quel plat l'accorder. Les Ateliers gourmands d'Alain Ducasse, à partir de 145 euros la soirée de cours, repas stylé compris, tél : 01 44 90 91 00.

GRANDS DÉBUTANTS :
Épluchage de légumes, maîtrise des temps de cuisson, dressage des assiettes… car pour certains, l'apprentissage commence par les bases ! Les cours pour les nuls de l'Atelier des Chefs initient au b-a.ba de l'art culinaire. (15 euros les 30 minutes, déjeuner compris),
tél : 01 53 30 05 82
www.atelierdeschefs.com

LE BONHEUR EST DANS LE PRÉ :
À Auros, près de Bordeaux, la coopérative agricole Palmagri exploite avec succès le filon «terroir et bonne chère» vanté dans le film d'Étienne Chatiliez. Une journée pour suivre un canard entier ou juste son foie, de la découpe à la mise en bocal avec une mi-temps dégustation. Coopérative Palmagri (100 euros le canard, 55 euros le foie gras),
tél : 05 56 65 40 81.

> ***“Qui suis-je ? où vais-je ? d'où viens-je ? qui fait la vaisselle ce soir ?”***
> **JEAN-YVES LELOUP**

Les cuisiniers-chercheurs en quête de nouveaux plaisirs

LE MAÎTRE ESPAGNOL

«Je ne suis pas un visionnaire ; pour créer, il faut travailler, inventer, expérimenter. C'est le seul moyen de continuer à étonner et donner du plaisir.» Ainsi parle Ferran Adria, le bouillonnant chef espagnol d'El Bulli, son fameux trois-étoiles de la Costa Brava. Qualifié un jour de «meilleur cuisinier sur la planète» par Joël Robuchon, il affectionne le spectaculaire dans la cuisine, vise la virtuosité en bouche. Sa marque de fabrique ? L'investigation culinaire. Dans son atelier-laboratoire de Barcelone, El Taller, il élabore chaque saison les subtiles compositions destinées à enchanter et surprendre le palais des ses hôtes. Succès incontestable, le menu-dégustation déroule quelque trente-cinq créations prêtes à être avalées, aspirées ou croquées en une seule bouchée. Évocations gustatives et poétiques de son chapelet de gourmandises :

Gin glacé allongé d'un jet de citron chaud,
Œuf de caille caramélisé,
Huître servie à l'écume d'eau de mer et ses raviolis de seiche au lait de coco, soja et gingembre,
Caviar sur gelée de pomme,
Sucette de tomates renfermant quelques centilitres de gaspacho…

Source : interview accordée à Jean-Michel Normand pour *Le Monde 2*, 25/26 janvier 2004.

LA «GASTRONOMIE MOLÉCULAIRE» D'HERVÉ THIS

Pour ce gourmet de laboratoire, la cuisine, c'est de la chimie. Et comprendre ce qui se trame dans la casserole, un pas essentiel vers la réussite d'un plat. Quelle est la structure d'une mayonnaise ? Pourquoi le jus de citron fait-il prendre les confitures ? Les bouillons doivent-ils être démarrés à l'eau froide ou à l'eau chaude ? Grâce à ses explications scientifiques, il éclaircit le mystère des soufflés qui retombent et lance des idées futuristes, à base de dérivés d'aïoli et de «chocolat chantilly»…

À LIRE

Les secrets de la casserole, *Casseroles et éprouvettes*, *Traité élémentaire de cuisine*, Hervé This, éd. Belin.

CONTACT

Restaurant El Bulli, ouvert d'avril à octobre, tél : (00-34)972-150-457 – www.elbulli.com

> ***“Lorsqu'il n'y a plus de cuisine dans le monde, il n'y a plus de lettres, d'intelligence élevée et rapide, d'inspiration, de relations hautes.”***
>
> **ANTONIN CARÊME**

HARA

Au cœur du ventre

Pour les Japonais, l'âme n'est pas dans le cœur, mais dans le ventre. D'où la tradition du hara-kiri. Et si, de fait, tout ce qui nous reliait au monde passait par là, notre centre de gravité ?… Une inquiétude, et les entrailles se nouent, un nouvel amour, c'est la faim qui s'absente. Manque d'affection et mal de vivre, grossir, maigrir, tout se traduit un jour par trop ou pas assez de nourriture. Celui qu'on aime, on voudrait le manger. Comme l'ogre les petits enfants, la mante religieuse son amant. Mais ça n'est pas très correct, et pas seulement d'un point de vue diététique. Alors on le dévore de baisers, on l'engloutit par parties. Et parce qu'on ne peut le croquer, on lui donne à manger.

LECTURES

À lire par amour

- *La cuisine des sens ou comment conjuguer l'art des mets, l'art d'aimer*, Michel Vidoudez, éd. Cabédita, collection Archives gourmandes.
- *La cuisine amoureuse des grands chefs*, Bernard Planche, éd. Blanche-Mango. Sous forme d'abécédaire, un itinéraire gourmand et coquin…

Diététiquement incorrect

«Envoyez la purée ! Le Nutella ! La crème d'anchois ! Brie glacé, croûtons, lardons, carcasses de canard et yaourts périmés ! Envoyez, la main tremble à l'écrire, ce restant de nouilles froides qui fait croûte.»
(Extrait de la «Descente au frigo» du *Dictionnaire amoureux des menus plaisirs*, Alain Schiffres, éd. Plon.)

Et pour les célibataires

- *Petits plats en solo*, Véronique Méglioli, éd. Anagramme. Des recettes faciles pour célibataires gourmands.
- *Le livre de cuisine pour les garçons qui veulent épater les filles*, Nicole Seeman, éd. Tana, titre clin d'œil, pour être un gars craquant quand on a séché les cours avec maman...

CONTACTS

Education et nutrition

• L'Institut Danone a créé le prix Matty Chiva, qui récompense des initiatives originales visant à favoriser l'éveil du goût chez les enfants. Renseignements sur : www.institutdanone.org

• La Fondation Demarle (fabricant d'ustensiles de cuisine) soutient des projets destinés à apprendre aux enfants comment allier plaisir et santé. À noter, son intérêt pour les projets prenant en compte l'importance de l'alimentation de la femme enceinte pour son enfant à naître. Contact : Élisabeth Devaux au 03 20 58 93 69, www.demarle.com

Pour aider les parents

• *Cuisine santé pour vos enfants*, joliment illustré, mêle conseils et recettes originales sans perdre de vue la question des apports nutritifs, les problèmes de surpoids, diabète... d'Agnès Mignonac, nutritionniste, et Arielle Rosin, éd. First.

• *La santé vient en mangeant et en bougeant*, le guide nutrition des enfants et ados pour tous les parents, éd. Programme national nutrition santé. Gratuit, auprès des PMI, centres sociaux. Voir aussi : www.mangerbouger.fr

• *Cuisiner pour les enfants*, éd. Marabout.

• *Bébé miam-miam*, Laeva Annaert-Hebey, préface de Jean-Pierre Coffe, éd. Noêsis. Recettes et conseils pour les tout-petits de 0 à 2 ans.

• *A table les bébés !* éd. Flammarion. Comment faire une cuisine saine, à l'aide de recettes-plaisir pour tous les jours.

Pour les enfants

• Une encyclopédie, *Le Livre de cuisine des juniors*, Romain Lacroix, éd. Fleurus. À partir de 8 ans.

• *Trop bon,* de Laurence Mouton et Eric Léautey, éd. Minerva. Pour mettre les ados derrière les fourneaux. Et dans la même collection, *Génial je cuisine avec maman* et *Génial on popote avec papa*, Nathalie Valmary et Laurence Mouton, ludique, didactique, pour cuisiner en famille. Téléchargeables gratis sur : www.usborne-quicklinks.com

• *Une cuisine grande comme un jardin*, le très bel album d'Alain Serres et Martin Jarre, éd. Rue du Monde ; magnifiquement illustrées, 60 recettes pour découvrir et apprendre à cuisiner betterave, fenouil et navet… Et dans la même collection, tout aussi séduisant, *Une cuisine grande comme le monde*, illustré par Zaü.

• *La cuisine autour du monde*, par Angela Wilkes et Fiona Watt, éd. Usborne. Un album mêlant photos et illustrations par étapes de 40 recettes d'un peu partout sur le planète.

• *Speculoos ! La quête*, de Sarah Masson et Michel Squarci, éd. Zoom. À l'orientale, tout un conte pour envelopper la recette des biscuits épicés et conquérir le cœur d'une princesse ronde et gourmande.

Alimentation-santé

• *Nouvelles Clés* n° 44, dossier «Comment manger le monde?».

• *Guérir,* David Servan-Schreiber, éd. Robert Laffont.

• *L'alimentation ou la 3e médecine,* Pr Jean Seignalet, éd. François-Xavier de Guibert.

• *Que mangerons-nous demain ?* Christian Rémésy, nutritionniste et directeur de recherche à l'INRA, éd. Odile Jacob.

• *Les secrets du régime crétois*, Dr Jean-Pierre Willem, éd. Marabout.

• *Cuisine à la vapeur*, éd. Artémis.

• *La cuisine bio, 140 recettes pour cuisiner au naturel,* Ysanne Spevack, éd. La Martinière.

• *Cuisiner bio,* Valérie Cupillard, éd. La Plage.

• *Le guide des alicaments, la santé dans votre assiette : tout savoir sur la pouvoir thérapeutique de l'alimentation,* Selene Yeager, éd. Marabout.

OGM

• En lutte contre la généralisation des OGM dans l'alimentation, Greenpeace dénonce les produits concernés et les magasins coupables de les vendre sur : greenpeace.fr et detectivesogm.org

• Pour suivre les étapes de la réglementation en vigueur : www.ogm.gouv.fr

Pour renouveler son répertoire

• *Le livre de cuisine, 1500 recettes*, éd. Albin Michel.

• *Larousse de la cuisine facile.* 500 recettes pour maîtriser les bases.

• *L'ABC de l'art culinaire,* le guide par excellence, de James Peterson, éd. Könneman. Pour maîtriser les techniques.

• *Les basiques de la cuisine,* éd. Marabout. «Réussite garantie !»

• *Cuisiner… trop facile !* Un guide pratique bien illustré, des recettes sous forme de BD, avec des trucs et astuces, éd. Solar.

• *La cuisine pour les nuls,* Bryan Miller et Alain Le Courtois, éd. First.

• *Cuisiner sans stress*, éd. Marabout.

• *Petits plats entre amis*, Trish Deseine, éd. Marabout. Une cuisine conviviale et pas banale, allant du basique au chic.

• *Les écrivains aux fourneaux, leurs recettes préférées,* Patricia Lepic, éd. Albin Michel.

• *Petites histoires de goût*, François Gagnaire et Fabrice Veysseyre-Redon, préface d'Alain Ducasse, éd. Transbordeurs.

• *L'alimentation crue, 400 recettes*, Dr Christian Pauthe et Jean-Marie Ozanne, éd. François-Xavier de Guibert.

• *Le monde en 500 recettes,* Thierry Roussillon Hermé, éd. La Martinière. Parce qu'un des meilleurs moyens de découvrir un pays, c'est de goûter sa cuisine…

• *La cuisine japonaise*, Emi Kazuko et Yazuko Fukuoka, éd. La Martinière.

• *La cuisine de Momo,* Mourad Mazouz, éd. Marabout. Couscous, tagines et compagnie, les délices du Maroc à votre portée.

• *Souk food*, Aymeric Mantoux, photos Éric Bonnier, éd. Agnès Vienot. Recettes festives et réjouissantes du Proche-Orient.

• *Sénégal, la cuisine de ma mère*, Youssou N'Dour, éd. Minerva, photos Isabelle Rosenbaum. Le chanteur dévoile avec tendresse les délices de son pays.

• *Cuisine actuelle de l'Afrique noire*, plus de 60 recettes faciles, Joëlle Cuvillier, Alexandre Bella Olla, Jean-Luc Tabuteau, éd. First.

• *Le pain, l'envers du décor*, éd. de l'If, écrit par Frédéric Lalos, Meilleur ouvrier de France à l'âge de 26 ans… La recette du pain au cidre et aux pommes, aux abricots ou au bleu d'Auvergne…

Pour réfléchir puis s'envoler

• *Géopolitique du goût*, Christian Boudan, éd. PUF.

• *La cuisine magique des fées et des sorcières,* Édouard Brasey et Gilbert Fabiani, éd. de L'Envol.

Gastronomie à prix doux

Économique, chic et bon, le service des restaurants d'application des écoles hôtelières a tout pour plaire. Profitez de repas gastronomiques concoctés et servis par les élèves.
À Paris, Lycée Cronstadt (15e), tél : 01 45 31 18 68 ;
École supérieure de cuisine Ferrandi (6°), tél : 01 49 54 28 00 ;
À Marseille, Lycée hôtelier (8°), tél : 04 91 72 75 39/40 ;
À Lyon, Lycée François Rabelais, tél : 04 78 66 88 99 ;
À Strasbourg, Lycée Alexandre Dumas, tél : 03 88 65 30 40.

TRAVAILLER

Aimez-vous travailler ? Il y a ceux qui s'épanouissent avant tout dans leur travail, ceux qui ne s'expriment qu'en dehors. Quel sens donner à ce qui est souvent présenté comme une malédiction, tombée sur Adam et Ève : «Tu survivras en travaillant à la sueur de ton front !» ? Quels modèles avons-nous en la matière ? Il y a quarante ans, les modèles forts étaient : le courageux travailleur prolétarien, le salarié en cogestion à la suédoise, le jeune loup qui «réussit» en égotique, le marginal qui s'invente son propre job… Depuis, le paysage a changé !

GAGNANT-GAGNANT

La saine relation de maître à serviteur selon le bouddhisme

«Le maître ou l'employeur a plusieurs obligations envers son serviteur ou son employé : il doit lui assigner un travail qui convienne à son adresse et à ses capacités ; il doit lui payer un salaire convenable ; lui assurer des soins médicaux ; lui accorder, à l'occasion, des dons et des gratifications. En retour, le serviteur ou l'employé doit être diligent et courageux, honnête et obéissant, ne pas tromper son maître ni le voler, être zélé dans son travail.» (Extrait de *L'enseignement du Bouddha*, de Walpola Rahula, Points Sagesses, éd. du Seuil.)

INTELLIGENT

Le succès mondial du micro-crédit

«Soyons clairs : le micro-financement n'est pas une forme de charité. C'est une façon de permettre aux ménages à revenu faible de disposer des mêmes droits et des mêmes services que tous les autres. C'est une façon de reconnaître que les pauvres ne sont pas le problème, mais la solution. C'est une façon de tirer le meilleur parti de leurs idées, de leur énergie, de leur façon de voir les choses. C'est une façon de soutenir des entreprises productives, et donc d'aider les collectivités à prospérer.»
Kofi Annan, secrétaire général de l'ONU, à l'occasion du lancement de l'Année internationale du micro-crédit le 18 novembre 2004.

À LIRE
On ne prête pas qu'aux riches, de Maria Nowak, éd. J.C. Lattès

CONTACT
Le site de «l'Année du micro-crédit» : http://www.yearofmicrocredit.org/pages/multilingual/french.asp

> ***“Les vocations manquées déteignent sur toute l'existence.”***
> **HONORÉ DE BALZAC**

DÉVELOPPEMENT DURABLE : les nouveaux métiers-passions

Concilier impératifs de la production industrielle et préservation de l'environnement, se soucier de la santé de la planète tout en continuant à prospérer commercialement, voici ce qui semble être le nouveau credo de beaucoup de jeunes désireux de s'engager dans une vie professionnelle active. Un certain nombre d'entreprises ont été bien avisées de répondre à leur attente…

C'est un fait sur lequel il faudra enquêter dans les années qui viennent, pour comparer le dire et le faire : les départements de «développement durable» fleurissent dans beaucoup d'organigrammes de sociétés. Mieux vaut tard que jamais. Et bonne nouvelle pour les passionnés d'éthique d'environnement : on a besoin d'eux.

DOMAINES D'ACTION : Les projets durables concernent le recyclage des déchets, les économies d'énergie, la gestion des risques industriels… L'accent est également mis sur l'éthique dans le travail, valeur à laquelle le consommateur est de plus en plus sensible (équité sociale, déontologie dans la gestion des affaires…).

MÉTIERS : Trois exemples parmi bien d'autres : le «responsable du développement durable» est chargé de coordonner le bilan social, les politiques hygiène et sécurité, le gouvernement d'entreprise. Le «déontologue» est chargé de mettre en place une charte éthique. Le «spécialiste de l'analyse sociale» estime et note les pratiques environnementales et sociales des entreprises…

FORMATIONS : L'offre se diversifie et se spécialise d'année en année : universités et grandes écoles se mettent à l'heure de l'éthique et de l'environnement, créent de nouvelles filières ou ajoutent des modules à leurs cursus. On voit apparaître, dans ces domaines, des masters, des formations, initiales ou continues, allant de quelques jours à plusieurs années, et de nombreux nouveaux DESS : par exemple «Gestion de la planète» à Nice, ou «Environnement et développement durable» à Perpignan…

À LIRE
Le Guide des formations initiales en environnement est destiné aux étudiants, professeurs et futurs employeurs, publics ou privés ; il recense 693 formations et diplômes dans le développement durable, les nuisances, les pollutions, les risques, la sécurité, la qualité, éd. Victoire.

CONTACT
Le site international de l'emploi pour les métiers de l'environnement décline toutes les fonctions offertes par le secteur et les formations pour y parvenir, en France et au-delà : www.emploi-environnement.com

Le tour du monde en quatre-vingts mutants

Tout semble aller mal sur cette planète… et tout d'un coup surgit un bouquet d'informations qui vous redonnent envie, non plus seulement de survivre, mais de prendre l'existence à bras le corps, de la réorienter, de la modeler, de l'illuminer : de vivre !
C'est ce que l'on ressent en découvrant le livre de Sylvain Darnil et Mathieu Le Roux,* 80 hommes pour changer le monde *(éd. J.-C. Lattès).
Quatre-vingts portraits d'entrepreneurs d'un nouveau genre, branchés sur le développement durable et le business éthique : les germes concrets d'un nouveau monde.

Depuis quelque temps un tiers des élèves des grandes écoles françaises semblent avoir muté. Un nombre croissant de polytechniciens s'intéressent aux énergies renouvelables et beaucoup d'HEC désirent mettre leur jeune expertise au service du commerce éthique, de l'investissement «socialement responsable» ou des ONG humanitaires – généralement dans l'idée de créer des structures rentables… différemment. Mathieu Le Roux et Sylvain Darnil sont de cette génération. Sortis, l'un d'HEC, le second de l'ESSCA, une autre école supérieure de commerce, ils avaient deux points communs : 1). Avant de se lancer dans la vie active, ils voulaient faire un tour du monde ; 2). Ils admirent Muhammad Yunus, le fondateur de la Grameen Bank du Bengladesh, l'inventeur du micro-crédit, qui a permis à des millions de familles de s'arracher à la pauvreté totale… tout en réussissant une excellente affaire. Comme Sylvain et Mathieu n'ont pas envie de faire un tour du monde oisif, une quête jaillit : chercher s'il n'y aurait pas d'autres Muhammad Yunus à l'œuvre dans le monde. Malgré la «crise», le monde actuel compte-t-il, oui ou non, des entrepreneurs ouverts aux critères «durables» et efficaces ? Ils seront comblés. Des hommes et des femmes aussi inventifs et généreux que Yunus, il y en a partout ! Imaginez un hôpital qui soigne gratuitement deux patients sur trois, tout en faisant des bénéfices. Des agriculteurs qui se passent à 100 % de produits chimiques, tout en augmentant leurs rendements. Un industriel du textile qui refuse la délocalisation… et parvient à doubler son chiffre d'affaires tout en payant ses employés deux fois le salaire minimum. Un autre industriel qui réussit à fabriquer des emballages plastiques, non seulement biodégradables, mais qui nourrissent la terre ! Partout sur la planète, des entrepreneurs créatifs sont en train d'imaginer des modes de production, de locomotion, de consommation ou d'habitation radicalement nouveaux, qui économisent les ressources naturelles et humaines, tout en procurant un confort accru. Le business vert, éthique et durable existe, ils l'ont rencontré quatre-vingts fois ! Et ce n'est qu'un échantillon !

À LIRE
Vers un monde sans pauvreté,
Muhammad Yunus, éd. J.-C. Lattès.
CONTACTS
• Si vous avez envie de vous tester dans l'action humanitaire, écologique, éthique… l'ONG Planète Urgence vous propose de prendre sur votre temps libre pour participer à des missions :
7 rue Jean Mermoz, 78000 Versailles,
tél : 01 39 020 600
www.planete-urgence.com
• Voir aussi www.actualitesolidarite.com

COURAGE !

Parité hommes-femmes ?

Certes, l'égalité entre hommes et femmes dans le travail est inscrite dans les textes de loi depuis vingt ans. Mais la réalité est tout autre ! À travail égal, une femme gagne entre 7 et 27 % de moins qu'un homme. À l'âge d'avoir des enfants, la discrimination «naturelle» par le sexe s'accentue : mobilité, disponibilité, horaires… autant de critères pas vraiment objectifs mais qui viennent freiner les carrières féminines. Les plus lésées ? Les cadres, pour lesquelles le différentiel salarial atteint 24 % (9 % pour les employées).

À LIRE
Au boulot les filles ! Pour que vive l'égalité des femmes au travail, de Marie-Paule Dousset, éd. du Seuil
CONTACT
www.egaliteprofessionnelle.org
Conçu par l'Observatoire sur la responsabilité sociale des entreprises.

MANUELLES

Des filles compagnons

La prestigieuse institution des Compagnons du Devoir, jusqu'à présent réservée aux hommes, a intégré dans ses rangs trois femmes en 2004. Charpentier, tailleur de pierre et menuisier, les titres qu'elles ont choisi d'endosser ne se sont pas encore féminisés, mais le bastion machiste de «l'artisanat d'excellence» a bel et bien cédé…
www.compagnons-du-devoir.com

ÉQUILIBRE

Ora et labora

«L'oisiveté est ennemie de l'âme. C'est pourquoi, à certaines heures, les frères doivent s'occuper au travail des mains, à certaines autres, à la lecture des choses divines.»
La Règle de saint Benoît est limpide : le programme de vie de ses moines doit maintenir un équilibre nécessaire entre la prière et le travail, et entre les tâches intellectuelles et manuelles. Pour les bénédictins, pas question de rester à l'écart du monde moderne et de ses contraintes : vivre du produit de son travail. Ainsi à l'abbaye de Maredsous, en Belgique, on affine le fromage et on brasse la bière.
Plan d'accès sur le site :
www.maredsous.be

TRAVAILLER À L'ÉTRANGER : pour les Gaulois, une aventure !

S'installer dans un autre pays, pour un meilleur salaire, pour la douceur du climat, pour une ambiance de travail plus conviviale, ou par soif d'aventure, la tentation de l'Eldorado est toujours fascinante, même si elle reste davantage une audace pour les Français que pour la plupart de leurs voisins.

SELF DIPLOMACY

Ne vous trompez pas de codes culturels !

Lorsqu'on débarque dans un pays inconnu pour y travailler, mieux vaut avoir pris connaissance de certaines règles de base. En Asie, n'entrez jamais en conflit ouvert avec vos collaborateurs pendant une réunion. En Chine, une négociation se joue en grande partie lors de banquets. À savoir : un Chinois ne dit jamais ouvertement non. Aux Pays-Bas ou en Allemagne, ne restez pas travailler après les heures de bureau pour faire preuve de votre dévouement. Cela serait considéré comme une incompétence.
En Espagne, les relations avec les collègues de travail s'arrêtent une fois la journée de travail achevée. Il est mal vu d'inviter les enfants de ses pairs pour jouer avec ses propres bambins. Aux États-Unis, une épouse se doit d'inviter les collègues de son mari. Au Brésil, le Friday Wear (port d'une tenue décontractée au bureau, tolérée ailleurs le vendredi) dure… toute la semaine.

À LIRE

Expatrié, rêve et réalité, Jean Pautrot et Yves Girouard, éd. Liaisons, plein d'infos utiles pour préparer son départ, vivre ailleurs et réussir le retour.

HORIZONS

Des dispositifs pour les jeunes

Le volontariat international en entreprise (VIE) est destiné aux jeunes diplômés ou demandeurs d'emploi de moins de 28 ans.
Il offre la possibilité de partir à l'étranger pour une mission de 6 à 24 mois, tout en étant rémunéré et sous statut public. Ce type de mission est souvent suivi d'une embauche ferme… Le visa «vacances travail» dure un an, et est accordé aux jeunes de moins de 30 ans par le Canada, la Nouvelle-Zélande, l'Australie ou le Japon.
À condition de justifier de ressources suffisantes pour les trois premiers mois, il donne la possibilité de travailler sur place.

À LIRE

Le guide des séjours à l'étranger, de Karine Darmon, éd. Jeunes

À CONSULTER

Site du volontariat international en entreprise : www.civiweb.com

Pas étonnant que les Français partent moins facilement à l'étranger que la plupart des autres Européens – comme disent les Allemands : «La France est le jardin que Dieu se réserve pour sa retraite.» Si tout le monde veut venir s'installer chez nous, quelle absurdité ce serait de partir ! Pourtant, rien de tel que d'aller voir ailleur pour se fouetter le sang et les idées. Parmi les secteurs qui ont la cote à l'étranger quand on arrive de France : la recherche scientifique, l'informatique, l'ingénierie, le commerce… et bien sûr l'hôtellerie, les professions axées sur le tourisme et surtout les métiers de bouche – la gastronomie française jouissant toujours d'une flatteuse réputation hors de nos frontières.
L'Union européenne draine 50 % des expatriés français, Angleterre et Espagne en tête. Autres destinations préférées des Gaulois, le Canada et les États-Unis. L'Amérique du Sud (Brésil, Argentine, Colombie) et l'Afrique du Nord (Maroc, Tunisie) sont également prisées. Plus récemment «découverts», les pays de l'Est, la Chine et l'Inde, en pleine phase d'expansion économique, constituent le terrain de prédilection des défricheurs de nouveaux marchés.
Faisons un zoom sur le Québec …
Trois mille cinq cents Français partent chaque année travailler en «Nouvelle France». Outre la qualité de vie, c'est le dynamisme de la région qui les séduit. D'après le ministère québécois de l'emploi, 655 000 postes devraient y être pourvus d'ici à 2007. Attention cependant au décalage entre le discours officiel, qui attire les immigrants, et la réalité, où personne ne vous attend vraiment. Les procédures de régularisation sont longues, entre huit et douze mois, et nécessitent de bonnes réserves financières.

À LIRE

Le Québécois de poche, éd. Assimil.
Réussir au Québec, édition 2003/2004, éd. Horizons Québec, 12 €.

À CONSULTER

www.immigration-quebec.gouv.qc.ca

> ***“Être normal, c'est aimer et travailler.”***
>
> **SIGMUND FREUD**

Le coaching va-t-il humaniser le travail ?

Pacifier son approche des autres, qu'ils soient au-dessus ou au-dessous de vous dans la hiérarchie, communiquer sans stress avec ses collaborateurs, prendre ses décisions dans la sérénité : au travail aussi, on peut s'améliorer en se connaissant mieux soi-même et en connaissant les autres.

Pour relever ces défis, il est désormais possible, et même recommandé, de se faire assister par un coach. Alors que le «développement personnel», très psy, a moins le vent en poupe, les responsables des ressources humaines sont séduits par cette approche en grande partie inspirée du modèle américain des années 90. Les coachs sont souvent d'anciens formateurs, conseillers, consultants, psychologues ou relookeurs. Certains en restent à l'étymologie du mot, qui désigne les entraîneurs sportifs, et tous les coachs n'ont pas forcément une éthique à dimension humaniste supérieure (voire spirituelle). C'est cependant la tendance des plus innovants, inspirés par des pionniers tels que la Française Meryem Lesaget, la Québécoise Sylvie Gendreau ou l'Américain Peter Senge. Objectifs : faire évoluer les compétences des salariés, développer leurs potentiels dans un but professionnel. Plus précisément, il peut s'agir de résoudre un problème relationnel ou d'épauler un manager chargé de mener à bien un projet d'envergure (nouvelle mission, expatriation…). Les coachs interviennent sur des secteurs aussi divers que création d'entreprise, image, communication, placement de la voix… De nos jours, le coaching est en pleine croissance. Le nombre d'adhérents à la Société française de coaching augmente de 20 % chaque année. En France, ils sont entre 3 000 et 4 000 à se partager ce marché florissant (à titre de comparaison, on dénombre environ 5 000 psychanalystes en France). Mais la profession est encore mal définie, et souffre de certains abus. Un bon coach doit avoir du charisme, une expérience professionnelle solide, avoir étudié la psychologie. Et ne pas confondre son rôle d'accompagnateur, de conseiller avec celui d'un thérapeute.

À LIRE

L'intelligence émotionnelle, Daniel Goleman, éd. Odile Jacob – où l'on comprend pourquoi le QE (quotient émotionnel) est devenu plus important que le QI en entreprise.

Le manager intuitif, Meryem Lesaget, éd. Dunod – où était annoncé dès les années 90 l'avènement d'une entreprise plus féminine et subtile.

La cité des intelligences, Sylvie Gendreau, éd. Céra – où les entreprises se voient proposer d'adopter la philosophie des jeux.

La cinquième discipline, Peter Senge, éd. First – où la théorie des systèmes engendre des outils pratiques de gestion des changements.

Maîtriser le coaching, Jean-Yves Arrivé et Isabelle Frings-Juton, éd. Liaisons – un état des lieux du métier, des formations, des conseils pratiques.

CONSEILS

Recherche d'emploi : notre coaching express

Sur cent candidatures spontanées, cinq seulement obtiennent un rendez-vous. Le CV est plus que jamais un outil d'élimination. Préférez un mot personnalisé qui donne à l'interlocuteur l'envie d'en savoir plus et remettez votre CV le plus tard possible. Pour avoir plus de chances de faire mouche, mieux vaut ne pas directement s'adresser au DRH. Trouvez plutôt le moyen d'interroger les responsables opérationnels, plus au fait des besoins. Évitez d'être le premier candidat reçu. En début de recherche, l'entreprise s'accroche à un profil idéal qu'elle va progressivement remodeler pour s'adapter au marché. Bon à savoir : le premier candidat reçu a 18 % de chances d'être sélectionné, alors que le dernier en a 56 %.

À LIRE

Comment trouver une situation, de Daniel Porot, et *Tous les secrets d'un conseil en recrutement*, de Maryvonne Labeille, les deux aux éd. d'Organisation

OSER ?

Ma petite entreprise…

224 000 «créations pures» enregistrées en 2004 ! Soit 14 % de plus qu'en 2003, année déjà très dynamique avec 12 % de progression. C'est clair, les Français sont saisis d'une fièvre entrepreneuse… Parmi les secteurs les plus porteurs, le commerce et les services aux entreprises. Également très en forme, l'informatique et internet, la construction, l'immobilier et les services aux personnes (chiffres Insee).

CONTACT

Agence pour la création d'entreprises 14 rue Delambre, 75014 Paris, tél : 01 42 18 58 58
www.apce.com

BYE BYE !

Retraite : un guide

À quel âge partir ? Combien vais-je toucher ? Et les fonds de pension dans tout ça ?… La loi Fillon d'août 2003 a réformé un système datant de 1945. Pour se mettre à jour : *Vos retraites après la réforme*, Jean-Paul Gallas et Nicola Corato, éd. Prat

J'HARMONISE MON TEMPS PROFESSIONNEL ET MA VIE PRIVÉE GRÂCE AU TÉLÉTRAVAIL

Bureaux volants, travail à domicile, salariés nomades, le travail semble se dissocier peu à peu de l'entreprise comme lieu de vie. Pour ceux qui sont tentés d'installer leur bureau à domicile, voici quelques pistes et balises…

DÉFINITION : selon l'Association nationale pour le développement du télétravail et de la téléformation (ANDT), «le télétravail consiste à travailler à distance du donneur d'ordre (employeur ou client) au moyen des outils informatiques et de télécommunication, de la même façon et avec les mêmes résultats que si le travail était réalisé dans les locaux du donneur d'ordre.» Télétravailler n'est donc pas une nouvelle forme d'emploi, mais une manière d'exercer et d'organiser son travail à distance, rendue possible grâce au développement des nouvelles technologies de la communication, internet en tête.

STATUTS :

Le télétravailleur salarié exerce pour le compte de son employeur, chez lui ou dans un bureau externe loué par l'entreprise. Il garde son salaire et ses droits (congés, couverture sociale, protection de la convention collective...).

Négocié avec son employeur, un avenant à son contrat de travail établit tout ce qu'implique ce nouveau mode d'organisation : lieu, horaires, matériel utilisé, etc. On estime à 450 000 le nombre de télétravailleurs salariés en France soit 4 % de la population active. C'est la forme de télétravail la plus répandue.

Le télétravailleur indépendant est à son compte. Il vend ses propres services, soit en tant que libéral ou qu'auteur, soit en créant une micro-entreprise, soit en choisissant de s'adosser à une société de portage (une formule qui permet de se lancer sans avoir à s'enregistrer comme travailleur indépendant auprès des organismes sociaux). Exercent ainsi des traducteurs, des journalistes, des formateurs, des ingénieurs informaticiens, des comptables...

Un phénomène en plein essor et loin de son maximum. Ainsi, l'ANDT estime «entre 2 500 et 3 000 le nombre de télésecrétaires libérales actuellement actives, alors que le marché français pourrait en absorber environ 10 000». Le télétravail à l'épreuve des faits.

AVANTAGES :

- Un emploi du temps à la carte : le télétravail permet de définir soi-même son rythme, sans avoir à se plier aux horaires classiques de l'entreprise. Résultat, on peut être présent à la sortie de l'école, faire ses courses ou accomplir des démarches administratives en toute tranquillité.
- Fini les embouteillages sur le chemin du travail : du temps gagné et du stress en moins.
- Une meilleure qualité de vie : plus de disponibilité en famille, possibilité de s'installer à la campagne.

INCONVÉNIENTS :

- L'isolement : tout le monde n'est pas prêt à travailler en solitaire.
- L'affaiblissement du lien social : moins d'opportunités de rencontres, pourtant indispensables à l'évolution d'une carrière professionnelle.
- Le mélange des genres : dans l'esprit de vos proches, et parfois dans le vôtre, travail et vie privée risquent de n'être jamais clairement séparés. Du coup, vous ne travaillez ni ne vous détendez jamais vraiment. Usant !
- Le stress lié aux conditions de rémunération : souvent payés à la tâche, beaucoup de travailleurs à domicile ont tendance à s'imposer au final de plus longues journées que s'ils étaient en entreprise…

PETITS SOINS

Quand travail rime avec bien-être…

Incroyable, le nouveau credo des entreprises innovantes : le bien-être des salariés. Principe simple : mieux ils se sentiront, plus ils se concentreront sur leur boulot. Du coup, l'employeur prend en charge des tâches relevant de la sphère privée : conciergerie (pressing, livraison de fleurs, location de voiture), assistance administrative (garde des enfants, organisation des vacances). Sans compter les initiatives visant à améliorer confort et sécurité (mobilier ergonomique, cantine diététique, salle de sport, massages…).

EN SAVOIR PLUS

- L'Agence nationale pour l'amélioration des conditions de travail : www.anact.fr/webstatic/
- La semaine pour la qualité de vie au travail : http://anact.fr/webstatic/aqvt/index.html

LIBÉRATION

Crèches «clés en main»

La multiplication des crèches d'entreprises est une excellente nouvelle. La pénurie de l'offre, tous modes de garde confondus – cause de retards, d'absentéisme, de stress, etc. – a donné à certains l'idée de la crèche «clés en main». Confort absolu pour l'entreprise cliente, des dispositions fiscales très incitatives.

CONTACT

- Bebebiz, contact Claire Romanens, 8 allée Henri Potez, 31700 Blagnac, tél : 05 34 60 89 46 www.bebebiz.fr
- People and Baby, créée par Thomas Fabius www.people-and-baby.com
- La Ronde des Crèches CP 104, 26 quai Carnot, 92212 St-Cloud Cedex, tél : 01 49 11 38 57 www.larondedescreches.com
- Les Petits Chaperons Rouges, 22 rue de Douai, 75009 Paris, tél : 01 53 25 22 23 www.lpcr.fr
- Crèche Attitude, 25 rue Jean-Giraudoux, 75116 Paris, tél : 01 72 36 30 15 www.creche-attitude.com

AU VERT !

Un village organisé autour du télétravail

La commune d'Essay, dans l'Orne, est le cœur d'un réseau de télétravailleurs venus respirer l'air pur de la Normandie. Graphistes, illustrateurs, photographes, rédacteurs de sites web ont été séduits par la situation géographique de ce petit village de 580 habitants, à une heure et demie de Paris. D'autant que tout a été mis en œuvre pour faciliter leur installation : parrainage par des élus, offre immobilière avantageuse, intégration dans les associations locales et programme de développement de l'internet à haut débit. Une idée à suivre pour désenclaver les campagnes tout en créant de nouveaux pôles économiques.

À CONSULTER

Site créé par Xavier de Mazenod : www.zevillage.net

TGV

Ils ont choisi la vie de «navetteur»

Installés à plus d'une centaine de kilomètres de la capitale, les «navetteurs» continuent à y travailler tout en rentrant chaque soir dans leur (grande) maison à la campagne, grâce à la grande vitesse (Le Mans, Vendôme ou Arras sont à moins d'une heure). Sacrifiant aux levers matinaux et retours parfois tardifs, ils peuvent dès le week-end profiter du calme, des virées en voilier ou des pistes de ski. Cette microsociété s'est constituée en associations, afin de négocier des tarifs avantageux avec la SNCF, de lutter pour une meilleure fréquence des trains, contre les retards…
Prochaine étape, en 2007, le réseau TGV s'ouvre à l'Est : Reims et Châlons-en-Champagne à moins d'une heure de Paris…

CONTACTS

- L'Avuc, association des usagers de la ligne Paris-Le Mans : http://asso.proxiland.fr/avuc72
- Renseignements sur les abonnements forfaits : www.tgv.com

À LIRE

Travail et activités à distance, de A. Béréziat, J. Lagorce et N. Turbé-Suetens, éd. d'Organisation.

Un guide pratique pour mettre en place le travail à distance, travailler efficacement en nomade ou à domicile, s'équiper et utiliser les technologies.

Travailler

Harmoniser son temps professionnel et sa vie privée peut se faire grâce au télétravail. Selon l'ANDT, association œuvrant pour son développement, «le télétravail consiste à travailler à distance du donneur d'ordres ou du client, de la même façon et avec les mêmes résultats que si le travail était réalisé dans les locaux du donneur d'ordres.» Ce n'est donc pas une nouvelle forme d'emploi, mais une manière d'exercer son travail à distance, rendue possible grâce aux nouvelles technologies de l'information, internet en tête. Question : contribuera-t-il à rendre la vie plus libre, ou accroîtra-t-il l'aliénation en transformant même la maison en lieu surveillé 24h sur 24 ?

1975 : ordinateur IBM, 10 millions instructions/seconde, 10 millions $.
1995 : lecteur de jeu vidéo, 500 000 milliards inst/s, 500 $.

Avantages
- Emploi du temps à la carte
- Vie en famille ou à la campagne
- Pas de transport aux heures de pointe
- Liberté d'organiser son travail
- Pas de chef présent
- Choix de l'ambiance visuelle et sonore

Inconvénients
- Solitude et isolement
- Affaiblissement du lien social
- Eparpillement plus facile
- Manque de référent extérieur
- Motivation plus difficile
- Confusion entre vie de travail et vie privée

Une société sans papier ?
La consommation de papier bureau n'a pas baissé avec l'informatisation (80 kg par employé dans l'OCDE). Le e-livre ne décolle pas (malgré une progression de 10% aux USA en 2004), alors que le livre papier explose : 30 000 titres/an en France, 5 milliards d'euros (4 fois le cinéma et 2 fois la musique), 47% des biens culturels!

Ubiquité en téléconférence

Ce fut un fantasme des années 90 : les mondes virtuels où le monde entier se retrouve en 4D. On en est loin, mais la téléconférence fait son chemin, au téléphone comme via Internet, avec ou sans caméra. Celle-ci – la Webcam - sert moins au travail qu'aux conversations privées (70 %).

Combien de télétravailleurs en Europe ?

17%	Danemark
12%	Finlande
10%	Royaume-Uni
10%	Suède
9%	Pays-Bas
5%	France
5%	Luxembourg
4%	Belgique
4%	Autriche
3%	Allemagne
3%	Espagne
3%	Grèce
3%	Irlande
3%	Italie
2%	Portugal

Relié à la Toile

Depuis son démarrage au début des années 90, la toile formée par Internet a grandi chaque année d'un facteur 10 en nombre de sites, de pages et de connexions. Avantages pour le télétravail : courrier instantané, accès à l'information, échanges de textes, photos, films, sons.

Improbable micro-ordinateur !

Téléphone, télex, bélino, fax avaient préparé la route, mais le télétravail doit son décollage aux PC : 450 millions dans le monde en 2004 (+ 30 millions/an).

Principales étapes : 1947 : transistor, 1957 : disque dur, 1958 : circuit intégré, 1960 : clavier, moniteur, 1963 : souris, 1964 : Basic et code ASCII, 1968 : calculette programmable, 1970 : microprocesseur, système UNIX, 1973 : premier micro (le Micral de R2E, France), 1974 : premier micro US (Altaïr 8800, en kit), 1975 : Microsoft, 1976 : Apple, 1979 : modem, VisiCalc, 1981 : IBM PC, 1982 : système MS-Dos, 1987: carte son PC...

Le téléphone portable de plus en plus intelligent

Facteur n°1 du télétravail et d'une révolution dans tous les métiers à déplacements : plus besoin de poste fixe, de cabine, de carte, d'arrêt. Question santé, les études toujours spécifiques ne peuvent guère encore mesurer les effets de la soupe électromagnétique dans laquelle nous baignons (micro-ondes, ondes hertziennes, hauts voltages...). Le kit mains-libres est cependant conseillé.

DÉSENCHANTEMENT

Retomber en enfance ?

Réunions sordides, figures sinistres, ennui, décor carcéral… Dans les pubs, l'image de l'entreprise en prend pour son grade à longueur de spots. Résultat, la survie ne semble possible qu'en se réfugiant dans la régression : combats de biscuits-lasers entre deux bureaux (Mikado), atermoiements collectifs devant le distributeur de confiseries (Kinder Bueno), partie de morpion géant sur le parking (Modus). Pas de doute, la pub s'est faite complice du désenchantement des salariés. Comme si devant la dureté du monde du travail, il devenait urgent de retrouver l'ambiance de la cour de récréation…

À LIRE

• *Bonjour paresse, de l'art et de la nécessité d'en faire le moins possible en entreprise,* Corinne Maier, éd. Michalon

• *No Logo, la tyrannie des marques,* Naomi Klein, éd. Actes Sud, à propos de la dictature sociale, économique et idéologique des multinationales

OM-MANI-PADMÉ-OM

Plutôt que d'exploser : le mudra de l'harmonie

Un mudra, c'est un yoga des mains. Stimulant les terminaisons nerveuses du bout des doigts, les postures influencent notre équilibre général. Joindre les mains devant le plexus solaire en croisant les doigts, dresser les majeurs et les appliquer l'un contre l'autre.
Se concentrer en même temps sur sa respiration, en observant le léger soulèvement de la poitrine.
En cas de besoin ou trois fois par jour pendant quatre minutes.

REBELLE

Le non-demandeur d'emploi

Julien Prévieux, artiste et «chômeur non demandeur d'emploi», rédige régulièrement des lettres de non-motivation en réponse à des offres d'emploi publiées dans la presse ou par l'ANPE. Il écrit par exemple : «Ceci étant dit, je refuse votre offre d'emploi, je ne joins pas mon curriculum vitae et je vous demande de retirer vos propositions de ma vue.» Sans commentaire.

QUATRE ENTREPRENEURS QU'IL SERAIT BON D'IMITER

Tirés du livre de Sylvain Darnil et Mathieu Le Roux,* 80 hommes pour changer le monde *(cf. p. 137), voici quatre exemples d'entreprise comme on en souhaiterait beaucoup.

VIVE L'INTERNATIONALE GOURMANDE !

L'Italien Carlo Petrini partage le même point de vue que José Bové sur les OGM, la malbouffe, etc., sauf qu'au lieu de faire le gauchiste, il donne envie aux gens de changer, en les réconciliant avec la bonne bouffe. Son entreprise, l'association Slow Food, identifie des savoir-faire culinaires traditionnels oubliés et les confie à des experts du marketing en les testant sur son réseau de 80 000 membres. Son salon du Goût qui se tient tous les deux ans réunit des milliers d'ateliers, pour goûter du miel polonais, des gâteaux secs mexicains, etc., simplement pour redonner goût à la diversité des papilles : www.slowfood.fr

INVENTION DU FAST-FOOD BIO :

Gary Hirshberg est le fondateur de Stonyfield Farm, devenu l'un des leaders américains du yaourt bio après un long parcours exemplaire, depuis la ferme où il fabriquait les yaourts lui-même, jusqu'au rachat de son entreprise par Danone, dont il est devenu le «laboratoire social et environnemental». Après quoi, à 50 ans, il a créé une chaîne populaire de fast-food bio : O'Naturals. C'est fast et participe de ce point de vue à la fièvre générale, mais les produits y sont d'excellente qualité et bon marché. Une réussite économique comme on aimerait en voir plus souvent : www.stonyfield.com

LE MCDONALD'S DE LA CATARACTE :

À 60 ans, Govinda Venkataswamy, dit Dr V, ophtalmologue à Madurai (Inde) découvre le système d'organisation McDo et décide de l'appliquer à l'opération de la cataracte (introduction d'une lentille artificielle dans l'œil). Il crée un hôpital où l'on opère à la chaîne, avec un objectif : le ticket d'entrée d'un patient payant doit couvrir les coûts de deux non-payants. En vingt ans, il monte six hôpitaux, qui opèrent 350 000 personnes par an. Le temps d'opération passe de 45 à 10 minutes (dans des conditions sanitaires telles que l'OMS a donné son label d'excellence). Au début, il est associé à une ONG américaine qui «mendie» des lentilles pour «les pauvres», puis le boss de l'ONG, le Californien David Greene, monte Aurolab, une entreprise indienne qui a fait passer le prix de la lentille de 350 dollars à… 10 ! Explication : 1). les techniciens indiens sont beaucoup moins payés: 2). les capitalistes américains sont infiniment pressés, gourmands et bluffeurs ; 3). il existe une«logique durable» : Aurolab est devenu 3e producteur mondial et 85 % des chômeurs opérés des yeux ont retrouvé du travail : www.aravind.org et www.aurolab.com

AMORCE D'UN CERCLE VERTUEUX DANS LES CAMPAGNES :

Sept Kenyans sur dix sont encore ruraux, la plupart très pauvres et n'ont pas l'électricité. Tout changerait s'ils avaient accès à l'eau – elle permettrait de tripler les revenus de centaines de milliers de familles. Or il existe des nappes, mais les seules pompes disponibles sont très chères (300 $, quand le revenu annuel moyen est de 280 $), sophistiquées (pièces de rechange), marchant au fuel (cher et polluant) et trop puissantes. Le Kenyan anglo-irlandais Nick Moon voit là une «faille du marché». Il invente une petite pompe manuelle (le «super money maker»), solide, durable et simple qu'il vend 70 $. Sa société, Approtec, dont les pompes se vendent par dizaines de milliers, a engendré un cercle vertueux dans l'économie rurale kenyane (déjà chiffré à 0,5 % du PIB !) : www.approtec.org

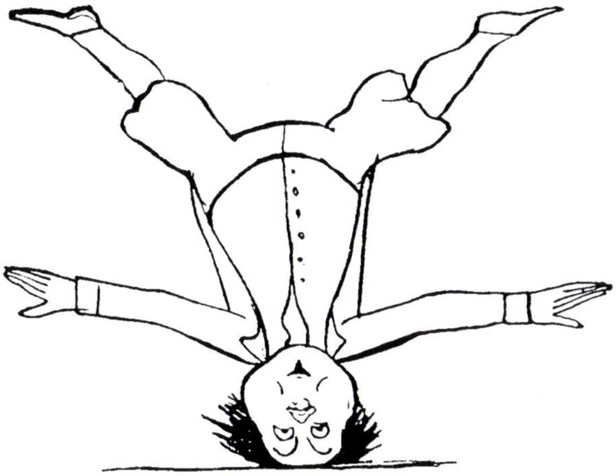

Relaxation anti-stress

Objectifs titanesques, bruit, reproches de la hiérarchie, collaborateurs défaillants, fatigue et, comme une menace sourde, le chômage en embuscade. Stop ! Redevenez maître de la situation… grâce à la relaxation

LE PRINCIPE :
À l'opposé du stress devenu chronique et pathologique, la relaxation se définit par un état d'apaisement général. Toutes les fonctions vitales sont ralenties, en particulier le système cardio-respiratoire. La tension artérielle diminue, ainsi que les taux d'adrénaline et de noradrénalisne en circulation. Tout en améliorant le contrôle de soi, elle procure une disponibilité plus grande dans les relations avec autrui, permet à chacun d'être plus efficace, mais aussi plus agréable à vivre.

LA MISE EN ŒUVRE :
Ultra-simple, la relaxation peut être pratiquée par tous, n'importe où et n'importe quand (chez soi, au bureau et même dans les embouteillages). Ses effets sont immédiats, bénéfiques autant pour le corps que pour l'esprit.
1). Ils reposent sur le processus contraction-détente. Serrez les poings, crispez les mâchoires, contractez les jambes et tous les muscles de l'organisme pendant quelques secondes. Puis relâchez. À pratiquer allongé ou assis, en toutes circonstances.
2). Au centre de l'ensemble, la respiration – particulièrement efficace pour évacuer les tensions avant d'entrer en réunion ou de prendre une décision importante ! Chez les personnes trop stressées, la respiration est souvent haute et superficielle. Confortablement assis, épaules relâchées, mettez la main sur votre abdomen. Effectuez lentement cinq longues respirations, regardez votre ventre se soulever et s'abaisser en rythme. Ô miracle, votre souffle va finir par se réguler et se calmer naturellement. Ou encore : inspirez par le nez, gardez l'air un court instant, puis expulsez-le en imaginant que vous chassez avec lui vos pensées parasites, comme une mauvaise fumée polluée.
3). Images heureuses : fermez les yeux et imaginez un paysage apaisant, un lieu qui vous est cher… Un bon moyen pour vous déconnecter du présent pendant quelques instants. Votre niveau de vigilance s'abaisse et le système nerveux en profite pour se régénérer.

À ÉCOUTER
Mieux-être par la sophrologie, CD audio de Michèle Freud, et www.michelefreud.com
À LIRE
Guérir le stress, l'anxiété et la dépression sans médicament ni psychanalyse,
David Servan-Schreiber, éd. Pocket.

SOLIDARITÉ

Quatre exemples de parrainage

• SENIORS MENTORS :
Cadres à la retraite et anciens entrepreneurs mobilisent leurs compétences pour donner un coup de pouce aux personnes à la recherche d'un emploi ou souhaitant créer leur propre activité.
ASSOCIATIONS :
• Pivod, tél : 01 56 68 07 00
www.pivod.org
• Egee, tél : 01 47 05 57 71
www.egee.asso.fr
• Ecti, tél : 01 41 40 36 00
www.ecti-vsf.org
• COACHS BÉNÉVOLES :
Cadres dirigeants et spécialistes en ressources humaines se mobilisent pour venir en aide aux chômeurs. Au fil des entrevues, le «grand frère» apporte ses conseils, aide à décortiquer CV et lettre de motivation, à affiner un projet professionnel. Soutien moral, il assure un vrai travail de coaching… gratuit !
Cap-Parrainage existe en Île-de-France et en Indre-et-Loire. Renseignez-vous auprès de votre mairie, conseiller ANPE ou Apec, et dans les Maisons de développement économique et de l'emploi de la Mairie de Paris.
www.mairieparis.com
• RELOOKING DANS LES CITÉS :
Parce que le look banlieue, c'est sympa dans une pub Nike, mais pas forcément aguicheur en entretien d'embauche, les centres sociaux, missions locales et associations d'aide à l'insertion professionnelle d'Ile-de-France proposent des ateliers de relooking accessibles aux Rmistes et demandeurs d'emploi.
En groupe ou en entretien individuel, les intervenants prodiguent conseils vestimentaires, de maquillage ou de coiffure.
Gratuitement ou à des tarifs très accessibles (2 euros la coupe de cheveux).
L'association Géode 95, fondée en 1999 par Claudine Lemaire, vient en aide tous azimuts, chaque année, à environ deux cents personnes,
tél : 01 39 91 95 12

ÉTERNEL

Comment échapper à la malédiction ?

Qui a prononcé ces six phrases ?
1. «Pour atteindre la vérité, il faut perdre du temps et cesser de travailler.»
2. «Le travail emporte tout le temps et avec lui on n'a nul loisir pour la République et les amis.»
3. «C'est dur de faire un film, mais travailler pour de bon, c'est pire !»
4. «Si vous ne voulez pas travailler, il vous faudra travailler pour gagner l'argent qui vous permettra de ne pas travailler.»
5. «On estime qu'en France le temps de travail constituait 70 % de la vie éveillée d'un homme en 1850, 43 % en 1900, et aujourd'hui 17 %.»
6. «Le travail ne deviendra un condiment des plaisirs de la paresse, un exercice bienfaisant à l'organisme humain, une passion utile à l'organisme social que lorsqu'il sera sagement réglementé et limité à un maximum de trois heures par jour…»

Réponses :
1. La chanteuse Montserrat Figueras, dans une interview ;
2. Xénophon dans son livre *L'Économique* ;
3. Woody Allen, quelque part ;
4. Ogden Nash, poète américain, dans une interview ;
5. Patrick Fridenson et Bénédicte Reynaud dans *La France et le temps de travail (1814-2004)*, éd. Odile Jacob ;
6. Paul Lafargue dans *Le droit à la paresse*, écrit en 1880, éd. La Découverte

ANTI-STRESS

L'exemple suédois

Pour réduire les arrêts maladie en forte croissance, la Suède a créé le congé sabbatique rémunéré. Un système qui permet aux salariés ayant au moins deux ans de CDI de prendre trois à douze mois de congé indemnisé à hauteur de 85 % des allocations chômage, tout en étant remplacé par un sans-emploi. Avec priorité donnée aux chômeurs, aux immigrés et aux handicapés.
(Source : *Libération*, 14 mars 2005)

Prendre un congé sans solde

S'arrêter quelques jours ou plusieurs mois, pour souffler un peu, aider un proche ou repenser sa vie, les raisons de faire un break professionnel sont multiples. Sacrifice financier, le congé sans solde permet cependant de s'absenter sans démissionner. Panorama des possibilités… à condition bien sûr que vous fassiez partie de la plus grosse des minorités : celle des salariés.

Le congé sabbatique :
Faire le tour du monde ou élever des bonzaïs, toutes les options sont possibles. Y compris s'essayer à un nouveau job, à condition de respecter les obligations de non-concurrence vis-à-vis de votre employeur. Conditions : Au moins 3 ans d'ancienneté, consécutifs ou non, et 6 ans d'activité professionnelle. Durée : 6 à 11 mois.

Le congé d'enseignement ou de recherche innovation :
Une vocation de prof inassouvie ? Dispensez votre savoir dans un lycée, à la fac ou dans le cadre de la formation continue, ou lancez-vous dans la recherche. Condition : Ancienneté d'un an. Durée : Un an à temps plein.

Le congé pour création d'entreprise :
Votre idée est la meilleure, mais le risque demeure... Tentez votre chance en gardant une solution de repli. Condition : Au moins 2 ans d'ancienneté. Durée : Un 1 à temps plein ou partiel, renouvelable une fois.

Le congé à fins électorales :
Député, sénateur, la carrière politique vous appelle. Partez en campagne ! Conseiller municipal, général, régional, vous avez droit à des autorisations d'absences, un crédit d'heures et un congé de formation de 6 jours par an. Condition : 1 an d'ancienneté. Durée : 21 jours ouvrables maxi pendant la campagne officielle. Pour les élus, pendant la durée du mandat.

Le congé de solidarité internationale :
On a besoin de vos compétences, vous êtes prêts à tenter l'aventure. Partez en mission à l'étranger pour une association humanitaire ou une organisation internationale dont la France est membre (ONU par exemple). Condition : 1 an d'ancienneté. Durée : 6 mois maximum.

Le congé de «solidarité familiale» : Un de vos proches est gravement malade, rendez-vous disponible pour le soutenir. Par exemple, pour l'assister aux premières étapes d'une thérapie lourde. Durée : Trois mois maximum, renouvelable une fois.

À SAVOIR
Le congé non rémunéré est une suspension du contrat de travail. À son expiration, vous reprenez votre précédent emploi ou un poste similaire, et le salaire qui va avec.
À LIRE
Le conseiller pratique du salarié : vos droits et obligations, éd. Prat, 29 €.
Les congés pour projets personnels, éd. d'Organisation, 26 €.
À consulter : Les fiches pratiques du site du ministère du Travail sur www.travail.gouv.fr

> ***“Regarder comme quelque chose de bas et de vil le métier de tous ceux qui vendent leur peine et leur industrie ; car quiconque donne son travail pour de l'argent se vend lui-même et se met au rang des esclaves.”***
>
> **CICÉRON**

CONSEILS POUR LEVER LE PIED

Le travail peut être une expérience positive : il peut favoriser l'estime de soi, procurer un sentiment d'accomplissement et même contribuer à définir notre identité. Cependant, il en est du travail comme des autres aspects de la vie : dépendre d'une seule chose pour combler nos besoins psychologiques réduit les possibilités de trouver le contentement. C'est le raisonnement, tiré de son expérience personnelle, fait par l'ex-consultant en ressources humaines John D. Drake dans son livre *Ralentir, travailler moins pour vivre mieux*. Il y prodigue ses conseils pratiques pour trouver plus de temps libre : faire une balade à l'heure du déjeuner, adopter un emploi du temps moins rigide, opter pour un passage à la retraite tout en douceur… Et vous donne ses trucs pour convaincre votre employeur du bien-fondé de ces changements (éd. Écosociété).

DOULOUREUX

Consultations sur la souffrance au travail

Animées par des psychologues et des psychiatres, des consultations ont été mises en place par les services de pathologies professionnelles des hôpitaux. Lieu d'écoute pour des salariés surmenés, on y accède sur recommandation d'un médecin du travail ou par courrier, en décrivant sa situation professionnelle.
www.rhmt.net/consultation pathologie.htm.

VOIR AUSSI

Fédération nationale des accidentés du travail et des handicapés (FNATH),
tél : 01 47 00 17 57

À LIRE

- *Travail, usure mentale,* Christophe Dejours, éd. Bayard
- *Terreur au travail, enquête sur le harcèlement moral,* Marie Muller, éd. Fayard
- *Le stress au travail,* Patrick Légeron, éd. Odile Jacob
- *Le stress au travail, guide d'autothérapie en dix étapes,* Abel P. Edmond, éd. Quebecor
- *Coachez votre stress. Ami ou ennemi : des outils pour choisir,* Laurent Bertrel, éd. Dangles

CONTACTS

Donner du sens

• *Oser travailler heureux, entreprendre et donner,* Jacques Salomé, Christian Potié, éd. Albin Michel.
• *Travailler pour être heureux ?* Christian Baudelot et Michel Gollac, éd. Fayard. Une vaste enquête sur le bonheur et le travail en France, effectuée en partenariat avec l'Insee, ou comment repenser la place du travail et du bonheur dans la vie quotidienne.
• *Demain, je change de job !* Dr Barbara Moses, éd. Marabout.
• *La fin du travail ?* Jeremy Rifkin, éd. La Découverte/Poche.

Micro-crédit

• *Vers un monde sans pauvreté,* Muhammad Yunus, éd. J.C. Lattès.
• L'Association pour le droit à l'initiative économique (ADIE), présidée par Maria Nowak, a permis en quinze ans de créer environ 25 000 entreprises, essentiellement par des chômeurs-entrepreneurs, en générant 30 000 emplois : www.adie.org
• Planet Finance a pour mission de réduire la pauvreté dans le monde par le développement de la micro-finance : www.planetfinance.org

Développement durable

• *Dictionnaire du développement durable,* C. Brodhaq, F. Breuil, N. Gondran, F. Ossama, éd. Afnor.
• *Ce que développement durable veut dire,* G. Férone. D. Debas, A.S. Genin, G. Hervier, J. Un état des lieux et des propositions d'applications dans l'entreprise.
• Semaine du développement durable : www1.environnement.gouv.fr
• Institut de formation de l'environnement : www.ifore.environnement.gouv.fr
• www.novethic.fr informe sur la responsabilité sociale des entreprises, voir rubrique «métiers».
• Sur le site de l'Association française de normalisation (Afnor), une rubrique «développement durable» : www.afnor.fr

Parité hommes-femmes

• *Les femmes ont toujours travaillé. Une histoire du travail des femmes aux XIXe et XXe siècles,* Sylvie Schweitzer, éd. Odile Jacob.
• *L'égalité professionnelle en pratique*, Cristina Lunghi, éd. d'Organisation.
• *La femme est un loup pour la femme,* Pat Heim et Susan Murphy, éd. Payot.
• L'association Retravailler, spécialisée depuis 1974 dans l'orientation professionnelle continue, apporte son soutien aux personnes confrontées à des changements professionnels difficiles, et plus spécifiquement aux femmes qui souhaitent recommencer après une longue période d'inactivité : www.retravailler.org

Coaching

• *Le métier de coach,* François Delivré, éd. d'Organisation.
• *Profession : coach,* Thierry Chavel, éd. Demos.
• *Coaché !* Michel Giffard, éd. d'Organisation. Plein d'humour et complet.
• *Le coaching démystifié,* Thierry Chavel, éd. Demos. Se propose de redonner sa place à la sagesse humaine dans le monde de l'entreprise.
• *Le guide du coaching,* John Withmore, éd. Maxima ; pour coacher les autres ou se livrer à l'auto-coaching.
• *101 trucs et conseils pour coacher avec succès,* éd. Mango Pratique.
• *Petit traité des abus ordinaires,* Eléna Fourès, éd. d'Organisation ; l'auteur fait le tri et dénonce les possibles dérives du coaching.
• Le portail web des professionnels du coaching : www.mediat-coaching.com
• La Société française de coaching tente de réguler un secteur encore flou. À Paris : 99 bd Haussmann, 75008 Paris, tél : 01 42 81 96 70. Contacts en province sur www.sfcoach.org
• La Fédération francophone de coaching se propose de fédérer les professionnels autour d'une charte déontologique : 55 avenue Marceau, 75016 Paris et www.ffcoaching.org

Travailler à l'étranger

• *Expatriation, mode d'emploi,* Laeticia Person, éd. Guides Jeunes Studyrama.
• *Travailler à l'étranger,* éd. d'Organisation.
• *Les Guides du job trotter* : par pays, mode d'emploi pour décrocher jobs et stages : www.jobtrotter.com
Dans la même série : *le Guide des jobs pour changer d'air.*
• Le site de la Maison des Français de l'étranger (MFE), avec les contrats, des dossiers par pays, etc. : www.mfe.org
• Les ressources humaines à l'échelle internationale : www.mondissimo.com
• Site du département international de l'ANPE : www.emploi-international.org

Télétravailler

• *Des métiers pour travailler à domicile,* Laurence Binet, éd. Guides pratiques Rebondir (comment s'organiser, les métiers concernés, la législation, la fiscalité...).
• *Travailler chez soi,* Carole Gamelin, éd. Guides Jeunes Studyrama.
• *Quitter la ville, mode d'emploi,* Bernard Farinelli, éd. Sang de la Terre.
• Association française du télétravail et des téléactivités : www.aftt.asso.fr
• Association nationale pour le développement du télétravail et de la téléformation : www.andt.org
• Le collectif Ville-Campagne accompagne ceux qui recherchent un emploi ou un logement à la campagne, et collecte les propositions de reprise d'entreprises, tél : 05 55 70 47 00 et www.projetsencampagne.com

Travail et bien-être

• Fondation européenne pour l'amélioration des conditions de travail et de vie : www.fr.eurofund.ie
• Santé et sécurité au travail : www.sante-securite.travail.gouv.fr/index.asp

Spécialistes du service aux entreprises

• Bien-être à la Carte : chez Accor Services, 62 av. de Saxe, 75015 Paris, tél : 01 40 61 74 80 – www.bien-etre-a-la-carte.com
• Todo Today: 157 av. Charles-de-Gaulle, 92 200 Neuilly-sur-Seine, tél : 01 46 37 86 00 – www.todotoday.fr

Parrainages

• Solidarités nouvelles face au chômage (SNC), un réseau de 80 groupes d'accompagnateurs dans toute la France : www.snc.asso.fr
• Fondé sur des valeurs d'entraide, le réseau Daubigny regroupe des cadres en recherche d'emploi : www.e-daubigny.com

Relooking dans les cités

• La Tête de l'Emploi, coiffure, soins, maquillage, relooking : 19 rue Marcel-Cachan, Vigneux-sur-Seine (91), tél : 01 69 52 93 02.
• Nahda, association de femmes du quartier, salon de coiffure, soins, relooking, cours de soutien : 92000 Nanterre, tél : 01 46 49 04 96.
• Regard de Soie : ateliers de maquillage, soins de la peau, coiffure et relooking pour handicapés : Courbevoie (92), tél : 01 49 05 42 49.

Consommer

Au rythme où vont les choses, il faudrait entre deux et quatre planètes de plus pour que la nôtre puisse continuer à consommer comme elle le fait aujourd'hui.
Il est plus qu'urgent que chacun change de vision et de comportement.
Mais le temps de la révolte naïve contre «la société de consommation» rejetée d'un bloc par ses enfants gâtés est passé :
les alterconsommateurs veulent faire de la «consom'action» un outil de conscience et de responsabilité… sans nier la jouissance qu'il y a à satisfaire intelligemment ses besoins.

MIEUX-ÊTRE

Êtes-vous alterconsommateur ?

Les Créatifs Culturels (cf. p. 284), auxquels vous avez toutes les chances d'appartenir, chère lectrice, cher lecteur, sont généralement plus éduqués et aisés que la moyenne. Leur comportement économique, exprimé dans leur consommation, a une importance considérable pour l'avenir de nos économies. Il eût été cohérent qu'ils refusent la consommation, pour choisir une vie plus simple et être en phase avec les capacités de la planète. Pourtant, c'est d'une manière plus sophistiquée et inattendue qu'ils expriment leur différence. S'ils se font véritablement du souci pour le monde, qu'ils veulent rendre plus acceptable et durable, ce sont généralement des hédonistes, qui apprécient de consommer, acte éminemment social et ludique. Mais ils consomment de façon réfléchie et qualitative : ils s'intéressent à la composition des produits, veulent savoir qui les a fabriqués, dans quelles conditions sociales, s'interrogent sur leur légitimité. Ils se préoccupent de ne pas gaspiller et de ne pas participer à la dégradation de la biosphère. Ils imaginent des systèmes où chaque produit est recyclable et sert de ressource à un autre. Ils essaient de payer moins cher les produits banalisés, mais pour les produits «impliquants», sont prêts à mettre le prix, si leur valeur immatérielle et morale est forte : ils sont alterconsommateurs. Le produit de l'alterconsommateur, c'est 20 % de matière et 80 % d'immatériel et d'expérience. Son système d'information, c'est le réseau, les sites et les forums d'internet. Il se se moque des médias doctrinaires. Il ne croit plus à la publicité simpliste et décervelante. Il est pourtant souvent fort bien informé… au sens profond du terme. (François Lemarchand)

À LIRE

• *La distribution désemparée face aux alterconsommateurs,* Stéphane Lauer, www.lemonde.fr – (14/07/2004)

• *Les alterconsommateurs,* étude d'Éric Fouquier auprès de dix mille consommateurs, www.seniorscopie.com (29/10/2004)

«Emparons-nous de la locomotive devenue folle !»

Optimiste-né, François Lemarchand, patron des magasins Nature & Découvertes, dont la fondation soutient beaucoup d'associations écologiques, résiste au défaitisme qui nous gagne facilement à l'énoncé de l'état du monde. Il n'est pas le seul.

«Et si, plutôt que de nous laisser passivement emporter à bord du train mondial devenu fou, nous nous emparions de la locomotive et prenions les commandes en main ? Comment ? Les entreprises détiennent un pouvoir majeur, certes, mais elles ne sont pas toutes-puissantes. Elles ont deux talons d'Achille : leurs clients et leurs employés. Si les premiers désertent et cessent d'acheter, l'entreprise est fichue. Même chose si les seconds ne sont plus motivés et font du mauvais travail. Or les clients et les employés, c'est nous ! Mes propos sont-ils exagérément optimistes ? Pas si sûr… En dix ans, le nombre des "alterconsommateurs" (attentifs à la qualité, bio entre autres, des produits et à l'éthique de la production) est passé de 4 % de la population à 25 %, alors que celui des "hyperconsommateurs" (boulimiques inattentifs) chutait de 18 % à 8 %. Certes, la plupart d'entre nous demeurent schizophrènes, rêvant d'une vie plus simple, sans cesser de rêver à la croissance classique. Mais de plus en plus, nous faisons la différence entre croissance quantitative et développement qualitatif…» (Propos tenus aux 3e Rencontres Écologie et Spiritualités, organisées par le WWF-France et l'Institut bouddhiste de Karma Ling, en octobre 2004.)

UNE FORCE CONSIDÉRABLE :

La consommation responsable peut-elle devenir un levier politique et un facteur de transformation ? Les militants d'Action Consommation y croient aussi. Pour transformer le pouvoir d'achat en pouvoir d'agir, cette association interpelle les pouvoirs publics, les institutions, les entreprises et organise des campagnes et des débats sur les OGM, l'alimentation, la publicité, l'habitat, le tourisme…

La force de cette approche, c'est qu'elle s'appuie sur une activité que nous pratiquons tous quotidiennement ! Modifier même une parcelle d'une telle énergie peut avoir des conséquences incommensurables.

À LIRE

Canopée, le magazine annuel de Nature & Découvertes, consacre une bonne part de ses colonnes au développement durable et aux comportement éthiques.

CONTACTS

• www.natureetdecouvertes.com

• Action Consommation : 21 ter, rue Voltaire, 75011 Paris, tél : 01 34 13 38 13, www.actionconsommation.org

"La terre est comme un œuf dans la main d'un enfant tout neuf."

JULOS BEAUCARNE

Avènement d'une nouvelle citoyenneté : la consom'action est entre vos mains !

Et si le simple geste d'acheter tel ou tel aliment, dans tel ou tel magasin, était loin d'être anodin ? Autant les rebelles des années 1970 s'imaginaient qu'ils allaient facilement «rejeter la société de consommation», autant ceux des années 2000 savent que c'est impossible, mais que l'on peut consommer de manière extrêmement consciente et politique. Ancien membre de la fédération Biocoop Grand-Ouest, Jean-Pierre Rimsky-Korsakoff est l'un des penseurs de la Consom'action.

«Nous sommes tous des consommateurs. Nous sommes des millions. À travers nos achats, nous modelons le monde dans lequel nous vivons. En essayant d'acheter en conscience, nous développons notre esprit critique. Mieux je serai informé sur l'origine des produits que j'achète, sur la façon dont ils sont fabriqués, sur qui j'enrichis en les achetant, mieux je pourrai les choisir en accord avec mon éthique. Acheter consciemment est une façon très concrète pour chacun d'investir dans un futur viable. On ne peut se contenter, en tant que consommateur, de rechercher systématiquement les produits les moins chers, en pensant que, de toute façon, "c'est toujours trop cher pour ce que c'est". Je suis étonné de constater que beaucoup de gens vont faire des kilomètres (donc dépenser) pour "gagner" quelques centimes sur l'achat d'un produit. Ils ne perçoivent probablement pas que, quand il s'agit d'acheter une voiture, ils ne sont plus à mille euros près. Ce paradoxe flagrant du comportement ne serait-il pas soigneusement masqué par un rabâchage constant des médias ? Peut-être avons-nous besoin de prendre du recul, de relativiser ? Lorsque j'achète un produit, en ai-je vraiment besoin ? Quelle est la part de choix personnel et celle suscitée par la publicité ? Face à ces propos, que certains consommateurs trouveront rabat-joie, il est juste aussi de dire qu'il y a une véritable joie à acheter le produit dont j'ai vraiment besoin, au moment où j'en ai besoin, auprès de quelqu'un qui a mis tout son savoir-faire et son cœur à le réaliser ou à le faire naître ou grandir.»

À LIRE

Au-delà du bio : la consom'action, Jean-Pierre Rimsky-Korsakoff, éd. Yves Michel. (dont est extrait le texte ci-dessus). Saluons ici le travail accompli depuis vingt ans par Yves Michel, à la tête des éditions du Souffle d'Or et, depuis quelques années, d'une seconde maison, qui porte son nom et publie des ouvrages remarquables, dont le fameux *Émergence des Créatifs Culturels*, de Paul Ray et Sherry Anderson : www.souffledor.fr

PULSION

Acheter, c'est si bon !

Samedi matin. Il fait un temps de chien. J'ai un bouton sur le nez, la cafetière vient d'expirer et il m'a laissé un message pour se décommander. Dehors, tout est gris. Un blues carabiné menace... Tout mais pas ça ! À demi zombie, poussée par une intuition forte, je m'engouffre dans un grand magasin où une douceur cotonneuse m'enveloppe. Je surfe entre les allées, monte et descends des escaliers aussi mécaniques que moi.
Rayon lingerie, électroménager, librairie, disquaire... Me voilà plongée dans le luxe et la volupté. Combien de temps s'est-il écoulé ? La ville est plongée dans l'obscurité quand je ressors...
J'ai les bras chargés de paquets : une paire d'escarpins rouges qui finiront dans un placard, parce que je n'ai jamais su marcher perchée sur des talons, un rouge à lèvres assorti, un livre de cuisine indienne. Bref, rien dont j'avais besoin. Mais ces achats inutiles ont été très utiles : j'ai retrouvé le moral !

COMPULSION

Êtes-vous une victime du SAC ?

Le syndrome d'achats compulsifs (SAC) est répandu. Il est décrit dans *Je dépense, donc je suis*, de Loly Clerc, éd. J'ai Lu.
Des «malades de l'argent» y témoignent de leur besoin de dépenser sans compter, que des psychologues décryptent. L'acte d'achat vécu comme une boulimie est aussi analysé dans *La fièvre des achats. Le syndrome des achats compulsifs*, de Michel Joyeux et Jean Adès, (éd. du Seuil).
Pour les victimes de la fièvre acheteuse, le site : www.debiteursanonymes.org propose son aide, sur la base de l'entraide entre bénévoles.
Pour en sourire, lisez *Confessions d'une accro du shopping* et *L'accro du shopping à Manhattan* de Sophie Kinsella, deux romans décrivant les tribulations d'une journaliste financière incapable de passer devant une vitrine sans pulvériser son compte en banque, (éd. Pocket)

MUTANT

Imaginer une décroissance vers l'harmonie

Agriculteur, écologiste, promoteur de l'idée de décroissance, Pierre Rabhi est le fondateur du réseau vert Terre & Humanisme. Il fut candidat présidentiel en 2001… «Je pense que le concept de modernité est une imposture : elle prétend améliorer la condition humaine, alors qu'elle la saccage. Pour moi, personnellement, la seule solution a été d'organiser autre chose ailleurs. Vous vous demandez comment réformer ce système de l'intérieur, sans tout casser ? Je vous réponds : ce système est déjà mort, nous pratiquons sur lui un acharnement thérapeutique. Les politiques s'escriment à croire que la croissance va tout arranger, c'est faux. Même les pays qui ont augmenté leur PIB ont vu la paupérisation augmenter dans les couches les moins favorisées.
Il faut mettre nos capacités au service d'une autre logique.
Si une entreprise est florissante et qu'elle construit aussi du sens, tant mieux ! Ce que nous condamnons dans la croissance, c'est la spoliation permanente d'une majorité au profit d'une minorité et la destruction de la biosphère.
On nous rétorque : "Vous voulez retourner à l'âge de pierre !" Les plus critiques sont du tiers-monde : "Vous nous demandez d'arrêter la machine, de ne pas en profiter nous aussi !" Les 1,2 milliard de Chinois ne sont pas du tout dans un schéma de décroissance. Notre lutte peut donc sembler vaine.
Mais l'Europe peut devenir le foyer d'une autre logique, intégrant la protection de la planète ! C'est possible, car raisonnable. L'un des éléments de base est de relocaliser l'économie. Il est scandaleux d'aller chercher des produits à des milliers de kilomètres, quand ils sont disponibles à cent mètres. Cela prendra du temps de comprendre que l'acte d'acheter comporte bien plus que de l'économique. Si on n'intègre pas la beauté, le sens, l'humain… on est fichu.»

À LIRE
Du Sahara aux Cévennes, Pierre Rabhi, éd. Albin Michel

Le commerce équitable devient à la mode : tant mieux… mais attention aux faux !

Pourquoi juste consommer quand on peut consommer juste ? Grâce au commerce (vraiment) équitable, les producteurs des pays en développement vendent leurs produits à leur juste prix. Il s'agit cependant d'être vigilant. Certains renards en profitent.

Ils n'étaient que 9 % en 2000. Aujourd'hui, 56 % des Français connaissent le commerce équitable. Consommer café, cacao, sucre, riz, vêtements, artisanat, cosmétiques… produits par des organisations de petits producteurs des pays du Sud permet à ces derniers d'être rémunérés à un juste prix, de travailler dans des conditions décentes, de respecter leur environnement naturel, social et culturel, mais aussi d'avoir des relations durables avec leurs partenaires économiques.
Cette nouvelle tendance a été longue à devenir réalité en dehors des marges. Elle commence à toucher la grande distribution (de Monoprix à Carrefour, en passant par Leclerc), et l'on ne peut que s'en réjouir… à condition bien sûr, que la règle du jeu soit respectée et que le commerce soit vraiment équitable. Les partisans du commerce transparent dénoncent aujourd'hui l'utilisation abusive de ce terme. Certains géants font signer des chartes au détriment des producteurs et des clients qui font confiance aux labels. Aux consom'acteurs de se mobiliser, de s'informer et de faire entendre leur voix. Non, la consommation béate, faisant aveuglément confiance à la grande surface la plus proche, n'est plus possible si l'on veut être un(e) citoyen(ne) planétaire responsable.
À l'inverse, ce n'est pas une raison pour ne pas saluer les initiatives éthiques et écologiques, d'où qu'elles viennent. Que chacun cherche à y trouver son intérêt, il faudrait être politiquement naïf pour s'en offusquer.

CONTACTS
Voir p. 166.

QUAND LE BIO S'ALLIE À L'ÉQUITABLE : FRINGUES ET COSMÉTIQUES D'AVENIR !

Après la nourriture bio, voici les vêtements naturels, taillés dans du lin ou du coton bio. Et voilà les cosmétiques à base de produits achetés (équitablement) aux Indiens d'Amazonie et qu'on ne teste pas en torturant des milliers d'animaux.

Finis les bonnets péruviens, les pulls informes en laine rêche ou les T-shirts aux couleurs végétales qui déteignent. On mélange les coupes modernes avec des textiles et teintures de première qualité. Cela peut être aussi le retour de la laine bouillie… dans la plus pure tradition autrichienne ! Arrivent déjà sur le marché des baskets Veja, première marque de chaussures bio (coton et caoutchouc naturels du Brésil), issues du commerce équitable : «C'est fantastique de voir le trajet parcouru, de l'Amazonie profonde avec ses petits paysans, à la boutique parisienne avec ses esthètes», dit son créateur, François Ghislain, qui veut en lancer une série limitée : «Favela Chic».

Un pas plus loin, on explore déjà les nouvelles fibres : l'Ingeo – «ingrédient de la terre» – est la nouvelle fibre développée par le groupe US Cargill Dow LLC, à partir de déchets agricoles (sucre végétal tiré de l'amidon de maïs). Un procédé écologique qui permet d'obtenir des tissus d'une grande douceur, mais aussi extrêmement résistants. Et de surcroît recyclables et même compostables. Stylistes japonais et italiens sont déjà convaincus.

BODY SHOP : COSMÉTIQUES SANS CRUAUTÉ :
Vous êtes sans doute l'un(e) des 90 millions client(e)s de ce réseau pas comme les autres , qui a assis son succès sur la vente de produits naturels, et sur son engagement citoyen. C'est surtout son combat contre les tests sur les animaux qui a rendu Body Shop célèbre outre-Manche : premier fabricant cosmétique international à distribuer ses produits sous la mention «Non testé sur les animaux», l'entreprise dirigée par la célèbre Anita Roddick a influencé la loi britannique interdisant ces tests. Sa campagne «Self Esteem» a aussi dénoncé les stéréotypes de la beauté imposés par l'industrie. Du shampoing à la banane en passant par la crème de menthe poivrée pour les pieds, la lotion corporelle au musc blanc, ou encore la crème pour les mains au beurre de cacao, les 600 produits de cette enseigne marient bien-être, nature et petits prix. Mais Body Shop va plus loin en menant une véritable politique environnementale : réduction des emballages, récupération et recyclage des récipients, utilisation d'énergies renouvelables… Elle a enfin été l'une des premières à publier un bilan éthique, économique et social de ses activités. Qui dit mieux ?

PRODUITS DE BEAUTÉ AMAZONIENS :
Plus question d'ignorer les conservateurs chimiques glissés dans les produits de beauté : après le Paraben, conservateur soupçonné cancérigène pour la peau, la consommatrice traque gélatines, acétones, oxydes d'aluminium et huiles de synthèse qui dénaturent ses crèmes et onguents. Ce qu'elle veut, c'est du vrai naturel, et pas à un pourcentage infime (comme dans les produits Yves Rocher), de vrais cosmétiques bio. À la suite de Body Shop, Occitane (miel, huile d'olive) et Caudalie (pépins de raisins) ont donc ouvert la voie. Natura, société brésilienne qui travaille en partenariat équitable avec les Indiens d'Amazonie, a ouvert sa première boutique à Paris. Dans des emballages tout simples et recyclables, on a enfin de vrais produits à base de maracuja, guarana, mate verde, noix du Brésil… tous les produits onctueux, colorés et odoriférants de la forêt tropicale. Et leur boutique, comme leurs produits, explose de couleurs chaudes.

Dans cette même veine, Les Cinq Mondes proposent dans une oasis de paix, à deux pas de l'Opéra de Paris, des massages collectés dans le monde entier, assortis de leurs rituels et des huiles d'origine. Et le prix du vrai n'est pas plus cher que le factice. Qu'on se le dise !

CONTACTS
Voir p. 166.

CHIC'ISSIME

Le concept comme à la maison

Lancé dans les années 80, le shopping en décor d'appartement est du dernier cri : on choisit ainsi un vêtement face à un feu de cheminée, tout en prenant le temps de déguster un thé vert. Voilà qui procure un supplément d'âme ! Plus standing, les maisons de luxe, comme Cartier et Baccarat, recoivent dans des hôtels particuliers relookés «intérieur parisien chic'issime». Ici, on n'est pas reçu comme tout le monde, donc on n'est pas tout le monde… Les espaces de travail «cocon» plus récents sont apparus en Finlande dans les années 90. Les entreprises françaises commencent à adopter la mode «home sweet home» : potager, éclairages tamisés, rideaux de coton comme chez soi… Pionnières du genre, les éditions Autrement, installées dans une maison de 600 m² à Paris IIe, reçoivent leurs auteurs dans un espace cosy du type «je vous reçois dans ma bibliothèque privée».

CONTACTS
Voir p.166

ÂGE D'OR

Les produits «mémoire»

Inspirés par la chaîne allemande Manufactum (une sorte de Manufrance nostalgique cultivée), les designers français revisitent les objets des années 30, puis 40-50 et s'éprennent des couleurs flashy des années 60-70, tendance hippie chic. Ainsi, dans la cuisine, rien de mieux que d'avoir un presse-purée 1930, un solide toasteur fifty, une râpe ou un moulin à légumes encore plus anciens. La chaîne Résonances en a fait le concept de ses magasins : de l'art d'être moderne en jouant à vivre simplement et sainement, comme grand-mère (moulin à café à manivelle ou machine à coudre à pédale) ou grand-père (burette à huile ou canif). Les produits d'autrefois sont une valeur sûre.

CONTACTS
Voir p.166

ACHETEZ RADIN : LA TENDANCE «IN» DES NOUVEAUX CONSOMMATEURS

Où passe le fric ? On en a marre, on n'en peut plus. Après la folie dépensière des années 80, aujourd'hui, un peu partout, la tendance est clairement au refus des excès de la société de consommation et au désir de jouissance tranquille.
Et si nous apprenions à dépenser moins, pour finalement vivre mieux ?
Voici quelques gentilles combinazzione.

Laissez-vous guider

Le livre de Jacques Dutertre, *Vivez plus riche, Vive les radins !* (éd. Bonneton), est rempli d'idées pour appliquer ce nouvel art de vivre : bien emprunter, se meubler et voyager pas cher, diminuer les factures d'eau, d'électricité ou de téléphone, investir, s'assurer malin, etc. Consultez aussi *Comment s'enrichir ?* (éd. CV ; il est épuisé, mais on le trouve d'occasion, par exemple sur **alapage.com**). Suivez aussi dans *Appauvrissez-vous !* les conseils paradoxaux de François de Witt, l'économiste boursicoteur malin de France Info, éd. Bourin.

Sur le trottoir, carrément

Tous les deux mois, à Paris, aux abords du pont Marie, viennent s'entasser livres, jouets, bibelots divers dont les propriétaires ne savent que faire. Deux conditions :
1. Qu'ils puissent être transportés sans encombre par des personnes circulant à pied ; **2.** Qu'ils soient donnés.
Pourquoi ne pas s'inspirer d'une initiative qui ne demande qu'à être copiée partout ailleurs en France ?
http://granddon.free.fr

Partageons nos voitures

Le covoiturage, n'est-ce pas là une formidable idée pour vous déplacer convivial et pas cher ? Partagez donc votre voiture, ou trouvez un véhicule desservant votre destination, contre une modique participation (ordre de grandeur : 30 euros pour un Paris-Montpellier). Sur Internet, plusieurs sites connectent l'offre et la demande, par exemple :
www.stopauto.net
www.ecotrajet.com
www.covoiturage.com

Invités à la télé ?

Envie d'aller gratos au spectacle et de découvrir en prime les coulisses du petit écran ? Contactez les sociétés chargées d'organiser la venue du public dans les studios.

- Clap Productions (La méthode Cauet, 20 h 10 Pétantes…) : tél : 01 49 39 39 39 – **www.claponline.com**
- Accès Public (Tout le monde en parle, Qui veut gagner des millions…) : tél : 01 40 01 97 97 – **www.acces-public.com**
- Cassandra (Les Guignols de l'Info, La Nouvelle Star…) : tél : 01 42 28 96 41 – **www.emissions-tv.com**
- Fans de jeux, cliquez sur **www.parisenjeux.com** (Le maillon faible, Questions pour un champion…)

Échangeons nos maisons

Très en vogue outre-Atlantique, le système se répand en France. Une bonne idée qui permet de soustraire la partie «hébergement» de votre budget vacances en échangeant avec quelqu'un qui passe les siennes chez vous. Les sites spécialisés sont nombreux : **switchome.org**, très complet, propose des petites annonces et de très bons dossiers pratiques.
intervac.com
homelink.com
trocmaison.com
homeexchange.com,
echangedevacances.com
ou **prof2000.com** (réservé aux profs).

E-pas cher et même E-gratuit !

Les sites «bonnes affaires» existent sur la toile :

• Un site qui recense 1 656 sites pour surfer malin et économe. Classés par genre (culture, famille, musique, vie pratique...), les bonnes occasions sont aussi accessibles grâce à un moteur par mot-clé : **Mylinea.com/bonsplans**

• Le portail francophone du gratuit a été créé par un Écossais. C'est dire si les combines de ce site écartent toute idée de gaspillage ! Logiciels de jeux, eaux de toilette ou cartouches d'encre, ici tout est gratos : **radins.com**

• Couches pour bébé ou nouvelle crème de jour, quoi de mieux qu'un échantillon pour évaluer leur qualité ?
www.pasuneuro.com

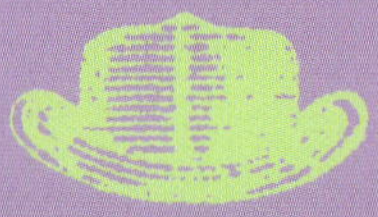

Jardinez self-service

Vous connaissez le principe : on vient faire la récolte soi-même dans les champs, les potagers ou les vergers, et on paie au kilo à la sortie, à des prix imbattables. Framboises, carottes, salades, toutes sortes de fruits et de légumes, mais aussi de fleurs. Saison habituelle : d'avril à novembre. Pour savoir s'il y a une ferme de ce genre près de chez vous, allez voir sur :
www.chapeaudepaille.fr

Troquons-là !

À ne pas confondre avec les systèmes d'échanges locaux et leurs «grains de SEL» (cf. Coopérer, page 294), le troc n'utilise aucune monnaie, pour échanger voitures, livres, objets de puériculture, cours de japonais, tableaux de maîtres ou ustensiles de cuisine. Essayez sur **http://wyseur.com**
ou sur **france-troc.com** et **trokers.net**,
qui n'ont pas la puissance mondiale de **www.ebay.com**
(le e-brocanteur le plus riche du monde !),
mais qui fonctionnent très bien quand même.

Mangez à l'école des chefs

Menus inventifs, nappe blanche et service stylé... Mais pourquoi diable ne pas aller se pourlécher dans un restaurant gastronomique pour moins de 25 euros, dans les restaurants d'application des écoles hôtelières, où les grands chefs de demain nous régalent, avec, en plus, une motivation, une concentration et une conscience professionnelle qui vous mettent les larmes aux yeux ? !
Liste des écoles par région sur :
www.certiferme.com
et **www.lhotellerie.fr**

Musiques en ligne légales

En quelques dizaines de secondes par titre, gravez – en toute légalité, n'est-ce pas ? – vos mélodies préférées et concoctez des CD sur mesure et à moindre coût. À partir de 0,99 euro le morceau, et 9,99 euros l'album, les disquaires en ligne mettent à votre disposition des catalogues bien fournis.
Sur **fnacmusic.com**
virginmega.fr ou
apple.com/fr/itunes

Devenez parents pilotes

Si vous avez des enfants entre 0 et 12 ans, intégrez le Club des «Parents pilotes» de la Fnac Éveil et Jeux : pendant deux semaines, vous testez en famille de nouveaux jeux ou jouets avant leur diffusion grand public. En contrepartie, vous donnez votre avis (solidité, intérêt, qualité des produits...) Pour être recruté, consultez régulièrement le site :
www.fnaceveiletjeux.com

TRAINING

Cinq conseils pour décongestionner

Pollutions, épuisement des ressources naturelles, biodiversité menacée. La raison nous dicte de crier stop à la consommation folle qui conduit au pillage et à la dégradation de la planète… et ne rend pas plus heureux. Quelques conseils pour se préparer à la décroissance.

1. La voiture au garage :
Réservée à 20 % de la population mondiale, la voiture conduit au suicide écologique par épuisement des ressources naturelles et par ses pollutions multiples. Elle provoques des guerres pour le pétrole et un mort toutes les heures en France.

2. L'avion à doses homéopathiques :
L'avion est le mode de transport le plus polluant par personne transportée. Pourtant, moins de 10 % de la population mondiale l'ont déjà pris et, moins de 1 %, les riches des pays riches, l'empruntent régulièrement (une fois par an ou plus).

3. Boycotter la grande distribution :
La grande distribution déshumanise le travail, défigure les pourtours des villes, tue les centres-villes et favorise l'agriculture intensive.

4. Consommer local :
Quand on achète une banane antillaise, on consomme aussi le pétrole nécessaire à son acheminement vers les pays riches. Produire et consommer local est une des conditions majeures pour que chaque peuple retrouve sa capacité d'autosuffisance.

5. S'épanouir autrement :
La décroissance économique a pour condition un épanouissement social et humain. Il est temps de s'enrichir en développant sa vie intérieure, en privilégiant la qualité de la relation à soi et aux autres au détriment de la volonté de posséder toujours plus d' objets, qui finissent toujours par nous posséder.

> ***“Ne rien convoiter, c'est épargner ; ne rien acheter, c'est s'enrichir.”***
>
> **CICÉRON**

Consumérisme citoyen ou citoyenneté consommable ?

Un seul, parmi les vingt-quatre verbes conjugués tout au long de ce* Livre de l'Essentiel*, pourrait – à sa manière, mais sans forcer – contenir tous les autres : c'est le verbe Consommer. Notre côté grincheux y verra une terrible raison de se lamenter. Le citoyen en nous réussira peut-être à s'en féliciter.

Faites l'essai en reprenant les chapitres successifs de l'almanach des ressources que vous tenez entre les mains : S'éveiller (= articles de toilette, mobiliers de salle de bains, thé, café, céréales…), S'habiller (= nos multiples garde-robes…), Se déplacer (= en chaussures, à vélo, en voiture, en train, en rollers…), Jouer (= si vous comptez le faire sans passer par un magasin, parlez-en un peu à vos enfants), Communiquer (= par téléphone, fixe ou portable, par radio, par télé, par internet)… et ainsi de suite. Pas un seul moment de notre existence n'échappe à la possibilité de consommer, c'est-à-dire d'acheter, sur tel ou tel marché, des biens ou des services destinés à satisfaire nos myriades de besoins d'humains modernes. Dans le monde où nous vivons, même le verbe Méditer s'accompagne d'une (pressante) possibilité consumériste : livres de spiritualité, manuels de méditation, ateliers et stages d'apprentissage, matériel d'accompagnement, vêtements spécifiques, musiques d'ambiance, voyages de pèlerinages, etc. On peut voir ça sous un jour atroce. La chosification de notre univers avance à grands pas. Nous sommes déjà réifiés, momifiés, foutus. «Le monde n'est pas une marchandise !» s'écrie en nous un innocent sauvage, qui s'insurge vainement contre le fait qu'il faut désormais payer pour boire et que cela s'étend déjà au verbe respirer pour certains (malades des bronches) et peut-être pour nous tous d'ici peu de temps. On peut toujours tenter de s'abstenir de tout… la bataille est perdue d'avance. C'est sûr : le désespoir nous guette au bout de cette façon de voir.

Il existe heureusement une autre approche des choses, plus active et stimulante : celle de tous les «Contacts» qui concluent la plupart de nos articles, en vous invitant à l'action. Cette invitation correspond à la résistance, parfois héroïque, des unions de consommateurs, dont l'Américain Ralph Nader est l'une des figures. Prenez le magazine ou le site de l'association Que choisir ? Les thèmes de base couvrent, eux aussi, quasiment tous les moments de la vie : alimentation/agriculture, automobile, commerce/distribution, environnement/énergie, équipement de la maison, logement/immobilier, finance/assurance, télécommunication, image/son/informatique, justice/droit, loisirs, santé/hygiène, vie sociale, transport/tourisme. Mais l'invitation est, à l'évidence, que chacun prenne tous ces secteurs de sa vie en main, pour devenir «consom'acteur» (cf. page 153). On compare les coûts et les qualités, pour faire de bonnes affaires, mais on s'associe aussi, dans des réseaux militants, du niveau local à l'échelle nationale (et demain, espérons-le, européenne), pour faire pression sur les entreprises et les pouvoirs publics, afin d'obtenir des résultats que la politique officielle n'atteint pas toujours, de l'assainissement des rivières polluées pour pouvoir s'y baigner au contrôle des labels bio pour pouvoir manger sain. Autrement dit, c'est une façon contemporaine d'être citoyen. En tout bien, tout honneur.

Nos descendants consommeront du recyclé !

C'est inévitable : l'humanité saura recycler ou disparaîtra. Saurons-nous être aussi intelligents que nos ancêtres les bactéries ? ***(voir aussi Recycler, page 343).*** ***Nos descendants deviendront forcément des champions de la récup'. Deux exemples pionniers.***

Contre toute attente, l'économie de «l'immatériel» est l'une des plus polluantes. Il faut 290 kilos d'énergie fossile, 22 kilos de produits chimiques et 1 500 litres d'eau pour produire un ordinateur moyen, soit dix fois son poids en pétrole (deux seulement pour une voiture). En fin de course, tous les produits électroniques posent des problèmes graves. Comme l'écrit *La Revue Durable*, excellent bimestriel suisse : «Des images de femmes indiennes surveillant un bouillon de composants électroniques toxiques et de bambins chinois assis sur un amas d'ordinateurs en décomposition ont frappé le monde en 2002. Interdites par la Convention de Bâle, les exportations de déchets informatiques et électroniques prolifèrent pourtant, en particulier depuis les États-Unis, premier producteur, qui n'a pas signé la convention.» Mais cette Convention ne règle pas tout. L'Inde et surtout la Chine sont les poubelles high-tech de la planète. Bientôt, elles crouleront sous leurs propres e-déchets. Depuis 1995, la Chine a enregistré la plus forte croissance du nombre d'ordinateurs par habitant (+1000 %), suivie par l'Inde (+ 600 %), quand la moyenne mondiale «plafonnait» (+180 %).

La solution suisse :
Depuis 1994, ce pays jouit d'une expérience unique au monde. L'utilisateur rapporte son ordinateur chez n'importe quel marchand et l'appareil est repris. Une taxe, incluse dans le prix d'achat, rémunère les travaux de collecte, de transport et de recyclage. La vente des produits récupérés – cuivre, or… – finance le quart des coûts. Cela s'appelle eWaste et dépasse déjà la Suisse. Facilitant les contacts entre industries, ONG et États, l'organisation propose des solutions adaptées. En Inde, elle a fait engager dix mille personnes rien qu'à Delhi. Mais la récupération du cuivre et des métaux lourds est ultra-toxique, d'où le projet de travailler dans des fonderies sécurisées. En Chine, le démantèlement initial a lieu à Pékin et les étapes polluantes en province. Celle de Zhejiang, conseillée par eWaste, veut se doter du modèle suisse de recyclage automatisé, et attirer un nouveau type d'industrie lourde.

Patagonia : beau et écolo :
Des vestes polaires douces et colorées, des pulls moelleux, des pantalons impeccablement coupés, des accessoires de qualité… Depuis sa création dans les années 1970, l'entreprise californienne Patagonia, spécialisée dans les vêtements de sport de pleine nature, fait rimer chic et écolo. Même si les prix sont de 10 % plus chers en moyenne, les produits sont d'une telle qualité qu'on ne regrette pas. D'autant que la cause est juste : la marque est à l'origine de la fabrication de vêtements à partir de bouteilles en plastique recyclées, utilise du coton biologique, de l'énergie éolienne et solaire, des colorants naturels, des packaging recyclés et réduits au strict minimum, achemine ses produits par le rail, soutient les ONG environnementales… Nature, indépendance d'esprit, succès financier : les trois valeurs mythiques américaines enfin réunies.

CONTACT
www.patagonia.com

SUBLIMONS

Le marché de l'art se démocratise

Vous pensez que le marché de l'art est réservé à quelques «argentés» et qu'une toile ou un tirage sont hors de portée de votre bourse ? Avez-vous déjà songé à pousser la porte d'un artiste plasticien et à entrer dans le secret de son atelier ? Depuis quelques années, les portes ouvertes des ateliers d'artistes sont une nouvelle façon d'aborder l'art tout en se promenant à la fois dans un quartier et dans les différentes mouvances de l'art contemporain. Ils sont peintres, sculpteurs, photographes, performeurs, vidéastes, stylistes, mosaïstes et désirent inscrire l'art dans le paysage urbain. Ils profitent de ces quelques jours annuels pour partager nos émotions et vendre leurs œuvres au grand public.
La vente, en direct, permet de s'offrir un coup de cœur en évitant la commission des galeristes.
Ainsi, à Paris en mai, les Journées portes ouvertes de Belleville, qui regroupent deux cents artistes dans un périmètre historique de quatre arrondissements (X^e^, XIe, XIXe, XXe), sont parmi les plus célèbres rendez-vous. Elles attirent chaque année trente mille visiteurs en l'espace de quatre jours. Musiciens, conteurs, danseurs et comédiens interviennent dans les rues pendant les Journées portes ouvertes. Tout au long de l'année, ce sont successivement les quartiers de Ménilmontant, des Abbesses, de Montreuil, de Bastille, les Frigos du XIIIe ou encore de Montparnasse, qui ouvrent leurs portes. Les régions ne sont pas en reste : Lille, Strasbourg, Aix,…
Une alternative conviviale et originale pour les amateurs d'art et un rassemblement festif pour les yeux…

CONTACTS

- Comment et où acheter de l'art contemporain ? Trucs, conseils, savoir-faire sur : www.almanart.com/pratique_acheter.htm#galeries
- Incontournable : www.ateliers-artistes-belleville.org

PRAGMATIQUE

Trois réussites de consommation durable

ÉLECTROMÉNAGER EN LEASING : En Angleterre, Allemagne, Suède et Autriche, le système Funserve propose la vente par leasing (livraison, installation, consulting, réparations et retrait inclus) de lave-linge, lave-vaisselle, réfrigérateurs et cuisinières à haut rendement. Si cela s'étendait simplement à 10 % du marché, cela économiserait 50 millions de m^3 d'eau et 26 000 tonnes de détergents en Europe. Et 3 millions de tonnes de CO_2 en moins dans l'atmosphère.

RATIONALISATION DU MÉNAGE : Lancée en Angleterre et poursuivie aux États-Unis, une campagne ad hoc a visé à mesurer l'impact environnemental de la vie d'un foyer. Particulièrement fructueuse aux États-Unis, elle a permis d'économiser près de 20 % de l'énergie dépensée par les foyers concernés, 20 % du carburant pour se transporter et plus encore de l'eau. Les déchets aussi ont diminué. Résultat : 400 dollars d'économie par an.

LOGEMENT SANS VOITURE : Le complexe de Vienne-Floridsdorf, en Autriche, comprend 244 appartements dotés de simples garages à vélos. Les déplacements des résidents se font par transports publics (58 %), à pied ou à vélo (37 %), en voiture (5 %). L'argent récupéré sur les parkings est investi dans des salles communes, terrains de jeux… et une salle de stockage pour la nourriture bio. Enfin, l'eau est chauffée par énergie solaire.

“Même si votre geste vous paraît minuscule, dérisoire, faites-le !”

THÉODORE MONOD

LE THÉÂTRE LE PLUS PATHOLOGIQUE DE LA SURCONSOMMATION : L'OBÉSITÉ

Le trop-plein a fini par affecter nos fibres profondes. Selon l'OMS, plus d'un milliard d'humains adultes sont actuellement en surpoids, dont plus de trois cents millions obèses. Quelle maladie notre âme a-t-elle attrapée pour que nous nous laissions martyriser de la sorte ?

Bien que les pays riches soient les plus affectés (en Allemagne et aux États-Unis 50 % de la population est en surpoids), le pourcentage d'obèses augmente à grands pas en Asie, notamment avec l'arrivée de la viande et des produits gras et sucrés. 5 % de la population chinoise serait obèse (20 % dans les grandes villes!). Le surpoids augmente la probabilité des maladies cardiovasculaires, du diabète, des cancers... Son traitement représente de 2 à 6 % des dépenses de santé des pays développés ; les pays du Sud ne peuvent dépenser autant. La seule solution durable repose donc sur l'éducation. Mais celle-ci est sabotée par la publicité, qui s'attaque aux enfants dès le plus jeune âge.

L'obésité des enfants et la publicité :

Depuis une décennie, la publicité agroalimentaire cible de plus en plus jeune, jouant sur deux supports privilégiés : la télé et l'école. Face à l'explosion d'obésité, un débat terrible a éclaté. Les aliments les plus vantés auprès des enfants – fast-food, boissons gazeuses, céréales sucrées, snacks salés, pâtisseries et confiseries – débordent de graisses saturées, sucres, sel, édulcorants, et sont nutritivement pauvres. Devant ces actes objectivement criminels, l'OMS tente de s'attaquer à la publicité visant les enfants. Une étude a évalué, en 2004, les réglementations de soixante-treize pays – dont 60 % (surtout européens) encadrent légalement cette publicité. Les clauses stipulent que celle-ci ne doit pas : **1.** exploiter la crédulité des enfants (!) ; **2.** nuire à leur santé physique, mentale ou morale (!) ; **3.** faire qu'ils se sentent inférieurs en ne possédant pas le produit annoncé (!) ; **4.** pousser les enfants à harceler les parents pour qu'ils l'achètent (!). En France – où 20 % des pubs montrent des enfants sédentaires et se suralimentant –, deux amendements interdisent, depuis 2004, la vente de certains aliments et boissons par distributeurs. Face à l'ampleur du problème, la Suède, la Norvège et le Québec ont carrément interdit toute publicité télé ciblant les enfants – ce qui maintient ces derniers tout de même exposés aux chaînes internationales. Mais une étude a prouvé que la consommation de céréales sucrées des enfants francophones de Montréal était bien inférieure à celle des anglophones.

Comment interdire l'école à la pub ?

Depuis les années 90, le marketing à l'école explose aux USA, et l'Europe suit. Les entreprises agroalimentaires ne mollissent pas, via le sponsoring du matériel scolaire et la vente de produits par distributeurs. Là aussi, le Québec est à l'avant-garde : Campbell et Kellogg's Canada ont dû cesser de fournir les écoles en matériel éducatif «en échange de la collecte de couvercles à leurs marques». Aux États-Unis, la bataille a surtout porté sur la régulation de la vente des snacks et boissons gazeuses à l'école. Mené par des hommes comme Derek Yach, leader anti-tabac à l'OMS, devenu champion de la protection des enfants, des avocats «anti-obésité» ont réussi à imposer «des aliments à valeur nutritionnelle minimale» (AVNM), vendus à côté des cafétérias des écoles, et ceci dans 40 % des écoles primaires et 80 % des écoles secondaires. Mais les colossaux enjeux économiques rendent fou le capital. Rejoignons en masse les protecteurs de l'enfance, face aux trop puissants lobbies agroalimentaires !

À LIRE

Les empereurs du Fast Food, Eric Schlosser, éd. Autrement.

À VOIR

Supersize me, de Morgan Spurlock : ce documentaire montre héroïquement à quelle vitesse s'empoisonne un humain nourri exclusivement de McDo.

Avez-vous une idée de votre propre empreinte écologique ?

Si le monde était égalitaire, chacun des six milliards d'humains vivant actuellement aurait droit à 1,9 ha de surface vivante, pour satisfaire ses besoins sans attaquer la biosphère. La moyenne mondiale est aujourd'hui de 2,3 ha : nous sommes donc gravement à découvert ! Mais certains beaucoup plus que d'autres : l'Européen moyen dévore

QU'EST-CE QU'UNE EMPREINTE ÉCOLOGIQUE ?
C'est un modèle mathématique qui permet d'intégrer toute la matière/énergie entrant dans un pays, ou une ville, ou une maison, ou une personne (air, eau, métaux, bois, étoffe, aliments, pétrole, électricité,...) et toute la matière/énergie qui en sort (déchets, excréments, gaz, chaleur...), puis de calculer combien d'hectares de biosphère par an sont nécessaires pour produire ces ressources et absorber ces déchets. Les calculs pour les années 2000 sont brutaux. L'empreinte écologique la plus forte du monde est celle des États-Unis – dont le citoyen moyen a besoin de 12 hectares pour vivre. L'empreinte la plus faible est celle de l'Afghanistan – dont le citoyen moyen n'utilise que 0,4 hectare (soit trente fois moins). L'une des lectures les plus surprenantes du nouveau mythe moderne du Boeing percutant les Twin Towers est d'observer les empreintes respectives de l'expéditeur et du destinataire – en l'occurrence, à l'époque de l'attentat et au cours de la guerre qui a suivi, les empreintes écologiques de New York et de Kaboul. La première est la plus forte du monde. La seconde la plus faible. Dans une vision poétique nihiliste, le plus pauvre n'a strictement pas les moyens de s'offrir un Boeing – il le renvoie brutalement à son fabricant.

Évidemment, la réalité est plus complexe. D'abord, nous avons un peu triché : il y a un pays (un seul) encore plus pauvre que l'Afghanistan. C'est l'Érythrée, dont l'habitant moyen a une empreinte de 0,25 ha. Et puis, à l'autre bout, deux pays ont des empreintes par habitant plus fortes que les États-Unis : Singapour et les Émirats arabes unis. Avec 16 ha, ces derniers battent tous les records mondiaux – une pression écologique quarante fois plus forte que celle de l'Afghan moyen. Autrement dit, les cousins de Ben Laden sont les humains les plus gourmands et les plus polluants ! Mais trêve de paradoxe : Singapour et les émirats sont microscopiques et artificiels. La nation qui, en valeur absolue, pose l'empreinte la plus profonde dans la biosphère, c'est bel et bien l'Amérique. Et nous ?

CALCULEZ VOTRE EMPREINTE PERSONNELLE :
Connaissez-vous votre propre empreinte écologique ? Deux réponses possibles : nationale ou personnelle. Le Français moyen a une empreinte de 7,2 ha (une fois et demie moins que l'Américain et huit fois plus que l'Afghan). Nous sommes, mine de rien, parmi les plus goulus des Européens – la moyenne de l'Union n'est que de 6 ha. Mais la vraie question est plutôt : qu'allons-nous faire pour alléger la pression démente que nous exercons sur notre pauvre biosphère menacée de mort rapide ? Ci-contre à droite, quelques suggestions suggérées par le WWF. Et si vous désirez vous lancer dans le calcul précis de votre empreinte personnelle, plusieurs sites web proposent leurs services...

CONTACTS
- Pour calculer votre empreinte personnelle : www.agir21.org
- Pour calculer l'empreinte de votre ville : www.ec.gc.ca/soerree/Francais/1996report/Doc/1-5-2-6-3-3-1.cfm
- http://tecfasun1.unige.ch/~lombardf/IFMES/barrosduchosfaravemolino/annexe1/empreinteannexe1.html
- pour calculer les empreintes en général : www.ecouncil.ac.cr/rio/focus/report/english/footprint/

COUP DE FREIN

Quelques gestes

Au WWF-France, l'équipe animée par Thierry Thouvenot (qui a dirigé la rédaction de *Planète Attitudes*, éd. du Seuil) a sensibilisé le public français à l'impact d'un certain nombre de gestes simples de la vie quotidienne pour réduire l'empreinte écologique d'un individu. Voici quelques exemples d'économie possible :

- Je remplace 5 ampoules classiques par des ampoules fluo-compactes à économie d'énergie et je réduis mon empreinte écologique de 100 m^2 par an.
- Dans mes achats de nourriture, j'augmente de 50 % la part de ce qui est produit localement et je réduis mon empreinte de 300 m^2 par an.
- Chaque année, je remplace 5 heures de voyage en avion par le même trajet en train ou en car et je réduis mon empreinte écologique de 1000 m^2 par an.
- Chaque jour, je passe 3 minutes de moins sous la douche et je réduis mon empreinte écologique de 400 m^2 par an.
- Je conduis 25 km de moins en voiture par semaine et je réduis mon empreinte de 500 m^2 par an.
- Une fois par semaine, je remplace la viande que je mange habituellement au dîner par un substitut végétarien (steak de soja par exemple) et je réduis mon empreinte de 1 000 m^2 par an.
- 4 fois par mois, je fais sécher mon linge sur une corde au lieu d'utiliser un sèche-linge électrique et je réduis mon empreinte de 100 m^2 par an.
- J'augmente de 50 % la proportion de nourriture que je consomme qui n'est ni emballée ni traitée industriellement et je réduis mon empreinte de 500 m^2 par an.

Source :
www.redefiningprogress.org

COHÉRENCE

Atmosphère, atmosfair…

Près de 4 % des gaz à effet de serre émis par les activités humaines, voilà ce que représente aujourd'hui le transport aérien ! Et, selon l'ONU, cette proportion pourrait atteindre 13 % d'ici à cinquante ans. Alors que pour stabiliser l'effet de serre chaque être humain ne devrait pas émettre plus de 500 kg de CO_2 par an, un passager qui se rend en avion à New York en rejette 700 kg en quelques heures…
Que faire ? Le voyageur soucieux de la santé de la planète peut décider de limiter ses déplacements aériens et préférer le train, le cargo ou la marche à pied. Il peut aussi contribuer à la lutte contre le réchauffement climatique d'un simple clic sur le site internet d'Atmosfair (en allemand), une initiative de l'ONG Germanwatch et du ministère de l'Environnement allemand. Le principe ? Le passager déclare ainsi vouloir payer une taxe supplémentaire (calculée sur le prix du vol), qui servira à financer des projets écologiques dans des pays en voie de développement, tels que l'installation de fours solaires pour les grandes cuisines en Inde ou la production d'électricité à partir des déchets au Brésil.
Mais cette initiative ne freinera pas pour autant l'explosion du trafic aérien depuis l'arrivée sur le marché des compagnies low cost. Alors à quand une taxe forte sur le kérosène ? Sans doute pas pour demain, car l'Organisation de l'aviation civile internationale (OACI), sous la pression des États-Unis – soutenus par le Brésil, la Chine et la Russie – et contre l'avis des Européens, rejette toute idée de taxe à l'échelle internationale.

À LIRE

- *Le tour du monde en cargo*, Hugo Verlomme, éd. J.-C. Lattès
- *Planète Attitudes*, Thierry Thouvenot, éd. du Seuil

CONTACTS

www.atmosfair.de
www.germanwatch.de

VOYAGEZ-VOUS ÉCOLOGIQUE ?

De nos jours, prendre un billet d'avion pour se retrouver de l'autre côté de la planète est un jeu d'enfant. Mais voyager comment ? Et pour quoi faire ? Se dorer sur une plage à l'endroit à l'envers ? Photographier tous les monuments de la planète à travers les vitres d'un car de touristes ? Depuis les premiers congés payés, l'art de voyager n'a cessé d'évoluer. Aujourd'hui, le tourisme de masse a atteint ses limites et un tourisme «durable» est devenu la condition* sine qua non *de la préservation des écosystèmes et du respect des populations locales.

Avec une croissance annuelle de l'ordre de 4 %, le tourisme est la première industrie mondiale et génère 10 % du PNB mondial. Plus de 700 millions de touristes sillonnent chaque année les continents. À l'horizon 2020, ils seront un milliard et demi selon les prévisions de l'Office mondial du tourisme (OMT). À qui profite cette manne ? Principalement aux grands opérateurs internationaux qui, comme les touristes, sont implantés dans les pays du Nord. Il s'agit donc d'un tourisme qui enrichit… les riches.
Les pressions que le tourisme exerce sur les territoires, les ressources qu'il consomme et les effets qu'il induit ne sont pas sans conséquences, alors même que ces territoires sont à l'origine de leur attractivité. Le tourisme a des allures d'éléphant dans un magasin de porcelaines, provoquant des détériorations parfois irréversibles. On choisit un hôtel «les pieds dans l'eau» alors que l'urbanisation touristique est l'un des plus grands facteurs d'érosion du littoral. On s'offre le luxe d'un bain, on plonge dans la piscine quand, à quelques kilomètres de là, des femmes vont puiser l'eau au puits. On consomme des produits d'importation pour ne pas bousculer nos habitudes occidentales, mais le fruit de ces produits n'alimente pas les caisses des pays d'accueil, et leur utilisation engendre des tonnes de détritus. On aime tellement la nature que l'on n'hésite pas à cueillir une fleur, à prélever un corail pour garder un souvenir de ces merveilleuses vacances, sans avoir conscience qu'on est des millions à faire le même geste…
Face au tourisme de masse, un tourisme «durable» émerge depuis les années 1990. Qu'on l'appelle alternatif, éthique, équitable, solidaire ou encore écotourisme, ce tourisme propose de voyager autrement. De plus en plus de tour-opérateurs organisent des voyages à pied qui veillent à ne pas laisser de traces de leur passage, permettent de goûter les paysages tout en prenant le temps de rencontrer les populations locales, et participent financièrement à des projets de développement. Ces précurseurs ont émis des chartes et labels, et de grands organismes internationaux (OMT, Pnue, Unesco, Commission européenne…) ont signé des textes fondateurs pour tenter de maîtriser ces effets indésirables.
Déclaration de Berlin sur la conservation de la nature, Déclaration de Djerba sur le changement climatique… ces engagements formels sont certes louables, mais les résultats sont-ils à la mesure de l'urgence ? Faut-il davantage de coercition et programmer dès aujourd'hui une décroissance touristique ? Comment l'envisager alors que des millions de Chinois découvrent à peine les joies du tourisme ? Faut-il imposer des seuils, délimiter les territoires visités afin de préserver les écosystèmes et les ressources locales ? Tout comme nos modes de consommation, le tourisme est, lui aussi, à réinventer.

CONTACTS

- Charte du tourisme durable : www.insula.org/tourism
- Code mondial d'éthique du tourisme : www.world-tourism.org

> *“Le véritable voyage de découverte ne consiste pas à chercher de nouveaux paysages, mais à avoir de nouveaux yeux.”*
>
> **MARCEL PROUST**

À LIRE

Un carton rouge au tourisme ? 10 principes et défis pour un développement durable du tourisme au XXIe siècle, éd. Dante.
Disponible sur www.akte.ch
Voyager autrement : vers un tourisme responsable et solidaire, Boris Martin (dir.), éd. Charles Léopold Mayer.
Guide des vacances écologiques, Philippe Lécuyer (dir.), éd. du Fraysse.
Vacances, j'oublie tout ? éd. Ritimo.
Le tourisme autrement, éd. Alternatives économiques.
Quel tourisme pour une planète fragile ? éd. La revue durable.

ÉTHIQUE

Dix voyagistes qui s'engagent

En mars 2004, dix voyagistes, spécialisés dans les voyages d'aventure, décident d'agir ensemble pour un tourisme responsable. À partir de valeurs communes, ils créent l'association ATR (Agir pour un tourisme responsable) dont l'objectif est signalé par un label. Pour obtenir ce label, les membres d'ATR s'engagent à travailler dans le respect des législations françaises et des pays d'accueil, à veiller à une juste rémunération des services, à minimiser l'impact de leurs activités sur l'environnement et à associer leurs clients à la démarche d'ATR.
Une période probatoire de deux ans permettra aux voyagistes candidats d'appliquer l'ensemble de ces critères humains, environnementaux et économiques.

CONTACTS

- ATR : 45 montée des Forts, 69300 Caluire-et-Cuire. tél : 06 22 79 55 06. www.tourisme-responsable.org contact@tourisme-responsable.org
Voir la liste des membres de l'association ATR en page 182
- Allibert : 37 bd Beaumarchais, 75003 Paris, tél : 01 44 59 35 35 www.allibert-trekking.com
- Atalante : 5 rue du Sommerard, 75005 Paris, tél : 01 55 42 81 00 www.atalante.fr
- Chamina Silva : 5 rue Pierre-le-Vénérable, 63057 Clermont-Ferrand, tél : 04 73 92 81 44 www.chamina-sylva.com
- Club Aventure : B.P. 109, 13321 Marseille Cedex 16, tél : 0826 88 20 80 www.clubaventure.fr
- Îles du Monde : 7 rue Cochin, 75005 Paris, tél : 01 43 26 68 68 www.ilesdumonde.com
- La Balaguère, route du Val-d'Azun, BP 3, 65403 Arrens-Marsous Cedex, tél : 0820 022 021 ou 05 62 97 20 21 www.labalaguere.com
- Les Comptoirs du monde : 26 rue du Petit-Musc, 75004 Paris, tél : 01 44 54 84 54 www.les-comptoirs-du-monde.fr
- Saïga : 4 rue Fleurian, BP 1291, 17086 La Rochelle Cedex 2 tél : 05 46 41 34 42 www.saiga-voyage-nature.fr
- Terra Incognita : 36, quai Arloing 69256 Lyon Cedex 09, tél : 04 72 53 24 90 www.terra-incognita.fr

SYNESTHÉSIE

Pratiquer la méditation en randonnée

Marche, *shiatsu* et *qi gong*.
Un cocktail idéal pour réconcilier corps et esprit.
Écoutez ce témoignage :
Le sentier serpente à travers la montagne et nos pas battent la mesure de la marche. Le cri strident d'une marmotte transperce le silence. Est-ce notre présence qui a donné l'alerte ou celle de l'aigle royal qui tournoie dans le ciel ? Nous arrivons sur un plateau perdu au milieu de nulle part, avec pour seul décor les cimes des Pyrénées. Un cadre parfait pour une pause *qi gong*, une discipline asiatique basée sur le souffle et la concentration. Pieds nus dans l'herbe, nous imitons les gestes de Pierre, notre guide de randonnée et professeur de *qi gong* et *shiatsu*. L'air pénètre dans chaque parcelle du corps, et les mouvements, alternativement lents et rapides, font circuler l'énergie. Détendus, les sens en éveil, nous redescendons au village.
Deux heures de marche et nous voilà prêts pour une séance de *shiatsu*, une technique de massage japonaise inspirée de la médecine traditionnelle chinoise qui repose sur le principe de l'acupuncture, mais sans aiguilles. Deux par deux, on appuie sur des points du corps *(tsubos)* pour activer la circulation sanguine, débloquer les tensions, éliminer les toxines afin de rééquilibrer l'énergie. Le corps et l'esprit réconciliés, il ne reste plus qu'à savourer une délicieuse tourte aux myrtilles en guettant la première étoile, messagère de la nuit.

CONTACT
Stages de rando-*shiatsu* :
La Balaguère, route du Val-d'Azun,
BP 3, 65403 Arrens-Marsous Cedex,
tél : 08 20 02 20 21 ou
05 62 97 20 21
www.labalaguere.com

“Si on ne laisse pas au voyage le droit de nous détruire un peu, autant rester chez soi.”

NICOLAS BOUVIER

QUAND FAUT-IL SE DÉCIDER À PARTIR POUR UN LONG VOYAGE ?

Partir ou ne pas partir ? Quand il s'agit d'un voyage long à l'occasion d'une année sabbatique, d'un congé sans solde, ou tout simplement parce que nous avons décidé de vivre sans amarres, beaucoup d'entre nous hésitent. Découvrir de nouveaux horizons et de nouveaux visages est exaltant. Mais impossible sans courage : quitter son cadre de vie habituel et ceux qu'on aime s'avère souvent douloureux. Deux sages, un ancien et un moderne, nous disent deux mots à ce sujet.

Commençons par le conseil du moderne. Le psychanalyste Jacques Arènes pense que le départ pour un long voyage ne se décide pas vraiment, mais qu'il s'impose à nous, du dedans certes, mais pas de façon délibérée : «Le courage de partir est rarement une chose consciente. Il y a comme une forme de pression intérieure, un sentiment d'urgence, d'angoisse. On rumine parfois pendant des années, après des zigzags et des répétitions, avant d'oser le bon départ. Il y a de tout petits indices. Se lever de plus en plus régulièrement du mauvais pied, perdre patience avec ses enfants pour une broutille, des traces extérieures d'insatisfaction qui se déposent sur plusieurs mois, plusieurs années, qui font que ce qu'on vivra un jour comme une impulsion de départ n'en sera pas une.»

Le conseil de l'ancien place la barre très haut. Voilà en effet ce qu'Ignace de Loyola (1491-1556), fondateur de la Compagnie de Jésus, disait du désir de s'en aller : «Si vous faites partie de ceux qui désirent pousser la porte mais qui hésitent, un des critères pour discerner si votre envie de départ, de changement, de tout quitter, est juste, c'est de projeter votre regard dans l'avenir : imaginez-vous à l'heure de mourir. À ce moment-là, on ne valide que ce qui a du sens, au regard d'une vie et surtout d'une mort. Validerez-vous alors cette décision comme ayant du poids ?»

Du tourisme au pèlerinage, le balancier du voyage repart-il dans l'autre sens ?

Les premiers touristes vivaient au XVIIIe siècle et visitaient les pyramides, les ruines de l'Acropole ou de la cité de Jérusalem, anciens lieux sacrés, qu'ils étaient les premiers à fouler d'un pas profane. Deux siècles plus tard, des milliers de voyageurs proposent de revenir à l'esprit du pèlerinage.

Vous l'avez forcément remarqué : en deux décennies, les pèlerinages chrétiens, notamment à Saint-Jacques-de-Compostelle, sont revenus dans les mœurs européennes. Et pas pour rire ! De cent vingt en 1982, le nombre des pèlerins qui font réellement des centaines de kilomètres à pied jusqu'à la pointe nord-ouest de l'Espagne, pour la Saint-Jacques, a dépassé le cap des cent mille avec le nouveau millénaire ! Certes, seule une minorité effectue pedibus la totalité des mille six cents kilomètres du trajet mythique, inventé au Moyen Âge, qui part de Vézelay ou du Puy-en-Velay. Mais l'enthousiasme et la foi sont là, et tout un monde se remet à marcher jusqu'aux reliques de l'apôtre Jacques – quitte à se reposer de temps en temps à bord d'une voiture ou d'un bus.
Les voyageurs racontent comment cet étonnant retour de flamme a redonné du sens à leurs vacances. À quoi correspond ce mouvement ? Est-ce le signe d'un dépassement du tourisme – ce mode de circulation planétaire qui, du temps de sa propre invention, au XVIIIe siècle, s'est justement coulé dans les anciens parcours spirituels, qu'il a progressivement annihilés ? Le tourisme est une industrie moderne colossale, qui draine des milliards d'euros par an et ressemble à un business comme un autre. Mais nombre de sites touristiques sont en fait d'anciens lieux de pouvoir chamaniques, devenus plus tard religieux, des grottes de Lascaux à la cathédrale de Chartres, de Stonehenge au Machu Picchu, d'Ayers Rock aux grandes mosquées andalouses. Mais alors que les pèlerins participaient intensément et authentiquement à l'esprit et aux mœurs des sites visités, les touristes se trouvent ballottés entre simulation et indifférence. Comme dit l'Anglais Rupert Sheldrake : «Les pèlerins enrichissaient la puissance des lieux sacrés. Les touristes l'appauvrissent. Ceux-ci cherchent à arriver le plus vite possible au but et confortablement, alors que ceux-là considéraient le long périple austère comme une épreuve initiatique et l'arrivée à destination les transportait littéralement au-delà d'eux-mêmes. Le retour des pèlerinages jouera un rôle majeur dans le processus de resacralisation de la terre» (dans *L'âme de la nature*, Rupert Sheldrake, éd. du Rocher).

À LIRE
Passants de Compostelle, Jean-Claude Bourlès, éd. Payot.
Priez pour nous à Compostelle, Pierre Barret et Jean-Noël Gurgand, éd. Hachette (l'histoire étonnante – saluée par Jacques Le Goff – du plus grand pèlerinage chrétien, depuis le Xe siècle).

À VOIR
Un DVD raconte le chemin de Saint-Jacques-de-Compostelle par le chemin de Saint-Gilles (Gard), appelé aujourd'hui la voie d'Arles. Réalisé par Bruno Tassan, il contient des indications pratiques pour partir : préparation du sac à dos, témoignages d'anciens pèlerins, etc., éd. Doriane Films, 11 rue Dorian, 75012 Paris : www.doriane-films.com

CONTACT
Société des amis de Saint-Jacques-de Compostelle, 4 square du Pont-de-Sèvres, 92100 Boulogne-sur-Seine.

INSPIRATEURS

Sur les traces des grands marcheurs

D'Abraham à Monod, en passant par Hérodote, Léon l'Africain, Marco Polo, Rousseau, Stendhal, Stevenson, Giono ou Alexandra David-Néel, les figures exemplaires de la spiritualité et de l'intelligence ont souvent été de grands voyageurs, prêts à se lancer dans des parcours physiques dangereux. Payés au prix fort, leurs parcours atteignent souvent un niveau esthétique supérieur, à cause de la beauté fabuleuse des décors et provoquent des mutations intérieures. Marcher, c'est aller de l'avant, mais le corps n'est jamais seul en action : l'esprit s'anime, les pensées défilent. «Je marche souvent pour allonger la focale de mon regard sur une idée neuve», dit Jean Malaurie, le célèbre explorateur du Grand Nord canadien (mais aussi du Hoggar saharien) qui a fondé la collection Terre humaine, chez Plon.

À LIRE
Grands marcheurs de tous les temps, Henri Viaux, éd. Édilarge

RAPPEL À SOI

S'offrir une retraite ?

À une époque pleine de bruit, où chacun de nous aspire à pouvoir de temps en temps souffler et se ressourcer dans le calme, la France compte encore des dizaines d'abbayes, habitées par des communautés contemplatives et installées dans des lieux admirables, où vous pourrez aller passer quelques jours, pour vous recueillir, méditer, ou simplement vous reposer. François Collombet a rassemblé les coordonnées, les fiches pratiques et les histoires des plus belles d'entre elles, dans *Abbayes de France, les plus beaux lieux de séjour*, éd. 8e jour.
• Quant à Philippe Ronce, il propose, lui, un *Guide des centres bouddhistes en France* très complet (éd. Agnès Vienot). Deux cent cinquante-cinq centres y sont décrits en détails, avec illustrations en couleurs et cinq index : par ordre alphabétique, par obédience, par pratiques, par noms de grands maîtres et par textes majeurs.
• Également à lire : le *guide des lieux de silence,* Joachim Boufflet, éd. Hachette.

FRONTIÈRES

Le voyage chamanique

En mission au Pérou, le médecin français Jacques Mabit découvre un jour la médecine chamanique. Passionné par l'expertise des Indiens en matière de «psychiatrie primordiale», il demande à être initié. Aujourd'hui, en Amazonie, il anime un centre où, avec l'aide d'«hommes-médecine», il soigne les toxicomanes péruviens en utilisant un psychotrope puissant, l'ayahuasca. Il organise aussi des séminaires initiatiques de deux à trois semaines. Selon lui, les plantes peuvent nous enseigner beaucoup de choses si nous savons les respecter et les écouter, et à condition de suivre strictement les règles (diète, jeûne, isolement, abstinence sexuelle...). «Alors, dit-il, elles viendront à vous et vous parleront : c'est la seule façon de comprendre les bases originelles du savoir chamanique amazonien.»

À LIRE

- *Le serpent cosmique,* Jeremy Narby, éd. Georg
- *Bois sacré,* Vincent Ravalec (initié, lui, au chamanisme africain), éd. Au Diable Vauvert
- Et pour en rire (c'est permis aussi !) du même Vincent Ravalec, *Nouvelles du monde entier,* éd. du Seuil

À VOIR

Documentaire d'Armand Bernardi, (avec le Dr Jacques Mabit)
www.ethnobotanic.com/Association-Shane/Armand Bernadi

CONTACT

La Maison qui Chante,
Mme Ghislaine Bourgogne,
105 bd de la Croix-Rousse,
69004 Lyon,
tél/fax : (33-4) 78 28 87 90

UN VOYAGE SENSORIEL QUI ME TRANSFORME EN OISEAU

Même si cela n'est pas forcément explicite dans nos motivations, le désir de voyage est en grande partie une soif sensorielle et sensuelle. Nos sens, notre corps, notre vitalité – protégés la plupart du temps par un confort qui aurait époustouflé nos ancêtres –, éprouvent de temps en temps le besoin de se frotter avec force aux éléments. Témoignage de quelqu'un qui y va à fond !

«Saint-Hilaire-du-Touvet. Je connais la route par cœur. Aux beaux jours, j'y monte chaque week-end de Grenoble, avec mon aile dans le coffre. Car je suis un fou de deltaplane. Difficile de partager ma passion avec quelqu'un qui n'a jamais volé. Le plus simple est peut-être de lui expliquer tout ce que je ressens quand je suis là-haut : ce que je vois, entends, pense, cherche, crains... Bref, ce que cela fait de devenir un homme-oiseau.

«Tout d'abord, je cherche à rester en l'air le plus longtemps possible et à faire un parcours précis. Celui-ci ne pourra s'effectuer qu'à l'altitude minimum de 1 000 mètres, et jusqu'à 5 000 mètres. Dès que je suis lancé, toute mon énergie est mobilisée à rechercher les "ascendances", c'est-à-dire les colonnes d'air chaud qui montent du sol – larges de 10 à 50 mètres – et qui me permettent de m'élever le plus haut possible, par cercles concentriques. Ce sport est complet car il mobilise l'intellect, qui analyse sans arrêt les changements et recalcule la trajectoire, mais aussi nos cinq sens tendus vers tout ce qui se passe : le moindre frémissement d'une aile, un changement brusque de température, l'arrivée d'une turbulence, etc. D'autant plus que la barre où nos mains sont agrippées est reliée à toutes les parties du deltaplane, et nous transmet ses moindres vibrations.

«Quand on est arrivé au sommet d'une ascendance – cela s'appelle "faire le plafond" – on "transite" vers une autre ascendance, pour faire durer le voyage sans avoir à descendre. Parfois, ce sont les rapaces qui nous guident (buses, milans noirs, vautours ou bien aigles) car, pour voler en permanence au plus haut, ils cherchent les colonnes thermiques dans lesquelles ils "s'enroulent en spirale"... Puisqu'on cherche la même chose qu'eux, ils sont habitués à ce qu'on les suive. Sauf s'il s'agit de leurs petits, qui peuvent avoir peur de notre aile... et se mettre à la picorer en vol frénétiquement !

«Mes plus belles émotions, c'est d'avoir voyagé côte à côte avec un aigle royal pendant un parcours complet, et je voyais son œil doré qui ne me lâchait pas... Aussi d'avoir frôlé les sommets enneigés du massif de Belledonne, et vu de tout près une famille de chamois faire des cabrioles endiablées. Je sentais même leur odeur... Car il ne faut pas croire que là-haut, tout est aseptisé ! Les courants chauds ascendants emportent avec eux tous les bruits et les odeurs au sol. On peut entendre les murmures d'une ville, et plus tard, en pleine campagne silencieuse, le son très net d'un tracteur porté par les vents. On peut sentir au printemps l'odeur envahissante du pollen qui monte des arbres en fleurs, en été le parfum des champs de lavande, ou encore la paille fine des blés coupés qui peut vous envelopper d'un coup comme un nuage.

«Mais le mieux, c'est quand je vole très haut. Je plane comme les grands rapaces en immenses cercles concentriques, je sens l'air frais caresser mon visage, le silence est royal, je n'entends plus qu'un léger souffle qui glisse sur mon aile, je voudrais ne plus jamais redescendre... Je suis oiseau.»

(Témoignage de Guillaume Schwimmer)

Choisir une destination pour son odeur

Odeurs d'aéroport, quintessence d'une ville, d'un pays, d'un continent. Un long couloir avec «EXIT» au bout, passage éclair à la douane, suivre la flèche avec son chariot... S'ouvre alors la porte coulissante. Effluves qui vous saisissent d'un coup, si neufs, violents, enjôleurs, entêtants. Mais si précis aussi, aigus, immuables, uniques comme l'odeur d'un être, le parfum indélébile de sa peau.

PERTH. Australie-Occidentale
Au premier crissement de roues sur le tarmac, vous parviennent l'odeur de la poussière rouge, et celle des eucalyptus, et celle, iodée, des vagues traîtresses de Scarborough Beach, et celle des saucisses de kangourou grillées au barbecue, et celle aussi du *fish and chips*, guinguette arc-en-ciel avec des rondins bancals, où l'on vous sert le poisson du matin et les frites coupées main dans des cornets en papier journal... Tout un continent dans un bouquet d'odeurs, juste à la sortie de Perth International Airport, toute l'Australie dans un cornet de pommes frites avec sa moutarde sucrée innommable... mais si exquise quand on revient.

TUSCON. Arizona
Premier contact avec l'Amérique. La vraie. La profonde. Après l'odeur de pop-corn et de beignets doughnuts de Kennedy Airport et d'Atlanta, doucereuse comme une huile rance, mélangée à des effluves de barbes à papa et de berlingots acidulés (avec musique en boucle de supermarché et néons violents qui rendent phosphorescents les uniformes jaune et vert cru des serveurs), l'Arizona du Sud vous réconcilie avec l'Amérique. Odeurs de poivrons grillés et de piments doux, de tortillas fraîches et de fromage fondu pour nachos. Serveuses noiraudes et avenantes, aux corsages brodés d'énormes fleurs rouges. Le Mexique est tout proche, son sang chaud balaye les odeurs fades des gringos. Et puis, le long des murs, éclatent des tentures navajos et hopis, des photos de canyons, rios, visages d'anciens sages ridés comme leurs terres...

BOMBAY. Inde
Accueil suffocant comme un gant saumâtre qu'on vous plaquerait sur la bouche. Gorge et yeux en feu. Pollution instantanée, épaisse, irréversible. Mais cinquante mètres plus loin, premiers effluves de curry, gingembre, et gâteaux à la cardamome. Passage de femmes en saris de couleur, sourires de côté, balancement des lourdes nattes. Premier refrain d'un raga du matin, par une fenêtre entrouverte... Cela commence par les jambes molles, puis tout le corps devient vaporeux, perd ses contours, se dilue dans ce qui se passe ici, tout près, comme si rien d'autre n'avait jamais existé. L'Inde une fois de plus va vous avaler et tout effacer.

DOUALA. Cameroun
Dès la passerelle de l'avion, d'abord caricaturé par l'odeur de kérosène brûlé, le parfum de l'Afrique tropicale humide vous enveloppe de pied en cap, brûlant, si saturé d'eau qu'on a d'abord vaguement l'impression qu'on va se noyer, et toujours délicieusement teinté du bouquet mi-manioc, mi-champignon, que les ignares appelleraient «moisi» parce qu'il a vite fait de ronger les moquettes chic et inadaptées des pays du Nord. Puis sur fond de musique *high life*, viennent se poser les détails d'une fresque olfactive de plus en plus jubilatoire à mesure que la nuit s'installe : huile de coco ou de karité dont sont enduits les corps, piment enrobant poulet et poisson, ganja poivrée et vin de palme délicieusement crémeux.

ABORIGÈNES

Découvrez l'Australie originelle

• *Le chant des pistes,*
Bruce Chatwin, éd. Grasset : Embarquez-vous dans le récit le plus célèbre sur l'Australie et les Aborigènes, par l'un des plus sensibles et des plus originaux *travel writers*. Un itinéraire curieux et méditatif le long des mystérieuses *songlines* : ces chants traditionnels imaginés par les «ancêtres primordiaux» sont des pistes de rêve, qui formaient dans tout le pays, avant l'arrivée des blancs, des voies de communication (physiques, mais aussi psychiques) entre les tribus les plus éloignées. Restent encore de nos jours des cartes et un topo-guide que pas un Occidental ne peut comprendre.

• *Détective du bush,*
Arthur Upfield, éd. 10/18 : Il existe un héros australien dont le nom, Napoléon Bonaparte, dit Bony, ne laisse pas supposer qu'il est un détective. Arthur Upfield, romancier britannique, est considéré comme l'inventeur du polar ethnologique.
Du même auteur : *L'homme des deux tribus, La mort d'un lac, L'empreinte du diable, Mort d'un trimardeur, Sinistres augures* et *La loi de la tribu* (éd. 10/18).

• *Rêves en colère,*
de Barbara Glowczewski, coll. Terre humaine, éd. Plon : l'auteur représente la quintessence de l'ethnologie post-moderne. Elle respecte avec une science consommée les règles posées par les pères de la discipline – dont le déroulement des systèmes de filiation, particulièrement labyrinthiques chez les Aborigènes australiens. Mais elle ne reste pas à distance. Barbara épouse l'humanité qu'elle étudie (au figuré et au propre, puisque son mari est un cinéaste-musicien indigène) avec une audace telle qu'elle devient aborigène elle-même. Bien qu'initiée, ce qui pourrait l'obliger au silence, elle reste assez occidentale pour nous rapporter une parole nourrissante. Un récit passionné et dense, chargé d'une condamnation terrible contre l'irresponsabilité ahurissante des «humanistes» venus d'Europe...

AYURVÉDA

Les huit massages indiens

• TRIDOSHAS : Massage général du corps, rééquilibrant les éléments Air, Feu, Terre (les trois *doshas*). Il se pratique, selon les cas, avec des huiles de sésame, de coco, de bois de santal et de moutarde auxquelles on peut incorporer des épices (curcuma, gingembre, safran, cannelle, coriandre) ou des herbes médicinales (thym indien, feuilles de fenugrec... et jusqu'à cinquante herbes).

• PIZHICHIL : Massage axé sur la régénération. C'est un bain d'huile intégral (cinq litres d'huile chauffée déversés en une heure !) administré par au moins trois masseurs. Assouplit musculature et articulations.

• UDWARTHANAM : Massage tonique à sec, à la farine de pois chiches, qui désintoxique la peau en profondeur, affermit les muscles et améliore la circulation. On peut ajouter aux pois chiches de la farine de soja, du yaourt ou de la poudre de santal. C'est le massage de ceux qui veulent mincir... et celui des «jeunes mariés» !

• THARPANAM : *Ghee* tiède (beurre clarifié) versé dans les orbites des yeux, pour améliorer la vue.

• SHASTISHALI : Massage aux pochons de riz au lait, chauffés sur une bassine de cuivre. Facilite la digestion et améliore le sommeil.

• SHIRODARA : Huile médicinale – ou lait – versée avec un «encensoir» sur le front, dans un mouvement de balancier lent et continu. Calme l'agitation mentale et la nervosité, améliore la mémoire et la concentration, prévient les maux de tête, la fatigue et la fièvre. En hôpital et en cure longue : est pratiqué dans les cas d'épilepsie et de paralysie.

• PADAGHAT : Massage de tout le corps avec la plante du pied. Dénoue toutes les tensions accumulées au cours d'efforts physiques intenses.

• PANCHAKARMA : Cure d'une semaine, réunissant plusieurs types de massages, accompagnés de bains de vapeur d'eau cuivrée pour ramener toutes les toxines dans l'estomac, les éliminer par un système de purge ou de vomissements et faire un nettoyage en profondeur.

CONNAISSEZ-VOUS L'INDE AYURVÉDIQUE ?

Le grand voyageur Nicolas Bouvier a écrit un jour : «On ne voyage pas pour se garnir d'exotisme et d'anecdotes comme un sapin de Noël, mais pour que la route vous plume, vous rince, vous essore, vous rende comme ces serviettes élimées par les lessives qu'on vous tend avec un éclat de savon dans les bordels.» C'est tout à fait le sentiment que l'on éprouve en sortant d'un massage pratiqué par des thérapeutes indiens traditionnels !

Keraleeyam. Moiteur des «backwaters», cet entrelacs de quatre-vingts kilomètres de canaux entre Cochin et Allepey en Inde du Sud.

VOYAGER POUR SE FAIRE DU BIEN :

Deux femmes fortes aux saris protégés par des tabliers cirés rouge vif extraient de son bungalow au bord de l'eau une jeune Anglaise trop blanche qu'elles guident d'une main ferme vers un abri ajouré dans les cocotiers, où elles officient sur une épaisse table de bois. Gloussements, grognements, rires étouffés, protestations, longs soupirs de satisfaction... Une heure et demie plus tard, les deux Indiennes reconduisent la jeune Anglaise dans son cottage de chaume, cheveux huilés, regard élargi, sourire béat et allure planante.

Que lui est-il arrivé, pour avoir d'un coup l'air si légère, détachée, ouverte à tout ce qui l'entoure ? Tandis que les deux officiantes s'emparent d'une nouvelle cliente à l'accent italien, l'Anglaise sur son transat d'osier chavire les yeux fermés vers des ailleurs somptueux.

Nouveaux arrivages : les huttes se remplissent de familles indiennes aisées, de couples de randonneurs européens en quête des délices de Capoue, ou d'urbains occidentaux stressés, arthritiques, déprimés, migraineux, en quête de soins alternatifs... et en sérieux manque de caresses. Car Keraleeyam, avec ses huttes modestes perdues dans la moiteur tropicale, entre eau et palmeraie, est un centre de soins et de massages ayurvédiques très recherché des voyageurs occidentaux. Certains y viennent pour des cures de rajeunissement et de détoxification *(panchakarma)*, d'autres pour des maladies chroniques – maux de tête, de dos, douleurs articulaires, tension artérielle – pour lesquelles notre médecine n'est pas toujours performante, d'autres enfin pour la détente, la relaxation profonde qu'ils procurent.

EXPLORER LES MÉMOIRES DU CORPS :

Deux étapes marquent le séjour de ces nouveaux explorateurs du corps et de l'intime :

• Un diagnostic approfondi (la première visite dure jusqu'à deux heures), par un médecin ayurvédique qui détermine les points fragiles de son patient et le type de massages approprié suivant son terrain : *vata* s'il a une dominante air, *pita* s'il est feu, *kapha* s'il est terre.

• Pendant sept, quatorze, ou vingt et un jours, l'administration de massages de quarante minutes à une heure et demie, parfois assortis de prises de potions. Ces massages peuvent être aux huiles de sésame, de coco, de palme ou de moutarde. Pour améliorer la circulation, les masseuses utilisent des pochons de plantes médicinales chauffés dans des casseroles en cuivre. Parfois, les pochons sont au riz au lait. Pour raffermir et nettoyer le corps, on utilise la poudre de pois chiches et pour «faire lâcher le mental», le balayage du front par un filet d'huile de sésame tiède.

Mais les vrais bienfaits de ces massages millénaires (la médecine ayurvédique a plus de cinq mille ans) recherchés par nos rats des villes occidentaux sont les retrouvailles avec leur vitalité profonde et leur sérénité. Coupés de leur corps, de leurs cinq sens, et très souvent de la nature, ils redécouvrent, à travers cette culture indienne du toucher et ses gestes thérapeutiques si précis (les méridiens indiens, ou *nadis*… sont au nombre de 72 000 !), la mémoire vivante de chacun de leurs organes, et plus loin encore, celle enfouie au cœur de chacune de leurs cellules, qui, réveillée, est la seule source de régénération… La véritable cure de jouvence, celle qui ne peut venir que de l'intérieur.

CONTACTS

Quelques centres de soins ayurvédiques traditionnels en France et en Inde :

• Tapovan : 9 rue Gutenberg, 75015 Paris, tél : 01 45 77 90 59
tapovan@wanadoo.fr
www.tapovan.com.fr

• Les Cinq Mondes : 6 square de l'Opéra, 75009 Paris, tél : 01 42 66 00 60
www.cinqmondes.com

• Keraleeyam Ayurvedic Resort : Thathampally, Alappuzha, 686006 Kerala, tél : 91 477 22314 68
www. Keraleeyam.com

VÉTÉRANS

Hommage aux ouvreurs de piste

Incomparable pépinière d'aventuriers, la Guilde européenne du raid a été l'initiatrice des plus célèbres expéditions en canot, en traîneau, en montgolfière aussi bien qu'en pédalo, dont les fameux Paris-Moscou et Paris-Téhéran en moto, – puis de plusieurs missions humanitaires, notamment en Afghanistan et en Roumanie. Elle fit connaître au grand public des précurseurs comme Paul-Émile Victor, Bernard Moitessier ou Henri de Monfreid. Elle demeure aujourd'hui un vivier où se retrouvent tous les assoiffés d'horizon, mobilisés par un grand projet.

CONTACTS

• Guilde européenne du raid : 11 rue de Vaugirard, 75006 Paris, tél : 01 43 26 97 52
www.geodyssee.com/asie

• La Guilde européenne du raid et la Société des explorateurs français vous convient au Café de l'Aventure tous les premiers mardis du mois à partir de 20 heures au Zango, 15 rue du Cygne, 75001 Paris (M° Étienne-Marcel).

PRIVILÈGE

Voyage dans la Chine des lettrés

La Maison de la Chine et l'association Arte Filosofia organisent à intervalles irréguliers un fabuleux voyage à travers ce qu'il reste de Chine ancienne, avec comme accompagnateur l'incomparable Cyrille Javary, cotraducteur avec Pierre Faure du meilleur *Yi Jing* aujourd'hui disponible en France (éd. Albin Michel). Le voyage comprend la visite des sites historiques majeurs, passant par la Cité interdite de Pékin, les murailles Pingyao, les sculptures bouddhiques de Shuanglin, les canaux mythiques de Xitang, etc., et observe une parenthèse dans le centre capitaliste le plus fou du monde : celui de Shanghai !

À LIRE

La Cité Pourpre interdite, Visite Yin Yang du palais impérial de Pékin, illustré par Patrice Serres, éd. P. Picquier

CONTACT

contact@djohi.org

CONTACTS

Vagabondages

La Burle, La Balaguère, Montagne Évasion… Les quinze voyagistes qui ont signé la charte «Vagabondages» se sont engagés dans une démarche qui s'inscrit dans le Code mondial d'éthique du tourisme, proclamé par l'Organisation mondiale du tourisme le 21 décembre 2001. Ces professionnels de la randonnée, fortement ancrés et impliqués dans les milieux montagnards et ruraux, revendiquent un tourisme durable qui se veut responsable, respectueux de l'environnement et qui privilégie les acteurs du développement local. Des Pyrénées aux Alpes, en passant par les déserts de Mauritanie ou du Mali, c'est à pied que chacun part à la découverte de soi et de l'autre. Avec ces voyagistes d'un nouveau genre, vous ne faites pas un voyage… c'est le voyage qui vous fait.

• Vagabondages : Hameau de Roubion, 05100 Névache,
www.vagabondages.com
• La Burle Village : 07510 Usclades, tél : 04 75 38 82 44
www.laburle.com
• La Balaguère : route du Val-d'Azun, BP 3,
65403 Arrens-Marsous Cedex, tél : 0820 022 021 ou 05 62 97 20 21
www.labalaguere.com
• Jura Randonnées : 39370 La Pesse,
tél : 03 84 42 73 17 – fax : 03 84 42 73 33
www.jura-rando.com
• L'Échaillon : Névache 05100 Briançon,
tél : 04 92 21 37 30
www.echaillon.com
• Arcanson : Les Gaillardes, 38112 Méaudre,
tél : 04 76 95 23 51
www.arcanson.com
• Visages : Le Campana,
05600 Mont-Dauphin, tél : 04 92 45 18 05
www.visages-voyages.com
Destination Merveilles : 10, rue des Mesures,
06270 Villeneuve-Loubet,
tél : 04 93 73 09 07
www.destination-merveilles.com
• La Pèlerine : Romagnac,
43580 Saint-Vénérand, tél : 04 66 69 60 87
www.lapelerine.com
• Cairn : 74300 Les Carroz-d'Araches, tél : 04 50 90 02 74
www.cairn-fr.com
• Montagne Evasion : 4, rue des Vosges, 88400 Gerardmer,
tél : 03 29 63 17 50 – www.montagne-evasion.com
• Sud Randos : Le Village BP 01, 34390 Mons, tél : 04 67 97 77 06
www.sudrandos.com
• Pedibus : Maison du Rosaire, 73670 Saint-Pierre-d'Entremont,
tél : 04 79 65 88 27 – www.pedibus.org
• Chemins du Sud : 52, rue des Pénitents, BP 155, 84120 Pertuis,
tél : 04 90 09 06 06 – www.cheminsdusud.com/
• Espace Evasion : Europa 3, 74160 Archamps, tél : 08 70 37 03 65
www.espace-evasion.com
• A Montagnola : 20122 Quenza, tél : 04 95 78 65 19
www.a-montagnola.com

Voyages inventifs

Quelques voyagistes font preuve d'une créativité remarquable…
• Expedia : www.expedia.fr
• Norvista : tél : 01 49 24 05 97
• Comptoir des terres extrêmes : tél : 08 92 236 836
• Terres oubliées : tél : 04 37 48 49 90
• Nomade : tél : 01 46 33 87 71
• Terra Incognita : tél : 04 72 53 24 90

Librairies de voyageurs

• Librairie Magellan : 3 rue d'Italie, 06000 Nice, tél : 04 93 82 31 81
• Ulysse : 26 rue Saint-Louis-en-l'Île, 75004 Paris, tél : 01 43 25 17 35
• L'Astrolabe : 46 rue de Provence, 75009 Paris, tél : 01 42 85 42 95
• Hachette Évasion : 43 Quai de Grenelle, 75015 Paris,
tél : 01 43 92 30 00
• Itinéraires : 60 rue Saint-Honoré, 75001 Paris, tél : 01 43 36 12 63
• Marco Polo (livres anciens uniquement) : 25 rue Saint-Marc,
75002 Paris, tél : 01 42 96 82 83
• Institut Géographique National : 107 rue de la Boétie, 75008 Paris,
tél : 01 42 56 06 68

Alexandra David-Néel

Vous pouvez en savoir plus sur la «femme aux semelles de vent» sur : www.alexandra-david-neel.org

Festival des musiques sacrées de Fès

«Nous étions des milliers. Nous ne résistâmes pas longtemps. La voix de Mohamed Reza Shajarian nous fit chavirer – du bonheur de l'assiégée qui se rend sitôt ses murailles prises d'assaut. Nous arrivions du monde entier. La voix de Yungchen Lhamo nous catapulta plus haut que le Tibet. Nous nous dissipions en conversations. La voix de Marie Keyrouz nous fit mettre pieds nus et à genoux. Nous nous assoupissions sous les palmiers. Les voix des Anuna nous métamorphosèrent en cristaux si frais, si translucides, qu'à travers nous scintillèrent les vertes prairies d'Irlande d'où ils venaient de débarquer. À quel régime ne fûmes-nous pas soumis ? Diaphragmes secoués par les percussions ottomanes de Kudsi Erguner. Gorges dénouées par les larmes andalouses de Montserrat Figueras, d'Aïcha Rédouane et de Françoise Atlan…» (Extrait de *Tisseurs de paix*, Patrice Van Eersel, éd. du Relié.)

Contact
tél : 212 55 74 06 91 – fax : 212 55 74 06 92
rencontresdefes@fesfestival.com
www.fesfestival.com

Enquête sur les elfes islandais

Suite à un reportage en Islande, Jean-Michel Roux, frappé par le rapport très fort des autochtones au merveilleux, a tourné un film étonnant, *Enquête sur le monde invisible*, où le réel et la fiction se mêlent de façon inextricable.
Ce sont les contes qui créent le monde ! Les critiques ciné habituels ont été mitigés. Ça sort des normes. Le DVD aborde le sujet sous tous les angles : www.lemondeinvisible.com

Connaissez-vous la France sauvage ?

Voulez-vous explorer la Côte Vermeille ? Traverser le Marais poitevin ? Ou partir en randonnée dans le Mercantour ? Une trentaine de spécialistes de l'environnement, de la faune et de la flore ont joint leurs efforts pour mettre au point *Le grand livre de la France sauvage* (éd. Bordas), un guide des plus beaux sites naturels de France, région par région. On y trouve répertoriés tous les grands parcs naturels du pays, régionaux et nationaux, ainsi que les principales réserves, avec, chaque fois, une moisson d'informations, de cartes, de photos, de vues aériennes, de dessins, d'encadrés sur tel ou tel aspect de la vie naturelle locale. Le livre se termine par deux importants index illustrés de la faune et de la flore de France. 500 clichés couleur, 200 dessins et fiches d'identification, un ouvrage qui mérite sa place chez tous les amoureux de la France.

Habiter

Un enfant aux cheveux d'or et au rire cristallin quitte un jour sa planète et la mélancolie de sa vie pour trouver, peut-être, un sens à son existence. Au cours de son périple, il découvre que le cœur n'a pas de frontières et que c'est le seul foyer où il fait bon habiter. Ne dit-on pas d'une demeure qu'elle a une âme ? Habiter, c'est intérioriser, pas seulement s'abriter. Sur quelle planète habitons-nous ? Avons-nous élu domicile autour de notre nombril ? Comment habitons-nous notre intérieur ?

OIGNON

La maison se restructure autour de la salle de bains

Comme les familles à géométrie variable, l'habitat doit devenir modulable et multifonctionnel : la cuisine prend une importance cruciale et le jardin devient une nouvelle pièce… La participation des habitants aux plans de leur maison se développe.
Les nouvelles technologies (domotique sans fil, télécommande, programmation, écrans) sont de plus appelées au secours du confort. Enfin, prise de conscience oblige, les Européens souhaitent avoir un habitat «végétalisé». L'éco-conception gagne du terrain. La maison de demain sera propre, saine et écologique. Ouf ! Venu de l'architecture ultra-techno, l'architecte allemand Thomas Herzog a inventé le concept d'«oignon thermique» : une façon écologique de graduer les températures, depuis l'enceinte la plus chaude – la salle-de-bains, au centre –, jusqu'aux serres de la périphérie, servant aussi de garde-manger, juste à la limite du hors-gel en hiver.
C'est étonnamment joli.

À LIRE
Habitat, questions et hypothèses sur l'évolution de l'habitat, François Bellanger, éd. de l'Aube

EN PAILLE

Le premier petit cochon avait raison

La technique de la maison de paille, excellent isolant, a été modernisée au XIXe aux États-Unis avec l'invention de la bateleuse. On trouve là-bas plus de deux mille maisons en paille et déjà une centaine en France. La plus ancienne maison de paille de l'Hexagone, celle de M. Feuillette, date de 1921, à Montargis.
Elle est toujours habitée, et en très bon état.

À LIRE
Construire en paille aujourd'hui, Astrid et Herbert Gruber, éd. Terre Vivante

CONTACT
www.lamaisonenpaille.com

Notre troisième peau redevient écolo

L'Homo sapiens a trois peaux : son épiderme, ses vêtements, sa maison. Cela dure depuis des milliers d'années… mais une donnée nouvelle a surgi : nous commençons à comprendre que la maison est précisément le lieu où se concentre l'essentiel des dynamiques écologiques (positives ou négatives) sur lesquelles chacun de nous pourrait agir.

Vous avez remarqué ? Tout se passe comme si, depuis quelque temps, face à la sempiternelle «crise», à la fois omniprésente et insaisissable, le réflexe de nos congénères était de songer à se ménager un abri sûr, pour eux-mêmes et pour leurs proches. Comme depuis la nuit des temps, direz-vous – bien avant Robinson Crusoé ou même Noé. Un économiste sceptique ferait peut-être remarquer que les Occidentaux sont surtout inquiets pour leur portefeuille – et comme la Bourse ne rapporte momentanément plus, l'essentiel de leurs économies va très classiquement dans la pierre. Il se trouve cependant que la prise de conscience des dangers écologiques pénètre des cercles de plus en plus larges, et qu'une minorité grandissante en a assez du baratin et aimerait pousser la pratique un cran plus loin, au-delà du simple tri des déchets et de la consommation intelligente. Or, le terrain d'application semble tout trouvé : la maison.
On dirait un mouvement général. Dans les forums et salons verts, on ne parle plus que de ça. D'après Nelly Pégeault, directrice de Nature et Progrès, le salon Marjolaine se taille ses plus gros succès avec des conférences du genre : «Nous avons construit notre maison autonome nous-mêmes et ça nous coûte cinq fois moins !» Quant au salon Vivre Autrement, il se restructure autour de son «Pôle construction écologique». Il faut dire que, mine de rien (alors que les médias en parlent infiniment moins que de la voiture), l'industrie du bâtiment «normal» pollue énormément : c'est la seconde source d'émission de gaz à effet de serre : 25 % du total des émissions de CO_2, après les transports (28 %) et avant l'industrie (22 %). Et cela représente carrément, et de très loin, notre première consommation d'énergie (45,8 %), devant l'industrie (27,7 %) et les transports (23,9 %).
Autrement dit, la maison verte constitue un front de mutation essentiel pour les humains du XXIe siècle… On s'y met ?

À LIRE
L'architecture écologique, Dominique Gauzin-Müller, éd. Le Moniteur.
De la maison autonome à l'économie solidaire, Patrick Baronnet, auto-édition Heol.

CONTACT
La maison autonome :
route de Louisfert, 44520 Moisdon-la-Rivière, tél : 02 40 07 63 68
(visites possibles au printemps, festival en juillet et divers stages de formation, voir p. 198) : heol.org–heol@waika9.com

UNE GÉNÉRATION D'ÉCO-ARCHITECTES, ENFIN !

Il y a quelque chose de fou dans le retard qu'ont pris les têtes pensantes de l'architecture occidentale. Voilà pourtant des décennies que chacun sait l'importance des enjeux écologiques à venir ! Heureusement, elle arrive enfin, la génération des éco-architectes de talent. Il était temps...

Devinette : quelle idée, quelle philosophie, quelle éthique, quelle esthétique notre belle intelligentsia a-t-elle produites pour fonder les nouveaux habitats du XXIe siècle ? Pas grand-chose. La plupart des architectes se contentent de reprendre éternellement (chacun à sa sauce) les mêmes concepts, inventés il y a quatre-vingts ans par Le Corbusier, Mies Van der Rohe ou Georgievich. Or, que faisaient ces grands visionnaires des années 20 : l'apologie absolue de l'industrie appliquée à l'architecture ! Enfin libérés des pesanteurs du réel organique, les humains allaient pouvoir «réinventer l'espace» et habiter dans des villes abstraites, faisant table rase de toute tradition. Exactement le contraire de ce dont nous avons besoin aujourd'hui ! Car nous sommes en train de crever d'être des locataires de l'abstrait, à 100 % coupés de la nature. La question est justement devenue d'inventer une architecture naturelle – ce à quoi s'appliquent les nouveaux bio-architectes (souvent des repentis de l'ultra-technologie) :

• L'un des premiers à s'être inspiré des formes vivantes, intégrant l'artificiel et le naturel pour dessiner un habitat nouveau – de la chambre à la cité – est le Français **Jacques Rougerie**, concepteur de villes sous-marines bioniques...

• Les projets de l'Américano-Argentin **Emilio Ambasz** fondent littéralement les bâtiments dans le paysage, avec un art du camouflage tel qu'on a du mal à distinguer les bâtiments de la prairie du Texas où ils sont enfouis !

• Dans le même style, citons l'Américain **Obie Bowman**, dont le Sea Ranch de Californie est quasiment invisible, tapi sous une lande, au sommet d'une falaise.

• L'Allemand **Thomas Herzog** (cf. page de gauche) a inventé une maison «oignon thermique» dans la forêt...

• Les Américains **Pliny Fisk** et **Gail Vittori** du CMPBS (Center for Maximum Potential Building System) ont inventé une ferme pilote à Laredo (zone aride du Texas) qui démontre la possibilité d'entièrement recycler de vieux bâtiments pour les rendre écologiques, notamment en utilisant des murs de paille pour l'isolation thermique, des cheminées iraniennes pour l'aération, du solaire voltaïque pour l'électricité, et en récupérant l'eau de pluie.

• Le Français **Jean-Pierre Campredon** est l'un des fondateurs de l'association Sens Espace, particulièrement attentive aux prolongements psychologiques et relationnels de la démarche verte, l'architecture devenant «la science des rapports et de la communication, plutôt que de la protection» – utilisant volontiers des structures légères, par exemple des toits en toile, semblables à des voiles de bateaux.

• Installé en Inde, le Britannique **Laurie Laker** se tourne surtout vers les techniques traditionnelles, à la fois peu chères et qui ont fait leurs preuves.

• L'artiste peintre autrichien **Friedensreich Hundertwasser**, mondialement connu pour ses immeubles végétaux, incarne de façon tonitruante le désir actuel de «rebâtir les villes à la campagne», de façon onirique et quasiment enfantine.

• L'Italien **Renzo Piano** a notamment créé le Centre culturel Jean-Marie-Tjibaou, en Nouvelle-Calédonie, un alliage sublime entre les méthodes traditionnelles de construction, les technologies contemporaines et le design écologique.

• L'Italo-Américain **Paolo Soleri**, le plus rebelle de tous, est à la recherche d'une méthode qui permettrait carrément de se passer de la technologie.

Tous ces éco-architectes reconnaissent généralement un maître, **Frank Lloyd Wright**, qui, dès les années 20, écrivait : « La prairie possède une beauté qui lui est propre. Nous devons reconnaître et accentuer cette beauté naturelle, son étendue tranquille. À l'aide de toits à douce inclinaison, de constructions basses, de silhouettes calmes, de cheminées larges et massives et de saillies, à l'aide de terrasses basses, de murs en prolongation des maisons et entourant les jardins individuels.»

À LIRE

L'architecture verte, James Wines, éd. Taschen.

YOURTE

Et si vous vous logiez à la mongole ?

Par un de ces retours de flamme qui donnent du sel à l'existence, des formes d'habitation du Néolithique (– 10 000 ans) entrent en résonance avec l'époque post-moderne avec assez de force pour que certains de nos contemporains décident d'en faire leur lieu de vie, plantant dans les campagnes d'Occident des milliers de yourtes (appelées *ger* par les Mongols) et de tipis nord-amérindiens. Ceux qui choisissent de vivre ainsi aujourd'hui optent pour une autre vision du monde : une vision multidimensionnelle, nomade, naturaliste, libertaire, traditionaliste, bionique, poétique, magique et même politique – nous le savons : si le monde va mal, c'est qu'il superpose la monstrueuse gloutonnerie des uns à la vertigineuse pauvreté des autres. Une seule solution : décider de vivre beaucoup plus simplement, notamment entouré d'infiniment moins d'objets. Vivre sous une yourte ou un tipi a des chances de nous aider dans cette quête, inaccessible de prime abord. Attention : une belle yourte peut faire jusqu'à 90 m^2 de surface. Recouverte d'épais tapis de feutre et résistant aux pires climats, froids ou chauds, c'est loin d'être une misère ! Traditionnellement montée par les femmes (!), elle vous fait aujourd'hui une chambre supplémentaire idéale dans le jardin, une halte estivale, un théâtre traditionnel. Certains VIP l'utilisent pour y faire de l'événementiel. Sa forme circulaire invite magnifiquement à la méditation.

À LIRE

• *Yourtes et tipis*, Isabelle Bruno, éd. Hoëbeke
• *Habitats nomades*, Denis Couchaux, éd. Alternatives
• *Maisons mobiles*, Véronique Willemin, éd. Alternatives

CONTACTS

• Nomade aventure : 40-49 rue de la Montagne-Ste-Geneviève, 75005 Paris, tél : 01 46 33 71 71 isalyne@nomade-aventure.com
• dans toute la France, une formule originale, le «Yourt & Breakfast» : www .yourte.com
• www.habiter-autrement.org

FANTASME

Aménager une vieille gare désaffectée ?

«Nous louions depuis des années, sur l'île de Majorque en Espagne, une vieille demeure tout en marbre lorsque mon père vit une annonce immobilière : la vieille gare en face de "chez nous" était à vendre. Intimidés, nous y allâmes en famille, tous les sept, pour une visite de rêve. Nous, les enfants, nous attribuâmes d'office le premier étage, ancien local administratif, avec vue sur les rails et les oliviers. Les douches communes seraient transformées en salle de bains géante. Quant aux guichets, ils deviendraient une fabuleuse cuisine américaine. Et la salle d'attente, sous quatre mètres de hauteur de plafond, serait notre salon de bal… La plaque de la gare serait rebaptisée à notre nom, rien de moins… C'était un rêve. La gare fut vendue à de riches Allemands, qui l'entourèrent d'une clôture chic. Notre gare de rêve est aujourd'hui une vulgaire villa privée.»
(Jean-François, 38 ans)

CONTACT

À défaut de s'acheter un lieu d'exception comme une gare, une église ou un bureau de poste, on peut louer un bateau, les dépendances de l'église Saint-Eustache à Paris, une chèvrerie à Rambouillet... pour une journée pas comme les autres. Espace à la carte (1 001 lieux), tél : 01 42 89 52 22
www.1001salles.com

ISOLANT

Le bon vieux chanvre des familles

Ce végétal a longtemps eu une mauvaise réputation. C'était pourtant, autrefois, l'une des cultures les plus importantes pour fabriquer des cordages (il pousse vite, sans engrais, produit beaucoup et n'abîme pas les sols).
On redécouvre aujourd'hui ce matériau noble comme isolant thermique et acoustique mais aussi comme régulateur d'humidité.
En plus, les murs respirent naturellement…

CONTACTS

- Le site général : www.technichanvre.com
- Différents autres isolants naturels : www.eco-logis.com/isolat.htm

«Nos maisons sont des transformateurs, qui changent les énergies trop fortes en images»

Écologiste qui se moque des écolos, Michel Serres, le lutin provocateur de l'intelligentsia française bouscule nos certitudes : «90 % des humains n'ont jamais vécu dans une maison.» Interview :

La maison est un sujet que vous avez souvent abordé. Dans* Les cinq sens*, vous l'appelez même «Maison», sans article. Comme si c'était un personnage.

«Historiquement, même en France, très peu de gens ont vécu dans une maison, au sens où nous l'entendons. Notre langue en a gardé la trace : si un pauvre a peu de revenus et un indigent, peu à manger, le mot "misérable" désigne celui qui n'a pas de maison. Jean Valjean dit, lors de son procès : "C'est pas nous qui avons des maisons." L'habitat généralisé, tel que nous le concevons, est un phénomène récent, dû à notre enrichissement progressif. Il y a quelques années encore, dans l'Himalaya, j'ai rencontré des sherpas qui étaient très mal à l'aise dans une maison, ils y étouffaient, couchaient sous un rocher, à l'extérieur. Je ne me sens pas très différent. Je viens de la campagne… Arrivé à Paris, j'écrivais à mon père : "Même dans leurs rues, je suis tout le temps dedans !"

«Les humains sont de plus en plus à l'abri. Regardez les couches successives qui recouvrent une maison du dehors au dedans : peinture, enduit, béton ou pierre, puis de nouveau revêtement, plâtre, peinture, puis tableau ou affiche… représentant quoi ? Le plus souvent, l'extérieur, dont nous ne pouvons cependant pas supporter les énergies. La maison transforme le chaud, le froid, le vent ou la pluie en informations imagées. Elle sert de "transformateur thermodynamique", qui traduit les hautes énergies en énergies douces. Elle nous permet ainsi de n'avoir rapport qu'aux images et aux mots. Nous sommes d'ailleurs si fragiles que, même à l'intérieur, la maison continue à accumuler ses strates : nous la portons sur nous, couche après couche, sous forme d'habits. Comme le fœtus dans le sein de sa mère. D'une certaine façon, la maison joue le même rôle que le corps : nous mangeons des sucres et des graisses pour que leurs énergies se transforment, la meilleure transformation étant finalement de converser avec nos semblables.»

Le contact direct avec la réalité serait trop puissant pour nous ?

«En effet, et pourquoi ? La plupart des animaux sont des "automates génétiques" : ils ont des instincts qui leur imposent des conduites toutes faites en rapport avec la niche écologique qu'ils ont choisie. S'ils changent de niche, ils meurent. Mais à partir du chimpanzé ou du bonobo, l'instinct disparaît peu à peu, laissant place à l'apprentissage. La peur de la réalité devient consubstantielle à l'homme, parce qu'il n'a pas de conduite programmée, il se programme lui-même en apprenant.

«Mais quand on vit beaucoup dehors, ce qui a été mon cas, on finit par avoir une pratique des hautes énergies. La maison une fois réduite à l'habit ou à la tente, le corps se renforce et résiste assez bien à la grêle, à la neige, au froid ou à la chaleur. On prend alors conscience que la terre peut être un plancher, le ciel un plafond, les arbres et les montagnes des murs : une expérience vivante d'une sorte de maison générale – celle du paysan, du montagnard ou du marin. Mais la notion de "maison planétaire", elle, remonte à peine aux jours où nous avons pu la voir, prise en photo par les cosmonautes. Tout à coup, le vieux mot de Pascal – "Nous sommes embarqués" – a pris un sens concret : expérimental (le vaisseau spatial terre) et global (la solidarité humaine).»

À LIRE

Michel Serres : *Hominescence*, éd. Le Pommier, et *Les cinq sens*, éd. Grasset.

JE SUIS BIEN CHEZ MOI, ET VOUS ?

Pour son 100e numéro,* Marie-Claire *avait demandé à l'écrivain Colette d'être sa rédactrice en chef. C'était en janvier 1939, elle avait 45 ans et venait d'aménager son douzième lieu de vie, dans les jardins du Palais-Royal, à Paris. Soixante ans plus tard, une femme qui lui ressemble, Marie-Joséphine Grojean, tombe sur ce magazine, en visitant le musée Colette à Saint-Sauveur, son bourg natal de l'Yonne. Aussitôt l'inspiration fleurit ! Extraits.

«L'article principal de Colette (en photo ci-dessous) s'intitule "Je suis bien chez moi, et vous ?" De quoi y parle-t-elle ? Du nombre et de l'agencement des pièces, des couleurs des murs, de ce qui lui parvient de l'extérieur, les bruits de la rue, les odeurs, la vue sur le jardin, d'arbres, de terrasse, puisqu'elle en avait une et s'extasiait de pouvoir y mettre quatre chaises et une table et une caisse à fleurs. Colette était devenue parisienne, mais elle évoquait en campagnarde qu'elle est toujours restée le bonheur d'un logis quand le dedans et le dehors se côtoient et se mêlent harmonieusement.

«Le lieu qui nous abrite, où nous pouvons dormir tranquilles, cuisiner nos repas, satisfaire nos besoins physiques de toutes sortes, ce lieu est d'abord un point géographique à la surface du globe. C'est là où l'on habite, où l'on a ses habitudes. Il est déterminé climatiquement, topologiquement, socialement, culturellement et nous détermine en retour.

«Mais cet abri est aussi autre chose qu'une protection contre les duretés du monde ou qu'un bric-à-brac d'objets. La maison est l'occasion de la rencontre avec une intimité à dévoiler en cercles concentriques qui nous mènent de l'extérieur du monde à l'intérieur de nous-mêmes, cet intérieur où se tissent nos rêves et nos aspirations et où jaillit la créativité… si l'espace y est propice.

«Une maison ressemble toujours à ceux qui l'habitent, et il ne s'agit pas seulement de style. Le style, c'est du préfabriqué avec sa classification formatée, moderne, classique, rustique, ethnique, il y a même aujourd'hui un style "écolo" ! Une maison créative n'a pas un style, comme un véritable artiste qui n'entre dans aucune tendance existante. En revanche, elle a une ambiance qui, tout en préservant l'intimité favorable au ressourcement et à la connaissance de soi, ouvre sur l'espace de l'autre et sur l'espace extérieur.

«Je suis bien dans ma maison parce que les points de vue y sont multiples ; les perspectives spatiales certes, mais aussi les tempos de l'action ; on peut y trouver la solitude et le repos, mais aussi y agir, créer, rencontrer, recevoir. La qualité d'une maison, au-delà des contingences matérielles qui la déterminent et la limitent, est dans sa vibration, un mot difficile à définir. C'est comme une atmosphère, il faut la ressentir. Dans une maison, il faut la créer et la recréer sans cesse. Notamment par la relation harmonieuse établie entre le dedans et le dehors. Le lien créé avec la nature, ne fût-ce qu'un arbre ou une plante verte, ou le morceau de ciel à la fenêtre donne à la maison sa vibration harmonique. Une résonance cosmique s'installe, qui fait tomber les murs. Alors, de ce lieu intérieur qui permet de reprendre ses forces et on pourra bondir joyeusement au-dehors.» (Marie-Joséphine Grojean)

À LIRE

Les Cévennes, rêve planétaire,
Marie-Joséphine Grojean, éd. Albin Michel.

FENG SHUI

Réparez votre maison imaginaire !

Voilà des années qu'on nous parle du Feng Shui (prononcez Fong Sué : littéralement «vent et eau» : «se protéger du vent, et profiter de l'eau»), né il y a 5 000 ans en Chine. Le but de «l'acupuncture des maisons» est d'y faire circuler l'énergie universelle, le Qi. Elle fait des recommandations du genre : «Adossez-vous à une colline au nord» ou «Ne vous installez pas au-dessus d'un cours d'eau». Conseils pour ceux qui vivent à la campagne et peuvent se choisir un lieu ! Or, 95 % des gens n'ont pas le choix et sont déjà bien contents de trouver un logis. Comment appliqueraient-ils ces conseils au sommet d'une tour ? Pourtant, les Chinois, bien qu'en plein boom moderniste, continuent d'appliquer leur art millénaire… apparemment non sans efficacité. Comment expliquer ça ? Selon le Feng Shui, le Qi peut être bloqué par un mauvais terrain, une mauvaise orientation ou de mauvais matériaux, mais aussi par une décoration décalée, des objets peu adaptés, voire un hiatus entre forme et intention !

La circulation de l'énergie dépendrait d'un vaste système, où matière, énergie et formes rejoignent les psychés. Ce système n'existe pas dans la vision scientifique. L'harmonie d'un lieu y dépend du décor, mais aussi de l'idée que nous nous en faisons. Notre santé dépendrait, entre autres, de la maison que nous avons dans la tête ! Ça sonne étrange, mais familier : il y a des lieux où l'on se sent bien (ou mal) pour des raisons subjectives.

Pour les Chinois, si la forme de votre habitation gêne la circulation du Qi, vous pouvez y remédier en changeant cette forme «dans votre tête» de façon symbolique, par exemple en disposant de petits objets qui définiront un nouvel espace, virtuel mais harmonieux. Souvent, il s'agira de bouger les meubles, pour rétablir l'équilibre yin/yang (trop de yang stresse, trop de yin fige), c'est-à-dire revenir au principe d'harmonie universelle : le Tao.

À LIRE

Santé et habitat selon les traditions chinoises du Feng Shui,
Gérard Edde, éd. Albin Michel

DIX PRINCIPES GÉOBIOLOGIQUES POUR CONSTRUIRE SA MAISON

Le Feng Shui chinois est à la mode – aujourd'hui concurrencé par le Vastu Shastra indien (cf. p. 197) – et nous apporte d'excellents conseils. Mais nos ancêtres gaulois (ou égyptiens, ou romains) savaient eux aussi qu'on ne construit pas sa maison «sur les veines du dragon» ! Nourri de toutes ces influences, l'architecte Jean-Charles Fabre, grand amoureux de la forêt de Brocéliande et auteur de* Maison entre terre et ciel *(éd. Vega), nous a donné les dix principes d'une construction respectant les énergies du ciel et de la terre.

1. Si la situation vous le permet, ne soyez jamais pressé de construire. Ménagez-vous du temps pour aborder le lieu à plusieurs moments de l'année. Observez les arbres, leurs teintes, leurs formes, et les vues que ménage la chute des feuilles à la saison hivernale. Les trouées de verdure permettent une relation nouvelle à notre environnement. Elles pourront se traduire plus tard dans la maison par le choix d'une ouverture orientée. L'arbre, en tant que condensateur des énergies vitales d'un lieu (le *Qi* des Chinois), vous donnera toujours une idée du potentiel énergétique à disposition sur votre terrain.

2. Considérez que l'orientation solaire du terrain est l'un des facteurs qui vitalisera le plus votre future maison. La protection du terrain au nord et au nord-ouest par un bosquet d'arbres, une remontée de terrain ou la présence de rochers faisant écran contribueront à «contenir» l'énergie vitale du site.

3. Faites l'expérience suivante : considérez que votre terrain est une entité à part entière. Observez les axes principaux de cet enclos. Voyez s'il existe des levers ou des couchers solaires qui coïncident avec un axe de votre terrain. Notez les dates qui correspondent. Ce sont les «jours-anniversaires», où le temps et l'espace s'épousent. Ces notions, apparemment simplistes, fondent en vérité l'opérativité du trait dans la conception des édifices sacrés. Appuyez-vous sur cette convergence de l'espace et du temps.

4. Faites aussi l'expérience des orientations sonores sur votre terrain et ce à différentes heures de la journée. À savoir : notez ce que votre terrain, en tant qu'oreille vivante – espace vibratoire –, perçoit des sonorités alentour (cloches, bruissements, bruits de moteurs, espaces de non-bruit...).

5. Parlez, rencontrez les gens des lieux environnants, vous aurez toujours à gagner quelques témoignages de vie. Car si les pierres sur votre sol, les arbres, les animaux témoignent de la vitalité du lieu, combien plus encore peuvent témoigner les générations de familles qui s'y sont succédé !

6. Édifier sa maison conduit à suivre un processus de croissance personnelle. Mais c'est aussi un travail sur le couple et sur la famille qui s'engage. Une fois qu'il est entendu que nous «sommes» cette maison que nous construisons, nous pouvons nous exercer à rechercher sur notre lieu ses canaux d'énergie, son acupuncture terrestre.

7. La course du soleil vous servira de référence pour positionner les fonctions des activités de la maison selon leur qualité.

8. La fonction d'élaboration de la nourriture à laquelle échoit la cuisine est située de préférence à l'est ou à l'ouest de la maison. À l'image de la lumière solaire qui, à son levant et à son couchant, transmue progressivement, ces directions générales répondent à des processus de transformation auxquels sont soumis analogiquement les aliments.

9. Le séjour, en tant que lieu d'échange et de partage de la famille, de réception des hôtes, se positionne en partie sud. Tout comme les forces solaires de midi, qui président à cette orientation, c'est ici que s'exprimera le plus harmonieusement le rayonnement de la famille. On peut privilégier une ouverture au sud-ouest afin de bénéficier jusqu'aux dernières lueurs de la lumière naturelle au cœur de la maison. On choisit de faire coïncider l'emplacement du foyer cheminée avec le «nœud de vie» de la maison. Les fonctions de celle-ci se développent alors depuis cette origine, selon un processus de croissance identique à celui des feuilles et des fleurs autour de la tige d'une plante.

10. On choisit de placer dans la partie nord du plan tous les volumes techniques, aires de stockage, garage. Ainsi positionnées, ces fonctions jouent le rôle d'espaces tampons par rapport aux pièces d'habitation. On cherche à regrouper dans cette même partie les différentes canalisations des eaux, ainsi que l'arrivée du circuit électrique.

Des milliers d'Occidentaux mutants construisent leur maison bio eux-mêmes

Qui n'aimerait habiter une «maison verte», énergétiquement autonome, faite de matériaux nobles et sains, avec un jardin d'hiver, une orientation plein sud, la récupération des eaux de pluie, un étang à roseaux pour recycler les eaux usées et un bon système de captage solaire ? Oui mais voilà : n'est-ce pas du luxe ?

Inaccessible parce que beaucoup trop cher ? En moyenne, à court terme, le bio est de 15 à 20 % plus cher que l'habitat normal – à de notables exceptions près : voyez l'expérience de la coopérative ouvrière SPL, dans le Pas-de-Calais, qui construit des logements sociaux écolos à prix HLM ! (cf. *Nouvelles clés*, n°45). Et surtout, c'est sans comptabiliser tous les avantages qualitatifs à long terme, qui valent un amortissement accéléré !

En fait, la construction écologique est d'abord une question de motivation, individuelle et collective. Côté collectif, on sait bien que les Français ne sont pas des champions. Mais même en Allemagne ou en Suède, les avant-gardistes et pionniers incontestables ont été des autoconstructeurs individuels, qui luttent depuis des décennies, sans la moindre subvention, et ont mis au point des matériaux particulièrement intéressants, résultats de recyclages et de mélanges non polluants, bénéfiques à la santé des humains et à la biosphère. À l'inverse, la plupart des professionnels du bâtiment ont été (et sont encore, notamment en France) épouvantablement conservateurs, lents à comprendre de quoi on parle !

Bref, comme souvent, la révolution vient de réseaux et de minorités, peu fortunés mais vifs et ouverts, et surtout prêts à payer de leur personne. Voilà comment *Village Magazine*, l'un des organes de l'architecture écologique française, décrit les six familles d'autoconstructeurs – évidemment reliées entre elles par toutes sortes de passerelles :

• Les bioclimaticiens ont comme objectif principal la réduction des dépenses énergétiques. Ils ne sont pas toujours sensibles aux matériaux écologiques, mais ont à cœur de bien implanter les maisons dans leur environnement, et en fonction du climat local.

• Les concepteurs de maisons solaires sont des bioclimaticiens qui ont poussé un concept au maximum : apport de chauffage en solaire passif, chauffage de l'eau sanitaire, production d'électricité.

• Les bioconstructeurs sont attachés avant tout à la santé. Tous les matériaux sont passés au crible, l'électricité sera installée pour éviter les champs électromagnétiques et ils feront appel à un géobiologue pour faire une étude du terrain.

• Les débrouillards, spécialistes de la récupération et du sur-mesure, innovent en détournant de leur fonction les objets manufacturés.

• Les naturels choisissent leurs matériaux au plus près de chez eux (bois, terre crue, paille…), et si possible sur le terrain même de leur future maison.

• Les pro-HQE (haute qualité environnementale) défendent le label institutionnel, construction écologique pilotée par les industriels de la construction conventionnelle.

Dans les faits, le véritable écoconstructeur essaie de prendre le meilleur de chacune des six familles, créant ainsi la famille complémentaire idéale.

CONTACT
Village Magazine, La Caillère,
61100 La Carneille, tél : 02 33 64 01 44
fax : 02 33 64 31 94
Acteur.Rural@wanadoo.fr – www.village.tm.fr

GUIDE

Une bible pour construire votre maison verte vous-même

Bâtir Sain publie le *Guide raisonné de l'éco-construction*, un guide et annuaire professionnel qui liste de nombreux matériaux sains et écologiques dans toute la France et quelques pays voisins. Il liste les équipements pour le bâtiment passif, qui n'a pas besoin de chauffage central (les meilleurs bâtiments énergétiques à très basse consommation, quatre fois moins gourmands en énergie que les bâtiments français standard). Le *Guide raisonné* recherche les meilleurs produits et les plus innovants pour l'éco-construction/HQE (haute qualité environnementale) avec un descriptif analytique et une liste des produits par rubrique : gros œuvre, second œuvre, installations, finitions, paysage, etc. Vous recherchez par exemple des canalisations sans PVC, une peinture saine, un urinoir sans eau, une éolienne, un enduit bio prêt à l'emploi, une chaudière plus performante, une toiture végétale, un système de récupération et de stockage d'eau pluviale, une piscine bio : vous les trouverez dans ce guide, régulièrement mis à jour, avec plus de 850 produits sélectionnés et présentés sur environ 78 pages. Édité par Bâtir Sain, l'association pour le développement de la construction biologique et écologique, ce guide est le plus complet existant actuellement en France.

CONTACT
Association Bâtir Sain :
4, rue des Coteaux,
91370 Verrières-le-Buisson,
tél/fax : 01 60 11 12 10
www.batirsain.org
info@batirsain.org

“Rien ne va de soi. Rien n'est donné. Tout est construit.”
GASTON BACHELARD

CABANES

Immeuble qui pousse et cocon maternel

Vous n'avez jamais rêvé de (re)jouer «à la cabane» et de vivre caché dans les arbres ? L'architecte-paysagiste Edouard François a conçu en 2000 à Montpellier un véritable jardin à la verticale : le rêve d'enfant est devenu réalité pour les soixante-quatre propriétaires du Château-le-Lez. À l'heure du développement durable, Edouard François conçoit des projets en lien avec la nature. Son «immeuble qui pousse», sur sept étages, se dresse vers le ciel. Son concept ? Chaque appartement dispose d'un balcon sur pilotis, niché dans les arbres et relié au bâtiment par une passerelle aérienne en bois. La façade du bâtiment est recouverte de mousse et ensemencée de millions de graines : elle se couvre progressivement de plantes rampantes : un arrosage automatique nocturne, enrichi en engrais, est prévu une heure par jour. Quant aux vraies cabanes, qui continuent à plaire à beaucoup d'entre nous, dont l'enfant intérieur n'a pas été trop muselé, elles connaissent actuellement un véritable boom, particulièrement influencé par la mode des admirables maisons de charpentiers américains. Selon la pédopsychiatre et analyste Catherine Jaconelli, citée par la journaliste Amélie Cordonnier dans *Psychologies Magazine* (n° 243) : *Cabana*, en latin, veut dire «ce qui contient un homme seul debout». C'est un espace clos, qui renvoie à un cocon enveloppant et berçant, dont émerge quelque chose de doux rappelant l'utérus et la chaleur du ventre maternel.

À LIRE

- *L'immeuble qui pousse*, Édouard François, éd. Jean-Michel Place
- *Cabanes*, Sonya Faure (les photos de deux cents cabanes), éd. Flammarion
- *Maisons de charpentiers américains*, éd. du Chêne

SQUAT, HIVING, COMMUNAUTÉ… NOUVELLES FAÇONS DE COHABITER

Les générations se succèdent et les mœurs évoluent, souvent dans un individualisme grandissant. Mais assurément pas dans tous les domaines ! Il arrive même que les nouveaux humains se révèlent beaucoup plus aptes à coopérer que leurs aînés. Ainsi en va-t-il de la convivialité, de la cohabitation stricto sensu au bon voisinage.

LE HIVING : Le hiving – de l'anglais *hive*, la ruche – fait fureur aux États-Unis et au Canada. Après le cocooning des années 80, c'est un nouvel art de vivre ensemble, sous le même toit, connecté à la fois à sa famille et au monde. L'aménagement qui s'y prête le mieux est de style loft : on enlève portes et cloisons, les pièces communiquent. La cuisine (américaine) devient le centre de la ruche : conçue de plus en plus grande, la télé satellite y diffuse des nouvelles de la planète à toute heure. L'ordinateur trône dans le salon : n'est-il pas symbole d'ouverture ? Par ailleurs, popularisée par la série télé *Friends*, la colocation a tendance à se répandre, par goût de la vie communautaire… mais sans doute surtout du fait des loyers hors de prix.

DE L'ART DU BON VOISINAGE : Pourquoi rester dans son coin quand on peut faire autrement ? Lancée en 1999, la Fête des voisins est devenue le premier rendez-vous citoyen de France et commence à mobiliser d'autres villes européennes. Rien de plus simple à organiser : il suffit de le vouloir, de mobiliser le plus de monde possible et de se répartir les tâches. Des affichettes officielles sont disponibles dans la plupart des mairies ou auprès de l'association Immeubles en fête. On se partage les frais. Si vos voisins sont de nationalités différentes, profitez-en pour leur demander leurs spécialités. Pour garder un souvenir, certains font ensuite un petit journal avec photos de la fête, qu'ils distribuent dans toutes les boîtes aux lettres…

ÉCHANGE D'HOSPITALITÉ : L'intérieur de nos voisins attise notre curiosité et les pages des magazines, qui nous font visiter les demeures des uns et des autres, le prouvent. Pourquoi ne pas quitter le papier glacé et voyager en restant chez soi ? L'échange d'appartement (de villa, de camping-car, de bateau…) permet de se dépayser, dans un budget serré, tout en bénéficiant d'un home sweet home. Pour un week-end ou des vacances, certains échangent leur résidence principale, d'autres leur résidence secondaire. Préparez vos trousseaux de clés…

LIBRES ENSEMBLE : Spécialiste reconnu des affaires de la famille, François de Singly dirige un laboratoire du CNRS, le Centre de recherche sur les liens sociaux. Après avoir mené une grande enquête auprès de couples, des grands enfants restant à la maison ou encore de personnes vivant en maisons de retraite, il ouvre, dans son ouvrage *Libres ensemble*, des pistes pour pouvoir vivre avec des proches sans être trop oppressés par la vie commune. Au couple ou au groupe fusionnel, on serait passé, individualisme oblige, au fissionnel : on se réalise désormais dans une double vie, faite alternativement de temps personnel et de temps partagé. Pour apprendre à vivre ensemble, il est une règle d'or : apprenons à être libres ensemble !

ARTISTES SQUATTERS, HÉROS DE LA PRÉCARITÉ : No Mad's Land, L'École, Hors Champs, La Maison de la Plage, La Loupiote, La Galette dans l'Art : autant de squats où la créativité bouillonne, en dehors des institutions et des galeries. Combien d'artistes sans ateliers ont en effet trouvé refuge dans des locaux à l'abandon ! Ici, pas d'états d'âme : on abat les cloisons, on fait de la récupération, on partage, on barbouille sur les murs, on tend des drapés, des fils de fer, on se mesure aux autres, on déverse son imaginaire, sa poésie, son insoumission… Entre quatre murs précaires, des artistes alternatifs inventent une autre socialité sur leur île, l'art éphémère fait son nid. En attendant que d'autres fassent de la spéculation et réhabilitent les lieux…

Visitez le prototype des communautés :

il a duré près d'un siècle !

Dans le monde entier, le bouillonnement culturel après 1968 s'est traduit par une myriade de projets communautaires, urbains ou ruraux, politiques ou spirituels. La plupart ont échoué pour des raisons économiques. Pourtant, au XIXe siècle, des utopistes français avaient réfléchi à la question et commencé à la résoudre…

Animé par un idéal d'émancipation, Jean-Baptiste Godin (1817 – 1888) fut d'abord persuadé – comme bien d'autres après lui, de Le Corbusier à Walter Gropius – de la capacité de l'architecture à agir sur les comportements. Lorsqu'il découvre la pensée de Charles Fourier (1772 – 1837), socialiste utopiste et inventeur des phalanstères (habitat coopératif), c'est l'illumination : «Ne pouvant faire un palais de la chaumière ou du galetas de chaque famille ouvrière, nous avons voulu mettre la demeure de l'ouvrier dans un palais.» Pour installer les mille trois cents ouvriers de son usine (c'est un chaudronnier industriel, il a inventé le célèbre poêle en fonte Godin), il bâtit le «familistère» de Guise, dans l'Aisne, en s'inspirant du château de Versailles. Les familles qui s'installent dans le «Palais social» (piscine, théâtre, bibliothèque, jardins) vont apprendre à habiter autrement et ensemble, chacune étant censée devenir un exemple pour l'autre. Godin ayant légué son usine à son personnel, sous forme de coopérative ouvrière, le phalanstère devient vite une cité autosuffisante, réalisant une utopie concrète remarquable, sur près de vingt hectares. Cette coopérative fermera ses portes en 1970. Au moment même où des milliers de jeunes rebelles décideront de changer de vie et de vivre en communauté…

À LIRE

Habiter l'utopie, le familistère Godin à Guise, sous la direction de Thierry Paquot, éd. de la Villette.
La vie rêvée des ouvriers du palais Godin, article de Daniel Conrod, *Télérama* n° 2696 (septembre 2001).
Terres de fraternité. Témoignages sur des lieux de vie et d'accueil solidaire à dimension communautaire, Martine Cornillat, éd. L'Arpent Vert.

CONTACT

Les vestiges du familistère se visitent !
tél : 03 23 61 35 36
familistere.godin@wanadoo.fr
http://perso.wanadoo.fr/familistere.godin/
www.familistere.com

DODES 'KA-DEN

Le petit garçon qui vivait dans une voiture

Dans *Dodes 'Ka-den*, un film-culte de Kurosawa, le héros, simple d'esprit, joue au conducteur de tramway toute la journée. Il y a aussi deux héros de l'ombre, immenses, un père et son enfant, qui vivent dans une voiture et mendient leur nourriture. Pour faire rêver son fils, pour que leur avenir ait une direction, le vieil homme construit en paroles, chaque jour, pièce après pièce, la maison dans laquelle ils ne vivront jamais. Poétique, magique.
On plonge, nous aussi, dans un autre temps et dans cette piscine qui ne verra pas le jour…

À VOIR

Le DVD (140 mn, zone 2) est dans le commerce (éventuellement dans un coffret Kurosawa de 6 DVD).

LIBÉRATION

Pourquoi ne pas oser la couleur ?

Un inextricable mélange de déprime, de conformisme et de manque d'imagination nous fait facilement nous résigner devant la couleur, ou plutôt la non-couleur – par exemple le «blanc cassé fané» qui règne sur les murs de nos maisons, sur nos meubles et sur nos vêtements. Comme si les couleurs étaient laides, comme si le gris, le kaki et le vaguement jaunâtre avaient toute légitimité pour être proclamés souverains chromatiques très chic de nos vies. Diable ! Avons-nous donc oublié qu'au temps jadis même l'extérieur des églises étincelait des couleurs les plus vives ? Ressaisissons-nous, il est grand temps. Mais avant de nous précipiter chez le marchand de peinture, pour le dévaliser, consultons le livre de Ray Bradshaw. Il vaut le détour.

À LIRE

Tout peindre chez soi, Ray Bradshaw, éd. Soline

DÉCOUVERTE

«J'ai prié dans la sobriété du béton»

C'est un jour d'été où la chaleur brouille les idées. J'arpente Paris pour les besoins d'un reportage, quand cette petite église contemporaine m'apparaît, dans un quartier en pleine émergence… Avec ses briques rouges, elle m'évoque davantage un espace voué à l'administration qu'un lieu de culte. Mais la croix ne laisse planer aucun doute. Fuyant la fournaise et cherchant le ressourcement, je pousse la porte. Je suis littéralement saisie. Le silence, d'abord, profond, prégnant, m'enveloppe et coule sur moi comme une pluie fraîche. Le jeu d'ombre et de lumière, ensuite. Symbolique. Je nourris mon intériorisation de la pénombre relative, traversée par un rayon de soleil horizontal qui barre l'autel d'un faisceau inspiré. Dans une alcôve, repli de mystère, je découvre le Psaume 50 : «Dans le secret, Tu m'apprends la sagesse.» Je perds la notion du temps. Ce n'est que petit à petit que je remarque l'austérité crue de l'enveloppe de béton et me surprends à faire le parallèle avec l'absolue sobriété de l'architecture cistercienne. Et si c'était «ça» que cherchaient à (re)créer les architectes contemporains dans l'édification de ces nouvelles églises : cette méditation essentielle que rien ne vient troubler, ni ornement ni falbala religieux ? Merci à l'église Notre-Dame de la Sagesse, à Tolbiac, Paris XIIIe ! (Carine Anselme)

“Lorsqu'il n'y a plus rien à faire, que faites-vous ?”

KOAN ZEN

MAISON ET SACRÉ

Depuis le milieu du XXe siècle et l'emblématique chapelle du Ronchamp dessinée par Le Corbusier, les lieux de culte inspirent à nouveau les grands architectes. Motivation : créer un dépouillement menant droit à l'Essentiel. Minimalisme du béton, pureté du verre, chaleur du bois.

«La modernisation de l'architecture sacrée a mûri longuement», dit le père Frédéric Debuyst, bénédictin de Clerlande (Belgique), l'un des spécialistes mondiaux de l'architecture sacrée contemporaine. Parmi les pionnières, il cite bien sûr l'église organique de Gaudi, dans le parc Güell de Barcelone, dont la construction, encore inachevée, a commencé au début du XXe siècle, ou encore Notre-Dame du Raincy, construite en 1923 par Perret. Et aussi la «grange-église» de Boust, en Lorraine, de l'architecte Emil Steffann (1943) : une œuvre d'un tel dépouillement (c'est une église clandestine construite en défiance des ordres nazis), que dans le mouvement des églises nouvelles on lui donne le nom de «bâtiment-berceau.» Emil Steffann restera d'ailleurs une figure de proue de la nouvelle architecture religieuse et construira en Allemagne une quarantaine d'églises au cours des années 50-60.

LES TEMPS SE SUIVENT…

Aux églises «souterraines» des années 70 – construites dans des immeubles et pas vraiment des réussites architecturales – a succédé un renouveau dans les années 90, avec une construction de meilleure qualité. Les flonflons qui ont entouré les cérémonies de l'an 2000 ont marqué un retour du monumental. «Je trouve dommage que l'on accentue le côté gesticulant, comme avec la nouvelle église de Richard Meier à Rome», regrette le père Debuyst. Quant au dialogue interreligieux, si en vogue actuellement, laisse-t-il une trace architecturale ? «J'en prendrais pour exemple le jardin zen qui prolonge la chapelle du monastère de Clerlande. Si le thème central de l'église contemporaine est l'hospitalité, le zen et ses méditations y font écho, dans le sens profond du terme…»

«En général, les gens n'aiment pas les églises dépouillées», précise Élisabeth Flory, historienne d'art et secrétaire générale de l'association Spiritualité et Art (cf. page de droite). «Le vide renvoie à soi et fait peur. C'est pourquoi dans les architectures monacales, on rajoute peu à peu du “bavardage” – mobilier, objets et autres tableaux –, au grand dam des architectes, car le résultat y perd en force.

C'est le cas de la très intéressante église Notre-Dame de Pentecôte, à la Défense, dessinée par Franck Hammoutene et achevée en 2000.» Pourtant, la volonté actuelle de revenir à la source et au dépouillement permettant l'intériorisation pousse plutôt vers le non-décor. Les nouveaux matériaux permettent de traduire cet essentiel. Le béton, d'abord, le verre, ensuite (très en vogue), dont la transparence met en contact avec le ciel. Ainsi, le plafond de la cathédrale d'Evry, créée par Mario Botta (auteur également de l'incontournable chapelle de Mogno, en Suisse, tout en grâce), s'ouvre-t-il pendant le *Gloria*, comme une aspiration à la verticalité…

VERTIGE ET VERTICALITÉ :
Évidemment, la diversité de ces nouvelles églises pose de nombreuses questions. «On a parfois l'impression qu'elles suivent des "modes", sans une véritable réflexion sur leur portée en architecture religieuse. Prenons, par exemple, les murs de verre et acier. C'est beau, c'est net. Mais permettent-ils de clore l'édifice suffisamment pour lui donner une lumière propice au recueillement ? De même, trop de transparence n'est pas très spirituel, ni très mystérieux ; on ne peut pas s'y "réfugier". Il est vrai qu'on demande de faire des miracles sur un minimum d'espace avec un minimum d'argent ! Je dirais qu'il faut que les liturgistes n'en demandent pas trop aux architectes et ne les surchargent pas de symboles. Dans un monde en pleine perte de repères religieux, il faudrait viser la clarté de la fonction et de l'identité, dans la simplicité et la retenue pour donner toute sa force à l'église», conclut avec justesse Élisabeth Flory. Finalement, tout n'est-il pas simplement question d'une qualité de présence due à une densité du lieu ?
Article de Carine Anselme, dans Nouvelles Clés, n° 45, printemps 2005.

À LIRE
Le Génie chrétien du lieu, Frédéric Debuyst, éd. du Cerf.

ART SACRÉ

Accompagner les créateurs

L'association Spiritualité et Art vise à «favoriser la création contemporaine dans les édifices religieux des différentes confessions par tous les moyens appropriés et promouvoir le rôle des artistes en ce domaine». Conseils aux maîtres d'ouvrage sur la programmation, la commande ou le choix des concepteurs-créateurs ; accompagnement de chercheurs et d'étudiants ; conférences, documentation, visites, voyages ; parution régulière des *Chroniques d'art sacré*.

CONTACT
Spiritualité et Art,
tél : 01 44 07 23 20
spirart@noos.fr
www.spiritualiteetart.asso.fr

VASTU SHASTRA

L'ancêtre du Feng Shui est indien

Vieux de plusieurs milliers d'années et antérieur au Feng Shui, qu'il a directement inspiré, le Vastu Shastra (mot sanskrit signifiant «science de la maison») va peut-être ravir la vedette au concept chinois dans les années qui viennent (c'est déjà le cas au Canada), dans la mesure où il vise explicitement l'harmonie de vie, alors que le Feng Shui est souvent utilisé par les Chinois pour atteindre un succès uniquement matériel. Conçu dans la tradition védique, il fait partie du vaste système holistique de l'Ayurveda et tire son savoir de l'observation minutieuse de la nature, s'inspirant de la forme des fleurs, des arbres, des galaxies et des atomes pour composer le Mandala ou plan de la maison. Au cœur de laquelle le *Prâna*, synonyme du Qi, doit pouvoir circuler correctement.

À LIRE
Vastu Shastra, Feng Shui sacré de l'Inde, Alexandra Viragh, éd. Open Way

CONTACTS

Divers

• Un must : le *Guide de l'habitat écologique* vous donnera plus de 2 000 adresses et conseils sur l'habitat sain, les énergies renouvelables et l'autoconstruction, éd. du Fraysse.
• *Cabanes perchées*, Peter et Judy Nelson, éd. Hoëbeke, (traduction attendue d'un livre américain sur les cabanes perchées dans les arbres).
• *Cabanons à vivre,* Christian La Grange, éd. Terre Vivante.
• *Dans ma maison*, Elisabeth Jacquet, éd. Melville, (un voyage détaillé dans une maison, qui fait réfléchir sur la façon dont nous habitons).
• *Petits espaces*, Maria Alessandra Segantini, éd. Actes Sud/Motta
• *Feng Shui facile*, Hélène Weber, éd. Trédaniel.
• *Le Feng Shui et la Santé*, Pr Jes T. Y. Lim, éd. Vivez Soleil.
• *Chez soi*, Perla Serfaty-Garzon, éd. Armand Colin.
• *La planète bleue*, Marie-Joséphine Grojean, éd. Albin Michel.
• *Je suis au jardin*, Elisabeth Foch, éd. Le passage.

La maison écologique

• Association construction alternative saine et écologique accessible à tous (CASEAT) : 101 rue Saint-Dominique, 75007 Paris, tél : 01 45 55 71 50
www.batirecologique.com
salon@batirecologique.com
• Association Bâtir Sain : 4, rue des Coteaux 91370 Verrières-le-Buisson, tél : 01 60 11 12 10
www.batirsain.org
info@batirsain.org
• Le magazine *La Maison écologique* : BP 60145, 14504 Vire Cedex, tél : 02 31 66 96 49
www.lamaisonecologique.com
la.maison.eco@wanadoo.fr
• Stages de formation à l'autoconstruction de maisons écologiques par l'assocation Heol/La Maison autonome. Exemples de journées à thèmes : gestion de l'eau dans la maison ; journée compost ; construction d'un chauffe-eau solaire ; le chauffage dans la maison ; votre projet de maison. Exemples de stages de formation : ossature bois ; couverture et isolation ; construction en paille ; les enduits ; la construction en terre ; la construction chaux-chanvre. Heol : Route de Louisfert, 44520 Moisdon-la-Rivière, tél : 02 40 07 63 68
http://heol.org
heol@waika9.com

Biologie de l'habitat

Les docteurs Hartmann et Curry, en faisant naître la géobiologie, ont confirmé ce que les Anciens savaient de tout temps : notre foyer a des incidences sur notre santé. Ainsi, de même que le médecin prescrit des remèdes pour rétablir notre équilibre, il existe des prescriptions pour des habitats sains, depuis le choix de la parcelle jusqu'à la sélection des matériaux pour l'extérieur mais aussi pour l'intérieur de la maison. En effet, ondes électromagnétiques, pollution électrique, ventilation, chauffage, matériaux, produits d'entretien, bruits font de la maison l'endroit le plus pollué…
• *La médecine de l'habitat,* Jacques La Maya, éd. Dangles.
• Magazine *Tao* hors-série n° 5 : *Feng shui : la maison du bonheur.*
• Un site : www.geobiologie.org

S'écchanger les maisons

www.switchome.org
www.intervac.com
www.trocmaison.com
www.echangedevacances.com
www. homelink.fr
www.intervac.org

Squats d'artistes

• www.fondation-babybrul.org/squat.html :
• www.kisinis.ch/squats/liste_AS/liste_AS.html
• www.mylinea.com/squat/

Etudiants logés au vert

Un nouveau concept, testé avec succès dans le Pas-de-Calais, pourrait être étendu au reste de la France : proposer aux étudiants en quête de logement une chambre… à la ferme ! Bonne issue pour une recherche de logement kafkaïenne pour les uns, complément de revenus pour les autres. Le but est avant tout de créer du lien social. Il suffisait d'y penser. Campus vert, tél : 03 20 29 43 68
www.campusvert.com

Havre de culture SDF

L'association Les Compagnons de la Nuit, créée par l'abbé Pierre et Pedro Meca, écrivain, éducateur et prêtre dominicain, lutte depuis plus de trente ans contre au moins une absurdité : définir quelqu'un, en l'occurrence un sans-domicile-fixe, à partir de ce qu'il n'est pas ! Ainsi, pour proposer un relais entre le jour et la nuit aux gens fatigués, elle a ouvert, en 1991, un lieu unique : la Moquette, lieu d'accueil entre SDF et ADF (avec domicile fixe). La nuit tombe et «égalise», elle favorise la parole. Ici, il n'y a pas de «demandeur d'aide», on discute d'égal à égal, on assiste à une conférence, à un atelier d'écriture… Une cinquantaine de personnes passent chaque soir dans ce laboratoire de la démocratie de demain : «Des gens qui n'ont aucun lien avec les autres : voilà les pauvres, avoue l'un des ADF. Ne nous enfermons pas "chez nous", poussons la porte…»
• Compagnons de la nuit/La Moquette : 15 rue Gay-Lussac 75005 Paris, tél : 01 43 54 72 07 Ouvert de 15 h à 19 h le mardi et de 21 h à 0 h 30 les mercredi, jeudi et vendredi.
• Les compagnons ont publié avec Pedro Meca *Poèmes de la nuit*, éd. Cana ; *Contrebandiers de l'espoir*, Pedro Meca, éd. Grasset ; *Sans domicile fixe,* Hubert Prolongeau, éd. Hachette.

Devenez bons voisins

Lancée en 1999, la Fête des voisins est devenue un important rendez-vous citoyen. Rien de plus facile à organiser. Il suffit de le vouloir, de mobiliser le plus de monde possible et de se renseigner à : Immeubles en fête, 1 bis rue Descombes, 75017 Paris, tél : 01 42 12 72 72
www.immeublesenfete.com

Peinture bio

Certes, la peinture naturelle est 3 à 10 % plus chère que la peinture classique. Mais compte tenu de son excellent pouvoir couvrant, et à condition de respecter le mode d'application, on obtient un coût équivalent. Vous n'avez pas le courage de poncer la peinture chimique existante ? Vous minimiserez ses effets toxiques en la recouvrant d'une peinture naturelle. Les peintures qui portent la marque NF-Environnement® ou le sigle Ecolab® présentent des garanties en termes de performances, de pouvoir garnissant et de séchage.
• *Couleurs à vivre*, Catherine Cumming, éd. Octopus.

Avez-vous une résidence essentielle ?

La résidence secondaire est de moins en moins ce que l'on croit : les habitants vivent désormais leur second logement comme une résidence alternative. Il n'a plus une «maison de campagne» mais une maison à la campagne où s'aménage une double vie. Les cérémonies familiales ou amicales s'y célèbrent plus volontiers : la famille abîmée d'un côté, à la ville, se retisse de l'autre, à la campagne. Comme le suggère le sociologue Jean-Didier Urbain, «ne faut-il pas plutôt parler de résidences essentielles ?»
• *L'autre maison. La résidence secondaire, refuge des générations,* ouvrage collectif dirigé par Françoise Dubost, éd. Autrement.
• *Paradis verts - Désirs de campagne et passions résidentielles*, Jean-Didier Urbain, éd. Payot.

Se Soigner

Êtes-vous las ? Fatigué ? Déprimé ? Il est vrai que les nouvelles du monde n'incitent pas à l'euphorie. Il serait même facile de dresser la longue liste des méfaits qui font de l'humanité une sorte de maladie pour la planète. Et pourtant comment oublier l'adage tibétain qui dit : « Toi qui as eu la chance de prendre forme humaine, ne gâche pas cette occasion. » Où est la solution à ce hiatus ? Une intuition diffuse nous dit qu'il faut la chercher davantage dans ce qui réunit que dans ce qui sépare. Réunir quoi ?

MYSTÈRE

La prière guérit-elle ?

Invité par le NIH (National Institute of Health, instance fédérale de la santé aux États-Unis) à mener une enquête sur les pouvoirs thérapeutiques de la prière, le Dr Larry Dossey a abouti à des résultats étonnants, montrant que la question était loin d'être absurde. Dans un certain nombre de cas, la prière aurait réellement un effet de guérison – même si celui-ci est totalement imprévisible et statistiquement aléatoire.
Les constantes qui se dégagent de l'étude prouvent, comme l'ont déjà amplement montré les études sur le placebo, que le facteur le plus important est la ferveur et l'intensité de la foi de la personne qui prie. L'objet de la prière, la façon de le nommer – que ce soit un saint, une divinité, l'innommable, un «Éternel» diffus ou le Dieu personnel de la Bible – importent moins que le fait que la personne y croie ; et ceci, qu'il s'agisse de se guérir soi-même ou d'influer sur la guérison d'autrui. Au passage, Larry Dossey rapporte des expériences «limites» tout à fait troublantes – où il est question, par exemple, d'un groupe de prière parvenant à assainir une simple culture de cellules malades ! Comme si, derrière tous ces mystères apparemment surnaturels, se cachaient des lois de base de la vie elle-même. Comme si s'incliner devant ces lois pouvait, non pas vous rabaisser, mais vous élever.

A LIRE
Ces mots qui guérissent,
Dr Larry Dossey, éd. Robert Laffont

Pour aller mieux, commençons par calmer nos émotions !

L'une des nouveautés majeures de la médecine en cette aube de millénaire est l'importance cruciale qu'elle accorde aux émotions, dont l'ébullition quasi permanente met notre santé, tant physique que psychique, en état de surchauffe grave. Parmi les innombrables voies théoriques et pratiques que cette nouvelle approche favorise, en voici quatre qui dessinent un paysage.

1. Tout dépend de notre «cerveau ventral»

Stress, fatigue et déprime nous empoisonnent l'existence, alors que, dans 80 % des cas, ils ne correspondent à aucune maladie objective. Pourtant, la Sécurité sociale a été obligée de reconnaître un «syndrome de fatigue chronique», qui fait des milliers de victimes chaque année. L'idée que Pierre Pallardy défend depuis les années 80 (quand il était encore un jeune ostéopathe) est que nous, modernes, devons commencer par «réunifier nos deux cerveaux» : celui de la tête et celui du ventre. Cette idée, qui paraissait farfelue au début (et que Pallardy a commencé à sérieusement consolider, après avoir suivi la formation du kinésithérapeute Boris Dolto), est désormais reconnue par les savants, qui découvrent que les neurones de l'abdomen jouent un rôle crucial dans notre vie psychique et immunitaire. Il est vital d'intégrer les différentes facettes de notre vie : alimentaire, hormonale, sexuelle, relationnelle, affective, onirique, professionnelle… La santé est à ce prix.

À LIRE
Et si ça venait du ventre ? Pierre Pallardy, éd. Robert Laffont.

2. Détestables émotions chéries !

Les psychiatres Christophe André et François Lelord mettent le doigt sur l'une de nos ambivalences les plus préoccupantes : d'un côté, nous aimerions nous débarrasser de nos permanents incendies émotionnels – colère, peur, envie, jalousie… – qui nous ruinent la santé ; mais de l'autre côté, envisager une vie sans émotions nous semblerait triste à se pendre. Coincés entre les deux, comment réagir ? Immense est la force des émotions qui nous traversent, pour notre bonheur ou notre malheur, et que nous partageons avec nos ancêtres animaux ! La question est :
1°) comment les reconnaître ;
2°) comment les «apprivoiser».
Moyennant quoi, nos deux psys sont humblement obligés d'admettre une impossibilité étonnante et primordiale : l'amour n'entre dans aucune de leurs catégories ! Il n'y a pourtant pas de dimension plus émotionnelle que l'amour ! Oui mais voilà, l'amour n'est pas que ça... Que faire ? Peut-être aller voir du côté du verbe Méditer ?

À LIRE
La force des émotions, Christophe André, François Lelord, éd. Odile Jacob.

3. La première émotion fut un choc

Quand l'angoisse nous étreint ou que la dépression nous éteint malgré toutes les thérapies, quand nous n'en finissons pas de raccommoder notre vie qui se déchire toujours aux mêmes endroits, c'est peut-être que nous avons été atteints, à un tout jeune âge, voire pendant la vie fœtale, à un niveau vital de base, là où nous sommes semblables à des poissons ou des lézards (des lézards un peu spéciaux, pour qui le manque d'amour serait aussi grave que le manque d'oxygène). Or les lézards ne parlent pas. D'où une certaine difficulté, pour Arthur Janov, à expliciter sa fameuse thérapie dite du «cri primal». Sa pratique (avec des milliers de patients) lui a pourtant prouvé que la seule façon d'effacer ces traumas est d'en revivre les épisodes... mais sans pouvoir «vérifier» ceux-ci, ni par la parole, ni par l'imagination, ni même par le ressenti conscient, mais uniquement par des données physiologiques (battements cardiaques, température, tension...). Ce serait la condition sine qua non d'une vraie paix intérieure.

À LIRE

La biologie de l'amour, Arthur Janov,
éd. Robert Laffont.

4. Le Q.E. plus important que le Q.I.

Pendant des années, des savants – dont le neuropsy Daniel Goleman et le biologiste Francisco Varela – et plusieurs bouddhistes – dont le Dalaï-Lama – se sont réunis pour comprendre pourquoi même des gens apparemment raisonnables restaient mus par des émotions négatives, parfois archiviolentes, menaçant gravement leur santé. Bilan provisoire : notre intelligence formelle, qui fait de notre cerveau un superordinateur, ne nous suffit pas pour vivre. La démonstration s'appuie notamment sur le monde du travail, d'où nous viennent beaucoup de nos angoisses et de nos maladies : contre toute attente, à peine 25 % des performances des travailleurs sont dues à leur Q.I., alors que 75 % sont en rapport avec leur Q.E., c'est-à-dire leur capacité à entrer en relation, à susciter l'empathie, à gérer des relations, bref à développer une intelligence émotionnelle.

À LIRE

L'intelligence émotionnelle, tomes I et II, et *Surmonter les émotions destructrices*, un dialogue avec le Dalaï-Lama, Daniel Goleman,
éd. Robert Laffont.

MÉDITATION

Se concentrer sur un grain de raisin

Jon Kabat-Zinn, directeur-fondateur de la Clinique de réduction du stress du Centre médical de l'université du Massachusetts (Harvard), l'un des principaux programmes Mind&Body d'Amérique, commence son programme de méditation en distribuant un grain de raisin à chaque participant et en lui demandant de le croquer lentement, en prenant conscience au maximum de ce qui se passe.

Pour J. Kabat-Zinn, relaxation, recentrage, méditation sont autant d'accès à une écoute de soi, condition n° 1 de toute véritable guérison. «Le lien corps-esprit fonctionne bien, dit-il, quand la personne trouve sa place dans le monde, qu'elle a un fort sentiment d'appartenance, de plénitude.

Alors la sensation d'isolement et de frontières disparaît.

Einstein disait que toute séparation relevait d'une illusion d'optique.

La personne saine le sent.

C'est la définition de l'amour.

Le substrat physiologique de ce phénomène universel est loin d'être trouvé.»

À LIRE

Où tu vas, tu es, Jon Kabat-Zinn, éd. J'ai Lu

> ***“L'espoir des hommes, c'est leur raison de vivre et de mourir.”***
>
> **ANDRÉ MALRAUX**

Le corps, l'esprit et les émotions sont inséparables

Derrière l'apparente naïveté de la pensée positive – «Pour être en forme, soyons optimistes» – se cache en fait le système le plus complexe de l'univers : nous-mêmes, vus sous l'angle d'une nouvelle science, la psycho-neuro-immunologie.

En quelques siècles, l'esprit d'analyse et l'insatiable curiosité des savants avaient fini par nous découper en tranches de plus en plus minces. Et voilà qu'à la frontière extrême de son morcellement la science bute sur une découverte majeure : jusqu'au fond de nos cellules, notre corps et notre esprit sont inséparables. Les médecins américains ont baptisé cette réunification historique psycho-neuro-immunologie. Certes, le domaine que l'on appelait jusque-là «psycho-somatique» avait déjà fait couler beaucoup d'encre, depuis qu'à la fin des années 50 la science médicale avait reconnu que la volonté de vivre était un facteur déterminant de la guérison de maladies graves, telles que le cancer. Mais beaucoup d'experts se réfugiaient derrière l'«argument placebo». Celui-ci a fait long feu. On ne peut plus disqualifier l'approche corps-esprit d'un revers de main, en s'esclaffant : «Si ces méthodes soignent 70 % des maladies, c'est que celles-ci sont imaginaires !» Car la frontière entre maladies «réelles» et maladies «imaginaires» est devenue floue – ouvrant des perspectives fantastiques sur la nature humaine.

Les exemples abondent, qui prouvent qu'avant d'être bien nourri et médicalement «entretenu», un corps sain est un corps aimé et aimant, relié au monde, actif et capable de donner du sens à sa vie. Vous trouvez cela évident ? Pour la science officielle, ça ne l'était pas jusque très récemment.

L'expression PNI (psycho-neuro-immunologie) est née quand la biologie moléculaire a disposé d'outils assez fins pour pouvoir se rendre compte que les neurotransmetteurs (neurologie), les hormones (endocrinologie) et les anticorps (immunologie) étaient en fait les mêmes molécules, ou des molécules cousines.

Cette expression a été utilisée pour la première fois en 1975 par le psychiatre Robert Ader. Mais, dès 1964, son confrère George Solomon avait déjà mis en évidence des liens insoupçonnés entre l'activité cérébrale et le système immunitaire. Très schématiquement, ses travaux revenaient à adapter la fameuse méthode de Pavlov (la cloche qui, par effet d'habitude, fait saliver un chien), à la fabrication, non plus de salive ou d'hormones mais d'anticorps (expériences menées la première fois à l'Institut Pasteur de Paris... en 1926 ! mais à l'époque les esprits n'étaient pas mûrs). Depuis 1983, à la pointe de la PNI, l'unité Norman Cousins de l'université de Los Angeles (UCLA) se consacre en grande partie aux sidéens survivants à long terme, chez qui a été mis en évidence un faisceau d'aptitudes spécifiques :

- savoir dire non,
- donner un sens à sa vie,
- aimer coopérer,
- entretenir des amitiés profondes,
- aider autrui,
- compatir,
- accepter la maladie sans perdre le goût de vivre.

Remarquez qu'en France le préfixe «psycho», jugé superficiel par les scientifiques purs et durs, a disparu de la formule, remplacé par le beaucoup plus matérialiste «endocrino» – ce qui donne «neuro-endocrino-immunologie»... et fait sourire les chercheurs américains.

L'un des gros problèmes que pose la révolution PNI est opérationnel : au niveau hypersubtil des jeux moléculaires, chaque être humain est un système à la fois hypercomplexe et totalement unique. Comment traiter industriellement la santé de six milliards de cas uniques ?

CASSE-TÊTE

Demain, six milliards de médecines ?

Directrice du laboratoire de neuro-endocrino-immunologie de l'INSERM, installé à l'hôpital Saint-Antoine, à Paris, France Haour, initialement spécialiste des hormones de l'hypophyse, se retrouve à la tête du projet transdisciplinaire le plus prometteur du siècle.

Comment les médecins français voient-ils la psycho-neuro-immunologie ?

France Haour : On sait très bien aujourd'hui que la psychologie influence tout le reste – et réciproquement. Réduire le psychique au neurologique serait aussi bête que de ramener une émission télévisée à des transistors. À l'inverse, sans transistors, pas de télé ! Tout cela ne pose plus de problème à la médecine classique. Même si le processus est très complexe, nous en connaissons désormais les relais. Tout le monde est d'accord pour dire que s'ouvre une immense zone de recherche.
Le problème est ailleurs. Il tient à l'énorme variabilité de la population humaine : ce qui aide à la guérison d'Untel, à tel moment, tel endroit, n'est plus généralisable à l'espèce. Trop de facteurs sont en jeu.
Du coup, en recherche clinique, c'est la panique !

Il faut faire appel à des modèles trop compliqués ?

F. H. : Oui et non. Plus les recherches avancent, plus neurologues, endocrinologues, immunologistes s'aperçoivent qu'ils travaillent sur les mêmes récepteurs ou les mêmes molécules d'un seul immense circuit. En théorie, on va donc vers une simplification.
Le casse-tête tient à la personne humaine. Plus on avance, plus on s'aperçoit que c'est une entité hypersophistiquée, toujours en déséquilibre provisoire, incompréhensible si l'on ne nuance pas cas par cas. Prenez le stress. Chez tel individu, il provoquera une sécrétion d'hormones, stimulant le système immunitaire et ramenant l'équilibre. Chez tel autre, un stress apparemment identique aboutira au contraire à une immuno-suppression et à la maladie. La personne ne se met pas en équation !

À LIRE
Votre esprit est votre meilleur médecin, Liliane Reuter, éd. Laffont.
Médecine psychosomatique, Drs Haynal et Pasini, éd. Masson.
La force de guérir, Édouard Zarifian, éd. Odile Jacob.
L'instant de la guérison, Christian Flèche et Jean-Jacques Lagardet, éd. Souffle d'or.
Les mystères du placebo, Patrick Lemoine, éd. Odile Jacob.
Psychologies Magazine : «Corps et esprit : les étonnantes interactions entre vos pensées et votre santé» : www.psychologies.com

> ***“En allant au fond de nous-mêmes, nous découvrons que nous avons exactement ce que nous désirons.”***
>
> **SIMONE WEIL**

EURÉKA !

Parlons un peu du placebo

«Généralement, quand le système médical officiel veut disqualifier une nouvelle méthode, il dit : «Ce n'est qu'un placebo.»
N'y a-t-il pas là un sophisme assez malhonnête, dans la mesure où, lorsque nous guérissons, c'est évidemment toujours que la thérapie a su «plaire» (du latin *placere*) à notre organisme ?
De toute façon, c'est toujours notre corps qui, en réalité, se guérit lui-même ! Dire «ce n'est qu'un placebo» n'a aucun sens à partir du moment où «ça marche» ! Or telle est la seule question intéressante en médecine : il faut que ce soit efficace et fiable. Si j'ai entre les mains un placebo – un médicament sans principe actif reconnu – et que ça marche dans 70 % des cas, c'est-à-dire aussi souvent qu'un très bon antidépresseur, ou dans 80 % des cas, comme un très bon antibiotique contre la pneumonie, eh bien, je me fiche de savoir comment ça marche !
À San Diego, on a récemment étudié des traitements officiels standard des années 50 ou 60, dont on s'est aperçu qu'il ne s'agissait en fait «que de placebos», les avancées de la science ayant prouvé rétrospectivement que leurs principes actifs supposés étaient bidon : à l'époque, pourtant, ils fonctionnaient dans 70 % des cas – notamment parce que les médecins y croyaient (ceux-ci ont toujours tendance à «croire» aux nouveaux remèdes) ! Le contrat médecin/patient était donc respecté. Ce que les esprits étroitement scientistes ne comprennent pas, c'est la nature réelle de ce contrat : le médecin doit aider le patient à guérir, donc à induire à l'intérieur de lui les mécanismes d'autoguérison.
Le reste, on s'en fout !»
(Extrait d'un article du Dr David Servan-Schreiber, paru dans *Nouvelles Clés*, n° 37, printemps 2003.)

STRATÉGIES

Attaquer ou comprendre

Les points de vue de l'homéopathie («soigner par le même») et de l'allopathie («soigner par le contraire») sont si différents, que ces deux médecines ont parfois du mal à ne pas s'exclure. L'allopathie cherche à découvrir la cause probable de la maladie, pour agir à son encontre.
Les médicaments se trouvent ainsi classés en antidouleurs, antispasmodiques, antibiotiques, antihypertenseurs, antithyroïdiens, antiépileptiques, anticancéreux, etc. Le médicament prescrit correspond à la pathologie, quelle que soit la personnalité du malade. Alors que l'homéopathie, dès sa création il y a deux siècles, cherche à comprendre les symptômes, non comme des ennemis à abattre, mais comme des messages du corps, qui permettent de comprendre comment aider le système d'autodéfense spécifique du malade à se rééquilibrer et à se renforcer. Connaître le patient avec subtilité devient alors essentiel.

À LIRE

Le magazine *Nouvelles Clés* a publié un dossier sur l'homéopathie, n° 45, hiver 2004-2005.

S.O.S.

La trousse de secours homéo de base

Un grand nombre d'affections peuvent être traitées par voie homéopathique, en ne tenant d'abord compte que du symptôme. Ayez donc toujours avec vous, notamment (en 5 ou en 7 CH) :

- Arnica (contre les traumatismes)
- Belladona et Ferrum phosphoricum (fièvre, toux)
- Pyrogénium (pathologies infectieuses)
- Ruta et Rhus tox (traumatismes articulaires)
- Histaminum (allergies, rhinite)
- Apis mel (piqûres)
- Hamamelis (coups et ecchymoses)
- Nux vomica (troubles digestifs)
- Arsenicum Album (pour tout début d'intoxication alimentaires)
- Chamomilla (pour les enfants en bas âge, dans tous les cas)
- Phytolecca (mal de gorge)
- Oscillococcinum 200 (grippe et refroidissements).

HOMÉOPATHIE : PLURALISTE OU UNICISTE ?

Le principe fondateur de l'homéopathie est de soigner, non pas en s'attaquant à la maladie, comme le fait l'allopathie, mais en renforçant le patient, que le soignant doit donc bien connaître – si possible de façon assez fine pour déterminer son «remède clé», objectif de la pratique «uniciste». Cela dit, des millions de gens utilisent les granules «homéo» comme des médicaments allopathiques, en fonction du trouble, encouragés par la pratique «pluraliste». Deux approches contradictoires ou complémentaires ?

ENSEIGNONS L'HOMÉOPATHIE À PETITS PAS :

«Voilà dix ans que j'ai commencé à transformer la vision manichéenne d'une homéopathie et d'une allopathie antagonistes, explique Christian Boiron, premier industriel homéopathique mondial. Cette dichotomie est périmée. La réalité est plus complexe. J'ai donc imaginé une initiation à l'homéopathie en plusieurs étapes. La première consiste à utiliser un certain nombre de médicaments de manière allopathique – pas n'importe lesquels, nous avons mis des années à les choisir, après avoir réussi, difficilement, à convaincre nos pairs. Même si nous pensons que l'homéopathie originelle – uniciste – recèle toute une philosophie de vie, il n'en est pas moins vrai qu'un Oscillococcinum, un Arnica, un Nux vomica, utilisés comme n'importe quelle aspirine, sans âme ni esprit, ont leur efficacité. Les granules d'Arnica, par exemple, devraient figurer dans tous les centres d'urgence, et être utilisés sans que l'on demande à la personne accidentée ou traumatisée de se plier à je ne sais quel rituel animiste. N'oublions pas que, au départ, Hahnemann, l'inventeur de l'homéopathie, fut un grand pharmacologue, je dirais même le premier médecin-pharmacien scientifique ; sa méthode expérimentale a presque plus de valeur que celle de Claude Bernard. Pour lui hier, comme pour nous aujourd'hui, l'important c'est d'abord que ça marche. Et si ça marche, il y a des chances pour que les gens se posent des questions plus profondes sur la santé et le corps.»

À LIRE

L'avenir de l'homéopathie, Christian Boiron, éd. Albin Michel.
Le choix de l'homéopathie, Dr Michel Servais, éd. Denoël.

«LES PLURALISTES S'INTERDISENT D'UTILISER NOTRE ART» :

«Nos démarches divergent radicalement. Pour moi, l'homéopathie pluraliste est un non-sens, déclare le Dr Michel Servais, coordinateur du *Larousse de l'homéopathie*. Donner à une même personne tel remède pour un mal de gorge, tel autre pour un mal au foie et un troisième pour une migraine, c'est aller à rebours du principe même de globalité qui constitue le génie de l'homéopathie. Certes, il existe des thérapeutes pluralistes de qualité, mais ils se limitent terriblement. En fait, ils s'interdisent de vraiment utiliser notre art. L'idée est que l'individu s'exprime par ses symptômes, mais aussi par ses ressentis, qui en disent long sur son terrain profond, naturel, primaire. Or, ce que cherche un homéopathe, c'est bien l'individu primaire caché derrière l'individu construit. Certes, il ne faut pas non plus faire de la recherche du "bon" remède une quête du Graal. Certains homéopathes enthousiastes partent dans des aventures quasiment mystiques. C'est déplacé. Nous sommes d'abord des médecins, chargés de soigner des gens qui souffrent. Or on peut magnifiquement soigner quelqu'un sans avoir trouvé "le" remède qui correspond à sa personnalité profonde. Si vous venez me consulter pour une gastrite, pour une fatigue chronique, ou pour un chagrin d'amour, je pourrai vous soigner correctement, même sans remonter au noyau de votre personnalité. Mais si je réussis, vous verrez la différence !»

CONTACT

Institut national homéopathique français,
60 rue Saint-Lazare,
75009 Paris,
tél : 01 40 16 55 99.

LOBBYING

Les «anti-homéopathie» sont-ils devenus fous ?

La France patauge dans le marécage de ses contradictions inavouées. Quasiment toutes les pharmacies du pays proposent des produits homéopathiques… que le ministère de la Santé traite par-dessus la jambe, en supprimant une bonne part de leur remboursement par la Sécurité sociale… alors même qu'ils sont très bon marché… supposant donc qu'ils ne sont «que des placebos» au moment même où il faudrait au contraire multiplier les recherches pour comprendre le double mystère scientifique des hautes dilutions… et du placebo. Économies de bouts de chandelle ? En effet, le coût des médicaments allopathiques dépasse largement celui des médicaments homéopathiques. D'autre part, selon deux études menées par le système national de Pharmacovigilance, en un an, 128 000 hospitalisations ont été provoquées par des accidents liés aux médicaments allopathiques, aucune avec l'homéopathie.
La Sécurité sociale a par ailleurs calculé le nombre de jours d'arrêt de travail indemnisés par cabinet médical : 873 jours/an pour un médecin homéopathe, contre 2 028 pour un médecin généraliste. Quant à l'argument phare des «anti», qui veulent faire de l'homéopathie un vulgaire placebo, comment expliquer qu'entre 1985 et 1999 les Français l'aient trouvée si efficace qu'ils sont passés de 25 à 38 % d'utilisateurs (sondages IFOP et IPSOS) ?

À LIRE

Carnets statistiques du CNAMTS, n° 95, 1997

CONTACTS

www.sante.gouv.fr/htm/actu/34_980706s.htm

Laboratoires Boiron

www.boiron.fr

« *L'obligation de subir nous donne le droit de savoir.* »

JEAN ROSTAND

¡ OLÉ !

Accroche ton cœur au septième ciel !

Les relations sexuelles régulières feraient baisser le taux de mortalité. Début 1997, une étude dans le *British Medical Journal* a démontré que le taux de mortalité des hommes ayant au moins deux relations sexuelles par semaine était deux fois plus bas que celui de ceux qui en avaient moins d'une par mois. La fréquence des relations sexuelles induirait une baisse des risques cardiaques liés. Des travaux américains publiés en l'an 2000 dans l'*American Journal of Cardiology* constatent ces bienfaits sur le cœur pour les deux sexes. Sachez qu'un rapport sexuel «moyen» équivaut à monter, à un bon rythme, deux étages. À chacun son sport !

CONTACT

Institut de sexologie, d'assistance aux victimes d'agression et de conseil conjugal, 57 rue Charlot, 75003 Paris, tél : 01 42 71 10 30

www.sexologie-fr.com

L'OMÉGA-MANIA

Selon Jean-Marie Bourre, scientifique spécialisé dans la chimie du cerveau et de ses rapports à la nutrition, il vaut mieux consommer des oméga-3 naturels que des gélules d'huile qui ne rendent qu'improprement les propriétés du poisson frais.

Il conseille de consommer deux à trois fois par semaine de la sardine, du maquereau ou du thon blanc avec une cuillerée d'huile de colza ou de noix (huiles les plus riches en oméga-3) pour combler nos déficiences. D'autre part, n'oubliez pas qu'une alimentation contenant des oméga-3 doit aussi contenir des oméga-6. Ceux-ci se cachent dans l'huile de tournesol ou de maïs, la viande… Si vous mangez beaucoup de poissons gras (riches en oméga-3), complétez par un peu d'huile de tournesol ou de pépins de raisin (et inversement).

À LIRE

La vérité sur les oméga-3, Jean-Marie Bourre, éd. Odile Jacob

LES 7 + 1 MÉTHODES DE DAVID SERVAN-SCHREIBER

Plébiscité par le public français, qui a acheté plus de 500 000 exemplaires de son livre* Guérir *(éd. Robert Laffont), le psychiatre David Servan-Schreiber n'a fait que sélectionner, parmi toutes les «médecines complémentaires» dont sa pratique de chef de clinique, aux États-Unis, lui avait fait vérifier l'efficacité, les sept méthodes les plus efficaces, toutes validées par des dizaines de recherches cliniques, même si l'on ne sait pas «comment ça marche»… «Mais cela, dit DSS, c'est le problème de la science, pas de la médecine.»

1. LA «MISE EN COHÉRENCE CORTICO-CARDIAQUE» :

Découverte récente : les neurones cardiaques fonctionnent en mini-cerveau semi-autonome. Ce «cerveau du cœur» est très lié au cerveau émotionnel et il s'agit de synchroniser leurs rythmes. Un souvenir délicieux vous fait ressentir une vague de chaleur dans la poitrine ; votre cœur bat différemment, ses variations de rythme se régularisent : il entre en «cohérence». Les gens pratiquant le zen ou le yoga savent facilement entrer en «cohérence cortico-cardiaque», même dans un embouteillage, un conflit professionnel, ou une dispute conjugale ! Cela s'apprend.

2. LA MÉTHODE DE MOUVEMENT DES YEUX (L'EMDR) :

La validation de cette méthode de balancement latéral du regard est venue du traitement des effets posttraumatiques lourds, où l'on soigne les victimes d'émotions terrifiantes. Quelques séances permettent de les ramener à la vie, alors qu'elles étaient scotchées dans l'angoisse. Il n'y a pour l'instant aucune explication. Hypothèse : l'EMDR (*Eye Movement Desensitization and Reprocessing*) induirait le même type de réorganisation psychique que celui du sommeil paradoxal.

3. L'ACUPUNCTURE :

Utilisée par exemple contre la douleur et contre la nausée consécutive aux chimiothérapies contre le cancer (sans l'arsenal de produits habituels, aux effets secondaires terribles). Nouveauté : l'acupuncture contre la dépression – les tradipraticiens chinois ou tibétains disent que c'est sa principale application.

4. LA LUMIÈRE THÉRAPEUTIQUE :

On sait soigner la dépression par des «bains de lumière» intense. La méthode recommandée ici est préventive : il s'agit de se faire réveiller, non par une sonnerie, mais par une aube artificielle qui suit la progression naturelle – au moyen d'un rhéostat électrique. Cela permet au cerveau émotionnel d'opérer une transition harmonieuse vers la journée : avant de vous réveiller, il «rembobine» en quelque sorte vos rêves, fait baisser vos sécrétions de mélatonine, augmente votre taux de cortisol, élève votre température… Particulièrement efficace pour éviter les dépressions qui frappent 10 % de la population entre novembre et avril.

5. LES OMÉGA-3 :

Une nourriture saine doit équilibrer les lipides oméga-3 et les lipides oméga-6 – les premiers,

“Une mauvaise herbe est une plante dont on n'a pas encore trouvé les vertus.”

R. W. EMERSON

propres à la faune et la flore sauvages se trouvant de nos jours complètement écrasés par les seconds, qui sont propres aux animaux et aux végétaux domestiques (huiles de poisson, crustacés, graines de lin, plantes vertes sauvages, gibier). La vertu principale des oméga-3 serait d'alimenter le cerveau et de soigner toutes les formes de dépression.

6. L'EXERCICE PHYSIQUE :
Deux études de l'université de Duke montrent que chez les gens qui ont besoin d'antidépresseurs, 30 % à 50 % rechutent au bout d'un an – alors que ceux qui font simplement du jogging, trois fois vingt minutes par semaine, ne sont que 10 % à rechuter. Ça ne coûte rien et tous les effets secondaires sont bénéfiques... Il serait criminel de ne pas en parler !

7. L'AMOUR :
Le «Love Lab» du Pr Gottman a étudié des centaines de couples, en leur collant toutes sortes de capteurs sur le corps, pour mesurer leurs changements physiologiques tandis qu'ils étaient en train de se disputer. Il en ressort qu'apprendre à communiquer, non plus dans la violence, mais dans l'authenticité et un fort désir de dialogue, vous rend beaucoup plus efficace – même si c'est difficile ! Il existe des méthodes pour apprendre à dialoguer.

8. LA HUITIÈME MÉTHODE...
Ce n'est pas exactement une méthode, mais il apparaît que les gens qui participent à la vie sociale (que ce soit dans leur immeuble, leur quartier, leur ville ou leur pays) se portent mieux et vivent plus longtemps. Chacun cst donc invité à s'impliquer dans la communauté où il vit, à y faire du bénévolat, à y nourrir des relations en termes d'amitié et de solidarité. Il s'agit d'une dimension essentielle à une vie physique et psychique équilibrée. Se guérir égoïstement n'a pas de sens. On ne se soigne vraiment qu'en intégrant l'autre à sa vie.

LA COMMUNICATION BIENVEILLANTE

Créée en 1966 aux États-Unis, par Marshall B. Rosenberg, la communication non violente (CNV) consiste à transformer les conflits en simples dialogues. «... Car bien que nous puissions avoir l'impression que notre façon de parler n'a rien de violent, il arrive souvent que nos paroles soient source de souffrance pour autrui et pour nous-mêmes.» Face à l'insécurité dans les relations humaines, la CNV nous invite à tenter une autre option que l'agression ou le repli : celle de la coopération. Selon M. Rosenberg, il serait même dans notre nature d'aimer cela plus que tout... Sa méthode consiste à faciliter l'expression et la réception des messages d'autrui, même s'ils sont hostiles. Ainsi, on apprend à être présent à l'autre, à se «brancher» émotionnellement sur lui. Cette compréhension empathique et respectueuse conduit à reconnaître à la fois les ressentis et les besoins de soi comme de l'autre. Et, *in fine*, à (r)établir les relations sur des bases d'authenticité, de clarté et de bienveillance.

À LIRE
- *Les mots sont des fenêtres ou des murs,* Dr Marshall B. Rosenberg, éd. La Découverte
- *L'agressivité au quotidien,* Dr Christian Zaczyck, éd. Bayard
- *Cessez d'être gentil, soyez vrai,* Thomas d'Ansembourg, éd. de L'Homme

CONTACTS
- Association pour la communication non violente, 13 bis boulevard Saint-Martin, 75003 Paris, tél : 01 48 04 98 07nvc-europe.org/france/
- Association française de thérapie comportementale et cognitive, 100 rue de la Santé, 75014 Paris, aftcc@wanadoo.fr

CADEAU !

L'argile bienfaitrice

L'argile est un remède banal, l'un des plus anciens du monde (les animaux l'utilisent instinctivement), quisoigne une quantité astronomique de maux, externes et internes. Dommage que la plupart des thérapeutes hésitent à la prescrire, alors que de nombreuses recherches ont prouvé ses fantastiques vertus catalytiques. Excellente pour retirer les échardes, elle sert aussi (en poudre vendue en pharmacie) à : désinfecter des plaies (ou abcès, ou panaris), assouplir la peau, les cheveux ou les ongles, atténuer les rides ou... les effets des vaccins. Mais elle peut aussi (en potion) soulager les brûlures d'estomac, voire relaxer les personnes trop nerveuses (par une «remise à la terre»), etc.

À LIRE

L'argile, médecine ancestrale, Philippe Andrianne, éd. Amyris

FACILE

Les fesses au frais !

Voici une technique vieille comme le monde, que nous conseillent de nombreux adeptes – dont Philippe Meyer, de France Inter ! Abaisser la température de notre entrejambe serait essentiel au fonctionnement du processus mal connu d'élimination des déchets, qui provoque de nombreux troubles, de l'acné à l'insomnie, de l'arthrite aux hémorroïdes. En un mot : trempez-vous les fesses dans de l'eau fraîche au moins 10 minutes par jour.

À LIRE

Le bain dérivatif, France Guillain, éd. Jouvence

RÉVOLUTIONNAIRE

Laissez-vous soigner par le pamplemousse

Les pépins de pamplemousse renferment des trésors et cela commence à se savoir... Un livre, publié en 1997 par les éditions Médicis-Entrelacs, *Secrets et merveilles du pamplemousse*, de Shalila Sharamon et Bodo J. Baginski, s'est déjà vendu à plus de 30 000 exemplaires avec le seul bouche à oreille. On y apprend comment utiliser l'extrait de pépins en cas d'infection, d'inflammation, mycoses, allergies...

Les médecines traditionnelles soignent les maladies chroniques

Aujourd'hui, 80 % des six milliards d'humains, exclus des systèmes de santé, se soignent autrement, naturellement, traditionnellement. Tiraillés entre médecines officielles et parallèles, nous commençons timidement à redécouvrir l'héritage de ces médecines anciennes, en résonance avec la nature... alors que nous l'avons instrumentalisée.

Selon l'OMS, les deux tiers de l'humanité n'ont pas accès aux soins de base. Dans les «pays en voie de développement», les menaces qui pèsent sur la santé n'ont jamais été aussi fortes, engendrées par la dégradation de l'environnement et l'enracinement de la misère. Notre médecine occidentale moderne, excellente dans les situations d'urgence et le curatif chirurgical, s'avère inadaptée aux maladies chroniques et à toute approche à long terme – or c'est de cela que nous souffrons le plus ! Le déploiement accéléré d'une seule vision du monde fragilise donc stupidement un grand nombre de cultures traditionnelles, qui se sentent méprisées et sont tentées d'oublier leurs savoirs et de perdre la conscience de ce qu'elles représentent pour toute l'humanité. Visions modernes et traditions médicales pourraient pourtant, par leurs regards complémentaires, enrichir la médecine de demain. Chaque fois qu'elle a lieu sur le terrain, cette alliance s'avère vivifiante. Le docteur Yvette Parès, par exemple, biologiste et médecin qui s'illustra en 1972 en réussissant pour la première fois à cultiver le bacille de la lèpre, est devenue au fil des années... guérisseuse africaine ! Après quinze ans de formation, de la cueillette des plantes à la fabrication des potions et aux soins, elle a ouvert un hôpital traditionnel où ont été soignés plus de 250 000 malades, principalement lépreux. Croyez-vous qu'une telle démarche lui ait valu reconnaissance et soutien ? Ricanements de la Faculté, plutôt ! Et, sur le terrain, opposition des élites locales, son hôpital ne tenant que grâce à une association. «Peut-être est-ce plutôt sur la pharmacopée qu'il faut agir», plaide Jean-Pierre Nicolas, dont l'association les Jardins du Monde s'efforce de raviver et d'harmoniser la production d'herbes médicinales. Pendant ce temps, le fameux docteur Jean-Pierre Willem affirme, avec son ONG Médecins aux pieds nus, que l'action médicale peut directement marier les approches occidentale (diagnostic, soins d'urgence) et locale (pharmacopée).

Chaque année, la Fondation Denis Guichard remet un prix récompensant des associations ou des personnalités œuvrant pour préserver la nature et les savoirs. En 2005, elle a tenu à féliciter Yvette Parès et à attribuer son prix à des représentants des traditions, dont Irma Morales Felix, sage-femme de Vernet Segundo (État de Tabasco, Mexique).

Avec l'aide de l'association Traditions pour demain, également lauréate du prix, Irma Felix applique aujourd'hui des méthodes de soins transmises depuis le fond des âges. Les humains n'ont pas attendu le XXIe siècle pour faire preuve de génie... très naturellement !

À LIRE

Voir page suivante.

CONTACTS

- Association Santorun, 18 montée de l'Église, 69620 Oingt, tél : 04 74 71 14 97.
- Les Jardins du Monde, Meilh ar Greuz, 29190 Braspart, tél : 02 98 81 40 17.
- Médecins aux pieds nus, 9 rue du Gal-Beuret, 75015 Paris, tél : 01 42 50 10 58. L'association propose aussi des formations aux médecins, infirmières, naturopathes, kinésithérapeutes, ingénieurs, techniciens, agronomes... qui désirent s'initier à ces médecines ou partir en mission avec Médecins aux pieds nus : 6 rue Copreaux, 75015 Paris, tél : 01 45 67 41 73, fax : 01 45 67 65 76. site : www.mapn.org
- Traditions pour demain, BP 477-07, 75327 Paris Cedex 07, tél : 01 47 05 16 24.
- Fondation Denis-Guichard, Fondation de France, 40 avenue Hoche, 75008 Paris.

À LIRE

La médecine africaine, une efficacité étonnante, Yvette Parès, éd. Yves Michel.
Tierra Madre. Traditions pour demain, Diego Gradis, éd. Albin Michel.
Les clés de la santé indigène, Jean-Pierre Barou et Sylvie Crossman, coll. Folio, éd. Gallimard.

> ***“Le calme qui résultait de mes angoisses finies me mettait dans une allégresse extraordinaire.”***
>
> **MARCEL PROUST**

BACTÉRIES

Antibiotiques naturels, SVP

En France, 80 millions de boîtes d'antibiotiques sont prescrites chaque année. On sait que les bactéries sont de plus en plus résistantes. Trouver une parade devient primordial. Les huiles essentielles ont des propriétés anti-infectieuses comparables à celles des antibiotiques chimiques. Double avantage : elles ne détruisent pas la flore intestinale et n'affaiblissent pas les défenses immunitaires. Certaines peuvent même augmenter la résistance de l'organisme et, en raison de leur complexité naturelle, elles sont indécodables par les bactéries qui ne peuvent donc pas développer des souches résistantes.

À LIRE

• *Les antibiotiques naturels*, Pr Jean-Pierre Willem, éd. Sully
• *L'alternative aux antibiotiques*, Dr Gérard Pacaud, éd. Marabout

CONTACT

site : **www.antibiotiquespasautomatiques.com**

MAROC

Soins à l'huile d'argane

L'arganier est un arbre sauvage qui ne pousse que dans le Sud-Ouest marocain. Composée d'acides gras insaturés, son huile est utilisée par les Berbères pour ses vertus en cosmétologie, diététique et pharmacologie. Elle soigne la varicelle et l'acné juvénile.
Riche en vitamine E (deux fois plus que l'huile d'olive), elle est efficace contre l'eczéma, les brûlures et les gerçures.
Elle est également précieuse pour prévenir les vergetures de la femme enceinte. Antirides naturel, elle agit sur le dessèchement de la peau, la santé du cuir chevelu et fortifie les ongles. Elle a aussi un effet analgésique et anti-inflammatoire spectaculaire sur les douleurs articulaires et les rhumatismes. Enfin, une cuillère à jeun le matin réduit le taux de mauvais cholestérol et contribue à faire retrouver une taille de guêpe.....

À LIRE

Se soigner avec l'huile d'argane, Peter Schleicher, éd. Médicis

CONTACTS

L'incontournable

Le site basé à Montréal : www.reseauproteus.net

Les grands classiques

• *Thérapeutique homéopathique*, Dr Binet, éd. Dangles.
• *La phyto-aromathérapie pratique*, Marcel Bernardet, éd. Dangles.
• *Oligo-éléments et oligothérapie*, Dr Binet, éd. Dangles.
• *Dictionnaire de l'homéopathie*, Dr Jacques Boulet, éd. du Rocher.
• *Élixirs floraux, harmonisants de l'âme*, Philippe Deroide, éd. Le Souffle d'or.
• *Aromathérapie,* Dr Jean Valnet, éd. Maloine.
• *Traitement des maladies par les légumes, les fruits et les céréales*, Dr Jean Valnet, éd. Maloine.
• *L'acupuncture chinoise,* Jacques Lavier, éd. Tchou.
• *Traité didactique d'acupuncture*, André Faubert, éd. Guy Trédaniel.
• *Précis d'acupuncture chinoise,* éd. Langues étrangères, Pékin.
• *Shiatsu et stretching,* Toru Nomikoshi, éd. Retz.
• *Encyclopédie des points qui guérissent*, Dr Roger Dalet, éd. Jouvence.
• *Équilibre hormonal et progestérone naturelle*, Dr John Lee, éd. Sully.

Les succès du club Nouvelles Clés

• *Les élixirs floraux du Dr Bach*, Julian et Martine Barnard, éd. Souffle d'or.
• *Le grand guide Hachette des aliments santé*, Amanda Ursell, éd. Hachette.
• *Le grand guide Hachette de toutes les médecines*, Dr David Peters et Anne Woodham, éd. Hachette.
• *Les remèdes de bonne femme,* Josette Rousselet-Blanc, éd. Michel Lafon.
• *Le régime anti-âge,* Dr Atkins, éd. Marabout.
• *Guide pratique de réflexologie*, Amélie Le Plexier, éd. Trajectoire.
• *Huiles essentielles et parfums,* Sylvie Verbois, éd. Trajectoire.
• *Les secrets d'une herboriste,* Marie-Antoinette Mulot, éd. Le Dauphin.
• *Dictionnaire pratique de l'acupuncture et du shiatsu*, Pierre Crépon, éd. Sully.
• *L'ostéopathie exactement,* Marielle Issartel, éd. Robert Laffont.
• *Des aliments qui guérissent,* Carper, éd. de l'Homme.
• *Messages de vie*, Bernie Siegel, éd. J'ai Lu.
• *Initiation à la kinésiologie,* Marie Desjardins, éd. Trajectoire.
• *Se guérir autrement, c'est possible,* Marise Labonté, éd. de l'Homme.
• *Les vertus de l'eau et de l'hydrothérapie,* David Cooper, éd. Quebecor.
• *Ces aliments miracles,* Madeleine Coppolani, éd. Pygmalion.
• *La médecine par les plantes,* Jean-Marie Pelt, éd. Fayard.
• *Comment retrouver le sommeil par soi-même,* Royant-Parolat, éd. Odile Jacob.
• *Les pouvoirs de la pensée positive,* Bernard Baudoin, éd. de Vecchi.

Plus récents...

• *Ma pratique de l'art-thérapie,* Nicole Weil, éd. Le Souffle d'or.
• *Antibiotiques : intérêts, limites, alternatives naturelles,* Jean-Marc Darguère, éd. Dangles.
• *Anthologie de l'allaitement maternel,* Claude-Suzanne Didierjean-Jouveau, préface de Michel Odent, éd. Jouvence.
• *Réflexologie au quotidien,* Ann Gillanders, éd. Le Courrier du Livre.
• *Comprendre et combattre la douleur*, Dr Michèle Bénigmo, éd. Dangles.
• *L'armoise dans la médecine traditionnelle chinoise : pratique des moxas,* J.-F. Fustel de Coulanges, éd. Guy Trédaniel.
• *Comment aider vos artères à se nettoyer de façon naturelle*, Linda M. Sciullo et Sherryl D. Wade, éd. Presses du Châtelet.
• *Stimulez votre guérisseur intérieur,* Roger J. Callahan et Richard Trubo, éd. Guy Trédaniel.
• *Enquête sur un survivant illégal. Le volet sida du dossier Beljanski,* Sophie Chervet, éd. Guy Trédaniel.
• *L'autosuggestion consciente selon Émile Coué,* Antoine Onnis, éd Quintessence.
• *L'ensorcellement du monde*, Boris Cyrulnik, éd. Odile Jacob.
• *Guérir avec les saints,* Gabrielle Cosson, éd. du Cerf.
• *Hildegarde de Bingen. Prévention et guérison des maladies,* Wighard Strehlow, éd. Dangles.
• *Médecins du Ciel, Médecins de la Terre,* Maguy Lebrun, éd. Robert Laffont.

Hypnose

• Société française d'hypnose : 90 rue des Archives, 75003 Paris, tél : 01 48 04 92 96.
• Institut français d'hypnose (IFH) : 22 rue Rambuteau, 75003 Paris tél : 01 48 04 08 14 – www.hypnose.fr
• Institut français d'hypnose ériksonienne : 162 boulevard de Grenelle, 75015 Paris, tél : 01 41 06 00 00 www.hypnose-ericksonienne.com
• Association française d'hypnothérapie : 74 rue Lamarck, 75019 Paris, www.afhyp.com

Dépendances

• Alcooliques Anonymes : tél : 01 43 25 75 00 (24h/24), renseignements au 01 48 06 43 68 et sur www.alcooliques anonymes.fr
• Association nationale de prévention de l'alcoolisme (ANPA) : tél : 01 42 33 51 04.
• Les groupes familiaux Al-Anon proposent des groupes de parole pour les conjoints, enfants ou amis de malades alcooliques : tél : 01 42 81 97 05 – www. al-anon.alateen.com
• Lutte contre la toxicomanie : www.drogues.gouv.fr
• Narcotiques anonymes : tél : 01 48 78 30 31 – 01 48 78 77 00.
• SOS Joueurs : tél : 01 45 38 57 57.

Bobo à son couple ?

• Association française des conseillers conjugaux : 268 rue de Vaugirard, 75015 Paris, tél : 01 45 66 50 00 http://anccef.free.fr/anccef.htm
• Association nationale des conseillers conjugaux et familiaux : tél : 01 43 70 51 50.
• École française de sexologie : tél : 01 47 04 40 57.
• Institut de sexologie, centre voué à la prise en charge des dysfonctions sexuelles, l'assistance aux victimes d'agression et le conseil conjugal : 57 rue Charlot, 75003 Paris, tél : 01 42 71 10 30 www.sexologie-fr.com/
• www.medisexeinfo.com : articles et documents scientifiques permettant d'y voir plus clair.

Avant de partir en voyage

• Institut Pasteur : www.pasteur.fr/sante/cmed/csmedvoy.html

SE CONNAÎTRE

Qui es-tu ? Qui suis-je ? Qui sommes-nous ? C'est la question n°1 : celle de notre «vraie nature», comme dit la sagesse de l'Inde, dont l'un des plus anciens préceptes affirme : «*Tat vam asi*», ce qui signifie en sanscrit : «Tu es Cela.» Autrement dit : «Tu es l'univers et les dieux.» Comment comprendre une pareille énormité sans devenir fou ? C'est justement la question. Car le mot humain dérive de la même racine qu'humus et humilité… Entre tout et rien, comment trouver la juste place ?

ACCOUCHEMENT

Le maître des questionneurs

Socrate était un simple citoyen, pauvre et, selon certains témoignages, plutôt laid. Mais il était enjoué et espiègle. Les gens simples l'aimaient bien. Comme il refusait d'écrire, on connaît peu sa véritable pensée. Homme sage et heureux, plutôt bon vivant qu'érudit, il affirmait pouvoir faire partager à quiconque, par un jeu de questions appropriées, l'importance des qualités humaines fondamentales à ses yeux : la force d'âme, l'esprit de justice, la tolérance et le courage. Il excellait dans l'art du dialogue. Son verbe se caractérisait par son extraordinaire force d'éveil à l'amour. «Je ne connais que l'amour, disait-il, qui est désir de faire le bien.» Quel bien ? Celui sensible au corps, bien sûr : l'agréable. Mais aussi ce qu'il appelait le désir joyeux de s'élever vers le bien qui manque, l'amélioration, le perfectionnement, l'élévation vers la sagesse, l'élan vers la félicité. Pour lui, la sagesse n'était pas le savoir mais un art de vivre dont la finalité était triple : mener une vie belle, juste, bonne. Fils d'une sage-femme, Socrate baptisa son jeu *maïeutique*, ou «art de faire accoucher». Socrate n'enseignait pas, il dialoguait. Son but n'était pas de transmettre des connaissances, mais de pousser ses interlocuteurs à examiner la valeur de leurs convictions, pour identifier leurs a priori, ignorances, contradictions et illusions. Il estimait que l'homme est bon et n'agit mal que par ignorance. Le but du jeu était de le faire accoucher de cette bonté par une succession savante de questions. Quelles questions posait Socrate, qui permettaient cette connaissance ? «Qui es-tu ?» ; «Quel est ton désir ?» ; «Es-tu d'accord avec toi-même ?» ; «Es-tu satisfait de ta vie ?» ; «Que sais-tu ?» Nous n'en savons guère plus, car ces questions ne s'exprimaient qu'oralement et ne furent que partiellement retranscrites par ses disciples, transformées en de longs dialogues, dont Platon écrivit les plus connus.

À LIRE

Platon, *Œuvres complètes,* Bibliothèque de la Pléiade, éd. Gallimard (en poche, Folio)

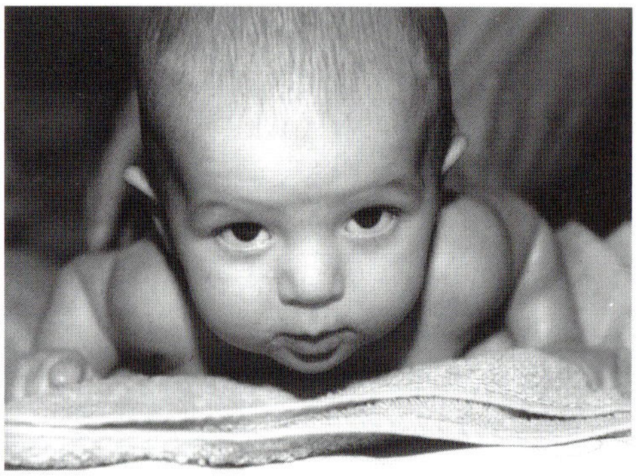

Le risque de se connaître

Depuis toujours, ou plutôt depuis que l'humanité a quitté l'innocence animale, la même série de questions s'est posée à chaque humain... Qui suis-je ? D'où viens-je ? Où vais-je ? Suis-je seul ? Comment vivre ? Qu'est-ce qu'aimer ? etc. Or, curieusement, face à cette rafale inquisitrice de notre Sphinx intérieur, la plupart des cultures répondent de la même façon : «Commence par te connaître toi-même !»

C'est sans doute la phrase philosophique la plus célèbre du monde : «Connais-toi toi-même et tu connaîtras l'Univers et les Dieux.» On sait que, de cette injonction inscrite au fronton du temple de Delphes, Socrate fit sa devise, marquant de ce sceau toute la sagesse occidentale. Mais les Grecs du Ve siècle av. J.-C. ne sont pas les seuls à le dire. Chogyam Trungpa, maître bouddhiste fameux pour son enseignement en Amérique, le dit ainsi : «Tout ce que l'on a à faire, c'est se démasquer, si pénible cela soit-il.» De son côté, Carl Gustav Jung invite toute l'humanité à se regarder dans un «miroir géant» car selon lui «l'humanité souffre d'une immense carence introspective». Le poète soufi Kabir lui fait écho, clamant : «Je vends des miroirs dans la cité des aveugles !» Quant à Confucius, maître de l'éthique chinoise, il reconnaît humblement : «Le sage ne s'afflige pas de ce que les hommes ne le connaissent pas ; il s'afflige de ne pas connaître les hommes.» Avicenne, le plus fameux des médecins musulmans au temps de la splendeur andalouse, ne déroge pas à la règle : «Acquiers la connaissance de toi-même et tu connaîtras ton Auteur !» Bref, tous les grands penseurs ont donné leur avis sur la meilleure façon de procéder pour «devenir ce que l'on est». Or donc, que répondre ? Qui sommes-nous vraiment ? Pour Khalil Gibran, les réponses à ces questions se trouvent dans notre quotidien. C'est là que la découverte de soi s'opère : «Votre vie quotidienne est votre école, votre temple, votre religion.» Mais pourquoi est-il si difficile de regarder en soi, de changer ses habitudes et ses mécanismes ? C'est qu'il y a un risque ! Lequel ? Celui de voir ce qui se cache sous nos masques... Ce que l'on y découvre est sans doute porteur d'une force colossale. Mais c'est aussi comme se pencher au-dessus d'un précipice... À votre avis, pourquoi ?

Si ce chapitre n'avait qu'un but, ce serait celui-là : vous aider à répondre à cette question ! Une chose est sûre : une véritable introspection, au début du moins, est à peu près impossible sans accompagnement...

À LIRE

Psychologie de la motivation, Paul Diel, éd. Petite Bibliothèque Payot.

L'homme à la découverte de son âme, Carl G. Jung, éd. Albin Michel.

Entrer en amitié avec soi-même, Pema Chödrön, éd. Pocket.

Comment faire sa propre analyse au féminin, (existe aussi au masculin), Amato, éd. Delville.

Qui croyez-vous être ?

Carlos Warter est un psychiatre américain d'origine chilienne, qui – après s'être frotté à plusieurs grandes traditions, en particulier aux soufis afghans (dont beaucoup ont hélas été assassinés par les islamistes) – a mis au point un mode d'introspection éclairant de manière provocatrice la fameuse question «Qui suis-je ?»

De deux choses l'une, dit-il : soit vous croyez, comme dans la plupart des grandes spiritualités, que chaque être détient au fond de lui une étincelle divine, soit vous n'y croyez pas. Si vous y croyez – ou si, bien que doutant d'une telle énormité, vous avez personnellement connu des moments où vous vous êtes sentis habités par «plus que vous-mêmes» – se pose une question considérable : comment se fait-il que cet état extraordinaire, cette «essence» tout à fait remarquable, cette gouttelette d'énergie cosmique en vous, ne se manifeste que si rarement et que vous ayez à traverser tant de misère et tant de médiocrité dans votre vie ? Refusant l'a priori répandu (religieux ou psychanalytique) d'un péché originel ou d'une névrose de naissance qui atteindrait chaque humain dans son essentiel, Carlos Warter rappelle que notre nature profonde échappe en fait à tout malheur, à toute maladie : au cœur de chaque être humain palpiterait un noyau invulnérable et lumineux qu'il nous serait possible de dévoiler à chaque instant pour accomplir notre vie dans un bonheur très naturel.

Pour Warter, il est indispensable qu'à chaque moment de la vie quotidienne – professionnelle, amoureuse, religieuse, conjugale, parentale, etc. – nous nous demandions : «Et là, est-ce que je me sens en adéquation avec ce que je suis vraiment ?» Le problème, direz-vous, c'est que vous ne savez justement pas qui vous êtes vraiment ! Mais qu'importe. Jouez le jeu d'essayer. Vous verrez qu'une incroyable boussole intérieure va se mettre à vous guider !

À LIRE

Qui croyez-vous être ? Carlos Warter, éd. Albin Michel.

CONFIDENCES

Le journal intime

La pratique du journal intime s'impose en France à la fin du XVIIIe siècle comme genre littéraire spécifique.

Le «Je», au centre de la narration, est l'auteur-narrateur-personnage, qu'on appelle «diariste» (du latin *dies*, jour). Dans un journal, espace clos et secret, tout est dit. Émerveillements, amours, haines, humeurs, désespoir. Le journal est un excellent outil pour la quête de soi. «Pourquoi suis-je moi?» titrait Julien Green un des volumes de son journal. Anne Frank débutait chacune de ses notes quotidiennes par «chère Kitty».

Le journal est un interlocuteur, un ami, un confident idéal. Quelques idées de questions : quelles étaient mes peurs d'enfant ? À quel héros de légende aimais-je m'identifier ? Et maintenant ? Est-ce que j'éprouve toujours des peurs ? Lesquelles ? etc.

À LIRE

Revue TDC, article «Le journal intime» de Michel Braud

Abonnement : tél : 03 44 03 32 37

MIROIR

Je n'existe pas sans l'autre

Exercice : dans vos échanges, négociations, gestion de conflits, exercez-vous à aller «visiter» l'autre point de vue, celui qui vous dérange. Voyez-le simplement sans jugement : IL EST ! Puis, laissez travailler en vous les deux points de vue (comme la sensation des deux mains en même temps), restez bien centré sans tension et après cette alchimie intérieure (instantanée ou pouvant durer de longs mois). Deux effets possibles : soit un troisième terme s'imposera, différent des deux autres ou les intégrant, soit votre choix sera plus paisible, le renoncement moins éprouvant, plus lucide. Prenez l'exemple du passé et du futur, deux pôles du temps.

Le troisième terme qui n'a pas de contraire, c'est bien le présent ! Tenir l'instant présent au centre des tensions engendrées par les traumatismes passés et les espoirs du futur, c'est bien là un des messages de toutes les grandes sagesses.

À LIRE

Emmanuel Lévinas, *Éthique comme philosophie première*, éd. Rivages

GÉNOSOCIOGRAMME

Auprès de mon arbre, je vivrai heureux !

Pour construire notre arbre généalogique, Anne Ancelin-Schützenberger propose d'indiquer sous le nom de tous nos parents, grands-parents, arrière-grands-parents, oncles et cousins... les moments clés de leurs histoires respectives : tuberculose du grand-père, mariage ou remariage de la grand-tante, accident de voiture du grand-papa, faillites économiques ou fortunes, alcoolisme, morts prématurées... Ensuite d'inscrire, si possible, les âges et les dates auxquels ces événement se sont produits. Ces arbres généalogiques étendus (baptisés «génosociogrammes») révèlent des répétitions stupéfiantes : dans telle famille, par exemple, toutes les femmes aînées meurent de leucémie au mois de mai ! Dans telle autre, les hommes sont systématiquement victimes d'un accident de voiture le jour de la première rentrée scolaire de leur premier enfant, etc. Mais pas de panique ! Le simple fait de prendre conscience de ces «syndromes anniversaires» commence à les dissoudre. Quant à la difficulté de rassembler les données, le site psychogéné.com relativise : «Il n'est pas nécessaire d'avoir fait des recherches généalogiques poussées pour commencer son génosociogramme. Chacun vient avec ce qu'il a. Le peu d'informations recueillies suffit pour commencer le travail. À partir du moment où l'on entreprend une démarche en psychogénéalogie, on active une mémoire qui traverse le temps, les époques, les événements et peut surgir dans un souvenir jusqu'à ce que la conscience lui donne du sens.»

À LIRE

Aïe mes aïeux !
Anne Ancelin-Schützenberger, éd. Desclée de Brouwer

CONTACT

anne.schutzenberger@wanadoo.fr

PSYCHOGÉNÉALOGIE : QUAND «SE CONNAÎTRE» RIME AVEC «ANCÊTRES»

Comment un fait du passé, heureux ou malheureux, peut-il, par ignorance ou sous le poids d'un «secret de famille», avoir des conséquences quelques générations plus tard ?

Pour répondre à cette question, voilà qu'au début du XXIe siècle, la psychogénéalogie – aussi appelée approche transgénérationnelle – prend l'allure d'un véritable mouvement. Sur le thème «où que vous soyez, vous trimballez toujours votre famille d'origine avec vous, bénissez-la mais libérez-vous !», Alexandro Jodorowsky est plus direct et mordant : «Il faut avoir le courage et l'énergie d'empoigner son arbre généalogique et de dire à ses aïeux : "Basta ! Je ne mangerai plus dans cette assiette pourrie ! Ça suffit !" C'est dur ? Oh, il serait tellement plus facile de prendre quelques sucreries psychologiques rassurantes, quelques calmants "positifs", se regarder dans un miroir magique, qui nous dirait que nous sommes beau et génial... Mais enfin la question n'est-elle pas de nous débarrasser de notre merde ? Eh bien, cela demande du travail ! Échapper par la fuite à sa famille ne sert à rien. Notre histoire familiale nous suivra, nous conduisant à répéter éternellement les mêmes scénarios, tant que nous n'aurons pas décidé de désamorcer «nos ancrages transgénéalogiques négatifs». Heureusement, Alexandro Jodorowsky nous donne une bonne raison de ne pas nous décourager en route : «Dans chacun de vos ancêtres, il y a un Bouddha qui dort : si vous voulez vous éveiller, travaillez à hisser votre arbre généalogique entier au niveau de sa bouddhéité.»

À LIRE

J'ai mal à mes ancêtres, Patrice Van Eersel et Catherine Maillard (entretiens avec Anne Ancelin-Schützenberger, Alexandro Jodorowsky, Bert Hellinger, Didier Dumas, Chantal Rialland, Serge Tisseron, Vincent de Gauléjac), éd. Albin Michel.

Connaître notre femme intérieure et notre homme intérieur

D'après Chantal Rialland, auteur du best-seller* Cette famille qui vit en nous*, nous structurons notre identité féminine et masculine en nous identifiant à nos images familiales.

Prenons un exemple : «Je suis toujours malheureuse en couple. Je retombe toujours sur le même type d'homme qui me fait souffrir.»
La prise de conscience sera de répondre à ces questions : quelles sont les images de la femme et de l'homme véhiculées à travers ma famille ? Quelles sont les dettes que, par fidélité inconsciente (ce qu'Anne Ancelin-Schützenberger appelle «loyautés invisibles»), je vais reproduire ? Suis-je en train de répéter le malheur parce que, dans mon histoire familiale, il semble interdit d'être heureuse avec un homme et que je ne voudrais offenser personne en faisant mieux que mes ancêtres ?
Pardonner : Cela commence par le fait de voir nos parents comme des êtres humains et non plus comme des parents. Nos parents ont fait ce qu'ils ont pu. Nous n'allons pas souffrir toute notre vie parce qu'ils ont souffert. On ne peut pas changer le passé, mais on peut changer en nous les séquelles de ce passé.
Renaître à soi-même : C'est tout le travail de la psychogénéalogie. Il ne s'agit pas de nier sa souffrance, ni le fait que nos parents ont été plus ou moins aimants, mais de transformer notre histoire, de l'assumer en devenant notre propre père et notre propre mère, pour littéralement nous remettre au monde nous-même.
Guérir : Tant qu'on est vivant, on est en mutation, on se transforme, on bouge. C'est peut-être cela, aussi, la guérison : accepter que nous ne sommes ni figé ni immuable.

À LIRE
Cette famille qui vit en nous, Chantal Rialland, éd. Marabout.

STELLAIRE

Les constellations familiales

Il s'agit d'une méthode mise au point par le psychanalyste allemand Bert Hellinger. «Constellation» traduit l'idée que l'on va «poser sa famille dans un espace», un peu comme les étoiles dans le ciel. Cette pratique s'inscrit dans une dynamique de groupe. Vous choisissez plusieurs personnes dans le groupe pour représenter chacun des membres de votre famille. Vous placez ces personnes à votre guise, debout, les bras ballants, dans le cercle formé par les participants. Vous agissez toujours «au feeling», en ne pensant à rien, juste vigilant à ce qui se passe en vous. Puis le psy «constellateur» interroge chacune des personnes. «Je me suis mis à ressentir des sensations, explique un participant, à prononcer des paroles, à commettre des gestes que je ne contrôlais pas, le tout prenant un sens aigu pour le sujet dont nous «constellions» la problématique, vers une issue si possible harmonieuse...»Une séance dure environ une heure.

À LIRE
Constellations familiales, Bert Hellinger et Gabriele ten Hövel, éd. Souffle d'or

MICROKINÉSITHÉRAPIE

Une approche douce de la mémoire du corps

La microkinésithérapie est sans doute «l'enfant pauvre» de la médecine moderne ! Le praticien utilise ses mains pour retrouver dans l'organisme d'un sujet «les traces» d'événements non éliminés qui sont à l'origine des symptômes. Une stimulation permet alors de déclencher des mécanismes auto-correcteurs. Le thérapeute réinforme ainsi l'organisme sur son passé, pour lui permettre de réagir aujourd'hui sur ces événements. La durée d'une séance, à titre préventif ou curatif, est d'environ une heure. Une à trois séances par an suffisent.

À LIRE
Revue *Réel*, n° 78
redac@journalreel.info
CONTACT
www.microkinésithérapie.com

PERSONNE

Comment se débarrasser des faux moi ?

Le bonheur, dit-on, consiste à «devenir qui nous sommes». Mais comment savoir qui nous sommes ? Si tous les sages et tous les psys sont d'accord pour dire que nous devons arracher nos masques, afin de découvrir notre vraie nature, les avis divergent sur la définition de celle-ci. Selon les bouddhistes, au fond de toute personne, il n'y a effectivement… personne. Alors que pour les monothéistes, l'individu détient au fond de lui un noyau irréductible, doté d'une permanence divine. Nous pourrions nous perdre dans ces considérations si elles restaient théoriques. Mais Denise Desjardins passe à la pratique. D'abord, en nous présentant des personnages (de François d'Assise à Alexandra David-Néel), qui ont su jeter à la poubelle leur «faux moi», pour devenir enfin eux-mêmes. S'impose alors la force de la pensée d'un Indien à la magnifique liberté d'esprit, qui fut le maître de Denise Desjardins : Swami Prajnandpad, qui lui a notamment appris que l'insatisfaction est un moteur irremplaçable pour évoluer. Cherchons la sérénité, mais ne nous plaignons pas d'être insatisfaits !

À LIRE

Le bonheur d'être soi-même, Denise Desjardins, éd. La Table Ronde

RÉINCARNATION

Que disent de nous nos «vies antérieures»?

Appliquée, notamment, par la même Denise Desjardins que ci-dessus, cette thérapie psycho-corporelle venue de l'Inde exige une remontée jusqu'à des sources émotionnelles qui nous traversent en permanence en nous aveuglant et qui semblent dater d'avant notre naissance. On touche ici à des dimensions que nos mots trahissent forcément. L'important n'est pas d'en parler, mais de le vivre. Une jonction passionnante entre psychothérapie et expérience.

À LIRE

Le Lying, passerelle au cœur de soi, Denise Desjardins, éd. La Table Ronde

TROIS MÉTHODES INTROSPECTIVES
POUR PARTIR À LA DÉCOUVERTE DE SOI

Décider de commencer un travail introspectif, c'est déjà faire 50 % du travail, en culbutant une pudeur ou une fierté mal placées, signe de maturité et de courage. Mais ensuite, il faut trouver une méthode. En voici trois… parmi des dizaines d'autres !

1. La Programmation neurolinguistique :

Vers 1970, le linguiste John Grinder et l'informaticien Richard Bandler décident de trouver les clés de la réussite des psychothérapeutes les plus brillants. Ils découvrent que les «pros» du changement humain mettent en œuvre, le plus souvent inconsciemment, des processus de communication similaires. Ils en tirent une série de principes, notamment que les stimuli de l'environnement nous parviennent à travers de nombreux filtres – organes des sens, culture, croyances, valeurs, souvenirs – qui tamisent le réel et constituent d'énormes lunettes inconscientes. La PNL, qu'inventent alors les deux hommes, permet d'identifier notre modèle du monde, c'est-à-dire la forme, la couleur, la matière de cette paire de lunettes inconsciente. Il arrive que celle-ci ne soit plus adaptée à notre vie. Une méthode souple, empruntant à toutes les disciplines, offre le moyen d'essayer d'autres paires et finalement de s'en fabriquer une sur mesure. En PNL, l'inconscient est un réservoir de ressources. Chaque personne possède les éléments dont elle a besoin. Si elle a l'impression de ne pas les posséder, c'est qu'elle n'y a pas suffisamment accès. Or toute personne «normalement constituée» peut apprendre ce qu'une autre personne sait faire. L'objectif de la PNL dans ce cadre est de faciliter l'accès à ses ressources intérieures. Comme dirait Paul Watzlawick : «Au lieu de faire toujours la même chose, puisque ça ne marche pas, faisons autre chose !» Nous avons les ressources en nous, découvrons-les et utilisons-les !

À LIRE

Transe-Formations, John Grinder et Richard Bandler, éd. InterEditions.

CONTACT

Institut de formation PNL,
159 av. du Maréchal-Leclerc, 33130 Bègles,
tél : 05 56 85 22 33
www.pnl.com

2. L'Analyse transactionnelle :

Fondée en 1956 par Éric Berne – l'analyse transactionnelle (AT) est basée sur une certaine conception de l'édification du moi et de la relation à l'autre. Notre personnalité se composerait de «trois états du moi», cohabitant en nous et s'extériorisant tour à tour, selon les circonstances, dans nos échanges avec notre entourage, l'Enfant, le Parent et l'Adulte :

- Le Moi Enfant, «naturel» au départ, siège de toutes nos pulsions de vie (de la jouissance au chagrin), est rapidement doublé d'une version «socialement adaptée» soit soumise, soit rebelle, selon les personnes ;
- Le Moi Parent est présent très tôt en nous, sous deux formes : le «parent normatif» (c'est la petite fille qui gronde sa poupée en imitant sa mère ou le petit garçon qui joue au policier), et le «parent nourricier» (qui pousse ces mêmes enfants à cajoler leurs peluches) ;
- Le Moi Adulte devrait être le siège d'une rationnalité autonome, capable de comprendre et d'intégrer les deux instances précédentes ;
- Enfin, quatrième des trois mousquetaires de l'AT, le Petit Professeur, siège de l'intuition et de la ruse, nécessaires pour survivre. Ces différents Moi existent en chacun de nous. Le grand intérêt de l'AT est de révéler que : 1). Nous avons généralement un Moi Adulte faible, gouverné en douce par les autres instances ; 2). Une bonne communication avec autrui suppose une relation entre des Moi équivalents (par exemple, les Moi Enfant Naturel peuvent jouir ensemble, les Moi Parent Nourricier protéger leurs bébés), ce qui n'est pas toujours le cas.

À LIRE

Le Triple Moi, Gysa Jaoui, éd. Robert Laffont.

CONTACT

Institut français d'analyse transactionnelle :
tél : 01 47 70 22 62
ifat@club-internet.fr
itaa@itaa-net.org

3. L'ENNÉAGRAMME :
Hypothèse : à la naissance, nous avons tous perdu contact avec notre essence profonde, condition sine qua non pour constituer notre ego et vivre en humain. Mais toutes les pertes ne sont pas pareilles. L'ancienne tradition de l'ennéagramme les regroupe en neuf grandes familles. Avec un trait commun : à la place du manque insupportable dû à la perte et à l'oubli s'est constituée notre personnalité, que nous prenons pour notre nature, alors qu'elle n'en est que l'imitation, soulageante mais à jamais frustrée. Ainsi, les neuf familles recouvrent-elles neuf types d'ego, donc d'illusions (cinglantes), mais aussi neuf façons de retrouver, au prix d'une incontournable épreuve, notre fabuleuse «essence primordiale». Êtes-vous plutôt du type 1 (mû par le désir d'être parfait, refoulant toute colère), du type 2 (désirant avant tout être aimé, jusqu'à vous mettre à la botte d'autrui), du type 3 (battant, ultra-attentif à votre image), du type 4 (à la recherche d'émotions fortes par peur de ne pas exister), du type 5 (comprenant si bien tout le monde que vous n'avez plus d'opinion), du type 6 (vous protégeant des émotions en doutant de tout), du type 7 (craignant la souffrance, prenant la vie comme un jeu), du type 8 (cherchant à tout diriger pour prendre votre revanche), ou du type 9 (tempérament concilant, éternel médiateur). L'auteur qui en parle peut-être le mieux est Sandra Maitri, formée par vingt années de pratique avec Claudio Naranjo, le psychiatre à qui le mystique bolivien Oscar Ichazo avait transmis sa version génialement modernisée de cet outil millénaire, dont le grand Gurdjieff disait qu'il était «à la fois le mouvement perpétuel et la pierre philosophale».

À LIRE
Les 9 visages de l'âme, Sandra Maitri, éd. Payot.

> *“Le courage est la vertu des commencements.”*
> **VLADIMIR JANKÉLÉVITCH**

CHANGER

Comment choisir mon thérapeute ?

Avant de pouvoir se connaître, innombrables sont les troubles de l'esprit et nul n'est à l'abri : souffrances physiques sans cause organique, sexualité problématique ou insatisfaisante, maladies psychosomatiques, échecs sentimentaux et professionnels répétés, dépression, fugues... On sait que rien ne vaut les mots pour se débarrasser des maux. Non que la vie devienne soudain paradisiaque, mais l'angoisse régresse, les difficultés affectives ou relationnelles trouvent leur issue, la vie professionnelle s'enrichit et la sexualité s'épanouit. En Occident, les Français ne sont pas des champions de la consultation «psy» – ils détiennent par contre deux médailles d'or : celle de la consommation de tranquillisants et celle du suicide des adolescents. D'où l'intérêt extrême du *Guide des psychothérapies* de Marie-Louise Pierson, résultat d'une enquête réalisée auprès d'environ deux mille cinq cents psychologues, psychothérapeutes et psychanalystes, en France, en Belgique et en Suisse.

À LIRE
Guide des psychothérapies,
Marie-Louise Pierson,
éd. d'Organisation

MÉTAMORPHOSE

Le courage de vivre malgré tout

Catherine Preljocaj, âgée de 30 ans, atteinte d'un cancer, change sa vie en suivant une thérapie. «J'ai admis que j'avais besoin d'aide. L'analyse est un temps où j'accepte enfin d'être seule face à moi-même. La maladie m'a donné un sentiment d'urgence, je ne pouvais plus être dans la nuance. Je pensais que c'était plus compliqué. Je m'en étais fait une telle montagne. Derrière des crises et des vagues, j'ai fait le deuil de l'amour des parents. Ce capital confiance défaillant, c'est à travers la thérapie que je l'ai trouvé.»

À LIRE
Le bonheur pour une orange n'est pas d'être un abricot,
Catherine Preljocaj, éd. Favre

NORMOSE

Un psy franco-indien attaque nos préjugés

«Peut-on guérir de la normose ?» se demande le Dr Jacques Vigne : comment nous libérer des normes qui, dès l'enfance, coulent nos croyances dans des moules culturels si prégnants que nous les confondons avec la «nature humaine» ? Vivant la moitié du temps en Inde, ce psychiatre français interroge nos vies modernes. Selon lui, nous enfermons trop souvent la question de la «psychologie spirituelle» dans le cadre exclusif du judéo-christianisme et du freudisme. Sortant de ce cadre, pour entrer, par exemple, dans l'hindouisme et le yoga, de nombreuses questions psychologiques ou psychiatriques, telles que la régression, ou l'angoisse, ou le délire, ou juste la dépression, prennent une tournure différente. Pour les Indiens, le vide existentiel ne mène pas au désespoir mais très naturellement au vide créateur.

À LIRE

Éléments de psychologie spirituelle, Dr Jacques Vigne, éd. Albin Michel

CROCODILE

La psycho-physio-analyse

Jacques Fradin et son élève Catherine Aimelet font partie des psychothérapeutes de l'«école» d'Henri Laborit, le génie qui sut déceler en nous trois types de réactions face à l'épreuve : l'attaque (pour contrôler la menace), la fuite (pour l'éviter), l'inhibition (pour la nier). Ces réactions s'ancrent dans notre cerveau le plus archaïque, siège de nos pulsions vitales. Selon notre type et notre histoire, ce «crocodile» a l'habitude d'attaquer, de fuir ou de se replier. Quel genre de crocodile nous habite ? Certes, nous maintenons l'animal en cage, mais dès qu'une émotion trop stressante nous surprend, la nature reprend ses droits. Il est bon alors non de brider le «monstre» – c'est notre moi vital ! – mais de s'allier au crocodile, de l'apprivoiser, pour lui assurer une place dans notre existence.

À LIRE

Comment apprivoiser son crocodile ?, Catherine Aimelet-Périssol, éd. Robert Laffont

J'envoie de bonnes images à mon système immunitaire !

La psychanalyste Anne-Marie Filliozat n'hésite pas à dire : «La maladie est une force positive. Elle nous signale que nous dépassons le seuil d'usure. Car on ne "tombe" pas malade, on le devient si on laisse se développer en nous des forces négatives, aussi bien dans notre corps que dans notre esprit.»

On accuse beaucoup le stress dans le déclenchement des maladies. Mais le stress, en soi, fait partie de la vie, qui nous demande sans cesse des efforts d'adaptation. En revanche, il arrive que les facteurs stressants dépassent nos capacités de gestion – ne venant pas seulement de l'extérieur (vie folle, pressée, polluée), mais aussi de l'intérieur de nous, comme une pollution que nous créons nous-même avec nos pensées : c'est ce cumul qui risque d'épuiser nos ressources vitales et de nous faire entrer dans le processus de maladie. Aujourd'hui, nous savons que chacun de nous possède un système psycho-neuro-immunologique absolument singulier, dont chaque partie joue sur le tout. Ainsi, la méditation et la visualisation peuvent-elles aider notre système immunitaire à nous maintenir en bonne santé, ou à la retrouver. Pourquoi ? Quand nous disons : «Je voulais faire ceci, mais ç'a été plus fort que moi, j'ai fait autre chose», c'est que nous avions en nous une image mentale qui, à la première occasion, a pris le dessus sur notre volonté logique. Déjà dans le simple réflexe conditionné de Pavlov, c'est l'image du plat agréable qui nous fait saliver. Eh bien, en thérapie, nous proposons au patient de créer dans sa tête des images qui vont stimuler ses processus physio-chimiques. De même, quand vous prévoyez que quelque chose va bien se passer, vous vous mettez dans un état d'accueil où vous augmentez vos chances de succès en boostant votre système immunitaire. Dans ce travail de «création de bonne santé», il est fondamental que la personne trouve elle-même ses images. Celles-ci doivent émerger spontanément du plus profond de son être. Mais des résistances peuvent survenir, des «sabotages» : les éléments inconscients qui ont joué leur rôle dans le déclenchement de la maladie risquent d'intervenir négativement dans l'élaboration des images. Le thérapeute doit être en mesure de dépister cette irruption de l'inconscient qui, tel un lapsus, se manifeste ici à travers les images. Comme dit Isabelle Filliozat, la fille d'Anne-Marie : «La maladie est parfois la meilleure solution possible pour un individu, à un moment donné de sa vie, en fonction des éléments dont il dispose.»

À LIRE

Le corps messager, Isabelle Filliozat et Hélène Roubeix, éd. La Méridienne.

La maladie est-elle le meilleur moyen d'auto-exploration ?

«La maladie m'a appris à vivre, raconte Guy Corneau, la colite a été mon initiatrice. La vie n'est pas une donneuse de leçons ! Elle ne nous juge pas. Elle suit son cours. Et si nous nous éloignons de ce cours naturel, nous souffrons.»

D'après Alfred Ziegler, un psychosomaticien auteur de la *Médecine archétypale*, «notre maladie est la partie la plus saine de notre personnalité». Nos symptômes nous entraînent souvent vers une guérison qui se situe au-delà du corps physique. Guy Corneau est en visite chez Ziegler. Ziegler le perçoit très sérieux, raisonnable, privé de joie de vivre et de fantaisie, et s'attache à le faire rire, à desserrer les dents. Mais il faudra à Guy Corneau de nombreuses autres crises de colite et de mises en échec – pendant vingt ans ! – pour comprendre que ses symptômes lui demandent de se mettre à l'écoute d'une partie inconsciente de lui-même, d'accepter de participer à l'aventure du miracle de la vie, et de reconnaître son état d'emprisonnement. Transformé par l'épreuve, il parle aujourd'hui de «guérison du cœur». De quelle affection le cœur a-t-il besoin d'être guéri ? «Le cœur, dit-il, cherche à aimer à tout rompre ! Rompre les chaînes qui le rendent prisonnier du malheur.»

À LIRE

La guérison du cœur, Guy Corneau, éd. Robert Laffont.

A. DAVID-NÉEL

Se connaître en se dépassant

Pour Alexandra David-Néel, la vie commence à 43 ans. La vraie vie. La vie qu'elle a toujours rêvé de mener. Une vie de voyages et d'études, grisée par «ce je ne sais quoi qui me pousse en avant». Souffrances, instabilité, angoisse, perte du sommeil et de l'appétit, crises de larmes et vomissements, c'est une dépression qui alarme Alexandra. Elle sent qu'elle n'a pas le choix : «C'était pourrir ou partir !» Rayonnante, le 11 août 1911, elle s'embarque sur le *Mishima Maru* pour Colombo... Son mari ne la reverra qu'en 1925 ! Ceylan, l'Inde, Calcutta, Maduraï, Lhassa, l'exploratrice retrouve «d'intenses forces de vie». C'est une renaissance. «L'aventure est l'unique raison d'être de ma vie», écrit-elle. Elle quitte Darjeeling pour le Tibet avec deux coolies et des chevaux, rencontre le Dalaï Lama et son maître spirituel à Lachen, se retire dans une grotte... «Je porte tous mes biens avec moi.» Nouvelles expéditions dans le haut Sikkim, avec porteurs, tentes et yacks. Puis vers la lumière des Himalayas. Elle mourra à 101 ans ! «Appelons cela Dieu ou le Destin... peu importe le nom. Il y a cela qui emmène certains êtres hors des routes battues, des routes raisonnables peut-être...»

À LIRE

• *L'Inde où j'ai vécu* et *Voyage d'une Parisienne à Lhassa*, Alexandra David-Néel, éd. Pocket
• *Le lumineux destin d'Alexandra David-Néel*, Jean Chalon, éd. Pocket
• *Le journal d'Alexandra David-Néel*, éd. Plon

TANDEM

Épanouir le moi ou l'effacer?

Selon la psychologue Anne Bacus, thérapie et démarche spirituelle visent toutes deux à nous aider à nous défaire de nos conditionnements, de nos schémas répétitifs, à nous permettre de nous ouvrir à la réalité et à l'accepter, à changer ce qui peut l'être. Thérapie et spiritualité nous aident à aller vers plus de liberté. Mais là où la thérapie s'arrête, la spiritualité continue vers la liberté absolue.
La psychothérapie permet de développer un «moi sain», souple, adapté à nos objectifs et nos projets de vie. Tandis que la spiritualité vise à la destruction du moi. Démarche apparemment contradictoire. Apparemment.
En réalité, il est possible de mener de front thérapie et démarche spirituelle, mais viser à ce travail de destruction du moi n'est possible que pour un moi fort.
Un moi névrotique est un moi faible, qui crie : «Et moi ! Et moi ? Au secours !» La spiritualité mène à un moi transparent et disponible.

Six conseils pour que le petit moi ne vienne pas mordre les pieds du grand

Après avoir roulé sa bosse dans bien des pays et connu bien des maîtres ès spiritualités, notamment américains – de Lee Lozowick à Allen Ginsberg, et d'Andrew Cohen à Baba Ram Dass –, Gilles Farcet a commencé à connaître un début de sérénité auprès d'Arnaud Desjardins, dont il est devenu l'un des principaux assistants. Voici les conseils qu'il donne quand vous ne savez comment calmer votre ego en crise.

1) Acceptons la souffrance comme faisant partie de la vie. À partir de là, ne fabriquons pas de souffrances inutiles, évitables. Quant aux souffrances inévitables, apprenons à les accueillir comme cet ami mourant du sida qui me disait sur son lit d'hôpital : «J'ai eu beaucoup de bonheur. Maintenant, c'est le temps de l'épreuve, d'accord.»

2) Exerçons-nous à penser le moins possible. Par «penser», il faut entendre «gamberger», «broder». Le mental en tant que machine à «penser» (juger, prendre peur, imaginer le pire et rêver de l'idéal) fabrique des «problèmes». Quiconque s'est déjà surpris à imaginer sa journée difficile le matin sous la couette sait qu'il s'agit là du meilleur moyen de se «plomber». Ne pensons pas notre journée, vivons-la, sortons du lit.

3) Sachons nous recueillir. Sorti du lit, pourquoi ne pas se recueillir quelques instants – voire un peu plus (assise, méditation, ou simplement écouter un peu d'une musique qui nous fait du bien)... Et le faire aussi dans l'instant, dans la rue, au lieu de demeurer accroché à nos pensées, préoccupations diverses et de foncer vers notre destination, expirer, regarder.

4) Adoptons le mantra : «Les choses étant ce qu'elles sont, qu'est-ce que je veux et qu'est-ce que je peux ?» Ce mantra coupe court à bien des «pensées», sources d'émotions : «Ah ! si les choses étaient autrement, alors...»
Rayons les «si» et les «quand» de notre vocabulaire intérieur !

5) Admettons que l'autre est différent et relatif. Lâchons cette prétention : Je t'aime = aime-moi, comble-moi, ressemble-moi. Cessons de réagir sur la base «il ou elle aurait dû, aurait pu, devrait ou ne devrait pas», mais acceptons que il ou elle agit ou réagit en fonction de ce qui s'impose à elle ou à lui, même si cela se s'avère pas juste ou harmonieux vis-à-vis de l'ensemble. L'autre sera à jamais «autre». Nous ne pouvons pas le contrôler.

6) Manger et boire avec plaisir mais sans excès. Cultiver l'amitié. Cesser de cultiver les excuses. Rire de tout son cœur, pleurer de tout son cœur si c'est le moment... S'exposer à la présence des enfants, les petits pour l'émerveillement et l'innocence, et les adolescents pour en prendre plein la figure et rester humbles.

“Vous ne voyez pas que vous pensez et vous pensez que vous voyez.”

SWAMI PRAJNANDPAD

Ce qui se cache derrière nos fantasmes sexuels

Pour Muriel Dagmar, sexo-thérapeute, le fantasme sexuel est l'arbre qui cache la forêt... mais qui permet éventuellement d'y retrouver son chemin quand on est perdu. Selon elle, «nos fantasmes servent à la fois à masquer et à révéler un trouble psychologique»... qu'elle nous invite à regarder de plus près. Il faut savoir que, pour notre appareil psychique, l'imaginaire vaut autant que le réel dans l'édification du paysage intérieur où nous passons toute notre vie.

DEVONS-NOUS VIVRE NOS FANTASMES ?

«Si un fantasme ne nuit à personne, physiquement ou moralement, je conseille de le réaliser. Un fantasme est un dopant qui sert à surmonter les obstacles psychologiques. C'est bon pour le moral. Un fantasme non réalisé ou pis, inavoué, alimente des frustrations qui peuvent exploser dans des décompensations dangereuses. Se défouler dans un jeu érotique résorbe la violence latente. Le plus souvent, les gens se contentent d'équilibrer leur vie entre inhibitions et provocations. Mais un fantasme réalisé ne désactive pas le problème qu'il transpose. Il risque au contraire de le laisser s'aggraver, puisqu'il permet de ne pas s'en occuper. L'effet de diversion du fantasme diminue au prorata de cette aggravation, ce qui ramènera tôt ou tard son inventeur à la source de ses difficultés.

«Je trouve intéressant de scruter ses fantasmes pour les élucider dans le feu de l'action. La teneur de chacun d'eux est spécifique d'une problématique individuelle. La mise en actes des fantasmes comporte souvent des informations que le simple descriptif oublie. Dans le meilleur des cas, l'euphorie de réaliser un fantasme donne le courage de chercher à le comprendre, puis de traiter les problèmes qui l'ont généré.»

COMMENT REMONTEZ-VOUS AUX ORIGINES DES FANTASMES AVEC VOS PATIENTS ?

«Je les interroge sur les autres difficultés de leur vie. Je vous donne un exemple : un homme passait à son avis beaucoup trop de temps sur internet, pour trouver des images pornographiques. Au fil de la consultation, nous avons découvert qu'il avait des difficultés d'autorité avec son fils adolescent, et que son incapacité à prendre sa place de père remontait à son enfance : il était le plus jeune fils de la famille et avait souffert de ne pas avoir réussi à se faire respecter dans son évolution vers l'âge adulte. Chercher sur internet des images où la femme est en admiration devant l'homme était pour lui une manière de se sentir revalorisé et puissant. Élucider cette logique lui a permis de résorber tous ses problèmes à la fois.»

AVONS-NOUS TOUS DES FANTASMES ?

«Non, ceux qui sont en paix avec leur biographie et leur arbre généalogique n'ont aucune raison d'avoir des fantasmes. Soit dit en passant, ils sont rares !»

CONTACT

Les conférences du jardin d'idées,
49 rue Pierre-Marcel,
92250 Gentilly
secretariat@jardindidees.org

À LIRE

Et si nous n'avions toujours rien compris à la sexualité ?
Didier Dumas, éd. Albin Michel.

TOI ET MOI

Les femmes, ces initiatrices

Alexandre Jardin : «Je suis très intéressée par la femme que j'aime (...). Un homme ne saura jamais qui il est s'il ne s'engage pas vraiment dans une relation avec une femme. Fuir cette audace, c'est passer à côté de soi. Tout est intéressant à vivre. Tout.
Il n'y a pas une phrase qui ne révèle profondément ce qu'on est. Faire le tour d'une femme me semble le plus sûr moyen de faire le tour de soi-même.»
Michel Cazenave : «J'avais 20 ans et suite à la séparation avec une jeune fille dont j'étais très amoureux, j'ai traversé une longue dépression. J'ai dû prendre conscience qu'elle existait indépendamment de mon moi idéal projeté sur elle – de mon anima – et je ne l'ai pas supporté. J'étais renvoyé à moi-même. Je devais prendre conscience que pour retrouver cette jeune fille que j'aimais authentiquement, je devais profondément me transformer. Cela a duré six ans au total... C'était sans doute le prix pour découvrir mon féminin et la vraie féminité de ma compagne – et pour faire entrer en dialogue mon propre féminin et sa féminité.»

À LIRE

Nouvelles Clés, hors-série, automne 2002 : «Ah, les hommes !», réalisé par Paule Salomon et Nathalie Calmé

CO-CRÉATION

L'œuf et la poule

Bernard Leblanc-Halmos (voir ci-contre) a toujours des mots drôles et percutant pour dire les choses. Connaissez-vous la résolution du fameux problème de la création, celui «de l'œuf et de la poule» ? Qui donc est à l'origine de la création : l'œuf ou la poule ? Eh bien, c'est le poussin ! Car nous sommes tous des «pousse-un» ! Tous co-créateurs associés à l'ensemble des créatures.
Nous concrétisons l'univers et participons tous de manière originale à quelque chose d'unique : la Création !

RÉVÉLATION

De la violence à la béatitude, l'étonnante histoire d'Adolf Wölfli

Pendant toute sa jeunesse, au début du XXe siècle, en Suisse alémanique, Adolf Wölfli avait été un homme très violent. Devenu travailleur agricole saisonnier, il fut incarcéré plusieurs fois pour tentative de viol sur des mineurs. Il entrait souvent dans des rages incontrôlables et effrayantes.
À l'âge de 24 ans, il fut définitivement interné dans un asile psychiatrique. Là, un incident inattendu allait radicalement changer le cours de son destin. Un jour, il entendit le son d'un violon. Comme poussé par une inspiration irrépressible, il se mit à peindre d'étranges formes circulaires, qu'il présenta comme les «partitions musicales» de ce qu'il entendait.Ce fut pour lui une révélation. En quelques années, il métamorphosa son agitation perpétuelle en attitude contemplative. Sa vie durant, celui qui s'était lui-même rebaptisé «saint Adolf Ier» ne cessa ensuite de créer d'extraordinaires formes circulaires, dont il couvrit les paravents de l'asile où il finit ses jours dans un état de profonde béatitude. Guérir et créer sont-ils deux visages d'un même verbe ?

Connaissez-vous l'histoire de la brouette et de l'élan créateur ?

Votre génie créateur, qu'est-ce que c'est ? C'est la vie ! Mais plus précisément, c'est quoi, votre vœu créateur ? Voulez-vous l'écrire ici : .... ? Et si le corps vous en dit, voici une petite expérience de physique amusante, proposée par Bernard-Leblanc Halmos, formateur, coach et dynamiseur d'âme, qui vous permettra de prendre votre vœu créateur à cœur et de l'incorporer corps et âme.

Prenez une brouette. Entassez-y vos préjugés, vos préoccupations, vos certitudes, vos idées arrêtées, vos blocages, vos vœux sempiternels, vos références, vos craintes, vos angoisses, vos bagages scolaires, vos diplômes universitaires, vos paquets d'ennuis et de problèmes, votre malle maladive de vieilles histoires pénibles, vos sacs pleins de douleurs, vos objets en souffrance, vos difficultés à n'en plus finir... puis posez-la.
Soufflez.
Détendez-vous avec dignité.
Redressez-vous en beauté.
Gardez le silence, quelques instants.
Retrouvez dans ce silence, dans la noblesse de votre posture, dans votre beauté intérieure, une certaine décence, une sorte de magnanimité. Contemplez cette magie de l'âme qui s'élève quand on lâche les inutiles poids qu'on se trimballe sur la conscience.
Alors, mais alors seulement, dans cette ouverture à la détente du corps, du cœur et de l'esprit, exprimez au fond de vous-même votre vœu créateur.
Puis laissez-le rayonner dans toutes les directions. Ensuite, reprenez votre brouette.
Ce n'est plus la même.
Vérifiez.
Elle est beaucoup plus légère.
Tellement plus légère !
Votre vœu est à l'œuvre.

À LIRE

Ce que les mots veulent dire et *L'élan créateur*, Bernard Leblanc-Halmos, éd. L'Être Image.

CONTACT

Éditions l'Être Image,
24290 Les Farges,
tél : 05 53 51 66 28.

MISE EN PRATIQUE D'UNE PÉDAGOGIE DE LA CRÉATION

Les mélodies secrètes de l'alphabet :
Dans les écoles Steiner (aussi appelées Waldorf), les enfants n'apprennent pas les lettres de l'alphabet de manière traditionnelle (identifier leurs formes, les nommer puis, dans une répétition souvent assez mécanique, essayer de les retenir). Ici, les enseignants invitent les élèves à tracer les lettres avec tout leur corps, à les danser, ou à les chanter, ou à sauter par-dessus. Ensuite, les enfants entrent dans le monde de la couleur et peignent chaque lettre à l'aquarelle. Dans cette approche ludique, c'est l'activité entière – corporelle, sensorielle, émotionnelle, intellectuelle – qui est sollicitée. L'enfant vit ainsi une expérience pleine. Il se trouve placé à la fois dans une dimension fondamentalement artistique et dans une expérience d'apprentissage de son intelligence rationnelle.

Des cours à quatre temps :
Rudolf Steiner parlait de construction rythmique d'un cours : «Il y a des phases d'attention, de concentration puis des phases de distraction, d'humour.» En concevant son cours rythmiquement, Steiner plaçait les enseignants en amont de toute expérience créative. Il ne s'agit pas de faire de l'art pour l'art, ni de pratiquer des «disciplines» artistiques, mais de se placer continuellement dans une attitude de création (que ce soit le professeur ou l'élève). L'acte de créer consiste par définition à trouver ses solutions ouvertes. L'un des soucis majeurs des enseignants Steiner-Waldorf est d'éviter la référence à une parole unique, apprise ou récitée. «Il faut que ce soit vivant !» s'exclame Jacques Dallé, responsable des écoles françaises. Quelle est la méthode ? «Une forte préparation des cours est nécessaire. Cela seul permet une libération dans l'improvisation, dans la capacité à transformer les choses. Si on est capable de s'ouvrir à ce mélange-là, la créativité devient possible. Mais je préfère parler de création, qui est forcément articulée à la relation.»

À LIRE
Être, créer, connaître, quel chemin pour une éducation aujourd'hui ?
éd. Fédération des écoles Steiner-Waldorf.

OPTIMAL

Quelles conditions pour devenir créateur ?

Albert Jacquart, Maurice Béjart et Matthieu Ricard nous disent que nous sommes à chaque instant à la croisée des chemins entre bonheur et malheur : paix et harmonie sont à créer en permanence.

• Le Haïku d'Albert Jacquart :
Ne soyez ni optimiste
(«ça s'arrangera»)
Ni pessimiste («c'est fichu»)
Soyez volontariste !
(«demain dépend de moi»).

• Le quatrain de Maurice Béjart :
Restez à la fois conscient et optimiste,
Évitez de sombrer dans le désespoir ou l'impuissance,
Restez enthousiaste
et entreprenant,
Projetez-vous en Dieu,
Unique Vérité.

• Les rappels à soi de Matthieu Ricard :
Perdre espoir n'a aucun sens.
On peut toujours faire mieux (au lieu d'être catastrophé, résigné ou dégoûté).
Il est bon de limiter les dégâts (au lieu de tout laisser partir à la dérive).
Trouver une solution de rechange est possible (au lieu de stagner dans l'échec).
Inlassablement rebâtir ce qui a été détruit (au lieu de se dire «tout est fini»).
Toujours considérer la situation actuelle comme un point de départ (au lieu de passer son temps à pleurer le passé et à se lamenter sur le présent).
Repartir de zéro n'est jamais impossible (plutôt que de terminer à zéro).
Comprendre qu'il est essentiel de faire des efforts soutenus dans la direction qui semble la meilleure (au lieu d'être paralysé par l'indécision et le fatalisme).
Utiliser chaque moment présent pour progresser, apprécier, agir, jouir de la paix intérieure (au lieu de perdre son temps à ruminer le passé et à redouter l'avenir).

À LIRE
• *La légende de la vie,*
Albert Jacquard, éd. Flammarion
• *Un instant dans la vie d'autrui,*
Maurice Béjart, éd. Flammarion
• *Plaidoyer pour le bonheur,*
Matthieu Ricard, éd. Pocket

SCIENCE ET CRÉATION : UN COUPLAGE DÉTONANT

Qu'est-ce que les scientifiques ont à nous dire de la création, de l'inspiration créatrice, de l'intuition, phénomènes chaque fois nouveaux, alors que la science ne répertorie, par essence, que les faits répétables ? Léonard de Vinci, Heidegger, ou plus près de nous, François Jacob et Miró ont souligné la prépondérance de l'art dans la découverte scientifique et de la science dans la réalisation artistique. Cinq chercheurs passionnés par les origines déambulent sur ces thèmes.

De l'hypothèse à la découverte, tout un parcours

JEAN-PAUL BIBÉRIAN - PHYSICIEN ATOMISTE

1.) Des choses m'intriguent. Je les emmagasine, les absorbe. De cette phase d'intuition et de curiosité naît une idée claire, intemporelle, idéalisée. Je vois la finalité de la découverte. Cette idée revient, s'affine. Puis je ressens un empressement à passer à l'action.
2.) C'est la phase de la réalisation concrète de l'idée, de confrontation à la réalité et à ses résistances. Un travail plus dur, moins exaltant, lent, qui demande de la patience et de la persévérance (le contraire de l'entêtement), de la motivation. Cette étape d'application fait appel à l'adaptabilité. Ne pas rester devant l'obstacle, trouver de nouvelles pistes. Oser aussi faire marche arrière. Prendre plaisir à chaque étape. Jouer.
3.) La troisième phase est la découverte. Celle que les gens voient. L'œuvre est finie. Je me sens satisfait, heureux d'être arrivé au bout après la bataille. C'est la phase de plaisir.
4.) Enfin, le scientifique doit donner du sens à sa découverte. La mettre en valeur. Et rester humble, car il n'a aucune prise sur le devenir de ses découvertes. Les idées sont là. On les reçoit. La suite, ce ne sera pas lui, mais un autre.

À LIRE
Un entretien avec J.-P. Bibérian, revue *Nouvelles Clés*, n° 39.

CONTACT
Mardi du savoir : tous les premiers mardis du mois, de 20 h à 22 h, à Marseille : jpbibérian@yahoo.fr

Terre poétique et terre scientifique sont une même réalité

TRINH XUAN THUAN - ASTROPHYSICIEN

«Comme l'artiste, le chercheur scientifique fait appel, au départ, à l'intuition. L'artiste exprime ses sentiments et ses émotions sur une toile ou dans un poème. Le scientifique ressent des émotions similaires, mais il utilise le langage des mathématiques. La méthode est différente, mais la démarche intérieure est la même.» L'auteur de *La Mélodie secrète* appelle ses lecteurs à «parier» personnellement sur l'origine de l'univers, le plus librement possible, loin de toute influence extérieure. Ce qui guide son propre pari ? La conviction qu'il existe un principe créateur, parce qu'il y a un irrésistible sens de l'unité dans l'univers. «Tout ce qui est là n'est pas un hasard, dit-il, l'univers n'a pas de sens s'il n'y a personne pour le regarder. La terre poétique et la terre scientifique sont une seule et même réalité.»

À LIRE
L'infini dans la paume de la main, Matthieu Ricard et Trinh Xuan Thuan, éd. Fayard.
Le chaos et l'harmonie, La mélodie secrète et *Origines*, Trinh Xuan Thuan, éd. Fayard.

Dieu se crée lui-même dans l'évolution créatrice du monde

RUPERT SHELDRAKE - BIOLOGISTE

«D'où nous viennent nos inspirations ? Pour Platon, l'intuition intellectuelle avait directement accès aux idées et formes pures. Descartes pensait aussi que l'intellect avait acccès à la vérité ultime. Thomas d'Aquin, lui, estimait que les anges connaissaient Dieu par intelligence directe. Le problème de la tradition occidentale, c'est que ces idées et formes pures sont supposée éternelles, immuables. Alors que, pour Bergson, qui s'en explique dans *L'Évolution créatrice,* le processus de l'évolution révèle une créativité permanente, une avancée dans l'absolument inconnu, jamais vu, jamais entendu. Le visionnaire Sri Aurobindo, l'un des rares évolutionnistes s'inscrivant dans la tradition indienne, fut lui aussi influencé par Bergson. Or, s'il y a évolution créatrice, on ne peut intégrer le Dieu platonique, qui sait déjà tout. On découvre un Dieu dynamique : Bergson parle du «Dieu qui se crée». Dans la tradition chrétienne, cet aspect, c'est l'Esprit-Saint, qui s'exprime par le souffle, libre, imprévisible : «Le vent, comme l'esprit, va où bon lui semble.» Cet Esprit fait penser à la Shakti hindoue, principe dynamique de l'énergie. Dans la tradition occidentale, l'esprit travaillant en nous s'appelle inspiration, littéralement : inspirer l'esprit à l'intérieur de soi.»

À LIRE
Une nouvelle théorie de la vie, Le 7e Sens et *Les pouvoirs inexpliqués des animaux,* Rupert Sheldrake, éd. du Rocher.
Deux entretiens, Sheldrake dans la revue *Nouvelles Clés*, nos 36 et 39.

S'approprier le vivant, c'est faire croire qu'on l'a créé

ÉRIC SÉRALINI – GÉNÉTICIEN

«Nous ne pouvons imaginer que la véritable découverte ne porte pas en son sein la signature de l'acte artistique, donc créateur, bien qu'à faible mesure par rapport à l'immensité de la vie. Étymologiquement, une découverte scientifique n'est cependant pas une création, ni une invention. Découvertes ou inventions peuvent néanmoins devenir des étapes d'une création à échelle humaine. Dans beaucoup de pays, la législation distingue clairement l'«invention brevetable» de la découverte, qui ne l'est pas. On ne dépose pas de brevet sur les propriétés de l'eau, la force électromagnétique ou la relativité générale. On pourra par contre le faire sur les inventions issues de ces découvertes, généralement pour les exploiter. De même, on n'invente pas le gène, on découvre des gènes. Leur introduction dans des organismes qui n'en sont pas porteurs, pour réaliser des organismes génétiquement modifiés (OGM), ne devrait donc s'accompagner d'aucun brevet d'exploitation. Le fait que les biologistes moléculaires inventent («créent») des gènes artificiels, associations chimériques de fragments de gènes, permet néanmoins à certains de déposer des brevets qui autoriseront, à terme, un contrôle de la nourriture mondiale par quelques entreprises. Où l'on voit combien toutes ces notions doivent être précisées : elles peuvent présenter in fine un impact socio-économique majeur.»

À LIRE

Génétiquement incorrect et *Ces OGM qui changent le monde,* éd. Flammarion. Éric Séralini est également l'auteur de plusieurs autres ouvrages sur la vie et l'évolution.

Rien n'interdit de penser que l'on puisse tout connaître

HENRI ATLAN – BIOLOGISTE

Quand on lui demande quel lien il voit entre découvrir et créer, ce biologiste, qui a fait partie pendant dix-sept ans du Comité national d'éthique pour les sciences de la vie et de la santé, répond ceci : «Si créer signifie faire exister quelque chose à partir de rien, la découverte scientifique n'est pas une création. La découverte est un chemin qui tente de diminuer notre ignorance par rapport à l'inconnu. Et précisons bien que l'inconnu ne signifie pas l'inconnaissable. Virtuellement, rien ne nous interdit de penser que nous puissions un jour tout connaître.» Henri Atlan fait partie des chercheurs de pointe, qui se passionnent pour «l'auto-organisation», approche interdisciplinaire majeure de l'aube du IIIe millénaire, qui intègre les théories de la complexité, du chaos et des structures dissipatives (l'ordre jaillissant du désordre), rendant plus raffinée et plus exigeante la vision matérialiste et permettant à celle-ci de renforcer l'idée qu'il n'est «nullement nécessaire d'imaginer un créateur cosmique intelligent et vivant pour expliquer qu'une vie intelligente puisse exister».

À LIRE

Entre le cristal et la fumée, À tort et à raison, Tout-non-peut-être, Les étincelles de hasard (tome 1), éd. du Seuil, *et La science est-elle inhumaine ?* éd. Bayard.

Créer

Qui a dit que la création devait limiter son champ à quelques formes d'expression artistique ? Ne s'agit-il pas du processus même par lequel le monde existe ? Et ne sommes-nous pas tous porteurs de ce mystère à chaque instant ? Certes, du matin au soir et du crépuscule à l'aube, la plupart de nos gestes se trouvent canalisés dans des routines et des automatismes. À chacun de donner une forme inédite et un esprit neuf à ses actes et ses pensées. Moyennant quoi, la palette de nos créations possibles s'ouvre à l'infini. Cinq fois dix exemples de quêtes...

SIMPLICITÉ

- Oser me débarrasser du superflu
- Développer mon énergie vitale
- M'adonner aux activités manuelles
- Créer une bonne ambiance de travail
- De consommateur devenir consom'acteur
- Construire moi-même ma maison
- Vaincre mes plus grandes peurs
- M'autoriser à être hospitalier
- Cultiver mon jardin
- Vivre dans la joie

EXPRESSION

- Faire correspondre profession et vocation
- Écrire un roman, un essai, un scénario
- Apprendre le dessin, la peinture, la BD
- Tourner un film, fiction ou reportage
- Composer une œuvre musicale
- Chanter, en solo ou dans une chorale
- Jouer d'un instrument de musique
- Devenir acrobate, jongleur, clown
- Imaginer un tour du monde singulier
- Danser

AMOUR

- Oser vivre mes fantasmes
- Faire un projet de vie commun
- Parvenir à aimer l'autre gratuitement
- Faire un enfant
- Adopter un enfant
- Établir un dialogue avec mon enfant
- Aménager du temps pour ma famille
- Intégrer les différents sens du mot aimer
- Réussir mon divorce sans cesser d'aimer
- Faire le parcours du pardon

RESPONSABILITÉ

- Mettre mes idées en pratique
- Savoir travailler et apprendre à plusieurs
- tre un professeur créatif et inventif
- Apprendre à dire non
- Découvrir comment transmettre
- Savoir trouver de bons collaborateurs
- Gagner de l'argent en faisant du bien
- Trouver comment incarner mon idéal politique
- Comprendre et embellir ma généalogie
- Savoir accompagner un mourant

INTROSPECTION

- Grandir en m'adaptant aux changements
- Oser une psychothérapie
- Prendre une année sabbatique
- Trouver mon désir essentiel
- Rebâtir ma vie autour de mon souffle
- Franchir les étapes de la méditation
- Découvrir la prière
- Comprendre les subtilités d'un art martial
- Reprendre mes études
- Mieux savoir qui je suis

EXTASE

Le rituel amoureux

Le rituel amoureux proposé par Paule Salomon ne s'oppose pas à la spontanéité. Il permet de stimuler l'imagination et d'expérimenter la lenteur, la présence, le calme, l'écoute, car en amour chaque instant est magique.
L'homme et la femme se retrouvent dans une pièce parfumée d'essences subtiles et allument quelques bougies.
Des fleurs dans un vase, quelques tapis ou coussins, de la musique, des tableaux, une phrase calligraphiée... Sur un plateau, des fruits, des boissons, des gâteaux secs, des chocolats. Après un bain, chacun a parfumé son corps avec une huile. Les deux partenaires pénètrent dans la pièce en silence et s'assoient l'un en face de l'autre, les genoux se touchant.
Ils respirent ensemble et visualisent l'énergie au niveau du cœur. Ils se saluent en prononçant intérieurement une phrase comme : «Je salue le divin qui est en toi !» L'homme regarde la déesse dans la femme qui est en face de lui et la femme regarde comme un dieu le principe masculin incarné en face d'elle. Ils commencent la contemplation de l'âme en se regardant dans les yeux, prononçant intérieurement «Je t'aime» en s'adressant aux deux yeux, puis à l'œil droit, puis à l'œil gauche. Si les émotions montent, on les laisse passer par la respiration. Les deux fronts s'appuient maintenant l'un contre l'autre, créant un contact fusionnel de grande qualité. Les deux corps, les deux énergies se synchronisent pendant le temps qui leur convient. Puis l'homme et la femme s'allongent l'un contre l'autre et commencent les jeux préliminaires de l'amour, baisers et caresses, sans se laisser aller à l'orgasme. Quand leur désir de fusion est suffisamment élevé, ils commencent à se pénétrer doucement dans un va-et-vient très lent. Puis ils s'arrêtent, visualisent un cercle de lumière baignant leurs sexes et commencent à respirer de manière inversée l'un par rapport à l'autre, tout en visualisant le trajet de l'énergie physique et psychique qui, ainsi traitée, peut devenir extatique.

Le terrain idéal où exercer votre créativité ? Mais la vie amoureuse, bien sûr !

Comment raviver la créativité amoureuse de notre couple, lorsque la vie familiale, le travail, les contraintes de la vie ont tout envahi et que le côté gris du «je dois/il faut» a pris le pas sur la fantaisie érotique ? Comment réagissons-nous ? Nous accordons-nous assez de temps pour que l'imagination, la poésie et le désir regagnent notre bord ? Paule Salomon a fait de ces questions le centre de son approche psychothérapeutique.

Comment raviver l'imagination érotique ?

«En devenant des artistes capables de nous ressourcer au désir de vivre. Le mal-être, le stress, le conflit peuvent anéantir l'amour. Le désir est à la fois mental, physique et psychique. Dans le désir, tous les sens sont exacerbés. Aussi, un beau chant, des saveurs raffinés, la couleur inattendue de la chemise de notre partenaire, le nouveau parfum de notre compagne, un film à belle sensibilité, la lecture d'un poème qui nous rappelle notre propre sève, ou tout simplement une pratique sportive agréable sont autant de façons de réveiller nos sens endormis. Et la nature ! Elle offre une infinité de voies pour réveiller nos sens. Au cours d'une promenade, observez les formes sensuelles d'un arbre ou d'une fleur, absorbez-les vivants, mettez-vous à l'écoute de votre corps face à eux. Qu'avons-nous à faire de mieux que de jouir de l'instant présent ? Cette présence à la vie est la base de l'érotisme solaire. Elle est bienfaisante. C'est le contraire de la négation de la vie.»

Vous dites parfois qu'une chambre spécialement dédiée à l'amour pourrait favoriser l'inventivité sensuelle d'un couple...

«Certains possèdent un lieu pour la méditation, la gymnastique ou le yoga. Pourquoi ne pas imaginer qu'une pièce dans la maison soit réservée à la sexualité ? Pour des raisons de budget, le plus simple est bien sûr que ce soit la chambre à coucher, mais alors une chambre qui respire le recueillement, la paix, la beauté, un endroit où l'énergie soit posée.»

À quoi ressemble pour vous une chambre d'amour ?

«Pour être inventif en amour, il faut avant tout avoir le désir de créer. On peut concevoir une chambre pour l'amour et ne jamais y aller. Ce lieu, privilégié au départ, jouera alors comme une source de culpabilisation permanente, un idéal de rencontre et d'amour à deux qui ne se réalisera jamais. La créativité en amour et dans la sexualité ne peut pas être uniquement envisagée sous un angle extérieur. On peut mettre de l'encens, donner un massage à sa partenaire, ou allumer une bougie en étant distrait de nous-mêmes. La présence à soi et à l'autre, l'intimité et la confiance sont des qualités primordiales qui éveillent un érotisme du cœur. C'est très subtil. L'érotisme doit être une ascèse de la pollution mentale. Regarder la sexualité comme un ensemble de positions menant à l'excitation reste quelque chose d'extérieur. Ce n'est ni bon ni mauvais. Mais cela ne conduit pas à la sensation pure. Par contre, lorsque nous sommes centrés dans notre être, on ressent un plaisir fou ! Tout le monde parle d'érotisme, mais beaucoup le fuient. La sexualité est le contraire d'une évasion : c'est une invasion de la réalité.»

À LIRE
La brûlante lumière de l'amour,
Paule Salomon, éd. Albin Michel.

“À côté d'une incertitude, mettez une certitude.”

COROT

AVEZ-VOUS DÉJÀ SONGÉ À FAIRE DE VOTRE VIE UN CHEF-D'ŒUVRE ?

En 1986, Pierre Weil a créé, avec le gouverneur de Brasilia, la Fondation Cité de la Paix, qui a pour fonction de gérer l'Université holistique internationale du Brésil, Unipaz. Un lieu d'enseignement universitaire exceptionnel, où les étudiants apprennent notamment – en guise de doctorat ! – à créer des «chefs-d'œuvre de paix».

Pendant les deux ans et demi que dure leur séjour à Brasilia, les étudiants d'Unipaz apprennent à vivre trois aspects de la paix : paix avec soi-même, paix avec les autres, paix avec la nature. Le cursus est reconnu et validé par un diplôme d'État obtenu après présentation d'un «chef-d'œuvre de paix».

Concrètement, de quoi s'agit-il ? Interrogée, Roswitha Lanquetin, co-animatrice des ateliers «L'art de vivre en paix» d'Unipaix (la branche française d'Unipaz), nous cite le «chef-d'œuvre» qu'elle a elle-même présenté : son divorce ! «Je l'ai vécu en acceptant mes peurs et mes besoins, ainsi que ceux de mon ex-mari et de mes enfants. Ça n'était pas évident du tout. Mais j'ai pratiqué la communication non violente et aujourd'hui, je peux dire que je suis fière de mon divorce.» Pour elle, ce fut «la preuve indéniable que cette formation transforme quelque chose dans notre vie. La paix, c'est concret ! Ça se crée !».

Autre exemple de chef-d'œuvre de paix, celui de Marco Ernani, le maire d'Altinopolis (Brésil) : paix et non-violence dans la ville. Il a créé des cours de religion et d'éducation à la paix dans toutes les écoles, des ateliers artistiques gratuits après les cours, un programme santé gratuit incluant les médecines alternatives, etc. Résultat : plus de quatorze cultes chrétiens se sont mis à collaborer, au lieu de se faire une concurrence mortelle ; la petite délinquance a baissé de 90 %… ainsi que la mortalité enfantine ! (tombée de 6 à 3 ‰).

Marco Ernani est convaincu : «La non-violence comme outil politique fonctionne. C'est comme une semence plantée à l'endroit le plus important : le cœur des enfants.»

L'idée du chef-d'œuvre comme pédagogie, qui remonte en fait à la tradition des Compagnons du tour de France, est appliquée depuis les années 30 dans les écoles Steiner (cf. p. 235), où les élèves de la douzième classe (16-17 ans) doivent présenter une réalisation d'envergure en expliquant leurs motivations à un conseil d'adultes. Le but est double : se mettre en route vers le monde et aller aussi loin que possible à l'intérieur de soi-même. La démarche prime sur le résultat : quel thème choisir ? Par où commencer ? Jusqu'où aller ? Comment ? Cette incertitude, cette errance, ce bouillonnement, ce vide parfois, comptent autant que les progrès.

CONTACT

Unipaix France : rose@unipaix.org
tél : 01 39 02 23 04.

CHANTONS !

Une humanité qui ne chante plus tombe malade

Savez-vous pourquoi le monde moderne va mal ? Parce que nous ne chantons plus.

La démonstration nous vient de la cantatrice Jill Purce, qui enseigne le chant harmonique mongol et le yoga des voyelles, en Angleterre. La conséquence ultime de notre désertion du chant serait, selon elle, des plus tragiques. Nous ne savons plus accorder nos corps, qui sont des instruments de musique fantastiques, nécessitant de réguliers réaccordages au monde. Plus nous ignorons cette dimension, semble-t-il, plus nous nous trouvons coupés de l'univers, et plus le mal s'étend. Jusqu'à devenir mortel. Jill Purce apprend ainsi à ses élèves à chanter et à psalmodier, mais d'abord à écouter : s'écouter soi-même et écouter les autres, pour entendre à la fois le monde et le souffle du dedans. Selon elle, participer à une chorale permet une rééducation vitale : «Chanter en chœur, à plusieurs, est la voie la plus rapide que je connaisse pour faire fusionner plusieurs personnes en un seul être. Et quand vous dissolvez les barrières qui vous séparent des autres, vous dissolvez du même coup celles qui vous séparent des mondes invisibles, des dimensions spirituelles, de vos ancêtres ! Chanter seul constitue un yoga important – chacun de nous résonne suivant un son propre, qui lui est absolument personnel et autour duquel il plonge profondément dans la découverte du Soi. Mais chanter à plusieurs peut déplacer des montagnes !»

À LIRE

- *Chanter ou l'art de mieux vivre,* Robert Gass et Kathleen Brehony, éd. Dervy
- *Tisseurs de paix*, grand reportage sur le Festival des musiques sacrées de Fès, Patrice van Eersel, éd. du Relié

CONTACT

Jill Purce, 20 Willow Road, Londres NW3/1TJ, Grande-Bretagne

ENTREPRISE

Vingt ans de stages de créativité

«Il n'y a de richesse que d'hommes», affirme Christian Boiron avec conviction.
Sa philosophie ? «Je suis d'accord pour considérer que chacun peut faire de sa vie une œuvre d'art. C'est un travail de création permanente.» Le patron du premier laboratoire homéopathique du monde met ses idées en pratique dans son entreprise, dont il encourage les salariés à ce qu'il appelle le «devoir d'impertinence». Selon lui, passer à côté de la créativité d'un collaborateur, c'est rater le destin de toute l'entreprise. Depuis vingt ans, le laboratoire Boiron propose donc à ses salariés des stages intensifs de créativité par la peinture et des sessions plus longues de théâtre, de danse ou de cinéma. Témoignage de l'animatrice en chef des stages, Fanny Fradin…

Quel est le principal frein à la créativité ?
Avoir une idée a priori du résultat que l'on veut obtenir.

Un exercice de créativité désinhibant ?
Les yeux bandés, faire une boule de terre, sculpter, ne pas regarder ce qu'on a fait car le regard juge ; et avant d'enlever le bandeau, refaire une boule.
C'est l'expérience qui compte.
La créativité est une expérience.

Comment débloquer l'écriture, dont la charge de sérieux peut bloquer certaines plumes ?
Mettez de la musique, dansez, puis placez-vous dans la peau d'un écrivain très caricatural, jouez-le en écrivant comme lui. Dédramatisez le statut de l'écrivain, déboulonnez l'idole.

À LIRE
Le bonheur est dans notre cerveau, Christian Boiron, éd. Albin Michel

CONTACT
Fanny Fradin, art-thérapeuthe,
tél : 01 45 55 04 40

QUATRE CRÉATEURS DE NOTRE TEMPS

Juliette Binoche est comédienne, Peter Brook metteur en scène, Fabienne Verdier calligraphe et Henry Bonnier écrivain. Tous les quatre témoignent de leur expérience de la création.

L'IMPRESSION D'ÊTRE UN VASE :
Avant de se lancer dans une création quelle qu'elle soit, **Juliette Binoche** a toujours besoin d'un moment de silence. Et au moment où l'acte créateur se met en œuvre, elle s'étonne souvent de se sentir un peu comme hors du temps – une sensation qui n'a fait que se renforcer avec les années : «Nous ne créons pas, dit-elle, c'est la création qui passe à travers nous.» En fait, ce sentiment s'est nettement clarifié en elle à l'occasion d'une création exceptionnelle : sa seconde grossesse, l'attente de sa fille Hanna. «Enceinte, j'avais l'impression d'être littéralement fondue dans un processus de création. Je créais, ou plutôt un enfant se créait à travers moi ! Plus que tout, j'avais l'impression d'être un vase. Le réceptacle où les choses se font. La grossesse vous fait vraiment comprendre que la création est un processus qui passe à travers vous.» Un conseil ? «Le besoin de créer est un appel, il faut savoir écouter et entendre cette voix-là en soi.»

UN OBSCUR PRESSENTIMENT QUI CHEMINE :
Lorsque **Peter Brook** commence à travailler sur une pièce, il dit qu'il part toujours «d'un pressentiment obscur et profond», semblable à une odeur, à une couleur ou à une ombre. C'est la base de son travail, ce sur quoi il appuie ensuite son métier – quelle que soit la pièce qu'il monte. «Cet obscur pressentiment, voilà ma relation avec la pièce ! Je n'ai aucune technique. Pour moi, préparer une pièce signifie cheminer vers cette idée. Je commence à fabriquer un décor, je le casse, je le refabrique, je le casse, j'y réfléchis encore… Quels costumes ? Quelles couleurs ? Tout cela constitue un langage qui sert à concrétiser quelque peu mon pressentiment. Jusqu'à ce que, petit à petit, en émerge la forme. Une forme destinée à être modifiée, mise à l'épreuve, mais néanmoins une forme. Pas une forme figée… Puis le travail commence avec les comédiens, par des exercices, par une fête, par n'importe quoi, mais surtout sans idée !»

UNE EXTASE MÛREMENT PRÉPARÉE :
Fabienne Verdier commence chaque journée par une ou deux heures de méditation, suivie d'une longue marche, qui lui permet de se mettre en osmose avec la nature. Viennent ensuite différents rituels dans l'atelier, allumage d'encens par exemple, et toute une mise en condition Pour cette calligraphe de renommée internationale, créer correspond au bonheur parfait, à la jouissance extrême, à l'extase : «On touche au merveilleux, car cela s'opère par l'intermédiaire de votre alchimie intérieure. C'est là une dimension au-delà du désir, qui vous fait entrer dans une sorte de transe et vous offre un supplément d'être.» Mais attention, dit-elle, il faut savoir aussi trouver l'humour et la prise du détachement – et boire un coup en cours de travail peut aussi aider ! Comme faire l'amour d'ailleurs : «Je peins souvent de belles choses après un bon câlin. On est dans un état second, on n'est plus attaché à des critères de valeurs, on est bien dans son corps, libéré.»

UN PHÉNOMÈNE QUI NOUS ÉCHAPPE :
Quand **Henry Bonnier** se met à écrire, il avoue «avoir le sentiment d'être possédé : il y a soudain une main qui me prend par la peau du cou et qui m'installe à mon bureau. Alors j'écris». Ce que l'écrivain a compris de la création… c'est qu'on ne peut la comprendre : elle nous échappera toujours. «Je ressens les idées comme des ailes d'ange qui nous effleurent. Ce que je vous dis là n'est pas romantique, c'est mon expérience. Je peux vous assurer qu'à chaque fois que je me mets à ma table de travail, je ne sais pas ce qui va se passer. Je prie en silence quelques instants et les pages s'écrivent. Ensuite seulement vient le travail de structuration, de relecture, de correction.»

“Le repos le plus merveilleux descend sur toi si tu crées. L’acte calme et le repos créateur, voilà qui est juste.”

HANNA DALLOS

PRATIQUE

Préparez votre toile comme Botticelli !

Depuis l’invention de la peinture à l’huile, au XIIIe siècle, et jusqu’au XVIe siècle, les peintres flamands et italiens travaillaient principalement sur des panneaux de bois (buis, merisier, aulne, etc.). Afin de résister aux alternances météorologiques propres aux climats tempérés d’Europe, les panneaux demandaient une préparation tout aussi savante que la préparation des pigments et des liants… Le panneau était d’abord enduit de plusieurs couches de colle (toujours plus de trois couches) sur les deux surfaces.
La colle utilisée était souvent de source animale : peau de lapin, colle de poisson, fiel de bœuf, caséine à base de lait, etc. – une colle onctueuse qui recouvrait le support d’une sorte de peau.
Chaque couche était poncée au papier d’émeri. Lorsque le support était pour ainsi dire «vitrifié», le peintre passait à la phase «gesso» : une ou plusieurs couches de blanc onctueux opaque venait recouvrir la colle sur la surface s’apprêtant à recevoir la peinture. Cette phase était exécutée par les apprentis.
Les blancs utilisés étaient mélangés à la même colle que dans la première phase. De nouveau, chaque couche était astiquée avec de la limaille de plus en plus raffinée, de telle sorte qu’à la fin, le support était recouvert d’un blanc étincelant ayant l’apparence d’un miroir. On rapporte que le support était supposé prêt quand, exposé au soleil, le blanc était devenu aveuglant. Cette qualité était indispensable pour permettre la transparence que l’on attendait des couleurs, leur donnant un «timbre», une «sonorité». Rappelons que la plupart des œuvres de l’art flamand du XIIIe au XVe siècle n’ont pas eu à être restaurées, du fait de l’extraordinaire technique de préparation de leurs supports.
Certaines de ces techniques d’atelier des peintres d’antan ont été perdues avec le temps et les matériaux synthétiques d’aujourd’hui ne permettent plus d’obtenir une telle pérennité.
Mais pourquoi ne pas essayer de retrouver les secrets de nos ancêtres ?

MATÉRIAUX

Voir page suivante.

LES DOUZE CLÉS DU DÉSIR

Jamais autant que dans notre monde, les humains n'auront été appelés à clarifier la question clé : au fond que désires-tu dans la vie ?

1. LE DÉSIR ORIGINE : Cette première clé fait l'unanimité : le désir est à l'origine de l'homme, de la société, de l'art... Le philosophe Robert Misrahi : «Le désir n'est pas une faculté parmi d'autres, c'est la totalité de la conscience !» À l'inverse, la dépression fait de nous des morts vivants : disparition du désir.

2. LE DÉSIR MYSTÈRE : Il nous fascine parce qu'il nous échappe, il nous meut mais nous ignorons ce qu'il est. Conscient de ce mystère, Jacques Salomé tente de le décrire : «Un mouvement porteur d'élan du meilleur de nous vers le meilleur de l'autre.»

3. LE DÉSIR MANQUE : C'est la thèse centrale de la plupart des philosophes, de Platon à Freud : toujours en manque du sein maternel, nous courons follement après lui. D'où une double sagesse : acceptation des limites, invitation à l'action.

4. LE DÉSIR JOIE : Une minorité de philosophes (dont Nietzsche) voit dans le désir manque une immaturité. La vraie sagesse serait de vivre pleinement le présent, au-delà de l'espoir et du désespoir, dans une «joie en soi» décrite aussi bien par un laïque comme Spinoza que par des mystiques.

5. LE DÉSIR SACRÉ : Longtemps considéré comme diabolique, le désir péché disparaît des sociétés postmodernes, et redevient le désir sacré qu'il fut aux origines. Dans *Désirs, passions, spiritualité,* Daniel Odier suggère que seule une transformation intérieure puissante fait passer du désir grossier au désir subtil (éd. J.-C. Lattès).

6. LE DÉSIR JARDIN : Quotidiennes sont les situations où le désir s'étiole et s'éteint. Travail (ou chômage) obnubilant, vie quotidienne harassante (ou sans imagination), infidélité, naissance mal vécue, enfants envahissants, peur du sida... La solution est celle du jardinier : le désir se cultive. Christiane Singer en parle dans *Éloge du mariage, de l'engagement et autres folies* (éd. Albin Michel).

(suite page 251)

QUAND LA TOILE JOUE LES ENTREMETTEUSES

Qu'on s'en réjouisse ou le déplore, la Carte du Tendre des amants modernes doit compter avec un nouvel invité, pas toujours distingué mais déjà bien infiltré dans les mœurs : internet et ses sites de rencontres.

Dans un monde idéal, chacun trouverait l'homme ou la femme de sa vie au coin de la rue, dans la file d'attente de la Poste le samedi matin, ou entre les deux écouteurs d'un casque au rayon CD de la Fnac. Comme ça, paf, tout simplement. «Et ils eurent beaucoup d'enfants.» Hélas, la vraie vie, c'est pas du cinéma. Voilà pourquoi, selon l'institut de mesure d'audience Netratings, plus de 4 millions de Français ont fréquenté en mars 2004 l'un des vingt sites de rencontres importants du web en langue française. Le leader, Meetic, compte aujourd'hui près de 9 millions de membres européens, et en recrute 24 000 nouveaux chaque jour.

Amoureux.com, match.com, netclub.fr se disputent le marché florissant des hommes et femmes en quête de relations nouvelles, amicales ou plus si affinités. Marginal au début, le recours à la toile s'est banalisé. Ses partisans en vantent la facilité d'utilisation, quand on ne peut pas beaucoup sortir faute d'argent ou d'occasions, et soulignent l'abondance de l'offre. «Les femmes sont des millions, et elles sont toutes en demande, il n'y a rien de comparable ailleurs», argumente un habitué. De fait, le système permet de «pêcher» des correspondant(e)s partout dans le monde en un temps record. Sans oublier l'aspect ludique de cette loterie et le plaisir de communiquer par écrit : la toile donne un nouveau souffle au romantisme épistolaire. Mais si les premiers «bébés internet» ont déjà vu le jour, les déconvenues sont légion. La rencontre physique correspond rarement à la promesse en ligne. Sur le net, il est facile de tricher ! Les calculs du «chercheur» croisant studieusement les critères, âge, taille, poids, couleur de cheveux et catégorie socio-professionnelle, ont un côté sordide. Et que dire de l'absence de sensualité, odeurs, grain de peau, gestes échappés, regards, petits riens qui font naître le désir ? Qu'il faut attendre la première confrontation avec le réel pour y goûter enfin, et savoir si la toile ne nous a pas embobinés dans ses mailles.

À LIRE

Le cœur Net, célibat et amours sur le web, Pascal Lardellier, éd. Belin.

> ***“Est-il possible d'apprécier la vie quand on n'a que soi-même à aimer ?”***
>
> **FATOU DIOME**

Les nouvelles façons de forcer le hasard de la rencontre

Y a-t-il un avenir après le bal des pompiers et les mariages arrangés ? Assurément, oui ! Petit tour d'horizon de formules réputées amusantes, branchées et festives.

SPEED-DATING : Un soir sont conviés sur rendez-vous dans un bar branché un nombre égal de femmes et d'hommes. Deux par deux, ils abordent les sujets qu'ils désirent pendant sept minutes, pas plus ! Au coup de gong ou de klaxon, comme pour la danse du tapis, on change de partenaire. En fin de soirée, on inscrit sur une fiche le nom des personnes que l'on aimerait revoir. Si l'autre le souhaite aussi, on reçoit plus tard un mail… (Variante, le turbo-dating : dix entretiens de dix minutes, nombre de participants plus élevé.)
www.selectperfect.com
www.minitalk.org
www.turbo-dating.com

QUIET PARTY : À l'origine de ce concept né en 2002, deux artistes new-yorkais à la recherche d'un endroit calme où converser. Le principe : toujours un lieu branché, des invités et… du silence pendant les deux premières heures. Communication exclusivement par écrit. Sur fond de musique, la magie passe par le stylo ou les touches du texto. Puis la musique est poussée à fond, et place à la danse !
www.quiet-party.com

COURSES-DATING : L'idée vient d'un artiste hollandais qui s'est rendu compte que les célibataires en manque fréquentaient davantage les supermarchés que les boîtes de nuit. Après avoir conquis la Suède, la Corée du Sud, la Suisse, le concept débarque en France en 2003… à l'épicerie fine du Lafayette Gourmet à Paris. Tous les jeudis de 18 h 30 à 21 h, les assoiffés de contact y débarquent, avec pour signe de reconnaissance un panier créé à leur seule intention.
http://artimo.net/datingmarket

DÎNERS DE CÉLIBATAIRES : Des invités discrètement sélectionnés, regroupés par affinités, un bon dîner, un DJ aux platines et c'est parti pour une folle soirée, jusqu'au bout de la nuit. Pour se faire de nouveaux amis, et (peut-être) trouver l'amour…
www.soireesdannie.com et 06 13 39 04 64

FOOD-DATING : Les Soirées «Food de Toi» vous proposent d'appliquer une méthode simple : 3 plats, 3 rounds, 3 rencontres. Une centaine d'invités conviés dans un restaurant, les petits plats d'un grand chef, et vous passez de table en table au cours du dîner, allant de nouvelles saveurs en invités divers... Libre à vous de concrétiser ensuite sur la piste de danse.
www.food-Dating.com

À LIRE
Plein d'autres pistes futées et originales dans *Trouver un Jules à Paris*, Valérie Appert, éd. Parigramme.

7. LE DÉSIR RÉSONANCE : Existe-t-il une baguette magique qui transforme nos désirs en réalité ? Selon Jean-Pascal Debailleul, les contes de fées nous donnent une réponse géniale en nous faisant jouer avec les lois de la synchronicité, qui nous disent de lâcher prise et d'accepter d'être mis en résonance avec le réel. La prière vise-t-elle autre chose ?
8. LE DÉSIR COMBAT : Si «désir» est devenu un mot banal chez nous, il reste révolutionnaire ailleurs, où le puritanisme, religieux ou politique, frappe encore, notamment les femmes – de la Chine infanticide à l'Afrique mutilante. Cela dit, même chez nous, rien n'est jamais acquis à Eros malmené, tordu, chosifié…
9. LE DÉSIR OBJET : Dans la Bible, dès que l'homme acquiert la liberté, il remet Dieu en cause et réifie son désir en veau d'or. Jacques Attali : «Toute l'économie capitaliste est faite pour transformer le désir d'être en désir d'avoir. On occulte ainsi le cœur du désir, qui est de ne pas mourir. Accumuler et transmettre des objets est une manière d'oublier la mort.»
10. LE DÉSIR ESSENTIEL : Selon le psychologue autrichien Paul Diel, nous décidons inconsciemment nous-mêmes d'exaucer nos désirs ou pas. Pour lui, nos désirs multiples cachent un «désir essentiel» propre à chacun. Où le «connais-toi toi-même» devient «connais tes désirs».
11. LE DÉSIR RENONCEMENT : N'abusons-nous pas du mot désir et ne faudrait-il pas, plus souvent, renoncer, c'est-à-dire sublimer nos élans ? Objectif double : 1°) choisir et trancher, pour être responsable ; 2°) supprimer la foule des petits désirs, pour laisser la place aux rares grands.
12. LE DÉSIR DÉPASSEMENT : Pour les vieux sages, le désir doit finalement être dépassé, ne serait-ce qu'au moment de mourir, quand la question devient de renoncer à soi-même. Mais ne désire-t-on pas alors dépasser le désir ? Dagpo Rinpoché : «Même chez le Bouddha il y a du désir ! L'important est juste de ne jamais en devenir esclave.»

INCONSCIENT

Signes extérieurs de séduction

Le fait est prouvé par la science : notre corps parle pour nous. Ainsi lorsqu'ils veulent séduire, hommes et femmes émettent plus ou moins consciemment des signaux révélateurs...

LES HOMMES : Ils prennent une voix grave ; révélatrice d'un niveau élevé de testostérone, elle est symbole de virilité. Ajustent leur cravate, lissent leur col, balaient des poussières imaginaires sur leur épaule, arrangent leur chemise, triturent leur montre... Glissent leur pouce dans la ceinture, en encadrant le bassin : façon de mettre en valeur leur entrejambe. Peuvent porter leur cravate de manière légèrement décentrée : ils donnent ainsi aux femmes qui ont l'air sensibles à leur charme l'occasion de la rajuster, un test imparable.

LES FEMMES : Elles secouent la tête pour rejeter leurs cheveux en arrière. Un moyen subtil de signaler qu'elles attachent de l'importance à l'apparence qu'elles montrent à un homme. En levant le bras pour replacer une mèche, elles exposent leur aisselle, ce qui leur permet d'émettre le «parfum de l'amour», une phéromone à destination de l'homme-cible. Se caressent la cuisse, la gorge ou le cou dans un geste lent et sensuel : s'il joue bien ses cartes, un homme pourra peut-être les toucher à ces endroits-là. Lancent des œillades : en haussant une épaule, ce qui est un moyen de signaler la rondeur des seins ; en baissant les paupières, elles retiennent le regard de l'homme le temps nécessaire pour qu'il les remarque, puis détournent rapidement les yeux. L'homme visé a le sentiment d'être furtivement observé. Se déhanchent, mettant l'accent sur leur capacité à porter des enfants...

À LIRE

Pourquoi les hommes se grattent l'oreille... et les femmes tournent leur alliance ?,
Allan et Barbara Pease, éd. First

De la chimie des passions à la science de l'amour

Du coup de foudre à l'amour durable, comment les neurobiologistes traduisent en termes hormonaux l'explosion de nos sentiments, mais aussi leur évolution, vers l'indifférence ou vers l'attachement.

Le premier contact amoureux se passe à notre insu. Un dialogue muet, subliminal, s'instaure à distance entre les deux futurs partenaires grâce aux phéromones, composés volatils chargés d'informations qui s'échappent de glandes situées sous les aisselles, autour des organes génitaux et des mamelons. Ces substances viennent frapper nos narines sans que nous les sentions, mais leur efficacité est garantie : l'organe «voméronasal» chargé de les capter dans le nez est directement relié à l'hypothalamus et au bulbe rachidien, notre cerveau le plus archaïque. Les informations qu'elles véhiculent visent la séduction. Martha McClintock (dans *Nature*) et Claus Wedekind (dans *Behavioural Ecology*) ont constaté qu'elles augmentaient le désir des hommes en présence d'une femme en période de fécondité, et qu'elles servaient à sélectionner instinctivement le partenaire à l'identité génétique appropriée.

Accro au coup de foudre ?

Ce premier message transmis, d'autres sens et fonctions entrent en jeu, faisant appel à notre système limbique, siège cérébral des émotions. L'attraction inconsciente va pouvoir se transformer en coup de foudre. Il suffira d'un regard, d'un sourire, pour réveiller une impression de plaisir enfouie dans notre mémoire affective la plus ancienne. Une décharge d'adrénaline réactive les fonctions de notre cerveau, suivie presque immédiatement par une diffusion de phényl-éthylamine (ou PEA). Produite dans le septum, au cœur du système limbique, cette hormone déclenche une intense sensation de plaisir. Un bonheur qui donne des ailes, accompagné de quelques troubles : rythme cardiaque accéléré, rougeur, sensation de chaleur ou de froid. Mais la PEA responsable du coup de foudre agit aussi comme une drogue, elle provoque un état d'euphorie qu'il faut sans cesse réactiver : on a besoin de voir l'être aimé, de contempler sa photo, de l'entendre au téléphone plusieurs fois par jour. L'euphorie ne dure guère, car lorsqu'une hormone est libérée en abondance, les récepteurs neuronaux finissent par perdre leur aptitude à répondre. Le simple fait de vivre avec l'être aimé détruit progressivement les charmes du coup de foudre.

L'hormone de l'altruisme

Pour que l'histoire se poursuive, expliquent des biologistes comme Jean-Didier Vincent et Marc Schwob, il faut générer d'autres sources de plaisir : voyages en commun, naissance d'un enfant, achat d'une maison... vont permettre à d'autres hormones de renforcer le lien. Le bonheur de vivre ensemble déclenche une production de dopamine. Cette hormone spécifique du plaisir va s'allier à deux autres, produites par l'hypophyse, l'ocytocine et la vasopressine, en un jeu croisé capable de mener au paroxysme de l'orgasme comme à la plus éthérée des félicités. L'ocytocine, aussi appelée «hormone de l'amour», ou «de l'altruisme», et présente dans l'orgasme, masculin comme féminin, facilite les contractions de l'accouchement, ainsi que, plus tard, la montée du lait. En fait, elle semble accompagner tous les moments de la vie organique où le mot amour peut être employé : effusion, étreinte, caresse, baiser, tétée – et même repas pris en commun ! Curieusement, sa sécrétion provoque aussi une baisse de la mémoire – «comme si, remarque l'accoucheur Michel Odent, pour vraiment aimer l'autre il fallait s'oublier soi-même». C'est l'hormone de la première empreinte, son taux augmente dans l'organisme lorsque, face à un inconnu, on se sent en confiance, explique Claude Zack de l'université de Claremont. Elle nous lie donc affectivement à l'aimé comme nous l'avons été à notre mère.

Hormonalement serein

Avec le temps, l'accoutumance neuronale entraîne inévitablement une baisse de dopamine et par conséquent du plaisir d'être ensemble. Mais dans un couple qui a su maintenir le lien, ce manque n'est plus une souffrance car la sérotonine, hormone du sommeil et de la régulation de l'humeur, entre en jeu pour apaiser la relation amoureuse. La place est faite pour que l'excitation sexuelle devienne un véritable amour, ou comme l'appellent les neurobiologistes, un «attachement». (D'après un article de Sylvain Michelet paru dans *Psychologies Magazine*.)

> “Aimer, c'est avoir du plaisir à voir, toucher, sentir par tous les sens, et d'aussi près que possible un objet aimable qui nous aime.”

STENDHAL

POLÉMIQUE

Amour maternel et instinct

L'amour maternel relève-t-il de l'instinct comme la survie ou s'apprend-il ? «L'amour maternel est infiniment complexe et imparfait. Loin d'être un instinct, il faut plutôt un petit miracle pour que cet amour soit tel qu'on nous le décrit», affirme Élisabeth Badinter. Jugeant le mythe de l'instinct maternel aliénant et culpabilisant pour les femmes, elle affirme que ce sentiment décrété obligatoire peut parfois manquer ou se faire attendre sans qu'il faille pour autant jeter l'opprobre sur les jeunes mères non conformes à la version attendue. À l'inverse, la pédiatre Edwige Antier affirme : «Lorsqu'une femme met au monde, elle change brusquement de génération ; en devenant mère, elle ressent un bouleversement en elle, elle est submergée par un véritable orage hormonal et affectif qui ne peut être contrôlé. Elle devient instinctive.»

À LIRE

- *L'amour en plus : Histoire de l'amour maternel, XVIIe-XXe siècle,* Élisabeth Badinter, éd. Le Livre de Poche
- *Éloge des mères*, Edwige Antier, éd. J'ai Lu

PRIMIPARE

C'est inouï, inespéré…

«Je l'ai aimé tout de suite : ça n'est pas une formule, ç'aurait pu être autrement. Je n'étais pas sûre qu'il était de moi. Je l'ai adopté : il me plaisait. Il était extrêmement séduisant. Comment était-ce possible, qu'il soit sorti de moi ? La péridurale fait que les pères en sont plus sûrs que les mères : eux ils peuvent voir. Et tous les jours, l'amour augmente. C'est inouï, inespéré. Les clichés reprennent sens pour moi, les formules, oui, puisque sans métaphore *je donnerais ma vie pour lui*. C'est la première fois que cette phrase est vraie, que j'entends sa vérité ; la première fois qu'elle est mienne.» (Extrait du livre *Le bébé*, Marie Darrieussecq, éd. P.O.L.)

VENIN

Les petites phrases qui minent

Innocemment lancées à des moments stratégiques, elles peuvent parfois faire exploser le couple. Un auteur les a rassemblées. Pour en rire à deux !
«Ta mère a appelé, je ne sais pas ce qu'elle voulait.»
«J'étais sûr que tu allais dire ça !»
«T'as encore invité ton frère !?»
«Pour une fois, j'aimerais que tu m'écoutes.»
«Pourquoi es-tu toujours plus sympa quand il y a quelqu'un d'autre ?»
«Tu ressembles de plus en plus à ta mère.»
«J'en peux plus : ton chat a encore vomi dans la cuisine.»

À LIRE
Le chat a vomi, et autres phrases définitives qui ont le don de pimenter la vie de couple, Patrick Weber, éd. Belfond

LIBÉRATION

L'art de la rupture

Rompre, briser, casser net – une attitude, une habitude, mais surtout une relation – est la meilleure façon de croître en conscience. Que la rupture soit amoureuse, familiale, professionnelle, elle laisse généralement une impression d'échec, un goût de trahison – au moins chez l'autre. Encore faut-il s'entendre sur la qualité d'une rupture.
Ne peut-on concevoir de se quitter comme une forme d'art (complaintes chantées du tango, du blues, du fado...), ou bien en célébrant la fête du divorce comme chez les Touaregs (où la séparation est vue comme un rituel de passage). Francis Scott Fitzgerald a écrit : « J'en vins à l'idée que ceux qui avaient survécu avaient accompli une vraie rupture.»

À LIRE
- *Je te quitte, moi non plus,* Franco La Cecla, éd. Calmann-Lévy
- *La rupture pour vivre,* Simone Barbaras, éd. Robert Laffont
- *Vivre la séparation,* Yves Prigent, éd. Desclée de Brouwer
- *Détache-moi !* Marcel Rufo, éd. Anne Carrière

HOMME-FEMME L'impossible dialogue amoureux ?

«Tu ne m'écoutes jamais... Pas la peine de faire un discours, j'ai compris... Mais parle, enfin, pourquoi tu ne dis rien ? !» En matière de parole, entre hommes et femmes, on se retrouve facilement dans l'impasse. Comme si le yin et le yang avaient chacun son propre langage.

Parle-moi... j'ai des choses à te dire : dans ce livre qui fut son premier grand succès d'auteur, Jacques Salomé posait les prémisses de sa principale conviction : la vie peut devenir merveilleuse à condition de savoir communiquer. Le fait est que la plupart des conflits – en particulier amoureux – partent de notre incapacité à entrer en relation claire et vraie avec l'autre, c'est-à-dire d'abord à l'écouter et à l'entendre. Le schéma communément admis est qu'en amour femmes et hommes réagiraient de manière spécifique et homogène, les premières cherchant à «communiquer» et n'en démordant pas, les seconds ne pensant qu'à «agir» et n'écoutant rien. Il en va souvent ainsi. Certes, au début d'une relation, le séducteur sait se faire beau parleur : il connaît le penchant qu'ont les dames pour le verbe. Mais plus le temps passe, moins il a tendance à se montrer communicatif. Agissant souvent comme si sa partenaire lui était acquise, il considère qu'il lui a tout dit, qu'il n'est plus nécessaire de la tenir au courant de ses pensées et sentiments. Pour un homme, communiquer veut dire échanger de l'information, de manière utile. Or, d'un point de vue féminin, la parole est intimement liée au plaisir, au partage. C'est un soutien émotionnel, dont elles se servent pour analyser les situations. La réalité est plus nuancée, parfois même inversée – ne serait-ce que parce que des parts féminine et masculine existent en chacun de nous. Il n'empêche : la communication entre les sexes est décidément difficile. Travailler à la dénouer est essentiel : c'est le prix de l'amour durable.

À LIRE
Parle-moi... j'ai des choses à te dire, Jacques Salomé, éd. de l'Homme.
Règles pour faire parler votre homme et pour le comprendre quand il ne parle pas ! Ann Markman, éd. Quebecor.
Les hommes viennent de Mars, les femmes viennent de Vénus, John Gray, éd. J'ai Lu.

Femmes plus audacieuses et hommes plus sentimentaux ?

Sexologue, Catherine Solano tient une consultation d'andrologie à l'hôpital Cochin, c'est-à-dire qu'elle est spécialisée dans la thérapie des hommes. Mais elle soigne aussi des femmes et son intérêt se porte de plus en plus vers les ados, avec qui elle a correspondu à grande échelle en tenant le courrier «Sexo» du magazine* Girls. *Une vision d'espoir.

Depuis une douzaine d'années, je vois des changements frappants dans les rapports entre les sexes. Jusque-là, les femmes venaient consulter en sexologie pour des problèmes plutôt relationnels : «Je n'ai pas de désir», «Mon mari ne m'écoute pas», «Je suis jalouse», etc. Aujourd'hui elles arrivent pour des raisons de plus en plus concrètes: «Est-ce normal docteur, je n'ai d'orgasme que dans telle position ?», «J'ai l'impression que mon vagin n'est pas assez sensible», «Je ne supporte pas telle caresse, que dois-je faire ?» Avant, ce genre de question était rarissime. Maintenant, ça domine et le relationnel passe après. Alors que pour les hommes, c'est le contraire. Avant, les raisons étaient presque toujours : «J'ai des éjaculations précoces», ou «trop molles», ou «Mon pénis est trop petit», etc. C'est beaucoup moins le cas. La plupart viennent me voir pour des raisons relationnelles. Je trouve ça stupéfiant. Et très émouvant. Ce sont généralement des hommes jeunes. Par rapport à leurs aînés, ils sont plus mûrs et osent se livrer. Tout se passe comme si, dans les faits et non plus dans les discours, les femmes s'ouvraient à leur part masculine et les hommes à leur part féminine. Évidemment, les hommes s'intéressent toujours au sexe et les femmes au relationnel. Mais, désormais, ça bouge. Mars rencontre Vénus. Restent quand même de gros écueils.

1). Les adolescentes. Il y a tellement de pornographie qu'elles se disent : «Si je veux qu'il reste avec moi, je dois lui donner du sexe.» Dans le courrier «Sexo» de *Girls*, la lettre qui revenait le plus souvent : «Comment être bonne au lit ?» Ça me serrait le cœur. Elles n'ont pas conscience que les garçons s'intéressent aussi à autre chose, profondément. Résultat : par peur, les filles vont quasiment étouffer leur sentimentalité, alors que les garçons attendent justement ça et se retrouvent donc frustrés, sans comprendre ce qui leur arrive, parce qu'ils se racontent aussi des histoires.

2). L'impatience générale : on veut tout tout de suite. Des jeunes femmes demandent : «J'ai déjà fait l'amour quatre fois et je n'ai toujours pas éprouvé d'orgasme, suis-je infirme ?» Alors que le chemin d'une rencontre peut prendre du temps – c'est d'autant plus normal qu'on est plus jeune. Mais notre société ne donne pas de valeur au temps, ni au chemin qui peut être long et merveilleux. On fait des découvertes amoureuses jusqu'à quatre-vingt-dix ans !

À LIRE

La sexualité. Savoir aimer, Catherine Solano, éd. Flammarion ; et du même auteur, *Sexo ados*, éd. Marabout.

Ainsi soient-ils. Sans de vrais hommes, point de vraies femmes, d'Hélène Vecchiali, éd. Calmann-Lévy.

THÉÂTRE

Enfin parler du fond du ventre !

Le succès mondial de la pièce de théâtre *Les monologues du vagin* en est la preuve : les mots pour dire le sexe au féminin ne sont pas anodins. Brillante, drôle, sensible et universelle, la pièce de l'Américaine Eve Ensler est fondée sur plus de 200 entretiens avec des femmes de tous âges, de toutes conditions, de toutes religions et des quatre coins du monde. À la fois drôle, bouleversante et pleine de complicité, l'œuvre vise à enrayer les sentiments de peur et de honte intimement liés à une partie du corps. De la garnison de poils aux instruments de torture utilisés par les gynécologues, tout est passé en revue ! Présentés pour la première fois off-Broadway en 1996, *Les monologues du vagin* ont depuis été traduits en 22 langues, ce qui leur a permis de tenir l'affiche dans une trentaine de pays répartis sur les cinq continents. La pièce a initié le mouvement V-Day, une initiative globale pour enrayer la violence faite aux femmes et aux filles. Les plus grands noms se sont joints à la «chorale des vulves», comme se surnomment les militantes, et parmi elles Oprah Winfrey, Winona Ryder, Jane Fonda et Glenn Close…

En plus d'apporter un soutien financier à des centres pour femmes victimes de violence, Les monologues du vagin ont pour mission de susciter la réflexion sur des thématiques encore taboues : le vagin, mais aussi le viol, l'accouchement, les menstruations et, sur un plan plus ludique, les poils, les gémissements, l'orgasme féminin, etc.

Sur le web

Le site du mouvement V-Day : http://www.vday.org

“Ce que nous faisons de plus sérieux sur cette terre, c'est d'aimer. Le reste ne compte guère.”

JULIEN GREEN

JOUISSANCE

Guérir de deux siècles malades

Dans la lignée de Françoise Dolto, le psychanalyste Didier Dumas ouvre une voie nouvelle dans notre compréhension de l'épanouissement sexuel. Il part du commencement de la vie humaine, c'est-à-dire de la psyché du bébé, et même du fœtus – ce que les freudiens n'ont jamais fait, appuyant leurs théories sur le langage, donc sur l'enfant après deux ans ; or, l'essentiel se joue avant. Cherchant à expliquer où s'enracinent à la fois notre aptitude à jouir et notre capacité à penser – pour comprendre ce qui peut les bloquer –, Dumas a commencé par soigner des enfants autistes, dont il a découvert que la plupart souffraient de l'incapacité parentale (et généralement ancestrale) de dire et de penser tout ce qui touche au sexe et à la mort. Le bonheur de nos enfants dépend de la façon dont nous savons répondre à leurs questions sur ces sujets, bien avant qu'ils sachent parler ! – encore faut-il être soi-même au clair... S'initiant ensuite à la circulation des énergies, par l'acupuncture et la sexologie taoïste, Dumas se voit confirmer que notre fonctionnement est transgénérationnel avant d'être individuel, notamment dans nos «quatre corps» : de sensation, de vide, d'image, de sens. Par contraste, il devient clair que l'Occident commence tout juste à sortir de deux siècles de pathologie sexuelle grave.
La mentalité bourgeoise puritaine (religieuse ou médicale) a fait de nos ancêtres des malades sexuels : hystériques, fétichistes, sado-maso, etc. Développer une sexualité harmonieuse (par exemple grace à des groupes de parole, hommes ou femmes) exige un difficile aggiornamento – la «libération sexuelle» de mai 68 n'a-t-elle pas abouti à une vague porno, plus meurtrière que libératrice pour les enfants et les ados ? Mais l'effort en vaut la peine : seule une humanité sexuellement heureuse pourra trouver des solutions à nos impasses actuelles.

À LIRE
Et si nous n'avions toujours rien compris à la sexualité ?
Didier Dumas, éd. Albin Michel

Quand faire l'amour devient une prière

Comment s'est-on aimé depuis la nuit des temps ? L'acte sexuel a-t-il la même expression et la même signification sous toutes les latitudes, dans toutes les croyances ? Le Dr Gérard Leleu, grand érudit des émois du cœur et des ébats du corps, nous entraîne dans le dédale des mythes et pratiques symboliques que le verbe aimer a fait connaître à l'humanité. Un voyage exaltant qui démontre combien sexe et sacré sont intimement liés.

L'union sexuelle tantrique : la réalisation de soi

Le tantrisme s'intéresse à l'acte sexuel en tant que voie d'accès à l'extase, autrement dit à l'état de réalisation de soi, de conscience supérieure. Pour lui c'est le moyen le plus puissant, qui reste naturel, d'y parvenir. Mais ce n'est qu'après des années d'initiation au tantrisme qu'est abordé le yoga de la sexualité. Car pour vivre la sexualité sur un mode tantrique, il faut être devenu tantrika, c'est-à-dire avoir conduit une longue et profonde transformation de son être : notre façon de faire l'amour dépend de notre façon d'être au monde ; notre sexualité doit être reliée à la trame de notre vie.

Sexualité et taoïsme : l'union du yin et du yang

L'union sexuelle de la femme et de l'homme, réalisant l'union la plus éclatante du yin et du yang, est un phénomène conforme à l'ordre de la nature et, bien mieux, un phénomène qui reconstitue le Tao (la matrice de l'univers, un flot infini d'énergie dont les mouvements occupent la totalité du cosmos); c'est donc un acte naturel, beau et sacré. (...) C'est la voie royale du ciel : la communion entre la femme et l'homme est semblable à l'interaction de la terre – énergie yin – et du ciel – énergie yang. Dans les deux cas, c'est l'énergie infinie de la nature qui est en action. Et, dans les deux cas, il s'agit de refaire l'«unité», le «tout».

Mystique sexuelle hindouiste : la félicité grâce au *Kama-sutra*

Le but ultime de l'hindouisme est d'atteindre la félicité, qui est l'état de l'être originel. Avec la méditation et la transe, l'union sexuelle est un des moyens d'y parvenir. Elle devra être conduite comme une adoration, un acte sacré. Pour parvenir à cette perfection, les hindouistes ont écrit des traités, ou *sutras*, d'érotisme sacré. Ils commencent par des invocations aux divinités, puis les pratiques sexuelles sont décrites comme un art, au même titre que le chant, la musique, la danse, la poésie, le dessin, etc. L'art engendre la beauté, qui engendre le sacré.

Grèce antique : une sexualité libre, pédérastique et phallocrate

Le plaisir est licite. On l'exerce comme on veut, avec qui l'on veut. L'homme, qu'il soit marié ou non, a le choix entre de multiples partenaires : les hétaïres, sorte de courtisanes, les affranchies, pour peu qu'on les paie, et la foule des esclaves, véritables femmes-objets, étaient à sa disposition pour lui permettre d'assouvir tous ses désirs. Le viol est une pratique courante et «normale». Le seul tabou concerne la vision du sexe de la femme. Ce «delta» pileux, les Grecs ne peuvent le supporter ; ces poils incongrus, cette odeur sauvage ont quelque chose des Barbares hirsutes et malodorants qu'ils exècrent et à qui les cimes de l'esprit sont totalement inaccessibles.

Islam : la sexualité heureuse des *Mille et une nuits*

Dans la poésie érotique arabe, on parle de sexualité sur un mode parfaitement respectueux de la femme et de l'amour, ce qui constitue déjà en soi une forme de sacralisation. En outre, on parle en se référant à Allah. De tels textes mêlant érotisme, poésie et Dieu constituent pour l'Occident une splendide illustration de ce qu'on peut dire et faire, en matière de sexualité, sans se couper du beau et du divin.

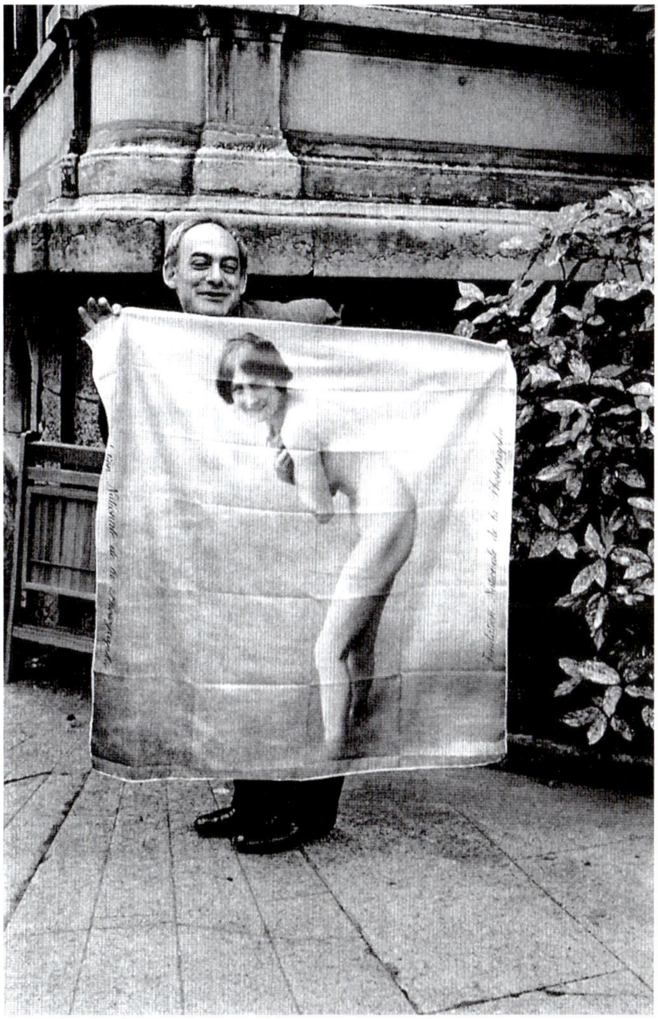

Extrait de *l'Histoire de Kamaralzaman :* «Ne bouge plus ! Mais laisse ainsi tes seins respirer, qui s'élèvent et s'abaissent comme les vagues de la mer. Ô tes seins neigeux ! Que je les hume, tels l'écume marine et le sel blanchissant. Ah ! Laisse tes seins respirer…»

AMOUR COURTOIS : LE FIN' AMOR

C'est la culture du désir que l'on prolonge le plus possible, voire à l'infini. Et de ce désir prolongé, voire éternisé, naît un sentiment généreux et élevé : l'amour pour la dame. Sentiment généreux car non égoïste, non possessif, fait d'une ouverture à l'autre. Sentiment élevé car respectueux de l'autre, dont on considère l'âme au-delà du corps ; élevé aussi car accompagné d'un élan spirituel qui fait qu'on aime l'autre jusqu'à le vénérer. Dans ces conditions, dit Jacqueline Kelen dans *Propositions d'amour* (éd. Anne Carrière), «la chasteté n'est pas une suppression du désir, mais son incantation». Le désir comme fin en soi, affiné jusqu'à l'essence de la sensualité, révèle l'esprit de l'amour.

À LIRE

Sexualité, la voie sacrée, Dr Gérard Leleu, éd. Albin Michel (dont sont extraits les textes ci-dessus).
Amour, sexe et spiritualité, collectif, coll. Clés, éd. Albin Michel.

“Repose-toi, prends des forces, médite. Puis replonge-toi dans l'action, si nécessaire.”

LUCAS ESTRELLA SCHULTZ

DRAGUE

L'amour au fil des pages

Devinette : connaissez-vous un endroit où hommes et femmes viennent souvent seuls, restent longtemps, reviennent régulièrement, où l'éclairage est tamisé et le seul langage autorisé celui des regards et des chuchotements ?
Réponse : les bibliothèques !
Un espoir fou pour tous les romantiques, les timides et les intellos rêveurs un peu perdus dans le tumulte des rencontres modernes. Épiez, soupirez, jouez et perdez-vous dans le dédale infini des émotions en vous imprégnant, entre deux rayonnages, des frémissements de Stendhal et Ronsard.

MOTEUR

L'amour a la cote

« Jamais le sentiment amoureux n'a eu autant d'importance qu'aujourd'hui. Il est devenu le socle de toute notre organisation sociale, puisque c'est lui qui fait et défait les couples, et donc les familles. Il n'est donc jamais sans conséquence. »
François de Singly, sociologue, lors du colloque «Guérir les souffrances familiales» (2004).

MYSTÈRE

Et l'amitié ?

En amitié aussi, il s'agit bien d'aimer. Et quand la passion entre amants peut rendre le verbe opaque et déroutant, l'amitié le porte plus facilement au grand jour. De Platon à Goethe et d'Épicure à Saint-Exupéry, sages et artistes l'ont dit : c'est dans l'épreuve que l'on reconnaît ses vrais amis. Pythagore n'hésitait pas : « L'amitié est mère de toutes les vertus. » Mais la louer, est-ce pour autant en connaître la clé, mystère de l'affection inconditionnelle mais libre, que l'on peut mettre une vie entière à élucider ?

À LIRE

Petite méditation sur le mystère de l'amitié, Anselm Grün, éd. Albin Michel.

PISCINE

L'érotisme de l'eau fertilise-t-il ?

Partout et de tout temps, poésie et mythes ont exprimé l'irrésistible pouvoir érotique de l'eau. Pourtant, selon le Dr Michel Odent (cf. page 268), rares sont les «sexothérapeutes» modernes à avoir étudié et utilisé le pouvoir érotique de l'eau – tel Ferenczi, le disciple de Freud et auteur de *Thalassa* : «Je reçus un jour l'appel d'une jeune femme qui désirait consulter en compagnie de son mari. Elle avait un problème de stérilité, la principale difficulté venant apparemment de son mari devenu impuissant. À l'heure convenue, elle vint seule. Son mari avait renoncé à se déplacer. Je la reçus à la maternité, pensant qu'un endroit peuplé de mères et de bébés ne pouvait qu'avoir un effet favorable. Puisqu'elle semblait s'intéresser au lieu où je la recevais, je lui fis visiter les salles de naissance, et aussi la piscine, au moment précis où elle s'emplissait d'une belle eau bleue. J'ai alors appris qu'elle-même avait des troubles de l'ovulation, puisqu'elle n'était réglée qu'une ou deux fois par an, et que son mari était dans une phase de désintérêt sexuel. L'idée me vint alors spontanément de proposer au couple quelques heures d'intimité complète, soit dans l'eau, soit près de l'eau, une nuit où tout serait calme à la maternité. Cela laissa la jeune femme rêveuse. Quelques jours plus tard, elle me fit savoir que son mari et elle-même étaient très attirés par mes propositions, mais qu'en fait, depuis qu'ils avaient parlé ensemble d'intimité dans l'eau, leur activité sexuelle s'était soudain ranimée. Quelques semaines plus tard, sans autre visite, la jeune femme me fit savoir qu'elle avait eu ses règles. Encore quelques mois et elle était enceinte. L'années suivante, elle revenait à la maternité, pour y mettre au monde son bébé.» (Extrait de *Naître et renaître dans l'eau*, Michel Odent, éd. Presses-Pocket.)

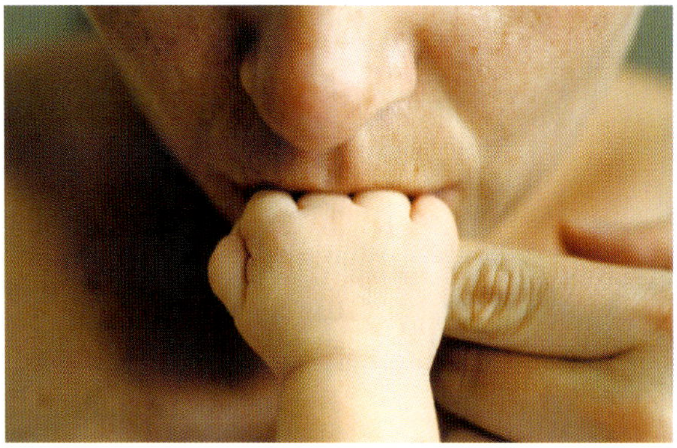

Nous sommes des êtres de chair… et de parole

Nous prenons corps dans un utérus, de la rencontre d'un ovule et d'un spermatozoïde. Nous prenons psyché dans les désirs, les pensées et les fantasmes de nos parents nous concernant. Ainsi avons-nous pu exister bien plus que neuf mois avant notre naissance, et ceci même si notre père et notre mère n'étaient pas au courant !

Psychanalyste et acupuncteur, Didier Dumas se situe dans la lignée de Françoise Dolto, qui préfaça son premier ouvrage, *L'ange et le fantôme*, sur les enfants autistes. Depuis, il n'a cessé de soigner, de jeter des passerelles et de chercher, avec pour ambition d'aider la sexualité occidentale à devenir adulte.

«La construction mentale d'un enfant ne dépend pas du coït qui lui a donné corps. Elle dépend de la façon dont ses parents l'ont mentalement conçu. En rêvant ou en parlant de lui, c'est-à-dire en lui accordant dans le langage et dans l'ordre familial une place qui déterminera son destin et sa vie – un enfant "non pensé" court un certain risque de devenir autiste. N'avez-vous jamais perçu l'anxiété d'un enfant entendant ses parents raconter un événement datant d'avant sa naissance : "Et moi, demande le petit avec force, j'étais où ?" Généralement, les parents répondent : "Tu étais encore au ciel", ou bien : "Tu étais dans notre cœur." Ces réponses sont pour lui une sorte de révélation, car il découvre, à cette occasion, que son existence dans le registre mental est antérieure à son existence physique, que l'on peut exister dans le désir de ses parents sans pour autant exister dans un corps, sur le mode où il continue à exister pour eux quand il dort. Cette révélation est tout à fait importante dans la construction de l'enfant.

«Nous avons tendance à considérer que l'utérus de la mère est non seulement la matrice de notre corps, mais aussi celle de nos structures mentales. D'un point de vue psychanalytique, c'est tout à fait faux : ce qui détermine toute la vie intérieure d'un individu (et donc aussi ses éventuels troubles psychiques ultérieurs), c'est l'ensemble des activités mentales qui, le concernant, ont existé avant qu'il naisse. La matrice de notre corps est effectivement l'utérus de la mère, mais celle de nos structures psychiques est l'ensemble des activités mentales, conscientes et inconscientes, prononcées et non prononcées, des paroles, mais aussi des fantasmes, qui ont fait que deux cellules ont pu se rencontrer et donner un embryon. Cela vaut pour la construction œdipienne de l'enfant comme pour tout ce qui concerne son rapport à la vie et à la mort : c'est parce qu'il peut se représenter un temps où il existait déjà potentiellement, avant sa naissance, dans le désir de ses parents, dans le langage – et symboliquement, je dirais : dans les testicules de son père –, que l'enfant pourra par la suite penser, c'est-à-dire exister dans le langage.»

À LIRE

Didier Dumas, *Et l'enfant créa le père*, éd. Desclée de Brouwer ;
Et si nous n'avions toujours rien compris à la sexualité ? éd. Albin Michel.

Reprendre le contrôle de l'accouchement ?

Noella Jarrousse est une femme de l'art. Enseignante, conseillère conjugale, sexologue et sage-femme depuis plus de trente-cinq ans, elle est passée par tous les courants, toutes les batailles et controverses : pour ou contre la péridurale, la césarienne, la lithotomie, etc. Comme l'obstétricien Michel Odent, elle est persuadée que les femmes vont reprendre le contrôle de leur accouchement et qu'elles n'utiliseront la médicalisation en tant qu'instrument utile… qu'en certaines circonstances.

«Je suis intimement convaincue que les femmes qui enfantent ont le pouvoir de faire changer les choses. Actuellement, elles en ont assez d'être régentées par les hommes jusque dans l'aventure de la naissance. Est-ce l'expression d'un militantisme larvé pour gagner encore davantage en liberté et en indépendance sur les hommes, la suite logique du combat des féministes des années 60 et 80, ou d'une évolution de conscience ? Après tout, peut-être est-ce tout à la fois. Après avoir milité pour le droit de vote, la liberté sexuelle, la pilule et l'avortement, les femmes militent aujourd'hui pour accoucher comme elles le désirent. Cela coïncide d'ailleurs avec un changement de leur statut dans la société. La présence des hommes dans l'histoire de la naissance a contribué à rendre un acte somme toute naturel et profondément sacré en événement médical contrôlé. Sur ce terreau est née et s'est répandue l'idée maintenant récurrente selon laquelle le corps des femmes n'est pas apte à faire des bébés sans assistance médicale. Comment se fait-il que l'accouchement, centré depuis l'aube des temps sur la femme, soit tombé entre les mains des médecins ?

«Paradoxe de nos sociétés occidentales, la médicalisation nous a épargné les souffrances de nos grands-mères, les terribles et mortelles infections post-natales, le devenir sombre des bébés nés d'accouchements longs et difficiles. La science, magnifique, nous a permis de comprendre le corps de la femme et la relation fusionnelle qui s'établit avec son enfant dès la conception. Elle nous a ouvert les yeux sur les capacités des fœtus, leur sensibilité, leur relation au monde qui les entoure, leur folle croissance, tellement semblable à l'évolution de la vie sur des milliards d'années. Soit dit en passant, les sociétés traditionnelles savent ces choses-là depuis des lustres.

«En contrepartie de ces progrès fascinants, nous avons eu tendance à dissocier le corps de l'esprit, à ne plus être à l'écoute de la chair, à oublier l'énergie qui y circule, à oublier combien la puissance de l'esprit influence le déroulement d'un accouchement – tout comme la présence des personnes qui entourent la femme : que l'une d'entre elles soit stressée et le travail devient nettement plus difficile pour la parturiente, incapable de se laisser aller.

«Nous avons aussi oublié de retrouver dans l'accouchement toute une dimension sacrée, puissamment et éternellement féminine. Car enfin, les hommes ont beau travailler dans leurs laboratoires à la création d'utérus artificiels pour faire naître nos enfants et soit-disant nous épargner les affres de l'accouchement (en l'occurrence nous aider à conserver un corps séduisant, obéissant aux critères de beauté en vigueur), il n'en reste pas moins que le principal désir des femmes, même dans les couples de lesbiennes ou chez les hétérosexuels lorsque le mari est stérile, c'est l'enfantement. Il s'agit d'une expérience fondamentale, logée à la fois dans le biologique et dans l'inconscient collectif. Une notion de transmission de la vie, de sa vie, de son histoire généalogique. Un rêve d'éternité.»

À LIRE
Se préparer à accoucher en couple,
Dr Noella Jarrousse, éd. Maloine.

DIVINES

Le retour des mères libres

Jadis, les femmes s'inspiraient de l'expérience de leur aînées pour, à leur tour, donner la vie. C'était une histoire de femmes. Et puis l'aventure est passée entre les mains de la médecine et des hommes. D'événement naturel, l'accouchement est devenu un état partiellement assimilable à une pathologie, nécessitant l'intervention d'une technologie hospitalière. Aujourd'hui, bien que certains hôpitaux ou cliniques aient opéré des changements dans la pratique de l'obstétrique et fait des concessions en faveur d'une naissance plus douce, choisir les modalités de son accouchement relève encore du parcours du combattant. En réaction, des femmes ont décidé de se rebeller. Des mères d'abord, qui revendiquent haut et fort la responsabilité de leur accouchement : plus de temps, de douceur, de liberté, moins d'infantilisation et de médicalisation. Des sages-femmes ensuite, qui veulent retrouver leur mission originelle, celles des mères divines de l'Antiquité : assister leurs sœurs dans l'aventure de la naissance sans qu'elles soient écrasées, physiquement et psychologiquement, par la puissance de la technologie moderne. Pour les aider et opérer un changement des réseaux de sages-femmes se multiplient, aux États-Unis, en Europe, et même en France ! Elles fondent ou animent des centres de naissance, des cours de préparation où l'on apprend aux parturientes à reprendre le contrôle de leur corps et de leurs émotions. Où il n'est pas mal vu ni contraire à la bonne marche du service de mettre au monde son enfant en hurlant à tue-tête, en chantant, en priant, en marchant, en se balançant, accroupie, assise, debout ou lovée dans les bras de son compagnon. Où l'on apprend à prendre son temps – sauf cas d'urgence, évidemment –, à entrer en résonance avec son corps, à l'habiter pour mieux guider et se laisser guider par le petit humain qui s'y niche.

(Karine Lou Matignon)

QUELQUES FAÇONS DE SE PRÉPARER PENDANT NEUF MOIS

Il n'y a pas UNE bonne méthode pour accoucher, il y a celle que vous aurez choisie en fonction de votre tempérament et des besoins de votre corps.
Toute préparation psychologique et physique permet d'atténuer les angoisses et les douleurs pendant l'accouchement de la mère et, pour certaines d'entres elles, de préparer la famille à accueillir le futur bébé.
Une chose est sûre : la relaxation est indispensable et elle correspond à la recherche d'un état naturel. Il ne s'agit pas d'une activité de salon plus ou moins ésotérique, ou d'une sorte de ramollissement somnolent.
Etymologiquement «relaxer» signifie «relibérer ». Il s'agit de libérer des ressources et des énergies nouvelles, présentes en chacun de nous.
Pratiquer la relaxation, c'est guider son corps et son esprit vers la redécouverte de cet état physiologique inscrit dans la mémoire cellulaire.

La gymnastique prénatale

Le grand principe de la gymnastique prénatale consiste à aider la femme à calmer son anxiété, à décrisper et à décontracter les muscles, notamment du périnée. Aidée par un kinésithérapeute, cette méthode aide à prendre conscience de son corps et à prévenir la douleur. Elle comprend différents types de respiration, se pratique en séance individuelle ou en groupe et commence vers le cinquième mois de grossesse, une ou deux fois par semaine. Les séances sont remboursées par votre mutuelle à condition que votre gynécologue vous les prescrive.

À LIRE

Parents et sage-femme, l'accompagnement global,
Paloma Chaumette, éd. du Souffle d'Or.

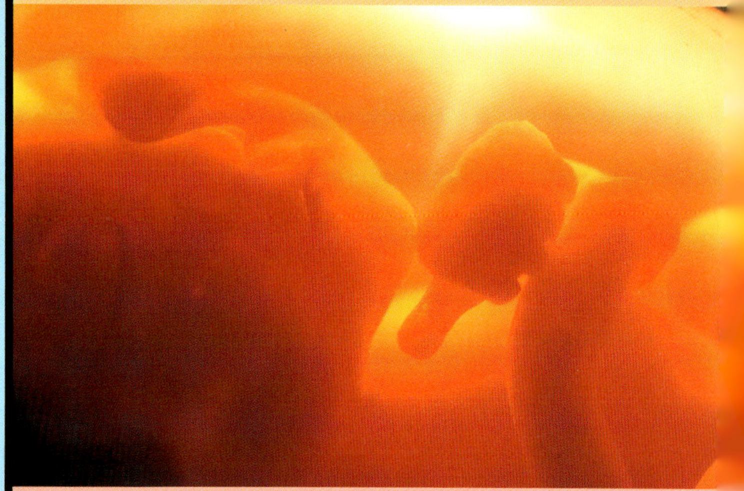

Yoga, gym douce, tai-chi-chuan...

Le yoga permet de retrouver un équilibre physique et psychologique et de renouer un dialogue avec son corps. Grâce à un travail musculaire complet et efficace contre les blocages, les tensions et les mauvaises postures, la femme retrouve l'apaisement dont elle a besoin. Il existe d'innombrables autres méthodes, inspirées de la gymnastique autant que des arts martiaux non agressifs. Ces méthodes qui demandent un effort de concentration proche de la méditation privilégient l'harmonie du corps, la détente et l'apaisement.

CONTACT

www.bebe.be

L'haptonomie

Cette méthode, créée par le médecin néerlandais Frans Veldman, permet aux parents d'entrer tactilement en «contact affectif» avec leur bébé dans le giron de la mère. Par ce contact, ils apprennent à communiquer avec leur enfant. L'haptonomie a pour devise «toucher, c'est parler». Grâce à des méthodes douces et des caresses sur le ventre, la mère et le père accompagnent leur bébé tout au long des neuf mois. C'est un véritable langage affectif à trois qui s'instaure ! À des pressions lentes et successives produites par les mains de ses parents, le bébé répond en bougeant.
Les gestes essentiels pour communiquer – puis pour porter le bébé en le «sécurisant» – sont enseignés aux parents. Pour le père, cette pratique est une véritable initiation.

À LIRE

L'haptonomie, Frans Veldman, éd. PUF.

CONTACT

Centre de recherche et de développement de l'haptonomie,
Mas del Ore, 66400 Céret.

Le chant prénatal

Le chant prénatal, ou psychophonie, créé dans les années 70, par la chanteuse lyrique Marie-Louise Aucher, suite à sa rencontre avec le docteur Leboyer, et par Chantal Verdière, sage-femme, est une intuition qui a fait ses preuves. Chanter durant la grossesse, puis pour le nouveau-né perpétue une ancienne tradition propre à quasiment toutes les cultures. Dans le ventre maternel, l'enfant est sensible aux sons et à la voix de ses parents. Ainsi se tissent entre eux, bien avant la naissance, une relation et un dialogue profonds. Pendant le travail et à l'accouchement, les vibrations sonores aident à soulager la douleur et ouvrent le passage au bébé. Après la naissance, la reconnaissance des sons et des mélodies apportera de la sécurité au bébé.

À ÉCOUTER

Les psychophonistes du collège de Psychophonie ont réalisé un CD audio, *Nouvelles chansons pour l'enfant à naître*.

CONTACT

http://chantprénatal.free.fr
www.college-de-psychophonie.net

La sophrologie

Cette technique apprend à se mettre dans un état proche du sommeil, par l'apprentissage d'une respiration calme et lente, et à vivre des états de conscience différents, notamment par la visualisation. Ainsi, la femme apprend à changer volontairement ses sensations et à maîtriser plus facilement la douleur des contractions. Douleurs, peurs, représentation de notre propre corps et de celui de notre bébé tissent le leitmotiv de ces séances, où les papas y sont les bienvenus. Gymnastique prénatale et sophrologie sont parfois associées.

À LIRE

Manuel pratique de préparation sophrologique à la maternité, Elizabeth Raoul, éd. Maloine.

La préparation en piscine

Si votre grossesse ne suggère aucune contre-indication, jetez-vous à l'eau ! La natation est le sport le plus favorable pour la future maman, car elle a des effets extraordinaires sur la circulation sanguine, les muscles, la capacité respiratoire et l'élasticité de la peau – sans parler des vertus du yoga sous l'eau. La natation, excellente pour la détente et la décontraction, vous permet d'apprendre à contrôler votre respiration et développer votre cage thoracique. La brasse coulée est la nage la plus adaptée à une future maman car elle oblige à arrondir le dos, ce qui prévient les douleurs dorsales (cf. page 272).

La respiration ventrale ou abdominale

Un des buts de la préparation est de développer les compétences respiratoires de la future maman. La respiration complète, lente et profonde (appelée également respiration à trois étages) correspond naturellement aux besoins de l'accouchement. Elle facilite une bonne élimination du gaz carbonique, évitant un phénomène nommé acidose ou souffrance fœtale. Elle nourrit le travail long et intense de l'utérus, apporte l'oxygène nécessaire. Le terme «respiration ventrale» surprend parfois : on ne respire pas par le ventre, mais en libérant le ventre, permettant au diaphragme de descendre et aux poumons de se remplir.

CONTACT

http://psychodoc.free.fr

POUR OU CONTRE

Les maisons de naissance

Il s'agit de lieux non hospitaliers, mais proches d'un hôpital, où les femmes viennent accoucher avec l'aide de sages-femmes, mais sans se sentir hospitalisées. Il en existe aux États-Unis et en Angleterre (*birthing center*), en Suisse, en Autriche, à Malte et en Allemagne. En France, la loi interdit le concept en soi. Même quand la mère du Premier ministre (Lionel Jospin) était une sage-femme favorable aux maisons de naissance, l'État, l'ordre des médecins, le système se sont opposés à cette évolution.
En réalité, elle aura forcément lieu, mais plus lentement qu'ailleurs.
Le fait que les Françaises se soient si massivement prononcées pour un accouchement sous anesthésie – ce qui nécessite une technologie médicale lourde – ne facilite pas les choses. Un mouvement de soutien s'est organisé, en particulier depuis Londres.

CONTACTS

- Primal Health Research Center, 59, Roderick road, London NW3 2NP, fax : 19-44-171-2675123
- Association Câlins, Christiane Jeanvoine, 22 rue Barisien, 54760 Armancourt, tél : 03 83 40 66 34

COUPLAGE

Où le profane côtoie le sacré

«L'acte d'enfanter est un moment unique et intense où la puissance côtoie la fragilité, l'instinct, la démesure, la confiance, la peur, l'euphorie, l'abattement, la douleur, le plaisir, la tristesse, la joie, les rires, les pleurs, la vie, la mort, le profane, le sacré.»
(Doris Nadel)

«Ce dont a d'abord besoin une femme pour accoucher, c'est de son intimité !»

Les questions relatives à l'accouchement idéal soulèvent des passions homériques. Les Françaises sont les Européennes de loin les plus favorables aux méthodes ultra-médicales, qui supposent un interventionnisme lourd. Michel Odent, un médecin accoucheur, qui fut un héros «naturaliste» des années 70, a dû s'exiler à Londres pour poursuivre dans sa voie. Selon lui, la parturiente a plus besoin d'intimité que de technicité.

Beaucoup de ceux qui ont entendu parler, dans les années 70-80, de la maternité de Pithiviers, dirigée par le Dr Michel Odent, en ont gardé le souvenir d'un lieu où les femmes pouvaient enfanter dans l'eau. D'autres se rappellent surtout que la préparation à la naissance y comportait la participation à une chorale, conduite par la fameuse Marie-Louise Aucher. D'autres encore gardent en mémoire des images de parturientes accouchant à quatre pattes, ou plus souvent encore debout, jambes fléchies, soutenues sous les aisselles par les bras d'un homme (l'accoucheur ou le père de l'enfant naissant). Autant de pièces d'un puzzle à la fois simple et sophistiqué, dont le maître mot, s'il ne fallait en citer qu'un, serait certainement «intimité ».
Même si en français le mot «intimité» est le plus adéquat pour décrire la situation que recherchent la plupart des mammifères pour enfanter (ou pour mourir), Michel Odent préfère le mot anglais *privacy* qui, selon lui, traduit mieux «l'état dans lequel se trouve la femme lorsqu'elle est totalement "avec elle-même" et qu'elle ne se sent pas observée pour enfanter».
Si dans la majorité des cultures, le besoin d'intimité est admis pendant l'acte sexuel et, dans une certaine mesure, pendant l'allaitement, pour l'accouchement, en Occident, ce besoin fondamental est nié. C'est ce même mot, *privacy*, qui a poussé Michel Odent vers l'accouchement à la maison ou vers les «maisons de naissance» et vers des recherches, tant physiologiques qu'anthropologiques, fondées sur une observation universelle : quand elle accouche, la femelle mammifère éprouve spontanément un besoin impératif de se retrouver à l'abri d'un lieu sûr, généralement petit et plongé dans la pénombre.
Pour Michel Odent, les mammifères sont faits pour enfanter loin de la lumière et du bruit, avec le moins d'intervention possible, se laissant ainsi davantage gouverner par leur cerveau archaïque, autrement dit, pour la femme, par sa nature de mammifère que par son néocortex. Odent le déclare avec force : le cerveau volontaire, capable de contrôler et d'inhiber des actes d'importance vitale, doit se taire pendant l'accouchement pour laisser la parole aux structures archaïques du système nerveux : «Ne stimulez pas le néocortex de la femme en travail ! Lorsqu'une femme accouche par elle-même, sans perturbations extérieures, arrive un moment où elle se sent coupée du monde, comme si elle partait sur une autre planète. Elle ose se comporter comme jamais elle n'oserait le faire ordinairement, par exemple crier ou jurer. Elle se retrouve dans des positions inattendues, émettant des sons les plus insolites. Elle utilise à fond les atouts de sa nature animale. Demandez-lui ne serait-ce que son numéro de sécu, et le processus s'effondre !»

À LIRE

Votre bébé est le plus beau des mammifères, Michel Odent, éd. Albin Michel.
Mère et Bébé, l'un contre l'autre, préface de Michel Odent, Willi Maurer, éd. du Souffle d'Or.

CONTACT

Primal Health Research Data Bank :
www.birthworks.org/primalhealth

UNE INCROYABLE AFFAIRE : POURQUOI, À PEINE NÉ, LE BÉBÉ DOIT VITE TÉTER !

Le colostrum est une sorte de «petit-lait» semi-transparent, qui s'écoule des seins de la mère tout de suite après la naissance, pendant les quelques dizaines d'heures qui précèdent la montée du «vrai lait». Pour la plupart des cultures de la terre, ce «petit-lait» est mauvais ; une sorte de sérum, juste destiné à purger les mamelles avant l'arrivée du bon lait. Or, nous savons aujourd'hui que ce liquide est le plus fabuleux nectar de longue vie que la nature ait jamais inventé !

Aux temps bibliques le colostrum était extrait, jeté et remplacé par du miel. Les médecins grecs et romains – et beaucoup de médecins modernes – ont presque toujours partagé ces croyances, renforcées par les recommandations des Églises. En Bretagne, une tétée avant le baptême (à l'âge de 2 à 3 jours) aurait permis au diable de pénétrer dans le corps du bébé en même temps que le lait. En Afrique, le colostrum est assimilé à du pus, à du poison. Les traditions asiatiques ne sont guère différentes. Le colustrum est extrait, jeté et remplacé par du miel et du beurre, ou par une tisane… Bref, l'humanité entière, à peu près unanimement, s'est gravement trompée.

«Car nous savons aujourd'hui qu'il s'agit d'un véritable concentré d'anticorps qui nous protègent contre ce qui est étranger, microbes, virus ou cellules vivantes qui ne nous appartiennent pas. Les plus abondants, appelés IgA, sont des anticorps que le nouveau-né ne sait pas encore fabriquer et qui ne lui sont pas transmis par le placenta. On en trouve des dizaines de grammes par litre, et seulement au cours des premières heures qui suivent la naissance ! Ce sont des protecteurs des fragiles muqueuses de l'intestin et de l'arbre respiratoire. Ces anticorps ont pour cibles privilégiées les microbes présents dans l'environnement de la mère, c'est-à-dire ceux avec qui il faut cohabiter dès la naissance. Le colostrum des premières heures contient aussi des millions de cellules à action immunitaire par millimètre cube. On ne les comptera plus que par milliers la semaine suivante. Ces "macrophages" et globules blancs divers sont capables de neutraliser et de digérer les germes les plus redoutables. Le colostrum est en fait une véritable armée capable de juguler n'importe quel type d'infection. Il contient jusqu'à 10 grammes par litre d'une arme anti-infectieuse ingénieuse appelée lactoferrine. Une molécule de lactoferrine peut capter et camoufler deux atomes de fer et ainsi affamer, affaiblir et rendre vulnérables les bactéries. La liste des armes anti-infectieuses connues est encore provisoire. Chacune a son mode d'action particulier. Parmi elles le lysozyme, l'interféron, les ligands de l'acide folique… Il faut comprendre que venir au monde, c'est pénétrer brutalement dans le monde des microbes. Il n'y a pas de microbes dans l'intestin du fœtus qui va naître. Vingt-quatre heures après la naissance, il y en a des milliards par gramme ! Ces microbes ne sont pas les mêmes si le bébé a été laissé à jeun, si on lui a donné de l'eau sucrée ou un biberon de lait artificiel, ou s'il a consommé du colostrum. L'avenir de la flore intestinale dépend de la nature des germes qui seront les premiers à occuper le territoire. Si le nouveau-né n'a consommé que du colostrum, les germes les plus nombreux seront du genre bifidobacterius, accompagnés de quelques colibacilles auxquels l'enfant est adapté, puisqu'ils viennent de la mère. Le nouveau-né a besoin d'être contaminé au plus vite par les microbes satellites de sa mère, c'est-à-dire les microbes domestiques. Ainsi sera-t-il au mieux protégé contre l'agression par des microbes plus dangereux.» (Extrait de *Votre bébé est le plus beau mammifère*, Dr Michel Odent, éd. Albin Michel.

À LIRE

Au sein du monde, Nathalie Roques, éd. L'Harmattan.

L'enfant du possible, collection *Question de*, éd. Albin Michel.

CONTACT

L'art de l'allaitement maternel : www.lllfrance.org

PEAU-À-PEAU

Comme les femmes des sociétés traditionnelles

Peau-à-Peau est une association née de la rencontre de jeunes mères qui ont en commun l'envie de partager avec des parents, futurs parents, étudiants et professionnels de la naissance et de la petite enfance des savoir-faire de «portages de bébés», traditionnels ou non, d'ici et d'ailleurs, respectueux de l'enfant et de ses parents. Vive les «porte-bébés» qui facilitent la vie quotidienne! Au cours de ces ateliers, les parents sont invités, par exemple, à regarder comment les Africaines, les Asiatiques portent leurs bébés : bien assis, jambes écartées et remontées, les hanches au-dessous des genoux. La colonne s'empile, le bébé est placé dans sa base, en équilibre sur les ischions. Inutile de tenir la tête.

C'est un morceau de tissu ou une écharpe qui sert de support au porte-bébé. Quel porte-bébé choisir ? Le sac à dos, l'écharpe porte-bébé, le hamac, le croisé, le double-croisé, le kangourou ?

Les mères et les pères essaient une forme de portage, puis une autre, créent aussi un enlacement personnel qui leur permettra de se sentir confortable avec leur bébé, contre leur poitrine, dans leur dos ou orienté vers le monde. Chacun apporte sa touche à une palette d'écharpes bigarrées!

CONTACTS

• Association La Grande Ourse, tél : 03 85 54 52 37, www.peau-à-peau.be

• fleurmathet@yahoo.fr

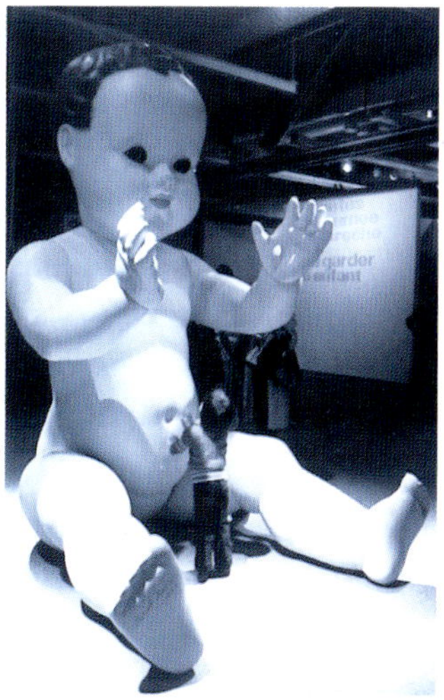

MAMMA MIA

Qu'est-ce qu'une doula ?

Le mot *doula* (du grec ancien) est utilisé aujourd'hui dans le domaine de la périnatalité pour nommer une femme qui a pour vocation d'aider une autre femme et son entourage pendant la grossesse, l'accouchement et la période postnatale, grâce à son expérience et à sa formation. Elle incarne la figure féminine qui se tenait autrefois auprès de la femme qui mettait au monde son bébé, au côté de la sage-femme. La doula accompagne, soutient, entoure, les femmes seules ou les couples, et leurs proches. Elle n'exerce pas le métier de sage-femme. Elle s'engage à la confidentialité et, si elle exerce professionnellement, se soumet au secret professionnel. Une doula peut intervenir avant même la conception et étendre ses services jusque dans la période postnatale, celle-ci étant définie de la naissance à trois ans.

L'accompagnement à la naissance a des effets positifs prouvés : des essais cliniques sur le soutien émotionnel et physique pendant le travail ont démontré :

- 50 % de diminution du taux de césariennes ;
- 25 % de réduction du temps de travail ;
- 60 % de réduction de demande de péridurale ;
- 30 % de réduction d'utilisation d'analgésiques ;
- 40 % de réduction de l'utilisation de forceps.

(MIDIRS, *Support in Labor*, dix études sur 3 000 femmes)

À VOIR

Vidéo de la réunion *Une doula pour vous accompagner à la naissance*, avec Valérie Dupin et Viviane Lemaigre Dubreuil, organisée par la Ronde des bébés

http://rondedesbebes.free.fr

CONTACT

www.doulas.info/quoi.php

LE PARADOXE DE LA PÉRIDURALE

Quand elle est arrivée dans les salles d'accouchement dans les années 80, l'anesthésie péridurale a fait l'objet d'un débat passionnel. «Zombies dégénérés ! s'exclamaient les championnes de l'accouchement naturel, vous avez perdu le contact avec votre corps et confondez accouchement et maladie !» «Arriérés ! Masochistes ! rétorquaient les adeptes de la piqûre, voudriez-vous donc que la femme continue à enfanter dans la douleur ?» Le débat est momentanément clos : la majorité des Françaises accouchent désormais sous anesthésie. Mais une profonde dialectique est à l'œuvre…

La farouche et frontale opposition entre partisans et opposants de la péridurale est restée en suspens. Entre les affrontements manichéens ne menant à rien, un troisième terme a heureusement pointé le bout de son nez, faisant dériver le duel en logique ternaire, riche en intéressants paradoxes. De quoi s'agit-il ?

D'un côté, l'évolution générale des comportements contemporains cherche à nous faire retrouver des racines naturelles, trop longtemps étouffées par les religions, puis par la culture scientiste et citadine. Ainsi, en matière d'enfantement, un vaste mouvement (plus anglo-saxon et germanique que latin) insiste sur la nécessité, pour les femmes, de réveiller en elles leur animalité trop oubliée. Le Dr Odent rappelle ainsi que nous sommes des mammifères et que, au moment d'accoucher, cette spécificité ne doit surtout pas être gênée par les gamberges du cerveau. Mais d'un autre côté, nul ne conteste que le progrès va dans le sens d'une conscientisation accrue de tous les aspects de la vie, en particulier pour nous soulager des pesanteurs matérielles et de la souffrance tous azimuts. D'où l'intérêt, par exemple, de «gommer» la douleur, parfois incommensurable, de l'accouchement. Seulement voilà, on n'intervient pas forcément sans conséquence dans un processus aussi vieux que le monde. L'ensemble du corpus que l'on pourrait baptiser «procréation médicalement assistée» connaît des ratés. Énormément de grands prématurés, beaucoup de déceptions et de dépressions (médiatiquement occultées), et même pire. Les premières péridurales, à hautes doses, ont parfois débouché sur des internements psychiatriques – certains baby blues virant au délire. Du coup, les responsables, par exemple le célèbre Dr René Frydman, ont non seulement ajusté les doses, mais pris conscience qu'on ne pouvait faire les choses à moitié : à partir du moment où l'on intervient ainsi dans l'accouchement, la logique veut qu'on le fasse jusqu'au bout… en invitant les postulantes à la péridurale (quasiment toutes les Françaises) à «conscientiser» la totalité de leur grossesse. Comment ? En suivant une préparation sérieuse – il en existe pour tous les goûts. Le paradoxe est alors le suivant : parmi toutes les femmes qui se sont vraiment préparées à accoucher – faisant du coup un profond travail sur elles-mêmes, physique et psychique – un certain nombre finissent par atteindre une telle confiance que, finalement, elles renoncent à l'anesthésie péridurale pourtant tant désirée au début. Pour ces femmes-là, la fameuse piqûre n'aurait fait ainsi que jouer le rôle d'un filet de sécurité pendant l'entraînement, un filet que l'on finit par retirer le jour J, au moment de la générale. Ce paradoxe offre l'avantage de ne rien diaboliser. Tout en reconnaissant l'apport formidable de la technologie médicale, il oblige celle-ci à souscrire à une forme de «clause de sécurité».

À LIRE

Ma grossesse, mon enfant, Pr René Frydman, éd. Odile Jacob.

Massez vos bébés !

Pendant neuf mois, ils ont été malaxés, et soudain plus rien ? De grâce, tripotez-les!

En Inde, les femmes massent les enfants de la naissance à sept ans et plus. Moment d'amour et d'échange entre l'adulte et le bébé. Régulièrement, avant le bain, le soir ou entre deux tétées, il devient rituel. De mère en fille, on connaît huiles et onguents qui satinent la peau, élastifient, tonifient. Huile de coco l'été pour rafraîchir, ou huile de moutarde l'hiver pour réchauffer le corps. Ici à Paris, la douce Sivaselvi enseigne aux jeunes mères européennes ces gestes ancestraux, souples, généreux. Assise en tailleur, jambe droite allongée, la masseuse en sari invite cette jeune mère à trouver elle aussi une posture confortable afin d'y lover le bébé. Il fait chaud, il fait bon, l'enfant est nu. Chaque pore, chaque pli reçoit quelques gouttes d'huile. Puis la main commence, circulaire autour du nombril, vers les épaules. L'enfant, les yeux grands ouverts, semble à l'écoute. Tantôt les mains se font bracelets autour du petit poignet ou de la cheville, courbes, spirales autour des cuisses qui s'étirent alors avec une amplitude surprenante. La pulpe du pouce s'emboîte délicatement dans la main, dans le creux du pied. Encore et encore. Ce ne sont pas des caresses ni des effleurements mais un massage. Doux mais ferme, lent mais rythmé. «En Inde, les femmes chantent en même temps qu'elles massent», dit Sivaselvi tout en pressant le poignet de la mère afin qu'elle ressente l'intensité du geste qu'elle doit prodiguer. L'Indienne a le geste assuré des femmes qui n'ont pas peur de leur force parce qu'il est inscrit dans la mémoire collective de son peuple. Puis, le bébé sur son ventre, le va-et-vient berçant continue. Les mains encerclent les omoplates, remontent à plat autour de la colonne vertébrale. Au bas du dos, elles redescendent puis «empaument» les fesses du bébé. Plaisir et bien-être évidents. Se souvient-il, ce petit enfant, du temps très proche où, foetus, il flottait dans le liquide amniotique? À l'intérieur du ventre de sa mère, le monde était pressions, vagues et ressac. Lors de l'accouchement, les vibrations s'intensifient. Premier massage en quelque sorte, les contractions de l'utérus agissent sur les nerfs sensoriels situés à la périphérie de la peau du bébé. Ce qui stimule ses fonctions vitales.

Chez le bébé, la peau prime tout. L'ensemble des sensations du passé y est inscrit. Depuis le jour de sa naissance, pour le bébé, «le monde est à l'envers», écrit le docteur Frédérick Leboyer dans *Shantala* : des sensations fortes dans son ventre, mais dehors, plus rien. Le désert. Aussi faut-il nourrir l'enfant. Pas seulement de lait, mais de caresses. Sivaselvi résume simplement, comme si ça tombait sous le sens : «Ça fait grandir les enfants plus facilement.» (Pascale Solana)

CONTACT

Centre d'activités physiques et culturelles Soleil d'Or : 146 rue Raymond-Losserand, 75014 Paris, tél : 01 45 43 50 12 et 01 45 43 25 73.

ALTRUISME

L'hormone de l'amour coule à chaque repas

L'ocytocine est aussi appelée «hormone de l'amour», ou «de l'altruisme» (cf. p. 252). Présente dans l'orgasme, masculin comme féminin, elle facilite les contractions, ainsi, plus tard, que la montée du lait. En fait, elle semble accompagner tous les moments de la vie où le mot amour peut être employé : effusion, étreinte, caresse, baiser, tétée et même repas pris en commun ! Curieusement, sa sécrétion provoque aussi une baisse de la mémoire – comme si, pour vraiment aimer l'autre, il fallait s'oublier soi-même. Bref, l'ocytocine est une hormone très sympathique et une humanité qui s'en trouverait dépourvue ne serait certainement pas fréquentable. Or, cette hormone n'est jamais autant présente que lors d'un accouchement non provoqué, en particulier parce que le fœtus en passe de devenir bébé sécrète lui-même son «hormone d'amour», et qu'il ne le fait pas n'importe quand : il semblerait que, pendant les dernières semaines de la grossesse, il «s'entraîne» à le faire avec délectation et que le moment venu, ses sécrétions s'additionnent à celles de sa mère pour allumer la fusée libératoire. Une société «hormonalement altruiste» enfante-t-elle forcément de façon naturelle ? Ou s'injecte-t-elle sans problème la bonne dose d'ocytocine de synthèse ? Ces questions partielles en appellent d'autres. Quel genre de vie voulons- nous mener ?

À LIRE

Mère et bébé l'un contre l'autre, où le médecin accoucheur suisse Willy Maurer rapporte notamment les incroyables travaux du Dr. Marina Marcovitch (à voir sur vidéo), éd. du Souffle d'Or.

TOGETHER

Plus rare qu'on ne le pense : une fédération d'associations

L'union fait la force ! Avec ce slogan, on s'attendait à recenser moults lieux inter-associatifs. Cependant, ils ne courent pas les rues de France et de Navarre ! Certes, notre pays compte près de 180 000 associations sanitaires et/ou sociales, mais la plupart préfèrent travailler en solo. Dommage. Heureusement il existe un exemple à Paris qui nous encourage pour l'avenir. Fin 1996, dix-sept organisations, associations, collectifs et syndicats ont ouvert «La Maison des Ensembles». D'autres les ont rejoints. Tous luttent contre l'exclusion et pour une meilleure politique sociale. Ils s'activent en faveur des chômeurs, des sans-logis, des sans-papiers, pour l'Algérie, contre le FN et l'AMI, etc. Les quarante groupes assurent des permanences, organisent des débats, manifestations et actions. Une «Chorba pour tous» distribue des repas aux familles et dans les gares. «Projet Food» offre deux fois par semaine un soutien alimentaire à quinze personnes vivant avec le sida. Leur objectif : livrer à dix malades de plus. «Zéro degré», «Santé mentale et citoyenneté» écoutent ou tendent la main. Pour tous, la culture et le plaisir occupent une grande place. «Droit au savoir», via son université, donne de nombreux cours de maths, d'informatique et d'expression orale, etc. Le planning des activités de la MDE est impressionnant : expositions, conférences, débats, soirées cabaret et théâtre, cours d'arts plastiques, de didjeridoo, café philo & croissants... D'autres «Maison des Ensembles» sont en gestation.

CONTACT
Maison des Ensembles :
3-5 rue d'Aligre, 75012 Paris,
tél : 01 04 19 95 29
http://altern.org/mde.paris12

> *“Enrichissons-nous de nos différences mutuelles.”*
> **PAUL VALÉRY**

L'inlassable tissage de l'univers associatif

Un Français sur six milite dans l'une des 880 000 associations existantes. Culture, sport, insertion, santé, environnement... Tous les domaines sont concernés.

«Nul ne peut être obligé de faire partie d'une association», rappelle l'article 20 de la Déclaration universelle des droits de l'homme. En France, onze millions de bénévoles ont choisi en toute liberté de mettre leurs compétences et un peu (ou beaucoup) de leur temps libre au service des quelque 880 000 associations existantes. Depuis la loi de 1901, leur nombre n'a cessé de croître et il s'en crée 60 à 70 000 chaque année dans les domaines de la culture, du sport, mais aussi de la santé, de l'insertion, de l'environnement... Les régions leaders restent l'Île-de-France, la Bretagne et les régions du Sud.

Dans son ouvrage *Bénévolat et solidarité*, Dan Ferrand-Bechmann estime que le bénévolat est «une dimension cachée mais importante de notre société, car il articule l'individuel et le collectif, l'action personnelle et l'action organisée associative, le geste gratuit et le geste marchand, le travail et le loisir, le religieux et le laïc, le militant et l'homme tranquille». Ajoutons que ce besoin de militer dans une association répond à l'évolution de notre société : méfiance vis-à-vis des partis politiques, temps libre dégagé par la loi sur les 35 h, disponibilité des retraités dont la longévité augmente, besoin de briser la solitude, volonté de participer à des actions de solidarité et de s'investir dans la vie de la cité. Les associations continueront-elles, comme le préconisait le père de la loi de 1901, Pierre Waldeck-Rousseau, à «rapprocher les hommes, à leur apprendre à s'aider, à se connaître et à substituer à l'égoïsme individuel la loi féconde de la fraternité» ? Sans doute si l'État, qui opère de plus en plus de coupes sombres dans les subventions qu'il leur accorde, ne fragilise pas leur survie. À suivre...

À LIRE
Bénévolat et solidarité, Dan Ferrand-Bechmann, éd. Syros Alternatives.
Le métier du bénévole, Dan Ferrand-Bechmann, éd. Anthropos.
Bilan de la vie associative, Conseil national de la vie associative, éd. La Documentation française.

LA CLÉ DE L'ENGAGEMENT : CE QUE TU DONNES EST À TOI !

Il est loin le temps des dames patronnesses qui avaient leurs pauvres, les temps changent, les hommes bougent, nous sommes tout à la fois et selon les circonstances, les riches et les pauvres, ceux qui aident et ceux qui appellent. Que serons-nous demain ?

S'engager dans une cause publique est un acte politique, dans toute l'acception du terme. Cela devient dangereux si l'individu est privé de sa propre réflexion et de la possibilité d'une incessante remise en cause. C'est le cas de certaines idéologies ou religions qui imposent le respect des textes «à la lettre» et qui, pour ce faire ont même recours à la force policière et à la désinformation préméditée. Elles entretiennent leurs adeptes dans l'ignorance afin de les «dépersonnaliser» et de mieux les manipuler. Toute organisation, toute théorie, si séduisante soit-elle, qui prive la personne de la vocation fondamentale du choix, de la possibilité de changer d'avis, voire de se retirer, est à bannir. On pense immédiatement aux groupes extrémistes, aux sectes qui font florès mais à l'inverse, il est également dangereux de cataloguer trop rapidement toute communauté récente, en marge des courants reconnus, de façon arbitraire. Tous les abus sont à craindre, dans un sens comme dans l'autre. On peut aussi se tromper, le droit à l'erreur doit être reconnu sur le chemin de l'expérience et de la sagesse, le doute est salutaire, il garantit les frontières du fanatisme. Seuls le profit personnel comme but et la malhonnêteté sont condamnables.

L'honneur était une valeur médiévale, liberté et justice sont des valeurs contemporaines. Le XXIe siècle sera spirituel... à condition que nous nous y engagions.

TONTINE

Chantez Cigales !

Les Cigales sont très prêteuses. La preuve ? Ces clubs d'investisseurs pour une gestion alternative et locale de l'épargne solidaire, constitués de cinq à vingt personnes qui mettent une partie de leur épargne en commun, contribuent à la création de petites entreprises. Leur domaine : l'insertion sociale, la protection de l'environnement, le commerce équitable... Lieu d'échange et d'auto-formation sur les questions économiques et de développement local, le club réunit investisseurs et porteurs de projets qui font l'expérience d'une économie socialement responsable et solidaire. Depuis décembre 2002, le projet Mésange sensibilise les 16-25 ans à l'épargne de proximité et aux finances solidaires dans une dynamique de développement durable du territoire. Cigales et mésanges n'ont rien à craindre de l'hiver et peuvent bien chanter tout l'été !

CONTACT
Fédération des Cigales,
61 rue Victor-Hugo, 93500 Pantin
tél : 01 49 91 90 91
www.cigales.asso.fr

OFFICIEL

La bible de la société civile française

Loi du 1-7-1901 : «Tant qu'elles ne partagent pas des bénéfices, des personnes peuvent mettre en commun leurs connaissances ou activités (art.1). Mais leur association ne doit pas porter atteinte aux bonnes mœurs, à la République et à l'intégrité du territoire (art.3).» Au passage, rappelons la définition du *Journal officiel* : «Le mot bénévolat est la conjonction de deux racines : "*bene*" et "*vole*" : une volonté bonne. Il exprime deux idées majeures : celle de bienveillance dirigée vers un bénéficiaire, et celle de volonté au sens originel du terme, c'est-à-dire le fait d'agir librement (...). Enfin, pour que cette "bienveillance" soit lucide, la formation est nécessaire...
La formation est maintenant intrinsèquement liée à l'engagement volontaire.»

POW-WOW

La France se dote de conseils de quartier

Obligatoires dans les villes de plus de 80 000 habitants, facultatifs dans celles de 20 000 à 80 000, les conseils de quartier prolifèrent en France depuis la loi sur la démocratie de proximité du 27 février 2002. Ils sont ouverts à toutes les personnes (sans condition d'âge ou de nationalité) qui résident dans le quartier ou y exercent leur activité professionnelle ou associative.
Ces conseils, qui rassemblent élus, habitants et associations, ont pour objectif d'associer plus largement les citoyens aux décisions locales. S'ils peuvent être consultés par le maire, émettre des propositions sur toute question concernant le quartier et la ville, être associés à l'élaboration, à la mise en œuvre et à l'évaluation des actions, en particulier celles menées au titre de la politique de la ville, ils n'ont en revanche aucun pouvoir de décision. Cet instrument de démocratie participative se veut un formidable outil pour favoriser l'intégration, le lien social et le vivre ensemble. Mais en pratique, seul un faible pourcentage de la population – la plus favorisée – y participe. Question : sous le contrôle direct des élus, les conseils de quartier ne risquent-ils pas de devenir une belle vitrine sans aucun pouvoir ? Rappelons au passage que nombre de communes et de groupes d'habitants disposent déjà de structures qui renforcent la démocratie de proximité : ateliers de travail urbain, fonds d'aide aux projets, comités de quartier associatifs, conseils économiques et sociaux locaux… La démocratie locale a-t-elle de l'avenir ?

La révolution des créatifs culturels

24 % des Occidentaux auraient déjà muté incognito ! Faites-vous partie des créateurs de nouveaux mondes ?

Une étude américaine sur les «acteurs de changement de société», menée auprès de plus de cent mille personnes, pendant une quinzaine d'années, par une équipe dirigée par le sociologue Paul H. Ray (université du Michigan) et la psychologue Sherry Ruth Anderson (université de Toronto), affirme dans un ouvrage renversant, *L'émergence des Créatifs Culturels. Enquête sur les acteurs d'un changement de société,* (éd. Yves Michel) qu'un quart environ des citoyens américains vivrait d'ores et déjà dans un système de valeurs et de comportements complètement nouveau, ouvert à la solidarité, à l'écologie, aux valeurs féminines et à l'éveil intérieur. Selon la Cellule prospective de l'Union européenne (aujourd'hui dissoute), nous connaîtrions le même phénomène de ce côté-ci de l'Atlantique.
Catégoriquement niés par les politiques et par les médias, ces «créateurs de nouvelles cultures» constitueraient le départ d'une civilisation post-moderne, ce qui marque un tournant aussi important que fut l'avènement des temps modernes, il y a cinq cents ans. Valeur n°1 : vivre sa vie comme un engagement responsable et cohérent vis-à-vis de soi-même, vis-à-vis des autres et vis-à-vis de la biosphère. Obstacle n°1 : ces millions de personnes, plus jeunes et plus cultivées que la moyenne, n'ont aucune conscience de leur force collective. 24 % des Occidentaux (parmi les plus créatifs) ne fonctionneraient plus désormais selon le modèle «moderniste» (individualisme + capitalisme + divertissement), mais d'une façon radicalement nouvelle.
C'est une information considérable, qui a pourtant été saluée par un silence radio dans l'«opinion». Cela correspond à une information que cette enquête apporte : imprégnés de la conviction que le modernisme est la seule manière d'être «normale», médias et politiques n'ont rien capté du phénomène. Mais les intéressés eux-mêmes ne connaissent pas leur force non plus. Interrogés sur leur nombre, la plupart des «Créatifs Culturels» (traduction imparfaite de *Cultural Creatives*) se sous-estiment gravement : ils se croient, en général, 5 % de la population !

Qui sont les Créatifs Culturels ?

Les CC sont des gens qui mettent en application quatre types de valeurs :
• implication personnelle dans la société par des engagements solidaires, locaux et globaux ;
• vision féminine des relations et des choses ;
• intégration de l'écologie, de l'alimentation bio, des médecines alternatives ;
• importance de l'introspection, des nouvelles spiritualités.
Psychologiquement, les CC ont un point commun important : ils ne supportent plus d'être divisés, coupés, en contradiction avec eux-mêmes. Leurs mots clés sont : congruence, interaction, synergie. Que l'on prône le respect de la nature mais qu'on n'en tienne pas compte dans sa propre vie leur est insupportable. De même, croire que seuls des comportements plus solidaires pourraient sortir l'humanité de la catastrophe… et ne pas s'engager soi-même les horripile. Quant à baratiner sur la spiritualité, tout en continuant à se comporter, au travail, dans la cité, chez soi, comme les générations précédentes, cela leur paraît grotesque…

D'où sortent-ils ?

La genèse des Créatifs Culturels n'a rien de mystérieux. Leur apparition semble cependant avoir traversé une sorte de tunnel d'une vingtaine d'années – de la fin des années 70 à la fin des années 90 – au cours desquelles, notamment du fait de la chute de l'URSS, l'individualisme s'est cru autorisé à caracoler. C'était oublier que les humains ne sont pas forcément des amnésiques et qu'un ensemble de mouvements apparus dans les années 60 avaient laissé des germes extrêmement puissants dans

« Enseigner la compréhension entre les humains est la condition et le garant de la solidarité intellectuelle et morale de l'humanité. »

EDGAR MORIN

la conscience collective (ou l'inconscient...). *L'émergence des Créatifs Culturels* montre en effet une convergence inexorable entre les «descendants» de 2e ou 3e générations :

- mouvements pour les droits civiques ;
- mouvements féministes ;
- mouvements de soutien aux peuples colonisés ;
- mouvements pacifistes ;
- mouvements écologistes ;
- mouvements pour l'éveil de la conscience ;
- mouvements alter-consommateurs (ou consom'acteurs) ;
- mouvements de psychothérapie humaniste.

L'ASPECT SPIRITUEL DES CC :
Essentielle aux CCL que l'enquête présente comme les plus dynamiques, l'approche spirituelle est bien difficile à intégrer dans la grille des médias et des politiques. Pourtant, au bout de vingt ans, si les mouvements «contre la guerre» sont devenus des mouvements «pour la paix», ou les mouvements «anti-mecs» des mouvements «pour de nouvelles relations hommes/femmes», c'est que le catalyseur de ces métamorphoses est souvent venu de la spiritualité et de la psychologie humaniste, dont l'intégration ne peut se faire que lentement.

ET MAINTENANT ?
La grande faiblesse des CC : il leur manque la conscience d'eux-mêmes en tant que groupe. Vu qu'il s'agit des personnes les plus dynamiques et les plus coopérantes du pays... c'est qu'il y a un problème ! D'un côté, leur tendance à l'engagement social et politique les inciterait certes à transformer leurs revendications, visions et désirs à un niveau organisationnel. Mais d'un autre côté, leur mutation est vécue à un niveau si personnel (se défiant de toute obéissance infantile à des règles religieuses ou partisanes) qu'on ne peut pas les imaginer, par exemple, élisant un président des États-Unis. Entre les deux s'étale l'immense éventail du tissu associatif, ONG et lobbies divers...
Combien de temps ont mis les bourgeois pour accomplir la Renaissance ?

CONTACT
www.culturalcreatives.org

BUSINESS

Banque du troisième type

Apparemment, rien ne distingue la Nouvelle économie fraternelle (Nef) d'un autre établissement de crédit. C'est dans ses valeurs que s'affirme sa singularité. Inspirés de la philosophie de Rudolf Steiner, pour qui l'économie est le domaine de l'activité humaine où devrait s'exercer la fraternité plutôt que la rivalité, les créateurs de la Nef ont fait de l'argent un outil de solidarité. Cet argent relie des sociétaires épargnants avec des emprunteurs qui portent des projets sociaux, culturels ou environnementaux... qui n'intéressent guère le système bancaire traditionnel.

CONTACT
La Nef, 114 bd du 11-Novembre-1918, 69626 Villeurbanne Cedex, tél : 0811 90 11 90
www.lanef.com

Coopérer

Voici le premier jeu de société«gagnant-gagnant» : le Jeu du Tao aide à clarifier les désirs et exaucer les souhaits. Il ne se joue pas contre les autres mais avec, illustrant le principe «win-win» de la théorie des jeux, selon lequel le meilleur moyen de parvenir au succès n'est pas la lutte, mais la coopération – pour peu que chacun poursuive son propre but sans volonté de nuire. Voir p. 294

Les taopoints

Muni au départ d'un petit capital, chacun s'en sert pour accompagner son commentaire après la performance du joueur qui vient de parler : 2 points, si sa parole a touché, 1 point pour l'encourager, rien s'il y a doute. On peut aussi proposer un "moi à ta place" : si l'autre accepte, les deux reçoivent 7 points. Pour gagner la partie, il faut donc à la fois être sincère dans sa quête et aider les autres dans la leur.

Les quatre mondes

Le parcours complet pose 32 questions, réparties en 4 mondes.

- La Terre invite le joueur à clarifier sa quête. Que veut-il vraiment ? Derrière la multiplicité de ses souhaits se cache peut-être un «désir essentiel». Lequel ?
- L'Eau incite le joueur à lister ses qualités, ses «armes». Souvent, c'est dans ses rêves et ses jeux d'enfance qu'il va les trouver.
- Le Feu pousse le joueur à reconnaître ses peurs, qui font obstacle à sa quête. S'il a bien fouillé le monde de l'eau et que son désir est vrai, ses armes lui permettent de surmonter ses peurs.
- L'Air représente l'engagement, le prix à payer pour faire au moins le premier pas concret en direction de sa quête.

Les quêtes

Pour jouer, il faut formuler un désir, quel qu'il soit pourvu qu'il tienne à cœur. En cours de route, on découvre que, pour devenir une véritable quête, mû par une motivation forte, ce désir doit concerner toutes les dimensions de l'être : affective, matérielle, sociale et spirituelle.

La Tao attitude

Chacun des quatre ou cinq joueurs (six est un maximum) explore à tour de rôle sa propre quête, en répondant à des questions, des oracles ou des petits défis, puis écoute - sans répondre - les commentaires des autre joueurs. Sincérité, logique, motivation sont mises à l'épreuve. Surprise ! Les plus sévères ne sont jamais les autres; bonne volonté, échange et entraide prédominent.

Les taoracles

Le Yi Jing chinois, ou Livre des Changements, propose son interprétation de la situation. Hasard ? Magie ? Résonance ? La forme est concise, mais la précision de l'oracle est souvent étonnante. Pour aider le joueur à avancer dans sa quête, il offre aussi un conseil, à retranscrire en un engagement concret: tel acte, tel jour, à tel endroit...

Le sablier

La règle est stricte : un temps pour le joueur, un temps pour les commentateurs. Réguler le temps de parole permet à chacun de s'exprimer vraiment. Sans empêcher le dialogue, car les questions sont bienvenues et les échanges hors sablier, possibles !

GÎTE

De l'hospitalité à la maison d'hôte

«Qui habite chez lui sans laisser les portes grandes ouvertes à l'autre n'habite qu'une carapace» (dicton basque). L'autre doit pouvoir venir faire sa demeure chez nous, y exister comme étant chez lui : une heure, une nuit, une vie, sachons accueillir sans peser sur autrui. Habiter est un art et un acte. Inviter l'ami ou l'étranger à entrer, à visiter un décor intime, sans peur d'être découvert, ou volé. On ne connaît pas sans accepter d'être connu. Pour accueillir et interroger le monde qui frappe à la porte, pourquoi ne pas se laisser tenter par l'hospitalité des maisons d'hôtes ? (Il en existe officiellement 31 000 !)

À LIRE

- *Ouvrez un gîte rural*, ouvrage collectif, éd. Eyrolles
- *Le livre de l'hospitalité*, Edmond Jabès, éd. Gallimard
- *Éloge de l'hospitalité. Accueil de l'étranger dans l'histoire et les cultures*, sous la direction, Alain Montandon, éd. Bayard (plus de 90 auteurs et plus de 2 000 pages pour découvrir les rituels, symboles, institutions qui favorisent l'ouverture à l'autre)
- *L'intimité ou comment être vrai avec soi et les autres*, Marthe Marandola et Geneviève Lefebvre-Decaudin, éd. JC Lattès

CONTACTS

Selon l'agence pour la création d'entreprises (APCE), le prix moyen de l'investissement est de 12 000 euros pour ouvrir une, et une seule, chambre d'hôte. Autant dire que la rentabilité est limitée.

- Deux sites pleins de conseils : http://une.chambre.d.hote.free.fr (pour échanger des expériences) www.linternaute.com/femmes/carriere/0410chambre-d-hote
- Un réseau : les Maisons d'Amis en France : www.fleurs-soleil.tm.fr/

LE SENS DE L'HOSPITALITÉ EST-IL UNIVERSEL ?

D'où vient le sens de l'hospitalité ? Réponse de Jean-Pierre Vernant, professeur de philosophie au Collège de France, grand spécialiste des mythes grecs et de la culture hellénistique.

Le sens de l'hospitalité, qui nous frappe tellement quand nous voyageons dans un pays traditionnel, généralement pauvre, est-il un fait universel ?

«L'hospitalité est à la fois une conduite, une valeur, une obligation, une façon de vivre et de s'ouvrir sur l'extérieur, que la sociologie nous invite à analyser de diverses manières. Il y a d'abord le fait qu'à la campagne, l'étranger est un voyageur, un personnage rare. À pied ou à cheval, il arrive après avoir marché, il est en attente d'un secours ou d'un contact humain ; tandis qu'en ville, ce contact est surabondant. Ensuite, il y a le fait que dans ces civilisations rurales et paysannes, le voisinage, ça compte ! Avec des sentiments parfois ambigus, mais on a besoin d'entraide, d'une famille, de voisins. Alors, dit Hésiode le poète grec du VIIe siècle avant notre ère, il faut s'arranger pour être bien avec ses voisins : ils pourront donner un coup de main en retour. En ville, on ne sait même pas qui habite en face ! Autre type de relations ? Pas seulement : qu'est-ce donc que la maison, cet espace habité, organisé, pensé, très souvent fonctionnel, avec un endroit pour manger, pour dormir, pour les femmes, les hommes, les jeunes ? Là encore, on trouve des constantes mais aussi des différences très grandes, comme la place accordée aux femmes, parfois complètement à part.

Enfin, il y a le statut de l'étranger : comment est-il pensé ? Dans certaines sociétés, c'est l'ennemi. En Svanétie, une région de hauts plateaux en Géorgie où les Svanes chrétiens vivent à proximité des Ingouches et des Tchétchènes musulmans, les maisons comportent une tour accessible seulement de l'intérieur, par une échelle donnant dans la salle principale. Les Svanes racontent que cela remonte aux raids de leurs adversaires ethniques et religieux. Quand ceux-ci arrivaient et enfonçaient la porte, on grimpait dans la tour (où l'on gardait des provisions), on relevait l'échelle, et il devenait plus facile de les repousser. En grec, "*xénos*" signifie "étranger" mais aussi "hôte". Le mot est ambigu, il implique à la fois l'étrangeté, l'éloignement, mais aussi le contact, le rapprochement, et tout le statut de l'étranger est là.»

Comme dans le paradoxe du mot «hôte», qui désigne celui qui est reçu comme celui qui reçoit ?

«Oui. Quand vous accueillez quelqu'un, votre hôte devient votre *xénos*, c'est-à-dire qu'à son tour, il vous rendra le même service, à vous ou à quelqu'un se réclamant de vous. De la même façon, le don implique un contre-don : donner est en même temps une façon de recevoir. Le présent engage celui qui reçoit, il faudra à un moment qu'il donne et qu'il donne plus. Si vous restez en deçà de ce que vous avez reçu, vous êtes sous la dépendance de celui dont la générosité vous a submergé. Les relations de réciprocité sont la base même d'un échange de ce type, qui n'est pas monétaire : l'argent n'a pas d'odeur, ne suppose pas un retour à l'envoyeur, tandis que le cadeau que donne le Grec reste d'une certaine façon lié au donateur.»

XÉNOPHILIE

SON PREMIER VOYAGE EN GRÈCE L'A MÉTAMORPHOSÉ !

«Mon premier contact avec la Grèce date de 1935. Ce fut la découverte d'une civilisation paysanne traditionnelle qui m'est allée droit au cœur. Quand nous montions le chemin pour atteindre les villages parfois situés dans les hauteurs, les villageois sonnaient les cloches, ils nous voyaient à l'avance et ils sonnaient les cloches, tout le village était réuni ! On était trois jeunes garçons, j'avais 20 ans, en petite culotte, sac au dos. Les vieilles pierres ne m'intéressaient pas : ce que je voulais voir, c'était le peuple grec. Il vivait alors sous la dictature de Metaxas, et c'est ça qui me bouleversait. Et les gens nous accueillaient ! C'est une leçon que je n'ai jamais oubliée, la démonstration encore bien vivante aujourd'hui chez moi, que quand un étranger arrive dans un village, les gens du village considèrent que cet étranger leur fait honneur, qu'il leur apporte quelque chose ; c'était la dispute sur la place pour savoir qui nous prendrait chez lui ! Et pas question de refuser, il fallait accepter le lit du monsieur !
Cette hospitalité, cette ouverture, c'est le sentiment que dans une société même très fermée, l'étranger apporte un rayon de lumière différent…» (Extrait de *La volonté de comprendre,* Jean-Pierre Vernant, éd. de l'Aube.)

> ***“Désormais la solidarité la plus nécessaire est celle de l'ensemble des habitants de la Terre.”***
>
> **ALBERT JACQUARD**

SOLIDARITÉ

Il n'y a qu'une humanité (suite de la p. 281)

BOLIVIE : ASOPEC :
Cette association bio bolivienne représente une centaine de femmes productrices rurales des neuf communautés de la Cuenca du Rio Piraï, sur la Samaïpata. Elles luttent pour améliorer leurs conditions de vie, faire reconnaître leur travail comme processus de développement et défendre leurs droits sociaux et politiques.
wlizondo@cotas.com.bo

LECTURE : LUNET :
Pour permettre à tous les enfants d'accéder au livre, de nombreux enseignants invitent des écrivains dans leurs classes. Bien des élèves vivent en cette occasion une expérience décisive dans leur rapport à la lecture. Enseignants et auteurs savent combien ce contact fugitif mieux suivi serait précieux pour les élèves qui n'ont pas la chance d'être nés dans un milieu où le livre est un objet familier. Lunet organise des ateliers d'écriture, des échanges entre collèges européens, etc.
louperigot@wanadoo.fr

INTERNET.ORG :
Une ONG qui aide les gens du Sud à se brancher sur le web, cela ne court pas les rues. Ayant analysé les modèles qui émergeaient des premiers cybercafés d'Afrique de l'Ouest – sur le web et durant le Forum mondial de la jeunesse du Système des Nations unies (été 98), puis au Forum mondial des jeunes entrepreneurs sociaux (Washington, début 99) –, Théo Bondolfi, agitateur culturel lausannois, a créé cette association dont l'objectif est d'aider les jeunes des pays du Sud à se connecter, à se former et à s'informer. Le même réseau, animé par le même «agitateur», s'active dans le microcrédit, le réseau «free» sur la Toile (Linux) et les modèles de logement alternatif.
internet.org
move@ynternet.org

VIVRE

Apprendre à s'accompagner en fin de parcours

L'association Regain, qui développe depuis plusieurs années dans la région de Mazan (Vaucluse) tout un programme d'accompagnement des grands malades et de leurs familles, et de formation aux soins palliatifs, anime aussi des ateliers destinés aux bénévoles de l'association, mais aussi à tous ceux qui se sentent concernés par la question : comment bien vivre en sachant que l'on va mourir ? Programmés le week-end, ces ateliers ont notamment pour thèmes : l'écriture, le non-faire, le ressourcement par le souffle, l'expression corporelle, le dessin méditatif, le «toucher libérateur», l'«anti-gymnastique», la PNL, etc.

CONTACT

806 chemin de Fontblanque,
84210 Pernes-les-Fontaines,
tél : 04 90 67 23 10
regain2@wanadoo.fr

MARCHER

Aider les enfants mutilés par les mines

Jean-Charles Derien est le plus heureux des hommes, businessman athlétique à succès, quand une erreur médicale lui fauche une jambe. Courageux, il devient champion du monde du saut en hauteur des unijambistes.
Il s'aperçoit alors qu'une foule d'enfants vivent le drame de l'amputation (notamment à cause des mines antipersonnel) et il embrasse cette cause avec passion. Comme la vie l'a entraîné en Colombie, c'est là-bas qu'il monte l'ONG *El derecho a caminar* (le droit de marcher), qui aide les gosses pauvres amputés à s'en sortir.

CONTACT

derechoacaminar@latinmail.com

LA MAISON DES BABAYAGAS : une vieillesse solidaire

En 2007, la Maison des Babayagas accueillera à Montreuil-sous-Bois dix-sept femmes qui refusent le sort réservé au grand âge. Un lieu écologique, autogéré, solidaire et citoyen.

Comment est né le projet de Maison des Babayagas ?

Thérèse Clerc : «Ma mère à été grabataire dans les cinq dernières années de sa vie. Je l'ai assumée seule, et je me suis juré de ne pas offrir cela à mes enfants.»

Que veut dire Babayaga ?

«C'est un personnage des légendes russes qui habite une maison de pâte d'amande et de pain d'épice. Elle raconte des histoires aux enfants qui l'écoutent en lui mangeant sa maison. Furieuse, elle croque les enfants ! Mais c'est aussi une passeuse qui vous emmène sur des chemins initiatiques.»

Quel est le concept de cette Maison ?

«C'est une alternative à la maison de retraite ou au maintien à domicile. Située à Montreuil-sous-Bois, la maison ouvrira ses portes en 2007 à dix-sept femmes âgées, qui vivront chacune dans un studio de 35 m² et partageront des salles collectives (restaurant, cuisine, laverie…). C'est un projet autogéré, citoyen, solidaire et écologique. Nous préserverons notre liberté et notre autonomie en nous prenant en charge mutuellement. Nous continuerons de participer à la vie de la cité à travers l'alphabétisation, l'aide aux jeunes femmes, la transmission des savoirs…La maison sera construite avec des matériaux écologiques, et des panneaux solaires fourniront l'eau chaude. C'est donc avant tout un projet politique.»

Qui sont les postulantes ?

«Des femmes qui ont une habitude de vie collective comme, par exemple, les militantes associatives. Elles seront cooptées et choisies par le conseil de maison. Les femmes de ce projet croient à une éthique du bonheur. Elles travaillent à changer l'imaginaire social et la représentation des vieux, car changer l'imaginaire, c'est changer les pratiques et, comme le dit Michel Leiris, “la révolution n'est jamais que l'évolution des rêves”.»

CONTACT

Thérèse Clerc, Maison des femmes
de Montreuil, tél : 01 48 58 80 53.

Les dix valeurs des Indiens Kogis

Organisée sans autorité pyramidale ni sexisme, dans une connaissance subtile de la transmission ancestrale et une symbiose avec la nature et le cosmos, l'une des dernières sociétés précolombiennes vivantes, les Kogis, nous donne ses dix valeurs primordiales et aussi une formidable leçon de civilisation.

1. UNE MÉMOIRE COLLECTIVE : Ils se souviennent et racontent, de façon ordonnée : chaque parole devient une pièce du puzzle.
2. UNE FORTE CONVIVIALITÉ : Partageant la plupart des tâches, ils forment un organisme supérieur, jusque dans l'imaginaire.
3. UNE FINALITÉ D'ÉQUILIBRE : Creuser un tunnel ou une mine leur semble un crime. La recherche d'équilibre régit tant leur santé que leurs prises de décision ou leurs arts.
4. UN TEMPS CYCLIQUE : Protégée du complexe (de supériorité ou d'infériorité) du temps historique, leur vision cyclique les rend humbles vis-à-vis de la nature.
5. L'APPARTENANCE À UN LIEU : Pour les Kogis, seule l'appartenance concrète à un lieu, à un territoire, peut fonder une identité autonome et un sens de la responsabilité.
6. DES LOIS FONDÉES SUR LE VIVANT : Les plantes et les animaux sont considérés comme les ancêtres primordiaux. C'est la nature qui inspire règles sociales et démarches éducatives.
7. UNE ASSOCIATION DES CONTRAIRES : Comprise comme source même de la vie, l'intégration des contraires (jour / nuit, homme / femme, terre / ciel) s'exprime dans les costumes, les outils, les emplois du temps, et permet d'apprivoiser les passions.
8. UN POUVOIR CANALISÉ : Les Kogis n'ont pas de chef. Tout le monde participe. Les décisions importantes sont prises après de longues délibérations, souvent dans l'obscurité totale de la Nuhé (maison commune et temple).
9. UNE PAROLE PARTAGÉE EN PERMANENCE : C'est la première chose qui frappe quand vous arrivez chez les Kogis : chacun demande que vous lui répétiez votre histoire. La culture orale inspire aussi bien leurs activités quotidiennes que leurs rituels sacrés.
10. UNE PRÉDOMINANCE DE L'INVISIBLE : L'énergie créatrice dépend du monde des esprits, qui fonde le monde des formes incarnées.

TCHENDUKUA

Une solidarité qui perdure contre vents et marées

Depuis dix ans, grâce aux dons de milliers de citoyens français, l'association Tchendukua, animée par Éric Julien et par Gentil Cruz, a pu acheter treize terres (soit 1 500 hectares) et les «restituer» aux Indiens Kogis de Colombie. Mais Gentil Cruz, le Colombien qui méritait bien son nom et que tous les Indiens appréciaient, a été assassiné et deux des terres rachetées ont été volées par des milices d'extrême-droite. Celles-ci n'ont pas hésité à tuer et à violer, et ont chassé tout le monde à marche forcée.

En réponse à cette tragédie, Éric Julien a courageusement repris la route sans son ami et alter ego. Il s'est lancé dans l'achat d'une nouvelle terre, que l'association Tchendukua transformera symboliquement en «terre de paix internationale». Une terre choisie par les Kogis, dans une région encore libre d'accès. À nouveau, des centaines de chèques de solidarité sont parvenus au siège de l'association. Quant à ceux qui sont trop fauchés, ils peuvent participer en envoyant un message, un poème ou un dessin exprimant leur solidarité, leur émotion, un vœu, ou toute autre idée qui leur semble juste.

Tous ces messages seront disposés symboliquement sur cette nouvelle terre, en présence des Kogis. Une opération baptisée «Ligne verte, ligne de vie, ligne de paix».

CONTACT

Tchendukua,
11 rue de Jarry, 94300 Vincennes,
tél : 01 43 65 07 00
www.tchendukua.com

SILENCE

Se couler dans la nuit fascinante ?

«Nous voulons nous étourdir à force de lampes et de bruit. Tous nos livres, toutes nos actions ne sont remplies que du fracas des jours. Pourtant ce qui nous gouverne – instincts, imagination, rêves, passions, pouvoir créateur – plonge dans une ombre sans contrôle. Nous implorons, nous espérons la lumière, alors que par un effet contradictoire, cette obscurité qui nous terrifie nous alimente puissamment. Mais il y a autre chose. Cette nuit si terrible apparaît bénéfique si nous l'embrassons, les yeux ouverts, dans la vérité du regard.»
(Jean Tardieu, *Histoires obscures*, éd. Gallimard.)

COLÈRE

Supprimer l'abonné au numéro demandé ?

Faire une croix définitive sur les mots suivants : modem, remote access, code pin, identifiant, login, mot de passe, chargeur, message, appel en absence… Balancer tous les fichiers dans la poubelle du Mac et le Mac lui-même au vide-ordures, jurer de ne plus jamais écouter la symphonie n° 40 de Mozart sur son portable et faire suivre à ce dernier le même chemin qu'au Mac. Prendre une feuille, un stylo-plume et lui écrire…

RÉMINISCENCE

Soudain se rappeler ce qu'est un bébé ?

«(…) tu étais sublime aussi, comme sont sublimes tous les nouveau-nés, parce que tous contiennent cette étrange étincelle d'esprit au sens de spiritualité. Je ne comprends pas que toutes les mères, à voir qu'elles ont porté en elles neuf mois durant une âme, n'éclatent pas en larmes et ne tombent pas à genoux.»
(*Visages de l'aube*, texte de Nancy Huston et photos de Valérie Winckler, extrait d'*Une nuit de garde dans une maternité*, éd. Actes Sud.)

Aimons les femmes qui courent avec les loups, en musique, ou dans le grand silence du vent…

Renouer avec sa nature sauvage, autrement dit avec sa vie instinctive, avec sa créativité, «rentrer chez soi», dans ce lieu intérieur où l'on se sent entière, voilà à quoi nous exhorte Clarissa Pinkola Estès dans son fameux livre **Femmes qui courent avec les loups** ***(éd. Le Livre de Poche). Et la pianiste Hélène Grimaud renchérit – au sens propre : les loups, elle les fréquente quotidiennement !***

C'est un titre que l'on se passe de main en main. Comme un cadeau. Les chemins suggérés y sont nombreux pour accéder à ce lieu perdu de la féminité sauvage. Par exemple : «Rester étendue sur le sol dans la lumière tamisée d'un sous-bois. Être en tête-à-tête avec l'homme qu'on aime, sans les enfants. Être assise sous le porche et écosser ou peler quelque chose, tricoter. Marcher ou conduire sans but précis pendant une heure. Marquer le rythme avec les mains en écoutant de la musique. Rester assise sur un pont, les jambes ballantes. Tenir un bébé dans ses bras. Être installée près de la fenêtre dans un café et écrire. Se sécher les cheveux au soleil. Plonger les mains dans un baril d'eau de pluie…» Mais ce livre est bien autre chose que quelques bonnes recettes. L'auteur, poétesse et thérapeute, nous emmène dans un fabuleux voyage à travers les mythes et les contes de toutes les cultures, pour nous faire redécouvrir la louve en nous : «Robuste, pleine comme un œuf, débordante de vitalité, consciente de son territoire, donneuse de vie, inventive, loyale…»

Femme louve s'il en est, Hélène Grimaud, pianiste de renommée mondiale, fascine : «Sa jeunesse, son talent, sa sauvagerie, ses yeux, ses loups…» écrit Nicolas d'Estienne d'Orves (Le *Figaro* 17/2/2005). Enfant prodige – grand prix de l'Académie du disque à quinze ans – elle s'exile aux États-Unis, où elle connaît des moments difficiles. C'est sa rencontre avec les loups et sa volonté de les défendre qui la fait renaître. Elle a ouvert un centre zoologique dans l'État de New York : «Je voudrais aider les enfants à reconnaître cet espace, leur espace, celui que les loups m'ont permis de retrouver, cette part de soi-même qui possède l'univers», écrit-elle dans un livre touchant, *Variations sauvages* (éd. Robert Laffont). Comme elle a retrouvé la musique avec laquelle elle entretient un rapport très exigeant, une quête, dit-elle, de l'harmonie parfaite.

À ÉCOUTER
Chopin et Rachmaninov, interprétés par Hélène Grimaud, éd. Deutsches Grammophon
helenegrimaud.free.fr

Les crachements des volcans,
les chuintements des fourmis, les mugissements de la mer…

Le métier de Fernand Deroussen consiste à recueillir les sons de la nature. Après des années de terrain et un fonds de quinze mille enregistrements, il reste toujours aussi émerveillé et ébahi (c'est son mot) par ce qu'il entend. Du chant de l'engoulevent au vacarme d'un volcan. Écoutez-le !

«Il y a la lave qui crépite comme du verre pilé, le souffle de locomotive des vapeurs qui s'échappent, le craquement de la végétation qui s'enflamme. Et puis, il y a ce que l'on perçoit en dedans. Au sommet de l'Etna, tout vibre, on sent dans son corps la terre vivre. Il y a des basses qu'on n'entend pas, mais qu'on ressent, comme celles émises par les éléphants dans la savane et qu'ils captent par leurs pieds-tambours. Écouter les sons de la nature qui étaient là avant nous, c'est aller à notre source même. Ce qui nous fait du bien et nous réharmonise, c'est de constater qu'il n'y a pas de "fouillis" sonore dans la nature, chaque son y a sa place. On passe du bruit qui nous agresse sans arrêt, dans nos cités de "nature" humaine, à quelque chose de l'ordre de la composition, de l'harmonie. On se ressource autant à l'écoute de la nature qu'avec une belle musique.» Ses émerveillements, Fernand Deroussen les grave sur CD, sous le label «L'oreille verte». Plus de quatre-vingts titres déjà – regroupés en «guides nature» et en «détente» – sur un catalogue qui, à lui tout seul, fait déjà rêver : *Rossignol oiseau de légende, Nuit d'orage, Mer et océans…* Notre cueilleur de sons réalise aussi, sur CD toujours, avec l'association Sonatura, la première revue dédiée au patrimoine sonore de la nature. Magnifique. Ce fonds constitue, depuis mars 2005, la sonothèque du Muséum d'histoire naturelle.

CONTACTS

• tél : 01 43 68 41 67 – www.oreilleverte.com
• Association Sonatura : www.sonatura.com
tél : 01 48 93 42 89.

"Tout ce que notre art comporte d'inattendu, d'imprécis, d'indéfinissable, lui donne un aspect qui confine à l'énigme."

ODILON REDON

DÉPOUILLEMENT

Simplifier votre vie, c'est l'enrichir !

Nous gagnerions tant à vivre dans plus de dépouillement. Mais vider sa maison ne suffit pas. Il faut aussi se vider l'esprit !
Épurez votre maison ! Videz vos armoires ! Abandonnez vos achats compulsifs ! Mangez plus frugal ! Débarrassez-vous des tonnes de superflu qui vous empêchent de vivre ! Les injonctions de Dominique Loreau sonnent quasiment comme des ordres.
Non qu'elle soit de tempérament autoritaire, mais parce que son bonheur s'est si clairement épanoui le jour où elle a osé faire le grand vide, que nous sommes formidablement tentés de l'imiter.
Attention, le «grand vide» concerne absolument tous les aspects de l'existence :
la garde-robe aussi bien que la bibliothèque, le garde-manger aussi bien que le carnet d'adresses ! Pour cette grande voyageuse – finalement subjuguée par le Japon zen où elle vit depuis vingt ans (mais abasourdie par les appartements des Japonais modernes, encore plus bourrés d'objets que les nôtres) –, nos vies sont encombrées de toutes les manières possibles : trop d'objets et trop de nourriture, mais aussi trop d'activités, trop de relations, trop de bavardages, trop de pensées… Quel que soit le domaine que l'on regarde, notre espace-temps est rempli comme un cagibi, où il est impossible d'évoluer. Or ce qui nous encombre n'est presque jamais vitalement indispensable.
Toute la force de l'esprit zen est de montrer que l'esthétique naît de la seule utilité vitale.
À mesure que Dominique Loreau nous entraîne dans son dépouillement (étonnamment sensuel), passant d'une maison (presque) vide à un corps (presque) austère, et de là à un esprit (complètement) vivant, un formidable désir de simplification nous envahit nous aussi.

À LIRE
L'art de la simplicité,
Dominique Loreau,
éd. Robert Laffont

ILS SE RESSOURCENT COMME ÇA...

La mosaïque de Nicole

«J'étais graphiste, j'ai fait deux ans de modelage et j'ai l'impression d'avoir trouvé avec la mosaïque ce qui me convient profondément. La lenteur, le calme inhérents à cet art correspondent, je crois, à mon vrai tempérament, que j'ai contrarié fort longtemps ! Là, ô merveille, c'est une condition obligatoire. En même temps, dans cette lenteur, on construit quelque chose de durable et c'est très satisfaisant. Quand je viens ici, cela fait comme du liant dans ma vie : le fait d'intégrer petit à petit ces tesselles (pierre ou pâtes de verre, que j'ai moi-même morcelées), comme des gouttes, des touches qui finiront par faire un ensemble, crée de l'unité en moi. En ce moment, je travaille sur une tête, copie d'une très ancienne mosaïque italienne. J'en ai sans doute pour une bonne douzaine de séances et le savoir me ravit.»

CONTACT

www.madaba.fr

Le regard intérieur de Jean-Paul

«Un être humain, c'est comme une batterie : certaines choses le déchargent (le quotidien, les frustrations, etc.) et, à l'inverse, d'autres choses le rechargent. Ces sources de recharge, une fois qu'on les a repérées, il faut les cultiver. Je crois qu'une de mes sources majeures, c'est le regard de quelqu'un que j'estime et qui m'estime aussi, qui croit en moi et sollicite donc ce qu'il y a de plus riche, de plus créatif ou de plus généreux en moi. Cette personne-ressource, je peux la voir, échanger avec elle, mais l'échange peut aussi passer par un regard intériorisé, si elle n'est pas là ou si elle n'est plus là.»

La péniche de Jean-Claude

«Pas mal de choses me redonnent la pêche, mais je crois que passer un week-end sur un canal à bord d'une péniche arrive en tête de mon hit-parade. Le plus clair de ton temps se passe à regarder, à contempler : tu vois des choses que tu n'as jamais vues, l'envers des villages, le vieux lavoir, le silo à blé, l'usine désaffectée. Tout est calme, tranquille, à sa place. Et toi, tu es sur ton bateau, et tu peux tout y faire. C'est un univers. Parfois, il y a une toute petite écluse, avec deux ou trois maisons et pas de route, juste le silence, les sons de la nature. On ne pense à rien, on est simplement présent.»

CONTACTS

www.locaboat.com

tél : 03 21 63 24 54 et une balade instructive au fil d'un site apaisant : **www.pnich.com**

La plongée dans l'enfance de Christophe

«Quand ça ne va pas ? Je prends le métro, je descends à une station au hasard et je marche à la découverte de Paris. Ou alors, le matin très tôt, je me lève, j'allume mon ordinateur, je m'enroule dans une couverture douce et chaude et j'écris. Mais quand l'énergie est vraiment au plus bas, je retourne chez mes parents et, près d'eux, sans qu'ils s'en doutent (!), je me plonge dans les objets de mon enfance. Il me suffit de feuilleter mes vieux livres d'images, de retrouver un dessin ou de relire quelques pages d'un roman (*Le Chercheur d'or* de Le Clézio, par exemple), de toucher une peluche, d'écouter un 45 tours des années 80, pour ressentir des vibrations intérieures bienfaisantes. Il me suffit de retrouver la vue de la fenêtre, pour retrouver les rêves de ma jeunesse. Et soudain à nouveau, je sais qui je suis et où je vais.»

Le cours de djembé de Caroline

«Tous les vendredis soir, après le boulot, j'ai mon cours de djembé. Cela fait quatre ans et je ne le manque pour rien au monde. Au début, tu es exclusivement centré sur toi, c'est plus tard que vient ce grand plaisir d'être avec les autres, de participer au rythme. Quand je sors du cours, je suis tout simplement bien : à la fois vidée et pleine d'une énergie incroyable. Dans la voiture en rentrant, je chante à tue-tête ! C'est complet, le djembé : très physique bien sûr et aussi mental – pas moyen de penser à autre chose, tu es complètement dedans. Et puis, on apprend plein de choses – pour moi dont le père était burkinabé, c'est évidemment une façon de retrouver mes racines. Je connais les noms des rythmes – yengsa, n'goron, wasssounou... –, les pays d'où ils viennent, à quel événement ils correspondent – moisson mariage, décès, sans oublier l'air du taxi-brousse, pour appeler un taxi. Enfin, en tapant sur ton djembé, tu communiques avec la nature, avec le monde : la peau de l'animal, d'une certaine façon, revit sous tes doigts et le bois de l'arbre aussi.»

CONTACT

MJC de Colombes (Hauts-de-Seine),
tél : 01 56 83 81 80
www.mjctheatre.com

Le concert en plein air d'Hélène

«L'été, tous les week-ends, je vais au Parc floral de Vincennes. J'emmène un pique-nique ou je m'offre une salade. Et j'attends l'heure du concert en plein air sous le chapiteau. Jazz ou classique, mais toujours superbe. Le vent est tiède ou chaud, ou bien il n'y en a pas, le ciel est bleu ou pommelé de nuages, les arbres se balancent. Parfois, la pluie tambourine et le lieu, pourtant immense, se fait cocon. Pour moi, à la fois dehors et protégée, il n'y a pas de meilleures conditions pour me laisser habiter, parcourir, mettre à nu par la musique. Après, je retraverse le parc, je m'allonge dans l'herbe ou je bois un café. Les gens se promènent tranquillement, les enfants jouent, je ressens la douceur de vivre par toutes les fibres de ma peau, comme si j'avais été lavée à grande eau...»

Le Festival jazz et classique du Parc floral de Vincennes : tous les week-ends de juillet-août-septembre.

QUOTIDIEN

Retrouver nos gestes justes

Le philosophe et calligraphe Albert Palma pense qu'un retour à la nature originelle de nos gestes est devenu vital.

«Quand un artisan a compris les lois simples de l'axe et de la gravité, il peut fabriquer quelque-chose de beau et d'utile – et cet objet pourra durer. La même chose vaut pour notre corps.

Une gestuelle saine nous rappelle que le monde est régi par des lois de pesanteur, d'axialité, de rotation... et nous fait tendre vers l'apesanteur ! Il faudrait enseigner aux enfants la géométrie par la culture physique. Cela s'appelle la danse. Une éducation physique appropriée change notre schéma postural et, par là, la forme de notre pensée – nous pensons avec tout notre corps. Mais l'éveil postural ne peut se faire qu'en s'ouvrant : ouverture de la vision, du cœur, du bassin, des mains, de la poitrine... Sinon, l'éveil est impossible. Or cela, tous les sportifs et maîtres d'art martiaux ne l'ont pas compris, loin de là.

C'est pourtant simple : si les postures d'ouverture sont les plus belles, c'est qu'elles correspondent aux lignes de moindre effort.

Mais nos habitudes nous ont figés dans des postures si malsaines, qu'il nous faut beaucoup d'efforts pour retrouver le naturel !»

Le shintaïdo, que vous avez pratiqué dix ans au Japon avant de l'enseigner en France, est-il une rééducation posturale ?

«Oui, qui déboucherait sur une chorégraphie quodienne !

Cet art vient du karaté, mais l'une de ses principales inventions, l'exercice de l'algue, apporte à sa pratique originelle si masculine, un lâcher-prise tout féminin.

Du coup, dépassant l'idée de compétition, la voie s'ouvre vers le geste juste, qui fait de nous, non des entités séparées, mais des relais d'une dimension qui nous dépasse.»

À LIRE

L'esprit du geste, Albert Palma, éd. Albin Michel

CONTACT

Société des gens de gestes, Albert Palma, 10 passage St-Ambroise, 75011 Paris, albert.palma@club-internet.fr

MON BIEN-ÊTRE PASSE PAR CELUI DE LA PLANÈTE

«Tout est relié. Ce que l'homme fait à la toile de la vie, il le fait à lui-même.» Ainsi parlait le chef indien Seattle. Cette idée, plutôt ce credo, constitue la base de l'écopsychologie, née sur la côte ouest des États-Unis au début des années 90.

C'est un mouvement qui a fait le lien entre bien-être individuel et bien-être planétaire et permet d'entendre en soi la terre pleurer... Heureusement, cela marche aussi dans l'autre sens : si je suis en osmose avec cette nature, si j'apporte ma contribution à son maintien, je me fais du bien. «Encore faut-il que je n'en ai pas la trouille !» nous dit François Terrasson, maître de conférences au Muséum national d'histoire naturelle. Selon lui, l'homme occidental a peur de ce qui ne dépend pas de sa volonté – la définition même de la nature –, peur de ce qui n'est pas pesé, calibré, contrôlé, peur de ce qui grouille... Et derrière cette peur, se cacherait celle de notre propre nature, obscure et sauvage, faite de pulsions et d'émotions. Voilà, ce qui explique le règne de la «zonation» instaurée par des technocrates craintifs : d'un côté, 10 % de zones protégées, de l'autre le reste du territoire, où l'on peut tout se permettre. Son conseil pour renouer avec la nature : se promener dans des endroits non balisés, sans topo-guide, comprendre le milieu sans intermédiaire (ne vous perdez quand même pas !).

L'origine première de l'écopsychologie, discipline née aux Etats-Unis, revient à Gregory Bateson, de l'école de Palo Alto, qui publie en 1977 *Vers une écologie de l'esprit* (éd. du Seuil). Écologies extérieure et intérieure vont de pair. Plus tard, en France, les deux plus fameux livres coups de gueule de François Terrasson – *La civilisation anti-nature* (1994) et *Pour en finir avec la nature* (2002) aux éd. du Rocher – s'inscriront dans cette lignée. Et l'on y retrouvera aussi, au tournant du millénaire, Gilles Clément, le paysagiste fabuleux qui a conçu le Jardin planétaire de la Villette, où fut rassemblée, le temps d'une saison, une palette très subtile de biomes et de cultures, échantillons entrelacés de la biodiversité et de la culturodiversité, désormais impensables l'une sans l'autre (des Aborigènes d'Australie aux Pygmées, en passant par Hildegard von Bingen et Olivier de Serres).

Deux grandes tendances pourraient se distinguer en écopsychologie : les «écologistes profonds» en appellent à une humilité sauvage et prébiblique (la Genèse marquant pour eux le début de la folie orgueilleuse de l'homme face aux autres espèces) ; les «paysagistes» verraient plutôt l'humain comme un jardinier responsable... conscient de son privilège de devoir apprivoiser des forces plus grandes que lui. Dans *La sagesse du jardinier* (éd. L'œil neuf, 2004), Gilles Clément envisage le métier horticole comme une voie de sagesse...

Mais tous reconnaissent comme ancêtre Henry David Thoreau, poète américain (1817-1862), militant anti-esclavagiste, qui vécut un temps en solitaire, dans une cabane en forêt de la Nouvelle-Angleterre, non loin de Boston. Cet ancêtre des écologistes et des hippies écrivait : «Quand je veux me récréer, je cherche le bois le plus sombre, le plus épais et le plus interminable, et, pour les citadins, le plus lugubre marécage. J'entre dans un marais comme en un lieu sacré. Il y a la force – la moelle de la Nature. Les bois sauvages recouvrent l'humus vierge – et le même sol est bon pour les hommes et pour les arbres.

À LIRE

De la marche, Henry David Thoreau, éd. Mille et une nuits ; *Ecopsychology : Restoring the Earth, Healing the Mind,* une anthologie de base par Theodor Roszak, Mary Gomes et Allen Kanner, éd. Sierra Club ; *Gregory Bateson, itinéraire d'un chercheur,* Robert Pauzé, éd. Érès.

PLANTER UN ARBRE COMME UN BRAS D'HONNEUR À LA MORT !

Planter un arbre, c'est le contraire d'un investissement au sens habituel, car ce n'est pas pour toi que tu le fais. Quand l'arbre donnera de l'ombre, tu seras mort et ce sont tes enfants, tes petits-enfants, ou d'autres encore qui s'en régaleront. Propos recueillis auprès de Michel Cuypers, un homme qui a compris le vrai secret de la longévité…

«Tous les beaux arbres dans Paris ont été plantés par des gens qui ne sont plus là. Le chêne de Marie-Antoinette a fait le plaisir – il a été abattu récemment – d'une dizaine de générations. En même temps, planter un arbre est une façon de laisser une trace. C'est un peu un contrepoison, une sorte d'exorcisme, un bras d'honneur à la mort ! Ah certes, je ne serai plus là, mais mon arbre continuera de pousser…

«Et puis il y a le plaisir physique de planter, de toucher la terre. Quand je rebouche le trou, je ramène la terre sur les racines à mains nues, comme si l'arbre était un môme ; je le sens mieux avec mes mains. Chaque matin, je vais voir mes arbres et je note chaque minuscule changement. L'arbre ne fait que s'embellir avec le temps : c'est un antidote à la consommation, à la société du jetable. Un appareil photo, une bagnole sont dépassés un an après l'achat, il y a déjà mieux, plus performant, etc. Un arbre, c'est l'inverse : plus le temps passe plus il est beau ; plus tu vieillis, plus il te donne de joie. Le contraire de l'existence qui, plus ou moins, te dépouille petit à petit.

«Pour la naissance de mon fils, j'ai planté un chêne qui n'a pas tenu le coup. Alors, j'ai planté un gland de ce chêne. C'était il y a dix ans. Aujourd'hui il mesure deux mètres – il faut compter cinquante ans environ pour qu'il soit adulte. À la naissance de ma fille, j'ai planté un rejet de lilas qui fait maintenant au printemps une immense tâche mauve. Et le minuscule cèdre que tous les deux m'avaient offert, il y a quinze ans, sera – s'il ne rencontre pas une main armée d'une tronçonneuse ! – toujours là dans plusieurs siècles.»

À LIRE
Le tour du monde en 80 arbres,
Thomas Pakenham, éd. du Chêne.

RETROUVAILLES

À la lumière du désert

Une semaine en Mauritanie. On ne parle pas beaucoup le premier jour, tant sont fortes les sensations : l'immensité, le dénuement, le silence, le vent qui siffle, les couleurs surréalistes du ciel. «Cela ressemble à des retrouvailles avec soi, loin du tumulte, loin du paraître, de sa famille, de son métier», confie Pascale, 42 ans. Quand la nuit blanchit et que l'on regagne sa tente, cela ressemble aussi à l'enfance retrouvée.

CONTACTS
Tous les bons plans aux chapitres «Voyager» et «Méditer», notamment les voyages au Maroc avec Terre-du-Ciel.fr et www.allibert-trekking.com

POSSIBLE

Des vacances autrement

L'Espace du possible est une association qui vous propose des vacances étonnantes, près de Royan, camping et bungalow, joli lieu, mais surtout des activités gratuites, proposées par des professionnels. Par exemple sur une semaine : peinture, écoute active, danse d'Orient, danses latines, fabriquer son livre, clown-Gestalt, pratique du zen, massage sensitif, relaxation, guitare et chant, créer un site web, théâtre-impro. Et franchement, rien à voir avec la fresque porno décrite par Michel Houellebecq dans *Les Particules élémentaires* : par contre, ce garçon a un monde intérieur problématique, ça c'est clair !

À LIRE
La vie (magazine) hors-série n° 11, consacré au thème «Les vacances autrement», une mine d'idées ressourçantes, tél : 01 48 88 46 00

CONTACT
www.espace-du-possible.com
tél : 05 46 02 76 79

Se ressourcer

On peut se ressourcer de mille manières, simplement en changeant de décor, et cela peut aussi bien se passer en ville. Mais ce dont la plupart d'entre nous souffrent de façon continue, c'est bien d'être coupés de la nature. D'où la nécessité vitale de nous rebrancher à cette source. Là, nul mystère : les effets physiques des différents environnements naturels sont connus depuis longtemps. Ou plutôt si : le mystère reste total, mais les humains l'explorent depuis la nuit des temps.

À la montagne

«À 5500 mètres, devant le sommet sacré du mont Taïzi, je remercie l'Himalaya de m'avoir si bien torturé. Béat. Drogué. Stupéfié par mes endorphines.»
(*Le bonheur en marchant*, Yves Paccalet, éd.Lattès)
L'altitude joue aussi sur la latitude : à 3000 mètres au Kenya, vous êtes en Suisse. Ce n'est pas pour rien que les malades des poumons sont depuis longtemps soignés en montagne. Baisse de la pression atmosphérique, de l'humidité, de la température (6 à 7°C par 1000 mètres), rayonnement solaire accru, les bienfaits régénérants des alpages commencent au-dessus de 1000 mètres.
La montagne française : 22,8 % du territoire métropolitain (124 016 km2), 7 massifs, 46 départements, 6 136 communes, 4 441 556 habitants en 1999.

Dans la rivière

«Après s'être ébrouée sous la cascade, elle plongea dans le lac limpide que l'eau avec le temps avait creusé dans la roche. Quand elle ressortit, une pensée l'illumina : les rivières sont des artères ; par elles, la terre se vivifie... et nous invite à faire de même. Montre-moi tes rivières, je te dirai dans quel pays tu vis.» (*Sanafraj*, Mélik Nguédar, éd. Calmos)
La France compte 80 000 km de rivières pour méditer les pieds dans l'eau, faire du kayak ou mettre le rosé au frais en méditant sur le temps qui coule...

À la mer

«Les vagues savent des histoires plus longues que nos vies. Les horizons portent ton lendemain, mais jamais tu ne pourras les atteindre. Même la glace fond et les Abysses sont ton Mystère.» (Chant traditionnel des Noés de la Vallée dormeuse,in *Mermere*, Hugo Verlomme, éd. JC Lattès)

Du fait des vagues, l'air marin est riche en iode, ozone et autres substances chimiques contenues dans l'eau de mer, dispersés en ions négatifs à effet tonifiant, surtout sur le rivage (jusqu'à 2000 par cm3 d'air contre 50 en ville). Le bruit des vagues calme les nourrissons. Le littoral français compte 2 529 km de plages, 2950 km de falaises et côtes rocheuses, 741 km de bords limono-vaseux et 934 km de rives artificielles.

En forêt

«Dans les forêts encore sauvages, et il en reste en Europe, le promeneur abandonne son identité et traverse en simple anonyme. De cette absence si grande, il renaît, aussi juvénile qu'un torrent de vie. » (*La forêt primordiale*, Bernard Boisson, éd. Instant présent)

Nous savons aujourd'hui que sans forêt, la vie sur terre est impossible. Elle absorbe le carbone, renouvelle l'oxygène, maintient les sols, épure l'eau, améliore la qualité de l'air en retenant les poussières et particules en suspension, atténue les bruits...

La forêt française (40% chênes, 24% autres feuillus, 36% résineux) a doublé en 200 ans (+35% depuis 1945). Elle augmente de 25 000 hectares par an et couvre aujourd'hui plus de 14 millions d'hectares (26 % du territoire).

À la campagne

«Aux six coins de l'Hexagone, nos narines sont saisies par la chaude odeur du chaume fraîchement coupé, des fragrances du thym et de la lavande. Nos yeux s'aventurent dans les paysages à la recherche de hameaux perdus, de troupeaux lointains, d'arbres séculaires... Mais les plaisirs les plus forts sont ceux de notre imaginaire, sollicité à tous moments par le patrimoine historique de la campagne visitée.» (*Les 100 plus belles balades en France*, collectif, éd. du Pélican, www.livre-en-ligne.com/pelican.)

Plus le temps passe, plus les Français se rendent compte de la chance qu'ils ont de posséder encore de si grandes étendues de campagne sans construction, c'est-à-dire de jardins géants. La pression économique a chassé 90% des paysans vers les villes, mais les citadins reviennent en masse vers les campagnes, devenues synonymes de lieux de repos idéal. 35 % des Français y séjournent au moins 8 jours par an et les résidences secondaires sont en plein boom (plus 20% en 2004).

FLUIDITÉ

Chanter pour ouvrir son corps et son cœur

Gérard Jugnot nous en a tous convaincus dans *Les Choristes*, chanter ouvre les corps et les cœurs. Les Français n'avaient d'ailleurs pas attendu ce film revigorant pour s'y mettre : 350 000 d'entre eux sont chanteurs amateurs. Charlotte, 55 ans, chante dans un chœur. «Faire partie d'un groupe quand le chant est puissant provoque une sensation incomparable : toutes ces harmonies qui résonnent...» Elle est également chanteuse interprète de chansons d'un répertoire habité d'une certaine gouaille. «Là, c'est surtout l'interprétation qui me nourrit, l'écoute (ou non !) du public. Mais dans les deux cas, après avoir chanté, je me sens à la fois plus énergique et plus fluide.»

CONTACTS

• Chanter tout l'été : www.sylvanes.com

• Chanter à Paris : toutes les adresses dans le guide Parigramme

TREKKING

Sœur de la liberté

Dans son numéro de février 2005, *Trek magazine* propose à ses lecteurs son premier dvd, deux heures d'évasion avec les mêmes qualités que le magazine papier : clarté, rythme, du contenu pédagogique mais pas trop, et bien sûr de somptueuses images, réalisées grâce à un système de panneau solaire fixé sur le sac à dos et permettant de recharger les batteries de la caméra – sur les sentiers du pays Golok au Tibet les prises électriques ne sont pas légion ! Au sommaire également, le fascinant Bhoutan et une belle interview du géographe et grand voyageur Sylvain Tesson, parti sur les traces de Slavomir Rawicz et des évadés du Goulag : un périple de 6 000 kilomètres, depuis la Sibérie jusqu'à Calcutta. Huit mois de solitude, «sœur de la liberté, écrit-il, état le plus propice pour aller vers sa vérité, sa profondeur et avoir la plus grande acuité au monde...» Il en a fait un livre, *L'axe du loup* (éd. Robert Laffont).

LA PULSATION AFRICAINE RESSUSCITE JUSQU'AUX PLUS FATIGUÉS

Dimanche matin. Dans la cour du mythique Café de la Gare, rue du Temple, à Paris, des musiques de tous les pays du monde s'échappent par les fenêtres ouvertes. Salle Chopin, une dizaine de personnes sont là pour suivre le cours de Lucky Zebila

Pantalon africain, tee-shirt jaune, sourire comme un soleil, il invite son petit monde à faire une ronde. Quelques minutes d'échauffement en douceur et puis, au son des congas frappés par Éric et Babinga, ça démarre vite et fort. Lucky corrige, encourage, félicite. Avec une énergie, mais aussi une chaleur peu communes dans l'enseignement artistique.

Marie-Paule, la quarantaine, travaille au ministère de la Santé, à la Direction des hôpitaux : «J'arrive là très fatiguée, Lucky me fait énormément de bien. J'apprécie sa science de la danse – il dit qu'il est né en dansant et on le croit –, sa façon harmonieuse de gérer le cours, sa gentillesse. Et puis la vibration des percussions, quel plaisir...» Denise, la cinquantaine, est du même avis : «Ce cours me donne de l'énergie, tout le corps s'exprime et surtout le bassin qui est plutôt coincé chez nous !» Isabelle, beaucoup plus jeune, est aussi enthousiaste : «Lucky nous enseigne à faire partir les mouvements de la racine des membres et même avec ma sensibilité asiatique, je rentre très bien dedans.» Quant à Julie, elle ne se lasse pas de ce contact des pieds nus bien à plat avec le sol : «Pas facile à piger mais une fois qu'on l'a, c'est comme de retrouver ses racines...» Lucky se remet devant la glace, la pause est finie. Sacré petit bonhomme rieur, rayonnant et si sérieux pourtant, qui fut premier danseur du Ballet national congolais et qui a écrit dans un livre sur sa méthode : retrouver le contact du sol et la pulsation intérieure, libérer le corps jusqu'aux genoux où se centre le travail et surtout laisser sa peur et ses complexes au vestiaire.

À LIRE

Danse africaine ou l'intelligence du corps, Lucky Zebila, éd. L'Harmattan.

CONTACTS

• Centre du Marais : 120 professeurs, payables au cours ou à la carte ; modern-jazz, contemporain, tango argentin, flamenco, danse orientale, funk jazz, hip hop, salsa, rock'n'roll, mais aussi tai-chi-chuan, yoga, chant, théâtre/cinéma, mime, piano, guitare...
Ouvert 7 jours sur 7, tél : 01 42 75 15 42
www.parisdanse.com

• Contact pour les cours de danse de Lucky Zebila et ses stages au Cameroun, tél : 01 43 62 63 05.

"Sois heureux un instant. Cet instant, c'est la vie."

OMAR KHAYYÂM

«Je ris à gorge déployée, c'est finalement rare, non ?»

«Des retrouvailles avec soi dans sa totalité, tout ce qu'on n'ose pas exprimer, ce qu'on est à l'intérieur et à l'extérieur, ce qu'on a été et ce qu'on est.» C'est ainsi que Caroline résume l'effet clown.

Fondatrice et animatrice du Regard du clown, qu'elle dirige et anime avec Jacques Ronayette, Caroline Kohler, ancienne psy, raconte comment, à 38 ans, elle a découvert son rire intérieur et décidé d'en faire profiter les autres. Se retrouver tout en prenant congé de son ego, c'est ce qu'adore Joseph, 56 ans, fan absolu : «Cela vous apprend le dérisoire, c'est une leçon de dégel.» Et Catherine, 45 ans, renchérit : «Je ris à gorge déployée, c'est finalement rare non ?» Chaque séance commence par un échauffement : respiration, relaxation, travail sur la voix. Suivi d'exercices plus techniques, pour explorer le jeu du clown : l'empathie, la disponibilité, l'enthousiasme… C'est seulement ensuite qu'on peut entrer dans le vif du sujet : les improvisations. «Si on laisse venir, si on est confiant, dans l'écoute de soi et de l'autre, effectivement, ça vient ! Comme si on déroulait une pelote. Ce sont des moments fabuleux», dit Catherine. «Le personnage du clown permet de tout jouer, même ce qu'on croit intouchable, insiste Caroline. Le clown est l'enfant qui sommeille en nous, terriblement dans l'instant, terriblement sincère.» Du clown, Anne-Marie, professeur de latin et dc français, est passée à l'improvisation théâtrale. Elle en parle avec fougue : «C'est du théâtre dans la lignée de Jean-Louis Barrault, Vitez, Vilar : le feu sacré, la noblesse, la connaissance de soi-même. Le contraire de la Star Ac ! Le rire est roi et pourtant, c'est comparable à une quête spirituelle, une ascèse.» Une ascèse joueuse donc, qu'elle pratique avec l'association Commedia, ce qui ne l'empêche pas d'aller applaudir les matchs d'improvisation du Cercle des Menteurs, le lundi soir, à 20 h 30, au Palais des Glaces. On en sort requinqué !

CONTACTS

• Le Regard du clown, tél : 01 43 31 63 55. Stages de formation au jeu du clown de théâtre (agréé), interventions en entreprise et auprès des enfants hospitalisés à l'Institut Curie.
• Théâtre impro : www.commediaonline.com
Cercle des menteurs : Palais des Glaces, 37 rue du Fg-du-Temple, 75010 Paris.

ÉTERNEL

Un dimanche à la mer !

Un petit coup de blues en fin de semaine ? N'hésitez pas ! Vérifiez les horaires de train. Normalement il part de la gare St-Lazare à 8 h 10. Vous serez à Trouville à 10 h 17. Juste ce qu'il faut pour entrer dans le dernier Jim Harrison après avoir pensé à RIEN pendant au moins une demi-heure.
À Trouville, le petit café en arrivant, le marché, les planches, le bain, les moules, rebalade le long de la plage jusqu'à la résidence de Marguerite Duras, le cri des mouettes, la lumière, la nostalgie, qui est toujours ce qu'elle était, la lumière de plus en plus belle.
Vous voulez quoi de plus pour vous ressourcer !? Ne ratez pas le train de 18 h 09 ! À défaut, achetez le CD *Un dimanche à la mer*, réalisé par Fernand Deroussen (chez Nature et Découvertes).
Et aussi le *Guide de la thalasso* de Catherine Tinghérian, éd. Solar.
Sinon, la piscine ! La récompense est à la hauteur de l'effort : entre hébétude et béatitude. Et pour les centres Spa, le trip luxe, calme et volupté, filez au chapitre «Prendre soin de soi».

RAVISSEMENT

Apprenez-le et chantez-le !

Par les soirs bleus d'été, j'irai dans les sentiers,
Picoté par les blés, fouler l'herbe menue :
Rêveur, j'en sentirai la fraîcheur à mes pieds.
Je ne parlerai pas, je ne penserai à rien :
Mais l'amour infini me montera dans l'âme,
Et j'irai loin, bien loin, comme un bohémien,
Par la Nature, heureux comme avec une femme.

Arthur Rimbaud

CARNET

Avez-vous déjà décrit l'odeur des seringas ?

Cécile-Alma Filliette, dont vous pouvez admirer un collage p. 176, emmène ses stagiaires faire de l'aquarelle à Djerba, au Maroc, en Grèce ou en Inde. Elle raconte : «Sur la courbe d'une colline, au détour d'une ruelle, on crayonne une silhouette, on butine un zeste d'écorce, on glane un pétale de rose ou un bout de cordelette.
Le carnet de voyage favorise une autre façon de voyager, plus profonde, plus vraie, qui vous met en contact avec les autres et avec vous-même. On s'immerge dans les formes et les couleurs, sur un port, une place, dans un souk.
On se pose au milieu des gens qui passent. On pénètre dans un temps immobile...»
Et quand on ne peut pas peindre, on écrit : le goût du chaï, l'odeur des seringas, le velours d'une mangue, le roucoulement des oiseaux insomniaques au bord du fleuve...

CONTACTS

• Cécile-Alma Filliette, tél : 01 43 79 63 35 et 06 62 25 63 35. Elle vient de publier un *Guide du carnet de voyage*, éd. Dessain&Tolra/Larousse
• Sur www.uniterre.com découvrez 5 200 carnets de voyage en ligne avec des tonnes d'infos

OREILLES

Où écouter de la poésie ?

• Par exemple à la Maison de la poésie du Théâtre Molière, à Paris. Bel endroit, programme très varié, Kerouac et Kafka par exemple. Le délicieux Dussolier vient y lire parfois : www.maisondelapoesiemoliere.com
• On peut aussi passer une soirée au Club des poètes, (à 20 h nourritures terrestres, à 22 h nourritures célestes), tél : 01 47 05 06 03
• Quant au Centre international de poésie, à Marseille, c'est un haut lieu depuis 1990, avec ateliers d'écriture poétique pour les enfants, lectures, conférences, colloques, stages, expos : www.cipmarseille.com (site très riche avec archives sonores), tél : 04 91 91 26 45

MOTS ET MERVEILLES : SE RESSOURCER À LA LETTRE

Se ressourcer est un terme d'origine chrétienne. Ce qui est censé ressourcer le croyant, c'est la parole divine. Le ressourcement consiste donc en une mise en lien avec l'essentiel. Aujourd'hui dans quel nid se met-on en relation avec l'essentiel ? Propos recueillis auprès d'Alain André, directeur d'Aleph-Écriture.

«Je crois évidemment que l'écriture permet le ressourcement. Si on fait un rapprochement avec l'analyse, je sais que, pour moi, l'écriture ne s'est complètement réalisée que comme une sorte d'au-delà de l'analyse : l'écriture permettrait donc d'aller plus loin que l'analyse – et peut-être grâce à l'analyse, mais c'est une autre histoire !

«L'autre idée qui m'est venue autour de "se ressourcer", c'est que vouloir écrire entraîne de faire face à la question : comment s'autoriser un authentique espace pour soi ? On voit bien, dans les ateliers, que cela représente encore une grande difficulté, en particulier pour les femmes. C'est la thématique d'*Une chambre à soi*, le livre de Virginia Woolf. Je me souviens de l'aménagement d'un F3, que je partageais avec une compagne et qui perturbait souvent nos invités : on leur faisait visiter le salon et les deux bureaux. "Mais où est donc la chambre ?" demandaient-ils. Nous leur répondions que nous en avions chacun une, mais que nous dormions dans le salon...

«Je propose parfois une séance d'écriture sur ce que j'appelle "la géographie des refuges". Je l'ai conçue à partir du journal de Michel Leiris. Il n'écrivait de l'ethnologie qu'au Musée de l'homme et de l'autobiographie que sur un bureau installé au centre de la chambre conjugale ! Je propose aux gens des pistes pour explorer la thématique de cet espace réservé à l'écriture : où écrivent-ils ? Dans un seul lieu ou plusieurs ? Jamais chez eux, mais au café ? Où rangent-ils leurs écrits, leurs carnets ? Etc. Bref, ce qui va émerger, c'est la conscience de ce qu'on a – ou pas – un espace pour écrire et, plus généralement, un espace pour soi ; et la conscience du travail nécessaire pour s'offrir cet espace. Cela revient, sur le plan psychique, à construire un nid, où il sera possible de se ressourcer, au lieu d'être en permanence envahi par les contraintes et par les autres. Et je crois que l'écriture permet ce travail de construction de soi, qui passe par la mise en place de petits rituels qui structurent l'espace de l'écriture. C'est une façon de s'autoriser la subjectivité. Quand on voit les petites nanas de 14 ans, qui sortent leur journal intime au café avec le stylo à fleurs, ce qu'elles revendiquent, même si elles ne le savent pas, c'est le droit à leur subjectivité : elles livrent une bataille, y compris par rapport aux mères, pour avoir cet espace-là, à soi, qui est celui du journal intime.»

CONTACT

Ateliers Aleph : régulier, le soir, le week-end, stages. Écrire des nouvelles, des contes, des chansons, du théâtre, un scénario, un roman, sur le mode autobiographique (récits de vie, BD, écriture érotique, écriture et tango), écriture du voyage, fragments, écrits poétiques, philosophiques, art postal, écriture et peinture. À Paris, Lyon, La Rochelle, Le-Bas-Plessis (Loire), tél : 01 46 34 24 27. Également par correspondance ou sur www.aleph-ecriture.fr

> ***"Le beau paysage, comme on le sait, appartient à ceux qui lui ressemblent."***
>
> **MUSO SOSEKI**

Marcher, se taire, écrire, lire, dormir, repartir

Marchez quelques heures en pleine nature – ou mieux, quelques jours – et vous verrez vos plaisirs élémentaires décuplés : manger, boire, vous asseoir sur une pierre, ramasser un bout de bois, avoir très chaud et rencontrer un ruisseau…

Jubilatoire de se délivrer de l'urgence et de retrouver le temps. Jubilatoire de quitter l'ère de l'humanité assise et de retrouver des sensations musculaires oubliées, d'éprouver sous ses pieds le sol crissant ou moelleux, de sentir la fatigue qui monte doucement… Marcher pour y voir plus clair, marcher pour mieux penser, la recette n'est pas neuve : Montaigne, Rousseau, Nietzsche et bien d'autres l'ont expérimentée… Plus encore, marcher pour méditer. À la façon taoïste, en «chevauchant le vent». Ou plus modestement en écrivant des haïkus, ces petits poèmes japonais qui célèbrent l'instant. Ou encore à la manière tibétaine de Peter Matthiessen, auteur du très beau *Léopard des neiges* (éd. Gallimard). Ou à celle de Nikos Kazantazki, grand marcheur et fabuleux écrivain.

«Je marchais et, tandis que je marchais, il me semblait que le ciel et la terre tout entiers faisaient route avec moi. Toutes les merveilles qui m'entouraient entraient en moi, je fleurissais, riais et résonnais à mon tour comme la corde de l'arc. Et mon âme, comme elle se perdait en ce dimanche, disparaissait en piaillant dans la lumière matinale, pareille à l'alouette» (*Lettre au Greco*, Kazantzaki, éd. Pocket).

Il existe quantité de textes très forts, très beaux, très riches sur la marche. Au moment de boucler votre sac à dos, n'oubliez pas de glisser, entre la polaire et la frontale, un livre qui lui aussi vous réchauffera et vous éclairera.

ALLIANCE

Que pensent-ils de la poésie ?

Nabokov a eu un jour cette formule : «L'enthousiasme de la science, la précision de la poésie.» Non pas la précision d'une machine, plutôt celle du geste juste, qui réunifie et libère.

EDGAR MORIN : «La prose dans la vie ce sont des choses que nous devons faire par obligation, qui ne nous donnent pas de plaisir.
Ce que j'appelle, poésie ce sont des choses où nous nous exaltons nous-mêmes, nous nous transcendons, nous sommes dans un état second qui normalement devrait être le premier, celui que l'on trouve dans l'amour.
La poésie : un morceau de musique qui nous transporte, un paysage, un visage aimé …»
(In *Amour poésie sagesse*, éd. Seuil)

BRIGITTE FOSSEY : «La poésie, c'est mon refuge. Quand je ne sais plus où aller, quand je ne sais plus quoi penser, je file dans un recueil de poèmes. Un peu comme dans les *Nouvelles orientales* de Marguerite Yourcenar. Le dernier récit raconte l'histoire d'un peintre qui a tellement de talent, que le sultan est jaloux et le fait jeter en prison. Le peintre demande une dernière faveur : un pinceau, des couleurs et qu'on le laisse tranquille une dizaine de jours. Dix jours passent, on ouvre la porte. Sur le mur de la cellule, il y a une peinture d'un fleuve, avec un bateau. Et le peintre a disparu dans son tableau…Pour moi la poésie, c'est ça : une manière de disparaître. Pour mieux renaître.»

ANDRÉ GIDE : «Et quand tu m'auras lu, jette ce livre – et sors. Je voudrais qu'il t'eût donné le désir de sortie – sortir de n'importe où, de ta ville, de ta famille, de ta chambre, de ta pensée. N'emporte pas mon livre avec toi.
Qu'il t'enseigne à t'intéresser plus à toi qu'à lui-même – puis à tout le reste plus qu'à toi.»
(*Les Nourritures terrestres*, éd. Le Livre de Poche)

CONTACTS

De la nature, des racines et des arbres

• *Le dindon et le dodo, petite conférence sur le Jardin Planétaire*, Gilles Clément, éd. Bayard. Simplement présentée sous forme de questions/réponses, l'interaction entre la nature, les animaux et les hommes.

• *Boutures magiques*, Andrew Mikolajski, éd. Marabout. Pour 70 plantes. Outils, équipements, méthodes, calendrier. Très excitants, tous ces possibles !

• *Passer au jardinage bio*, de Bob Flowerdew, éd. Eyrolles. Une petite merveille pédagogique. Fabriquez votre compost, traquez la cardamome hisurte et mauvaises herbes sans chimie !

Le corps, la danse, le rire

• Centre des arts vivants à Paris (11e) : 8 studios sur 3 étages, toutes les danses et les spécialités maison : «tone and stretch», un travail corporel fondé sur le yoga, détente garantie ; ou bien «baïlothérapie», qui combine danse et exercices très physiques, le tout dans la bonne humeur, tél : 01 55 28 84 00.

• La Casa del tango : toute la culture du tango argentin ! tél : 01 40 40 73 60, www.lacasadeltango.net

• Et toute la salsa au Latina (cours et bal), tél : 01 42 78 47 86. Le Latina est aussi un cinéma spécialisé dans les films sud-américains : combiner les deux plaisirs est possible.

• Rire ressource, on est d'accord (circulation sanguine améliorée, afflux d'endorphines, etc.), mais comment rire sur commande ? Dans les clubs de rire où se pratiquent le rire du lion ou le duel du rire ! Vous essayez et vous nous écrivez, d'accord ? www.clubderire.com/keskece.htm

Musique et son

• La relation existant entre l'oreille et la voix et par extension entre l'écoute et la communication a été mise en évidence par Alfred Tomatis. La mise en application de cette loi grâce à une «oreille électronique» peut corriger des troubles de la parole, mais elle a aussi des effets de dynamisation : tél : 01 40 06 04 60, www.tomatis-group.com

• *Du silence*, essai très dense de David Le Breton (éd. Métailié), nous parle de l'utopie de la communication mais aussi des usages culturels du silence, des spiritualités du silence ou encore des ruses de l'inconscient autour du silence.

• Pour faire partie d'une chorale, quatre sites : www.musirelax.com – www.choeurinfo.com www.chorales.info – http://acj.musicanet.org

• *L'instrument du chanteur*, de Sirvat Kazandjian Pearson, éd. Solar.

• CD *Préparation au chant*, d'Astrid Bezada.

• DVD d'Armande Altaï, *son cours de chant*, éd. TF1.

Marcher, écrire, chanter

• Bons choix, bons prix de randos accompagnées ou en liberté, en France ou à l'étranger : www.pedibus.org

• Marcher et écrire sur les sentiers de la Drôme, de l'Aubrac ou de Toscane, des terres de lumière. Lumières sourdes, violentes, fragiles comme les mots. Cueillir et coucher sur le papier des pensées sauvages : randoecriture@yahoo.fr

• Marche et chants polyphoniques dans le Vercors : Luc Mortier, tél : 06 84 36 22 21.

• Randonnées en étoile et chant, également dans le Vercors, pour handicapés : www.hce.asso.fr

• *Carnets de voyages*, éd. Hachette Pratique.

Yoga

• Union nationale de yoga et Fédération nationale des enseignants de yoga : www.lemondeduyoga.org

• École française de hatha-yoga : 50 rue Vaneau, 75007 Paris, tél : 01 45 44 02 59 (la plus ancienne école de yoga de France ; cours pour les enfants).

• Centre de yoga Iyengar de Paris, 35 avenue Victor-Hugo, 75016 Paris, tél : 01 45 00 28 48.

• Centre Samasthiti Ashtanga Vinyasa Yoga : 27 bd Henri-IV, entrée au 23 rue Cerisaie, 75004 Paris, tél : 01 44 07 31 33.

• Pour enfants, Usby Yoga : de 8 à 12 ans à Bures-sur-Yvette (91), tél : 01 69 07 71 22, et de 8 à 14 ans à Gif-sur-Yvette (91), tél : 01 69 07 02 02.

à lire

• *Ma séance de yoga,* André Van Lysebeth, éd. Le Livre de Poche.

• *Petits gestes yoga pour petits tracas*, Anne Chiumino et Chantal Guyot, éd. Bonnetone.

• *L'esprit du yoga*, Ysé Tardan-Masquelier, éd. Albin Michel.

• *L'enseignement de Sivananda*, éd. Albin Michel.

Arts martiaux

• *Le Traité des cinq roues,* Miyamoto Musashi, éd. Albin Michel.

• *Le sabre de vie,* Yagyù Munenori, éd. Budo.

• *La Voie du shintaïdo*, Albert Palma, éd. Albin Michel.

• *L'esprit des arts martiaux,* André Cognard, éd. Albin Michel.

• *Contes et récits des arts martiaux de Chine et du Japon,* Pascal Fauliot, éd. Albin Michel.

• *L'art sublime et ultime des points de vie,* Henry Plée et Fujita Saïko, éd. Budo.

• *Zen et arts martiaux*, Taisen Deshimaru, éd. Albin Michel.

• *L'essentiel de la capoeira,* maître Elias, éd. Chiron.

• *Capoeira danse de combat,* Arno Mansouri, Delphine Loez et Vassili Rivron, éd. Asa.

Divers

• *Énergie et bien-être par le mouvement*, Moshé Feldenkrais, éd. Dangles.

• *ABC de la relaxation,* Jacques Choque, éd. Grancher.

• *Libérez l'énergie qui est en vous,* Louis Wan der Heyoten, éd. De Vecchi.

• *Ne vous noyez pas dans un verre d'eau,* Richard Carlson, éd. J'ai Lu / Bien-être.

Mots et merveilles

• Écrire des chansons, trouver musique à leurs pieds et pourquoi pas, les interpréter pendant un stage d'été en Normandie…
Un rêve, oui, mais qui peut se réaliser avec Chantal Grimm, selon une méthode qu'elle enseigne en licence de musique à la Sorbonne. Et si vous voulez d'abord vous mettre l'eau et les mots à la bouche, venez faire un tour au Bistro Blanc, 52 rue Blanche, 75009 Paris : chaque samedi, de 14 h 30 à 17 h, les amoureux de la chanson viennent y partager leur plaisir et partent en quête de la rencontre entre un texte, une mélodie et une voix : tél : 01 43 22 30 84.
http://ecrivants.chanteurs.free.fr

• Lire des contes ressource car, comme dit Henri Gougaud, le côté anodin, incompréhensible du conte a pour fonction de court-circuiter le mental et de nous réconcilier avec cette part de nous égarée et perdue, quand nous étions semblables à des dieux…
Lisez donc d'Henri Gougaud *Le livre des amours. Contes de l'envie d'elle et du désir de lui,* éd. du Seuil.
Et le si intelligent *Conteur amoureux* par Bruno de La Salle, éd. Casterman.

Prendre soin de soi

C'est peut-être la grande découverte du XXe siècle : se faire souffrir ne sert à rien. Et pour aimer les autres, il faut commencer par s'aimer soi-même.
Les épicuriens le disaient déjà, bien sûr, mais ils avaient aussi des esclaves et ça faisait une grande différence : nous savons aujourd'hui que les «autres» et nous-même sommes intimement liés. Nous souffrons quand la planète souffre.
Il n'empêche que, pour s'en sortir, il faut commencer par ce qui nous est le plus proche : faire la paix en soi.

THALASSO

Vive les bains de boue !

Berceau des origines, rassurante, apaisante, l'eau de mer vous enveloppe et tous les éléments du milieu marin sont convoqués pour chouchouter votre corps et votre esprit. Laissez-vous aller, et glissez mollement d'un soin à l'autre : enveloppement d'algues, massage, douche vivifiante, bains à bulles, soins esthétiques… Un parcours éreintant, entièrement consacré à votre petite personne. La tendance aujourd'hui est de combiner ces bénédictions aquatiques avec d'autres activités : randonnée aux Thermes marins de Saint-Malo, œnologie, découverte de la culture celte ou cours de danse à Carnac.

À LIRE

• *La thalasso en France et dans le monde : guide des centres,* Gaëlle Alban et Virginie Chuimer, éd. Ellébore

• *Guide de la thalasso,* Catherine Tinghérian, éd. Solar (pour vous aider à sélectionner votre séjour et en profiter au mieux des adresses en France et à l'étranger, toutes testées par l'auteur)

CONTACTS

• Thermes marins de Saint-Malo, tél : 02 99 40 75 00
www.thalassotherapie.com

• Carnac Thalassothérapie, tél : 02 97 52 53 54
www.thalasso-carnac.com

ALLEZ-Y !

Aqua-gym, l'eau sportive

Ni âge limite, ni contre-indications, des exercices utiles à chaque partie du corps, qui en sort musclé, relaxé, silhouette fuselée, et tout ça sans avoir l'impression de fournir de gros efforts… Décidément, la gym dans les flots bleus de la piscine ou dans les vagues de l'océan a bien des atouts. Allez, mouillez-vous, c'est bon pour tout !

À LIRE

• *Gym aquatique*, Eric Profit et Patrick Lopez, éd. Amphora

• *Aquagym : la gymnastique aquatique*, M. Messina, éd. De Vecchi

Eau bienfaitrice du hammam ou invitation à la volupté

Minaret dressé vers le ciel, long mur d'enceinte blanc, fenêtres grillagées laissant s'échapper de petits jets de vapeur. En ce matin frissonnant de novembre, le hammam de la Mosquée de Paris, à deux pas de la place Monge, lance son appel à la sensualité.

Matinée des femmes. Dès l'entrée, c'est l'Orient qui vous happe. Murs badigeonnés de rouge, vert ou bleu franc, mosaïques, coussins dorés, baignent dans une lumière douce, qui tombe des lanternes de verre suspendues aux plafonds. Les vitraux multicolores arrêtent la clarté du jour. Bienvenue dans un autre monde. Senteurs de miel et de thé à la menthe mêlées, tout éloigne le visiteur du dehors, le capture dans une caresse veloutée. La caisse, un «forfait gommage-massage-savon noir», pâte visqueuse servie dans son gobelet plastique, et déjà une grande salle carrée invite au délassement. Le long des murs, matelas et traversins de skaï recouvrent une immense banquette. Au centre, délimité par des colonnes de marbre couleur safran, une fontaine typique des patios orientaux avec, de part et d'autre, les lits destinés aux massages. Sur la voûte ocre qui mène aux salles chaudes, une lampe-moucharabieh projette ses ombres en toile d'araignée.

LANGOUREUX DÉDALE :
Débarrassées des oripeaux du monde extérieur, maillot de bain pour les plus pudiques, simple paréo ou serviette pour les autres, une à une, les femmes se laissent glisser dans le cocon de chaleur. Le principe est le même depuis l'aube des temps. D'une salle à l'autre, le dédale de marbre entraîne les silhouettes dénudées dans un bain de vapeur de plus en plus chaud, de plus en plus épais. Et comme toujours, la magie de l'eau opère sur les sens. Les peaux transpirent, les corps se délient. Les bouts d'étoffes détrempées glissent sur les hanches et se collent aux formes. Dans une molle lenteur, chairs laiteuses aux courbes enfantines côtoient muscles nerveux et bronzés. Grandes, petites, seins fermes ou fatigués, tatouages sur l'épaule et secrets dévoilés, toutes finissent par se confondre dans une même communion des corps. Elles sont venues pour les bichonner. Alors on se frotte, fort, à l'aide de gants spéciaux incrustés de petits granules. On s'étrille mutuellement, jusqu'à ce que les peaux mortes roulent sous les doigts.

Dans une antichambre, près des douches, Soraya gomme à la chaîne. Un jour par semaine, et pour payer ses études : une maîtrise de philosophie sur Ibn Khaldoun, historien arabe du XIIIe siècle. Pour l'heure les clientes attendent, assises bien en rang. Le temps de voir passer, hiératique, une grande maigre au visage tartiné d'argile verte. De s'enivrer des fragrances coco, papaye, pomme acidulée qui s'échappent des douches. Le temps de discuter, aussi. «C'est mon médecin qui m'a conseillé de venir.» Coiffée d'un bonnet de plastique transparent «pour ne pas avoir à retourner chez le coiffeur en sortant», une petite dame ronde s'enthousiasme. «Moi, je redoutais un peu d'être avec toutes ces filles nues… Mais tout le monde est tellement gentil, et ça fait du bien…»

SANCTUAIRE DANS LA BRUME :
Salle chaude, le saint du saint. C'est au bout du parcours, une pièce petite, coupée en deux horizontalement par une lourde chape de gouttelettes d'eau en suspension. L'odeur de l'eucalyptus, du marbre encore, pour s'allonger, et une petite piscine, toute ronde, remplie d'eau glacée. En fond sonore, un ronronnement, peut-être un système de chauffage ou d'écoulement.

Peu importe. Il règne ici une atmosphère de recueillement. La voûte du plafond rendue invisible par l'épais brouillard, seule filtre la lumière blafarde des spots. La vapeur suffocante qui vous saisit à partir des épaules interdit une station debout prolongée. Alors les corps s'étendent, s'étalent, s'alanguissent autour du bassin. De temps à autre une goutte d'eau brûlante tombe de la brume, fait tressaillir le morceau de peau. Une intrépide tombe la serviette et plonge, d'un coup, dans le bain glacé. Autour, le cercle applaudit, bluffé par la performance. Puis le calme reprend ses droits. Luisants de sueur, les corps prennent des poses lascives, bras qui pendent, mains qui s'attardent sur le front, doigts traînant dans l'eau fraîche. Les visages sont pensifs, les yeux clos. Rien ne compte plus que cette peau qui redevient neuve. Plus de souci de l'apparence, seules les sensations sont en jeu.

Plus tard viendra le massage, ventre et dos inondés d'huile camphrée, articulations choyées, poigne ferme et douce à la fois des matrones marocaines, maîtresses du lieu. Vêtements, maquillage, pour regagner l'extérieur, fin de la parenthèse. Jambes croisées dans le métro, de l'autre côté de la frontière, restera la peau douce, et le souvenir d'une échappée belle.

CONTACT

Le Hammam de la Mosquée de Paris,
39 rue Geoffroy-Saint-Hilaire, 75005,
tél : 01 43 31 18 14.

CARESSE

Du spa comme un rituel sacré

Mise en scène raffinée dans votre salle de bains, pour un scénario de pur bien-être et d'égoïsme délicieux… L'eau sera chaude, 37 à 38 °C pour assouplir les muscles, relâcher les articulations, et faire fuir les toxines. Versez-y, au choix, poudre, bain moussant, sels ou quelques gouttes d'huile essentielle. Les parfums ? Noix de muscade, rose ou bergamote contre les angoisses ; lavande et amande sucrée en cas de stress ; tilleul, camomille et verveine pour mieux dormir. Pour les grandes occasions, une poignée de pétales de roses parachèveront votre œuvre. Tamisez les lumières, disposez quelques bougies sur le rebord de la baignoire, et n'oubliez pas la musique douce. Préparez-vous une infusion de tilleul ou de camomille, calmante, ou un thé vert, aux vertus drainantes. A portée de main, une éponge en fibres végétales, idéale pour se savonner en douceur.

Puis inspirez longuement à trois reprises, avant d'entrer doucement dans l'eau. Le temps est venu de la contemplation béate et du plaisir des sens. Faites le vide, fixez la flamme d'une bougie ou fermez les yeux, et sentez la caresse de la mousse, humez les fragrances qui s'évaporent. Avant de sortir, rincez-vous avec un jet d'eau fraîche.

Un peignoir tiède, un oreiller, ça y est, vous dormez !

Une autre fois, vous ferez du spa un but de voyage. Et le luxe !

Ce n'est plus seulement la vue sur mer ou la décoration de la chambre, mais aussi la gamme des soins qui vous sont proposés. Les spas du bout du monde font rêver, avec leurs promesses de relaxation suprême, de massages interminables et de bains saupoudrés de fleurs de Tiaré… Difficile d'y résister !

À LIRE

• *Un spa chez soi : week-ends de soin pour le corps et l'esprit,* Anne Benoît, éd. Marabout
• *Spas and Wellness Hotels,* Cristina Montes, éd. Pocket
• *L'ABC du spa,* Siska von Saxenburg, éd. Grancher

À ÉCOUTER

CD, de Va-New Age, éd. New Earth

AROMATHÉRAPIE

Une initiation essentielle

Concentrés d'arômes, essences les plus pures des plantes dont elles sont extraites, les huiles essentielles flirtent avec nos narines avant d'agir sur nos humeurs. Combinant le pouvoir guérisseur des plantes avec la puissance de leur parfum, les huiles relaxent, embellissent, tonifient. Apprenez à vous huiler de bien-être.

DILUER ET MÉLANGER : Très concentrées, elles doivent toujours être diluées sous peine de démangeaisons ou d'allergies. Quelques gouttes suffisent : pour le massage, mélangées à des huiles végétales (amande, germe de blé, pépins de raisins...) ; en application locale, sur des compresses imbibées d'eau ; dans l'eau du bain, dans vos crèmes, shampoings ou dans un brûle-parfum. Associées, les huiles entrent en synergie et combinent leurs effets : concoctez vos préparations quelques jours avant utilisation.

MANIER AVEC PRÉCAUTION : Les huiles essentielles sont très volatiles : choisissez des flacons hermétiques, rebouchez-les après utilisation. Entreposez huiles et mélanges dans un endroit frais et sombre, hors de portée des enfants : elles peuvent être toxiques, même en petites quantités. Faites un test sur la peau avant utilisation d'une nouvelle essence. Les futures mamans s'abstiendront.

CHOISIR : Commencez par les musts : lavande, citron ou géranium ont des applications multiples. Soyez intransigeant sur la qualité : l'indication H.E.B.B.D. (Huile Essentielle Botaniquement et Biologiquement Définie) doit figurer sur l'étiquette. Les «huiles aromatiques» et autres «parfumées» n'ont pas la moindre vertu thérapeutique. Demandez conseil aux pharmacies homéopathiques ou boutiques bio.

À LIRE

- *La bible de l'aromathérapie*, Nerys Purchon, éd. Marabout
- *Huiles essentielles et parfums qui guérissent et qui relaxent*, Sylvie Verbois, éd. Trajectoire

CONTACTS

- Valeur sûre : www.jacquespaltz.fr
- L'un des plus grands choix de produits certifiés 100 % purs et naturels : www.labo-hevea.com

Les fleurs peuvent soigner vos émotions

Le Dr Bach, médecin britannique extrêmement subtil, homéopathe et bactériologiste, s'était rendu compte que chaque fleur avait un «message énergétique» particulier. Il avait aussi découvert que le meilleur véhicule de ce message était la rosée.

On connaissait en fait depuis longtemps les vertus thérapeutiques de la rosée – imprégnée ou non de fleurs. Paracelse l'utilisait, surtout pour soigner les troubles émotionnels. Les nobles d'Égypte prenaient des «bains de rosée», imprégnés de pétales de rose ou de lotus, afin «d'ouvrir leur sensibilité spirituelle». Un art très ancien, que le Dr Bach a su adapter au monde moderne. Que cela se soit passé juste après la guerre de 14-18 a peut-être un sens, symbolisé par la fleur d'Épilobe qui aime, semble-t-il, pousser sur les terres dévastées, incendiées, les trous d'obus, les tranchées abandonnées – «terrains qu'elle aide à se régénérer, tout comme son élixir aide les patients cassés, brisés, ayant perdu toute énergie», dit Eve Apprill, de l'Institut de recherche et d'application en bio-information, un lieu d'étude et de formation dédié aux élixirs de fleurs. Le premier apport singulier du Dr Bach fut de trouver comment remplacer la rosée en faisant reposer des fleurs sur de l'eau de source. Cela devait se passer en pleine nature, à l'endroit même où ces fleurs poussent (tout herboriste sait que les principes actifs de la flore sauvage sont plus puissants que ceux des plantes domestiques), avant de stabiliser le tout avec un peu d'alcool. Cette nécessité de travailler en pleine grande nature limite, on s'en doute, toute velléité d'industrialiser la fabrication des élixirs...

UN MYSTÈRE QUI FAIT DU BIEN : Comment expliquer que l'on puisse canaliser une quelconque «énergie structurante» à partir des fleurs ? Pourquoi le chèvrefeuille aiderait-il les nostalgiques à revenir dans le présent, ou la violette les solitaires à aller humblement vers les autres ? Ou le tournesol les enfants sans père à épanouir leur ego. Ou la verveine des champs à calmer le fanatisme ? Au niveau théorique, ces questions n'offrent pas prise à l'esprit scientifique moderne – et n'intéressent pas vraiment la recherche, plutôt orientée vers l'efficacité des élixirs, dont le médecin homéopathe Jean Estrangin explique qu'ils ne servent jamais aussi bien que quand le thérapeute prescripteur comprend ce que le patient doit «dépasser». Ayant recensé sept états d'esprit négatifs courants chez l'homme (peur, incertitude, manque d'intérêt pour le présent, solitude, hypersensibilité aux influences et aux idées, découragement et désespoir, souci excessif du bien-être d'autrui), le Dr Bach concocta en les expérimentant sur lui-même trente-huit remèdes à base d'essences de fleurs destinés à les combattre. Parti de ces trente-huit remèdes de base, chaque laboratoire expérimente aujourd'hui ses propres élixirs. Ainsi Deva a-t-il créé sa gamme de soixante-quatre plantes et une série de combinaisons et de produits dérivés. Attention, il existe de nombreuses copies des Fleurs de Bach, de qualité inégale. Préférez les flacons estampillés *Bach original flower essence* ou les élixirs floraux du laboratoire Deva. Disponibles en pharmacie et dans les magasins de diététique.

À LIRE

Manuel des fleurs guérisseuses du Dr Bach, Philip-M. Chancellor, éd. Le Courrier du Livre.
Élixirs floraux, harmonisants de l'âme, Philippe Deroide, éd. du Souffle d'Or.

CONTACTS

- Laboratoire Deva : 04 76 95 35 87.
- Institut de recherche et de formation sur les élixirs floraux : BP 9, 38880 Autrans, tél : 04 76 95 71 61 (dirigé par Philippe Deroide, patron des laboratoires Deva).
- Institut de recherche et d'application en bio-information : 16 rue Pavée, 75004 Paris, tél/fax : 01 42 71 11 78.

REDÉCOUVREZ LES VERTUS DES TISANES

On connaît les effets apaisants de la tisane. Mais les plantes ont d'autres talents. En infusion ou en décoction, feuilles, fleurs, racines libèrent leurs principes actifs pour notre plus grand bien. Échantillon.

• **La chicorée** purifie la peau et facilite le transit. Seule ou associée à d'autres plantes, elle constitue l'une des meilleures cures de printemps, pour le bien-être ou contre les problèmes de peau, eczéma, acné, dartres. Antiseptique des intestins, combat la constipation de manière douce.
Préparation /Recommandation : 1 poignée de feuilles fraîches ou 20 g de racines sèches/litre d'eau. 3 tasses/jour avant le repas.

• **La menthe** régule les fonctions digestives, calme la toux. Combat la paresse de l'estomac et augmente la production de bile. Soulage les douleurs du foie et des reins. Calme aussi les toux d'origine nerveuse, soulage les bronches.
Préparation /Recommandation : 10 à 20 g de feuilles/litre d'eau. 2 tasses/jour.

• **La passiflore** calme le système nerveux. C'est la star des plantes utilisée contre l'insomnie et le stress. Elle favorise un sommeil réparateur et apaise les personnes souffrant de troubles nerveux.
Préparation /Recommandation : 20 g de fleurs sèches/litre d'eau. 2 tasses/jour dont 1 le soir.

• **La bardane** élimine les toxines. Diurétique, c'est la plante dépurative par excellence, recommandée pour les problèmes de peau et dermatoses diverses : acné, impétigo, dartres, eczéma... On peut encore l'utiliser contre les rhumatismes, la goutte et la congestion du foie.
Préparation /Recommandation : 60 g de racines fraîches coupées en lamelles/litre d'eau. 2 ou 3 tasses / jour, dont 1 à jeun.

• **La marjolaine** stimule l'appétit et combat le rhume. Antispasmodique, elle facilite la digestion et stimule l'appétit après une convalescence. Elle dégage les sinus et lutte contre le rhume des foins.
Préparation/Recommandation : 10 g de la plante entière pour 1 litre d'eau. 1 tasse après chaque repas.

• **La reine des prés** soulage les douleurs et favorise l'élimination de la cellulite. Armée de puissantes vertus anti-inflammatoires, elle combat les douleurs des rhumatismes articulaires chroniques et de l'arthrose. Bon diurétique, elle peut se révéler utile dans le cadre d'une cure d'amincissement, et pour résorber les œdèmes douloureux.
Préparation/Recommandation : 50 g de feuilles et fleurs / litre d'eau. Jusqu'à 1 litre par jour.

À LIRE
Les tisanes, Gilbert Fabiani, éd. Equinoxe.
Les secrets d'une herboriste,
Marie-Antoine Mulot, éd. du Dauphin.

BATTEMENTS

Combien de temps pour infuser mon thé ?

Selon les thés et les goûts, le temps d'infusion peut varier de 1 à 20 minutes ! Deux règles de base : plus le thé est brisé ou broyé, plus la surface d'échange avec l'eau est grande et plus il infusera rapidement ; plus le thé infuse longtemps, moins il est stimulant et plus il est amer.
Au décompte classique, en minutes, appelé «temps compté», nombre de maîtres de thé préfèrent le «temps de flots», épousant le rythme cardiaque et comptabilisé en battements de cœur, ou le «temps soufflé», basé sur le rythme respiratoire et calqué sur les inspirations et expirations. En tenant compte de notre état (calme, nervosité, fatigue, repos), ces modes de calcul créent une boisson bien plus proche de nous, susceptible de nous apporter le bien-être recherché. «La cérémonie du thé est un culte basé sur l'adoration du beau parmi les vulgarités de l'existence quotidienne.
Il inspire à ses fidèles la pureté et l'harmonie. Il est essentiellement le culte de l'Imparfait, puisqu'il est un effort pour accomplir quelque chose de possible dans cette chose impossible que nous savons être la vie.»
(Extrait du *Livre du thé,* Kakuzo Okakura, éd. Rivages Poche.)

ALMANACH

Lune esthéticienne

Saviez-vous que les effets de la lune s'appliquaient aussi aux soins de beauté ?
La lune et votre bien-être, de Marc Leguyon, est un almanach truffé de dictons et conseils astucieux qui nous enseigne les vertus de la belle planète et les secrets magiques de ses révolutions. Ainsi, masques pour la peau et teintures capillaires agiront mieux à la lune croissante, tandis que l'efficacité des tisanes digestives sera accentuée à la lune décroissante. C'est aussi le meilleur moment pour couper cheveux et ongles :
ils repousseront plus vigoureux (éd. Albin Michel).

NATUREL

Les dix conseils de Deepak Chopra pour rajeunir

«Les rides, c'est pas forcément moche.» Ce nouveau message commence à poindre au fil des pages beauté des magazines féminins. Sans doute horrifiée par les nombreux ratages de la chirurgie esthétique «lourde» qui sévit depuis quelques années, la population vieillissante s'oriente vers une attitude moins hypocrite et plus responsable face aux ravages de l'âge. En combattre les méfaits grâce à une alimentation choisie, une bonne hygiène de vie, une disposition de l'esprit positive. Dans les mentalités, l'idée semble faire son chemin, puisque de beaux visages ridés sourient sur les affiches publicitaires (voyez la campagne des savons Dove) et que les mannequins laissent pousser leurs cheveux blancs (catalogue de La Redoute). La fin du jeunisme à tout prix ? Le Dr Deepak Chopra, lui, a dû tomber dans le chaudron magique quand il était petit ! En dix chapitres bien charpentés, il vous persuade que le rajeunissement biologique est accessible. Comment ?
1°) En modifiant vos perceptions ;
2°) En apprenant les deux formes de repos profond ;
3°) En nourrissant sainement votre corps ;
4°) En utilisant les compléments alimentaires ;
5°) En améliorant votre coordination psycho-corporelle ;
6°) En faisant des exercices réguliers ;
7°) En éliminant vos toxines ;
8°) En cultivant la souplesse de votre conscience ;
9°) En faisant de l'amour le centre de votre vie ;
10°) En entretenant la jeunesse de votre esprit. Chacun de ces dix points correspond à un chapitre rempli d'informations, de croquis, de conseils. Essayez : vous nous en direz des nouvelles !
PS : Tomber amoureux renforce bien sûr le système immunitaire.

À LIRE
Un corps sans âge, un esprit immortel. A la découverte du pays où nul n'est vieux, Dr Deepak Chopra, éd. Interéditions

TU SERAS UN (BEL) HOMME, MON FILS !

Sans pour autant se transformer en métrosexuel, cet esclave de la coquetterie squattant la salle de bains et traquant frénétiquement le poil de trop, on peut faire mieux que se débarbouiller matin et soir au savon de Marseille. Pour ceux que la vague cosmétique au masculin n'a pas encore éclaboussés, une plongée en institut, toute de virilité contenue.

«Au programme : une demi-journée de soins chez Sothys, près des Champs-Elysées. Ce respectable institut de beauté, basé à Brive, "reçoit une clientèle de cadres supérieurs, à 15 % masculine", m'apprend Caroline Lang, la responsable des lieux. Le luxe est sans ostentation : murs crème, carrelage beige rosé, serviettes et peignoirs blancs comme dans un centre de thalasso. Le programme, d'ailleurs, commence par une balnéothérapie. Immergé dans une baignoire moulée aux formes humaines – un humain vraiment gros – je subis un "drainage lymphatique" administré par des jets d'eau se déclenchant dans un ordre précis : pieds, mollets, flancs, dos, nuque, pieds…
«Ensuite vient le "soin visage." Katia, l'esthéticienne, livre son diagnostic ("peau sèche, manque de soins") puis s'active : lissage (crème hydratante au malt enrichie de vitamines et de magnésium), gommage (ponçage !), massage (inspiré des théories énergétiques orientales, acu-pression de la tête, des trapèzes et du cou), bain de vapeur… et extraction des points noirs. Beurk ? "Pas du tout, j'aime que ça sorte !" avoue Katia en ajoutant : "Et vous, vous aimerez être beau." Même réaction pour Catherine, la manucure, devant l'état lamentable de mes mains : "Au moins, il y a du travail !" Et Anne-Cécile, la pédicure, enfoncera le clou : "Savez-vous le bien-être qu'on peut apporter rien qu'en massant les pieds ? Vous croyez que ce n'est pas de la remise en forme ?" Béat, je ne réponds rien.» (Cet article de Sylvain Michelet est paru dans *Psychologies Magazine*, hors-série «Être un homme aujourd'hui», mars-avril 2005.)

CONTACT
Sothys : 128 rue du Fbg-St-Honoré, Paris 75008, tél : 01 53 93 91 53
(soins demi-journée visage homme : 210 €).

Beauté bio : dix produits à faire soi-même

À quoi bon vous ruiner en cosmétiques ? Au marché et dans votre réfrigérateur, vous trouverez tout pour vous bichonner.

1. Démaquillant fraîcheur :
Mélangez 80 g de concombre râpé à 15 g de lait dans une casserole. Portez à ébullition 4 à 5 minutes, laissez refroidir et filtrez. Appliquez à l'aide d'un disque de coton.

2. Masque «éclat visage» :
Battez un jaune d'œuf avec une cuillère à soupe d'huile d'olive. Appliquez à l'aide d'un pinceau sur votre visage et votre cou en évitant le contour des yeux. Laissez poser 20 minutes puis rincez.

3. Gommage fruité :
Mixez un kiwi, puis ajoutez 2 cuillères à soupe de miel et 1 poignée de sel. Appliquez sur le corps en réalisant des mouvements circulaires. Parfum exotique garanti !

4. Compresses détente :
Pour effacer les poches sous les yeux, appliquez sur vos paupières un cataplasme de pommes de terre crues râpées. Laissez poser 10 minutes, rincez.

5. Baume gourmand :
Pour nourrir et protéger vos lèvres, mélangez 2 cuillères à café d'eau de rose à 2 cuillères à soupe de miel tiédi. Laissez refroidir et appliquez régulièrement. Si vous êtes pressée, utilisez un peu de miel pur.

6. Émail diamant :
Frottez vos dents avec une rondelle de citron pour les blanchir.

7. Fortifiant pour ongles mous :
Trempez-les dans un bain d'huile d'olive tiède dans laquelle vous aurez ajouté un peu de jus de citron.

8. Anti-rougeur pour les mains :
Faites cuire une pomme de terre, écrasez-la puis ajoutez une cuillère à soupe d'huile d'olive ou d'huile d'amande douce. Appliquez ce mélange sur vos mains, laissez poser 15 minutes et rincez.

9. Masque nourrissant :
Écrasez une banane bien mûre, ajoutez quelques gouttes d'huile d'amande douce. Appliquez sur les cheveux quelques minutes avant le shampoing.

10. La peau douce :
Mélangez 2 cuillères à soupe d'huile d'olive, le jus d'un demi-citron et un demi-avocat. Enduisez-vous le corps de la préparation. Laissez poser 10 minutes Rincez, puis appliquez un soin hydratant.

NB : Les laits se conservent 1 semaine et les lotions pas plus de 5 jours au réfrigérateur. Masques et gommages sont à jeter après utilisation.

À LIRE
Votre beauté au naturel : comment préparer vous-même tous vos produits de beauté, Chantal Clergeaud, éd. Dangles.

FLUIDE

Aliments de beauté

Pour avoir un teint éclatant, il faut boire, manger des fibres et des ferments lactiques. Soit par jour : 1,5 litre d'eau pour éliminer les toxines, une crudité pour activer le transit, un ou deux yaourts pour développer la flore intestinale.
Le truc : commencer la journée par un grand verre d'eau bu à petites gorgées et à température ambiante. C'est clair ?

JOJOBA

Garder une peau jeune peut freiner l'avancée du désert...

Extraite des graines d'un arbuste originaire du désert du Mexique et de l'Arizona, l'huile de jojoba est la reine des cosmétiques anti-vieillissement. Son secret ? Elle contient 50 % d'insaponifiables, éléments chimiques qui permettent aux cellules de la peau de fabriquer du collagène et de l'élastine naturels. À titre de comparaison, les autres huiles utilisées en cosmétique n'en contiennent que 3 % maximum ! Quelques gouttes appliquées matin et soir sur le visage suffisent à hydrater, nourrir, revitaliser et protéger les peaux sèches et normales, à régulariser l'excès de sébum des peaux grasses et mixtes. Employée par les Indiens du désert de Sonora pour faire des bougies et comme baume cicatrisant, elle est aussi excellente pour l'éclat des cheveux, les massages, le bronzage, le bain, le démaquillage... les racines de jojoba vont chercher l'eau très profondément dans le sous-sol, fixant le sable autour d'elles.
Une arme efficace pour freiner l'avancée du désert, qui fait de la culture du jojoba une cause soutenue en France par l'association de protection de l'environnement Robin des Bois.

CONTACT
www.robindesbois.org

ABRUPT

Qu'est-ce que le zazen ?

Souvent décrit comme la forme de méditation la plus difficile, le zazen se pratique avec une simplicité radicale. Dans une salle de méditation, on demande aux élèves de s'asseoir ou de s'agenouiller sur des coussins face au mur. Sur une durée d'une heure, ils devront rester ainsi pendant trente minutes, avant qu'une séance de dix minutes de méditation ambulante ne leur soit accordée. La difficulté du zazen est précisément qu'il n'a recours à aucun stimulant extérieur pour aider l'esprit à ne pas s'égarer, en dehors d'une attention soutenue centrée sur l'expiration profonde.

À LIRE

La pratique du zen,
Taisen Deshimaru, éd. Albin Michel

PROFOND

Pourquoi pas une cure de silence ?

Certains monastères proposent des retraites au cours desquelles l'objectif est, entre autres, de parler le moins possible. Seul ou en couple, prenez quelques jours pour vous écarter de l'agitation du monde et vivre au rythme des religieux. Comme une plongée dans la sérénité, une initiation à la paix intérieure.

À LIRE

- *Abbayes en France. Lieux de séjour, lieux de silence*, François Collombet, éd. Huitième jour
- *Guide des monastères*, Maurice Colinon, éd. Horay
- *Guide des lieux de silence*, Joachim Boufflet, éd. Le Livre de Poche

Ne rien faire, tout un art !

N'hésitez plus : de temps en temps, arrêtez-vous. Asseyez-vous dans un coin de la cuisine, sur un banc du jardin, ou allongez-vous sur votre lit en regardant le plafond. Et surtout, ne vous dites pas : «Je vais essayer de ne rien faire», ce n'est pas une attitude zen. Expérimentez le moment présent en disant : «Je ne fais rien.» Non seulement vous en avez le droit, mais vous le méritez !

Ce mode d'emploi de l'oisiveté à appliquer au quotidien est un des nombreux conseils livrés par Erik Pigani dans *L'art zen du temps* : une méthode pour apprendre à gérer son temps autrement, inspirée par la philosophie zen, et notamment son concept de l'ici et maintenant. Pour «faire de son temps une œuvre d'art», l'auteur conseille de «savoir l'oublier pour se laisser aller à l'inspiration du moment, reconnaître que l'on ne peut pas tout contrôler, se rendre disponible à soi-même et aux autres. Apprendre cet art du temps ne se fait pas avec un chronomètre. Les artistes le savent : ils vivent "hors du temps" et organisent leurs journées en fonction de leurs élans créatifs. Leur véritable travail, c'est d'affiner leur technique, d'être à l'écoute du monde. En se laissant guider par leur rythme intérieur, ils n'ont généralement pas besoin de loisirs pour se détendre. Pour eux, vivre le temps, c'est vivre la liberté. Et l'exprimer».

Autre suggestion pour apprécier la valeur de chaque minute : s'inventer des rituels. «S'asseoir pour méditer dix minutes tous les matins, s'arrêter pour faire une pause thé à 16 heures tous les jours, allumer une bougie et faire une minute de silence pour la santé de nos proches, lire une histoire en famille, sortir faire une marche… En vous obligeant à vous concentrer, à focaliser votre pensée et votre attention, votre rituel vous aidera à faire le vide pendant quelques instants, à libérer vos tensions intérieures et à retrouver une certaine assurance pour la suite. Le rituel marque toujours un avant et un après, et permet de passer d'une activité à l'autre dans de meilleures dispositions.»

À LIRE

L'art zen du temps, mieux gérer sa vie en ralentissant, Érik Pigani,
éd. Presses du Châtelet.

Laissez-vous mener par le bout du nez

Parfums, arômes, fragrances… plus la vie moderne annihile notre sensorialité olfactive, par la pollution et par la production de fruits, légumes et fleurs boostés et inodores, plus nous nous activons, par réaction, sur le front des bonnes odeurs. Informations tous azimuts.

• Les senteurs ont un impact important sur le système nerveux et peuvent modifier l'humeur, rendre gai, gourmand, agressif, amoureux ou triste. La volupté du jasmin, l'amertume du citron vert, la douceur de la verveine ou du vétiver peuvent aider à dissoudre les coups de déprime, tandis que la lavande ou la rose-thé sont connues pour chasser le stress. Santal, cannelle, vanille, ambre inspirent l'amour et la sensualité, alors que la mousse de chêne rend nostalgique.

• Appliquez votre parfum ou eau de toilette du bout des doigts ou à l'aide du bouchon, car le vaporisateur modifie la fragrance en projetant trop brutalement les molécules sur la peau. Ne frottez jamais un parfum au risque de mélanger toutes les notes. Comme un vin en bouche, la tonalité de fond doit évoluer avec la chaleur du corps pour s'épanouir.

• Le choix d'une senteur doit s'accorder avec les odeurs naturelles de chacun. Or le résultat olfactif d'un parfum dépend de la quantité de sueur produite par l'épiderme et du taux d'acidité de la peau, qui dépend lui-même du régime alimentaire. Une nourriture riche en viande a tendance à acidifier la peau, tandis que les laitages vont la rendre alcaline.

• Savez-vous qu'un individu moyen perçoit 4 000 odeurs différentes, tandis qu'un parfumeur peut en distinguer 10 000 !

• Offrez-vous une journée de pur festival sensuel dans le sillage d'un grand nom de la parfumerie. À ceux qui auraient rêvé d'une vie de «nez», aux passionnés des jus qui font tourner la tête et collent à nos souvenirs, Thierry Mugler ouvre les portes de son royaume. Pendant toute une journée, des experts de haute volée vous guident dans le dédale des senteurs, au gré d'étapes baptisées «Passion-nez», «Coulisses de la création olfactive», «Secrets, émotions, langage» ou «La fabuleuse histoire des épices».
Thierry Mugler : 49, avenue de l'Opéra, Paris 1er, tél : 01 53 05 25 87 (150 euros la journée, déjeuner inclus).

• Le parfum est la création la plus volatile. Pour conserver et ressusciter les fragrances de la Belle Époque (Ambre de Coty, 1905 ; Crêpe de Chine de Millot, 1925), des parfumeurs ont eu l'idée de créer une sorte de bibliothèque des odeurs : l'«Osmothèque» (du grec *osmé* : odeurs), dépositaire des senteurs et parfums d'hier et à venir. L'endroit est unique au monde. On y recrée des eaux de toilette oubliées comme celle de la reine de Hongrie (1370), ou la lotion après-rasage de Napoléon à Sainte-Hélène, un mélange d'alcool, d'essence de citron, de bergamote et de cédrat.
Osmothèque : 36 rue du Parc-de-Clagny, 78000 Versailles (sur rendez-vous uniquement).

TROIS PROMENADES OLFACTIVES…

• Chez Jean-Michel Durhiez, le nez de Jean Patou : 150 essences naturelles et synthétiques à humer dans de drôles de verres à cognac percés. Bar à Parfums Jean Patou : 5 rue de Castiglione, 75001 Paris, tél : 01 42 92 07 22.

• Cinquième sens propose de découvrir l'orgue du parfumeur, étape initiatique avant la création d'un parfum (95 € la 1/2 journée) : 18 rue de Montessuy, 75007 Paris, tél : 01 47 53 79 16.

• L'Artisan Parfumeur propose un stage d'initiation olfactive. Un peu de théorie, des odeurs à sentir et à ressentir pour reconnaître les matières premières, des jeux olfactifs pour exercer votre nez :
2 rue de l'Amiral-de- Coligny, 75001 Paris,

DANS LES BRAS DE MORPHÉE

Le «lâcher-prise» est à la mode

Avant de vous lancer dans des pratiques sophistiquées, adonnez-vous à une technique de bien-être éprouvée depuis la nuit des temps : dormez ! Petits conseils pour s'y bien préparer : Décontractez vos muscles en localisant mentalement chaque point du corps noué et en envoyant un signal de détente à cet endroit. Un bain aux huiles essentielles aide à atteindre la détente musculaire et apaise l'esprit, agissant par le biais de l'odorat et de la chaleur. Respectez vos cycles biologiques en essayant de vous lever sensiblement aux mêmes heures, week-ends compris. Le sommeil de la «grasse matinée» ne rattrape pas une nuit blanche : il est trop riche en sommeil paradoxal (beaucoup de rêves), trop pauvre en sommeil lent, et ne repose pas vraiment. Préférez une petite sieste en début d'après-midi en guise de récupération. Ne chauffez pas trop la chambre et aérez souvent.

CONTACT

À tester : à Paris, pour une petite sieste de luxe, existe un lieu où l'on peut passer une demi-heure lové sur un matelas moelleux. Et se faire réveiller, en douceur, par le fumet d'un bon thé…
La Bulle Kenzo :
1, rue du Pont-Neuf, 75001 Paris,
tél : 01 73 04 20 04
www.sommeilsante.asso.fr

FACILE

Dormir rend génial

C'est prouvé ! Dormir favorise le travail de la mémoire. C'est le résultat scientifique d'une étude menée par des chercheurs allemands. Le sommeil nocturne consoliderait la mémoire récente et permettrait l'élaboration de nouveaux liens entre les idées conçues auparavant.
(Source : *Nature.*)

DÉSINTOX

Méthodes douces pour arrêter de fumer

Alternatives aux substituts nicotiniques et autres traitements médicamenteux, les médecines douces accélèrent le sevrage et aident à diminuer le stress.
La phytothérapie draine les organes chargés de l'élimination des toxines (foie, pancréas, poumons, reins) et apaise les nerfs. L'acupuncture, dès les premières séances, agit comme un interrupteur qui coupe le circuit, en supprimant le besoin du tabac et en donnant aux cigarettes un goût métallique. Une de ses dérivées, l'auriculothérapie, se révèle très efficace pour augmenter le tonus général et la volonté. L'hypnose tente d'influencer le psychisme des fumeurs en les faisant passer de la soumission à la rébellion face au tabac. Pour éviter la prise de poids, la naturopathie recommande une alimentation riche en vitamines et oligo-éléments. Et de boire beaucoup d'eau, au moins trois litres par jour, pour débarrasser l'organisme des toxines et de la nicotine.

À LIRE

La méthode simple pour en finir avec la cigarette, d'Allen Carr, éd. Pocket (best-seller mondial, écrit par un ancien fumeur et d'une efficacité redoutable)

CONTACT

Un site pour vous aider à comprendre votre addiction à la cigarette, les risques que vous encourez, et découvrir les méthodes de sevrage à votre disposition. Comment mettre toutes les chances de votre côté en restant zen :
www.je-veux-arreter-de-fumer.com

> *“Lorsqu'il n'y a plus rien à faire, que faites-vous ?”*
>
> **KOAN ZEN**

S'OUVRIR, RIRE… POUR ALLER BIEN, RIEN NE VAUT D'ALLER VERS L'AUTRE

Et si prendre soin de soi, c'était prendre soin de l'autre ? Revenant peu à peu à un pragmatisme quasiment taoïste, thérapeutes et instructeurs occidentaux découvrent que l'altruisme n'est pas une histoire de «bons sentiments», mais une façon naturelle de vivre.

Partager, aider, participer à des actions caritatives, faire du bénévolat sont autant d'actions génératrices de convivialité, d'échange, et porteuses de vitalité. David Servan-Schreiber en a fait l'une de ses méthodes favorites (cf. Se soigner, p. 210). C'est aussi ce qu'explique le naturopathe Daniel Kieffer, auteur de l'*Encyclopédie de revitalisation naturelle* (éd. Sully) : une mine d'informations pour ceux qui souhaitent lutter contre le stress, prendre en charge leur santé de façon naturelle, se réconcilier avec la vie… bref, se laisser traverser par le «souffle vital» dont parlent toutes les médecines traditionnelles et toutes les grandes techniques spirituelles.
Pour libérer le passage du souffle, l'existence offre de multiples opportunités : une alimentation saine, du sport, l'art de bien respirer, celui aussi de faire l'amour, la méditation et, tout naturellement, des relations tranquilles et chaleureuses avec autrui. «On se recharge aussi en se frottant aux autres, même inconsciemment. Autant favoriser, bien entendu, les meilleures relations ; elles associeront au magnétisme naturel (sympathie/antipathie, attraction/répulsion) des quanta de charges affectives subtiles mais nécessaires. À l'inverse, la perte de la convivialité, des expériences de rejet, d'abandon ou d'exclusion peuvent être à l'origine de troubles névrotiques anxieux puis dépressifs. On parle alors de carence affective au même titre que de carence minérale ou vitaminique. La chaleur humaine, les échanges sont de véritables vitamines pour le cœur et le corps : n'a-t-on pas prouvé que deux ou trois simples contacts de tendresse par jour (être pris dans des bras) améliorent nettement les réponses immunitaires ?»
Bon à savoir, parmi les douze sources d'énergie répertoriées par le scientifique, figure également la fraternisation avec les autres règnes vivants. Savoir toucher et embrasser les grands arbres, faire du cheval à cru, apprendre à traire une vache et réapprendre à respirer les fleurs, toucher des rochers, du sable humide, marcher pieds nus dans l'herbe encore gorgée de rosée, contempler les levers de soleil du printemps… sont autant de pistes à explorer pour accroître votre force de vie. Pensez-y lors de votre prochaine virée au grand air !

CONTACTS

• Si vous cherchez à vous rendre utile sans forcément savoir comment, voir le verbe Coopérer, p. 279.

• Pour apprendre à redécouvrir la nature, le club Nature & Découvertes propose balades, conférences, séjours d'immersion en pleine nature, voyages… Renseignements dans les magasins : tél : 01 39 56 76 14
club@nature-et-decouvertes.com

Le yoga continue à séduire tous les publics

Union du physique et du mental, le yoga combine une maîtrise de la respiration et de postures adoptées par le corps avec pour but la détente, le calme intérieur et extérieur. Accessible à tout âge, séduisant hommes et femmes, cette discipline indienne millénaire se décline et s'enseigne avec diverses variantes. À découvrir : la méthode «chaude» et les cours pour enfants.

YOGA BIKRAM :
Une série de vingt-six postures dynamiques, enchaînées dans une pièce chauffée à 40° : cette méthode a servi de remède miracle au yogi Bikram Choudhury, laissé handicapé à la suite d'une blessure au genou à l'âge de 20 ans et qui s'est soigné en mettant au point cette technique. Aujourd'hui, la pratique ne cesse de faire des émules et arrive en Europe, après avoir séduit les États-Unis. La chaleur facilite les étirements profonds du corps et, en faisant transpirer, active l'élimination des toxines, réduisant ainsi le risque de blessures musculaires. Chaque pose étire et renforce des muscles, tendons, ligaments et articulations spécifiques, préparant le corps pour la pose suivante. La méthode stimule également les organes, les glandes et les nerfs, apportant du sang fraîchement oxygéné à la totalité du corps, et assurant un bon fonctionnement de tous les systèmes (immunitaire, nerveux, digestif, cardio-vasculaire, respiratoire, hormonal, etc.).

PETITS YOGIS :
Vers 7-8 ans, lorsque le squelette est suffisamment solide, le yoga permet aux enfants de développer leur souplesse et d'accentuer leurs capacités de concentration. Les séances s'achèvent par quelques minutes de relaxation et pas mal de fous rires. Mais qu'on ne s'y trompe pas, le yoga est radicalement différent d'une école d'acrobatie ou de contorsionnisme. À l'époque où elle commençait tout juste à enseigner à l'École française de yoga de Paris (qu'elle dirige aujourd'hui), Ysé Tardan-Masquelier se réjouissait fort, car deux de ses élèves étaient d'une souplesse inimaginable. Une acrobate et une danseuse. À côté de cela, une autre élève souffrait des séquelles d'une hémiplégie qui gênaient le moindre de ses gestes, et la yogi se demandait comment la malheureuse pourrait pratiquer. Eh bien, cette dernière fit tant d'efforts qu'elle prit la tête de sa classe ! Elle avait une vraie conscience des choses, spirituelle et éthique, et devint professeur, bien qu'incapable de prendre certaines postures. Alors que les deux jeunes filles très souples échouèrent, car un bon professeur doit savoir intimement saisir les difficultés éventuelles de ses élèves. Contrairement aux clichés, le vrai yoga se situait du côté du handicap, ou plutôt dans la prise de conscience qu'il avait obligé sa victime à franchir.
Au centre Sivananda, en tout cas, on reprend des forces en dégustant des petits gâteaux végétariens.

À LIRE
L'esprit du yoga, Ysé Tardan-Masquelier, éd. Albin Michel.

CONTACTS
• Yoga bikram à Paris,
17 rue du Faubourg-Montmartre, 75009 Paris,
tél : 01 42 47 18 52
www.bikramyogaparis.com
• Petits yogis : Centre Sivananda,
123 Bd de Sébastopol, 75002 Paris,
tél : 01 40 26 77 49
www.sivananda.org/paris/

RÉACCORDAGE

Et maintenant, redites-le en chantant !

À l'heure où la télévision faiseuse de stars aligne ses vedettes plus ou moins périssables, chacun se sent capable, soit de chanter dans une chorale – *Les Choristes* de Jugnot ont eu une influence incroyable, même au-delà de la France –, soit simplement de pousser la chansonnette, le temps d'une soirée entre copains. Et c'est tant mieux ! Même si les paillettes et la scène du Carnegie Hall ne sont pas à la portée de tous, s'égosiller derrière un micro, au karaoké – ou tout simplement dans sa salle de bains ! – est excellent pour le moral. Au niveau le plus basique, les toubibs vous diront que, tout comme le sport, ça «libère des endorphines dans le corps» (la phrase passe-partout des nouveaux personnages de Molière). À l'autre extrême, des esprits très sophistiqués vous diront que le chant est la manière naturelle des humains de se «réaccorder au monde» – beaucoup de grandes traditions attribuant à l'émission de voyelles le pouvoir de nous «relier au ciel», et aux consonnes celui de faire «s'incarner l'esprit» !
Une chose est sûre : chanter est une immense source de plaisir et c'est un fait que nous ne chantons plus beaucoup, surtout en France. Mais rien n'est perdu. Les cours se multiplient. Allez-y ! Entrez dans une chorale ! Poussez la porte des studios ! Apprenez à poser votre voix, à moduler votre timbre, à doser votre souffle. Les bienfaits sont énormes. Ils touchent, paraît-il, le corps, l'esprit et l'âme !

À LIRE
Chanter ou l'art de mieux vivre, Robert Gass et Kathleen Brehony, éd. Dervy (montre comment utiliser le chant dans notre vie quotidienne comme outil de relaxation et de découverte spirituelle)

CONTACT
Dans un vrai studio, comme un pro, enregistrez votre chanson préférée et repartez avec votre CD. Renseignements au 08 25 00 07 47 et sur :
www.nouvelles-frontières.fr

CONTACTS

Eau bienfaitrice

À lire

• *Le livre du bain*, Françoise de Bonneville, éd. Flammarion, 2004 : L'épopée d'un rituel presque sacré à travers les âges et les mentalités.
• *Senteurs & Spa, secrets traditionnels de beauté et de santé,* Susannah Marriott, éd. Vigot, 2004. Joliment illustré, clair et tout aussi agréable à feuilleter qu'à mettre en pratique : secrets du henné, de l'encens japonais, gommage au miel et au sésame à la manière thaïlandaise, ce guide fourmille de recettes du monde entier pour vous donner l'éclat d'une reine de Saba… Avec des idées de bains exotiques pour varier les plaisirs.

Hammams et spas

Quelques adresses à Paris…

• Les Bains du Marais : 31-33 rue des Blancs-Manteaux, 75004 Paris, tél : 01 44 61 02 02.
• Hammam Pacha : 147 rue Gabriel-Péri, 93200 Saint-Denis, tél : 01 48 29 19 66.
Deux instituts magiques pour se faire dorloter à l'orientale : hammam, enveloppements au rassoul, soins du visage à la rose et au miel…
• Hammam Médina Center : 43 rue Petit, 75019 Paris, tél : 01 42 02 31 05.
• La Sultane de Saba : 78 rue Boissière, 75116 Paris, tél : 01 45 00 00 40, et 8 bis rue Bachaumont, 75002 Paris, tél : 01 40 41 90 95, www.lasultanedesaba.com
• Un spa avec cabine pour soins à deux : Le 32 Montorgueil : 32 rue Montorgueil, 75001 Paris, tél : 01 55 80 71 40.
Voir aussi nos adresses dans la rubrique «massages» : les instituts abritent pratiquement tous un espace bains de vapeur.

Aromathérapie

À lire

• *Les huiles essentielles pour le massage : soulager, embellir, soigner*, Corinne Strutz, éd. Québecor.
• *Les huiles essentielles, ça marche !* Anne Dufour, Danièle Festy, éd. Leduc S.
• *L'ABC des huiles essentielles,* Dr T. Telphon, éd. Grancher, 2003.

Sur le web

Site des huiles essentielles : offre une gamme de produits authentiques et certifiés pour le bien-être de votre corps et la promotion d'huiles venant de Madagascar, que l'on peut acheter en ligne : les-aromagies.net

Fleurs de Bach

Réponses à 250 questions sur le bon usage des 38 quintessences florales du Dr Edward Bach, Scheffer, Dominique Taffin-Jouhaud, éd. Médicis, 2004.

Thé

• «Thé magazine», à feuilleter ou à consulter sur le site : www.tea-site.com
• Un site instructif : www.admirable-tea.com
• *Le livre du thé vert,* Christine Dattner et Sophie Boussahba, éd. Plume.
• *Le thé vert*, Sophie Lacoste, éd. Marabout.
• Pour assister aux cours de cérémonie du thé japonais, La Maison de la culture du Japon, Pavillon du thé «Kojitsu-an», 101 bis quai Branly, 75015 Paris, tél : 01 44 37 95 00 – www.mcjp.asso.fr

Beauté chérie

À lire

• *Histoire de la beauté*, Umberto Eco, éd. Flammarion : qu'est-ce que la beauté ? Qu'est-ce que l'art, le goût, la mode ? Une exploration au cœur de l'esthétique, à travers une étude détaillée des plus grandes œuvres de la culture occidentale.
• *Secrets et rituels de beauté du monde entier,* Marie-Bénédicte Gauthier et Véronique Aïache, éd. Flammarion.
• *Recettes de beauté des femmes du Maroc*, Abdelhaï Sijelmassi, éd. Le Fennec.

Pour se faire belle avec des ingrédients trouvés sur le marché :

• *Les secrets de beauté d'autrefois*, Dr Henry Puget et Régine Teyssot, éd. Minerva : s'occuper de soi, de sa peau, de ses cheveux, de ses mains… 150 secrets de beauté ancestraux à réaliser soi-même à partir de produits naturels.

Instituts pour messieurs

• Le Spa Phytomer du Lafayette Homme : 99 rue de Provence, Paris 75009.
• Et votre corps sourit : 17 bis boulevard Haussmann, Paris 75009, tél : 01 44 35 26 42.
• Nickel : 48 rue des Francs-Bourgeois, Paris 75003, tél : 01 42 77 41 10, (pour un massage aux pierres chaudes…).
• L'Atelier O Masculin : 220 bd Voltaire, 75011 Paris.
• Aqua-Prima : 11 bis rue Victor-Claude, Auxerre 89000, tél : 03 86 52 93 49.
• Centre de remise en forme de la Trémoille : 14 rue de la Trémoille, 75008 Paris.

Vieux et beaux

«Si nous voulons nous sentir plus vivants, laissons l'esprit du neuf souffler en nous.» Voici un des conseils donnés pour gagner le match permanent contre l'entropie (la dégradation) dans *Devenir centenaire*, le livre du Dr Laurent Jacob, éd. du Rocher. Comment ?
En entretenant par exemple une possibilité d'amélioration de notre système de pensée, en évitant de rester replié sur notre vision du monde et des êtres.
En se donnant le droit de faire de nouveaux apprentissages, de nouvelles expériences.

• *Rester jeune, grâce aux progrès de la médecine anti-âge*, Dr Antoine Forcy, éd. Fayard, 2005. Dont un chapitre consacré au traitement esthétique du vieillissement : peeling, lasers et lumière pulsée…
• *Petit guide de la retraite heureuse*, Marie-Paule Dessaint, éd. Eyrolles pratique, 2005.
• *L'alimentation des seniors*, Dr Pascal Giuliani, éd. François-Xavier de Guibert, Coll. Écologie humaine, 2005.
• *La jeunesse n'a pas d'âge, des techniques pour bien vieillir et rester en forme, avec les recettes diététiques de Joël Robuchon*, Dr Paul Elbaz, éd. Ellébore.

FESTOYER

Le verbe «fêter» signifie tout et son contraire : de l'explosion de joie spontanée à la pesante commémoration. Aussi est-ce le verbe «festoyer» que nous avons choisi pour célébrer l'esprit festif, avec son sens induit d'un appel à bombance : cet inexorable besoin de franchir la frontière entre l'ordre et le chaos, l'habitude et le désir, soi et les autres. Fragile et inexplicable miracle, délicieux déséquilibre !

NYCTALOPES

La fête tout le temps

On dort de moins en moins (moins 1 h 30 en 50 ans), on fait la fête de plus en plus : le chiffre d'affaires des établissements nocturnes français a presque triplé en 10 ans (près de 2,3 milliards d'euros), le nombre des bars à ambiance musicale (BAM) est passé de 400 à près de 5 000, les boîtes de nuit enregistrent plus de 300 millions d'entrées, sans parler des raves rassemblant jusqu'à 50 000 personnes. 40 % des Français disent faire la fête de une à trois fois par mois, et 10 %, une à plusieurs fois par semaine. Pour 48 %, il s'agit de «recevoir ses proches», de «rire, s'amuser, se défouler». (Sondage Thalys-Ipsos, mai 2001)

LA FÊTE DU PAIN

Deux recettes : aller voir son boulanger (34 000 en France ont prévu quelque chose), ou participer aux plus de 300 manifestations que la profession organise un peu partout. Incroyable combien apprendre à faire du pain peut mettre l'esprit en liesse ! Du 10 au 16 mai (saint Honoré, patron des boulangers). Confédération nationale de la boulangerie-pâtisserie française : 27 avenue d'Eylau, 75782 Paris Cedex 16, tél : 01 53 70 16 25
www.fetedupain.com

IDÉE NOUVELLE

La fête des voisins

Le 31 mai offre une occasion unique de rencontrer des inconnus souvent vus, de se réjouir avec les voisins qu'on aime et de faire la paix avec ceux qu'on n'aime pas. Plus de 3 millions de Français ont participé en 2004. Conseils d'Atanase Périfan, le fondateur : 1) Parlez-en à vos voisins ; 2) Soignez la publicité ; 3) Trouvez le bon lieu ; 4) Organisez l'installation ; 5) Apportez tous nourriture et boisson ; 6) N'oubliez pas les enfants ; 7) N'hésitez pas à faire connaissance ; 8) Participez vraiment ; 9) Soignez l'ambiance ; 10) Ce n'est qu'un début.

CONTACT
Immeubles en fête :
1 bis rue Descombes, 75017 Paris, tél : 01 42 12 72 72
www.immeublesenfete.com

Le retour des banquets

Banquet d'immeuble, de cité, de quartier, de village, d'association ou d'ONG, l'Europe retrouve autour de grandes tables une convivialité ancestrale. En France, c'est même l'un des fondements de la République !

«C'est principalement par la table que l'on gouverne», a dit Napoléon. Le banquet politique a connu son heure de gloire en France avec les «banquets républicains» organisés un peu partout en France entre juillet 1847 et février 1848. Le premier réunit 1 200 personnes au Château-Rouge à Paris (vaste entrepôt en briques remplacé depuis par le boulevard Barbès), et l'interdiction du cinquante et unième, prévu dans le même lieu, provoqua en guise de protestation la première manifestation de la révolution qui allait faire fuir Louis-Philippe et instaurer la Deuxième République. Dénaturée dans le rite de levée de fonds par les partis auprès de leurs sympathisants fortunés, fossilisée dans les réceptions officielles (22 000 élus nourris par le Sénat le 14 juillet 2000), la tradition est aujourd'hui reprise par la société civile sous la forme de banquets-conférences, de banquets-débats, de repas d'association ou de quartier. «Ventre plein n'a pas d'oreilles», dit le dicton. Les orateurs officient donc en général à l'apéritif, laissant place ensuite aux coups de fourchettes et aux conversations de tablée. Et c'est bien alors le bon mot, la vivacité d'esprit, la bienveillance et l'allégresse que l'on attend de tous, pour témoigner de l'étrange alchimie reliant notre cerveau qui pense à l'estomac qui le nourrit.

> ***“Les joues rondes de mon amour, des roses rouges au bord de l'eau. Un beau visage auprès du mien, du vin, des coupes qui s'enchantent. Quelles délices iraient plus loin ? Le vin me vint à ma naissance. J'ai bu, je bois et je boirai. Aujourd'hui, hier et demain.”***
>
> **OMAR KHAYYAM**

La fête autrement

L'une est sculpteur et danseuse. L'autre, prof, crée des luminaires. Un troisième est poète et joueur d'échecs. Un autre, cadre supérieur. Un autre encore, graphiste et peintre, fait le DJ les soirs de «Mobilhome». Leur idée ? Réunir des artistes, des gens du quartier et des amis d'amis autour d'un verre et d'une assiette de dégustation.

Aisément reproductible, la formule tient à la fois de l'association et du club : il faut adhérer pour participer, mais on ne peut adhérer que par parrainage. Les membres proposent des concerts, des expos, des projections, font la cuisine ou aident. On peut ainsi se faire plaisir, partager son art, se rencontrer, échanger infos ou services dans un cercle protégé, sans emprunter les circuits de la consommation classique mais, au contraire, en dépassant les clivages habituels entre l'art, le spectacle et la fête.
Certains repoussent plus loin encore ces frontières, en reliant esprit festif et développement personnel lors de stages où les participants sont invités à «mettre le clown à la barre», comme le propose la danseuse et comédienne Sabine Michelin, voire à «célébrer et intensifier les personnages étranges et magnifiques qui surgissent de nous» lors de séances de clown-Gestalt animées par la psychothérapeute Rosine Rochette, comédienne également. «On pourrait appeler ce clown notre ombre, précise-t-elle, ou notre moi-fou : il va chercher ses images dans les couches profondes de la conscience pour les amener à la lumière de la représentation.» Relier le public aux artistes, intégrer la part folle de l'être – pour différentes qu'elles soient, ces approches montrent le rôle éternel de la fête : créer des ponts.

À VOIR

• Mobilhome, cercle privé associatif, 21 rue de la Mare, 75020 Paris.
• Sabine Michelin et Rosine Rochette animent des stages organisés par Terre du Ciel, BP 1094, 69202 Lyon Cedex 01, tél : 03 85 60 40 33.
• Rosine Rochette officie aussi à l'École parisienne de Gestalt, 27 rue Froidevaux, 75014 Paris, tél : 01 43 22 50 53.

DIVERSITÉ

La fête à tout !

Pas de ville sans son festival, pas d'activité qui ne mérite célébration. Et chaque année de nouvelles fêtes apparaissent. Entre renouveau nostalgique, création commerciale et inventivité culturelle, on a l'embarras du choix.
Quelques exemples :
• Fête du vélo, 1er w-e juin : Fédération française de cyclotourisme, 12 rue Louis Bertrand, 94207 Ivry-sur-Seine, tél : 01 56 20 88 88
• Fête du nautisme, 3e w-e mai : Port de Javel-Haut, 75015 Paris, tél : 0820 820 154
• Fête du cheval, dernier w-e septembre : Fédération française d'équitation, 9 bd Macdonald, 75019 Paris, tél : 01 53 26 15 50
• Fête d'internet, 20 au 27 mars : www.fete-internet.fr
• Fête du jeu, dernier samedi de mai : Association des ludothèques françaises : 7 impasse Chartière, 75005 Paris, tél : 01 43 26 84 62 www.alf-ludotheques.org pour les associations et ludothèques organisatrices.
• Fête de l'Europe : 9 mai
• Nuit blanche, 1er w-e octobre
• Fête des cuisinières (Antilles) : samedi le plus proche du 10 août
• Fête de la science, mi-octobre : Ministère délégué à la Recherche : 1 rue Descartes, 75231 Paris Cedex 05, tél : 01 55 55 90 90 www.recherche.gouv.fr
• Lire en fête, 14, 15 et 16 octobre 2005 : Centre national du livre, 53 rue de Verneuil, 75343 Paris Cedex 07, tél : 01 49 54 68 68
• Veggie Pride, 21 mai 2005 à Paris, Fête de la fierté végétarienne et végétalienne : www.veggiepride.org/fr/
• Fête de l'animation, 22, 23 et 24 oct 2005 à Lille : Asso Les Rencontres audiovisuelles, BP 1295, 59014 Lille Cedex, tél : 03 20 53 74 84 – www.rencontresaudiovisuelles.org
• Fête du roller, 21 et 22 mai 2005 : www.feteduroller.com
• Fête du fromage, 9 avril 2005, Association Fromages de terroirs, Véronique Richez-Lerouge, 47 chemin Vert, 69004 Lyon, tél : 04 72 00 04 04

SOBRIÉTÉ

Festin pour Alcibiade

Têtes de squales à la sauce au miel
Loirs confits au poivre
Chapons marinés au lait
Dos de porc rôtis
Tétines de truie
Entrailles de brebis farcies de sang
Vins de Rhodes et de Chypre
Hydromel

VÉRIDIQUE

Menu aux fleurs

Il est facile de faire des beignets avec des roses ou des grappes de lilas ou de glycine – les fleurs les plus efficaces – trempées dans un mélange de jaune d'œuf et de lait, saupoudrées de farine puis frites. Le blanc d'œuf servira pour des œufs à la neige, que l'on peut également parfumer en laissant infuser les fleurs dans le lait chaud nécessaire à ce dessert traditionnel. Quant aux sirops (eau, sucre, fécule, bouillir, tremper les fleurs), ils serviront à napper n'importe quel dessert, voire des viandes pour les amateurs de sucré-salé.

À LIRE

• *Fleurs gourmandes*, Kathy Brown, éd. Hachette
• *La cuisine aux fleurs*, Véronique de Meyer, éd. Flammarion
• *La cuisine des herbes et des fleurs*, Pierre Clauss, éd. Librio
• *Délices de fleurs*, Alice Caron-Lambert, éd. Somogy

CONTACTS

• Fleurs comestibles : Au Nom de la Rose (25 adresses en France), tél : 01 56 58 64 08
www.aunomdelarose.fr
• Ferme de Gally : Route de Bailly, Saint-Cyr-l'École, tél : 01 34 60 63 30
www.gally.com

BIOLOGIE

Fête et rythmes

Pour rétablir le rythme perturbé par un coucher tardif, mieux vaut faire une sieste que la grasse matinée le lendemain.
Avec son seul cycle très riche en sommeil lent profond, la sieste repose bien mieux que le sommeil matinal où le sommeil paradoxal prédomine.

BANQUETS : L'ÉLÉGANCE GRECQUE

Introduction aux bonnes manières : si vous êtes convié à une fête par quelqu'un qui y est invité lui-même, acceptez de bon cœur, tel Aristodème entraîné par Socrate («bien lavé, des sandales aux pieds, ce qui chez lui n'arrivait que rarement») au Banquet décrit par Platon.

Oyez et voyez ! Agathon, l'hôte, ne se formalise pas de votre arrivée imprévue, ni du retard de Socrate resté «en plan devant le porche des voisins». Il vous invite sans tarder à occuper un lit (on mange couché à Athènes comme à Rome), poussant la politesse jusqu'à prétendre avoir cherché à vous joindre. Même délicatesse envers le personnel, convié à servir ce qui lui plaît «en imaginant que nous sommes vos invités et de façon à recevoir nos éloges». Et comme tous les convives, vous êtes libre de choisir entre céder à l'ivresse ou boire avec mesure – ce qui, parfois, se traduit par le renvoi de la joueuse de flûte, moins d'odes et de prières à Dionysos, et de longues discussions sur l'amour. Tard dans la nuit, des fêtards vous rejoindront, ranimant les ardeurs à l'aide de quelques flasques et de nouvelles questions. Et au petit matin, quand vous vous réveillerez d'un bref assoupissement, ce sera pour contempler Socrate toujours buvant et parlant. «À l'égard de Socrate, aurait dit Alcibiade, inutile d'y mettre de la finesse : il boira tant qu'on voudra, sans risque de s'enivrer jamais.»

À LIRE

Le Banquet, Platon, éd. Gallimard.

Ripailles pour troubadours

Facile avec les moyens du bord, mais prévoyez les bougies ! Il faut dresser les tables en U, avec au centre assez d'espace pour servir de scène – le spectacle compte ici autant que la nourriture. Le décor peut se permettre d'être fruste : draps, rideaux, dessus-de-lit feront des dais aux murs ou des nappes. Pas d'assiettes ni fourchettes mais de larges tranches de pain sur lesquelles sont déposés les aliments servis dans de grands plats : fèves, pois, carottes, viandes, courges de toutes sortes (mais ni pommes de terre ni tomates !). Pour les gosiers : vin, bière, cidre, hydromel, hypocras – et eau à profusion pour se laver les mains. Faut-il rappeler que, pour bien faire, il conviendrait aujourd'hui de penser vin et nourriture «bio» ? De même, le ménestrel ou troubadour de service se gardera d'accaparer la scène, appelant au contraire chacun des convives, seul ou en duo, à chanter, raconter ou faire rire. Question costumes, on privilégiera la couleur. Longue robe ou manteau (voire robe de chambre), y compris pour les hommes à moins qu'ils ne décident de porter short bouffant et bas de couleur. Pour les femmes, la coiffure sera relevée en chignon ou couverte d'un hennin (pincer un chapeau avec une épingle); turban ou chapeau pour les hommes (ajouter des plumes à un bonnet).

À LIRE

Histoire de l'alimentation, J.-L. Flandrin et M. Montanari, éd. Fayard.
Fêtes gourmandes au Moyen Âge, J.-L. Flandrin et C. Lambert, éd. Imprimerie nationale.
Manger au Moyen Âge, Bruno Laurioux, éd. Hachette.
Six déguisements pour une fête au Moyen Âge, Laure de Matharel, éd. France Loisirs.

CONTACTS

- Agropolis-Museum, 951 av. Agropolis, 34394 Montpellier Cedex 5, tél : 04 67 04 75 00.
- Fête médiévale, fin mai. Office du tourisme de la Haute-Vésubie, place Félix-Faure, 06450 Saint-Martin-Vésubie, tél : 04 93 03 21 28.
- Médiévales de Provins : 11-12 juin en 2005, sur le thème «Réjouissance et Bombance». Office du tourisme, chemin de Villecran, BP 44 77482 Provins, tél : 01 64 60 26 26.

AVANT

Préparer l'espace

En hiver, prévoir un lieu où déposer manteaux et parapluies. Pour le reste, l'important est de libérer l'espace en éloignant – au moins ! – tout ce qui est fragile, et de prévoir les flux de circulation, sans trop en faire pour ne pas tout canaliser d'avance. Mieux vaut soigner quelques détails comme l'éclairage du buffet, un surplus en verres et l'accès aux toilettes, avec beaucoup de papier et si possible lavabo, miroir, essuie-main, mouchoirs en papier.

APRÈS

Réparer les dégâts

Celui qui vous prête l'endroit compte le retrouver intact ! D'où l'importance des préparatifs. Ensuite, il faudra réparer ou remplacer ce qui a été cassé et, surtout, nettoyer à fond.
Ce n'est pas seulement une façon de remercier – ou votre intérêt si vous voulez revenir : en lui rendant un lieu impeccable, vous l'incitez aussi à le prêter à d'autres...

“J'ai toujours remarqué que les gens faux sont sobres, et la grande réserve de la table annonce assez souvent des mœurs feintes et des âmes doubles. Un homme franc craint moins ce babil affectueux et ces tendres épanchements qui précèdent l'ivresse ; mais il faut savoir s'arrêter et prévenir l'excès.”

JEAN-JACQUES ROUSSEAU

La play-list d'une soirée réussie

Une fête sans musique, cela n'existe évidemment pas. Le grand talent d'une fête réussie est de savoir-faire en sorte que la musique rassemble, au lieu de diviser. Pas question, donc, d'engager un DJ à idée fixe, spécialisé dans un genre. La play-list que nous ont préparée Tom et Hafid, co-organisateurs du festival «Courts dans l'Herbe» de Saint-Maur-des-Fossés est une liste fédératrice, susceptible de faire danser des personnes de tous les styles, tous les sexes, tous les âges. Pour se procurer ces musiques, le plus simple est de les télécharger sur le web légalement bien sûr.

COOL SESSION

Wycleff Jean : Sang fezi
Marvin Gaye : Sexual healing + Let's get it on
Nina Simone : My baby just cares for me
Portishead : Glory box
Pete Rodriguez : I like it like that
Daby Touré : Iris
The Rolling Stones : Satisfaction
Handsome boy modeling school : Crazy
The Doors : Light my fire
The Fugees : Blunted on reality
Bumcello : Beautiful you
La Corte Feat. Cash : Guayaba
Charlie Wright & Watts : Express yourself
Nightmare on Wax : 70's, 80's
Beat Assaillant : Hard twelve
John Brian : Wada na tod
Al Green : Let's stay together

MISE EN BOUCHE

Michael Hunter : Theme from San Andreas
Los Hermanos latinos : Las Calinas
Fred Wesley and the GB's : Doin'it to death
Prince : Kiss
Oliver Sain : Booty Bumpin'
The Isley Brothers : Fight the power
People's Choice : Do it anyway you wanna
Parliament : Give up the funk
James Brown : Get up offa that think
Lyn Collins : Think
Barry White : My first my last my everything
IAM : Je danse le Mia
Barington Levy : Sweet...
Ugly Duckling : Opening act
M : Les Triplettes de Belleville
Alpha Blondy : Brigadier Sabary
Amadou et Mariam : La réalité
P18 : La verdolaga
MC Solaar : Bouge de là
Sugarhill Gang : Rapper's delight
Serge Gainsbourg : Aux armes et caetera
Earth Wind and Fire : Magic mind
Luis : Mis noches
Jay Z : Big pimpin'
Blur : Song 2
Java : Sexe acordéon et alcool
Mano Negra : Passer de toi

PARTY TIME

Glenn Miller : In the Mood
The Jackson Sisters : I believe in miracles
Blige and Eve : Not today
Brass construction : Moving
Eddie Grant : Joana
Thierry Hazard : Le jerk
The White Stripes : Seven nation army
Abba : Dancing queen
Chic : Le freak c'est chic
Kaoma : Lambada
George Benson : Let's groove
Kurtis Blow : The breaks
Jackson 5 : I want you back
Kool and the Gang : Get down on it
Bill Haley : Shake Rattle & Roll
Gnawa Diffusion : Ombre elles + Métropole
Orchestre national de Barbès : Salam
Benni Benassi : Satisfaction
Big soul : Le Brio + Hippy hippy shake
Massilia Sound System : Toute petite danse
FFF : Barbès + Silver Groover
Carl Carlton : Bad Mama Jama
Jocelyn Brown & Ministere de la funk : Believe
Chemical Brothers : Hey Girls Hey Boys
Prodigy : Voodoo People
Lyricson : Night and day
James Brown : Sex Machine
Chaka Demus & Pliers : Murder she wrote
Kelis : Trick me
AFU-RA : d&d soundclash
Arrested Development : Every day people + Mr. Wendall
Ray Charles : Shake a tail feather
The Blues Brothers : Everybody needs somebody
Aretha Franklin : Think
Salif Keita : Ma dan
Emir Kusturica & orchestra : Unza unza time
Dusminguet : Mi arte
100 % Collègues : Chte douye
INTIK : Je m'en fous
INTIK : Notre devoir
T-connection : Do What You Wanna Do
Britney Spears : Toxic
Mister Scruff : Get move on
Zenzila : Jonny wasmerly
Iggy Pop : The passenger
Ceux qui marchent debout : Everybody dance
Les Rita Mitsouko : Andy
Nucleous Roots : Run come quick
Les négresses vertes : Zobie la mouche
Fela Kuti : Zombie
Larry Graham : It's Alright
Manu Chao et Joaquin Sabina : No soporto el Rap
Wagner Pa : Brazuca matraca
Au P'tit bonheur : J'veux du soleil
Mori Kante : Yeke yeke
Rachid Taha : Ya Rayah
1,2,3 soleil : Abdel Kader
Goran Bregovic : Kalashnikov
Davina : So good
Bunji Garlin : Me watch no face + Mr. Wendall
Michael Jackson : Billie Jean
Michael Jackson : Shake your bodydown to the ground
R&N Brousse : La fête à Bangui
Stevie Wonder : Part time lover
Claude François : Alexandrie Alexandra
Claude François : Magnolia for ever
Dalida : Laissez-moi danser
Carl Douglass : Kung fu fighting
Rick James : Super freak
MC Hamer : Can't touch this
Takfarinas : Zaama Zaama
Pink Martini : Donde estas Yolanda
Carlinhos Brown : Carlito Marron

BIODANZA : DANSE AVEC LA VIE

Créée dans les années 1960 par le psychologue, anthropologue et artiste chilien Rolando Toro, cette «danse de la vie» s'inspire des danses sacrées et rites de guérison des peuples les plus divers pour «réveiller la sensibilité exprimée dans la poésie de la rencontre humaine, par le langage universel de la danse et de la musique», explique son créateur. Elle vise «le développement harmonieux de nos potentiels humains grâce à un nouveau concept de la santé et du réapprentissage à vivre».
Lors d'une vivencia (de l'espagnol *vivir* : un temps de vie, une *experience* au sens anglais du terme), tout commence et finit par une ronde, il y a de la musique très variée mais soigneusement choisie, on bouge et le prof est souvent appelé «facilitateur» : il suffit de s'inspirer de ses mouvements et de reproduire ce que l'on en ressent. La musique et la bienveillance des partenaires aidant, on ne se rendra même pas compte qu'un véritable travail s'effectue à différents niveaux (vital, sexuel, créatif, affectif, spirituel), à l'aide de mouvements soigneusement structurés. Car tout repose, pour Rolando Toro, sur notre «impulsion naturelle à satisfaire nos instincts de base d'amour, de santé, de liberté, de création, de nutrition, de plaisir et d'harmonie cosmique humaine !»

À LIRE

Biodanza, la danse de la vie, Paula Roulin, éd. Recto-Verseau (Genève).
Biodanz'art, une vision du Paradis, Bruno Ribant, éd. Presses Imprimix.

CONTACT

Biodanza France, 40 rue Boissonade, 75014 Paris, tél : 01 46 29 07 92
www.biodanza-france.com

Danser avec ses racines

Au fond de nous dort un sauvage dansant : réveillons-le !

Importée en 1970 par le danseur haïtien Herns Duplan, l'Expression primitive est née de l'œuvre de la chorégraphe et ethnologue noire américaine Catherine Dunham. Entretien avec France Schott-Billman, biologiste, docteur en psychologie, psychanalyste et enseignante à l'université Paris-V, qui l'anime en France.

Qu'entendez-vous par «Expression primitive» ?

«C'est une méthode de danse très pulsionnelle et en même temps très ritualisée, qui fait appel à des structures primitives et universelles, basées sur des rythmes organiques qui relient le mouvement aux processus corporels vitaux : battements du cœur repris dans la pulsation musicale et le geste répétitif, respiration transposée dans le va-et-vient des mouvements symétriques. Union plutôt que fusion, exultation en groupe plutôt qu'exaltation, l'Expression primitive est à proprement parler dionysiaque et jubilatoire : on y fait la fête mais pas n'importe quoi, on y recherche la "synchronie", la mise en commun du rythme et de l'émotion. Des règles viennent codifier le partage des gestes.»

Tout le monde n'a pas le rythme dans la peau !

«Si, il est inhérent à la nature humaine. Tous les gestes accompagnant le début de la vie sont rythmés (bercement, balancement, premiers jeux d'alternance et d'imitation). Ils visent à instaurer un échange entre des pôles opposés (dedans/dehors, mère/enfant, ici/là, avant/après, moi/l'autre, absence/présence, visible/invisible). Lorsque nous arrivons à réunir ces contraires sans les confondre ni les séparer, nous pouvons devenir dansants et faire danser notre pensée pour devenir des sujets parlants.»

CONTACT

Atelier du geste rythmé France Schott-Billmann : 11-13 rue de Reims, 94250 Gentilly, tél : 01 49 69 01 86 – www.gesterythme.com

À LIRE

Le besoin de danser, France Schott-Billmann, éd. Odile Jacob.

DO IT !

Apprenez à danser !

«Ô hommes supérieurs, ce qu'il y a de plus mauvais en vous : c'est que tous vous n'avez pas appris à danser comme il faut danser – à danser par-dessus vos têtes ! Qu'importe que vous n'ayez pas réussi !
Combien de choses sont encore possibles !
Apprenez donc à rire par-dessus vos têtes ! Élevez vos cœurs, bons danseurs, haut, plus haut !
Et n'oubliez pas non plus de rire !
Cette couronne du rieur, cette couronne de roses : à vous, mes frères, je jette cette couronne !
J'ai canonisé le rire ; hommes supérieurs, apprenez donc à rire !»
(Nietzsche,
Ainsi parlait Zarathoustra)

“Il ne faut pas de tout pour faire un monde, il faut du bonheur et rien d'autre.”

PAUL ELUARD

vin + joint!
Mon épouse a adoré le Morgon, mais cette herbe Ghanéenne n'est pas bien passée..
.. ça va aller chérie, tu as l'habitude..
Spécial Gourou..
Mais qui est cet être étrange entouré de jeunes naïades dansantes?
c'est .. Ramdam, notre guide, et elles repré-sentent ses cinq sagesses pour le célébrer!
PETIT
ENT
Chers amis: cette soirée sans tabac ni alcool est magique! Respirons dans la lucidité..
soirée Clean

Surtout pas de boisson zeuse.. et manger des tomates pour éviter les flatulences !
..et toujours une cuiller d'huile d'olive avant de boire de l'alcool.
Party Bio
beau Linge ?
..Cette fête "lingerie" est une idée géniale !
Oui, mais avec la musique cubaine ça fait pas un peu trop ?
URS
Il paraît qu'il n'y a plus d'ecsta ?..
Ouais mais il reste de la Kétamine !
BÔM BÔM BÔM BÔM
t'en veux ?
zzzz
TEKNIVAL
Rave Techno
© LR. 2005

Sacrées fêtes !

Loin du mouvement spontané, la fête s'officialise dans les commémorations. Les rites marquent le temps, créent des liens, rassurent. Sur ce même registre commémoratif jouent aussi bien la fête religieuse que la fête civile – et dans le même but. Avec le temps, l'une comme l'autre ne vont pourtant pas sans quelque paradoxe, source d'une question : de ce lointain passé, aujourd'hui que fête-t-on ?

Chavouot, fête sans rituel

La «fête des semailles» célèbre le moment où, sept semaines après la sortie d'Égypte, Moïse et son peuple reçurent de Dieu la Loi – les 10 Commandements bien connus. Objet de manifestations en Israël sous le nom de Hag Habigourim (fête des prémices), elle n'est guère célébrée ailleurs et ne donne lieu à aucun rituel. Non sans raison, explique le rabbin David Meyer, directeur de l'International Jewish Center à Bruxelles : «Étant la fête de la Révélation, et donc d'une certaine façon la fête la plus théologique de l'année juive, il est évident qu'aucune image et aucun rituel ne peut marquer ce moment. Car lorsque l'on pense à la Révélation, et donc à Dieu, aucune image ne doit venir à l'esprit. Vendredi 2 et samedi 3 juin 2006 (5766 du calendrier hébreu), mercredi 23 et jeudi 24 mai 2007

Vesak la multi-fête

Le bouddhisme est économe : la pleine lune de mai marque non seulement le début de l'année mais aussi une occasion de fêter à la fois la naissance, l'éveil et la mort de Bouddha ! C'est le jour des bonnes résolutions, où l'on se montre particulièrement généreux (pour accumuler des mérites), où l'on s'efforce de méditer et de prier comme il convient. Les plus dévots ajouteront même une récitation complète des huit Préceptes, dont le sixième fera frémir les fêtards : «Je m'efforcerai de m'abstenir de danser et de chanter, d'écouter ou de jouer de la musique, d'aller au spectacle, de mettre des parfums ou des ornements.» C'est pourtant, partout en Asie, l'occasion de défiler, de décorer et d'illuminer temples et maisons, au son des pétards et d'une musique tonitruante. Samedi 13 mai 2006 (année 2550 du bouddhisme), mercredi 2 mai 2007.

Une Cène dansée

Le texte grec des Acta Johannis (Actes des Apôtres) contient un hymne très curieux que Jésus aurait chanté lors de la Cène, conviant ses disciples à une danse : «La Grâce danse... Je veux jouer de la flûte, dansez tous... Le douzième Nombre danse là-haut... Celui qui ne danse pas ne sait pas ce qui arrivera... Alors, joignez-vous à ma danse... Toi qui danses, remarque ce que je fais...» Et l'auteur de l'Acta Johannis conclut : «Or, mes bien-aimés, après cette danse avec nous, le Seigneur s'éloignera.» Dans les années 1960, on dansait encore dans l'église de Barjols (Var). Tous les quatre ans, pour la fête du bœuf, les fidèles parcouraient l'église à petits pas sautillés, appelés «danse des tripettes».

Pentecôte, le lundi pour rien

Il y a longtemps en effet que le rituel chrétien a lieu le dimanche, partageant avec Chavouot le destin de se situer sept semaines après Pâques – chiffre plus symbolique que ce «jour de cinquantaine» (pentèkostè) dû à l'habitude d'inclure le premier jour, comme lorsque nous disons 15 jours pour 2 semaines. Parmi les raisons de la suppression de ce jour férié, décidée récemment par le gouvernement français : c'est avec le 15 août (Assomption de la Vierge) la fête la plus mal connue. Dommage ! Réunis à Jérusalem pour Chavouot, raconte Luc (Actes II), les Apôtres reçurent ce jour-là l'Esprit Saint et se mirent à parler toutes les langues. Rite catholique et protestant : dimanche 4 juin 2006, 27 mai 2007; rite orthodoxe : lundi 12 juin 2006, 28 mai 2007.

Achoura aux deux visages

A l'origine, un jeûne de deux jours prôné par Mahomet, «Achoura» commémore différents événements, selon la tradition : le sauvetage de Moïse, la sortie de Noé hors de l'arche ou Adam quittant l'éden. Mais cette fête, qui doit son nom au mot arabe pour 10 (elle a lieu le 10 muharran, 1er mois de l'année lunaire musulmane), est à double visage. Joyeuse pour les sunnites, elle offre l'occasion d'une réunion de famille et même, au Maroc par exemple, d'une sorte de carnaval : les enfants jouent dans les rues et arrosent les gens. Mais c'est pour les chiites le jour anniversaire de l'assassinat de leur troisième imam, Hussein, petit-fils du Prophète, par les Omeyyades en 61 de l'Hégire (680 ap. J.-C.) à Kerbala – et l'occasion de défilés beaucoup moins joyeux. Jeudi 9 février 2006 (année 1427 de l'Hégire), mardi 30 janvier 2007.

Insaisissable comput

Le comput est la méthode permettant aux chrétiens de déterminer la date des fêtes mobiles, dont la plus importante, Pâques, varie entre le 22 mars et le 25 avril. Elle fut fixée par le concile de Nicée, en 325, au «dimanche qui suit le quatorzième jour de la lune qui atteint cet âge au 21 mars ou immédiatement après». On pourrait donc penser que ce dimanche est celui qui suit la première pleine lune (14e jour) du printemps (21 mars). Il n'en est rien ! Ce calendrier lunaire est fictif, et le calcul s'appuie sur tant de données mystérieuses – telle l'induction romaine, la lettre dominicale ou l'épacte, sans oublier le plus connu nombre d'or – que le comput est tout bonnement interdit au profane.

…acrées, Jeremy Hunter, éd. Albin Michel
…xique des fêtes religieuses et laïques, Didier Philippe, éd. Albin Michel
…es du monde entier, Pam Robson et Françoise Rose, éd. Hachette Livre
…es de Dieu : la foi, l'histoire, les mythes, Guy Deleury, éd. du Félin

IMITONS !

Gracieuse Catalogne

Le 23 avril est à la fois l'anniversaire de sant Jordi, le saint patron de Catalogne, et le jour où moururent Cervantès et Shakespeare (en1616).
De cette triple coïncidence, les Catalans ont fait une tradition : les hommes offrent une rose aux femmes, et elles leur offrent un livre.

CONTACT
Maison de la Catalogne,
4-6-8 cour du Commerce-Saint-André, 75006 Paris,
tél : 01 40 46 88 77

CHANTONS !

Bacchanales

Quelle joie sur la montagne,
après la farandole sacrée,
de se laisser tomber par terre !
Sous une sainte livrée faite
de la peau d'un faon,
poursuivre le bouc, le faire saigner,
manger sa chair crue !
S'élancer sur les monts de Phrygie,
de Lydie,
quand Bromios sonne pour appeler
à la fête !
De lait, de vin, du nectar des
abeilles,
le sol est ruisselant, et l'on
y croit sentir
le parfum de l'encens de Syrie.
Le bacchant tient la rousse flamme
du pin,
en courant l'évente, la fait jaillir
du bâton rituel,
et parmi les chœurs vagabonds
qu'il excite,
le dresse au milieu des cris
en secouant sa libre chevelure.
Avec les chants éclate cet appel :
«Allons, bacchantes !
bacchantes, allons !
orgueil des montagnes d'où roule
l'or enfoui !
Au son profond des tambourins
chantez Dionysos, dieu de la joie
sans bornes,
par vos clameurs, par vos
chants phrygiens,
tandis que l'harmonieuse flûte
fait résonner ses accents,
rythmant l'élan qui vous emporte
vers la montagne.
Comme un poulain qui paît à côté
de sa mère,
la joyeuse bacchante bondit
d'un pied léger.»
(Euripide, *Les Bacchantes*)

Sommes-nous des Homo festivus ?

Jouons aux anthropologues. Pourquoi faire la fête ? Qu'importe le vin pourvu qu'on ait l'ivresse, qu'importe le rituel pourvu qu'on ait la fête ? Pas si sûr. La fête rassemble les trois éléments principaux du rite : un sacrifice (payer, se faire beau, tout préparer), une participation collective (un idéal de communion) et une rupture codifiée avec le quotidien (la nouba). Où trouver cette dernière désormais, alors que la participation collective s'atrophie et que le sacrifice devient démesuré au regard du plaisir obtenu ?

En 1950, l'ethnologue Roger Caillois parlait de la fête dans les sociétés traditionnelles agricoles comme «un autre monde, où l'individu se sent soutenu et transformé par des forces qui le dépassent [...], le temps des émotions intenses et de la métamorphose de son être.» «Dans la multiplication des affoulements postmodernes, analyse aujourd'hui le sociologue Michel Maffesoli, ce qui prévaut est la communion, l'engloutissement, la néantisation du sujet.» C'est le retour de Dionysos – Bacchus, le dieu de l'ivresse folle, de la part d'ombre et des débordements. Pourtant, affirme-t-il, «la compréhension d'effervescences telles que rave et techno est une forme de sagesse pertinente, en ce qu'elle apprend à s'accommoder de cet instinct turbulent qui fait de l'individu une réalité enracinée dans la vie sociale, mais, aussi, dans la nature lui servant d'écrin». L'écrivain Philippe Muray cultive, lui, une vision plus sombre de ce renouveau dionysiaque : il fait de la fête généralisée l'instrument par lequel le pouvoir transforme en «Homo festivus» les êtres dont il n'a pas besoin, neutralisant leur rébellion en la noyant dans l'émotion collective. On en vient à espérer que cette infantilisation des adultes, que l'écrivain polonais Witold Gombrowicz appelait la «cuculisation» (*upupienie*), ne soit pas le prélude à d'autres mobilisations...

À LIRE
L'homme et le sacré ; Le mythe et l'homme, Roger Caillois, éd. Folio/essais.
Le rythme de la vie, variations sur l'imaginaire postmoderne, Michel Maffesoli, éd. La Table ronde.
L'empire du bien ; Après l'histoire, Philippe Muray, éd. Les Belles Lettres.

Pour ou contre les anniversaires ?

POUR

Denis Marquet les préfère en anglais :

Quand nous l'avons interrogé sur ses goûts festifs, le romancier-philosophe Denis Marquet, auteur du fameux *Colère* où, à sa façon, il rejoint la pensée profonde des peuples aborigènes, sa réaction a fusé en une fraction de seconde : «Ma fête préférée ? N'importe quel anniversaire de quelqu'un que j'aime (le mien y compris) ! Mais une fois n'est pas coutume, je préfère l'anglais au français : quand «anniversaire» ne pointe que l'année qui s'est écoulée avec les rides qu'elle a creusées, le beau mot «*birthday*» rappelle ce que l'on célèbre : une venue au monde. Fêter un anniversaire, c'est dire : je suis heureux que tu sois né, je me réjouis que tu sois. C'est inviter, aussi, celui qu'on aime à ne jamais cesser de naître et de renaître, à s'inscrire toujours davantage dans le mouvement de la vie. L'anniversaire est la fête du Oui.»

À LIRE

Colère, La planète des fous, Denis Marquet, éd. Albin Michel.

CONTRE

Les Aborigènes étonnés par nos mœurs :

«Quand je décrivis nos fêtes d'anniversaire à mes auditeurs, [les Aborigènes] m'écoutèrent avec attention. Je parlai du gâteau, des chansons et des cadeaux, de la bougie qu'on ajoute chaque année. «Pourquoi faites-vous cela ? me demandèrent-ils. Pour nous, une célébration fête quelque chose de spécial. Qu'y a-t-il de spécial dans le fait de prendre de l'âge ? Cela n'exige aucun effort, cela arrive, voilà tout ! ***Si avancer en âge n'est pas une occasion de fête, que célébrez-vous, alors ?*** Le fait de devenir meilleur. Nous fêtons celui qui, par rapport à l'année précédente, est devenu meilleur, et plus sage. Comme chacun est seul à pouvoir juger de ses progrès, c'est lui qui dit aux autres que le moment est venu d'organiser la fête (...). «A la fête de la Gardienne des Secrets (femme dont le "talent", ou le "remède", était d'écouter), plusieurs personnes lui dirent à quel point sa présence dans la communauté était précieuse et combien tous appréciaient son travail. Elle rayonnait avec modestie et prenait les louanges avec une dignité de reine.»

À LIRE

Message des hommes vrais au monde mutant, Marlo Morgan, éd. Albin Michel (dont ce texte est extrait).

BACCHUS

Poète buveur

«Le vin est semblable à l'homme : on ne saura jamais jusqu'à quel point on peut l'estimer et le mépriser, l'aimer et le haïr, ni de combien d'actions sublimes ou de forfaits monstrueux il est capable. Ne soyons donc pas plus cruels envers lui qu'envers nous-mêmes, et traitons-le comme notre égal.» (Charles Baudelaire, *Du vin et du haschisch, comparés comme moyens de multiplication de l'individualité*)

PAN

Bergers poètes

«Écoutez, bergers, les mondes étaient dans les filets du dieu comme des thons dans la madrague...»

Œuvre de Jean Giono la moins connue, *Le serpent d'étoiles* raconte la fête que faisaient pour eux-mêmes les bergers transhumant depuis la plaine, une fois arrivés au pied des montagnes où chacun, seul, allait passer l'été. Regroupant pour une fois leurs troupeaux, ils se rassemblaient pour une nuit de joute oratoire où les plus hardis, jouant chacun un élément de la nature, racontaient la création du monde et la venue terrifiante de l'homme, au son d'une harpe éolienne tendue entre les troncs d'un arbre. Naissance du théâtre, ode à Pan, le dieu de la nature ?

La fête des «chefs des bêtes» est une fête des mots.

À LIRE

Le serpent d'étoiles, Jean Giono, éd. Le Livre de Poche

SYPHONNEURS

Les astuces du recyclage des eaux usées

À grande échelle (Israël, Californie, Arizona, Floride), le recyclage des eaux usées permet l'irrigation après traitement partiel en réservoir et bassin d'oxydation. Le Japon a choisi des solutions plus urbaines : les immeubles récupèrent leurs eaux de lavage et les renvoient, après traitement grossier, dans les chasses d'eau. Résultat : 50 % d'économie ! Les projets portent aujourd'hui sur les traitements et circuits permettant de tourner en cycle fermé – sauf pour la boisson et l'évaporation. Le lycée de La Canourgue (Lozère) teste des équipements à membranes destinés à la station polaire Concordia.

SAHARIENNES

Les *vrais* utilisent des toilettes sèches

L'idée est de remplacer la chasse d'eau par une double poignée de sciure, et la fosse septique par un bac que l'on vide au compost une fois par semaine. Surprise : ça ne sent pas mauvais ! Réservée à la campagne, les puristes affirment que c'est la solution, même en ville, moyennant un changement des mentalités et des aménagements. Non seulement elles permettent d'économiser l'eau et son épuration, mais leur inconvénient majeur évident – vider le bac ! – constitue selon eux le meilleur moyen de réaliser qu'il faut rendre à la Terre. Recyclage, quand tu nous tiens !

À LIRE

• *De la maison autonome à l'économie solidaire*, Patrick Baronnet, auto-édition Heol
• *Toilettes sèches, un petit coin pour soulager la planète*, Christophe Elain, éd. Goutte de Sable

CONTACTS

• La maison autonome, route de Louisfert, 44520 Moisdon-la-Rivière, tél : 02 40 07 63 68
• Visites et Éco-festival : heol.org
• Association Toilettes du monde, 15 av. Paul-Laurens, 26110 Nyons, tél : 04 75 26 29 98
• Écosphère Technologies, La Condamine, 26110 St-Ferréol-Trente-Pas, tél : 04 75 26 10 44

Prenons plaisir à participer au grand cycle de l'eau !

Toute eau est infiniment préciseuse. Diminuer notre pollution personnelle du grand cycle de l'eau est plus que possible. Pour commencer, ne jetons pas dans l'évier, ni dans les toilettes, ni dans les égouts : huiles de vidange, peintures, médicaments, produits chimiques et autres toxiques. Utilisons des détergents, des engrais et des pesticides biodégradables. Ensuite, nous pouvons économiser ce qui va bientôt s'avérer la plus précieuse des ressources : préférons la douche (50 litres) au bain (150 litres), arrosons le jardin à la fraîche, nettoyons la voiture avec une éponge et un seau d'eau, ne faisons tourner le lave-vaisselle que lorsqu'il est plein.

Consom'acteurs, choisissons d'ailleurs :

• un lave-vaisselle ou lave-linge économe,
• des mitigeurs qui associent économie et confort,
• des réducteurs de débit,
• des chasses d'eau de nouvelle génération qui déversent six litres au lieu de neuf.

Par ailleurs, sur terre comme sur mer, les sacs plastiques sont le cauchemar le plus visible, pourtant facilement évitable, comme l'ont montré les actions menées en Corse grâce au Festival du Vent – et aujourd'hui exportées. La plus simple pour chacun ? Adopter le panier ou le cabas. Autre domaine sensible : la pêche, dont la logique de prédation devra faire place au recyclage («préserver la ressource») et à la reconversion.

À LIRE

Le dossier de l'eau, pénurie, pollution, corruption, Marc Laimé, éd. du Seuil.
Les traversées de la colère, Jo Le Guen, éd. Mango.

CONTACTS

• Agence de l'eau (six en France) : www.eaufrance.com
• Association nationale pour la protection des eaux et rivières, 5 rue Massenet, 78330 Fontenay-le-Fleury, tél : 01 30 58 18 22.
• Festival du Vent, 22 rue de Douai, 75009 Paris, tél : 01 52 20 93 00.

La GÉOTHERMIE, REINE OUBLIÉE DES ÉNERGIES RENOUVELABLES

Les visionnaires voient en elle l'énergie de demain, presque gratuite, écolo et utilisable à grande échelle. Quoi de plus évident, en effet : entraîner les générateurs des centrales électriques grâce à une vapeur provenant non de ressources fossiles ou nucléaires, mais de la chaleur du sous-sol. Pas de pollution, sinon quelques rejets de gaz carbonique à filtrer et le cycle de l'eau à maîtriser. «Les problèmes techniques seraient résolus depuis longtemps si on leur avait consacré la moitié seulement des budgets nucléaires», assure l'un des responsables des programmes français de recherche sous couvert d'anonymat, un signe de la puissance du lobby accusé.

La solution la plus simple passe par l'exploitation d'un gisement souterrain d'eau chaude grâce à un échangeur, comme le chauffage de la Maison de la Radio à Paris, en fonction depuis quarante ans. Vient ensuite l'exploitation des sites où le magma affleure, permettant la production d'électricité : l'Islande couvrira bientôt ainsi ses besoins. La France, mal dotée, tente une autre expérience : l'injection artificielle d'eau dans des roches chaudes fracturées, présentes en grande profondeur en Alsace, où la température du sous-sol augmente de 10°C tous les 100 m (moyenne en France : 4°C). Une centrale de ce type, à Soultz-sous-Forêts (Bas-Rhin), devrait fonctionner en 2006, avec une puissance de 6 MW – et un forage à 5 km ! La mise en exploitation géothermique de 3 % du sous-sol alsacien assurerait une production équivalant à une dizaine de centrales nucléaires, sans pollution, déchets ni problèmes de démantèlement.

À LIRE

La géothermie, édité par le Bureau des études géologiques et minières, 3 av. Guillaumin, BP 6009, 45060 Orléans, tél : 02 38 64 36 82.

CONTACT

Exploitation minière de la chaleur, BP 38, route de Soultz, 672250 Kutzenhausen, tél : 03 88 80 53 63.

OBVIOUS

Yourself

Votre sous-sol est énergétique ! Partout en France on peut installer dans le sous-sol des habitations une pompe à chaleur qui permet de recycler la chaleur de la terre pour l'utiliser en complément pour l'eau chaude sanitaire et le chauffage. L'installation d'un tel système coûte 50 % plus cher qu'un investissement classique à mazout, mais il y a peu d'entretien, aucun combustible à acheter et, disent les spécialistes, une utilisation rationnelle de l'électricité. C'est le moment ! Les pompes à chaleur sont à la mode dans l'Hexagone et bénéficient d'aides multiples – ADEME pour les collectivités ou entreprises ; crédits d'impôts, aides (Région, ANAH, EDF) et prêts bancaires pour les particuliers.

CONTACTS

• Association française des pompes à chaleur, 22 rue de la Pépinière, 75008 Paris, tél : 01 45 22 33 55
www.costic.com/afpac

• Agence nationale d'amélioration de l'habitat, 8 av. de l'Opéra, 75001 Paris, tél : 01 49 27 07 30

ÉPLUCHURES

Mettez-les au compost plutôt qu'à l'incinérateur !

Où ? Au fond du jardin mais pas sous le nez du voisin, en ville prévoir une protection contre les rongeurs. En appartement, des acharnés ont même conçu des «planches à pain-tiroirs à miettes» alimentant quelques dizaines de vers de terre (flores bactériennes ambulantes et excellents producteurs de compost) devenus leurs amis !

Quoi ? Les épluchures, les restes alimentaires, les feuilles, l'herbe (mais pas les «mauvaises herbes») et en général toutes les matières organiques végétales, broyés en petits morceaux. Ajouter des déjections animales demande d'éviter encore plus les écoulements et les odeurs.

Comment ? Grosso modo, on met en tas les résidus organiques et le temps fait le reste. Aérer de temps en temps, selon la chaleur interne. Arroser est inutile.

Pourquoi ? Le compost, c'est de l'humus. À grande échelle, jusqu'à 65 % des déchets ménagers peuvent être ainsi valorisés, soit directement sur place (l'Éco-quartier Jeanne-Mance à Montréal, où des conteneurs-composteurs industriels ont été mis à la disposition des résidents), soit après tri et ramassage (la Communauté urbaine du Creusot - Montceau-les-Mines, pionnière longtemps solitaire).

À LIRE

- *L'offrande au crépuscule*, Pierre Rabhi, éd. L'Harmattan
- *Le guide des alternatives*, éd. Le Souffle d'Or
- *Engrais vert et fertilité des sols*, Joseph Pousset, éd. France Agricole
- *Compost et paillage au jardin*, Denis Pépin, éd. Terre Vivante

CONTACT

ademe.fr/particuliers/pdf/AdemeficheCompostage.pdf

> *“Une mauvaise herbe est une plante dont on n'a pas trouvé les vertus.”*
>
> **R. W. EMERSON**

Humus, humain, humilité

L'humus, engrais naturel produit par la dégradation bactérienne des végétaux et animaux morts, est le maillon crucial de la chaîne formée par le vivant, l'endroit où le déchet devient source de nourriture pour la plante à venir. Dévorer et digérer chaque année autant de matière qu'il en naît : travail titanesque que les micro-organismes accomplissent en nombre (un milliard dans un centimètre cube d'humus) mais avec humilité, mot à la même origine latine (*humus*, *humi*, féminin malgré sa terminaison : la terre, le sol).

Les archéologues du langage étendent aujourd'hui l'étymologie à humanité ou humanisme, via un passage par *homo*, *hominis*, le genre humain. Le vieux *Gaffiot* s'en étonnerait-il ? Il faisait, lui, venir ce mot de *hemo*, terme archaïque exprimant l'affirmation de l'être en opposition à *nemo* : qui n'est personne. Alors, humble poussière ou orgueilleux affirmateur de soi ? Peu importe ? Pas sûr : la réponse détermine tout un rapport à la nature. Dans un cas, on tentera de rendre à la terre la biomasse qu'on a prélevée sous forme d'aliments – et pas avec des engrais chimiques qui l'appauvrissent plus qu'ils ne la nourrissent. Dans l'autre, on prônera l'agriculture hydroponique ou hors-sol. Mais l'avenir de la biosphère, lui, continuera de reposer sur le recyclage, donc sur les bactéries.

Nos amies les bactéries peuvent-elles nous sauver la vie ?

À l'origine de la vie (via des météorites ?), les bactéries, micro-organismes monocellulaires sans noyau mais dotés d'un filament d'ADN, sont des usines biochimiques championnes du recyclage. Elles ont inventé la photosynthèse et fabriqué l'atmosphère, produit les minerais fossiles (charbon, pétrole, gaz) en dégradant les végétaux, et l'on découvre de plus en plus leur rôle dans la formation des métaux. Mais elles ont aussi donné naissance à des colonies se nourrissant les unes les autres de leurs déchets, puis à des formes de vie plus complexes munies d'organes spécialisés (plantes, animaux), au sein desquels elles continuent leur œuvre (métabolisme, digestion...). Et tout cela par la spécialisation des tâches, l'osmose et la coopération. Il est temps de changer notre regard agressif sur les microbes et sur l'évolution dominée par la seule sélection naturelle : composants primordiaux de la biosphère (25 fois la masse de tous les animaux réunis), à grande majorité indispensables plutôt que nuisibles, les bactéries ne sont pas seulement les pourvoyeuses de richesses venues du passé, ni les garantes des grands équilibres présents. Elles sont la clé de notre avenir. Près de 90 % des bactéries présentes sur Terre savent aussi métaboliser les polluants, c'est-à-dire les ingérer, les digérer et les rejeter sous une forme sans danger pour l'environnement. Elles ont déjà montré leur capacité à nous débarrasser de nos pires déchets : dioxine, hydrocarbures, nitrates, pesticides, arsenic, métaux lourds, etc. *Deinococcus radiodurans*, qui résiste aux radiations atomiques, a été modifiée pour dégrader le toluène, substance chimique très toxique et déchet de l'activité nucléaire.
La manipulation génétique, dont les bactéries sont les cobayes privilégiés, pourrait apporter là une preuve d'efficacité plus utile que ses tentatives de mélange transgénique des espèces.

À LIRE
Le grand roman des bactéries, Martine Castello et Vahé Zartarian, éd. Albin Michel.

TUBE

Les bactéries qui vous font du bien au ventre

L'usage d'aliments fabriqués à partir de micro-organismes vivants est fermement ancré dans les pratiques humaines depuis longtemps : vin, pain, fromage, choucroute reposent sur ce principe. Mais d'une manière totalement inconsciente ! Le fait que ces bienfaits soient dus à des microbes est difficile à avaler, tant l'image que nous avons des «petites vies» est négative. C'est pourquoi les publicitaires se sont gardés de parler de bactéries lorsqu'ils ont introduit sur le marché de nouveaux laits fermentés à base de *Bifidobacterium*, bactérie habituelle de la flore intestinale. Sans déclarer leur identité, ces produits ont néanmoins trouvé leur place à côté des traditionnels yaourts au *Lactobacillus casei* ou au *Lactobacillus acidophilus.* Les bactéries se retrouvent aussi au rayon des compléments alimentaires : sagement encapsulées, elles font merveille sur les troubles digestifs, les acidités gastriques, le vieillissement (levures dopées au sélénium) et les faiblesses immunitaires.

À LIRE
La nutrithérapie, médecine des suppléments alimentaires, Roseline Gagnon, éd. Atlantica

BOSTIK

Recycler

Qu'ils soient compostables (trait bleu), recyclables (jaune), valorisables (vert), encombrants (marron) ou "ultimes" (rouge), la première caractéristique de nos déchets est de voyager. Collecte et transport représentent plus de la moitié des coûts de traitement. Le seul bon déchet est un déchet évité. Ou recyclé !

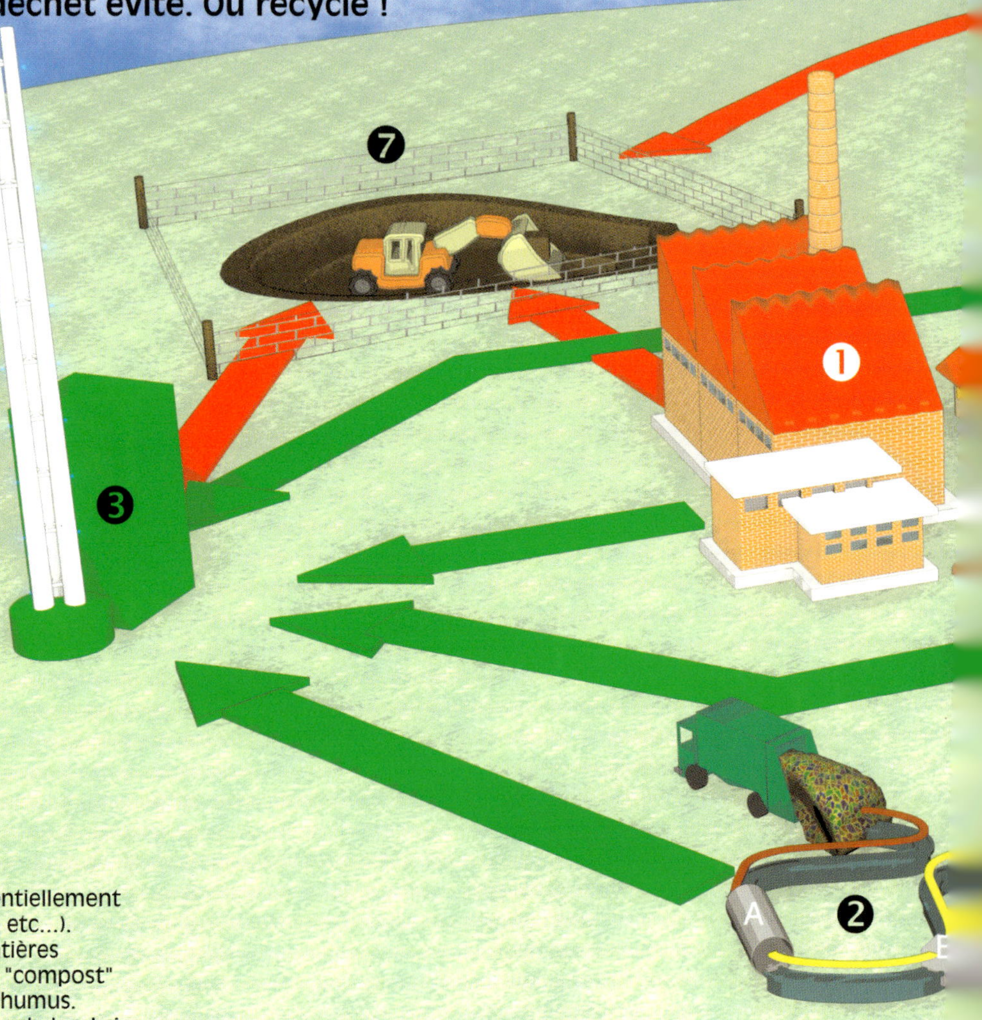

7 Les déchets ultimes

Le "Centre d'Enfouissement Technique" devrait être réservé aux "déchets ultimes", mais 12 000 décharges reçoivent encore : de l'agriculture 5 Mt/an, du bâtiment 13 Mt, de l'industrie 15 Mt, des ordures ménagères et collectives 24,5 Mt (dont 250 000 t de boues d'épuration pour 600 000 t épandues). Seraient facilement évitables : 6 Mt de déchets toxiques en quantités dispersées (médicaments, produits phytosanitaires, encres, batteries auto, piles, etc.), 2 Mt de plastique (200 000 t recyclées), 1,9 Mt de verre (2 Mt recyclées), 100 000 t de pneus (300 000 t valorisées en énergie, enrobés, granulats).

6 Bienfaisant compost

Les déchets verts proviennent essentiellement des collectivités (résidus d'élagage, etc...). Maîtrisée, la décomposition des matières organiques permet de produire un "compost" aussi nourricier que le terreau ou l'humus. Elle peut être favorisée par l'élevage de lombrics, voire valorisée par la récupération du méthane qu'elle dégage. Les matériaux non assimilables (métaux, roches) finissent en déchets ultimes. 100 m3 de déchets verts = 15 m3 de compost.

5 Équivalents recyclage

1 bouteille en verre = 1 bouteille en verre
10 bouteilles en plastique = 1 pull en polair
700 canettes = 1 VTT
200 000 boîtes de conserve = 1 voiture (petite)
70 % d'une automobile hors d'usage est recyclé (objec
2006 : 80%)
En France, on ne recycle chaque année que 5,3 Mt de papier-carton (sur 11,3 Mt) et 2 Mt de verre (sur 3,9 Mt
Dix pays européens font mieux.

Un Himalaya de déchets !

Pour un océan de chiffres, puisque l'on classe les déchets autant en fonction de leur origine (ménages, industrie, commerce…) que de leur nature (poubelle jaune : emballages, verte : ordures, blanche : recyclable - en France, essentiellement le verre).
Voici les chiffres des déchets produits par les Français en millions de tonnes (Mt) :

- Déchets collectifs = 14 Mt par an (nettoyage urbain = 4 Mt ; résidus d'égoûts = 9 Mt ; déchets verts = 1 Mt)
- Déchets ménagers = 31,4 Mt/an («encombrants» = 9,5 Mt ; ordures ménagères = 21,9 Mt, dont 3,2 recyclables)
- Déchets industriels banals = 98,5 Mt/an (secteur agroalimentaire = 43 Mt)
- Déchets industriels spéciaux = 9 à 20 Mt/an, dont 3 à 6 Mt dangereux.
- Déchets du BTP = 130 Mt/an, dont 90 % finissent en remblais (bâtiment = 30 Mt ; travaux publics = 100 Mt).
- Déchets agricoles = 375 Mt/an, dont 98 % reviennent à la nature (déjections = 275 Mt, cultures = 55 Mt, forêt = 45 Mt).

Source ADEME chiffres 2002

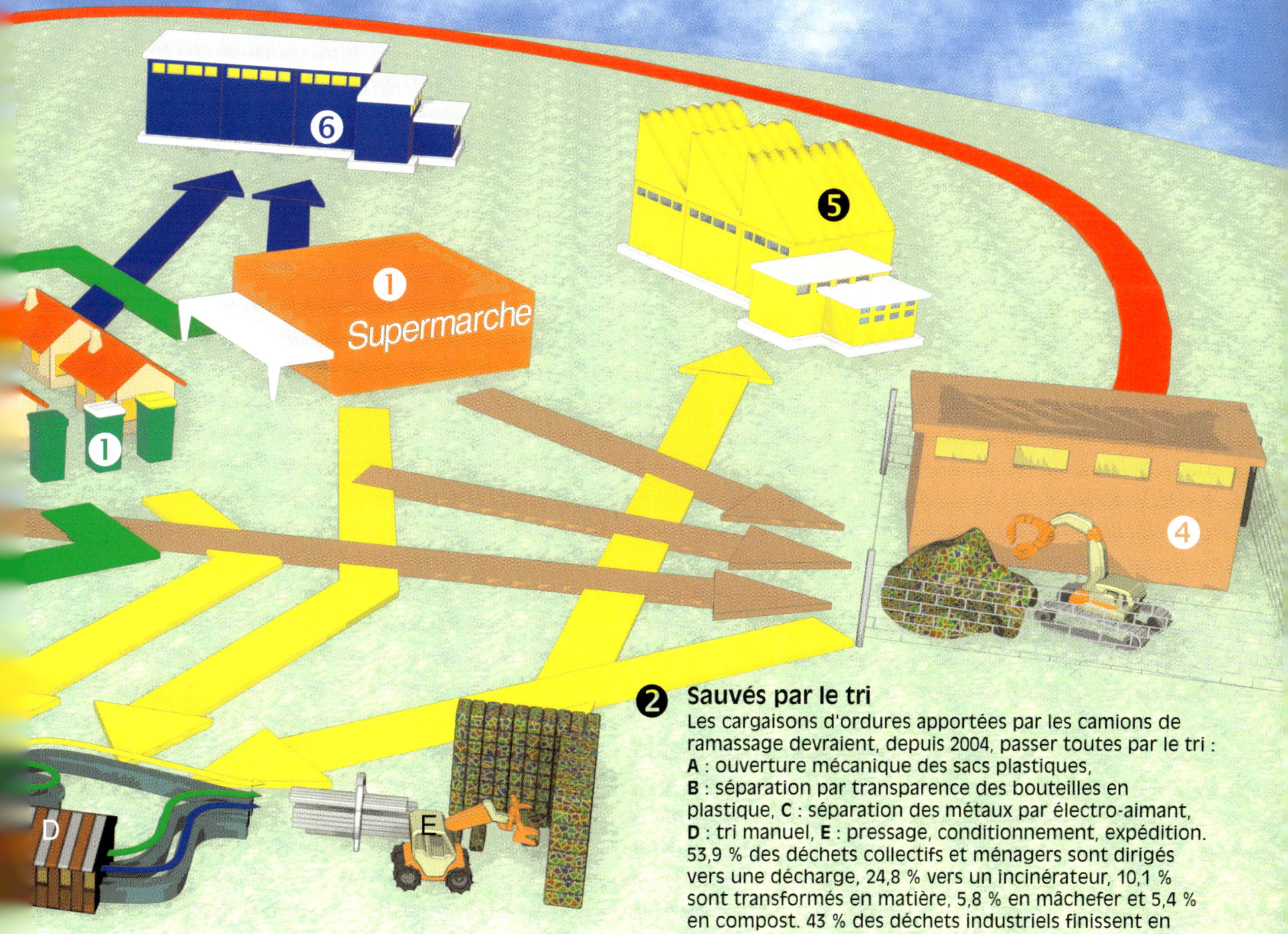

❷ Sauvés par le tri

Les cargaisons d'ordures apportées par les camions de ramassage devraient, depuis 2004, passer toutes par le tri :
A : ouverture mécanique des sacs plastiques,
B : séparation par transparence des bouteilles en plastique, **C** : séparation des métaux par électro-aimant,
D : tri manuel, **E** : pressage, conditionnement, expédition.
53,9 % des déchets collectifs et ménagers sont dirigés vers une décharge, 24,8 % vers un incinérateur, 10,1 % sont transformés en matière, 5,8 % en mâchefer et 5,4 % en compost. 43 % des déchets industriels finissent en énergie, 26 % sont stockés, 14 % «stabilisés», 10 % traités chimiquement, 7 % valorisés en matière.

Dans la déchetterie

Ici parviennent les déchets apportés directement par les producteurs. On comptait 2 856 déchetteries en 2001, avec : 73 % de la population desservie, 6,8 Mt collectées, 47 % valorisés. 227 sites sont consacrés aux déchets d'équipements électriques et électroniques (1,8 Mt/an), mais il n'y a aucune récupération des gaz polluants (CFC ou HFC) que 25 millions de frigos contiennent encore.

❸ La logique de l'incinérateur

Elle va ainsi : on brûle des montagnes de déchets (25 Mt/an) et on peut même produire de l'énergie (chauffage urbain ou électricité). Problèmes : valorisation médiocre (47% des ordures ménagères et collectives ne sont pas triées) et grands dangers de pollution (dioxines et furannes des fumées, métaux lourds des cendres et mâchefers).En 2004 : 130 incinérateurs pour ordures ménagères en France (292 en 1985).

La fripe fichue au feu !

Sur les 160 000 tonnes de vêtements donnés chaque année aux organisations caritatives françaises (principalement Croix-Rouge et Secours catholique), moins du quart ira directement aux démunis – le gros du tri étant revendu à des sociétés d'insertion (Emmaüs, Le Relais) ou à des fripiers professionnels. Mais cette filière est aujourd'hui grippée : la qualité des produits textiles baissant en même temps que leur prix, les fripiers ont moins de vêtements à vendre... et moins de clients pour les acheter ! Résultat : la plupart des vieux vêtements finissent dans les incinérateurs ou dans les centres d'enfouissement technique (décharge surveillée), aux frais des collectivités. Pour changer les choses : acheter peu de vêtements, préférer les matières naturelles ou la fibre synthétique recyclée (polaire), et ne donner que des vêtements et du linge de maison propres et en bon état.

INSPIRATION

Recyclez-les dans votre conversation !

Les plus grands esprits ont été inspirés par le mauvais sort que l'humanité fait à la nature. Voici quelques citations de quelques-uns d'entre eux, sur lesquelles vous pouvez recycler vos pensées moroses les jours de mauvais temps. Le grand ancêtre des hippies, Ralph Waldo Emerson, disait ainsi : «Une mauvaise herbe est une plante dont on n'a pas encore trouvé les vertus.» Et Mao Zedong de renchérir : «La bouse de vache est plus utile que les dogmes, on peut en faire de l'engrais.» Coluche, lui, pensait pessimiste : «Pour qu'un écologiste soit élu président, il faudrait que les arbres votent.» Alphonse Allais pensait-il autrement, quand il disait : «Dans la vie, il ne faut compter que sur soi-même, et encore pas beaucoup.» Philosophe, l'ermite Henry D. Thoreau qu'admirèrent tant les beatniks concluait : «C'est dans la nature que réside la préservation du monde.»

Recycleries et ressourceries
sont l'avenir d'Homo consom'actor

Ne jetez plus vos jouets cassés, appareils ménagers hors d'usage, vaisselle ébréchée, meubles trop vieux, matelas éventrés : une recyclerie, dans votre région, peut en faire bon usage. Initié en France il y a vingt ans par les Ateliers de la Bergerette à Beauvais, le Réseau des recycleries-ressourceries combine la protection de l'environnement et la réinsertion sociale. Les employés sont solidaires de la bonne marche de l'entreprise. Ils se chargent de la collecte des encombrants, du tri, du contrôle, du nettoyage et de la réparation des objets. Ils démontent aussi les objets non réutilisables afin de les recycler dans les filières adéquates.

La revente assure une part des ressources propres et permet d'offrir des biens revalorisés à faible prix. Le réseau se consacre aussi à l'éducation à l'environnement auprès des usagers et des jeunes.

CONTACT

Réseau des R-R, 3 rue du Coron-des-Dix,
ZA Bleuse-Borne, 59410 Anzin

L'ART DES POUBELLES
A DÉJÀ SES GRANDS MAÎTRES

Carvillani crée des statues en déchets de bronze récupérés dans une fonderie. Autissier réalise des femmes girafes à partir du cuivre de radiateurs de voiture, chauffe-eau, serpentins, et de poutrelles en fer. Sylvie Zampolini fabrique des poupées en plastique mi-humaines mi-animales, avec les «fleurs de trottoir», déchets de divers polymères qu'elle accumule depuis vingt ans. Thierry Vendôme fait des bijoux avec des éclats d'obus trouvés dans les dunes du Cotentin. Gilles Teboul dit vouloir faire rentrer la peinture en résistance en n'utilisant que des fonds de peinture pour ses toiles abstraites. René Strubel va chercher ses matériaux dans les friches industrielles pour réaliser d'impressionnants personnages tourmentés. Claude Gérard recycle les vieux papiers, travaillant depuis trente ans sur le carton des affiches que l'on trouve autour des kiosques à journaux pour en faire des collages chatoyants. Bernard Quetteville récupère les livres voués au pilon pour composer d'étonnantes sculptures. Josette Rispal se sert de grillage récupéré sur les décharges pour fabriquer l'ossature de ses personnages, sur laquelle elle greffe matériaux et objets usagés : fil de lamé, outils de nettoyage, papier journal, chiffons. «Je me suis toujours servie de ces éléments perdus, déclassés. Ils ont une âme en recherche de beauté, de Salut, de Sainteté», dit-elle.

À LIRE
Art et déchet, Gérard Bertolini, éd. Le Polygraphe.

> *"Votre problème, c'est votre solution."*
> **MILTON ERICKSON**

RECYCL'ART

L'illumination d'un ferrailleur alsacien

C'est en voyant avec quel bonheur les artistes fouillaient dans ses tas de ferraille pour récupérer les déchets et en faire des œuvres d'art, qu'un ferrailleur de Colmar a décidé de réunir leurs œuvres et de les exposer. C'était en 1995, Recycl'Art venait de naître. Depuis, une exposition est organisée chaque année en septembre, regroupant de plus en plus d'artistes. Un festival du même nom, en été à Bruxelles, a pris tant d'ampleur qu'il est devenu un événement culturel. L'entrée est gratuite.

CONTACT
Recycl'Art, 172 rue du Ladhof, BP 1305, 68013 Colmar Cedex, tél : 03 89 21 09 50

PLUS-VALUE

Créer du beau utile en puisant dans les poubelles

L'Interloque, une équipe d'artistes et d'artisans spécialisés chacun dans une matière particulière, a développé une gamme de produits de décoration intérieure, de jouets et d'œuvres d'art fabriqués entièrement à partir de déchets récoltés en ville. Parallèlement, elle diffuse des outils civiques originaux en vue d'améliorer la propreté de l'espace public et conduit une action de sensibilisation en profondeur afin de modifier les comportements et de promouvoir l'idée de la valorisation du déchet (créative, ludique, utile, originale, bon marché).

CONTACT
Espace Eugène Poubelle, 7 ter rue de Trétaigne, 75018 Paris, tél : 01 46 06 08 86

CORPS

Connaissez-vous vos recyclages intimes ?

Le seul moyen de participer aux nombreux processus de recyclage qui font notre métabolisme, c'est de prendre soin de soi (manger sainement, bien respirer, exercer une activité physique régulière, connaître ses biorythmes). Pour ceux qui se sentent réduits à l'état de déchet, la méthode mise au point par le génial kinésithérapeute Joseph Pilates dans les années 1910, à partir de son expérience d'infirmier militaire, fait une entrée massive et bienvenue dans les centres de remise en forme aujourd'hui. Elle vise à reconstruire les «muscles posturaux», fondamentaux car ils sont utiles aux oisifs comme aux actifs, et séduira les déçus de la gym, du sport et de la muscu. Quant à ceux qui s'intéressent à leurs déchets intimes, qu'ils se rassurent : la «Chose» a passionné nombre de grands esprits. Plus sans doute que l'avenir des chairs dont nous sommes faits, dont il ne dépend que de nous aujourd'hui de disposer librement : don à la médecine, crémation ou enterrement classique, il faut seulement prévoir !

À LIRE

- *La méthode Pilates en 10 étapes,* Ackland, Lesley, Paton & Thomas, éd. Guy Trédaniel
- *La Chose,* Michka et Hugo Verlomme, éd. Mamaéditions
- *Histoire et bizarreries sociales des excréments,* Martin Monestier, éd. du Cherche-Midi
- *Comment chier dans les bois,* Kathleen Meyer, éd. Edimontagne

POLITIQUE

Se recycler par le pantouflage

Le statut de l'élu offre peu de protection (ni chômage ni, dans la plupart des cas, retraite). Mieux vaut faire partie du sérail. Membre de l'administration, on se recycle dans son corps d'origine. Personnage important, on pantoufle (le conseil d'administration d'une société mixte est très apprécié). L'ex-élu de base devra se débrouiller.

À LIRE

Quand tu seras président,
B. Kouchner et D. Cohn-Bendit, éd. Robert Laffont

Recyclez

vos défauts en qualités !

«Chercher ses faiblesses, c'est trouver ses qualités», proclamait le philosophe Paul Diel, auteur d'une psychologie de la motivation pratiquée avec succès auprès de jeunes délinquants. En raison d'un milieu défavorable ou, plus souvent, d'une «banalisation» de la vie qui pousse à renoncer au nécessaire travail d'harmonisation des désirs matériels, affectifs et spirituels, les qualités se transforment en défauts, faute de trouver un terrain d'expression. La vanité, par exemple, est une confiance en soi qui ne s'est pas confrontée à la réalité (travail d'harmonisation des désirs matériels). «Tout comportement néfaste recèle une intention positive», affirme la programmation neurolinguistique. Comment procéder au recyclage ? «Cessez d'être gentil, soyez vrai !» nous conjure Thomas d'Asembourg. Mais cette acceptation de soi, tant prônée aujourd'hui, ne fait fi ni des autres ni de la rigueur qu'impose l'invitation à «être vrai». Et quand les psychothérapeutes Odile Kerjean et Catherine Aimelet-Périssol insistent sur l'importance de reconnaître et d'accepter ses défauts, c'est sans concession non plus. La première, graphologue, ne se prive pas d'humour pour décoder les comportements liés aux catégories qu'elle a identifiées (orgueil, paresse, égoïsme, agressivité, complexes). L'autre, médecin, parle d'un crocodile qu'il faut apprivoiser pour en utiliser la force à bon escient. Précieuses indications : se distancier par l'humour, danser avec ses loups plutôt que lutter. Au sport de combat, préférer l'art martial.

À LIRE

La psychologie de la motivation,
Paul Diel, éd. Payot.
Cessez d'être gentil, soyez vrai,
Thomas d'Asembourg, éd. de L'Homme.
Nos meilleurs défauts, Odile Kerjean, éd. Carrière.
Comment apprivoiser son crocodile,
Dr C. Aimelet-Périssol, éd. Robert Laffont.

CONTACTS

- Association de la psychologie de la motivation, 92 rue de la Pompe, 75116 Paris, tél : 01 44 05 18 63.
- Cercle d'études Paul Diel, 83 av. d'Italie, 75013 Paris, tél : 01 53 61 12 08.

“Votre maison est en feu, qu'emportez-vous ? – Le feu !”

JEAN COCTEAU

SISYPHE

Tous condamnés au recyclage permanent ?

C'est le premier sens du mot recyclage, selon le Larousse : «une formation permettant de s'adapter aux progrès techniques et scientifiques». Emportés par l'accélération de ces derniers, sommes-nous condamnés à une remise en cause permanente de nos acquis ? Tant mieux pour notre intelligence, pensera-t-on de prime abord. Attention ! La mystique du progrès, étendue à l'homme, produit une mobilisation infinie et permanente qui lui interdit de penser à ce que ses actions entraînent.

À LIRE

- *Ni le sommeil ni la mort*, H.-J. Heinrichs & P. Sloterdijk, éd. Aden Belgique
- *Comprendre le pouvoir*, Noam Chomsky, éd. Hachette Pluriel
- *Un métier pour la planète et pour moi*, E. Laville et M. Balmain, éd. Village Mondial

JACTANCE

Le recyclage des mots et des noms

Une langue recycle encore plus qu'elle ne crée. Parfois avec humour : dirions-nous souvent «souris» si le mot ne s'était pas glissé hors de son univers ? Chaque technologie nouvelle reprend ainsi des mots anciens dont elle enrichit ou remplace le sens, comme une voiture (char au Québec) tirée par de nouveaux chevaux. Les prénoms subissent un sort comparable, revenant selon des rythmes fluctuants. Au passage, quelques pertes. Théo reste seul dieu, privé d'être Théodule (adorateur de), dore (en compagnie de), gène (de la race de), time (qui craint), phraste (qui révèle) ou phile (aimant ou aimé de). Sous nos yeux, le mot «défi» est remplacé par l'anglais «tchalèndge». Curieux recyclage d'un terme pourtant bien français, «challenge», qui désigne une épreuve, certes, mais dont le vainqueur remet gracieusement en jeu son titre, jamais acquis. Outre la richesse de la langue, le défi serait-il de préserver la finesse et la courtoisie de son esprit ?

À LIRE

L'officiel des prénoms, Stéphanie Rapoport, éd. First

LIBERTÉ

«Slow Revolution» ?

Enquêtant sur la «Slow Revolution» qu'il sent monter en Occident, le journaliste Joseph Contreras a retenu pour un dossier dans *Newsweek* six références :

• En quelques mois, *L'Éloge de la lenteur* (*In Praise of slow*, éd. Orion Books, Londres) de l'Anglo-Canadien Carl Honoré est devenu un best-seller traduit en douze langues (pas en français, mais Pierre Sansot a écrit un savoureux *Du bon usage de la lenteur*, éd. Rivages).

• Fondée en 1986 à Rome par Carlo Petrini, en réaction à la malbouffe, l'association Slow Food revendique aujourd'hui près de 100 000 membres dans le monde, sur la simple base d'un encouragement au retour d'une sensualité quotidienne.

• L'Allemand Rudolf Steiner s'avère avoir été un visionnaire : les quelque huit cents écoles se référant à lui dans le monde prônent une éducation lente, où l'enfant a le temps de jouer, pour n'apprendre à lire et écrire que quand il en a vraiment besoin, vers sept ans.

• Vive la sexualité tantrique ! Revendiquée par des artistes de la vie qui ont fait le tour de la question, elle n'est accessible qu'aux amoureux de la lenteur, des relations pacifiques… et permet d'étirer le coït sur des heures !

• Parti du Slow Food, le mouvement Cittàslow fédère plus de cent localités en Europe, au Japon et au Brésil. Il prône la mise en place de mesures visant à réduire le bruit et la circulation, à préserver l'architecture et les traditions gastronomiques, privilégiant un développement respectueux de l'environnement.

• Aux États-Unis, le mouvement «Take Back Your Time» lutte contre le surmenage dans dix États, réclamant un retour aux horaires de travail…du Moyen Âge – ce n'est qu'à moitié une plaisanterie : les «militants lents» rappellent que dans l'Europe médiévale, un jour sur trois était férié, pour célébrer la liturgie mais aussi les saisons, les moissons, les vendanges et les carnavals.

CONTACT

slowfoodparisrabelais@wanadoo.fr

DE L'ART DE SE PROMENER DANS L'ÉCRIN DE LA NATURE

Et si l'action n'était plus une valeur supérieure mais exténuante ? La lenteur propose un art d'exister à opposer aux infatigables, à ceux qui s'étourdissent de projets afin de se fuir eux-mêmes.

«La lenteur, c'est, à mes yeux, la tendresse, le respect, la grâce dont les hommes et les éléments sont parfois capables», écrit Pierre Sansot. Pour lui, il s'agit là d'une façon de «ne pas nous oublier en chemin». Et si nous faisions comme lui et retrouvions le plaisir de la flânerie, du «peu», prêtant le serment «d'effleurer» et non d'empoigner, pour qu'alors les êtres nous livrent ce qu'ils sont, ce qu'ils consentent à être, progressant vers nous à l'allure qui est la leur.

Plutôt que de courir tout le temps, si nous reconquérions plutôt le sens de déambuler libres, flottants, accessibles à ce qui nous entoure ? Puisque, finalement, on ne va nulle part, pourquoi se presser ? Marcher à pas lents, conscients de l'instant présent et de la terre qui nous porte, c'est profiter d'un temps de passage pour créer en soi une expérience de révélation et de transformation. Marcher relie. Les bouddhistes pratiquent ainsi depuis longtemps le *kin-hin*, la marche méditative, encore appelée le «zen en mouvement.» Tous les voyages, intérieurs et extérieurs, commencent au premier pas…«Au bout de la patience, il y a le ciel», dit un proverbe du Tassili.

> ***“Peux-tu comprendre cela : toute émotion est d'une présence infinie.”***
>
> **ANDRÉ GIDE**

À LIRE

Du bon usage de la lenteur, Pierre Sansot, éd. Rivages.

Marcher-méditer, Michel Jourdan et Jacques Vigne, éd. Albin Michel, (par deux spécialistes de la méditation qui expliquent pourquoi les verbes Marcher et Méditer sont faits pour aller ensemble).

CONTACTS

• Méditation marchée avec Thich Nhat Hanh : Village des Pruniers, Hameau du Bas, Meyrac, 47120 Loubès-Bernac, tél : 05 53 94 75 40, www.villagedespruniers.org/

• Terre du ciel organise des méharées dans le désert : infos@terre-du-ciel.fr

• Pour une lecture poétique de tout ce qui se cache derrière le désert : Terres d'aventure : tél : 08 25 84 78 00.

• Un site bouddhiste branché sur la marche : www.buddhaline.net

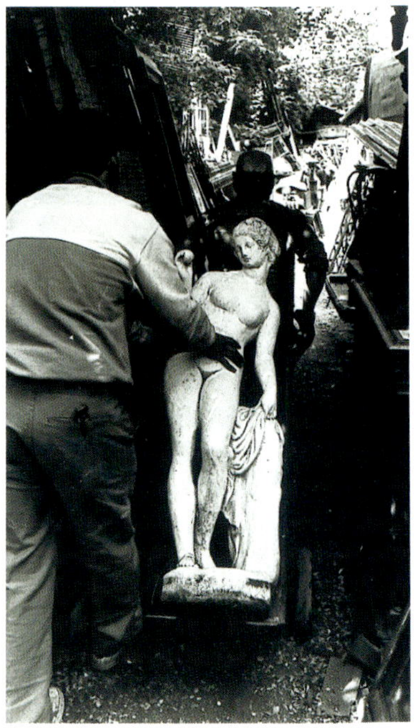

Relaxez-vous : peut-être ne vous reste-t-il que quelques minutes à vivre !

De même que le dauphin est fait pour fendre l'océan – et non mijoter dans un aquarium –, de même que l'aigle est fait pour embrasser l'azur – et non se morfondre dans une cage –, l'humain est fait pour vivre libre et assumer ses désirs, conscient de ce paradoxe : c'est par peur de vivre que nous avons peur de mourir.

Nous sommes à peu près tous pareils, emprisonné par une multitude de liens, contraintes, obligations, dépendances, conformismes... Parmi toutes ces attaches, celles qui nous ligotent le plus ne sont pas, comme nous l'imaginons souvent, extérieures à nous. Notre vraie prison est intérieure, émotionnelle et mentale. Nous sommes tels ces hommes primitifs que l'on pouvait enfermer dans un cercle tracé par terre, simplement parce qu'on leur avait injecté la croyance que, s'ils le franchissaient, ils mourraient aussitôt. Avouez-le : il n'y a pas de jour où nous ne nous faisons pas une montagne de soucis futiles. Râlerie, chagrin, colère, consternation, accusation, dépression... peuvent naître pour des riens et nous gâcher la vie. Cette dramatisation est due à un mélange de paranoïa, d'impatience, de mauvais stress et surtout d'un terrible manque d'humour. Logiquement, nous devrions être tordus de rire en constatant combien nous pouvons être raides, nous prenant pour le sommet du monde, dramatisant le moindre incident, déclenchant le plan Orsec si nous ne trouvons pas tout de suite l'objet dont nous avons besoin... ou une jaunisse si quelqu'un risque d'avoir une mauvaise opinion de nous. Oser se moquer de soi-même est un excellent exercice avant d'entreprendre de méditer, en quête du grand Soi en soi-même.

À LIRE

Les clés pour lâcher prise, Guy Finley, éd. de l'Homme.

Relax ! Le pouvoir de l'humour pour vaincre le stress, Loretta La Roche, éd. Dervy.

ATHANOR

Nous venons des étoiles !

La cosmologie contemporaine démontre une chose vertigineuse : l'unicité de la matière fait que tous les atomes autres que l'hydrogène – y compris ceux qui constituent notre corps – ont forcément été créés au sein d'une étoile.

Raison de plus pour s'abîmer dans la contemplation nocturne du ciel : nous venons de là ! La Voie lactée est un paysage qui fait naître notre admiration, notre exaltation et nos grandes questions...

Le cosmos a-t-il une intention ? L'univers s'étend sur plus de cent mille milliards de milliards de kilomètres : il n'en fallait pas moins pour nous mettre au monde.

À LIRE

- *Poussières d'étoiles*, Hubert Reeves, éd. Seuil
- *Voyage au bout de la galaxie : premier guide touristique de la Voie lactée*, Luc Mary, éd. JMG

ZEN

Faire une pause en son jardin

Évocation symbolique d'un lieu de séjour divin, le jardin zen s'inscrit dans une tradition millénaire de règles topographiques et de techniques, longtemps transmises oralement de maître à élève.

Il se présente comme un paysage naturel idéalisé : la nature transcendée s'y reflète, en un jeu presque métaphysique entre minéral et végétal.

«Le temps consacré au jardinage est une forme d'ascèse. Quand je désherbe pendant des heures un massif de mousse à la pince à épiler, c'est ma façon de méditer», confie Erik Borja, créateur de jardins zen à travers toute la France.

À LIRE

- *Les leçons du jardin zen*, Erik Borja, éd du Chêne
- *L'art du jardin zen*, Veronica Ray, éd. La Table Ronde
- *Mystères de la sagesse immobile*, M. et M. Shibata, éd. Albin Michel
- *Un jardin pour l'âme*, Marjorie Harris, éd. J'ai lu

CONTACT

www.tao-yin.com/philosophie/jardin_zen.html

La clé du verbe Méditer : la respiration

Choix de solitude face à la nature ultime du véritable Soi, à l'Atman, à la roue du Dharma ou à Dieu, la méditation est d'abord une présence attentive à soi-même, une invitation à un retournement vers l'intérieur. Y parvenir serait très difficile, sans cette clé très simple : se concentrer sur sa respiration.

Chaque tradition a ses techniques, mais elles se rejoignent dans l'attention portée au corps, symbole de l'homme entier. C'est lui en effet qui nous rend présent intérieurement et physiquement au monde : nos cinq sens nous y relient, nous y enracinent. C'est l'homme complet, corps-âme-esprit, qui doit se tendre vers l'expérience de la rencontre avec l'au-delà de lui-même… Méditer, c'est s'asseoir, être là, écouter et «tout transformer en amour, de moment en moment».

On médite avec la respiration : on inspire et on expire le monde. Le souffle donne vie, inspire, transforme, renouvelle : «La concentration sur la respiration fait voir un sentiment obscur de présence dans le corps, une calme conscience de sa propre grandeur» (Mircea Eliade).

Notre respiration est liée à nos processus psychiques : lorsque nous avons peur, elle s'accélère. Mais en observant son mouvement lors de la méditation, en ramenant notre esprit au flux et au reflux, nous la transformons progressivement. Elle passe ainsi d'une fonction automatique et non volontaire à une fonction consciente qui nous permet d'agir sur nos étages inconscients. Se concentrer sur son expiration et sur son inspiration, c'est sentir le double mouvement qui nous traverse, mouvement de transformation perpétuelle, de vie, palpable. Ça respire en nous. Dans toutes les traditions, la respiration est un point d'appui : elle doit être lente, régulière, consciente et abdominale. Elle permet enfin et surtout de ne penser à rien d'autre !

> ***“L'esprit du paysage et mon esprit se sont concentrés et, par là, transformés, de sorte que le paysage est bien en moi.”***
>
> **SHIH TAO, PEINTRE**

PRIER

Du sensoriel passif aux cinq sens attentifs

Parce que nous recevons et communiquons avec eux, les cinq sens sont la voie la plus simple pour entrer en méditation. «Accueillir activement par les cinq sens, c'est, devenant tout ouïe, passer d'entendre à écouter : c'est, devenant tout pores, passer du sentir au ressentir ; c'est, devenant tout narines, passer du simple respirer au humer ; c'est, devenant tout en perception de saveurs, passer du goûter au savourer ; c'est enfin, devenant tout yeux dessillés, passer du regarder à l'admirer.» (Extrait de *Prier avec les cinq sens*, père Alain de la Morandais, éd. Actes Sud)

CONTACT

Stage d'expression symbolique autour de l'eau, de l'air, du feu et de la terre : Maison de Tobie, 8 avenue Gambetta, 94 600 Choisy-le-Roi, tél : 01 48 53 50 81

POSTURES

Être un pont entre terre et ciel

La méditation traditionnelle se fait assis au sol, la posture de recueillement la plus aboutie. Les techniques décrivant l'art de s'asseoir sont très nombreuses et diffèrent d'une tradition à l'autre. La plupart recommandent de travailler le dos et de le redresser. Ce qui importe, c'est la juste verticalité. La nuque doit suivre l'effort et perdre sa raideur. Les épaules se relâchent, le corps doit être détendu et souple. Ce qui est raide en nous doit se laisser aller…

Si la position assise est trop pénible, il est possible de méditer sur une chaise. Mais en évitant que le dos ne touche celui de la chaise.

À LIRE

• *Techniques de méditation et pratiques d'éveil*, Marc de Smedt, éd. Albin Michel (plus de cinquante pratiques millénaires).

• *Le guide de la méditation,* hors-série *Actualité des religions/Prier*, 2002 (un voyage dans les méditations de toutes les traditions religieuses).

Pour apprivoiser notre corps, il faut savoir que tout part du hara

En matière de méditation, Karlfried Graf Dürckheim a incontestablement tendu un pont entre l'Orient et l'Occident. Il a notamment popularisé le terme japonais de* hara *(aussi appelé l'«assiette»), cette zone du ventre située sous le nombril, sur laquelle toutes les grandes techniques spirituelles conseillent de concentrer sa respiration.

C'est dans le bassin et la sangle abdominale que dort la force qui gît au plus profond de nous-mêmes… et qui ne demande qu'à être réveillée. «C'est seulement si l'homme est ouvert dans le *hara*, son centre terre, que pourra s'éveiller l'esprit. On ne trouve pas le ciel si on élimine la terre.» Pour développer son *hara*, il faut se servir consciemment de sa respiration naturelle, l'écouter aller et venir. Utilisez le début de l'expiration pour relâcher le corps dans les épaules. À la fin de l'expiration, posez-vous dans le bassin. Lâcher prise en haut et établissement dans le bassin sont deux aspects d'un seul et même mouvement. Relié au monde, sereinement ancré dans son centre vital, l'homme se libère de l'emprise de son petit moi et devient capable d'affronter aussi bien les exigences du monde que celles de la voie intérieure. Il y a le corps que l'on a et celui que l'on est. Passer du premier au second est une étape décisive de l'éveil.

À LIRE

Le Centre de l'Être, Karlfried Graf Dürckheim, éd. Albin Michel.
Et *Méditer. Pourquoi et comment,* ainsi que *Hara, centre vital de l'homme,* éd. Courrier du Livre.

CONTACT

Pour pratiquer la méditation selon Dürckheim :
Centre Dürkheim, Demeure de l'Instant Présent, BP 2, 26270 Mirmande,
tél : 04 75 63 06 60 – fax : 04 75 63 08 15
www.centre-durckheim.com

LÉGÈRETÉ

Nourrissez votre méditation

Purs et digestes, certains aliments apportent beaucoup d'énergie et ont un effet calmant : céréales (riz, blé, orge, millet), tous les fruits, la plupart des légumes (aussi peu cuits que possible), les légumineuses (lentilles, pois secs, soja), noix et graines, légumes secs, lait et produits laitiers, condiments (cannelle, cardamome, clou de girofle, poivre noir).

- Aliments conseillés quotidiennement : laitue, pomme, lait cru, miel (1/2 cuillère à café).
- Aliments qui alourdissent et affaiblissent le corps et le mental : boissons alcoolisées, viande, oignons, ail, aliments fermentés, fritures, conserves et sucreries.

ATTENTION !

Si vous voulez jeûner

L'abstention de nourriture est une forme pratiquée par les adeptes de nombreuses voies spirituelles.
Le jeûne crée un état de conscience non ordinaire et favorise la vigilance nécessaire à la méditation.
Quelques conseils pour un jeûne d'une journée :
la veille au soir, dînez légèrement – une pomme, une soupe, un bouillon.
Ne mangez rien depuis le réveil le lendemain jusqu'à la même heure le surlendemain.
Buvez beaucoup d'eau. Vous pouvez y ajouter une petite cuillérée de miel, une pincée de cannelle.
Si vous vous sentez faible, prenez des tisanes de thym ou de sauge.
Évitez tout effort violent, le bruit et l'agitation.
Rompez le jeûne avec du thé ou de la tisane, un yaourt, un fruit.
Évitez surtout de trop manger immédiatement après.

NEUROTHÉOLOGIE

Ils étudient le cerveau des mystiques

Depuis trente ans, des scientifiques, «traquant» Dieu dans le cerveau, ont donné naissance à la neurothéologie. Le docteur Eugène d'Aquili, anthropologue des religions, et le docteur Andrew Newberg, neurophysiologiste, ont fait passer des IRM à des moines bouddhistes en méditation.
Les mêmes tests ont été effectués sur des volontaires d'autres religions. C'est ainsi qu'ils ont démontré que, pendant la concentration intense de la méditation, l'activité des neurones du lobe pariétal (zone de l'orientation dans l'espace) diminue, ce qui amène à ne plus faire la différence entre ce qui est soi et non-soi. Le méditant ne perçoit plus la frontière entre lui et l'univers : il tombe dans l'EAU (abréviation scientifique de l'«Être Absolu Unitaire») !
Parallèlement, l'activité du cortex préfrontal se déplace de l'hémisphère droit (impliqué dans les émotions négatives) vers le gauche (émotions positives), et une cascade de «monoamines» (molécules qui régissent l'humeur entrent en jeu.
Le cerveau est ainsi, peu à peu, réorienté d'un état de réponse au stress vers l'acceptation. Comme le réclame Jean-Louis Servan-Schreiber dans un éditorial de *Psychologies* : «À quand les pilules de monoamines ?»

À LIRE

- *Pourquoi Dieu ne disparaîtra pas*, Andrew Newberg et Eugène d'Aquili, éd. Sully
- *Et l'homme créa les dieux*, Pascal Boyer, éd. Robert Laffont
- *La biologie de Dieu*, Patrick Jean-Baptiste, éd. Noêsis
- *Le pouvoir de l'esprit*, entretiens du Dalaï Lama avec des scientifiques, éd. Fayard
- *Le Monde des religions*, juillet-août 2004 : «Sommes-nous programmés pour croire ?»
- *La recherche*, n°14, janvier 2004 : «Dieu, la science et la religion» (hors série)

CONTACTS

www.lecerveau.mcgill.ca
www.cybersciences.com

Deux ou trois trucs pour vous aider à méditer

Que vous méditiez façon bouddhiste (en faisant le vide) ou façon monothéiste (en vous concentrant sur le divin), la méditation est toujours une question très concrète : il faut commencer par se «rappeler à soi-même» et pour cela, se plier à une discipline, sinon dure, du moins régulière. Voici quelques tuyaux pour y parvenir moins difficilement.

Tout conspire contre la méditation : douleur physique, paresse, somnolence, agitation physique et mentale, ennui sont des obstacles trop bien connus. Lorsqu'une résistance apparaît, c'est que notre «petit moi» se sent menacé. Il faut alors redoubler d'efforts : si l'on se décourage et que l'on baisse les bras, il gagne la partie… Un premier conseil : si le flux de vos pensées vous agite, focalisez-vous mentalement sur le flux et le reflux de votre respiration (certains ajoutent : «Et fixez votre regard intérieur sur le point situé entre vos deux sourcils»).

LE LIEU :
Inutile de choisir un lieu et de décider d'y méditer toujours à la même place : un endroit ou une heure calmes suffisent, n'importe où. Élisez de préférence un endroit frais. Le cerveau se déconcentre s'il a trop chaud. Prévoir une fine couverture : il est fréquent que la température du corps baisse pendant la méditation.

LE RYTHME :
La pratique doit être quotidienne, mais il ne s'agit pas de devenir un athlète du jour au lendemain. Les maîtres conseillent aux débutants de méditer cinq minutes chaque jour, sinon on a vite fait de baisser les bras ! L'aurore est une heure idéale : l'esprit n'est pas encore trop encombré. La tombée du jour est également propice : c'est l'occasion de lâcher ses pensées de la journée. Il faut entrer en méditation comme on se rend à un rendez-vous : on s'y prépare intérieurement et l'on se doit d'être ponctuel. On se fixe une heure et une durée, et on n'écourte pas une méditation ressentie comme «désagréable», on n'en prolonge pas une autre jugée «agréable» : on prend ce qui est. Ce n'est pas la quantité de méditation qui compte mais sa qualité !

AVEC OU SANS GUIDE ?
L'aventure spirituelle a beau être solitaire, on ne s'y aventure pas seul. Plus on pénètre ses profondeurs, plus un contrôle s'avère nécessaire : telle posture ou attitude intérieure sera recommandée à un moment, déconseillée à un autre... Pour autant, si le maître agit comme une personne voyante guide un aveugle, il n'en demeure pas moins que le maître véritable est à l'intérieur de nous et qu'il faudra bien, in fine, franchir seul, pas à pas, les obstacles de l'ascension. L'essentiel n'est pas d'«avoir un maître» mais d' «être un disciple».

À LIRE

Les étapes de la méditation, éd. Trédaniel, (l'un des plus importants manuels de méditation tibétains).
Le pouvoir du calme, Tobin Blake, éd. Trédaniel, (un petit guide pour apprendre à méditer à la maison en trente jours).

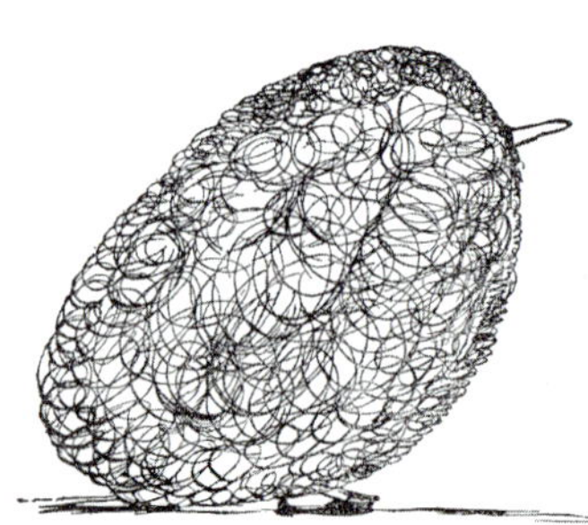

IMMUNOSPIRIT

Méditer booste le système immunitaire

Dès 1958, le cardiologue américain Herbert Benson découvre que les ondes qu'émet le cerveau changent de nature lors de la méditation : augmentation des ondes Alpha (qui n'apparaissent qu'en étant détendu) et apparition des ondes Bêta (liées aux phases du sommeil profond). Au-delà, c'est tout le corps qui en bénéficie : on assiste ainsi à une réduction de la pression sanguine, la tension artérielle baisse ainsi que la production de gaz carbonique. Par ailleurs, les rythmes cardiaques et respiratoires ralentissent de façon spectaculaire et le taux de cholestérol baisse. On sait par ailleurs depuis 2003, grâce aux travaux du Pr Davidson et du Dr Jon Kabat-Zinn, que la méditation, via son impact sur les émotions, renforce le système immunitaire pendant des mois.

À LIRE

• *Où tu vas, tu es. Apprendre à méditer en tous lieux et toutes circonstances,* Jon Kabat-Zinn, éd. Lattès et J'ai Lu (ce médecin a réussi à faire entrer la méditation dans les hôpitaux et les prisons).

• *Surmonter les émotions destructrices,* Daniel Goleman, éd. Robert Laffont (comment la méditation, en stimulant en particulier le cortex préfrontal gauche, amène une sensation de bien-être).

CONTACT

Le réseau Proteus étaie l'idée que la méditation stimule le système immunitaire

www.reseauproteus.net/fr/actualites/nouvelles/fiche.aspx

Consulter également ce site pour toutes ses infos sur la méditation

“Vous n'arrivez pas à méditer une demi-heure par jour ? Méditez cinq mille fois par jour une seconde.”

ARNAUD DESJARDINS

Neuf supports de méditation venus du monde entier

Chaque tradition a ses propres supports matériels pour aider ses pratiquants à se concentrer et à entrer en méditation. Les puristes peuvent s'en méfier : les iconoclastes, par exemple, se méfient des images, par peur de l'idolâtrie qu'elle peut susciter. Mais même ceux-là usent par ailleurs d'autres outils davantage à leur goût.

Icône

Les chrétiens orthodoxes considèrent que l'icône n'est pas une œuvre d'art, mais une image initiatique, une «écriture en couleurs du nom de Dieu». Chemin de conversion, elle est un support qui fixe l'attention. L'icône est appelée à réorienter le regard du méditant vers cet au-delà des apparences physiques où se cache le divin…

Encens

Les traditions qui utilisent l'encens le font avec plus d'intelligence qu'on ne croit. La durée de combustion des encens japonais correspond par exemple au temps moyen que doit durer une méditation : l'extinction signifie la fin de la séance. Chaque encens possède ses particularités propres. Parmi les plus classiques, le benjoin passe pour «fixer l'esprit» et accroître la concentration, l'oliban est réputé pour faciliter l'envol dans des états mystiques.

Mandala

Le terme sanskrit «mandala» signifie cercle. C'est à la fois une cartographie de nos états mentaux et un guide pour rejoindre l'illumination. En s'entraînant à substituer à l'espace et aux apparences ordinaires l'espace et les apparences pures du mandala, le pratiquant développe sa capacité à se voir présent dans un environnement parfait. Les Indiens parlent alors d'«inconscient à ciel ouvert».

Didgeridoo

Aussi appelé *yidaki*, ce tronc creux et résonnant produit un son incomparable dont les Aborigènes d'Australie se servent avec une science inouïe pour modifier les états de conscience. On sait que pour les Aborigènes, le réel ultime est «le temps du rêve», gouverné par les Ancêtres primordiaux, qui apparaissent dans les formes remarquables du paysage et que l'on peut rejoindre sans être obligé de mourir, en rêvant...

Zafu

Chez les bouddhistes, ce petit coussin rond, épais et dur permet une assise correcte pour méditer. Il redresse la colonne vertébrale et facilite l'équilibre tout en maintenant les genoux en contact avec le sol. Dégageant l'abdomen, il facilite la respiration par le ventre. La légende raconte qu'à l'origine, le Bouddha prenait juste une brassée d'herbe pour s'asseoir dessus. Ses disciples ont ensuite sophistiqué la chose.

Moulin à prières

Ces rouleaux fixés sur des axes verticaux, que l'on peut faire tourner d'une simple poussée de la main, contiennent chacun une bande de papier sur laquelle sont imprimés les mantras que le fidèle répète inlassablement, tout en déambulant dans le temple où il fait tourner les moulins les uns après les autres, entrant dans une forme de transe. Cet objet de méditation est surtout utilisé au Tibet.

Enluminure

On l'a parfois oublié, mais à l'origine, l'enluminure est un support de méditation, pour celui qui peint comme pour celui qui lit. C'est un pont entre le visible et l'invisible. Si le lecteur accepte d'être comme un enfant qui, à partir d'un détail, peut entrer dans une autre réalité, la contemplation des lettres, décorées de scènes et de couleurs évoquant le sacré, opère en lui une transformation de sa conscience.

Mâlâ

Cette forme de chapelet accompagne les bouddhistes, mais aussi les hindouistes, dans leurs dévotions. Composé de cent huit perles, le *mâlâ* permet au fidèle de compter le nombre de fois où il prononce le nom de Bouddha ou une syllabe sacrée tirée d'un mantra. C'est un ancêtre du chapelet ou rosaire des chrétiens et des musulmans, qui y ont naturellement adapté leurs propres prières.

Tambour

Les plus anciennes traditions spirituelles connues, en Asie centrale par exemple, font reposer leurs rituels sur une rythmique, pulsation cardiaque de l'univers avec laquelle l'homme-médecine entre en résonance, pour pouvoir voyager dans le ciel des esprits et sous la terre des ancêtres. Le chamane «chevauche» lui-même les battements du tambour. Le maître africain, lui, s'en sert plutôt pour mettre les villageois en transe et les soigner.

GRÂCE

La voie de l'ikebana

Venu de Chine et longtemps réservé aux hommes, l'ikebana, ou voie des fleurs, est l'expression d'une harmonie amoureuse de l'homme avec la création.
Les végétaux d'un bouquet sont choisis en fonction de la saison et du symbole qu'ils représentent, de la façon dont ils ont poussé naturellement. Ils sont travaillés par un ikébaniste, architecte patient qui, dans le silence, joue du vide, de l'asymétrie, des contrastes. Humanité et nature se rencontrent, se pénètrent, «combinées et comme recréées en quelque chose de nouveau, en un ikebana qui exprime à la fois l'esprit des fleurs et le cœur de son auteur» (Sôfu Teshigahara). Le pratiquant participe alors à un mystère qui le porte et le dépasse. Dans un vase, un autre monde, miniature, se crée, relié à l'infini du ciel et de la terre.

À LIRE

• *La voie des fleurs,* Gusty et Luise Herrigel, éd. Dervy
• *L'ikebana,* Martine Clément, éd. Denoël (indispensable pour connaître les techniques des trois grandes écoles japonaises : Ikenobo, Ohara, Sogetsu)

CONTACTS

• Alliance franco-japonaise d'art floral : 13 rue Villedo, 75001 Paris, tél : 01 47 03 33 03
• École d'ikebana de Toulouse (organise des stages à Toulouse, Bordeaux, Lausanne et Tarbes) : 15 rue de la Pleau, 31000 Toulouse, tél : 05 61 14 17 18 fax : 05 62 17 11 58
www. ikebana-toulouse.com

> ***“Repose-toi, prends des forces, médite. Puis replonge-toi dans l'action, si nécessaire.”***
> **LUCAS ESTRELLA SCHULTZ**

Méditez en épluchant les légumes !

Dans son livre de base, *Shintaïdo. Un art de mouvement et d'expression de la Vie*, maître Hiroyuki Aoki, le fondateur de cet art dérivé du karaté, utilise, pour mieux faire comprendre l'idée de «coupe», l'exemple de la préparation des légumes : on peut couper une aubergine, ou une pomme, ou une carotte, en poussant son couteau vers l'avant, ou le tirant vers soi, mais il faut toujours le faire avec une double attitude : être présent, concentré, précis, continu, centré sur son geste, et en même temps grand, large, généreux, poussant virtuellement le geste jusqu'à l'infini. Il explique : «Il y a dans le monde artistique une règle qui ne souffre pas d'exception : “Ce qui n'est pas exprimé n'existe pas.” Lorsqu'un acteur chevronné et à l'esprit généreux interprète un rôle qu'il a beaucoup travaillé, tout ce qu'il fait semble exprimer la beauté. Devant le public, il doit être capable de présenter son personnage avec suffisamment de talent pour que l'on n'ait pas à dire : “Nous ne comprenons pas, soyez plus clair”.» Cette clarté du geste, l'univers entier y a droit, même les humbles légumes, qui doivent comprendre ce que notre lame leur veut !

Dans un état d'esprit sensiblement similaire, Hugues de la Bourdonnaye, qui a tenu pendant quelque temps la rubrique diététique du magazine *Nouvelles Clés*, écrit à propos de l'épluchage des légumes : «La façon de les préparer est déterminante. Les légumes sont des organismes vivants, traitez-les comme tels, en les respectant. Lorsque vous les préparez, faites-le avec amour et dans le calme. Portez votre attention exclusivement à ce que vous faites ; alors, celui ou celle qui prépare disparaît dans l'acte de préparer, au-delà de l'espace et du temps. Mais s'il vous plaît, ne collez pas non plus à la situation ! Soyez juste attentif à l'attention que vous leur portez.» Il conclut : «Si ce sont des légumes biologiques, ils n'ont pas besoin d'être épluchés. Contentez-vous simplement de les passer sous l'eau en les frottant avec une brosse végétale.» Mais toujours dans le même esprit.

Sauvé par le soufisme !

Exemplaire dans son parcours d'enfant des quartiers durs (le Neuhof, à Strasbourg), passé du christianisme parental à l'islamisme (fédérateur du violent désir adolescent de pureté), le rappeur Abd al-Malik dit lui-même qu'il a été «sauvé» par sa découverte du soufisme et de sa pratique singulière de la méditation.

Le premier CD de rap en solo d'Abd al-Malik (qui chante aussi avec les New African Poets) s'intitule *Le face-à-face des cœurs*, en référence au livre du maître soufi Faouzi Skali, dont la rencontre a changé sa vie. Il le raconte dans un livre : *Qu'Allah bénisse la France !* Bachir Ghoggal, de la revue *Soufisme d'Orient et d'Occident*, lui demande si ce titre n'est pas provocateur. Quelques extraits de sa réponse : «Nous vivons une période où des gens se réclamant de l'islam commettent des choses incroyables, en réalité de leur seul point de vue. Car l'islam est une religion de partage, d'amour, d'acceptation de l'autre... Une religion d'espoir. On peut être musulman et aimer la France ! À l'époque où je me suis converti, je ne connaissais de l'islam que le point de vue de certains, très lié au "paraître", à l'extérieur. Alors que l'islam est avant tout un équilibre entre l'intérieur et l'extérieur. Cet équilibre, je l'ai trouvé à travers le soufisme : il ne peut venir que du fond du cœur et de l'être. Mon guide parle d'un "secret spirituel" *(sirr)*, dont chaque individu détient une parcelle. Chaque être doit être respecté pour cette raison. J'aime cette phrase que cite souvent Sidi Hamza Qadiri al-Boudchich : "Dans mon jardin les fleurs sont multiples, mais l'eau est unique."» Participant au voyage à Auschwitz, organisé en 2004 par Émile Shoufani, le curé palestinien de Nazareth, Abd al-Malik y parlera de la «présence divine», qui le renvoie au *dhikr,* la remémoration du nom de Dieu dans la pratique soufie : «En nous souvenant ensemble de l'inhumanité absolue, nous nous souvenons ensemble de l'urgence de l'Amour. C'est comme cela que nous avons quelque chance de guérir. Notre sagesse nous dit : "Si tu te souviens de l'Amour, l'Amour se souviendra de toi."»

À LIRE

Qu'Allah bénisse la France ! Abd al-Malik, éd. Albin Michel.
Un Arabe à Auschwitz, Jean Mouttapa, éd. Albin Michel.
Le face à face des cœurs, Faouzi Skali, éd. Pocket.

CONTACTS

• *Revue Soufisme d'Orient et d'Occident* : www.soufisme.org
• Librairie de l'Orient, 18 rue des Fossés-Saint-Bernard, 75005 Paris, tél : 01 40 51 85 33 www.orient-lib.com

GUIDES

Pour se retrouver dans le silence

Jamais les humains n'ont eu autant besoin de silence et de calme. Trop de stress, de bruit, d'agitation... Certes, silence et sérénité sont d'abord affaire de vie intérieure. Mais celle-ci est en résonance permanente avec le monde du dehors, qui l'influence grandement. Voici quelques guides qui peuvent vous aider :

• *Le guide des lieux de silence*, Joachim Bouflet, éd. Hachette
Ce livre donne tous les renseignements utiles pour accéder à l'un ou l'autre des 260 lieux qui, à travers la France, se proposent de vous aider à faire la paix en vous-même et à passer de grands moments avec la nature.

• *Le guide des monastères*, éd. Horay. Ce livre en deux tomes (le premier sur la France, la Belgique, le Luxembourg et la Suisse, le second sur trente-cinq pays d'Europe) donne des listes de lieux, leurs moyens d'accès, leurs offices publics, leurs œuvres architecturales et artistiques et les produits qu'on y trouve.

• *Guide des centres bouddhistes en France,* Philippe Ronce, éd. Noêsis
Fruit d'une enquête auprès des principaux centres bouddhistes français – en particulier zen ou «de coloration tibétaine», comme le dit joliment Lama Denys de l'institut Karma Ling (Savoie) –, ce livre est le premier guide exhaustif : 255 centres y sont décrits en détai.

• *Éloge du silence*, Marc de Smedt, éd. Albin Michel. Le silence, si rare dans la vie moderne, ouvre le chemin vers soi. Ce livre vous guidera parmi les innombrables sortes de silence.

CONTACTS

Ouvrages généraux

• *Cette lumière en nous : la vraie méditation*, Krishnamurti, éd. Stock.
• *Dictionnaire de la sagesse orientale (bouddhisme, hindouisme, taoïsme, zen)*, coll. Bouquins, éd. Robert Laffont.
• *L'art de méditer et d'agir*, collectif, éd. du Relié.

Rencontres inter-religieuses :

• *Méditation zen et prière chrétienne*, Enomiya Lassalle, éd. Albin Michel.
• *Zen et Occident*, Jacques Brosse, éd. Albin Michel.
• *Prière et méditation dans le christianisme et le bouddhisme*, Henri Bourgeois et Jean-Pierre Schnetzler, éd. Desclée de Brouwer.
• *Zen, Tao et Nirvana*, Thomas Merton, éd. Fayard.

Méditation selon les traditions

Christianisme

• *Les oraisons des débutants*, père M. Eugène de l'Enfant-Jésus, éd. du Carmel.
• *L'Imitation de Jésus-Christ*, éd. Seuil.
• Récits d'un pèlerin russe, éd. Points-Seuil.
• *Prière de Jésus, prière du cœur*, Alphonse et Rachel Goettmann, éd. Albin Michel.

Contacts

• Stage de yoga à l'école Saint-Jean de la Croix et Sainte-Thérèse d'Avila : La Passerelle, Le Boulay, 72140 Rouez-en-Champagne, tél : 02 43 29 71 79.
• Méditation orthodoxe : Béthanie (Lorraine), Centre de rencontres spirituelles, Prieuré Notre-Dame et Saint-Thiébault, 57680 Gorze, tél : 03 87 52 02 28, fax : 03 87 69 91
www.top.ca/users/thabor/ressources/bethanie.htm

Judaïsme

• *Tsimtsoum*, Marc-Alain Ouaknin, éd. Albin Michel.
• *Eloge de la caresse*, Marc-Alain Ouaknin, éd. Points-Seuil.
• *La chaise vide* et *Une arme si douce*, Rabbi Nahman de Braslav, éd. La Table ronde.

Contact

Atelier de méditation hébraïque Georges-Laye : 279 Quartier Canet, 13360 Roquevaire, tél : 04 42 04 09 26.

Islam

• *Initiation à l'islam,* Éric Geoffroy, éd. Fayard (une synthèse très accessible).
• Quatre ouvrages de Faouzi Skali : *Futuwah. Traité de chevalerie soufie* ; *La voie soufie* ; *Jésus dans la tradition soufie*, éd. Albin Michel.

Contacts

• Centre Mandapa : 6 rue Wurtz, 75013 Paris, tél : 01 45 89 01 60.
• À écouter : *Les derviches tourneurs de Damas, liturgie soufie de la Grande Mosquée des Omeyyades*, éd. Le chant du monde.

Yoga

• *Le guide du yoga* et *La pratique du yoga intégral*, Sri Aurobindo, éd. Albin Michel.
• *Yoga, du mythe à la réalité*, éd. Plon-Mame.
• *Les chemins du corps*, dir. Y. Tardan-Masquelier, éd. Albin Michel.
• *La pratique de méditation*, Swâmi Sivânanda Sarasvati, éd. Albin Michel.
• École française de yoga : 3 rue Aubriot, 75004 Paris, tél : 01 42 78 03 05, fax : 01 42 78 06 27
www.efy.asso.fr

Vedanta

Spiritualité non dualiste qui établit un lien entre le corps et l'absolu.

À lire

• *Je suis, Sois !* et *Graines de conscience*, Râmana Maharshi, éd. Les Deux Océans.
• *A la recherche du Soi*, Arnaud Desjardins, éd. La Table ronde.

Contacts

• Centre spirituel de Hauteville, Ashram Arnaud Desjardins, 07800 Saint-Laurent-du-Pape, tél : 04 75 62 29 29.
• Centre védantique Ramakrishna : 64 bd Victor-Hugo, 77220 Gretz, tél : 01 64 07 03 11 – assoc.wanadoo.fr/centre.vedantique/

Bouddhisme tibétain

• *La méditation*, Sogyal Rinpoche, éd. La Table ronde.
• *Guide du Tibet en France et en Europe,* éd. Claire Lumière.

Contacts

• Institut Karma-Ling : hameau de Saint-Hugon, 73110 Arvillard, tél : 04 79 25 78 00 – www.karmaling.org
• Institut Kagyu Ling : château de Plaige, 71320 La Boulaye, tél : 03 85 79 62 53.
• Centre Vipassana : Dhamma Mahi, Le Bois-Planté, 89350 Louesme, tél : 03 86 45 75 14 – fax : 03 86 45 76 20.
• www.centrebouddhique.org (site Therevada)
• www.alexandra-david-neel.org

Sarbacana

Inventée par un Français, Michel-Laurent Dioptaz, l'école du souffle Sarbacana est unique au monde. Les «flèches-de-souffle» viennent à la fois du fond du corps et de l'esprit : l'objectif est de toucher son propre centre (idéal pour arrêter de fumer !). Dojo Sarbacana : Sente des Chants d'Oiseaux, 7 rue de la Forêt, 78570 Chanteloup-les-Vignes, tél : 01 39 70 74 92
dojo@sarbacana.com
et www.sarbacana.com

à lire

Sarbacana, Michel-Laurent Dioptaz, éd. Souffle d'Or.

Zen

• *Guide du zen*, Éric Rommeluère, éd. Livre de poche.
• *La respiration consciente*, Thich Nhat Hanh, éd. Albin Michel.
• *Cœur pur*, Maura O'Halloran, éd. Actes Sud.

Contacts

• Dojo zen de Paris (siège de l'Association zen internationale, AZI) : 175 rue de Tolbiac, 75 013 Paris, tél : 01 53 80 19 19
www.zen-azi.org
• Temple zen de la Gendronnière (centre de retraite de l'AZI, le plus grand temple zen en Occident) : Valaire, 41120 Les Montils, tél : 02 54 44 04 86 et 02 54 44 03 44.
• Zen chrétien : Mont Thabor, Le Forum, 102-104 rue de Vaugirard, 75006 Paris, tél : 01 45 44 01 87.
• Revue *Samsâra,* n° 17, juillet 2000 : «Où pratiquer le zen en France ?»

Bonsaï

• L'Arbre de vie, 8 av. du Maine, 75015 Paris, tél : 01 45 49 13 86 – www.larbredevie.com

Marche et pèlerinage

• *Marche et méditation. Un chemin vers soi*, Pierre-Yves Brissiaud, éd. Jouvence.
• *L'art de se promener*, Karl Gottlob Schelle, éd. Rivages Poche.
• *Le bonheur en marchant*, Yves Pascalet, éd. JC Lattès.

Contacts

• Agence Terre Entière : 10 rue de Mézières, 75006 Paris, tél : 01 44 39 03 03 – fax : 01 42 84 18 99 – info@terreentiere.com

S'ENDORMIR

Nuits sauvages, à dormir en pleine nature pour réveiller joies et terreurs ancestrales. Nuits câlines, car, si le câlin n'a pas d'heure, c'est la nuit que les corps s'abandonnent le mieux. Nuits musicales, espace-temps où pression sociale et clarté visuelle s'estompent, libérant les autres possibles sensoriels et rythmiques. Nuits oniriques : «Un rêve non interprété est comme une lettre non lue», dit la Kabbale. Nuits abyssales, dépendance fœtale, inaccomplissement, mystères de la nuit mystique où se sont retrouvés tous les grands saints, les porteurs de lumière… Bonne nuit !

MÉMOIRE

Morphée et Hypnos, deux héros mythologiques grecs

Hypnos, personnification du sommeil, est le frère jumeau de Thanatos, dieu de la mort et fils de Nyx (la nuit). Il procure aux hommes un repos paisible. On le représente portant une corne déversant le sommeil sur les hommes. Son domaine, dont Ovide fait une longue description, est obscur et brumeux, traversé par le Léthé, le fleuve de l'oubli. Il y repose sur une molle couche au milieu de ses innombrables fils. Ainsi, Morphée, dieu des songes, est l'un des mille fils d'Hypnos et de Nyx. Son nom signifie «celui qui reproduit les formes» car il apparaît aux rêveurs sous la forme d'êtres humains. Ses deux grandes ailes de papillon battent rapidement et sans bruit et le portent en un instant aux extrémités de la terre.

LÉGÈRETÉ

Le philosophe Alain et le sommeil

«Qu'est-ce donc que dormir ? C'est une manière de penser ; dormir, c'est penser peu, c'est penser le moins possible. Penser, c'est peser ; dormir, c'est ne plus peser les témoignages. C'est prendre comme vrai, sans examen, tout murmure des sens, et tout le murmure du monde. Dormir, c'est accepter ; c'est vouloir bien que les choses soient absurdes, vouloir bien qu'elles naissent et meurent à tout moment ; c'est ne pas trouver étrange que les distances soient supprimées, que le lourd ne pèse plus, que le léger soit lourd, que le monde entier change soudain, comme, dans un décor de théâtre, soudain les forêts, les châteaux forts, les clochers, la montagne, tout s'incline comme au souffle du vent, avant de s'engloutir sous la scène.»

À LIRE

Les marchands de sommeil, Alain, éd. Gallimard, 1942

LE MONDE EST UN GRAND BOIS DORMANT

Jean Cocteau disait : «Le sommeil n'est pas un lieu sûr.» L'innocence animale l'avait depuis trop longtemps quitté. Heureux les ours qui hibernent ! Peu d'organismes échappent à la loi du sommeil, à l'exception des virus et des bactéries, trop primitifs, et des squales, pour une raison inconnue.

CERTAINS ANIMAUX DORMENT (PRESQUE) TOUT LE TEMPS : L'hiver, la nature est un vaste dortoir. Une façon pour les animaux d'économiser leur énergie. Dès que la température tombe au-dessous de 14°, les loirs s'endorment en petits groupes, dans des nids souterrains. Fin octobre, ils dorment déjà à poings fermés, roulés en boule, la queue par-dessus la tête. En prévision, ils se sont goinfrés de noix, noisettes et fruits. Ces réserves de graisse doivent leur suffire jusqu'à leur réveil, en avril. Certains animaux n'ont pas besoin des variations climatiques pour être de gros dormeurs : ainsi, quelle que soit la saison, l'opossum ou le tatou géant dorment environ 18 heures par jour, le paresseux s'écroule quant à lui pendant 17 heures ! Les vaches, qui ne dorment que 4 heures, peuvent leur tenir la dragée haute…

CEUX QUI NE DORMENT QUE D'UN ŒIL : Le dauphin ne dort pas d'un seul œil, mais d'un seul cerveau. Tandis qu'un hémisphère montre des signes typiques du sommeil lent, l'autre reste éveillé. Cette particularité lui permet d'assurer simultanément deux fonctions vitales : «semi-dormir», sans se noyer. De même, pendant les migrations, l'albatros ou le martinet peuvent voler sans arrêt pendant de très longues périodes. Ces oiseaux présentent eux aussi un sommeil hémisphérique unilatéral.

PLANTES ET INSECTES AUSSI ONT LEUR HORLOGE INTERNE : En 1729, un astronome, Jean-Jacques d'Ortous de Mairan, enferme une sensitive dans un cabinet noir. Il remarque alors que, même en l'absence d'alternance lumière-obscurité, les feuilles de la sensitive continuent de se redresser ou de se replier toutes les 24 heures. Il en conclut que cette plante a une «horloge interne» qui lui donne l'heure. De fait, il existe une horloge circadienne (réglée sur un cycle d'un jour) chez tous les vivants, de l'homme à la plante, en passant par les algues ou les insectes, notamment l'abeille ou la blatte.

CONTACT

Sur le sommeil, les végétaux et les animaux, l'université de Lyon propose un site savant : http://sommeil.univ-lyon1.fr

“Un homme qui dort tient en cercle autour de lui le fil des heures, l'ordre des années et des mondes.”

MARCEL PROUST

Les barques du sommeil, hymne moderne à la nuit

Plus forte qu'un rêve nocturne, c'est l'une de ces scènes cueillies pendant l'endormissement et dites hypnagogiques qui inspira à Jacqueline Kelen la métaphore nautique : elle s'y voyait ramant, sereine et déterminée, accompagnée de quatre oiseaux confiants perchés sur la lisse comme des «âmes légères et silencieuses».

«Non je ne veux pas me réveiller, retomber dans l'exil, la froide lucidité, la raison stérile. Je vais parler des sommeils, entiers, purs, sans progéniture et sans justification ; des sommeils immenses comme la tranquille beauté des choses et comme les splendeurs qui ferraillent, clandestines ; des sommeils comme la salle d'attente des poèmes, comme le fleuve fondamental, comme le soleil fou – espaces obscurs, espaces de déraison, espaces de liberté enfin : le dormeur, l'amoureux, le poète. J'aime les corps nocturnes qui sont toujours corps stellaires, transfigurés par une lumière qui demeure innommée, corps naviguant sur une musique de début du monde. Je voudrais écrire avec les yeux aigus du sommeil, si proches des yeux de l'espérance, et avec des vocables belliqueux. Il n'y aurait pas de chapitres : on ne met pas en boîtes l'infini et les seaux n'épuiseront pas la mer. Au mieux ce seraient des vagues – vagues nocturnes, vagues d'amour et de musique. On ne détaille pas le mystère, on le laisse envahir toute la place. "Je me suis embarqué sur un vaisseau qui danse... mes pieds ont oublié la terre et ses chemins... les vagues souples m'ont appris d'autres cadences" : Fauré encore. Encore l'horizon chimérique.»

À LIRE

Jacqueline Kelen, *Les barques du sommeil*, éd. Reyne de Coupe.

JUST DO IT !

Dormir dans la nature

«Je dors régulièrement dans la nature depuis plus de trente ans, cela réveille joies et terreurs de mon enfance. Je ne prends aucune lampe torche, je me guide à l'intuition, au ciel, au toucher... Lorsque j'identifie un lieu qui me convient, comme un animal, je creuse un trou en guise de protection et de couchette et je m'endors, la tête dans les étoiles. Au petit matin, les animaux viennent me renifler, hésitant à me prendre pour un des leurs...» (Didier, graphiste, 52 ans.)

À LIRE

- *La peur de la nature,* François Terrasson, éd. Le sang de la terre,
- *En finir avec la nature*, éd. du Rocher

SELENOS

49 pleines lunes

2006 : 14/1, 12/2, 15/3, 13/4, 13/5, 11/6, 11/7, 9/8, 7/9, 5/11, 5/12
2007 : 3/1, 2/2, 4/3, 2/4, 2/5, 1/6, 30/6, 30/7, 28/8, 26/9, 26/10, 24/11, 24/12
2008 : 22/1, 21/2, 21/3, 20/4, 20/5, 18/6,18/7,16/8, 15/9, 14/10, 13/11, 12/12
2009 : 11/1, 9/2, 11/3, 9/4, 9/5, 7/6, 7/7, 6/8, 4/9, 4/10, 2/11, 2/12, 31/12

Pour connaître les pleines lunes jusqu'en 2016 :
http://eldrin.free.fr/phases.htm

À LIRE

Le pouvoir de la lune, A. Lieber et J. Agel, éd. Robert Laffont

SPÉCIALISTE

Et le fœtus ?

Le bébé fœtal est un gros dormeur. Il dort presque sans arrêt jusqu'aux dernières semaines de la grossesse (il dort même pendant l'accouchement). Dès la 20e semaine, il existe déjà une alternance d'activité et d'immobilité, totalement indépendante du rythme de sa mère, mais il ne s'agit pas encore véritablement de sommeil : on parle, comme pour la nature, de «dormance».

Le sommeil agité apparaît au bout du 6e mois de grossesse, le sommeil calme au bout de 8 mois. Sur les dernières semaines, il passerait 50 à 80 % de son temps à rêver.

JET LAG

Quand l'horloge interne s'emmêle

Les vols longs (à partir de quatre fuseaux horaires de décalage) perturbent l'horloge interne, car le cerveau reçoit trop de signaux de jour et de nuit. Selon des études de l'Agence spatiale américaine, le temps de récupération est d'une journée par fuseau horaire de décalage. Sachez que les voyages d'ouest en est sont plus fatigants : notre corps a moins de difficultés à rallonger ses rythmes qu'à les raccourcir. En revanche, voler vers le nord ou vers le sud n'implique pas de désagréments majeurs car l'heure ne change pas, ou peu. Il est toutefois possible de diminuer l'effet du jet-lag en suivant quelques conseils au retour :

- Pour un voyage vers l'est (Europe vers l'Asie, Amérique vers l'Europe), se coucher plus tôt que d'habitude. Les jours qui suivent, s'exposer à la lumière du soir et éviter celle du matin (lunettes de soleil).
- Pour un départ vers l'ouest (Europe vers les États-Unis), se coucher plus tard. Les jours qui suivent, s'exposer à la lumière du matin et l'éviter le soir.
- Privilégier les repas riches en protéines durant la journée, et riches en glucides le soir.
- Éviter les siestes, le café et l'alcool durant les trois premiers jours.

À LIRE

Pour tout problème lié au voyage, un guide de santé indispensable : *Vidal du voyageur*, éd.Vidal

RYTHME BIOLOGIQUE

L'heure d'été

Elle perturbe tous les ans les enfants et les personnes âgées et présente des inconvénients pour de nombreuses professions (agriculteurs surtout).

- Association contre l'heure d'été (ACHE), 14 av de Saint-Germain 78160 Marly-le-Roi, tél : 01 39 58 70 72 heure_doc@yahoo.fr www.heure-ete.freeservers.com

MAIS POURQUOI

La nature est rythme : toutes nos activités passent, de jour comme de nuit, par des cycles avec des sommets et des creux. De tous ces rythmes, le sommeil est le plus spectaculaire : nous lui consacrons près d'un tiers de notre vie ! Mais pourquoi donc ?

Chaque nuit, tandis que nous sommes abandonnés dans les bras de Morphée, quatre à cinq cycles de sommeil (de 90 minutes environ) se succèdent. De leur succession harmonieuse dépend notre forme du lendemain… Après une période intermédiaire de sommeil léger, nous entrons en sommeil profond : c'est l'heure de récupérer de notre fatigue physique, le sommeil est calme. Le rythme cardiaque perd 10 % et la tension artérielle chute de 20 %. Le rythme respiratoire ralentit et le tonus musculaire s'affaiblit. Survient ensuite le sommeil dit paradoxal, où l'on rêve et où l'on récupère de sa fatigue nerveuse. Il dure en moyenne vingt minutes. Le sommeil est agité, la peau devient froide, une érection s'installe chez les messieurs. À la fin de chaque cycle existe un bref éveil. C'est ainsi que ceux qui se souviennent de ces sursauts d'éveil pensent ne pas avoir «fermé l'œil de la nuit»… Nos nuits varient d'un individu à l'autre, notamment avec l'âge, et durent en moyenne sept à huit heures. Le seul critère d'un sommeil réparateur est de se sentir frais et dispos au saut du lit, prêt à affronter les cycles de jour. Le mauvais sommeil n'est pas responsable de la sensation de fatigue ressentie par certains au réveil. L'origine est à chercher dans ce que les spécialistes qualifient d'asthénie réactionnelle, et le bon sens de manque d'entrain. Cependant si le sommeil sert souvent de refuge aux dépressifs, la nature ne semble pas l'avoir inventé pour que nous fuyions la vie, mais bien au contraire pour mieux nous y adapter. Pendant la nuit notre organisme se reconstitue

“On nous a donné le sommeil pour nous reposer de vivre avec nous-mêmes.”

J. DEVAL

DORMONS-NOUS ?

et fabrique d'indispensables molécules. L'hypophyse sécrète 75 % de l'hormone de croissance durant le sommeil lent profond. Comme sa production maximum se situe entre 7 et 11 ans, durant ces années l'enfant doit dormir en moyenne une dizaine d'heures par nuit. Mais nous fabriquons en dormant cette hormone de croissance tout au long de notre vie. Elle diminue le taux de cholestérol dans le sang, nous recharge en énergie et en protéines et c'est peut-être parce qu'elle aide à prévenir le vieillissement de la peau que l'on attribue au sommeil des vertus esthétiques. La nuit est favorable à de nombreuses autres hormones : l'insuline qui aide la digestion, la prolactine nécessaire à l'activité sexuelle, ou la thyréostimuline chargée de maintenir la température du corps. Et que dire de notre cerveau ! Impénétrable, durant le sommeil profond, on le sait très actif pendant le sommeil paradoxal, prenant même quelques milligrammes de phosphore dans les tissus. Pendant cette période, il sélectionne, classe, mémorise les souvenirs de la veille. Chercher à quoi servent les rêves entraîne sur le chemin des traditions et de la psychanalyse. À moins de suivre l'hypothèse de Michel Jouvet, grand spécialiste du sommeil, pour qui le rêve sert à reprogrammer génétiquement les comportements de l'espèce. Son idée s'appuie sur des expériences en laboratoire et sur l'observation du sommeil des nouveau-nés : ne passent-ils pas l'essentiel de leur jcune vie à rêver ? Pour mieux apprendre à être ?

À LIRE

Le sommeil, Science & Vie, hors-série n° 220, septembre 2002.

CONTACTS

• Conseils et services pour ceux qui souffrent de troubles du sommeil : Sommeil et Santé, une association de patients, BP 28, 92362 Meudon-la-Forêt Cedex, Fax : 02 762 89 36.
www.sommeilsante.asso.fr
contact@sommeilsante.asso.fr

• Tous les mystères du système nerveux : http://perso.nnx.com/drose/index.html

VIEUX TRUC

Vous reprendrez bien un peu de tryptophane ?

Nos grand-mères buvaient un verre de lait sucré ou un yaourt avant d'aller se coucher. La science confirme : le lait a bien une vertu soporifique. Il contient l'indispensable tryptophane, un acide aminé qui induit le sommeil. N'hésitez pas à ajouter une cuillère de miel pour intensifier l'effet du tryptophane. On en trouve aussi dans les viandes blanches comme le poulet, dans le riz complet, la banane, le maïs ou le gingembre. Donc à privilégier pour le dîner.

INSOMNIE

Rien ne sert de compter des moutons

Selon une étude de l'université anglaise d'Oxford, mieux vaut penser à une scène reposante que de compter des moutons (ou son argent…) pour retrouver le sommeil. Les chercheurs suggèrent aux insomniaques de penser à une chute d'eau ou à une plage tranquille : «Imaginer une scène plaisante use plus de neurones que l'image très éculée des moutons.» Pour atteindre l'état de sommeil, le cerveau doit se déconnecter de la réalité et, dans la mesure du possible, fonctionner le moins possible. Laissons les soucis du lendemain… au lendemain.

À LIRE

Les moutons sous votre lit
Louise Rafkin, éd. Ramsay
Le récit d'une anthropologue au chomâge, devenue femme de ménage…

PINÉALE

La glande qui régule nos nuits

La glande pinéale sécrète la mélatonine, hormone dite «du sommeil». Sensible à la lumière solaire, sa sécrétion augmente au fur et à mesure que celle-ci décroît. La mélatonine, dont la molécule de synthèse est en vente libre aux États-Unis mais interdite en France, existe en dilution homéopathique : Mélatonine 4 CH ou 8 DH (1 ampoule au coucher).

PAR COEUR !

Tristesse de la lune

Ce soir, la lune rêve avec paresse ;
Ainsi qu'une beauté, sur de nombreux coussins,
Qui d'une main distraite et légère caresse
Avant de s'endormir le contour de ses seins,
Sur le dos satiné des molles avalanches,
Mourante, elle se livre aux longues pâmoisons,
Et promène ses yeux sur les visions blanches
Qui montent dans l'azur comme des floraisons.
Quand parfois sur ce globe, en sa langueur oisive,
Elle laisse filer une larme furtive
Un poète pieux, ennemi du sommeil,
Dans le creux de sa main prend cette larme pâle
Aux reflets irisés comme un fragment d'opale,
Et la met dans son cœur loin des yeux du soleil.

Charles Baudelaire

L'HEURE DU BERGER

La lune est rouge au brumeux horizon ;
Dans un brouillard qui danse la prairie s'endort fumeuse,
et la grenouille crie par les joncs verts où circule un frisson ;
Les fleurs des eaux referment leurs corolles ;
Des peupliers profilent aux lointains,
Droits et serrés leurs spectres incertains ;
Vers les buissons errent les lucioles ;
Les chats-huants s'éveillent,
Et sans bruit rament l'air noir avec leurs ailes lourdes,
et le zénith s'emplit de lueurs sourdes.
Blanche, Vénus émerge,
et c'est la Nuit.

Paul Verlaine

Le feng shui de la chambre à coucher idéale

Les bons conseils des sages chinois ne sont pas toujours faciles à respecter. Pourtant, la chambre à coucher est le lieu par excellence où nous aurions intérêt à faire un effort !

La chambre :

• Opter pour des teintes yin, douces et apaisantes (blanc, bleu, vert, rose) et pour des lumières discrètes et indirectes.

• Elle doit être dépouillée, propre et en ordre. Les vêtements portés dans la journée (monde extérieur) sont rangés au-dehors ou, au moins, hors de la vue. Attention : les chaussures n'ont rien à faire dans la chambre !

• La lumière indirecte est de rigueur. Préférez plusieurs petits lampes à une suspension au plafond. Choisissez des ampoules d'intensité différente pour moduler la luminosité. Posez un voile de tulle de couleur violette sur l'abat-jour d'une de vos lampes. Cette teinte, si l'on en croit le tantrisme, favorise la méditation et la sexualité.

Le lit :

• Tête tournée vers le nord, il doit être adossé au mur, jamais face à la porte, jamais sous une fenêtre. Situé diagonalement par rapport à la porte (pour la voir sans être en face), il doit être à 20 cm du sol pour laisser le QV (énergie vitale) circuler librement.

• Il est préférable qu'il soit fait à toute heure de la journée.

• Les matelas en mousse se tassent vite, préférez la laine, la fibre de coco (idéale de fermeté), le crin de cheval (il absorbe l'humidité) ou le futon. Les fibres synthétiques ne laissent pas la peau respirer. Optez pour des draps en métis, en lin ou en coton, pour des couvertures en laine et des vêtements de nuit en tissus naturels.

• Un lit en bois est à privilégier.

• Les tables de chevet, aux lignes courbes, devraient être plus basses que le lit.

Ambiance sonore :

Musique subliminale, de relaxation ou d'ambiance, bruits de la nature ou chants sacrés, sons thérapeutiques ou mélodies exotiques, la variété de l'offre est à la mesure de l'éclectisme de notre époque.

À éviter :

Bannissez la télévision de la chambre.
Si vous devez dormir dans une pièce encombrée d'appareils électroniques, assurez-vous qu'ils sont tous débranchés et non en veille.

À LIRE

Votre lit est-il à la bonne place ?
Rémi Alexandre, éd. K.A.
Le feng shui dans la maison,
Joanna Trevelyan, éd. Solar.
Une maison pour mieux vivre,
Y. David, éd. Atess.
L'essentiel du feng shui,
S. Brown, éd. Hachette.

CONTACTS

www.fengshui-village.com
www.fengshuiusa.com
www.parcours.com/academiefengshui/

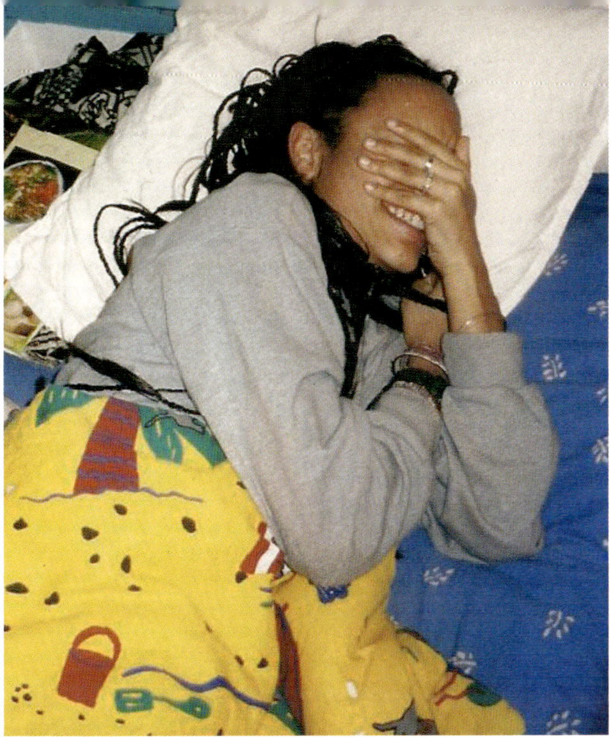

ETHNOLOGIE DE LA CHAMBRE À COUCHER

La chambre à coucher est un lieu où, depuis des siècles, on dort, on s'aime et on meurt. Pascal Dibie, ethnologue et maître de conférences à l'Université Paris-7-Denis-Diderot a exploré pour nous les chambres du monde entier, du Neandertal à nos jours, d'Est en Ouest.

Dormir est une technique, la chambre un lieu de culture. Nous pénétrons dans les chambres-villages d'Amazonie ou dans celles des empereurs romains travaillant dans leur lit, nous découvrons la chambre de parade de l'Ancien Régime ou la genèse de la chambre conjugale, nous faisons un somme sur la banquise avant de rester interdits devant la chambre escamotable des Japonais ou devant l'art de la chambre des taoïstes… avant d'apprendre que nos chambres modernes, «pièces où nous faisons des séjours intérieurs constants et prolongés», font aujourd'hui moins de quatre mètres carrés, soit trois fois moins qu'il y a cinquante ans ! On y apprend que la femme a commencé à écrire au XVe siècle et qu'elle le faisait dans sa chambre mais aussi qu'elle a cessé de dormir nue au XVIIIe siècle. À la même époque, le bonnet de nuit est devenu extrêmement tendance pour l'homme : jusque-là, il dormait avec une étoffe enroulée autour de la tête pour ne pas prendre froid.
Une visite dans tous les mythes et rituels du monde… pour se regarder dormir. Une odyssée dont le navire a pour nom «matelas».

À LIRE
Ethnologie de la chambre à coucher,
Pascal Dibie, éd. A.M. Métailié et Livre de Poche.
Rituels du coucher, dir. Hélène Stork, éd. ESF.

> ***“Faites que votre rêve dévore votre vie afin que votre vie ne dévore pas votre rêve.”***
> **ANTOINE DE SAINT-EXUPÉRY**

RITUEL 1

Faire cadeau de sa journée

Un vieil homme m'avait donné un conseil pour m'endormir dans la gratitude et faire de beaux rêves. «Reprenez les jolis moments de partage de votre journée. Elle vous a semblé insipide ? Souvenez-vous, vous avez acheté votre quotidien ce matin et vous avez souri à l'échange joyeux entre deux clients. Vous avez acheté des timbres et la buraliste vous a accueilli avec un regard amical. Votre mère vous a appelé, comme elle le fait deux ou trois fois par semaine. Facile ? Un dû ? Offrez en pensée, avant de vous endormir, le coup de téléphone maternel à l'une de vos amies qui a perdu la sienne ou qui est en conflit avec sa fille. Partagez le sourire cueilli dans la rue avec un proche hospitalisé qui ne peut pas sortir. Tendez le regard de la buraliste à cet ami qui voit tellement la vie en noir qu'il ne remarque plus les sourires qu'il croise.»

À LIRE
Petit manuel d'émerveillement,
Erik Sablé, éd. Dervy

RITUEL 2

Passer sa journée en revue

Avant de s'endormir, lorsque vous en avez le courage – ou en ressentez le besoin – il est excellent de repasser toute sa journée en revue, d'en reprendre les moments clés et de les regarder avec conscience et détachement, pour en savourer le meilleur et pour désamorcer l'inconscient du pire. Les chrétiens appellent cela l'examen de conscience, axé autour d'une question : «Aujourd'hui, comment as-tu aimé ? À qui as-tu manqué d'amour ?» Toutes les questions, toutes les joies, toutes les peines peuvent se résumer à cette interrogation : «Ai-je aimé aujourd'hui ?» Assez ? Cela aide à s'endormir avec la seule question qui compte.

PHYSIOLOGIQUE

Câlins avant de dormir

Au-delà de la notion de plaisir, l'amour possède des vertus thérapeutiques insoupçonnées. Faire l'amour libère en une minute plusieurs hormones qui inondent le corps, dont de l'endorphine, qui a une action calmante, et de la sérotonine, un formidable antidépresseur. Insomniaques, laissez-vous faire ce soir…
Et si vous êtes seul(e), sachez que la masturbation a les mêmes effets physiologiques… quant au sommeil.

À LIRE

- *Sexe et sentiments*, Sylvain Mimoun et Rica Etienne, éd. Albin Michel
- *De l'amour plein la tête ou la biologie de l'amour*, Dr Marc Schwob, éd. Hachette

RESPIRATOIRE

Le silence est d'or

Le ronflement est dû au passage de l'air dans des voies aériennes rétrécies, au niveau du pharynx. Le plus souvent banal, il peut néanmoins être le signe d'apnée du sommeil, pathologie qui toucherait tout de même 5 % de la population : la personne cesse de respirer de quelques secondes à deux minutes, plusieurs fois durant la nuit. Il est indispensable de consulter. Cette petite «musique de chambre» ne ravit pas l'entourage du dormeur.
Ce phénomène est deux fois plus fréquent chez l'homme (à partir de la ménopause, il devient moins rare chez la femme). Quelques trucs simples : arrêter le tabac, éviter l'alcool ou les somnifères (ils relâchent les muscles de la gorge), éviter de dormir sur le dos et perdre du poids si besoin.

À LIRE

Ronflements et apnées du sommeil, B. Fleury, C. Hausser-Haw, M.-F. Bacqué, éd. Odile Jacob

CONTACT

Consulter le site de Brigitte Charpentier, infirmière : **http://site.voila.fr/je_ronfle**

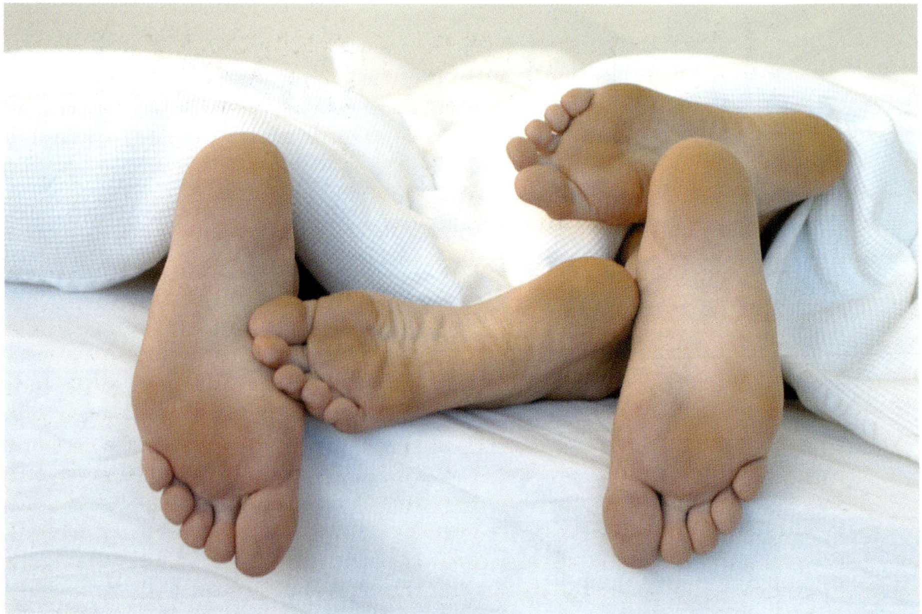

DORMIR À DEUX : TOUT UN ART

«Le lit est tout le mariage», écrivait Balzac. La vie d'un couple ne se résume pas à ses jours. «Au début d'une relation, dormir à deux ne s'imagine pas autrement qu'enlacés tendrement. Mais après quelques années, quand les petits travers et autres manies de chacun sont ressortis, cela devient tout un art…» Et si c'est le Dr Gérard Leleu qui vous le dit, vous pouvez le croire ! Ce médecin sexologue voue un culte au couple et prône le retour de la déesse comme solution à nos pires violences. Pourtant, même avec ces excellentes intentions, il est obligé de faire la liste des sources de conflit dans la chambre conjugale : couche-tôt ou couche-tard ? fenêtre ouverte ou fermée ? chambre chauffée ou fraîche ? lecture ou dodo tout de suite ? télé ou pas télé ? lumière ou noir total ? Un Français sur trois ronfle, un sur cinquante est somnambule, grince des dents (bruxisme) ou se lève plusieurs fois par nuit, pour visiter les toilettes ou le frigo !
Dans son livre, *L'art de bien dormir à deux*, le bon docteur Leleu propose quelques compromis, pour pouvoir s'endormir «en cuillère» et amoureux, (presque) comme aux premiers jours… La priorité est de trouver un lit adapté. Sans être aussi excessifs que les Italiens, qui ont inventé le «matrimoniale», un lit spécial de 170 cm de large, les jeunes couples suivent l'exemple des Américains qui ont abandonné les 140 cm traditionnels pour un lit de 160 de large. On trouve aujourd'hui facilement matelas et literies adaptés à cette dimension. Les fabricants ont même réussi à individualiser les zones de couchage en adaptant la fermeté du matelas aux habitudes et au poids du dormeur. Plus simplement, mais plus difficile à négocier psychologiquement, on peut installer deux matelas sur un même grand sommier…
Transformer en art une activité naturelle, répondant à un besoin vital, est le propre des humains et particulièrement de ceux dits «civilisés». C'est ainsi que l'acte de manger est devenu gastronomie et celui de s'accoupler érotisme. L'acte de dormir – en particulier à deux, mais pas forcément – ne pourrait-il pas, lui aussi, devenir un art, c'est-à-dire une activité pratiquée dans l'élégance et l'imagination ?

À LIRE

L'art de bien dormir à deux, Gérard Leleu, éd. Albin Michel et J'ai Lu.
Dormir ensemble, Hervé Brunetière, éd. L'Escarbille.
Les lits à une place, Françoise Dorin, éd. J'ai Lu.

Quelques conseils pour dormir mieux

• Attention au repas du soir !
Ne dînez pas trop, pas trop tard, ni trop gras. Laissez s'écouler au moins deux heures entre le dîner et le coucher. Optez pour un repas végétarien et n'hésitez pas à abuser des sucres lents (pâtes, pommes de terre ou riz), leur léger effet somnifère n'est plus à démontrer.

• Tisanes apaisantes :
Plusieurs plantes ont un effet somnifère : l'aubépine (cette amie du cœur favorise l'endormissement des personnes nerveuses), la valériane (la plante des mille et une nuits), la passiflore (agit contre l'anxiété) ou encore le millepertuis (antidépresseur végétal à l'effet soporifique).

• L'aromathérapie :
Certaines huiles essentielles, comme l'oliban (encens), la rose, le néroli ou encore la fleur d'oranger ont un effet sur la glande pinéale, reine de notre sommeil, et en favorisent la stimulation. Prenez le réflexe, elles régalent les sens, libèrent les émotions et détendent en profondeur ! Vous pouvez déguster 2 gouttes d'huile essentielle de ravensare (ou de marjolaine), dans une cuillère de miel au dîner et au coucher. Ou encore vous masser le plexus solaire d'huile essentielle de bigaradier (diluée dans une huile végétale). Enfin, diffusez dans votre chambre de la lavande vraie (la laisser brûler 15 minutes avant d'aller au lit) et versez 2 gouttes de lavande sur votre oreiller (ou un sachet de lavande en dessous).

À LIRE
Phytothérapie et *Aromathérapie*, deux ouvrages incontournables du Dr Valnet, éd. Le Livre de Poche.
Comment retrouver le sommeil par soi-même, Sylvie Royant-Parolat, éd. Odile Jacob.

CONTACTS
http://www.naturosante.com/
http://www.reseauproteus.net/fr/

RELÂCHE

La sieste sage vous retape vite fait

La sieste «crapuleuse» est bardée de nombreux certificats de plaisir, mais il existe aussi la sieste plus sage qui permet de reprendre son souffle dans le courant de la journée et de retrouver une capacité d'activité optimum. Napoléon, Léonard de Vinci, Victor Hugo, Einstein en étaient friands. Plus récemment, Jacques Chirac a même préfacé *L'éloge de la sieste* de Bruno Comby, un spécialiste de la micro-sieste (d'une durée inférieure à cinq minutes). De fait, la sieste-flash, en mettant à profit des périodes de temps brèves habituellement inutilisées, permet de récupérer toute son énergie. Selon une étude réalisée par la Nasa, quarante minutes de repos au cœur d'une journée de travail augmenteraient de 34 % les performances. La sieste n'est pas du temps perdu mais du temps gagné ! C'est souvent l'arme secrète des «petits dormeurs.» Conseillée en début d'après-midi.

À LIRE
• *Éloge de la sieste,*
Bruno Comby, éd. TNR
• *L'art de la sieste,*
Thierry Paquot, éd. Zulma

CONTACTS
• Institut Bruno Comby (IBC) : 55 rue Victor-Hugo, 78800 Houilles, tél : 01 30 86 00 33
• Sieste sur rendez-vous sous la «bulle relaxante» Kenzo : énorme oreiller, couverture douillette et musique zen. 15 euros les 30 minutes. 1, rue du Pont-Neuf, 75001 Paris, tél : 01 73 04 20 04
• Un break d'une heure dans une cabine baptisée «sommeil intense», sur un tatami chaud, Amak, 45 av. George-V, 75008 Paris, tél : 01 40 73 40 73. 25 euros l'heure.
• Sur le web : www.comby.org/ http://eric.mullens.free.fr/sieste/sieste1.htm

“Ils ont échoué car ils avaient oublié de commencer par le rêve.”
WILLIAM SHAKESPEARE

ABRI

Pour ceux qui veulent dormir moins

«Le sommeil n'est pas une fuite, un relâchement complet mais une détente, un repos. Commence par remercier Dieu de la journée écoulée puis détends-toi en ayant conscience des forces que tu devras déployer le lendemain.
Il n'est pas question de s'écrouler. Un artisan de lumière ne peut pas dormir comme tout le monde : avant de fermer les yeux, mets-toi sous la protection divine et tourne-toi, conscient et confiant, vers la lumière. Les ténèbres de la nuit ne doivent pas avoir de prise sur toi. Il ne faut pas non plus que tes rêves aillent dans un sens labyrinthique, anarchique. Si tu veux être fils de lumière, ne la rejette pas à l'extérieur de toi.
Dès lors, ton sommeil ne sera plus une tombée dans le noir mais un repos dans la lumière.»
(Extrait du *Maître de lumière*, Jean-Luc Leguay, éd. Albin Michel.)

FILTRE

Le capteur de rêves

Selon une croyance amérindienne, le capteur de rêves éloigne mauvais rêves et mauvaises pensées. Les femmes les tissaient dans un cerceau de bois à l'aide de fibres végétales ou animales. Tressé comme une toile d'araignée, il filtre les rêves : les bons rêves sont guidés par les plumes vers le dormeur, les mauvais restent prisonniers et sont brûlés au petit matin par le soleil.
Le capteur de rêve doit être placé à un endroit où, au lever du soleil, il peut capter la lumière du jour.
La tradition veut qu'un capteur de rêves soit offert et unique.

- Pour fabriquer soi-même son «dreamcatcher» :
membres.lycos.fr/ensorcelleuse13/newpage20.html
www.quebeccountry.asonsite.com/varius/Capteur/reves.htm
- Deux sites en anglais :
web.onramp.ca/rivernen/build_dc.htm (avec schémas)
www.silverwolfenterprises.com/begin.htm

Si tu n'as pas peur de vivre, tu n'auras pas peur de mourir

Dans les sociétés traditionnelles, une place spéciale était faite, au cœur du village, pour les personnes qui allaient mourir et désiraient parler à ceux qui allaient leur survivre, transmettre ce qu'elles avaient tiré d'essentiel de leur existence... De tels lieux renaissent !

C'était un moment grave, mais pas tragique. Quelqu'un allait mourir, mais qui parlait de la vie, et ses dernières forces se trouvaient rassemblées au service d'une ultime célébration du plus beau et du plus émouvant. On sait que cette «place spéciale» au cœur de la communauté humaine a depuis longtemps disparu de notre monde et que nos fins de vie se déroulent plutôt dans l'obnubilation de la survie physiologique à tout prix... Et pourtant, si l'on observe l'évolution des choses, depuis cinquante ans, comme les choses ont changé ! Le grand déni de la mort, dont Edgar Morin ou Philippe Ariès disaient qu'il était LE grand tabou moderne, ce déni est aujourd'hui ouvert d'une large brèche, par où s'engouffre la vie. Grâce à des êtres d'exception comme Elisabeth Kübler-Ross (EKR), la «place spéciale» est redevenue possible, non plus au cœur du village, mais partout où se pratiquent les soins palliatifs.
Et voilà que la pionnière elle-même s'est retrouvée à sa fin et qu'est venu son tour de transmettre ses «leçons de vie». Celui qui l'écoute est lui-même très actif dans le monde palliatif. C'est un jeune médecin, qui consacre sa vie à accompagner les gens qui vont mourir. Du coup, son écoute devient dialogue. EKR et lui conversent, partagent, communient, et tombent d'accord sur cet étonnant paradoxe : les plus belles histoires que la vieille dame et le jeune homme ont recueillies leur sont venues... de personnes en fin de vie.

À LIRE
Leçons de vie, Elisabeth Kübler-Ross et David Kessler, éd. Robert Laffont.

> ***“Ce n'est pas la lumière qui meurt au contact des ténèbres, ce sont les ténèbres qui meurent au contact de la lumière.”***
>
> **OMAR KHAYYAM**

Dormir, rêver, mourir

L'art de rêver, puis de partager ses rêves est sublime. D'ailleurs, certaines cultures, parmi celles qui ont perduré pendant des centaines de milliers d'années (en Australie par exemple), pensent que nous sommes nous-mêmes un rêve. Un rêve d'amour évidemment. Que nous n'élucidons qu'au moment de mourir.

Après *L'amour ultime*, Marie de Hennezel a écrit *La mort intime*, préfacé par François Mitterrand. Celui-ci avait été frappé par le travail tout en douceur de cette psychologue jungienne dans le monde des soins palliatifs. Du coup, le vieux politique avait osé retirer sa cuirasse et parler de ce qui nous touche tous jusqu'au fond de l'âme, mais que nous n'osons aborder, tant la question effraye. Il faut toute la chaude et paradoxale maternité prodiguée par des femmes telles qu'Elisabeth Kübler-Ross, Michèle Salamagne ou Cicely Sauders, pour que tombent nos cuirasses et que nous osions parler de notre finitude. La force particulière de Marie de Hennezel a été de savoir consolider sa tendresse naturelle par un «art du contact» très sophistiqué : l'haptonomie – habituellement utilisée avec les femmes enceintes, mais applicable à tous les moments de la vie. Où l'on découvre que vivre et mourir appartiennent au même art. Et que les natures profondes des verbes dormir, rêver et mourir se rapprochent étrangement. Avant de mourir, le biologiste Francisco Varela avait beaucoup parlé de ces sujets avec le Dalaï Lama. Il en est sorti un livre, dont se dégage une sérénité peu commune, comme si la mort ne s'opposait pas à la conscience, bien au contraire !

À LIRE

Mourir les yeux ouverts, Marie de Hennezel, éd. Albin Michel et *La mort intime*, éd. Robert Laffont.

Dormir, rêver, mourir. Explorer la conscience, avec le Dalaï Lama, ouvrage collectif sous la direction de Francisco J. Varela, éd. Nil.

VEILLÉE

Lecture sacrée

«Avant de m'endormir, je lis tous les soirs un petit livre mensuel en papier bible, le *Magnificat*.
Ce sont les textes sacrés que les catholiques ont lus dans la journée à travers tous les pays du monde. Je débranche mon psychique, je rejoins une communauté, je m'élargis. Je l'ouvre pour relire ma journée à travers une phrase qui pourra l'éclairer, je le lis pour me distancier de ma vie personnelle et rejoindre une vie plus universelle. Cela me prend presque une demi-heure chaque soir. Je ne m'endors pas mieux pour autant mais autrement. Loin de mon nombril, pire ennemi de mon sommeil – comme il l'est aussi de mes jours.»
(Solange, photographe, 41 ans)

PLONGEON

Mes rêves à dormir

«Cela fait des années que je dors mal. J'ai trouvé un délicieux substitut : je rêve les yeux ouverts. J'ai deux rêves, identiques depuis des années. Dans le premier, je suis dans un champ empli de neige intacte. À moins de 500 mètres se trouve un torrent dont la vue m'apaise. Je marche, je m'enfonce dans la neige jusqu'aux genoux, je commence à avoir froid aux jambes, mais mon corps en effort sue. Je m'endors presque toujours avant d'atteindre le torrent, épuisée dans ce blanc immense. Lorsque ce rêve ne marche pas, j'en ai un autre. Je suis enfant, j'ai un long tutu blanc de danseuse étoile. Je suis dans une salle de théâtre comble. Je suis un ange qui danse, qui épouse la musique. Je m'efforce d'être parfaite dans le corps de ballet. Personne n'a de visage. Je n'ai qu'un long tutu immaculé, je ne pèse plus, je suis aérienne et je m'envole dans le sommeil…»
(Anne, bibliothécaire, 39 ans)

À LIRE

Petite méthode pour interpréter soi-même ses rêves, Hélène Renard, éd. Albin Michel

CONTACTS

Apprendre à dormir

• Il existe 120 centres du sommeil en France. Le plus important est à l'Hôtel-Dieu, à Paris. Plus de 4 000 patients y consultent chaque année pour un trouble du sommeil : Centre de sommeil de l'Hôtel-Dieu de Paris, 1 place du Parvis-de-Notre-Dame, 75181 Paris Cedex 04, tél : 01 42 34 82 43 – www.institut-sommeil-vigilance.com (pour chercher le centre le plus proche de votre domicile).

• Dans une cinquantaine de centres hospitaliers publics, il existe des consultations spécialisées sur les troubles du sommeil. Pour obtenir leur adresse, écrivez à la Société de recherches sur le sommeil, hôpital Guy-de-Chauliac, 80 av. Augustin-Fliche, 34295 Montpellier Cedex, tél : 04 67 33 76 57.

• Dans le privé : Centre de diagnostic et de traitement des insomnies chroniques. Institut Marcel Rivière, 78321 La Verrière, tél : 01 39 38 77 00 et Centre de santé mentale Wagram, 152 av. de Wagram 75017 Paris, tél : 01 43 18 73 00). Ces deux centres pratiquent la thérapie de groupe pour soigner les conséquences de l'insomnie.

À lire pour mieux dormir

• *L'insomnie*, J. M. Gaillard, éd. Flammarion.
• *Troubles du sommeil léger,* Damiens, Doin.
• *Apprendre à dormir. Leçons de sommeil*, Éric Mullens, éd. Josette, Lyon.
• *Comment retrouver le sommeil par soi-même*, S. Royant-Parola, éd. Odile Jacob.
• *ABC des troubles du sommeil*, C. M. Shapiro, Maloine, 1996.
• *Le guide du sommeil,* M. F. Vecchierini, John Libbey, éd. Eurotext.

Sommeil et retraite

Les seniors ont un sommeil compliqué. Le «stage de sommeil» est une initiative originale pour réapprendre à dormir à l'âge de la retraite. L'expérience a débuté en 1991 au sein du Centre régional de prévention santé de Lyon. Il accueille les retraités des Caisses de cadres de la région Rhône-Alpes : Centre régional de prévention santé : 62 rue Philippe-de-Lasalle, 69244 Lyon Cedex 04.

La recherche

• Le sommeil, le rêve et l'éveil, un site de l'INSERM riche en références bibliographiques : sommeil.univ-lyon1.fr

• Laboratoire d'exploration du sommeil hôpital Antoine-Béclère : www.epita.fr/~sommeil

• Un site sur le bâillement : www.baillement.com

Sur le rêve

• *Le sommeil et le rêve,* Michel Jouvet, éd. Odile Jacob (disponible en poche). Du même auteur : *Pourquoi rêvons-nous ? Pourquoi dormons-nous ?,* éd. Odile Jacob.

• *Le livre des rêves,* Sylvain Michelet, Roger Ripert, Nicolas Maillard, éd. Albin Michel. Un livre très complet : aspect historique, scientifique, psychanalytique, méthodes, types de rêves, clé des songes. Une synthèse de toutes les recherches sur le rêve.

• *L'art de rêver*, Carlos Castenada, éd. du Rocher. Ou comment ouvrir les quatre portes de l'Univers…

Le sommeil des enfants

Leur sommeil est souvent perturbé. Ce qui a des conséquences directes sur celui des parents, épuisés par les réveils nocturnes…

à leur lire :

Lili fait des cauchemars, Dominique de Saint Mars, Serge Bloch, éd. Gallimard, un petit livre pour vaincre l'angoisse.

Pour les parents :

Moi, la nuit, je fais jamais dodo…, Lyliane Nemet-Pier, éd. Fleurus, l'auteur consulte à l'hôpital Debré à Paris.
Partager le sommeil de son enfant, Claude Suzanne et Diderjean Jouveau, éd. Jouvence.
En marge, et pour jouer avec ses nerfs, un thriller oppressant : *L'enfant dormira peut-être,* Philippa Gregory, éd. Belfond
www.reseau.morphee. com ou www.sommeil.org

L'étude démocratique du rêve

• Adepte du rêve lucide, l'Association française pour l'étude du rêve, Oniros (rêver sa vie, vivre ses rêves) propose des répertoires de rêves, leurs interprétations, forme à l'onirologie par correspondance et offre une base de données avec tous les livres, revues et articles sur le sujet. Elle est membre de l'European Association for the Study of Dreams : Oniros, Chitry Mont Sabot 58190 Neuffontaines, tél : 03 86 24 86 41 – www.oniros.fr

Rêve on line

• www.doctissimo.fr/html/méd./interpretation_reves.htm
• www.aufeminin.com/plan/carriere/Interpretation_des_reves/
• Une bibliothèque de rêves (pour en déposer ou les consulter) : www.boiteareves.com/
• Une approche bouddhiste du rêve lucide : www.buddhaline.net/article.php3?id_article=753

S'endormir pour toujours

Quelques livres incontournables :

• Deux livres d'une grande dame, Elisabeth Kübler-Ross : *La mort, dernière étape de croissance* (Pocket) et *La mort et l'enfant* (Rocher/Licorne).
• Deux livres de Patrice Van Eersel : *La Source noire*, éd. Grasset, et *Réapprivoiser la mort*, éd. Albin Michel.
• *Vivre ensemble la maladie d'un proche*, Christophe Fauré, éd. Albin Michel.
• *Préparer sa mort*, Nicolle Carré, éd. de l'Atelier.
• *Nous ne nous sommes pas dit au revoir*, Marie de Hennezel, éd. Robert Laffont.
• *Voyage au bout d'une vie*, Bertrand Vergely, éd. Bartillat.

Soins palliatifs :

• Quatre sites internet se sont unis pour offrir un portail unique dédié aux soins palliatifs et à l'accompagnement en fin de vie. On y trouve l'ensemble des ressources disponibles, le centre de soins palliatifs le plus proche de son domicile ainsi que des textes officiels ou d'autres relatifs aux différentes pratiques : www.portail-soins-palliatifs.fr et tél : 01 42 85 12 22.

• Les partisans de l'euthanasie active : Association pour le droit de mourir dans la dignité, 103 rue Lafayette, 75 010 Paris.

• Association Elisabeth Kübler-Ross France : 24 place du Vieux-Marché, 02460 La Ferté-Milon : ekr.france.free.fr
Bureau national, tél : 04 78 42 40 49 – fax : 04 72 77 94 54.
Antenne Ile-de-France, tél : 01 45 80 44 32.

Pour les volontaires qui souhaitent se former aux soins palliatifs :

Deux associations actives dans toute la francophonie :

• Association pour le développement des soins palliatifs (ASP), 44 rue Blanche, 75009 Paris, tél : 01 45 26 58 56.
• Jalmav (Jusqu'à la mort accompagner la vie), 132 rue du Faubourg-Saint-Denis, 75010 Paris, tél : 01 40 35 17 42 – fax : 01 40 35 14 05
www.jalmalv.org

INDEX

> C

> D

> E

> F

> G

> H

> I

Solution (partielle) de la devinette Bruegel (p.64)

Il y a en tout 84 jeux sur ce tableau de Bruegel, pratiqués par 250 enfants. 23 de ces jeux sont faciles à reconnaître : 1. Osselets, 2. Cerceaux, 3. Combien sur l'âne, 4. Jeu de couteau, 5. Colin-Maillard, 6. (au-dessus de la «balançoire») Ciseaux-feuille-puits, 7. Cavaliers et chevaux, 8. Saute-mouton, 9. L'écartelé, 10. Lancer de bonhomme, 11. La haie, 12. Mouiller l'ivrogne, 13. Le roi sur la colline, 14. Les moulins à vent, 15. Le foulard, 16. La toupie à fouet, 17. Tir aux cailloux, 18. Tir au mur (petits bonshommes à dégommer avec des billes), 19. Billes, 20. Garder le chapeau, 21. La chenille, 22. Chat, 23. Jeu de boules.
Des tas d'autres jeux vous apparaîtront si vous allez contempler l'original au Kunst-historisches Museum de Vienne ou l'une de ses nombreuses copies virtuelles sur le web.

> M

> N

> O

> P

> Q

> R

> S

> T

> U

> V

> W

> X

> Y

> Z

Le Grand Livre de l'Essentiel a été conçu et réalisé par l'équipe du magazine trimestriel **Nouvelles Clés**. Retrouvez-nous à chaque début de saison, en kiosque ou par abonnement – BP 18, 84220 Gordes, tél : 04 90 72 12 55 – et chaque jour sur **www.nouvellescles.com**

CRÉDITS PHOTOGRAPHIQUES

Emmanuelle Bueb, pages 57, 93, 115, 216, 218, 290, 313, 340 et 348. **Jean-Louis Buffet**, pages 77, 282 et 328. **Didier Chapelot**, pages 52, 54 (anonyme DR), 58, 61, 89 (DR), 125, 131, 138, 144-145, 184, 222-223, 283, 291, 296, 343, 346, 361, 373 et 389 (peinture indienne). **Do Delaunay**, pages 12, 25, 60, 66, 73, 76, 92, 173, 180, 196, 197, 217, 219, 232, 236, 248, 253, 274, 275, 279, 298, 333, 345, 362 et 365. **Cécile-Alma Filliette**, pages 167 et 176-177 pour ses carnets de voyage. **John Foley** / Opale-ed. du Seuil page 88. **Isabelle Gernigon**, pages 21, 62-63, 158-159, 174-175, 286-287, 302-303 et 377. **Eric Julien**, page 293 (DR). **Françoise Lemarchand**, pages 23, 27, 35, 41, 46-47, 59, 85, 87, 98-99, 104, 109, 110-111, 117, 119, 126-127, 169, 190-191, 201, 205, 295, 311, 316, 344, 354, 359, 378, et 382-383 (peinture de Rémy Gastourbide, coll. part.). **Bérangère Lomont**, pages 30-31 (Lilian Daubisse créateur), 36 (M. Bohan), 39, 42, 51, 71, 72, 90, 94, 103, 107, 119, 122 (Café Scoop), 123, 130, 132 (Hélène Darig), 136, 146, 149, 153, 154, 183, 199 (Yi Sheng Tang), 203, 213 (P.Dubois-Gance), 238-239, 247, 249, 254-255 (Atelier Damota), 285, 315, 327 (Théatre du Soleil), 334-335, 341, 349, 352-353 (Serge Castera), 357 et 372 (Théatre du Soleil). **Michel Maïoffiss**, pages 28, 29, 37, 83, 100, 135, 151, 215, 221, 231, 245, 261 (Roland Topor), 269, 307 et 360. **Sylvie Neveu**, pages 74, 101, 114, 137, 147, 152 et 258. **Mirela Rosner**, pages 162, 195 et 375. **Catherine Roynette**, pages 67, 120, 173, 226, 232 et 381**. Patrice van Eersel**, pages 8, 55, 75, 309 et 324. **AGENCE STOCK IMAGES** (Michel Radisky) pages : 7- Jim Boorman, 11- Claire Arnaud, 13- J.-C. Marlay, 14-15- I.C.L., 19- M. Plantec, 36- Pierre Wagner, 43- Imagestate Agency, 44- I.C.L., 69- Imagestate Agency, 78-79- B2M, 84- Machet/B2M, 126-127- Bruce Coleman, 141- Imagestate Agency, 179- (DR), 188-P. Halley, 206-207- B2M, 234- Dominique Faliez, 243- Imagestate Agency, 250- (DR), 263- B2M/Machet, 264- Bob Hopkins, 266- ICL, 270-271- R. Gardette, 277- J.-M. Foujols, 281- Paul Buckler, 297, Imagestate Agency, 301- First Light, 318-319- Dingo, 322- Jim Boorman, 366-367- Imagestate Agency, et 386- Jim Boorman. **AGENCE ROGER VIOLLET**, pages 187 et 300. Tous les dessins noirs sauf vignettes sont de **Edward Lear**, écrivain et dessinateur du XIXe siècle. Ils sont extraits de son livre *Non Sens Omnibus*, édition originale publiée il y a cent cinquante ans par les éditions Frederick Warme & Co. London.

Achevé d'imprimer en septembre 2005
par l'imprimerie Pollina, France
N° d'impression : L20411
N° d'édition : 23681
Dépôt légal : Octobre 2005
ISBN : 2-226-14904-X